infini, logique, géométrie

DU MÊME AUTEUR

Philosophy of Mathematics and Mathematical Practice in the Seventeenth Century, New York, Oxford University Press, 1996.

From Brouwer to Hilbert. The Debate on the Foundations of Mathematics in the 1920s, New York, Oxford University Press, 1998.

(P. Mancosu, K. Jørgensen, and S. Pedersen, eds.), *Visualization, Explanation and Reasoning Styles in Mathematics*, Dordrecht, Springer, 2005.

(ed.) *The Philosophy of Mathematical Practice*, Oxford, Oxford University Press, 2008.

The Adventure of Reason. Interplay between mathematical logic and philosophy of mathematics : 1900-1940, Oxford, Oxford University Press, 2010.

Inside the Zhivago Storm. The Editorial Adventures of Pasternak's Masterpiece, Milano, Feltrinelli, 2013.

MATHESIS

Directeur: Hourya BENIS SINACEUR

Paolo MANCOSU

infini, logique, géométrie

PARIS

LIBRAIRIE PHILOSOPHIQUE J. VRIN

6, Place de la Sorbonne, Ve

2015

ISSN 1147-4920
ISBN 978-2-7116-2582-6

www.vrin.fr

Imprimé en France

PRÉFACE

Je fais partie de cette diaspora de chercheurs italiens qui furent contraints de quitter l'Italie au début des années 1980 pour poursuivre leurs études et trouver ensuite un poste dans l'université (rarement en Italie). L'origine du problème est à trouver, pour une grande part, dans une mesure communément appelée « l'enfournage des précaires », qui fut adoptée en 1982 afin de procurer des emplois universitaires à une longue liste de chercheurs qui depuis longtemps patientaient dans les coulisses du système académique italien, dans l'attente d'un emploi stable. En résolvant ce problème, cette mesure en créa un autre, car elle mit fin aux débouchés universitaires de plusieurs générations à venir. Il ne restait plus à celles-ci que l'émigration.

Certains d'entre nous eurent plus de chance que d'autres. Une spécialisation dans des domaines comme la logique, la philosophie des mathématiques ou encore l'histoire et la philosophie des sciences, donnait l'espoir d'accéder aux programmes doctoraux les plus compétitifs et prestigieux dans les meilleures universités étrangères. Plusieurs de mes collègues qui avaient étudié à Milan élirent domicile en France. Je faisais quant à moi partie d'un groupe plus restreint qui aboutit aux États-Unis, où j'obtins un doctorat en philosophie à l'Université Stanford en 1989. Pendant longtemps, c'est à distance que je suivis la carrière de ceux d'entre mes amis qui s'étaient installés en France. Des visites épisodiques à Paris, resserrant ces anciens liens, me permirent de me tenir au courant de l'évolution de mon champ d'expertise dans l'Hexagone. Profitant de la proximité des deux villes, c'est pendant mon séjour à Oxford (1989-1992) que j'initiai timidement mes premiers contacts avec le monde universitaire parisien. Mon premier souvenir est celui d'avoir assisté à une conférence sur l'analyse non standard, donnée par Jean-Michel Salanskis dans le cadre du séminaire de Jean Petitot. Ils sont tous deux demeurés de précieux collègues avec lesquels je maintiens encore aujourd'hui des relations personnelles aussi bien que scientifiques. En 1990, Jean-Michel et moi commençâmes à échanger nos travaux et peu après, dans son ouvrage *L'Herméneutique formelle*, celui-ci eut la générosité de renvoyer à un article, alors encore inédit, tiré de ma thèse de doctorat (article qui fut ensuite publié en 1991 dans les *Annals of Pure and Applied Logic*) : c'était la première référence à mon travail en France.

Quelques années s'écoulèrent et l'idée de passer en France une période plus étendue commença à me paraître de plus en plus attrayante. En 1994, m'étant rendu à Clermont-Ferrand pour une conférence de l'ASL, je fis la connaissance de Hourya Sinaceur. Nous parlâmes longuement ensemble, et je lui dis que j'étais intéressé à faire un séjour prolongé en France. Elle me conseilla de poser ma candidature pour un « poste rouge » au CNRS en écrivant aux gens en place. Je suivis dûment son conseil, mais je ne reçus jamais de réponse. Je ne me décourageai pourtant pas. J'étais entre temps devenu un visiteur assidu de Berlin (j'y avais passé chaque été à partir de 1991 et deux années complètes, en 1994-1995 et en 1997-1998), où j'avais rencontré Philippe Nabonnand et Gerhard Heinzmann (j'ai eu le plaisir, plusieurs années plus tard, de recevoir ce dernier à Berkeley en tant que chercheur invité). Dans l'intervalle, j'avais découvert à UC Berkeley (pour rejoindre laquelle j'avais quitté Yale en 1995), un programme de bourses, le France-Berkeley Fund, qui visait à soutenir financièrement des séminaires dans lesquels interviendraient des chercheurs affiliés à UC Berkeley et à des instituts de recherche français. Il s'agissait là d'une excellente opportunité, que Hourya Sinaceur et moi mîmes à profit en 1998 pour l'organisation d'un séminaire à Paris, auprès de l'IHPST, sur Bernard Bolzano. En plus des coorganisateurs, les participants rattachés à Berkeley étaient Charles Chihara, Johannes Hafner et Hans Sluga. Le contingent parisien était représenté par Joëlle Proust, Paul Rusnok et Jan Sebestik. Je donnai ainsi mes deux premières conférences en France, en mai 1998 : la première, à Nancy, sur l'explication, et la seconde à Paris, sur Bolzano et Cournot. En 1999, Hourya édita un très beau numéro spécial de la *Revue d'Histoire des Sciences* qui regroupait les contributions du colloque sur Bolzano.

Après ma découverte du France-Berkeley Fund, je n'ai pas été long à trouver le programme d'échange CNRS-Berkeley, grâce auquel mes visites en France ont pu se faire plus fréquentes. L'IHPST vint rapidement faire partie de mon réseau de contacts, et Jacques Dubucs et Philippe de Rouilhan m'apportèrent leur appui enthousiaste comme interlocuteurs et comme amis. Je tissai aussi des liens avec le REHSEIS, à la tête duquel était alors Karine Chemla, que j'avais rencontrée en 2001 à un colloque à Roskilde.

En 2002, je fus tenté de venir m'installer à Paris pour de bon, mais les dieux en décidèrent autrement et je finis par rester à Berkeley.

Grâce à l'action synergique de Jacques Dubucs et de Karine Chemla, je revins à Paris en 2004-2005 en tant que Directeur de Recherche Associé au CNRS. Le hasard voulut que Marco Panza, un autre membre de la diaspora italienne, vienne tout juste d'être affilié au REHSEIS. Marco et moi nous étions connus comme étudiants à Milan au début des années 1980, et ne nous étions retrouvés qu'en 2004 lors d'un colloque à Séville. C'est aussi à cette époque que j'ai renoué avec Marta Spranzi et Luisa Dolza, elles aussi des chercheuses itinérantes. Ce fut une année fantastique. Plusieurs séminaires eurent lieu au REHSEIS et j'aidai à mettre certains d'entre eux sur pied. En 2005, Marco Panza, Pierre Cassou-Noguès, moi-même et d'autres collègues organisâmes à Lille une conférence importante sur « La démonstration en mathématiques ». Durant cette seule année et en France uniquement (me partageant entre Lille, Nancy, Nice, Paris et Poitiers), je donnai treize conférences différentes, ce que je ne dis pas pour me lancer des fleurs, mais à seule fin d'attester du fait que je gagnai bien ma pitance... Au cours de cette année, je me liai d'amitié avec plusieurs collègues avec lesquels je garde toujours des rapports personnels et professionnels suivis. Hommage sera rendu à ces derniers dans les remerciements, mais je tiens néanmoins à souligner ici le soutien et l'amitié extraordinaires dont j'ai bénéficié de la part de Jacques Dubucs et de Karine Chemla pendant cette année-là, et qu'ils m'ont toujours conservés depuis.

Mon année parisienne fut couronnée par une invitation à devenir membre affilié permanent de l'IHPST, invitation que j'acceptai avec gratitude. Parvenu au terme de cette année, il me sembla que mon espoir d'être intégré à la communauté des chercheurs en philosophie des mathématiques et des sciences en France avait enfin été comblé.

Ces relations ont encore été cimentées, au courant de la dernière décennie, d'abord par une invitation, en 2007, à l'instigation du professeur Jacques Bouveresse, à faire deux conférences au Collège de France et, ensuite, en 2008, par un séjour comme professeur invité à l'ENS et à l'Institut d'Études Avancées (IEA). Je n'oublierai pas avec quelle émotion j'ai occupé le bureau de Pasteur à l'ENS. Pour celle-ci, entre bien d'autres choses, je sais gré au professeur Claude Debru.

Je ne puis rappeler ici le détail des nombreuses occasions d'interaction qui ont suivi celles que je viens d'évoquer. En plus d'avoir participé à plusieurs colloques, j'ai pris part à des travaux collaboratifs variés. J'ai ainsi collaboré avec Philippe de Rouilhan sur Carnap et Tarski ; avec

Marco Panza sur différents projets en philosophie des mathématiques ; avec Michel Bourdeau, Jean Mosconi et Pierre Wagner sur la calculabilité ; avec Wioletta Miskiewicz sur la tradition polonaise en logique, et avec Mark van Atten sur l'histoire de la logique et des fondements des mathématiques.

Il peut paraître étrange de consacrer la préface d'un recueil d'essais à ces réminiscences de mes relations de chercheur avec la France, mais cet ouvrage représente pour moi le couronnement de deux décennies d'échanges qui remontent à ma première rencontre avec Hourya Sinaceur en 1994. Ces essais doivent beaucoup à mes interactions fructueuses avec la communauté des chercheurs français qui œuvrent dans le domaine de la logique, de l'histoire et de la philosophie des mathématisques et des sciences. Pendant ces vingt dernières années j'ai été témoin de l'extraordinaire croissance de ces milieux de recherche et j'en ai beaucoup bénéficié. Je suis fier d'avoir pu contribuer, même si de manière limitée, à leur développement.

Les essais que j'ai retenus pour ce recueil ont été produits durant les huit dernières années, et plusieurs des sujets que j'y aborde ont fait l'objet de discussions étendues avec les amis et collègues français que je viens de mentionner et avec d'autres que je nommerai plus loin.

Avant d'y venir, toutefois, encore quelques mots sur le choix des essais. Hourya et moi étions d'accord que la sélection des articles devait offrir un éventail représentatif de mes travaux les plus récents. Les trois sections du volume – qui traitent respectivement de l'infini, de l'histoire et de la philosophie de la logique, et de la philosophie de la pratique mathématique – reflètent les domaines qui m'ont occupé durant la dernière décennie, (quant à mon livre sur le Docteur Jivago, c'est une tout autre histoire !). Au lieu de regrouper toutes les présentations des diverses sections dans cette préface, j'ai préféré faire précéder chaque section d'une brève introduction sur le champ de recherche, le contexte dans lequel s'inscrivent les articles et une mise à jour bibliographique.

Ma profonde gratitude va à Hourya Sinaceur, pour m'avoir généreusement proposé de publier un ouvrage dans la collection Mathesis qu'elle codirige avec Michel Blay. J'ai aussi une dette envers les traducteurs de ces articles, pour avoir accepté de remplir cette tâche. La présente préface, les introductions des trois parties et le premier article de la première partie ont été traduits par Isabelle Monette ; le deuxième article de la première partie par Emmylou Haffner. Les deux premiers articles de la seconde partie l'ont été par Julien Boyer ; Denis Bonnay a traduit le troisième, et enfin Sébastien Maronne a traduit les articles de la dernière partie. Ils ont tous fait un excellent travail. Je remercie aussi Sophie Dandelet, qui a uniformisé les documents, la bibliographie et qui a préparé la version pour impression en LaTeX. Au dernier stage de la préparation du texte en LaTeX, j'ai eu la chance de pouvoir profiter de l'assistance de Richard Zach.

Je voudrais témoigner ma reconnaissance à l'égard de Johannes Hafner et Andrew Arana pour avoir bien voulu publier en français les articles que nous avons écrits ensemble.

Je terminerai en donnant ici la liste de ces collègues que je n'ai pas encore nommés, mais avec lesquels j'ai eu la chance de partager amitié, soutien et érudition pendant mes séjours en France : Daniel Andler, Marie Anglade, Anouk Barberousse, Bruno Belhoste, Jean-Pierre Belna, Jocelyn Benoist, Susana Berestovoy, Jacqueline Boniface, Paola Cantù, Peggy Cardon, Delphine Chapuis-Schmitz, Gabriella Crocco, Olivier Darrigol, Nadine de Courtenay, Mic Detlefsen, Jean Dhombres, Dominique Flament, Sébastien Gandon, Jean Gayon, Valeria Giardino, Brice Halimi, Philippe Hamou, Vincent Jullien, Jean-Michel Kantor, Giuseppe Longo, Françoise Longy, Daniele Molinini, Gloria Origgi, Fabrice Pataut, David Rabouin, Roshdi Rashed, François Rivenc, Andrei Rodin, Antonella Romano, Jean-Jacques Rosat, Sabine Rommevaux, Gabriel Sandu, Marco Segala, Michel Serfati, Ivahn Smadja et Jean-Jacques Szczerciniarz.

Je présente à l'avance mes excuses à ceux dont j'aurais pu omettre les noms et qui auraient dû trouver place dans cette liste.

Ce livre est dédié à Elena, ma femme.

Munich, le 27 janvier 2014

Les chapitres que renferme ce recueil ont été précédemment publiés en divers ouvrages et revues dont les références bibliographiques sont données ci-après, en ordre chronologique. Je remercie Oxford University Press et Cambridge University Press d'avoir accordé leur permission pour la publication des articles suivants en traduction française.

« Measuring the size of infinite collections of natural numbers : Was Cantor's theory of infinite number inevitable ? », *The Review of Symbolic Logic*, vol. II, n° 4, 2009, p. 612-646.

« In good company ? On Hume's principle and the assignment of numbers to infinite concepts », en cours de publication (©Paolo Mancosu)

« Neurath, Tarski et Kokoszyńska on the semantic conception of truth », in D. Patterson (ed.), *New Essays on Tarski and Philosophy*, Oxford, Oxford University Press, 2008, p. 192-224. Réimpr. in P. Mancosu, *The Adventure of Reason. Interplay between philosophy of mathematics and mathematical logic : 1900-1940*, Oxford, Oxford University Press, 2010, p. 415-439.

« Tarski on models and logical consequence », in J. Ferreirós et J. Gray (eds.), *The Architecture of Modern Mathematics*, Oxford, Oxford University Press, 2006, p. 209-237. Réimpr. avec un *addendum* in P. Mancosu, *The Adventure of Reason. Interplay between philosophy of mathematics and mathematical logic : 1900-1940*, Oxford, Oxford University Press, 2010, p. 440-468.

« Quine and Tarski on Nominalism », *Oxford Studies in Metaphysics*, vol. IV, 2008, p. 22-55. Réimpr. in P. Mancosu, *The Adventure of Reason. Interplay between philosophy of mathematics and mathematical logic : 1900-1940*, Oxford, Oxford University Press, 2010, p. 387-409.

« Mathematical Explanation : Why it Matters », in P. Mancosu (ed.), *The Philosophy of Mathematical Practice*, Oxford, Oxford University Press, 2008, p. 134-149.

(avec Johannes Hafner). « Beyond Unification », in P. Mancosu (ed.), *The Philosophy of Mathematical Practice*, Oxford, Oxford University Press, 2008, p. 151-178.

(avec Andrew Arana). « On the relationship between plane and solid geometry », *The Review of Symbolic Logic*, vol. V, n° 2, 2012, p. 294-353.

Conventions éditoriales. Nous avons pris soin d'indiquer aussi les numéros de page des sources disponibles en traduction française.

PREMIÈRE PARTIE

INFINITÉ, NUMÉROSITÉS ET NÉOLOGICISME

INTRODUCTION

L'infini demeure, avec raison, une source intarissable de fascination. Alors que durant la période hellénique son rôle en mathématique s'avère surtout heuristique, à partir du dix-septième siècle il acquiert progressivement le droit d'exister, au même titre que le fini. Les points à l'infini de Desargues en géométrie projective, les constructions infinitistes et les théories indivisibilistes de Cavalieri, le solide infiniment long de Torricelli, l'arithmétique de l'infini de Wallis, les différentielles leibniziennes et les incréments (moments) infinitésimaux de temps chez Newton : il ne s'agit là que de quelques-unes des approches radicalement nouvelles de la question de l'infini au dix-septième siècle. La maîtrise incertaine du concept d'infini a généré de réels soucis causés par les paradoxes, tant au sens de contradictions pures et simples qu'au sens de résultats qui défient l'entendement, à savoir : le paradoxe de Galilée, portant sur la comparaison entre les nombres naturels et leurs carrés ; les paradoxes de la théorie des indivisibles ; les solides finis dont le volume égale celui de solides infiniment longs ; les quantités différentes de zéro, mais plus petites que toute autre quantité ; la confusion concernant la somme de séries infinies, et ainsi de suite [1]. La réaction, au dix-huitième et au début du dix-neuvième siècles, fut de tenter, autant que faire se pouvait, de débarasser les mathématiques de l'infini. En particulier, le calcul infinitésimal devint le foyer principal de cette volonté de liquider les concepts problématiques qui trouvaient leur source dans le recours fructueux, mais hasardeux, aux objets et aux constructions infinitaires. Ce projet d'élimination de l'infini du calcul infinitésimal pourrait alors avoir semblé promis au succès, puisque Gauss, dans une lettre de 1831 à Schumacher, pouvait dire :

1. Pour un exposé détaillé des concepts sus-mentionnés, voir Mancosu 1996, plus particulièrement les chapitres 2, 5 et 6.

> Mais en ce qui concerne votre démonstration de 1), je m'oppose par-dessus tout à l'emploi d'une magnitude infinie comme si elle était complète, ce qui n'est jamais permis en mathématique. L'infini n'est qu'une *façon de parler* admise lorsque nous parlons proprement de limites dont certaines relations s'approchent autant qu'on le désire, tandis que l'on permet à d'autres de s'accroître sans limite. (Gauss 1863-1829, vol. VIII, p. 216)

Au début du dix-neuvième siècle, seule une poignée de voix dissidentes paraissent avoir accepté l'infini en mathématique, la plus connue d'entre elles étant celle de Bolzano, dont l'ouvrage de 1851, *Les paradoxes de l'infini*, avait été préparé par une accointance de plusieurs années avec l'infini en mathématique, en physique et en philosophie. Mais l'infini en mathématiques, qui avait été éliminé jusqu'à un certain point par de rigoureuses théories des limites en calcul infinitésimal, refit toutefois surface sous des formes plus audacieuses et provocatrices. Au milieu du dix-neuvième siècle, Dedekind et Riemann avaient déjà commencé à travailler avec des constructions hautement infinitistes, qui donnèrent son essor au développement de la théorie des ensembles en tant que discipline mathématique sous l'égide de Dedekind et de Cantor.

Le développement de la théorie cantorienne des ensembles représente un tournant marquant dans l'histoire de l'infini – un tournant si fondamental qu'il ne trouve d'équivalent que dans la révolution infinitiste du dix-septième siècle. La théorie des ensembles de Cantor et les constructions ensemblistes de Dedekind firent bientôt sentir leur influence dans plusieurs champs des mathématiques (en algèbre, en analyse, dans la théorie des nombres, en topologie, etc.). La théorie des ensembles en vint ainsi à jouer le rôle de langage universel des mathématiques (rôle dont l'ascendant, durant les cinquante dernières années, n'a pu être érodé – quoique de manière très limitée – que par la théorie des catégories). Ce n'est pas ici le lieu de revisiter l'histoire de l'émergence et de l'hégémonie de la théorie des ensembles infinitiste (voir Ferreirós 2007, qui en donne une excellente présentation), avec toutes les questions relatives à la logique, aux fondements et à la philosophie qui accompagnèrent ce qui représente sans doute l'une des odyssées intellectuelles les plus importantes qu'ait pu expérimenter la pensée humaine. J'aimerais plutôt souligner qu'un troisième soulèvement infinitiste (également un événement important, quoique sans commune mesure avec la révolution infinitiste du dix-septième siècle, ou avec l'émergence, puis la prépondérance de la théorie des ensembles) est lié aux mathématiques non archimédiennes.

L'axiome d'Archimède pose qu'étant données deux quantités homogènes, par exemple *A* et *B*, il est toujours possible d'ajouter *A* à elle-même un nombre fini de fois (ou *B* à elle-même un nombre fini de fois), de telle manière que la nouvelle quantité sera plus grande que *B* (ou plus grande que *A*, respectivement). Plusieurs des quantités envisagées dans le calcul infinitésimal au dix-septième siècle – par exemple les infinitésimaux leibniziens – n'obéissaient bien sûr pas à cette propriété archimédienne. Un infinitésimal peut être ajouté à lui-même n'importe quel nombre fini de fois qu'on le voudra, le résultat de cette addition ne sera néanmoins jamais plus grand qu'aucune quantité finie, aussi petite soit-elle. À la suite de l'élimination des quantités infiniment petites de la théorie du calcul infinitésimal due à Bolzano, Cauchy, Weierstrass et d'autres, les quantités non archimédiennes de l'analyse infinitésimale furent reléguées pendant longtemps à la pratique de l'ingénierie. Durant les années 1960, Abraham Robinson présenta sa théorie de l'analyse non standard, qui suscita un vif intérêt chez les philosophes et les mathématiciens [1]. La théorie de Robinson avait donné droit de cité aux quantités infiniment petites et infiniment grandes dans la reconstruction du calcul infinitésimal, maintenant développé selon des techniques rigoureuses qui relèvent de la théorie des modèles. Pendant longtemps, les travaux de Robinson furent salués comme la première tentative fructueuse de développer une théorie des quantités non archimédiennes. Dans une série d'articles fondamentaux, Philip Ehrlich a soutenu que cette perception largement répandue devrait être sérieusement réexaminée [2]. Ehrlich a en effet montré de manière

1. Le corpus des travaux sur l'analyse non standard est très riche. Voir Dauben 1995 pour une biographie de Robinson avec un accent plus particulier sur l'analyse non standard ; Salanskis 1999 présente une excellente discussion en français des questions mathématiques et philosophiques entourant l'analyse non standard. Voir aussi Goldblatt 1998 pour une introduction récente et formelle, et Cutland, Di Nasso et Ross 2006 pour les développements mathématiques récents. On renvoie le lecteur aux bibliographies étendues contenues dans ces ouvrages pour plus de références. Une alternative intéressante à l'analyse non standard, qui rend possible le développement de parties substantielles des mathématiques est connue sous le terme d'analyse infinitésimale (lisse). L'analyse infinitésimale lisse diffère tout à la fois de l'analyse ordinaire et de l'analyse non standard en permettant des infinitésimaux nilpotents, c'est-à-dire des petits segments [linelets] dx de sorte que $dx \neq 0$ mais $dx \cdot dx = 0$. La meilleure exposition de cette théorie est Bell 1998.

2. Les liens avec plusieurs importants sujets connexes comme les nombres surréels de Conway, de même que d'autres approches alternatives de la construction des nombres réels, telle l'analyse infinitésimale lisse évoquée à la note précédente, ne peuvent être abordés ici. Voir Salanskis et Sinaceur 1992, Ehrlich 1994, Schuster, Berger et Osswald 2001, et Ehrlich 2012.

convaincante que l'intérêt pour les mathématiques non archimédiennes a émergé dans les années 1870, et qu'il a continué à croître sous l'impulsion de mathématiciens tels Veronese, du Bois-Reymond, Levi-Civita, Hahn, Stolz, Hardy, et d'autres encore. Dans l'introduction à Ehrlich 2006, on peut lire :

> Ce qui n'est pas si bien connu dans ces communautés [celles des historiens et des philosophes des mathématiques], toutefois, est que si la plupart des mathématiciens de la fin du dix-neuvième et des prérobinsoniens du vingtième siècle ont banni les infinitésimaux du calcul infinitésimal, ils ne les ont nullement bannis des mathématiques. En effet, [...] entre le début des années 1870 et la parution des travaux d'Abraham Robinson sur l'analyse non standard en 1961, on a vu émerger un corpus vaste, diversifié, techniquement profond et philosophiquement riche de recherches cohérentes en mathématiques non archimédiennes de l'infiniment grand et de l'infiniment petit (non cantoriens). À la différence de l'analyse non standard, dont l'objet premier est de fournir un traitement du calcul infinitésimal par le biais des infinitésimaux, la plus grande partie des travaux plus anciens sont soit nés de l'étude de la croissance des fonctions réelles, soit consacrés à la géométrie et aux concepts de nombre et de magnitude, soit ont leur origine dans l'évolution naturelle de telles discussions. Ce qui pourra surprendre plusieurs historiens et philosophes encore davantage que l'existence de ces deux corpus de recherches, est le fait que le dernier corpus évoqué contienne des constructions de systèmes de nombres finis, infinis et infinitésimaux qui se révèlent non seulement d'une grande sophistication selon nos standards mathématiques contemporains, mais encore que ceux-ci soient assez riches pour adopter les systèmes de nombres correspondants employés en analyse non standard. (Ehrlich 2006, p. 3)

Encore une fois, il serait déplacé dans cette introduction de tenter même un court survol des développements évoqués plus haut. Le lecteur qui suivra ces pistes, toutefois, pourra apprécier les riches développements qui vont se fondre dans les théories qui constituent le contenu du premier article de la présente section, et qui m'ont par ailleurs amené à soulever des questions connexes sur le néologicisme dans le second article.

Ce premier article, en effet, est issu d'une théorie du compter avec des ensembles infinis qui s'est développée à partir des travaux de Vieri Benci, et qui a été élaborée avec ses collaborateurs Marco Forti et Mauro Di Nasso [1]. Ce qui est intéressant ici est que le problème de compter avec

1. Les références bibliographiques liées aux deux articles présentés dans cette section du volume peuvent être obtenues dans les notes desdits articles.

des ensembles infinis, c'est-à-dire celui de donner une « taille » à des ensembles infinis, est l'un de ceux que la théorie des ensembles semblait avoir résolus une fois pour toutes avec la théorie des nombres cardinaux de Cantor [1]. Selon Cantor, lorsque l'on compare des ensembles, c'est leur taille que l'on considère, en utilisant le critère de correspondance bijective. Pour lui, deux ensembles *A* et *B* ont le même nombre cardinal si et seulement s'il existe une correspondance bijective entre *A* et *B*. Le grand accomplissement de Cantor a été de montrer que ce critère nous permet de distinguer différentes tailles d'infini (par exemple, celle des nombres naturels et celle des nombres réels), et de mettre en évidence qu'il existe une échelle infinie d'infinités, chacune étant « plus grande » que l'autre. La fertilité de cette définition en mathématique, et l'absence d'alternatives mathématiquement établies, semblent avoir occulté la possibilité même de toute autre approche. Gödel, en effet, est allé jusqu'à proposer un argument expliquant pourquoi une généralisation de l'arithmétique du fini à l'infini ne pourrait qu'aboutir à la théorie des nombres cardinaux de Cantor.

La situation, à la fois historiquement et mathématiquement, se révèle pourtant bien plus intéressante. Benci, Forti et Di Nasso ont développé des théories du compter des ensembles infinis qui non seulement rendent possible le comptage ordinaire sur les ensembles finis, mais permettent également d'assigner des « numérosités » aux ensembles infinis en conservant le principe partie-tout, c'est-à-dire le principe selon lequel si un ensemble *A* est strictement inclus dans un ensemble *B*, alors la numérosité de *A* sera strictement plus petite que celle de *B*. Le système de numérosités qu'ils ont développé pour les ensembles dénombrables satisfait par exemple aux mêmes lois algébriques que l'arithmétique ordinaire (et s'avère en ce sens avoir de bien meilleures propriétés que l'arithmétique cardinale). Ce sur quoi j'aimerais plus particulièrement mettre l'accent ici est le fait que l'origine de ces développements se trouve dans la tentative de découvrir des fondements plus intuitifs pour l'analyse non standard. Ce qui est mis en évidence, ici, c'est qu'un développement des mathématiques non archimédiennes aurait le potentiel de nous inciter à réexaminer un concept central de la théorie cantorienne des ensembles. Comme je l'explique de manière détaillée dans le premier article, il est entendu que ces deux développements sont cohérents l'un par rapport à l'autre. Alors que d'après la relation d'équivalence de Cantor – basée sur

1. Pour une introduction à la vie et aux travaux de Cantor, voir Dauben 1990 et Belna 2000.

la correspondance bijective – l'ensemble des nombres pairs et l'ensemble des nombres naturels partagent la même cardinalité, dans la théorie des numérosités, la numérosité de l'ensemble des nombres pairs est strictement plus petite que la numérosité de l'ensemble des nombres naturels. La relation d'équivalence qui mène aux numérosités pourrait même être considérée comme un raffinement de la relation cantorienne qui donne les cardinalités. Qui plus est, l'existence d'une alternative mathématique à la saisie de la notion de « taille » pour les ensembles soulève d'intéressants problèmes mathématiques, historiques et philosophiques.

Mathématiquement, cela ouvre la voie vers la recherche de nouvelles alternatives à la théorie standard, et à l'étude de l'interaction des nouvelles théories avec d'autres champs fondamentaux des mathématiques, tel que celui de la théorie des nombres, ou encore celui de la théorie des probabilités. Historiquement, elle nous permet de réexaminer l'histoire de l'infini avec une plus grande ouverture aux tentatives qui avaient été faites pour mesurer des ensembles infinis tout en conservant l'intuition partie-tout (ceci est analogue aux possibilités nées du succès du recours à l'analyse non standard permettant la remise en question de notre appréhension de précédents développements non archimédiens). Philosophiquement, enfin, elle nous permet de discuter, comme je le fais dans le premier article, de différentes prises de position philosophiques relatives à la théorie des nombres cardinaux de Cantor (par ex. la position de Gödel sur l'inévitabilité, et la discussion par Kitcher des transitions rationnelles entre les pratiques mathématiques). Des développements récents examinent, d'une part, la question de savoir si les numérosités peuvent être acceptées comme une théorie du compter, et d'autre part, l'application aux fondements de la théorie des probabilités (voir Parker 2013 et Benci, Horsten et Wenmackers 2013).

Le néologicisme est un autre parmi ces champs d'une grande richesse philosophique qui a beaucoup profité de ces récents développements. Ce qui suit permettra de replacer dans son contexte l'émergence du second article contenu dans la présente section.

Le néologicisme [1] est une tentative de faire revivre le programme de Frege en soutenant qu'il est possible de montrer que des parties importantes des mathématiques, comme l'arithmétique du second ordre, sont analytiques. Cette prise de position repose d'une part sur un théorème logico-mathématique, et de l'autre, sur un ensemble d'arguments philosophiques. Le théorème appelé *le théorème de Frege*, affirme que la

1. Ce paragraphe est tiré presque verbatim du second article de cette section.

logique du second ordre avec un seul axiome additionnel, désigné par N= ou appelé le « principe de Hume », implique déductivement (modulo certaines définitions adéquates) les axiomes ordinaires pour l'arithmétique du second ordre. L'ensemble des arguments philosophiques est lié au statut (logique et épistémique) de N= ou principe de Hume. Dans le contexte frégéen, les systèmes du second ordre comportent des variables pour les concepts et pour les objets (individus). Il s'y trouve de plus un symbole fonctionnel # qui représént une fonction laquelle, lorsqu'elle est appliquée à des concepts, donne des objets comme valeurs. La signification intuitive de # est celle d'un opérateur, qui, appliqué à des concepts, produit un objet qui correspond au nombre cardinal des objets qui tombent sous ce concept (les nombres sont alors envisagés comme des objets). Le principe de Hume est formulé comme suit :

$$\text{HP} \quad (\forall B)(\forall C)\ [\#x :(Bx) = \#x :(Cx) \ \text{ ssi } B \approx C]$$

où $B \approx C$ est l'abréviation correspondant à l'une des nombreuses formules équivalentes en logique pure du second ordre qui expriment qu' « il y a une correspondance bijective entre les objets qui tombent sous B et ceux qui tombent sous C. » Comme on l'a remarqué, la partie droite du biconditionnel peut être formulée dans la terminologie pure de la logique du second ordre. La partie gauche donne une condition d'identité numérique (cardinale) pour les concepts. Les concepts B et C ont le même nombre (cardinal) si et seulement s'il existe une corrélation bijective entre les objets qui tombent sous eux. Dans le cadre ordinaire de la logique du second ordre, # représente une opération totale sur les concepts, et par conséquent tous les concepts possèdent une cardinalité. Nous avons « $\#x :(x \neq x)$ » qui devra dénoter la cardinalité d'un concept ayant une extension vide (Frege emploie pour cette raison le concept $x \neq x$ pour définir « 0 » comme « $\#x :(x \neq x)$ »), et # pourrait aussi être employé pour définir de nouveaux concepts. Il est donc tout à fait conséquent d'avoir un terme comme « $\#y :(\#x :(x \neq x) = y)$ », lequel, suivant les définitions de Frege, dénotera le numéro 1. On remarquera qu'il y aura aussi un objet correspondant à « $\#x :(x = x)$ » qui dénotera un nombre infini (vu qu'il existe au moins un nombre dénombrable d'objets obtenables dans le système, à savoir les nombres naturels). Bien qu'il n'existe pas d'ensemble universel dans la théorie de Cantor (par exemple un ensemble qui satisferait à la condition $x = x$), et de ce fait aucun nombre cardinal « de l'univers », il est évident que le critère établi par Frege pour assigner des nombres aux concepts s'accorde dans son essence, avec le critère cantorien de cardinalité.

Dans son ouvrage *Frege's Theorem* (2011), Richard Heck a fait le lien entre mon article de 2009, qui portait sur l'infini et les numérosités, et le néologicisme. Il y affirmait que les possibilités conceptuelles ouvertes par les théories des numérosités ouvraient la voie à une argumentation contre l'analyticité du HP. C'est en réfléchissant à l'argument de Heck que j'ai été amené à formuler l'idée que l'espace créé par la théorie des numérosités pourrait être mis à profit pour établir si HP demeure bien le seul principe à partir duquel il serait possible de dériver l'arithmétique du second ordre. Ceci m'a ensuite suggéré deux questions. La première, historique : existait-il des alternatives au principe de Hume qui avaient été considérées par les contemporains de Frege ? La réponse s'est avérée positive : Schröder et Peano, par exemple, privilégiaient tous deux des principes d'assignation de nombres qui divergent de HP sur les concepts infinis (c.-à-d. les concepts présentant une extension infinie). La seconde question était de nature mathématique : serait-il possible de formuler des principes d'abstraction qui partageraient les propriétés de HP pour les concepts finis, mais qui s'en distancieraient dans leur assignation de nombres aux concepts infinis ? Par le biais d'un résultat puissant implicite dans le travail précédent de Heck, la réponse s'est de nouveau révélée positive : il y a en effet une infinité de tels principes. Tous ces principes sont de « bons compagnons » de HP, au sens où ils peuvent être vus comme partageant les même vertus épistémiques que HP (cohérence, etc.), qu'ils sont compatibles avec HP, et que les axiomes de l'arithmétique du second ordre peuvent en être dérivés. Sur la base de ce résultat, je formule l'objection de « bonne compagnie », et j'examine comment diverses variantes de néologicisme pourraient y répondre. Cela a également entraîné le réexamen de l'argument de Heck (basé sur les numérosités) s'opposant à l'analyticité de HP, ainsi que d'autres questions philosophiques afférentes.

Nous avons donc ici un excellent cas démontrant la manière dont un développement mathématique récent sur l'infini a produit des dividendes élevés dans la discussion philosophique de questions dont l'appréhension avait jusqu'ici été sévèrement restreinte par l'absence d'alternatives mathématiques. J'espère qu'il s'agit ici des débuts d'une fructueuse série de nouvelles investigations sur l'infini et sa signification philosophique.

CHAPITRE PREMIER

SUR LA MESURE DE LA TAILLE DE COLLECTIONS INFINIES DE NOMBRES NATURELS : LA THÉORIE DU NOMBRE INFINI DE CANTOR ÉTAIT-ELLE INÉVITABLE ?

> « La possibilité que le tout et la partie puissent comporter le même nombre de termes, il faut l'avouer, est choquante pour le sens commun. »
> (Russell 1903, p. 358)

1. INTRODUCTION

Deux problèmes fondamentaux semblent avoir déterminé la réflexion sur l'infini mathématique dans la pensée occidentale. Le premier concerne son existence et le second la possibilité de sa mesure. Dans cet article, je ne me pencherai que sur ce second aspect, étant bien sûr entendu

* Publié initialement dans *The Review of Symbolic Logic*, vol. II, n° 4, 2009, p. 612-646. J'aimerais remercier Nico Bertoloni Meli, Jonathan Israel, Sébastien Maronne, Jan Sebestik et Hourya Sinaceur pour l'aide qu'ils m'ont apportée dans la localisation de certaines sources primaires et secondaires. Je sais aussi gré à Massimo Mugnai pour avoir attiré mon attention sur la théorie des numérosités, et à Vieri Benci et André Pétry pour m'avoir aimablement fourni des copies de certains de leurs articles portant directement sur cette théorie. Je remercie tout spécialement Bernardo Mota pour son aide avec la traduction des textes de Maignan, ainsi que Neil Lewis pour nos échanges éclairants au sujet de Robert Grosseteste. Ma gratitude va aussi à Jeremy Avigad, Andy Arana, Luca Bellotti, Vieri Benci, Marco Forti et Vincenzo De Risi pour leurs commentaires sur une première version de cet article. Je souhaite enfin exprimer ma reconnaissance à l'Institute for Advanced Study (Princeton) et à la Fondation Guggenheim pour leur généreux soutien.

qu'il n'est pas toujours possible d'envisager ces deux questions séparément. Voici la manière dont l'article est structuré. Je retracerai tout d'abord certaines des positions historiques principales sur les propriétés paradoxales que présentent les ensembles infinis de nombres naturels, en mettant plus particulièrement l'accent sur la possibilité d'une arithmétique des ensembles infinis. Je décrirai, dans une seconde partie, des développements mathématiques récents qui offrent un moyen de mesurer la taille d'ensembles infinis de nombre naturels tout en maintenant le principe partie-tout. En conclusion, je proposerai des réflexions philosophiques relatives à l'impact de ces récents développements mathématiques sur diverses prises de position historiques et philosophiques que l'on retrouve dans les études publiées à ce sujet, en y incluant la position de Gödel, à laquelle je m'oppose, qui soutient l'inévitabilité de la définition du nombre infini de Cantor. Il s'agit ici de la notion d'inévitabilité à laquelle fait référence le titre de cet article, à savoir l'assertion selon laquelle si l'on voulait généraliser la notion de nombre du fini à l'infini, le concept cantorien du nombre cardinal serait l'unique moyen d'y parvenir.

2. Paradoxes de l'infini jusqu'au Moyen Âge

Bien que des paradoxes de l'infini aient souvent fait leur apparition dans des contextes géométriques – témoins les débats étendus sur la correspondance biunivoque entre les points de deux segments de longueur différente (voir Mancosu 1996, chap. 5) ou la détermination par Torricelli de l'existence d'un solide de longueur infinie, d'un volume fini et sans centre de gravité (voir Mancosu et Vailati 1991 ; Mancosu 1996, chap. 5) – je ne me pencherai dans cet article que sur les paradoxes relatifs à la détermination des tailles de collections infinies [1]. Un exemple simple, la question de savoir si la collection des nombres naturels et celle des carrés des nombres naturels (ou des nombres pairs) ont la même taille, formera la trame de cet article. Le paradoxe, illustré exemplairement dans les *Discours concernant deux sciences nouvelles* de Galilée (1638), consiste à nous persuader que

(1) Il y a plus de nombres naturels que de carrés.

1. Pour de bonnes vues d'ensemble de questions liées au développement historique du concept de l'infini, voir Lévy 1987 ; Moore 1990 ; et Zellini 2005.

(2) La collection des nombres naturels comporte autant d'éléments que la collection des carrés.

Sur (1) : cela semble irréfutablement vrai, puisque plusieurs nombres naturels ne sont pas des carrés, 2, 3, 5, et ainsi de suite.

Sur (2) : cela semble vrai aussi, puisque l'on peut ordonner les nombres naturels et écrire sous chacun d'entre eux le carré correspondant, rendant ainsi apparente la correspondance biunivoque entre les nombres naturels et les carrés.

Nous reviendrons un peu plus tard aux principes qui sous-tendent l'attraction intuitive à la fois pour (1) et pour (2).

Quand le paradoxe a-t-il été formulé pour la première fois ? L'origine du paradoxe, exprimé sous une forme numérique tel que je viens de le présenter, s'avère en fait peu claire. On trouve dans la tradition grecque des paradoxes qui lui sont apparentés, sans toutefois lui être identiques ; dans cette tradition, c'est l'existence de différentes tailles d'infini qui est considérée comme paradoxale. Proclus pourrait être la première source que nous ayons dans laquelle un tel exemple fait l'objet de discussions. Il propose un paradoxe qui avait été soulevé relativement à la définition du diamètre d'un cercle :

> Mais, comme un seul diamètre engendre deux demi-cercles, si l'on mène par le centre des diamètres à l'infini, il se ferait que les demi-cercles seraient en nombre double de ces diamètres infinis ; car c'est ce que d'aucuns ont mis en question à l'encontre de la section des grandeurs à l'infini. Or, nous disons, nous, qu'une grandeur se coupe à l'infini, mais non en parties infinies ; car ceci produit des parties infinies en acte et cela en puissance seulement ; ceci donne la substance à l'infini et cela seulement le devenir. (Proclus 1948, p. 140)

La prémisse fondamentale, à laquelle semblait souscrire Proclus, est celle qui veut qu'un infini ne puisse être deux fois plus grand qu'un autre infini. On trouve par exemple une position similaire chez Philopon (VIe siècle apr. J.-C.). Dans *De Aeternitate Mundi*, il aborde le sujet alors qu'il argumente contre ceux qui nient que le monde ait un commencement :

> Bien plus, suppose que le *kosmos* n'a pas eu de commencement, alors le nombre des individus jusqu'à Socrate, par exemple, aura été infini. Mais il lui aura ensuite été ajouté les individus qui sont venus à l'existence entre Socrate et maintenant, de sorte qu'il y aura quelque chose de plus grand qu'une infinité, ce qui est impossible.
>
> Encore : le nombre des hommes qui sont venus à l'existence sera infini, mais le nombre des chevaux venus à l'existence sera aussi infini. Tu

> doubleras l'infini, et si tu ajoutes le nombre des chiens tu le tripleras, et le nombre sera multiplié à chaque fois qu'une autre espèce est ajoutée. C'est là une chose tout à fait impossible. Car il n'est pas possible d'être plus grand que l'infini, encore moins de l'être plusieurs fois. Donc si ces étranges conséquences doivent s'ensuivre, et d'autres encore, comme nous le verrons ailleurs, si le *kosmos* est incréé, il ne peut donc pas être incréé ou ne pas avoir de commencement. (Philopon 2004, p. 347, d'après *De Aeternitate Mundi contra Proclum*, éd. Rabe 9, 14-11, 17)

À ma connaissance, l'existence de différentes tailles d'infini exprimées sous forme de collections de nombres naturels se trouve défendue pour la première fois chez le philosophe et mathématicien arabe Thābit ibn Qurra (IXe siècle apr. J.-C.). La position d'ibn Qurra nous est parvenue sous la forme d'un rapport de ses réponses aux questions de son disciple Abu Musa Īsā ibn Usayyid, préservé dans un manuscrit arabe (à la British Library à Londres) intitulé *Réponses aux questions posées par Ibn Usayyid* (MS Add. 7473, folio 12b-16b). Le texte a récemment été édité par M. Rashed (2009) (voir aussi l'édition et la traduction de Sabra, 1997 ; et le compte-rendu de Pines, 1968, tous deux en anglais).

> [18] Et nous questionnâmes aussi sur la proposition utilisée par nombre de commentateurs fameux, à savoir : l'infini ne peut pas être plus grand que l'infini. Il nous mit en garde contre l'erreur de celle-ci aussi à partir du nombre. Car le nombre lui-même est infini, et les pairs, dans le nombre, sont à eux seuls infinis, et de même les impairs, or ces deux classes sont égales et chacune d'elles est la moitié du nombre tout entier. Pour ce qui est de leur égalité, il est en effet clair que pour tout couple de nombres successifs, l'un est pair et l'autre est impair. Et pour ce qui est du fait que le nombre est le double de chacune d'elles, cela vient de ce qu'elles sont égales, qu'elles l'épuisent et qu'il n'a pas d'autre partie qu'elles. Par conséquent, chacune d'elles est la moitié du nombre. On a montré aussi que l'infini est un tiers de l'infini, un quart, un cinquième, et toute partie qu'on supposera du nombre en soi : les nombres qui ont un tiers sont infinis et sont le tiers du nombre tout entier, les nombres qui ont un quart sont un quart du nombre tout entier, les nombres qui ont un cinquième sont un cinquième du nombre tout entier, et ainsi de suite pour toutes les parties. En effet, nous trouvons pour tout triplet de nombres successifs un nombre qui a un tiers, pour tout quadruplet de nombres successifs un nombre qui a un quart, pour tout quintuplet de nombres successifs un nombre qui a un cinquième et, pour tout groupe de nombres successifs, en quelque multiplicité qu'ils soient, un seul nombre parmi eux qui a une partie dénommée selon cette multiciplicité. (Rashed 2009, « Réponses », §18, p. 636-638 ; voir aussi p. 678)

Il pourrait bien s'agir ici de la première fois où une arithmétique des collections infinies se retrouve au premier plan. Quelles que soient les complexités afférentes à l'interprétation du texte en question, il est assez évident qu'ibn Qurra défend une position infinitiste, et que, selon celle-ci, il existe des nombres infinis et il est possible qu'un infini soit plus grand qu'un autre infini. Ibn Qurra fait appel à un principe intuitif qui veut que si *A* et *B* (disjoints) sont tels qu'ensemble ils sont égaux à une collection *C*, alors, si la taille de *A* est égale à celle de *B*, la taille de *C* est le double de celle de *A* (et le double de la taille de *B*).

Quand ibn Qurra affirme que les nombres impairs et les nombres pairs ont la même taille, il faut éviter de sauter trop rapidement à la conclusion que l'on se trouve en présence de l'argument standard basé sur la bijection, car le motif invoqué ne peut être généralisé à d'autres ensembles infinis arbitraires. Il semble plutôt qu'une notion informelle de fréquence (avec quelle fréquence les nombres pairs (respectivement les nombres impairs) se présentent-ils ?) forme l'arrière-plan de la conception des grandeurs infinies pour ibn Qurra (« nous trouvons pour tout triplet de nombres successifs un nombre qui a un tiers »).

Comment aurait-il répondu à l'objection possible selon laquelle il existe autant de nombres pairs que de nombres naturels sur la base d'une correspondance bijective entre les deux collections ? Cette question n'est évoquée nulle part dans le texte.

Le Moyen Age latin ignorait ces sources islamiques classiques. Comme l'indique Murdoch, « si l'on considère les sources dont ils auraient possiblement pu subir l'influence, les philosophes et mathématiciens de l'Occident Latin semblent alors avoir découvert par eux-mêmes l'importance de ce paradoxe » (Murdoch 1982, p. 569). Il est bien sûr hors de question de relater ici dans le détail les vifs débats suscités par ce problème durant les treizième et quatorzième siècles, débats qui eurent cours en dépit du fait que les auteurs impliqués, à de très rares exceptions, n'ont que peu fréquemment employé les nombres naturels dans leurs exemples [1]. Un volume récent édité en français (Biard et Celeyrette 2005) offre une sélection étendue de textes pour le quatorzième siècle (pour un

1. Outre les auteurs mentionnés dans le texte principal, Duns Scot, Oresme et Bradwardine sont aussi au nombre de ces exceptions. Pour les positions de Scot, voir Scot 1639, *Quaestio IX*, du « Lib. III. Physicorum », p. 203 (il faut pourtant immédiatement ajouter que ce texte n'est plus attribué à Scot). Pour Oresme, voir la discussion par Sesiano (1996). Voici le texte qui présente la comparaison des nombres impairs et naturels : « *Omnis multitudo infinita est simpliciter infinita, ergo nulla talis est alia maior vel minor. Consequentia patet, quia non dicitur quod unum infinitum simpliciter, id est*

aperçu utile et récent et des références aux publications classiques sur l'infiniment grand (Duhem, Maier, Murdoch, et ainsi de suite) voir aussi Dewender 2002 ; Bianchi 1984, chap. 2, est excellent pour les paradoxes de l'infini et leur contexte au treizième siècle).

De manière générale, on peut distinguer quatre types d'attitude face à la possibilité d'infinis inégaux actuels :

undique, sit maius e<o>dem consimiliter infinito, et potest argui sicut prius <quod> sibi invicem su<per> posita non excedunt nec exceduntur. Probatur antecedens, et capiatur multitudo numerorum imparium et quadratorum [videtur videtur perfectior] ; tunc, cum ibi sit primus, secundus, tertius et quartus et sic sine fine [omnium] <secundum> ordinationem <omnium> numerorum, sequitur quod multitudo numerorum <imparium> non est minor quam multitudo omnium numerorum quorumqumque, et ita argueretur quod multitudo omnium partium proportionalium imparium non est minor tota multitudine parium et imparium, vel tota multitudo partium mediaetatis quam totius » (Kirschner 1997, p. 260-261). Dans sa *Geometria Speculativa*, Bradwardine cherche à établir un paradoxe de l'infini par le biais de la notion de ratio. À la proposition 3.35, il soutient que « tous les infinis sont égaux entre eux ». Mais la conclusion de la proposition 3.36 est que « un infini peut être plus grand qu'un autre ». Voir Bradwardine (1979, p. 99-100). La comparaison entre les nombres impairs et naturels a aussi été attribuée à Albert de Saxe. À ma connaissance, on trouve chez Maier (1949, p. 170) la source de cette attribution qui ne va pourtant pas sans réserve, Maier disant en effet qu'Albert compare les deux ensembles de manière « détournée » [*umständlicher*]. L'attribution sera ultérieurement réitérée sans cette nuance par des auteurs plus tardifs (incluant Gericke 1977, p. 54, et Sebestik 1992). La source qu'indique Maier est la *Quaestio X* des « Questiones subtilissime in libros Aristotelis de celo et mundo » (Albertus de Saxonia, 1492). La lecture de ce texte permet de constater que Maier a extrapolé à partir d'un exemple qui concerne une série infinie de taches noires et blanches qui alternent sans fin. L'expérience de pensée consiste à remplacer chacune des taches noires par la tache blanche qui la suit : « *Arguitur de multitudine. Nam sit unum pedale per imaginationem divisum per partes proportionales. Tunc super primam partem sit aliquod album, super secundam sit aliquod nigrum, et super tertiam iterum sit aliquod album, et super quartam iterum aliquod nigrum, et sic alternatim de aliis partibus proportionalibus. Tunc auferatur primum nigrum, et transferatur secundum album super secundam partem ; deinde auferatur tertium nigrum, transferendo sicut prius. Et consequenter amoveantur omnia nigra. Istum casum concederent adversarii. Tunc clarum est quod super quamlibet partem erit aliquod album. Ergo per primam [secundam] suppositionem multitudo alborum non est maior nec minor multitudine partium proportionalium. Et per idem patet ex principio casus quod tota multitudo alborum et nigroum non est maior nec minor multitudine partium proportionalium. Ergo sequitur quod alba et nigra simul sumpta non sunt plura nec pauciora quam alba solum* » (cité d'après la transcription par Sesiano dans Sesiano, 1988, p. 46-47, note 51 ; on comparera avec Sarnowsky, 1989, p. 169, note 164). Albert procède ensuite à une généralisation où il considère des alternances dans lesquelles une tache blanche ne se trouve qu'à la Position 1, Position 1000, Position 2000, et ainsi de suite, concluant que les taches blanches et noires prises ensembles ne sont ni plus ni moins nombreuses que les taches blanches.

(1) Employer les caractéristiques paradoxales que de tels infinis présenteraient (l'un est une partie d'un autre, c'est-à-dire un infini est plus petit qu'un autre) pour les déclarer strictement impossibles et ainsi faire obstacle à la génération de tels infinis (p. ex. Bonaventure [Bianchi 1984 ; Dales 1984]).

(2) Accepter les collections infinies mais nier que « plus grand que », « plus petit que » et « égal à » puissent s'appliquer aux infinis (Duns Scot [Petruzzellis 1968], Oresme [Sesiano 1996 ; Kirschner 1997], Albert de Saxe [voir Gericke 1977 ; Sesiano 1988 ; Sarnowsky 1989, p. 149-171]).

(3) Accepter les infinis et analyser la manière dont les relations partie-tout qui s'appliquent aux infinis diffèrent de celles qui s'appliquent aux quantités finies (Henri de Harclay [Murdoch 1981a ; Dales 1984], Grégoire de Rimini [Cross 1998]).

(4) Accepter les infinis et tenter de développer une arithmétique de l'infini par analogie avec l'arithmétique du fini.

Le premier texte de l'Occident latin à avoir proposé l'Option 4, c'est-à-dire à avoir défendu la possibilité de comparer différentes tailles d'infinis numériques, fait partie du traité *De Luce* de Robert Grosseteste, écrit autour de 1220 :

> 4. Il est d'autre part possible qu'une somme infinie de nombres soit rapportée à tout autre somme infinie, qu'elle soit numérique ou non. Et il y a certains infinis qui sont plus grands que d'autres, et certains qui sont plus petits. La somme de tous les nombres, aussi bien pairs qu'impairs, est infinie, et elle constitue une somme plus grande que celle de tous les nombres pairs, cette dernière étant néanmoins infinie : elle l'excède en effet de la somme de tous les nombres impairs. De plus, la somme de tous les nombres contenus dans la suite obtenue en partant de l'unité et en doublant successivement chaque nombre est infinie. Et de même, la somme des termes de la suite constituée par les moitiés (*subduplorum*) des termes de la suite précédente est infinie. Il est nécessaire que la somme de ces moitiés soit moitié moindre que la somme de leurs doubles. De la même manière, la somme de tous les nombres contenus dans la suite obtenue en partant de l'unité et en triplant successivement chaque nombre est trois fois plus grande que la somme de leurs tiers (*subtriplorum*). Et, de la même manière, il est évident qu'il peut y avoir un rapport du fini à l'infini pour toute sorte de

rapport numérique. (Grosseteste, *De la lumière ou de l'inchoation des formes*, vers 1220) [1]

Quelques temps après Grosseteste, on trouve Henri de Harclay (voir Harclay 2008, *Quaestiones* XVIII et XXIX), qui était toutefois sensible au fait que la comparaison d'infinis inégaux semblait contredire l'axiome euclidien qui stipule que « *Omne totum est maius sua parte* ». Henri déclare l'axiome inapplicable aux infinis et valide seulement pour des quantités finies, bien que pour lui l'axiome partie-tout soit « également subordonné à un axiome plus général, lequel peut effectivement être

1. La traduction française est celle d'Ottaviani (2004, p. 424-425) ; sur Grosseteste, voir Lewis 2007. Le texte latin a été édité dans Grosseteste, *De Luce, in Die Philosophischen Werke des Robert Grosseteste, Bischofs von Lincoln* (Münster i. W., Aschendorff, 1912), p. 51-59. Voici le passage : « *Est autem possibile, ut aggregatio numeri infinita ad congregationem infinitam in omni numerali se habeat proportione et etiam in omni non numerali. Et sunt infinita aliis infinitis plura et alia aliis pauciora. Aggregatio omnium numerorum tam parium quam imparium est infinita, et ita est maior aggregatione omnium numerorum parium, quae nihilominus est infinita ; Excedit namque eam aggregatione omnium numerorum imparium. Aggregatio etiam numerorum ab unitate continue duplorum est infinita ; et similiter aggregatio omnium subduplorum illis duplis correspondentium est infinita. Quorum subduplorum aggregationem necesse est esse subduplam ad aggregationem duplorum suorum. Similiter aggregatio omnium numerorum ab unitate triplorum tripla est aggregationi omnium subtriplorum suorum istis triplis respondentium. Et similiter patet de omnibus speciebus numeralis proportionis, quoniam secundum quamlibet earum proportionari potest finitum ad infinitum* » (p. 52-53). Un autre passage de Grosseteste, celui-ci tiré de ses *Commentaires sur la Physique d'Aristote*, s'avère ici pertinent : « *Credo tamen quod, sicut alibi diximus, unus numerus infinitus ad alium infinitum numerum se potest habere in omni proportione, numerali et non numerali. Aliquis enim numerus infinitus duplus est ad alium numerum infinitum, et triplus, et sic secundum ceteras species proportionis. Et etiam aliquis numerus infinitus se habet ad alium sicut diameter ad costam, et hoc alibi probatum est. Et iterum audacter dico quod omnis numerus infinitus ipsi Deo (cuius sapientiae non est numerus) finitus est plus quam binarius est mihi finitus. Est illi finitus numerus infinitus collectus ex omnibus paribus, et similiter numerus infinitus collectus ex omnibus imparibus, et similiter omnes numeri infiniti qui infinities possunt diuidi. Sicut enim quae uere in se finita sunt nobis sunt infinita, sic quae uere in se sunt infinita illi sunt finita.* » Je rapporte ce texte d'après le Professeur Lewis, lequel, avec le Professeur Peter King, travaille présentement à l'édition des *Commentaries on the Physics*. Concernant le mot « collectus », voici ce qu'il m'a écrit : « In the edition [of the *Commentary on the Physics*] King and I have been working on we have used the variant 'collectus' rather than 'collatus'. There are only three ms. sources : two mss are closely related and one has collectus, another collectis, and a third, representing a different tradition, has 'collatus'. All mss are of poor quality, so one must go by sense here. It seemed to us at first sight that 'collectus' made a bit more sense, but the edition is hardly in a final state and one could certainly make a case for collatus. I would read 'collatus' literally as meaning something like 'brought together' and 'collectus' as 'collected'. » (Communication par courrier électronique, en date du 19 février 2009).

appliqué aux infinis. » (Murdoch 1981b, p. 54). Ceci a ouvert la voie à l'analyse de Grégoire de Rimini sur les différents sens de « partie », « tout », « plus grand que » dans le contexte de l'infini (sur Grégoire, voir Cross 1998).

3. Galilée et Leibniz

Galilée et Leibniz rejettent tous deux la possibilité d'une théorie de la taille des collections infinies, quoique sur la base de suppositions différentes.

Comme je le disais au début, c'est Galilée qui a donné au paradoxe son expression classique dans son *Discours concernant deux sciences nouvelles* (1638), en faisant appel aux nombres naturels et aux carrés des nombres naturels. Galilée tire les conclusions suivantes à partir du paradoxe :

> Sagr. Qu'en conclure dans ces conditions ?
> Salv. A mes yeux la seule issue possible est de dire que l'ensemble des nombres est infini, que le nombre des carrés est infini, et le nombre de leurs racines pareillement ; que le total des nombres carrés n'est pas inférieur à l'ensemble des nombres, ni celui-ci supérieur à celui-là, et, finalement, que les attributs « égal », « plus grand » et « plus petit » n'ont pas de sens pour les quantités infinies, mais seulement pour les quantités finies. Quand donc le seigneur Simplicio me présente des lignes de longueur inégale, et me demande comment il peut se faire que les plus grandes ne contiennent pas davantage de points que les plus petites, je lui réponds qu'il n'y en a ni plus ni moins ni même autant, mais en toutes un nombre infini [...]. (Galilée 1995, §79, p. 31)

Le dernier mot de Galilée correspondait ainsi aux positions soutenues par Duns Scot, Oresme, et d'autres, en ce qui concerne la non-applicabilité des relations « égal à », « plus petit que » et « plus grand que » aux collections infinies.

La position de Leibniz s'avère plus radicale que celle de Galilée. En effet, bien qu'admettant la possibilité de l'existence d'un infini actuel, il considère que cette possibilité ne s'applique que sous le mode distributif et l'exclut si on envisage l'infini comme un tout collectif :

> Est donné aussi l'infini actuel sous le mode d'un tout distributif, mais non collectif. Ainsi, de tous les nombres on peut énoncer quelque chose, mais non collectivement. De même, on peut dire qu'à tout pair correspond son impair, et réciproquement, mais on ne peut pas dire pour autant

avec rigueur que la quantité des pairs est égale à celle des impairs. (Leibniz 1981, p. 93 ; Leibniz 1875-1890, vol. II, p. 315)

Leibniz refuse donc l'existence d'une collection infinie considérée comme un tout collectif auquel une taille pourrait être attribuée. (Pour de plus amples renseignements sur la position de Leibniz sur l'infini, voir Burbage et Chouchan 1993 ; Leibniz 2001 ; Arthur 1999, 2001 ; Brown 2000, 2001 ; Van Atten 2011 ; Breger 2008.)

4. Emmanuel Maignan

On trouve une position très originale sur la nature de l'infini chez Emmanuel Maignan (1601-1676). Malgré sa grande influence sur les Lumières espagnoles et son rôle marquant dans l'histoire de l'optique et de la perspective, il s'agit d'un personnage aujourd'hui relativement peu connu [1]. Maignan appartenait à l'Ordre des Minimes, et enseignait les mathématiques, l'optique et la philosophie à Toulouse. Sa *Perspectiva horaria sive de horographia gnomonica tum theoretica tum pratica*, rédigée en 1648, fut couronnée de succès et reçut les plus grands éloges, ce qui lui valut d'entrer en relation avec Mersenne et Fermat. Il était résolument anti-aristotélicien, en particulier en ce qui concerne la philosophie naturelle, et sa position sur l'infini contredit, en fait, le déni aristotélicien de l'infini actuel.

Maignan (1673 [seconde édition]) traite de l'infini dans son *Cursus Philosophicus* et lui consacre une très longue dissertation de 30 pages (p. 283-313 de la seconde édition ; toutes les pages qui suivent proviennent de la seconde édition) [2]. On trouve peut-être en lui le plus éloquent des défenseurs de l'existence de l'infini actuel au dix-septième siècle, et Cantor s'est intéressé à son travail (Cantor 1962, p. 405, note 1 ; voir aussi l'index de la correspondance de Cantor avec les théologiens, sous « Maignan », dans Tapp 2005). Comme il est peu connu, je lui consacrerai une place un peu plus importante qu'aux autres auteurs. Sa position comportant en outre un certain nombre de thèses novatrices ayant semé la confusion chez leurs interprètes, j'en aborderai en premier lieu les aspects les moins problématiques.

1. Sur son influence sur les Lumières espagnoles, voir Israel (2002, p. 528-531). Au sujet de l'anamorphose de Maignan à Trinità dei Monti à Rome, voir Terski 2006 et Pascal 2005.

2. Parmi les études publiées, la manière dont Maignan traite de l'infini n'est abordée que de façon sommaire dans Gardies 1984.

Comme je le disais, Maignan défend l'existence de collections infinies et celle d'infinis de tailles diverses. La collection de tous les êtres humains possibles est un bon exemple de collection *infinite categorematice* (ou *in actu*) donné par Maignan. Lui ajouter la collection de tous les lions possibles permet de montrer qu'une collection infinie peut être plus grande qu'une autre. Les yeux (possibles) de tous les êtres humains possibles seront deux fois plus infinis que la collection de tous les êtres humains possible (Maignan, 1673, p. 293).

La collection des nombres naturels est l'un des exemples d'infini catégorématique que Maignan préférait. Sa thèse en faveur de l'existence *in actu* d'une telle collection consiste dans la remarque qu'il n'y a pas de dernier nombre fini et qu'une multitude qui ne contient pas de dernier nombre fini est infinie (Maignan 1673, p. 285). Tel que souligné plus haut, il croit aussi que les relations « plus grand que », « plus petit que » et « égal à » valent non seulement pour les quantités finies, mais qu'elles s'appliquent encore aux quantités infinies :

> La même chose est confirmée par la proposition précédente, parce que, par exemple, une collection infinie de laquelle des unités peuvent être soustraites (pas seulement dix, mais une infinité) alors même que cette collection demeure infinie est évidemment infiniment plus grande avant que ne soit effectuée la soustraction qu'une fois que l'on y a procédé ; dès lors, vu que la collection ne cesse pas d'être infinie après la soustraction l'infini sera de cette manière infiniment plus petit qu'il ne l'était auparavant. On pourrait dire que ceci entre en conflit avec la thèse généralement acceptée qui veut que les termes « plus grand que » et « plus petit que » ne puissent s'appliquer qu'aux quantités finies, et non aux quantités infinies ; ou, à tout le moins, qu'ils ne puissent être appliqués aux quantités infinies que de manière très incorrecte. Je réponds que cette idée possède la caractéristique suivante, qui est celle d'être répandue. En dépit de cela, je dirais, si l'on me le permet, qu'elle présente aussi cette autre caractéristique, qui est celle de n'être fondée sur rien d'autre que sur une notion fausse de l'infini. En outre, l'avantage qu'elle offre, qui consiste en apparence à apporter une solution à des difficultés généralement soulevées par le refus d'accorder à l'infini les propriétés de « plus grand que » et « plus petit que », ne subsiste pas, car en dernier ressort elle ne résout pas ces problèmes. (Maignan 1673, p. 293-294)

D'après Maignan, la véritable notion de l'infini pour les multiplicités est « *illud in quo sunt unitates nullo numero finito comprehensibiles* » (ce dans quoi on trouve des unités qui ne peuvent être comprises par quelque nombre fini que ce soit). (Maignan 1673, p. 287)

Un autre argument invoqué par Maignan consiste à faire appel à la notion commune 9 d'Euclide, qui dit que le tout est plus grand que la partie. En prenant deux collections *A* et *B*, la collection de celles-ci prises ensemble est plus grande que chacune d'entre elles prise séparément :

> De plus, je soutiens cette thèse de manière absolue, car l'une des notions communes (dans Euclide, il s'agit de la 9e du premier livre) affirme que : le tout est plus grand que la partie ; c'est-à-dire, prenant pour exemple A et B, que l'ensemble formé par l'union de ceux-ci est plus grand que celui que formerait chacun d'entre eux pris séparément et uni à quelque chose d'autre qui ne lui appartient pas. En réalité, par le terme « plus grand que » on entend ce qui contient la totalité de ce qui est inclus dans une collection (ou l'équivalent), avec en plus l'addition de quelque chose d'autre qui ne fait pas partie de cette collection. Par le terme « moins que », on conçoit l'opposé. Dès lors, il est évident qu'est inclus dans le tout ce qui se trouve dans la partie (vu que cela est contenu dans le tout) et, en outre, quelque chose d'autre qui n'est pas contenu dans cette partie, c'est-à-dire l'autre partie ; si cela n'était pas, soustraire une seule partie reviendrait de ce fait à soustraire le tout lui-même, ce qui est évidemment faux. En revanche, il est possible d'inférer l'observation 2 de la proposition 1, à savoir qu'il existe des parties infinies. Et à partir des mots de la proposition précédente il résulte non seulement qu'une partie de l'infini peut être infinie, mais encore que deux, ou trois parties le peuvent aussi, et ainsi de suite, jusqu'à ce que la collection de ces infinités devienne elle-même infinie puisque dans tout infini les infinités sont infinies. (Maignan 1673, p. 294)

D'après ce qui précède, il est donc clair que pour Maignan, la collection des nombres pairs est plus petite que celle des nombres entiers, puisqu'elles se trouvent dans un rapport partie-tout. Jusqu'ici, Maignan nous a présenté l'idée que les collections infinies existent, et qu'elles peuvent contenir des parties infinies comme autant de sous-collections. Dans cette optique, si *A* est une sous-collection infinie de la collection *C*, *C* est plus grande que *A*. Il estime manifestement que le principe partie-tout vaut autant pour les collections finies qu'infinies. Ceci ne pose pas problème, à moins qu'à ce principe ne soit associée une forme de ce que l'on appelle parfois de nos jours le « Principe de Hume », selon lequel deux collections ont la même taille s'il existe entre les éléments de ces deux collections une correspondance biunivoque. De telles difficultés paraissent imminentes lorsque Maignan, dans un corollaire, poursuit en décrivant l'égalité comme suit :

> De là il s'ensuit que deux infinis peuvent être égaux, tout comme dans une série infinie de paires il existe nécessairement deux séries

d'unités complètement identiques, sous réserve qu'une unité corresponde toujours à une autre unité de sorte qu'il n'y ait aucun excédent ou manque dans l'une ou l'autre série, ce qui, à son tour, correspond à la définition de l'égalité. D'après ceci, on comprendra aussi que l'on puisse adéquatement parler de « quantité » dans le sens que nous avons expliqué, mais que l'on ne peut le faire lorsque « quantité » est conçu tel qu'il l'est ordinairement, à savoir comme un certain nombre déterminé dans son espèce auquel lui en correspond un autre dans les unités. (Maignan 1673, p. 294)

Au premier abord, ceci menace de ramener toutes les tailles d'ensembles infinis de nombres naturels à une taille unique, réduisant ainsi à néant la portée de ce qui vient tout juste d'être affirmé comme une conséquence du principe partie-tout [1]. À moins qu'une interprétation charitable de ce critère ne soit trouvée, l'application aux nombres naturels du critère d'égalité de Maignan s'avérerait désastreuse pour son intuition relative à différentes tailles d'infini. En effet, considérons les deux suites suivantes :

1, 2, 3, 4, 5,...

2, 4, 6, 8, 10,...

De là au paradoxe de Galilée, il n'y a alors qu'un pas. Suivant le principe partie-tout, la première collection est plus grande que la seconde. D'après le critère d'égalité (ou Principe de Hume), les deux collections sont d'égale taille. Nous verrons bientôt comment Maignan tente de résoudre le paradoxe de Galilée, et ceci permettra aussi de constater que, poussé dans ses derniers retranchements, il aurait sûrement proposé une lecture plus soignée du critère d'égalité.

1. Gardies (1984) a en effet lu dans ce passage un décret posant la correspondance biunivoque comme le critère d'égalité pour les ensembles infinis, concluant de là à l'incohérence interne de la pensée de Maignan sur cette question. L'interprétation de Gardies (1984, p. 126) est partiellement corroborée par l'exemple que l'on trouve à la p. 293, dans lequel Maignan se livre à une expérience de pensée dans le genre de celle qui suit. Prenons tous les êtres humains possibles. Ordonnons-les afin qu'ils forment une suite infinie. Considérons maintenant la même collection d'êtres humains possibles mais organisons-les en deux rangées distinctes. Maignan soutient que de telles rangées devront être infinies. Or ceci ne s'ensuit pas, mais il est plausible que Maignan veuille dire que la règle de formation d'une suite infinie consisterait à partir de la suite originale et à placer chaque deuxième être humain dans la seconde suite. De cette manière, Maignan soutiendrait que la suite de paires d'êtres humains ainsi obtenue est infinie, mais d'une infinité plus petite que celle des êtres humains possibles. Je me permets de souligner que Gardies semble ici proposer une interprétation erronée du texte, car il prétend que Maignan soutient que les paires seraient plus nombreuses que les unités constitutives de ces mêmes paires.

C'est de manière abrupte, dans une section dans laquelle Maignan visait à réfuter une objection au concept d'infini actuel, qu'est introduite sa discussion sur Galilée. La description donnée par Maignan du paradoxe de Galilée s'avère assez directe. Il interprète néanmoins le paradoxe comme un argument contre sa thèse concernant l'existence de collections infinies *in actu*, à savoir que la collection des nombres naturels est un infini catégorematique (ou infini *in actu* ; Maignan semble employer les deux expressions comme équivalentes entre elles). À l'évidence, cela ne correspond pas au point de vue de Galilée sur la question, ce que Maignan reconnaît sans détour. En effet, Galilée accepte l'existence de différentes collections infinies (nombres, carrés, non-carrés), mais affirme que les relations « plus grand que », « plus petit que » et « égal à » ne peuvent s'appliquer aux collections infinies.

Maignan ouvre sa discussion en retraçant en premier lieu les considérations de Galilée sur la fréquence des carrés et des non-carrés qui mènent ce dernier a soutenir que les non-carrés sont plus nombreux que les carrés (ce que nous appellerons « Thèse 1 »)[1]. Le cœur du paradoxe trouve toutefois son origine dans ce qui suit. Par souci de clarté, j'identifierai précisément chacune des thèses que renferme l'argument.

Il est évident que la collection de tous les nombres (comprenant à la fois les carrés et les non-carrés) est plus grande que la collection des carrés, puisque le tout est plus grand que sa partie (Thèse *)[2].

De plus, « il est évident aussi que la collection de tous les carrés est égale à la collection de toutes les racines, comme chacune des racines est la racine d'un carré, et que chacun des carrés n'a qu'une racine » (Thèse 2)[3]. On notera une certaine ambiguïté dans le texte de Maignan que ne présente pas celui de Galilée. Alors que ce dernier dit « *loro [i quadrati] esser tanti quanto le loro radici* », Maignan parle quant à lui d'égalité [*aequalem esse*] sans préciser clairement s'il emploie ce terme dans l'acception d' « avoir la même taille », ou d' « être des collections identiques »[4].

Ces prémisses établies, une contradiction devient maintenant apparente :

1. Comparer à Galilée (1995, §78, p. 30 et §78, p. 31).
2. Comparer à Galilée (1995, §78, p. 30).
3. Comparer à Galilée (1995, §78, p. 30).
4. Galilée dit : « Si je demande maintenant combien il y a de nombre [sic] carrés, on peut répondre, sans se tromper, qu'il y en a autant que de racines correspondantes, attendu que tout carré a sa racine et toute racine son carré, qu'un carré n'a pas plus d'une racine, et une racine pas plus d'un carré » (Galilée 1995, §78, p. 30).

> Mais ces deux choses [les Thèses * et 2] sont contradictoires, car vu que les carrés et les non-carrés, pouvant être multipliés par eux-mêmes, sont tous deux des racines, la collection de toutes les racines est égale à la collection de tous les nombres [Thèse 3] [1]. Dès lors, la collection des carrés est égale à la collection dans laquelle sont à la fois inclus les non-carrés et les carrés, ce qui est contraire à ce qui a été précédemment établi [Thèse %] [2]. (Maignan 1673, p. 304)

Plus formellement, en dénotant avec *A* la collection de toutes les racines, avec *B* la collection de tous les nombres, et avec *C* la collection des carrés, Maignan envisage le déroulement de l'argument selon les étapes suivantes :

$C = A$ [Thèse 2]

$B = A$ [Thèse 3].

Donc,

$C = B$ [Thèse %; obtenue en appliquant aux thèses 2 et 3 le principe selon lequel ceux qui sont égaux à un troisième sont égaux l'un à l'autre ; le signe d'égalité est évidemment employé ici comme une abréviation du concept particulier, quel qu'il soit, que recouvre pour Maignan le terme d' « égalité »].

Ceci signifie toutefois que la Partie C est égale au Tout B, contrairement à ce qui a été établi dans la Thèse *. D'où la contradiction.

On remarquera que la Thèse 1 n'a aucun rôle à jouer dans la reconstruction du paradoxe par Maignan, et qu'il n'en va pas autrement dans la version de Galilée qui n'y recourt qu'afin d'accroître l'intensité du sentiment d'étonnement causé par le paradoxe principal. Il sera néanmoins utile d'examiner la manière dont Maignan répond à la Thèse 1.

Maignan tente de démanteler les arguments galiléens en rejetant (1) que les non-carrés sont plus nombreux que les carrés ; et (2) que les racines sont égales aux nombres (c'est-à-dire la Thèse 3).

Concernant 1), Maignan propose une manière alternative de dénombrer les carrés. Il ordonne d'abord les non-carrés sous forme de suite :

1. Ici encore, Galilée est plus clair, parlant non pas d'égalité, mais disant, plus clairement, « [...] *non si può negare che elle [le radici] siano quante tutti i numeri* [...] » (Galilée, 1958, p. 44 ; cf. Galilée 1995, §78 p. 31).

2. Galilée dit « [...] *converrà dire che i numeri quadrati siano quanti tutti i numeri* [...] » (Galilée, 1958, p. 44 ; cf. Galilée, 1995, §78, p. 31).

3, 5, 6, 7, 8, et ainsi de suite [1].

Il crée ensuite la grille suivante, obtenue en mettant successivement au carré tous les nombres de chaque colonne :

3	5	6	7	8	...
9	25	36	49	64	...
81	625	1296	...		
...	...	...			

Il remarque par la suite que sous chacun des non-carrés se trouve un nombre infini de carrés, et en conclut qu'il y a plus de carrés que de non-carrés :

> Par conséquent, les nombres non-carrés sont loin d'être plus nombreux que les carrés ; au contraire, pour chacun des non-carrés, il y a une quantité infinie de carrés. (Maignan 1673, p. 305)

Concernant 2), Maignan poursuit en octroyant deux significations différentes à la thèse qui dit que « la collection des racines est égale à celle de tous les nombres ». Dans un premier sens, on peut considérer tous les nombres pris de manière *collective* (c'est-à-dire comme un tout), et, dans le second, de manière *distributive*. Maignan argumente, quoique confusément, que le premier cas recèle une contradiction évidente, puisque lire (2) selon l'interprétation *collective* mènerait à la conclusion qu'il y a des nombres au-delà des nombres [2]. Plus intéressante est son objection à la seconde signification, à savoir l'interprétation *distributive* :

1. Pour une raison que je n'arrive pas à m'expliquer, Maignan considère 2 comme un carré, et ce en deux endroits différents ; lorsqu'il calcule le nombre de carrés entre 1 et 10, ou entre 1 et 100, il donne pourtant la bonne réponse.

2. Force m'est d'admettre que l'argument me laisse perplexe. Voici le texte : « *Deinde ad 2 obiectionis partem distinguo id quod ibi simpliciter astruitur, multitudinem scilicet radicum aequalem esse multitudini numerorum omnium ; cum enim haec multitudinum aequalitas fundetur in hoc quod quilibet numerus sit in seipsum multiplicabilis, adeoque sit radix ; ea propositio potest habere hunc duplicem sensum. Primus est, omnes numeri collective sumpti sunt radices, ita ut omnes ac solae radices sint omnes numeri collective sumendo omnes, nulloque praetermisso numero. Secundus est ; omnes numeri distributive sumpti sunt radices ; ita ut nullus in particulari sit numerus, qui non sit radix alicuius alterius : primus sensus manifestam habet contradictionem ; quia sic praeter omnes numeros essent aliqui numeri ; cum enim numeri non possint sibi invicem esse radices velut circulari regressu ; sed alii aliorum semper ulteriorum sint radices ; necesse est ut dum sumuntur omnes sed solae radices, supponantur omnes earum omnium producti : at quia nulla est, ut dixi, suus productus ; necessario praeter solas radices est aliquis productus : Ergo si nihilominus omnes ac solae radices sunt omnes numeri, hoc est si dicendo eas, dicis omnes*

> Dans la seconde signification, on ne démontre pas que la collection des carrés (bien qu'à chaque racine corresponde un carré et vice versa) est égale à la collection de tous les nombres. On ne le démontre pas, dis-je, à moins qu'en plus de supposer, dans cette comparaison, que chaque carré est une racine, on convienne aussi, inversement, que chaque racine est un carré. Mais ceci serait admis sans justification, étant évidemment faux ; en réalité, il y a plusieurs nombres qui sont à la fois non-carré et racine. Par conséquent, pour cette raison, bien qu'il soit possible de soutenir, selon l'autre point de vue (c.-à-d. d'après la première signification que j'ai déjà réfutée), de toutes les racines, mais seulement de celles-ci, qu'elles sont tous les nombres, l'on ne peut néanmoins affirmer que les racines sont tous les nombres carrés. Aussi bien, puisque même dans ce cas les racines sont des nombres, l'on ne peut déclarer que les nombres qui sont strictement carrés sont aussi nombreux que tous les nombres. (Maignan 1673, p. 305)

Il me semble que l'argument de Maignan montre ici que l'on ne peut interpréter sans réserve le critère d'identité rencontré plus tôt. Sa conception de la notion d'égalité pour les collections infinies est plus forte que la seule correspondance biunivoque, puisque dans l'argument que nous venons tout juste de présenter, il nie que l'ensemble des carrés et celui des racines soient de taille égale (et bien évidemment encore moins identiques d'un point de vue extensionnel), et ce malgré la correspondance bijective existant entre les deux collections. De fait, à en juger par cette objection, Maignan semble forcé d'admettre un critère d'égalité entre les collections qui pourrait fort bien s'avérer être l'égalité extensionnelle.

Il devrait maintenant être évident que la position de Maignan est plutôt instable et qu'il a effectivement couru le risque d' « errer sans fin » et de faire naufrage sur « une immense et dangereuse mer », pour emprunter deux belles expressions de sa préface. Dans sa réplique à (1), il exploite la remise en ordre de la suite des nombres naturels pour argumenter que pour chacun des non-carrés il existe une infinité de carrés, mais il ne

numeros ; praeter omnes numeros dicis unum numerum : ubi est adhuc altera contradictio ; quia ille unus ulterior, non solum erit numerus praeter omnes numeros ; sed etiam erit radix praeter omnes radices, nempe erit radix alterius numeri ulterioris. Ergo hoc primo sensu dici nullatenus potest multitudinem radicum omnium aequalem esse multitudini omnium numerorum. » (Maignan 1653, vol. III, p. 1042-43 ; 1673, vol. III, p. 305) On trouve la même résolution du paradoxe chez Jean Saguens, un disciple de Maignan, qui conclut aussi que du fait que deux progressions différentes rendent le nombre de carrés plus grand, et respectivement plus petit que les non-carrés, il ne s'ensuit seulement que « nous ne comprenons pas une multitude infinie mais il ne s'ensuit pas qu'elle est impossible. » (Saguens 1703, vol. III, disp. X, art. VI, p. 122)

parvient toutefois pas à pénétrer la logique de telles remises en ordre avec des ensembles infinis qui permet de mettre en avant des arguments apparemment concluants en faveur de deux thèses contradictoires (il y a plus de carrés que de non-carrés et vice versa). En effet, sa réponse à (1) laissait Maignan potentiellement vulnérable à une riposte qui aurait souligné le fait qu'il n'avait véritablement expliqué ni pourquoi il se trouve plus de non-carrés que de carrés dans le dénombrement galiléen, ni comment ce fait pourrait être réconcilié avec ses propres calculs. Il aborde le sujet en affirmant que ses calculs ne sont pas moins précis que ceux de Galilée, et conclut comme suit :

> Ainsi, la manière dont cela est possible n'est connue que de Celui qui possède une connaissance parfaite de la nature de l'infini. Nous nous contenterons de savoir que cela est effectivement le cas. (Maignan 1673, p. 306)

Il est clair que dans sa réponse à (2), Maignan présente la notion de partie-tout, sur laquelle il s'appuie, comme la plus appropriée pour définir une mesure de la taille de collections infinies. Selon cette logique, l'« égalité » entre les carrés et les nombres ne pourrait tenir que si chaque nombre était un carré, et la correspondance bijective n'y serait pas suffisante pour conclure à l'égalité. Si tel était toutefois le cas, son approche s'avérerait alors sévèrement limitée, et ne pourrait servir à la comparaison de collections qui ne se trouvent pas dans une relation d'inclusion, comme il en va par exemple des collections des nombres pairs et des nombres impairs.

En dépit de tous les problèmes qui grèvent la conception de l'infini chez Maignan, il ne fait aucun doute que celui-ci soit un tenant de l'existence des collections infinies ainsi que de l'idée que des collections infinies de nombres naturels puissent être mesurées et qu'elles puissent présenter différentes tailles.

5. Bolzano et Cantor

Si Galilée et Leibniz semblent tous deux considérer, n'en déplaise à Maignan, que l'on ne devrait pas tenter de développer une théorie des tailles de l'infini, cette possibilité est admise par Bolzano et Cantor. Toutefois, Bolzano et Cantor ne partagent pas le même point de vue quant aux critères servant à déterminer les tailles de collections infinies.

On trouve une position intéressante sur les différentes tailles d'infini dans la *Wissenschaftslehre* de Bolzano. Celui-ci propose un exemple construit à partir d'une suite d'ensembles infinis dénombrables emboîtés, et déclare que chacun des ensembles de la suite est infiniment plus petit que le précédent. L'exemple s'inscrit dans le contexte d'un argument visant à faire voir que les tailles infinies sont nécessaires à la mesure de l'extension des idées. Afin de démontrer l'existence d'idées qui recouvrent une infinité d'objets, Bolzano propose sa suite d'ensembles emboîtés :

> Il se montre plutôt qu'il y a une infinité de représentations qui ont cette propriété que l'une d'entre elles est surpassée une infinité de fois en ampleur par une autre. Un fait dont il s'ensuit que l'unité qui sert à la mesure de l'une ne peut pas être appliquée à la mesure de l'autre, et que par conséquent aucun ensemble fini d'unités ne suffit pour mesurer les ampleurs de toutes les représentations. La vérité de cette affirmation est, me semble-t-il, prouvée par l'exemple suivant, auquel on pourra facilement trouver à en ajouter d'autres. Si nous désignons, pour abréger, le concept de tout nombre entier quelconque par n : les nombres n, n^2, n^4, n^8, n^{16}, n^{32}... expriment des concepts dont sans aucun doute chacun comprend une infinité d'objets (en l'occurrence une infinité de nombres). Il est en outre tout aussi manifeste que tout objet qui tombe sous l'un des concepts suivant n, par ex. n^{16}, tombe aussi sous le précédent immédiat n^8, mais que inversement beaucoup d'objets qui tombent sous le concept précédent n^8 ne sont pas contenus sous le suivant n^{16}. Des concepts n, n^2, n^4, n^8, n^{16}, n^{32} ... chaque suivant est donc subordonné aux précédents. Il est ensuite tout aussi indéniable que l'ampleur de chacun de ces concepts dépasse une *infinité de fois* l'ampleur du suivant prochain (et d'autant plus celle d'un plus éloigné). Car si nous posons que le plus grand de tous les nombres jusqu'auquel nous voulons étendre nos calculs soit = N, le plus grand nombre qui pourrait représenter le concept n^{16} serait = N, et par suite le nombre des objets qu'il inclut = ou < $N^{1/16}$. Et de même le nombre des objets qu'inclut le concept n^8 = ou < $N^{1/8}$. A partir de là, la relation de l'ampleur du concept n^8 à celle du concept n^{16} serait = $N^{1/8} : N^{1/16} = N^{1/16} : 1$. Mais comme $N^{1/16}$ peut devenir plus grand que toute grandeur donnée, si on peut poser N assez grand, et comme nous pouvons poser N aussi grand que nous le voulons – puisqu'en effet nous ne nous approchons de la vraie relation qui règne entre les ampleurs des concepts n^8 et n^{16} que plus grande sera la valeur que nous prenons pour N, il s'ensuit que l'ampleur du concept n^8 dépasse celle du concept n^{16} une infinité de fois. Comme maintenant la suite n, n^2, n^4, n^8, n^{16}, n^{32} ... peut être prolongée aussi loin qu'on le voudra : nous avons avec elle un exemple de suite infinie dont chaque concept est une infinité de fois plus ample que son successeur prochain. (Bolzano 1973, section 102, p. 154-155) [Traduction française, modifiée, par Frédéric Ruscher]

Dans *Les Paradoxes de l'infini* (1851 ; voir Bolzano 1975a, 1993), Bolzano reconnaît que les ensembles infinis possèdent la propriété caractéristique de se trouver dans un rapport de correspondance biunivoque avec des sous-ensembles propres d'eux-mêmes. Il refuse néanmoins de faire usage de cette propriété pour exprimer l'idée de la grandeur d'ensembles infinis :

> Soit deux ensembles A et B tels que nous puissions trouver, en utilisant une règle déterminée, pour chaque partie a de A une partie b de B telles que l'ensemble des paires $(a + b)$ ainsi formées contienne tout ce qui se trouve dans A et dans B et chaque chose une fois seulement, cela ne constitue pas une raison suffisante pour conclure, *dans le cas où A et B sont infinis, à leur égalité* en tant que pluralités de parties (*i.e.* abstraction faite de toutes leurs différences). (Bolzano 1993, section 21, p. 89) [1]

Que même le grand Bolzano ait pu se situer aussi loin de Cantor a amené Jan Berg, dans les notes introductives à Bolzano (1973, p. 26-28), à rétablir la bonne réputation de Bolzano en soulignant que « dans une lettre à son élève Robert Zimmermann du 9 mars 1848, c'est-à-dire quelques mois avant sa propre mort », Bolzano avait abandonné sa position précédente. On me permettra de citer en entier le passage pertinent de la lettre à Zimmermann :

> *Wissenschaftslehre* vol. I, p. 473. [...] la chose est non seulement exposée obscurément, mais, comme je commence à me rendre compte, elle est exposée de manière tout à fait fausse. Si l'on désigne par n le concept d'un nombre entier arbitraire, ou, pour le dire mieux, si le signe n doit représenter un nombre entier arbitraire, on a déjà décidé *quel* ensemble (infini) d'objets représente ce signe. [La taille de] cet ensemble n'est absolument en rien modifié[e] lorsque nous exigeons, en ajoutant un exposant comme $n^2, n^4, n^8, n^{16}, \ldots$, que chacun de ces nombres soit maintenant élevé tantôt à la deuxième, tantôt à la quatrième, ... puissance. L'*ensemble* des objets que représente n [*i.e.* la taille de cet ensemble] est encore toujours exactement le même, bien que les *objets eux-mêmes* représentés par n^2 ne soient pas exactement les mêmes que ceux représentés par n. Le faux résultat a été obtenu par l'inférence illégitime d'un ensemble *fini* de nombres, à savoir l'ensemble des nombres qui ne dépassent pas N, à *tous* les nombres. (Bolzano, Lettre à R.

1. Voir aussi Bunn 1977 ; Spalt 1990 ; et Parker 2009 (section III). Une analyse complète de la position de Bolzano devrait aussi prendre en considération le *Grössenlehre* (voir Bolzano 1975b). Voir Sebestik 2002 pour le meilleur tour d'horizon sur la philosophie de la logique et des mathématiques de Bolzano.

Zimmermann du 9 mars 1848, 1975b, p. 187-188 ; traduction en français de Sebestik, 2002, p. 469-470 ; voir aussi cette même traduction, légèrement différente, dans Sebestik 1992, p. 190-191)

Berg conclut comme suit :

> Dès lors, il semble qu'en fin de parcours Bolzano ait restreint la doctrine voulant que le tout soit plus grand que ses parties au seul cas du fini, et accepté l'isomorphisme comme une condition suffisante à l'identité de puissance des ensembles infinis. Il s'agit ici d'une seconde réussite d'importance majeure de Bolzano dans son investigation de l'infini. (Bolzano 1973, p. 27-28).

C'est ainsi que Bolzano sauva *in extremis* son âme mathématique, et rejoignit les rangs des bienheureux cantoriens en répudiant ses anciens péchés. Alors qu'il serait possible d'argumenter de la sorte dans le cas d'ensembles de nombres naturels (cf. Bolzano 1993, section 33, p. 113-115, où il semble considérer le recours à des associations bijectives afin de déterminer la taille de certaines suites, comme par exemple la suite des nombres et de leurs carrés), lorsqu'il s'agit de la manière dont Bolzano traite les ensembles infinis dans des contextes géométriques, la thèse de Berg me paraît peu plausible, si ce n'est tout à fait fausse.

Sans vouloir chercher la petite bête chez Berg, je ne peux manquer d'observer que les publications sur l'infini regorgent de ce type d'historiographie « Whig » [1]. Louange et blâme sont distribués suivant qu'un auteur ait ou non anticipé Cantor, et cela mène tout naturellement à une lecture complètement anachronique de plusieurs des contributions médiévales et plus tardives (il en a certainement été ainsi dans le cas de l'interprétation de Grégoire de Rimini par Duhem, et de celle d'Albert de Saxe par Maier ; les études plus récentes ont fait montre en cela d'une plus grande prudence (Murdoch, Dewender, etc.)).

Comme on le sait, c'est par Dedekind qu'a été exploitée la propriété de réflexivité des ensembles infinis, c'est-à-dire qu'ils peuvent être placés dans une correspondance biunivoque avec un sous-ensemble propre d'eux-mêmes, pour la transformer en une définition de l'infini. Il a toutefois fallu attendre Cantor pour que la correspondance bijective soit employée à titre de critère dans l'analyse de la notion de taille pour les ensembles infinis [2]. Confronté aux traditionnels paradoxes de l'infini,

1. Dans le cas de Bolzano, cela a été adéquatement souligné par Spalt (1990, p. 199-200).

2. Je présumerai ici de la familiarité du lecteur avec la théorie de Cantor. Pour des compte-rendus académiques, voir Hallett 1984, Dauben 1990, Ferreirós 1999, et Purkert 1987. En lien avec le sujet de cet article, voir aussi l'analyse historique détaillée que l'on trouve dans Parker (2009, section IV).

Cantor abandonne l'intuition qui veut que si *A* est strictement inclus dans *B*, alors la taille de *A* doit être strictement moindre que la taille de *B*. Dans le *Mitteilungen* (Cantor 1962, p. 417), ce problème se manifeste sous une forme particulièrement révélatrice. Cantor dit :

> Soit *M* la totalité (ν) de tous les nombres finis ν, M' la totalité (2ν) de tous les nombres pairs 2ν. Ici, il est incontestablement vrai que *M* est, en termes de ses entités, *plus riche* que M', car *M* contient également, en plus des nombres pairs qui composent M', tous les nombres impairs M''. D'autre part, il est de même incontestablement vrai que d'après les sections 2 et 3, le même nombre cardinal se rapporte aux deux ensembles *M* et M'. Ces deux faits sont certains, et aucun ne se met en travers de la route de l'autre, si l'on prend soin de distinguer entre la *réalité* et le *nombre*. Il faut alors dire : *l'ensemble M a plus de réalité que M', car il contient comme composantes M' mais également M'' ; les nombres cardinaux se rapportant aux deux ensembles M et M' sont toutefois identiques*. Quand donc ces vérités si simples et lumineuses (ce qui ne leur est certainement pas préjudiciable) seront-elles enfin reconnues par tous les penseurs ? (Cantor 1887-1888, in Cantor 1962, p. 417 ; voir aussi Tapp 2005)

Cantor, à son insu, révèle dans ce passage la manière dont sa solution au paradoxe de Galilée laisse l'une de nos intuitions à propos des ensembles infinis dépourvue d'explication adéquate. D'après la théorie de Cantor, tous les sous-ensembles infinis des nombres naturels auraient la même cardinalité, ce que nous désignerions comme leur « taille ». Lorsque celui-ci nous dit qu'il existe un sens selon lequel l'ensemble des nombres naturels a « plus de réalité » (ou « est plus riche ») que l'ensemble des nombres pairs, nous éprouvons toutefois de nouveau l'attraction de notre intuition originale : est-il possible de mesurer la « taille », de ce « surcroît de réalité » que possèdent les nombres naturels comparativement aux nombres pairs ? Ou encore les nombres pairs comparativement aux multiples de 4 ? Bien qu'il soit clairement établi par Cantor que deux notions sont ici en jeu, il ne précise pas que l'une de ces deux notions (celle qui concerne le « surcroît de réalité ») peut être développée davantage afin de rendre possible une mesure quantitative de cette notion de « surcroît de réalité ».

On notera que Cantor maintient de manière fort juste l'absence de tout conflit entre les deux notions « avoir un surcroît de réalité » et « avoir le même nombre cardinal ». À mon sens, c'est sur la base de la fécondité de l'approche cantorienne dans le domaine de la théorie des ensembles, ainsi que sur celle du manque d'alternatives intéressantes à celle-ci, que s'est établi un consensus général voulant simplement qu'il soit impossible de formuler une théorie intéressante qui parviendrait à généraliser la notion de « avoir un surcroît de réalité » à une arithmétique complètement développée des ensembles infinis qui satisferait au principe partie-tout. Je voudrais maintenant montrer que des travaux mathématiques récents nous présentent des théories qui peuvent (*cum grano salis*) être considérées comme des développements formels (de quelques aspects) du concept intuitif d'infinité tel qu'on le trouve chez Thābit ibn Qurra, Grosseteste, Maignan, Bolzano, et chez tous ceux qui croyaient que la taille de l'ensemble des nombres naturels est plus grande que celle de l'ensemble des nombres pairs.

6. Approches mathématiques contemporaines de la mesure de la taille d'ensembles infinis dénombrables.

J'aimerais commencer par examiner certaines questions que la discussion précédente pourrait légitimement avoir soulevées et y proposer quelques éléments de réponse, avant d'en venir à ces développements mathématiques récents dont l'explication a été annoncée plus haut. Si l'on attend juste une théorie quelconque du fait que les nombres divisibles par 2 sont plus nombreux que ceux qui sont divisibles par 3, et d'autres exemples similaires, deux options semblent alors s'offrir aisément.

La première concerne la possibilité d'employer la notion de densité asymptotique, de la même manière qu'en théorie des nombres [1], en tant qu'outil mathématique pouvant servir à déterminer la taille d'ensembles infinis de nombres naturels. Si A est n'importe quel ensemble de nombres naturels, $c_A(n)$ dénotera le nombre d'objets dans A restreints à $[1 \ldots n]$. Dès lors $c_A(n)/n$ est la fraction qui représente les nombres naturels jusqu'à n contenus dans A. Si $c_A(n)/n$ s'approche d'une limite d, quand n s'approche de l'infini, on appelle d la densité asymptotique de A. Selon cette notion, l'ensemble des nombres pairs a une densité de $1/2$, l'ensemble des nombres impairs une densité de $1/2$, et celui des nombres divisibles par 3 une densité de $1/3$. Si une telle approche s'avère utile pour rendre compte de certaines des intuitions rencontrées au cours de notre tour d'horizon historique, le fait qu'elle ne fournisse pas de notion qui permette

1. Parmi de nombreuses publications consacrées à ce domaine, voir Fine et Rosenberger 2007.

de généraliser les relations de taille entre les ensembles finis constitue l'une de ses limites. En effet, selon cette approche, tous les ensembles finis partagent la même densité asymptotique, à savoir 0 ; certains ensembles infinis ne possèdent aucune densité asymptotique (leur lim. sup. ne coïncidant pas avec leur lim. inf.) ; et plusieurs ensembles infinis (comme celui des nombres premiers) ont une densité de 0. En outre, comme l'ensemble des nombres pairs et celui qui contient 1 et les nombres pairs présentent la même densité, le principe partie-tout n'est pas respecté. Quoique ce qui précède ne constitue pas en soi une critique de la densité asymptotique, notre dessein demeure toutefois d'examiner si le principe partie-tout est réalisable. Même dans le cadre de la poursuite de ce dernier objectif, la notion de densité asymptotique s'avère utile afin de doter de contraintes intuitives des modèles de théories satisfaisant au principe partie-tout pour les ensembles arbitraires, ce que l'on pourra constater à l'occasion de l'un des exposés mathématiques dont nous discuterons plus loin (voir Section 6.1).

La seconde suggestion est celle d'un recours aux théorèmes standard relatifs aux relations binaires pour soutenir que puisque $\subset$ constitue un ordre partiel de l'ensemble puissance des nombres naturels, il est possible de l'étendre à un ordre total qui pourrait aussi satisfaire à des propriétés supplémentaires (voir Szpilrajn 1930, et, parmi les nombreuses extensions, Dushnik et Miller 1941 ; Duggan 1999 ; Andrikopoulos 2009). Ceci nous donnera une théorie ayant une relation $<$ (un ordre linéaire) étendant $\subset$ pour lequel la trichotomie s'applique. Bien que cela soit vrai, cela s'avère sans intérêt, puisque nous n'avons aucune garantie quant à la nature des relations de taille que la relation $<$ induit entre des ensembles de nombres naturels (tant finis qu'infinis). Cette théorie préserve l'intuition pour des ensembles qui sont dans la relation d'inclusion, mais elle donne des résultats complètement arbitraires dans le cas d'ensembles disjoints ou qui ont une intersection partielle. Parker 2009, dont je n'ai pris connaissance qu'une fois la majeure partie de cet article déjà rédigée, mentionne cette option tout en étant conscient de sa portée très limitée lorsque envisagée comme possible théorie des tailles des ensembles infinis.

À l'évidence, la moindre des choses qu'il serait légitime d'attendre d'une théorie « arithmétique » des tailles d'ensembles arbitraires de nombres naturels serait qu'elle n'induise pas de résultats quant à la taille d'ensembles finis qui se trouveraient en conflit avec des résultats précédemment établis concernant la cardinalité des ensembles finis. La préservation de certaines intuitions de base concernant la taille relative de collections finies et infinies serait en outre souhaitable, bien que l'on puisse discuter de ce que l'on doit effectivement attendre.

Les approches qui seront maintenant abordées trouvent leur motivation dans l'objectif, qui leur est commun, de conserver l'intuition partie-tout de telle sorte que d'autres propriétés algébriques des cardinalités finies soient également sauvegardées. Je ne prétends pas faire œuvre originale par mon exposé de ces théories et dans certains cas je suis *verbatim* leurs définitions et formulations originales.

6.1. *Katz et son « Sets and Sizes » [« Ensembles et tailles »] (1981)*

Une approche mathématique intéressante de notre problème a été explorée dans une thèse rédigée en 1981 au M.I.T. par Fred M. Katz, « Ensembles et tailles ». La citation qui suit est tirée du résumé de la thèse :

> La théorie de la cardinalité de Cantor pèche contre le bon sens. Elle dit par exemple que tous les ensembles infinis de nombres entiers sont de même taille. La présente thèse propose une critique des arguments sur lesquels repose la théorie de Cantor, et y présente une alternative. Celle-ci est basée sur une théorie générale, TC (pour Taille de Classe). TC est constituée de tous les énoncés formulés dans le langage du premier ordre possédant un prédicat « sous-ensemble » ainsi qu'un prédicat « plus-petit-que » et qui sont vrais dans toutes les interprétations de ce langage dont le domaine est un ensemble puissance fini. Par conséquent, TC dit que « plus-petit-que » est un ordre linéaire avec des maximums et des minimums, et que chaque ensemble est plus grand que n'importe lequel de ses sous-ensembles propres. La formulation de TC étant ainsi restreinte, TC présentera un nombre infini d'interprétations. Plus spécifiquement, la notion de correspondance bijective ne pouvant être exprimée dans ce langage, la définition cantorienne de similarité ne fera pas partie de TC, bien qu'elle soit vraie pour tous les ensembles finis. Nous montrons que TC est décidable mais pas finitement axiomatisable par le biais de la caractérisation de l'ensemble des extensions complètes de TC. TC présente des complétions finies qui ne sont vraies que dans les modèles finis, et des complétions infinies qui ne sont vraies que dans des modèles infinis. Une complétion infinie est déterminée par un ensemble de principes de reste qui disent, pour chaque nombre naturel n, combien il reste d'atomes lorsque l'univers est partitionné en n sous-ensembles disjoints de même taille. Nous montrons que n'importe quelle complétion infinie de TC a un modèle sur l'ensemble puissance des nombres naturels qui satisfait à un axiome supplémentaire : DEVANCER [OUTPACING]. Si les segments initiaux de A finissent par devenir plus petits que les segments initiaux de B qui leur correspondent, A est alors plus petit que B. Les modèles qui satisfont à DEVANCER

semblent concorder avec les intuitions courantes ayant trait à la taille des ensembles. Plus précisément, ils sont en accord avec l'ordre suggéré par la notion de densité asymptotique. (Katz 1981)

Le point de départ chez Katz est le conflit qui oppose deux principes de taille. Le premier est BIUNIVOCITÉ [ONE-ONE] et le second est SOUS-ENSEMBLE [SUBSET].

> BIUNIVOCITÉ : Deux ensembles sont de taille égale si et seulement s'il existe une correspondance bijective entre eux (Katz 1981, p. 1).
>
> SOUS-ENSEMBLE : Si un ensemble en inclut strictement un autre, le premier est alors plus grand que le second (Katz 1981, p. 2).

Le conflit survient lorsque les deux principes sont employés pour exprimer la même notion de taille. Comme BIUNIVOCITÉ l'a emporté sur SOUS-ENSEMBLE sur la base du grand succès de la théorie des ensembles infinis de Cantor, Katz se donne pour objectif de développer une approche qui fasse justice à SOUS-ENSEMBLE, et ce, même pour des collections infinies, et plus particulièrement encore pour la collection des sous-ensembles des nombres naturels. Sa thèse est complexe et présente plusieurs aspects intéressants, mais je me restreins à en communiquer ici le schéma dans sa plus simple expression.

L'idée de départ est celle de la définition d'une théorie TC (Taille de Classe) qui contiendrait SOUS-ENSEMBLE (mais dans laquelle BIUNIVOCITÉ ne pourrait s'exprimer), et dans laquelle la relation d'ordre entre les ensembles est définie d'une manière qui reflète des principes plausibles de taille. Le langage de cette théorie est un langage du premier ordre $L_{TC} = \{\emptyset, I, \mathrm{Atom}(x), \mathrm{Unit}(x), \subset, -, \cup, \cap, <\}$.

La théorie TC contient tous les axiomes d'une algèbre atomique booléenne en plus d'autres principes de taille, telle la version formelle de SOUS-ENSEMBLE : si $A \subset B$, alors $A < B$. En effet, TC recouvre encore bien d'autres choses et est d'abord caractérisée, en utilisant la théorie des modèles, comme l'ensemble des énoncés qui sont vrais dans toutes les interprétations finies standard de L_{TC}. Une interprétation standard finie est définie comme suit :

A est une *interprétation standard* de L_{TC} ssi

(i) dom(A) = $P(x)$ pour un certain x (on définit x comme la base de l'interprétation A ; $P(x)$ est l'ensemble puissance de x)

(ii) $A(I) = x$; $A(\emptyset) = \emptyset$; $A(a \subset b)$=vrai ssi $a \subset b$.

A est une *interprétation standard finie* de L_{TC} ssi en plus d'être une interprétation standard, A a une base finie et les trois conditions suivantes sont satisfaites :

$A(a < b)$ = vrai ssi card(a) < card(b)

$A(a \sim b)$ = vrai ssi card(a) = card(b) (où $\sim$ est une notion définie)

A(Unit(a)) = vrai ssi card(a) = 1.

La théorie TC est définie en théorie des modèles comme la classe d'énoncés qui sont vrais dans toutes les interprétations standard finies de L_{TC} . Katz consacre une grande partie de son travail à l'axiomatisation effective de TC, et il y parvient en ajoutant certains principes de division à une théorie intuitive qui inclut tous les axiomes caractérisant une algèbre atomique booléenne, ainsi qu'une variété d'autres principes de taille. La démonstration s'avère loin d'être triviale. Les énoncés qui sont dans TC incluent, en plus de SOUS-ENSEMBLE déjà évoqué, d'autres principes tel que celui de trichotomie ($x < y$ ou $x \sim y$ ou $x > y$). Qui plus est, le prédicat *Somme* permet la formulation, pour des ensembles disjoints, des principes de base d'addition de tailles.

La question de savoir s'il existe des modèles infinis d'une telle théorie trouve une réponse positive dans deux faits : d'une part, la théorie présente des modèles de cardinalité finie de taille arbitraire, et d'autre part toute théorie du premier ordre qui a des modèles de cardinalité arbitraire finie doit avoir un modèle infini. Katz montre également qu'il existe des complétions de TC (qui est une théorie décidable mais incomplète [1]) comportant des modèles infinis sur les nombres naturels qui satisfont au principe qu'il appelle DEVANCER. Intuitivement, ce principe stipule que pour deux ensembles x et y, s'il existe un n d'après lequel pour tous les $m > n$ la restriction de x à m ($x[m]$) possède une plus grande cardinalité que la restriction de y à m ($y[m]$), alors $x > y$. Parler de la cardinalité

1. Une théorie est décidable si et seulement si il existe une procédure effective telle que pour tout énoncé du langage de la théorie cette procédure livre la réponse 'oui' si l'énoncé est prouvable dans la théorie et 'non' si l'énoncé n'est pas prouvable. Une théorie est syntaxiquement compléte si et seulement si, pour tout énoncé A du langage de la théorie, A est prouvable dans la théorie ou la négation de A est prouvable dans la théorie. Pour chacune des combinaisons suivantes : décidable et syntaxiquement complète, décidable et syntaxiquement incomplète, indécidable et syntaxiquement complète, indécidable et syntaxiquement incomplète on peut trouver une théorie la satisfaisant.

de telles restrictions ne pose pas problème, puisque toutes les restrictions concernées sont finies. Les modèles satisfaisant à DEVANCER sont plus satisfaisants que d'autres modèles standard infinis car ils parviennent à éviter des pathologies comme celle qui consiste à décréter que les nombres pairs sont moins nombreux que les nombres premiers. De plus, ces modèles sont compatibles avec d'autres faits intuitifs attractifs relatifs à la densité asymptotique. Ainsi dans de tels modèles de TC, on parvient à des résultats satisfaisants comme le fait que la taille de l'ensemble des nombres pairs est plus grande que celle de l'ensemble des nombres divisibles par 3, ou encore que l'ensemble des carrés est plus petit que celui des multiples de k, pour tout $k > 0$. Outre cela, les tailles de tous les ensembles infinis de nombres sont comparables sur la base de la trichotomie. Certaines déterminations de taille, toutefois, comme celle qui permettrait de savoir si l'ensemble des nombres impairs et celui des nombres pairs ont exactement la même taille, dépendent du choix des ultrafiltres auxquels on a eu recours pour la formulation des modèles de TC+DEVANCER.

On trouve dans TC une notion définie de *somme* (x, y, z) qui obéit aux principes évidents s'appliquant aux ensembles disjoints. On notera néanmoins que les lois arithmétiques valides dans les modèles de Katz diffèrent des lois standard. La présence d'un élément maximum I (un « plus grand infini »), par exemple, est la raison pour laquelle les opérations arithmétiques dans de tels modèles ne préservent pas toutes les règles arithmétiques standard. Dans la théorie qui fera maintenant l'objet de notre investigation, au contraire, toutes les règles arithmétiques ordinaires sont également généralisées aux ensembles infinis de nombres.

Quoiqu'elle soit demeurée peu connue, il est clair que la thèse de Katz entretient des relations avec l'approche dont on traitera maintenant, et ce à l'insu des auteurs qui ont contribué à sa conception. Ces relations mériteraient plus ample examen, mais cela dépasserait le cadre de cet article.

6.2. *Une théorie des numérosités*

Commençons par articuler de nouveau les principes de taille qui sont valables pour les ensembles finis. Le premier pourrait être désigné comme le principe PT (principe partie-tout) :

PT : Si A est une sous-collection de B, alors $s(A) < s(B)$
(Ceci correspond au SOUS-ENSEMBLE de Katz).

Vient ensuite le principe de Cantor :

PC : $s(A) = s(B)$ si et seulement s'il existe une correspondance biunivoque entre A et B
(Ceci correspond chez Katz à BIUNIVOCITÉ).

Notons que tout le monde accepte ces principes lorsqu'ils s'appliquent aux ensembles finis. Le problème ne se manifeste qu'à partir du moment où l'on tente d'étendre ces principes aux ensembles infinis. Le paradoxe qui n'a cessé de hanter l'histoire de l'infini peut être exprimé directement comme suit. Supposons que les principes PT et PC sont valables pour les ensembles infinis. Soit B l'ensemble des nombres naturels. Soit A l'ensemble des nombres pairs. Puisque $A \subset B$ d'après PT, il s'ensuit que $s(A) < s(B)$. Une relation de correspondance bijective peut toutefois être établie entre A et B. Ainsi, d'après PC, $s(A) = s(B)$. Dès lors $s(A) < s(A)$. D'où contradiction.

Il est bien connu que Cantor abandonna PT pour les ensembles infinis, conservant toutefois PC. Si l'on cherche à savoir ce qui advient de PT dans la théorie de Cantor, on verra qu'une version faible de PT est valable :

PTF : $A \subseteq B$ implique que $s(A) \leq s(B)$.

La théorie que nous allons maintenant décrire étend PT à tous les ensembles dénombrables, et trouve son origine chez Benci 1995. Celui-ci collabora ensuite avec Di Nasso et Forti, étendant la portée de cette approche même au-delà des ensembles dénombrables. Benci et Di Nasso 2003 ; Benci *et al.* 2006 ; et Benci *et al.* 2007 sont les trois publications principales sur ce sujet (voir aussi Di Nasso et Forti 2010). On en trouve aussi un exposé informel et utile chez Gilbert et Rouche 1996.

La progression de ces trois articles correspond à une extension qui part des ensembles dénombrables pour atteindre les ensembles arbitraires de nombres ordinaux, et finalement des « univers », c'est-à-dire des superstructures $V(X) = \cup_{n \in N} V_n(X)$ sur une base X de cardinalité moindre que $\aleph_\omega$. Je n'entrerai dans les détails de cette approche que pour les ensembles dénombrables. Posée de manière informelle, l'approche consiste à trouver une mesure de taille pour les ensembles dénombrables (incluant de ce fait tous les sous-ensembles des nombres naturels) qui satisfasse à PT. Les nouveaux « nombres » seront appelés « numérosités » et satisferont à certains principes intuitifs tel celui-ci : la numérosité de l'union de deux ensembles disjoints est égale à la somme de leurs numérosités.

Commençons par exposer ce qui arrive lorsque l'on assigne une fonction de taille à une collection d'ensembles. On peut en fait envisager une telle assignation comme un triplet $\langle S, (\mathcal{N}, \leq), \nu \rangle$, où :

S est la famille d'ensembles dont l'on souhaite mesurer la « numérosité » ;

$(\mathcal{N}, \leq)$ est un ensemble de nombres linéairement ordonné (sur lesquels l'addition et la multiplication sont définies) ;

ν est une fonction de S sur $\mathcal{N}$.

Voici quelques propriétés qu'il serait souhaitable que le système possède :

(1) s'il existe une « bijection » entre A et B, alors $\nu(A) = \nu(B)$

(2) si $A \subset B$, alors $\nu(A) < \nu(B)$

(3) si $\nu(A) = \nu(A')$ et $\nu(B) = \nu(B')$, alors les unions disjointes (∇) et les produits cartésiens ($\times$) correspondants satisfont :

$$\nu(A \nabla B) = \nu(A' \nabla B')\ ;\ \ \nu(A \times B) = \nu(A' \times B')$$

Alors que $\langle \text{Fin}, (N, \leq), \# \rangle$ satisfait à ces trois propriétés, où « Fin » désigne les ensembles finis, « N » l'ensemble des nombres naturels (ce qu'il fera aussi jusqu'à la fin de ce chapitre), et « # » la cardinalité ordinaire des ensembles finis, il n'en va pas de même pour les deux cas suivants, qui traitent de la classe de tous les ensembles et de la classe de tous les ensembles bien ordonnés (BO) :

a) $\langle \text{Ensembles}, (\text{Card}, \leq), \lVert\ \rVert \rangle$	[$\lVert A \rVert$ est l'unique nombre cardinal équipotent à A]
b) $\langle \text{BO}, (\text{Ord}, \leq), \lvert\ \rvert \rangle$	[$\lvert A \rvert$ est le type d'ordre de A]

Le problème est le suivant : est-il possible de trouver un système qui permette de « compter » des ensembles dénombrables et qui satisfasse à (1), (2), et (3) ? La réponse est affirmative, mais avant d'aller plus loin, il est nécessaire d'expliciter l'idée informelle qui sous-tend l'approche.

« Compter les ensembles des nombres naturels »

Imaginons que l'on joue à la « tombola », qui est le nom italien de ce qui aux États-Unis s'appelle le « bingo ». La tombola se joue avec 90 jetons de bois numérotés de 1 à 90, qui sont tirés d'un sac (un à la fois) et placés sur un compteur maître. Imaginons que je désire m'assurer que l'enthousiasme du jeu ne m'a pas fait perdre un ou plusieurs des jetons.

Voici trois manières possibles de faire ce comptage :

(a) Placer les jetons sur le compteur maître sans ordre précis. S'il y a alors une correspondance bijective entre les jetons et leur emplacement sur le compteur maître (ceux-ci étant aussi numérotés de 1 à 90), j'aurai démontré l'équinumérosité. Cette approche correspond à la notion de cardinalité de Cantor.

(b) Placer les jetons sur le compteur maître dans leur « ordre naturel ». Le jeton portant le numéro 17 trouve ainsi sa place à l'emplacement numéroté 17 sur le compteur maître, et ainsi de suite. Ceci reproduit l'ordre naturel et il s'agit en fait de l'approche ordinale de Cantor.

(c) Placer les jetons comme suit : à l'emplacement marqué 10 du compteur maître, placer tous les jetons (empilés les uns sur les autres) numérotés de 1 à 10 ; à l'emplacement numéroté 20, tous les jetons allant de 11 à 20 ; et ainsi de suite jusqu'à ce que l'on ait placé tous les jetons allant de 81 à 90 à l'emplacement portant le numéro 90 sur le compteur maître. Il devient alors possible de compter ces neuf piles, chacune d'entre elles contenant dix jetons, et l'on parviendra à la somme de 90.

C'est l'intuition qui sous-tend cette troisième manière d'effectuer le comptage qui se trouve à la source de la nouvelle stratégie qui permet de « compter » les ensembles infinis. On remarquera en premier lieu que le fait que ce soit les nombres allant de 1 à 10 qui sont posés à l'emplacement 10 n'a aucune incidence sur la stratégie (c). Si j'avais plutôt placé dix jetons tirés au hasard sur l'espace marqué 10, dix autres jetons choisis au hasard sur le 20, et ainsi de suite, le résultat n'aurait pas été différent. De ceci découlent trois suites :

$$
\begin{array}{l}
1,2,3,4,5,6,7,8,9,10,11,12,\ldots,18,19,20,\ldots 30,\ldots 80,\ldots 90\\
0,0,0,0,\ldots\ldots\ldots\ldots 10,\ 0,\ldots\ldots\ldots\ldots\ldots 10,\ldots 10,\ldots 10,\ldots 10\\
0,0,0,0,\ldots\ldots\ldots\ldots 10,10,10,\ldots\ldots\ldots 10,20,\ldots 30,\ldots 80,\ldots 90
\end{array}
$$

On peut maintenant exprimer l'idée de placement de jetons dans un emplacement numéroté par celle de placement d'un nombre fini d'objets dans une boîte numérotée. De ce point de vue, la seconde suite indique que nous avons inséré dix objets dans la boîte numéro 10 ; dix autres objets dans la boîte 20, et ainsi de suite. La troisième suite fournit une approximation finie de sommes partielles ; on retient la somme qui précède jusqu'à ce que l'on atteigne une boîte *n* dans laquelle les nouveaux jetons sont insérés, puis on ajoute leur nombre à la somme partielle précédente. Il s'agit donc de répartir un ensemble d'objets dans des boîtes qui contiennent chacune un nombre fini d'objets. Cette métaphore du placement d'objets dans des boîtes numérotées peut être bien exprimée par l'idée d'un ensemble étiqueté. À partir de maintenant, on ne fera intervenir que des ensembles dénombrables.

Definition 6.1. *Un ensemble étiqueté est une paire* $\langle A, l_A \rangle$ *dans laquelle le domaine A est un ensemble (dénombrable) et la fonction d'étiquetage* $l_A : A \to N$ *est finie à un. Ceci signifie que les éléments de A sont étiquetés de telle sorte que l'on ne peut assigner qu'une quantité finie d'éléments de A au même nombre naturel n.*

A peut ainsi être obtenu de nouveau comme l'union de la chaîne suivante :

$$A_0, A_1, A_2, \ldots, A_n, A_{n+1}, \ldots$$

où $A_n = \{a : l_A(a) \leq n\}$.

En prenant en compte la cardinalité finie de chacun des A_n, c'est-à-dire $\#A_n$, il est possible d'envisager $\#A_n$ comme la n-ième approximation à la « numérosité » de A. On se réfère à la suite $\gamma_A : n \to \#A_n$ comme à la suite d'approximation de la numérosité de A.

Cette manière de compter dépend de la façon dont un ensemble est étiqueté, quoique l'étiquette ne soit que de peu d'importance dans le cas du fini. C'est lorsque l'on aborde l'infini que des modifications au niveau de l'étiquetage s'avèrent poser problème. Par conséquent, et afin d'éviter dès le début toute possible confusion, nous procéderons maintenant au dénombrement d'ensembles de nombres naturels en ayant recours à l'« étiquetage canonique » $l(n) = n$.

Par exemple : considérons l'ensemble des nombres pairs, avec la fonction d'étiquetage qui serait la fonction d'identité : $\langle \text{Pair}, l_{Pair}(x) \rangle$.

Alors :

$$\text{Pair}_0 = \{a : l_{Pair}(a) \leq 0\} = \{0\}$$

$$\text{Pair}_1 = \{a : l_{Pair}(a) \leq 1\} = \{0\}$$

$$\text{Pair}_2 = \{a : l_{Pair}(a) \leq 2\} = \{0, 2\}$$

$$\ldots$$

et

Pair_0, # Pair_1, # Pair_2, ... *i.e.* 1, 1, 2, 2, et ainsi de suite, donne la suite d'approximation à la numérosité de $\langle \mathrm{Pair}, l_{Pair}(x)\rangle$.

On peut maintenant définir diverses relations dans lesquelles se trouvent des ensembles étiquetés.

$\boldsymbol{A} = \langle A, l_A\rangle$ est un sous-ensemble étiqueté de $\boldsymbol{B} = \langle B, l_B\rangle$, noté $\boldsymbol{A} \subseteq \boldsymbol{B}$, ssi $A \subseteq B$ et $l_A(a) = l_B(a)$ pour tous les a dans A. On donne une définition similaire pour l'inclusion stricte, c'est à dire pour $\boldsymbol{A} \subset \boldsymbol{B}$.

DEFINITION 6.2. *Isomorphisme de deux ensembles étiquetés :*
Deux ensembles étiquetés $\boldsymbol{A} = \langle A, l_A\rangle$ *et* $\boldsymbol{B} = \langle B, l_B\rangle$ *sont isomorphes ssi il existe une bijection* $\Phi : A \rightarrow B$ *qui préserve l'étiquetage, c'est-à-dire telle que* $l_B \circ \Phi = l_A$.

On notera qu'il existe de nombreux ensembles étiquetés finis non isomorphes ayant la même cardinalité. $\langle \{a\}, l_A\rangle$ et $\langle \{b\}, l_B\rangle$ sont isomorphes ssi $l_A(x) = l_B(x)$.

Il nous est maintenant possible de définir la somme et le produit de deux ensembles étiquetés. Indiquons avec $A \nabla B$ l'union disjointe de A et B, et avec $A \times B$ le produit cartésien.

DEFINITION 6.3.1. L*a somme de deux ensembles étiquetés* $\boldsymbol{A}$ *et* $\boldsymbol{B}$ *est* $\boldsymbol{A} \oplus \boldsymbol{B} = \langle A \nabla B, l_A \oplus l_B\rangle$, *où* $l_A \oplus l_B(x) = l_A(x)$ *si* x *est dans* A *et* $l_B(x)$ *si* x *est dans* B.

[Mise en garde : la définition de $l_A \oplus l_B(x)$ s'avère en réalité un peu plus complexe parce qu'il faut prendre l'union disjointe de A et B.]

DEFINITION 6.3.2. *Le produit de deux ensembles étiquetés* $\boldsymbol{A}$ *et* $\boldsymbol{B}$ *est* $A \otimes B = \langle A \times B, l_A \otimes l_B\rangle$ *où :* $l_A \otimes l_B(x, y) = max\{l_A(x); l_B(y)\}$.

Considérons par exemple $\boldsymbol{P} = \langle \mathrm{Pair}, l_{Pair}(x)\rangle$ and $\boldsymbol{I} = \langle \mathrm{Impair}, l_{Impair}(x)\rangle$

$$\boldsymbol{P} \oplus \boldsymbol{I} = \langle N, \mathrm{id}_N(x)\rangle$$
$$\boldsymbol{P} \otimes \boldsymbol{I} = \langle \{\langle x, y\rangle : x \text{ pair et } y \text{ impair }, \max\{\mathrm{id}_N(x); \mathrm{id}_N(y)\}\rangle$$

DEFINITION 6.4. *Définition de numérosité. Une fonction de numérosité pour la classe L de tous les ensembles étiquetés dénombrables est une association* **num** *: $L \to \mathcal{N}$ sur un ensemble linéairement ordonné $\langle \mathcal{N}, \leq \rangle$ de telle sorte que les propriétés suivantes soient satisfaites :*

(1) *Si $\#A_n \leq \#B_n$ pour tous les n, alors* **num**$(A) \leq$ **num** (B) *;*

(2) $x <$ **num**(A) *ssi* $x =$ **num**(B), *pour un ensemble* $B \subset A$ *;*

(3) *Si* **num**(A) = **num**(A') *et* **num**(B) = **num**(B') , *alors* **num**$(A \oplus B)$ = **num**$(A' \oplus B')$ *et ce de manière similaire pour* $\otimes$.

Intuitivement :

(1) Si toutes les approximations finies indiquent que la numérosité de A n'est pas plus grande que la numérosité de B, alors **num**(A) est effectivement plus petite que, ou égale à **num**(B).

(2) Les sous-ensembles propres d'un ensemble ont une numérosité strictement plus petite que la numérosité de l'ensemble.

(3) Les numérosités sont compatibles avec les opérations de somme et de produit pour les ensembles étiquetés.

On notera que $\langle \text{Fin}, (\mathcal{N}, \leq), \# \rangle$ satisfait à (1), (2) et à (3) ; $\langle \text{Ensembles}, \text{Card}, \| \, \| \rangle$ and $\langle \text{BO}, \text{Ord}, | \, | \rangle$ ne satisfont pas à ces trois propriétés à la fois.

Proposition 6.5. *Conséquences de ces axiomes.* Considérons comme acquis qu'il existe en effet une telle fonction de numérosité. Il peut donc être montré ici que :

(i) $\mathcal{N}$ contient un plus petit élément 0, c'est-à-dire, **num(0)** (la numérosité de l'ensemble étiqueté vide)

(ii) Tous les singletons étiquetés ont la même numérosité, dénotée comme 1 (la numérosité de l'ensemble canoniquement étiqueté $\{\mathbf{0}\}$)

(iii) Chaque numérosité x (= **num**(A)) a un successeur $x + 1$ (= **num**$(\boldsymbol{A} \oplus \{a\})$, où $\{a\}$ peut être tout singleton étiqueté ; de plus, pour tout ensemble étiqueté $\boldsymbol{A}$ qui diffère de $\mathbf{0}$ et tel que **num**$(\boldsymbol{A}) = x$, il y a une numérosité prédécesseur $x - 1$.

(iv) Si $\langle A, l_A \rangle$ est fini, alors **num**$(\boldsymbol{A}) = \#A$, c.-à-d. la cardinalité de A.

$\mathcal{N}$ contient donc une copie des nombres naturels. En outre, sur la base de la propriété (iii), il est possible de définir comme suit l'addition et la multiplication pour les numérosités :

$$\mathbf{num}(\boldsymbol{A}) + \mathbf{num}(\boldsymbol{B}) = \mathbf{num}(\boldsymbol{A} \oplus \boldsymbol{B});$$
$$\mathbf{num}(\boldsymbol{A}) \cdot \mathbf{num}(\boldsymbol{B}) = \mathbf{num}(\boldsymbol{A} \otimes \boldsymbol{B})$$

On peut de plus montrer que $\langle \mathcal{N}, +, \cdot, \mathbf{0}, \mathbf{1}, \leq \rangle$ est un demi-anneau positif avec éléments neutres (théorème 2.3. dans Benci et Di Nasso 2003 ; la neutralité signifie que $a + 0 = a$, et que $a \cdot 1 = a$). Enfin, il est possible de démontrer que $\mathcal{N}$, l'ensemble des numérosités, peut-être plongé dans un ensemble de nombres hypernaturels [1], et qu'il engendre un modèle de l'analyse non standard. En d'autres termes, les numérosités se comportent exactement comme les nombres finis.

Y a-t-il toutefois un modèle d'un tel ensemble d'axiomes ? La réponse est oui, sa construction consistant à envisager les numérosités comme des classes d'équivalence de fonctions non décroissantes de nombres naturels dans les nombres naturels qui sont équivalentes modulo un ultrafiltre « sélectif » (ou « de Ramsey »). En effet, l'existence d'une fonction de numérosité sur les ensembles dénombrables étiquetés est équivalente à l'existence d'un ultrafiltre sélectif (Benci et Di Nasso 2003). Il est aussi bien connu que l'existence d'un ultrafiltre sélectif est indépendante de ZFC.

Définition d'un ultrafiltre : Une famille non vide U de sous-ensembles de I s'appelle un *ultrafiltre* sur I si elle est fermée pour les sur-ensembles et pour les intersections finies, et si pour tout $A \subseteq I$, soit $A \in U$, ou $I - A \in U$.

Si aucun sous-ensemble fini n'appartient à U, U est alors dit *non principal.*

Soit U un ultrafiltre non principal sur N. Un tel ultrafiltre est dit sélectif si pour chaque fonction $\phi : N \to N$ il existe un $D \in U$ tel que ϕ restreinte à D soit non décroissante.

1. Dans l'analyse non standard un nombre hypernaturel est un nombre réel non standard identique à sa partie entière. Plus simplement on peut penser les nombres hypernaturels comme les nombres naturels non standard inclus dans les réels non standard. Un nombre hypernaturel fini est tout simplement un entier ordinaire.

L'importance de considérer des fonctions non décroissantes est en lien direct avec le fait que le comptage des ensembles engendre des fonctions non décroissantes.

Il existe plusieurs définitions équivalentes de tels ultrafiltres qui justifient qu'ils soient appelés « sélectifs » ou « de Ramsey », mais celles-ci ne sont pas essentielles à notre propos (voir la proposition 4.1 dans Benci et Di Nasso 2003).

Soit U un ultrafiltre. Considérons l'ultrapuissance U de N,

$$\mathcal{N} = (N^N)_U = \{[\phi]_U : \phi : N \to N\}$$

où $[\phi]_U$ est la classe d'équivalence de ϕ modulo la relation d'équivalence

$$\phi \approx_U \psi \text{ iff } \{n : \phi(n) = \psi(n)\} \in U.$$

On voit aisément que $\leq$ peut être défini d'une façon similaire, et que $(\mathcal{N}, \leq)$ est par conséquent un ensemble linéairement ordonné. Cela permet de démontrer toutes les propriétés de la Définition 1.3., et d'ainsi définir l'addition et la multiplication.

Théorème (comme dans le théorème 2.3.) : $\langle \mathcal{N}, +, \cdot, 0, 1, \leq \rangle$ est un demi-anneau positif avec des éléments neutres.

Il nous faut maintenant rattacher le travail sur $\mathcal{N}$ aux ensembles étiquetés.

Penchons-nous tout d'abord sur

$$F = \{\phi : \phi : N \to N \text{ telle que } \phi \text{ est non décroissante}\}.$$

Il ne s'agit pas ici d'un demi-anneau positif, puisque, en supposant que $x < y$, nous n'avons aucune garantie qu'il y aura un unique z tel que $x + z = y$. Il ne s'agit donc que d'un demi-anneau partiellement ordonné. Il possède toutefois les propriétés importantes que voici.

Pour tout ensemble étiqueté $\boldsymbol{A}$, la suite d'approximation $\gamma_A : n \to \#A_n$ appartient à F. Toute fonction dans F est en outre la fonction de numérosité d'un ensemble étiqueté.

Définition : Pour tout ensemble étiqueté $\boldsymbol{A}$ soit $\mathbf{num}(\boldsymbol{A}) = [\gamma_A]_U$.

On vérifie ensuite (ce qui est loin d'être trivial ; voir théorème 4.3), par le biais des propriétés de l'ultrafiltre sélectif, que **num** satisfait aux axiomes souhaités. On démontre par exemple que **num** est sur $\mathcal{N}$ en remarquant que toute $\phi : N \to N$ est U-équivalente à une suite non décroissante, et de ce fait à la suite d'approximation d'un ensemble (dénombrable) étiqueté.

Quelques calculs.

Puisque l'existence d'un ultrafiltre sélectif est une hypothèse hautement non constructive, nous n'arrivons pas à maîtriser quelles vérités relatives aux numérosités sont engendrées par le simple fait que nous travaillons à l'aide d'un ultrafiltre sélectif arbitraire. Nous pouvons toutefois construire des ultrafiltres sélectifs de telle façon qu'il nous soit possible de nous assurer que certains ensembles y soient contenus. On peut par exemple montrer que les conditions suivantes peuvent être satisfaites.

(a) Pour chaque $k > 0$, $\mathbf{num}(N)$ est un multiple de k

(b) Pour chaque $k > 0$, $\mathbf{num}(N)$ est une k-ième puissance

Cela nous permet de rendre vrai, par example, les deux énoncés suivants :

$$\mathbf{num}(2N) = \mathbf{num}(N)/2$$

$$\mathbf{num}(N^2) = \sqrt{\mathbf{num}(N)}$$

Alors que la théorie de la cardinalité de Cantor réduisait la taille de tous les ensembles dénombrables à la même cardinalité, la nouvelle théorie établit des distinctions entre les diverses tailles d'ensembles dénombrables et paraît de ce fait légitimer certaines de nos intuitions relatives aux tailles des ensembles infinis. On pourrait, en revanche, soutenir que cette théorie établit des distinctions trop marquées. L'examen de deux faits rendra apparent le raisonnement qui sous-tend une telle objection. Il faut préciser, en premier lieu, que tout repose sur le choix de l'ultrafiltre. Des propriétés telles que la numérosité, paire ou impaire, de l'ensemble des nombres naturels seront en effet affectées par le choix d'un ultrafiltre qui contiendra soit l'ensemble des nombres pairs, soit celui des nombres impairs [1]. De plus, même l'égalité entre la taille des ensembles des nombres impairs et des nombres pairs variera selon la manière dont on aura défini l'ensemble des nombres pairs, lui faisant, ou non, contenir

1. Je ne peux m'empêcher de rappeler ici le propos de Descartes sur ce type de questions : « [...] [N]ous ne nous soucierons pas de répondre à ceux qui demandent si [...] le nombre infiny est pair ou non pair, & autres choses semblables : à cause qu'il n'y a que ceux qui s'imaginent que leur esprit est infiny qui semblent devoir examiner telles difficultez. » (Descartes 1659 [1970], I.26, p. 16-17)

le 0. Ces problèmes sont tous deux mis en lumière dans l'exemple qui suit. Supposons que l'ensemble des nombres pairs est contenu dans l'ultrafiltre que l'on a choisi. Définissons

$$\mathbf{Pair} = \{2n : n \in N\} \text{ et}$$
$$\mathbf{Impair} = \{2n - 1 : n \in N_+\}.$$

Dans ce cas, en définissant $N = \{0, 1, 2, 3, 4, 5, \ldots\}$, les fonctions d'approximation pour les deux ensembles sont :

$$\mathbf{Pair} : 1, 1, 2, 2, 3, 3, \ldots$$
$$\mathbf{Impair} : 0, 1, 1, 2, 2, 3, \ldots$$

On notera tout d'abord qu'en additionnant les suites d'approximation de pair et d'impair, on obtient

$$1, 2, 3, 4, \ldots$$

qui se trouve être la séquence d'approximation pour N. Dès lors,

$$\mathbf{num}(\mathbf{Pair}) + \mathbf{num}(\mathbf{Impair}) = \mathbf{num}(N).$$

On remarque que les fonctions d'approximation des ensembles **Pair** et **Impair** sont identiques sur l'ensemble des nombres impairs (qui ne se trouve pas dans l'ultrafiltre), et que la fonction d'approximation pour **Pair** majore celle d'**Impair** pour l'ensemble des nombres pairs. En effet, dans ce cas, $\mathbf{num}(\mathbf{Pair}) = \mathbf{num}(\mathbf{Impair}) + 1$, en conséquence de quoi $\mathbf{num}(N) = [2\,\mathbf{num}(\mathbf{Impair})] + 1$, c'est-à-dire que la numérosité de l'ensemble des nombres naturels est un nombre impair. Si nous avions choisi un ultrafiltre qui avait renfermé l'ensemble des nombres impairs au lieu de celui des nombres pairs, alors $\mathbf{num}(N)$ aurait bien sûr été pair.

On voit donc que c'est le choix de l'ultrafiltre qui détermine si l'ensemble des nombres pairs aura la même numérosité que celui des nombres impairs. Et même ayant arrêté notre choix sur un ultrafiltre qui contient l'ensemble des nombres pairs, on observe maintenant ce qui suit. Considérons les ensembles

$$\mathbf{Pair} = \{2n : n \in N\},$$
$$\mathbf{Impair} = \{2n - 1 : n \in N_+\}, \text{ et}$$
$$\mathbf{Pair}_+ = \{2n : n \in N_+\}.$$

On obtient ce qui suit :

$$\mathbf{num}(\mathbf{Pair}_+) = \mathbf{num}(\mathbf{Impair}) < \mathbf{num}(\mathbf{Pair}).$$

Ceci illustre bien la grande incidence sur ces calculs du point à partir duquel on commence à compter. On est amené ainsi à réfléchir à la manière dont il serait possible de modifier la théorie afin de limiter l'impact de telles décisions sur celle-ci.

7. Remarques philosophiques

7.1. *Une leçon d'historiographie*

Comme les sections qui précèdent devraient avoir permis de le constater, je crois que les développements récents en mathématiques pourront nous aider à nous débarrasser de la conception « Whig » de l'histoire du concept de l'infini, et nous rendre plus réceptifs à la complexité des intuitions opposées qui ont influencé les diverses tentatives visant à appréhender un objet aussi récalcitrant. Je suis convaincu que chaque lecteur pourrait ici produire ses propres exemples préférés de telles errances interprétatives ; je me contenterai pour ma part d'en évoquer deux. Le premier s'articule autour du jugement négatif injustifié porté sur le travail d'un auteur pour la seule raison que celui-ci n'a pas emprunté la voie cantorienne. L'autre démontre la tendance à assimiler les résultats d'auteurs antérieurs à Cantor aux réussites de celui-ci.

Le premier exemple nous vient de Gardies :

> Maignan montre ainsi que deux infinis peuvent être égaux (ce qui se voit, dirions-nous, à ce que leurs éléments peuvent être mis en bijection) ou inégaux et que, par conséquent, les relations *plus grand que* et *plus petit que* gardent leur sens entre infinis. Le malheur est seulement que Maignan, lancé prophétiquement sur cette voie cantorienne, choisit des exemples d'*infinis dénombrables* [...]. (Gardies 1984, p. 126)

Mais pourquoi penser, de manière typiquement téléologique, que Maignan était lancé sur la solution cantorienne au lieu de tenter d'apprécier le travail de celui-ci à l'aune de ses ambitions et intuitions propres ? Il est évident que la comparabilité des ensembles infinis de nombres entiers était pour Maignan un desiderata majeur (et même une « donnée » d'intuition) qu'il a essayé, sans succès, de développer de façon cohérente dans son *Cursus*. Son échec ne doit toutefois pas être attribué au fait qu'il n'est pas parvenu aux conclusions cantoriennes, mais bien plutôt, comme je l'ai souligné, à l'instabilité de sa théorie. Il importe aussi de remarquer que ce type de biais, manifeste ici dans l'évaluation de Gardies, n'est pas sans conséquence du point de vue de l'interprétation de l'auteur analysé, comme en témoigne la lecture sans réserve du critère d'identité de Maignan que l'on trouve chez Gardies. Nous avons vu qu'une interprétation plus charitable doit être invoquée afin que puisse être expliquée la discussion du paradoxe de Galilée proposée par Maignan.

Notre second exemple est tiré de P. Duhem. Dans sa discussion de Grégoire de Rimini, il dit :

> Grégoire de Rimini avait certainement entrevu la possibilité du système logique que M. Cantor est parvenu à construire [....]. (Duhem 1955 [1909], p. 392)

Il va sans dire qu'il n'est absolument d'aucune utilité à la compréhension de Grégoire de faire intervenir Cantor, et que cette association avec ce dernier n'enlève ni n'ajoute quoi que ce soit à l'importance de Grégoire. L'on pourrait aisément ajouter d'autres exemples à ceux que j'ai choisis (voir Rabinovitch 1970 ; Maier 1949 ; Bunn 1977 ; et d'autres cas examinés précédemment).

Je tente naturellement d'éviter l'erreur opposée, c'est-à-dire de suggérer que nous devrions maintenant relire l'histoire de l'infini dans l'optique de montrer, sur la base de travaux mathématiques récents, qu'ibn Qurra, Grosseteste, Maignan, Bolzano, et ainsi de suite, avaient « raison » depuis toujours. Ceci ne ferait que reproduire le débat qui avait suivi la découverte de l'analyse non standard par Robinson et sa thèse voulant que les travaux des premiers infinitésimalistes aient de ce fait été légitimés. Une telle approche argumentative a été efficacement réfutée par Bos 1974, qui a montré que les lois de l'analyse non standard ne correspondent pas à celles que fait intervenir le traitement des différentielles du second ordre par Leibniz. Les nouvelles théories mathématiques s'avèrent toutefois utiles dans les deux cas, précisément en ce qu'elles permettent de montrer qu'il est possible de systématiser l'un ou l'autre aspect de ces intuitions précédentes, quelque vague ou peu précis qu'il soit. Il est de surcroît clair pour moi que ceci ne devrait pas être envisagé comme une nouvelle forme d'historiographie « Whig », mais simplement en tant qu'une ouverture du spectre conceptuel à la multitude des intuitions qui ont informé l'histoire de l'infini, et qui méritent d'être prises au sérieux.

Alors que le type d'historiographie « Whig » auquel j'ai fait allusion est marqué implicitement par un certain caractère d'inévitabilité, à savoir l'impression qu'il ne pouvait y avoir qu'une « bonne » voie à suivre dans le développement d'une théorie des nombres infinis, une telle thèse ne se retrouve explicitement revendiquée par aucune des sources évoquées plus haut. Par contraste, nous rencontrerons dans la section qui suit un argument philosophique, dû à Gödel, qui veut que si l'on cherche à étendre la notion de nombre du fini à l'infini, l'on n'a d'autre alternative que celle d'accepter la notion cantorienne de cardinalité. Nous nous pencherons maintenant sur cette thèse.

7.2. *La thèse de Gödel selon laquelle la théorie des tailles de Cantor pour les ensembles infinis est inévitable*

C'est dans son article « What is Cantor's Continuum Problem ? » (1947) que Gödel présente un argument qui met en avant l'inévitabilité du choix cantorien de définir la notion de « nombre » dans le domaine de l'infini (1990, p. 254-270 ; en traduct. franç., 1992, p. 509-531). Il s'agit d'un long passage, mais qu'il importe de citer dans son entier :

> Le problème du continu cantorien est simplement la question combien il y a de points sur une ligne droite dans l'espace euclidien. Une question équivalente est celle-ci : combien existe-t-il d'ensembles distincts d'entiers ?
>
> Il va de soi que cette question ne pouvait se poser qu'une fois le concept de nombre généralisé à des ensembles infinis ; il y a donc lieu de se demander si cette généralisation est effectuable d'une manière unique et si par conséquent l'énoncé du problème dans les termes simples employés ci-dessus est justifié. Un examen plus attentif montre cependant que la définition cantorienne des nombres infinis possède réellement un caractère d'unicité. Car quel que soit le sens du mot « nombre » appliqué à des ensembles infinis, il est certain que nous désirons qu'il ait la propriété que le nombre d'objets appartenant à une classe ne change pas lorsque, tout en laissant identiques les objets de cette classe, nous changeons d'une quelconque manière leurs propriétés ou leurs relations réciproques (p. ex. leur couleur ou leur répartition dans l'espace). Or il s'ensuit immédiatement que deux ensembles (du moins deux ensembles d'objets échangeables de l'espace-temps) auront le même nombre cardinal si leurs éléments peuvent être mis en correspondance biunivoque, ce qui est la définition par Cantor de l'égalité entre nombres. (Gödel 1992, p. 514)

Les deux propositions sont liées par l'explication suivante :

> Car s'il existe une telle correspondance pour deux ensembles *A* et *B*, il est possible, théoriquement du moins, de changer les propriétés et relations de chaque élément de *A* en celles de l'élément correspondant de *B*, ce qui transforme *A* en un ensemble complètement indistinguable de *B* et donc de même nombre cardinal que lui. (Gödel 1992, p. 514)

Après avoir exposé cette notion de correspondance bijective pour des ensembles d'objets physiques et observé qu'elle doit aussi s'appliquer aux nombres, Gödel conclut comme suit :

> Ainsi on n'a quasiment pas le choix, sauf accepter la définition cantorienne de l'égalité entre les nombres, laquelle se généralise aisément en une définition de « plus grand » et de « plus petit » appliquée à des nombres infinis, en stipulant que le nombre cardinal *M* d'un ensemble *A* sera dit plus petit que le nombre cardinal *N* d'un ensemble *B* si *M* diffère de *N* tout en étant égal au nombre cardinal de quelque sous-ensemble de *B*. (Gödel 1992, p. 514-515)

La réflexion de Gödel vise à montrer qu'en généralisant la notion de nombre du fini à l'infini, on en arrive inévitablement à la notion cantorienne de nombre cardinal. L'étape clé de cet argument est dans la prémisse, et ainsi la théorie des numérosités peut nous aider à voir que la solution cantorienne est déjà contenue dans cette prémisse. Dans celle-ci, Gödel considère en effet comme évidente la proposition affirmant que « [. . .] le nombre d'objets appartenant à une classe ne change pas lorsque, tout en laissant identiques les objets de cette classe, nous changeons d'une quelconque manière leurs propriétés ou leurs relations réciproques (p. ex. leur couleur ou leur répartition dans l'espace) ». Cette prémisse ne pose pas problème lorsque envisagée dans le contexte d'ensembles finis. Son acceptabilité pourrait par contre être remise en question dans le domaine de l'infini, car bien qu'il soit possible de faire abstraction de la nature des objets, il existe un type de relation qui affecte le comptage des collections d'objets, à savoir la manière dont les éléments sont regroupés. Ce regroupement n'a aucune incidence dans l'univers des ensembles finis d'entiers, mais lorsque l'on passe aux ensembles infinis, une réorganisation de ce regroupement aura en général un impact sur les fonctions d'approximation et, de ce fait, sur la numérosité de l'ensemble. Il serait ainsi tout à fait raisonnable, pour quelqu'un dont la préférence irait au type de comptage qui fait intervenir la théorie des numérosités, de refuser la prémisse qui sous-tend l'argument de Gödel et de refuser de même, ipso facto, la thèse que la généralisation de la notion de nombre du fini à l'infini doit nécessairement aboutir à la notion de nombre cardinal. Bref, qu'il soit possible d'avoir recours à une autre méthode pour compter les ensembles infinis rend manifeste que l'intuition de Gödel quant à la façon de généraliser la notion de nombre aux ensembles infinis n'est en fait qu'une alternative plausible parmi d'autres tout aussi cohérentes [1].

1. Il me semble particulièrement révélateur d'un certain acquiescement général à cette idée de l'inévitabilité de la théorie de Cantor que Gregory Moore, dans sa longue introduction à l'article « What is Cantor's Continuum Problem ? » de Gödel 1990, ne propose aucune évaluation critique de cette thèse, pourtant centrale, dont Gödel avait même choisi

À l'objection potentielle qui repose sur l'affirmation que les numérosités des ensembles dénombrables ne fournissent pas une base de comparaison suffisante pour les ensembles plus grands (au sens cantorien du terme), je répondrai en évoquant l'extension des théories des numérosités aux ensembles non dénombrables (voir les différentes publications de Benci, Di Nasso et Forti). Les réflexions qui précèdent concordent assez bien avec certains commentaires sur le passage de Gödel cité ci-dessus et que l'on trouve aussi chez Buzaglo (2002, p. 127) et Parker 2009. En ce qui me concerne, toutefois, plutôt que de proposer de simples possibilités, j'ai ici l'avantage de mettre en avant des systèmes mathématiques déjà développés qui permettent de compter et de dénombrer les ensembles infinis qui ne coïncident pas avec la notion cantorienne de « nombre cardinal ». Buzaglo soutient par exemple que « Gödel avait raison de soutenir que certaines contraintes forcent une expansion unique du concept de nombre, mais il est possible de choisir d'autres contraintes qui ne sont pas moins naturelles, et d'ainsi obtenir une différente définition de nombre. » Je signalerai aussi que les travaux récents de Benci, Di Nasso et Forti pourraient également fournir les outils qui permettraient de répondre à la question que soulève Buzaglo : « Serait-il possible de créer une extension forcée de la cardinalité finie qui distinguerait entre différentes magnitudes infinies tout en étant incommensurable avec le concept de cardinalité infinie de Cantor ? La réponse à cette question pourrait avoir des répercussions en philosophie des mathématiques. » (Buzaglo 2002, p. 49)

Parker 2009 est aussi critique à l'encontre de ce passage de Gödel, soulignant pour sa part que quoique le principe de correspondance bijective soit très intuitif, celui de partie-tout ne l'est pas moins (Parker désigne ces deux principes sous les termes de « Principe de Hume », et de « Principe d'Euclide ») :

> De l'aveu général, Gödel présente un argument très convaincant en faveur du Principe de Hume : Si une correspondance bijective pouvait être établie entre deux ensembles, il serait donc concevable que les éléments individuels de l'un de ces ensembles puissent être modifiés

de faire l'incipit de son essai. L'on se doit aussi d'ajouter que Moore résume la position de Gödel comme consistant en « the minimal requirement that if two sets have the same cardinal number then there exists a one-to-one correspondence between them » (Gödel 1990, p. 160), alors qu'il s'agit de la réciproque. La proposition de Gödel est en effet plutôt formulée comme suit : « two sets [...] will have the same cardinal number if their elements can be brought into a one-to-one correspondence ».

> jusqu'à ce qu'il devienne impossible de les distinguer des éléments qui leur correspondent dans l'autre ensemble, et, assurément, ces deux ensembles devraient dès lors avoir la même numérosité. Bien que j'aie dit que cet argument est très convaincant, il n'en demeure pas moins un simple moteur à intuition [*intuition pump*]. Gödel ne tient pas compte du fait que le Principe d'Euclide est *lui aussi* intuitivement convaincant ! Si l'ensemble *A* contient tout ce qui se trouve dans l'ensemble *B* et d'autres choses encore, il contient alors plus que ce dernier. Ce sont *tout à la fois* le Principe d'Euclide *et* le Principe de Hume qui semblent nous être imposés de force. Afin de parvenir à une théorie cohérente de la numérosité transfinie, nous devons nous libérer de ces contraintes, tout comme Gauss et Lobachevsky sont arrivés à s'affranchir de celles que leur imposait l'axiome des parallèles. Ceux-ci nous ont appris que les intuitions ne limitent en rien notre liberté d'élaborer des conceptions contre-intuitives. Bien que le Principe de Hume paraisse plus fort que celui d'Euclide, il n'y a aucune bonne raison de croire qu'il ne puisse être sujet à révision, ou qu'il constitue un fait indéniable. C'est à nous qu'il incombe de choisir nos principes de prédilection, ou de construire un arsenal de concepts variés par l'amalgame de différents principes. (Parker 2009, p. 106-107)

La théorie des numérosités offre en effet l'exemple concret d'une théorie alternative du comptage d'ensembles infinis de nombres entiers qui s'avère beaucoup plus convaincante que celle, plus faible, que l'on obtient en appliquant le théorème de Duggan évoqué par Parker. Pourtant mes considérations amènent de l'eau à son propre moulin...

Il serait intéressant de nous pencher ici sur l'impact, que l'on présume favorable, des options que fournit la théorie des numérosités (et la théorie de Katz) tant sur les travaux de Buzaglo sur les expansions forcées (mais pas fortement forcées), que sur la méthode d'articulation conceptuelle de Parker. La réverbération de telles investigations serait sans doute fructueuse en philosophie du langage, mais je laisse à d'autres le soin d'élargir de telles voies.

7.3. *Généralisation, explication, fécondité*

Notre exposé s'est jusqu'ici situé à un niveau conceptuel : TC (la théorie de Katz) et la théorie des numérosités font toutes deux ressortir la cohérence de l'idée d'attribuer des tailles différentes aux ensembles infinis de nombres naturels. Le lecteur ne devrait toutefois pas inférer de notre propos que l'on cherche à formuler ici une quelconque thèse relative à la fécondité mathématique de la théorie des nombres cardinaux (ou ordinaux) ou à celle des numérosités, qui serait plus favorable à l'une qu'à l'autre, d'autant plus que ces deux théories ne se trouvent de prime abord pas en conflit. Un conflit ne fait irruption que lorsque l'on fait appel à ces deux notions à la fois pour expliquer la même notion intuitive de taille. Notre objet ici, enfin, n'est pas non plus de soutenir une quelconque position quant à la fécondité mathématique de la théorie des numérosités, et ce en dépit de l'intérêt qu'elle revêt lorsque envisagée comme une fondation alternative à l'analyse non standard (ce qui, pour Benci et ses coauteurs, est l'objectif manifeste de cette théorie).

Ceci soulève toutefois de nouveau la question de savoir selon quels critères une généralisation peut être considérée comme étant féconde. C'est dans ce contexte que j'aimerais revenir sur la discussion de Bolzano et de Cantor que l'on trouve dans l'ouvrage de Kitcher *The Nature of Mathematical Knowledge* (1984). Kitcher avait pour objectif de classifier les différents schèmes autour desquels s'articule selon lui l'évolution des mathématiques et d'investiguer la rationalité de tels schèmes. La généralisation constitue l'un de ces schèmes et c'est sous cet angle que Kitcher s'est donné pour tâche d'expliquer pourquoi l'extension par Cantor de l'arithmétique du fini aux ensembles infinis était à la fois féconde et rationnelle. Selon Kitcher, les généralisations peuvent être obtenues à bon marché [1], mais les généralisations vraiment significatives, celles que l'on trouve à l'origine des réussites mathématiques les plus remarquables, seraient quant à elles explicatives. Voici comment Kitcher décrit la nature de ces généralisations explicatives :

> Elles [les généralisations explicatives] sont explicatives en ce qu'en nous montrant exactement comment, par la modification de certaines règles constitutives de l'usage d'expressions de ce langage, on obtiendrait un langage et une théorie à l'intérieur de laquelle des résultats analogues à ceux que nous avons déjà acceptés pourraient être attendus. Dans la perspective de la nouvelle généralisation, nous voyons notre ancienne théorie comme un cas spécial, comme un membre d'une famille de théories apparentées. [...] Les stipulations « généralisatrices » qui ne parviennent pas à éclairer les régions des mathématiques déjà développées [...] ne sont pas rationnellement acceptables. (Kitcher 1984, p. 208-209)

Afin d'illustrer la différence entre les généralisations explicatives et celles qui ne le sont pas, Kitcher procède en faisant la comparaison des approches proposées par Bolzano et par Cantor dans leurs généralisations de l'arithmétique aux ensembles infinis. La tentative de Bolzano reçoit un

1. Je me suis penché sur le problème que représente la distinction entre généralisation et explication dans Mancosu 2008a, où la position de Kitcher est aussi abordée.

jugement favorable de la part de Kitcher. En effet, ce dernier va même jusqu'à soutenir que Bolzano, devant faire son choix entre le Principe de Hume et celui d'Euclide, avait essayé de rester au plus près du *plus* intuitif de ces deux principes :

> Intuitivement, la seconde condition [condition partie-tout] paraît plus importante, déterminant Bolzano à déclarer que les deux ensembles n'ont pas le même nombre d'éléments si l'un d'entre eux est une partie propre de l'autre. De manière très cohérente, il poursuit en affirmant que l'existence d'une correspondance bijective entre deux ensembles ne constituerait une condition suffisante pour que les ensembles aient le même nombre d'éléments que dans les cas où il s'agirait d'ensembles finis. Malheureusement, ce choix a empêché Bolzano de développer une théorie des nombres infinis qui aurait des analogues de théorèmes standard relatifs aux nombres. Sa tentative de généralisation n'éclaire en rien l'arithmétique ordinaire, et, sans surprise, aucune théorie acceptée du transfini n'a découlé de ses travaux. La stipulation d' « identité de taille » de Bolzano pour les ensembles infinis ne recelant pas de valeur explicative, il ne serait pas rationnel d'étendre le langage mathématique en l'y ajoutant. (Kitcher 1984, p. 210)

Quoiqu'il ne fasse aucun doute que Bolzano n'est pas parvenu à développer une théorie des ensembles infinis de nombres, Kitcher semble sous-entendre que son échec pourrait être attribuable à une tentative désespérée, à savoir celle de préserver le principe partie-tout pour les ensembles infinis. Par contre, en abandonnant « le critère intuitif pour l'inclusion », Cantor est quant à lui parvenu à généraliser les lois arithmétiques ordinaires. La fécondité de la notion « avoir la même puissance » formulée par Cantor a été mise en évidence par son théorème montrant que les nombres réels n'ont pas la même puissance que les nombres naturels. Ceci a par la suite été exploité dans le développement d'une théorie qui fournit des analogues aux opérations arithmétiques ordinaires. Kitcher dit ainsi :

> Contrairement à la tentative de Bolzano, la stipulation de Cantor est rationnellement acceptable parce qu'elle apporte une généralisation explicative de l'arithmétique finie. On notera en premier lieu que la manière dont sont étendues les notions ordinaires d'ordre entre les nombres, d'addition de nombres, de multiplication de nombres et d'exponentiation de nombres permet que soient générés des théorèmes analogues à ceux de l'arithmétique finie. (Par exemple, si a, b sont des cardinaux infinis, nous obtenons les résultats : $(\exists x)x > a$, $a + b = b + a$, $a + b \geq a$, $a \cdot b \geq a$, $2a > a$, et ainsi de suite.) Par contre, vu qu'il reste attaché à l'idée intuitive qu'un ensemble doit être plus grand que n'importe lequel de ses sous-ensembles propres, Bolzano ne parvient pas

> même à définir une relation d'ordre sur les ensembles infinis. La racine du problème est qu'étant forcé d'abandonner la thèse voulant que l'existence d'une correspondance bijective soit suffisante pour établir l'identité de cardinalité, Bolzano ne dispose d'aucun moyen de comparaison applicable aux ensembles infinis comportant des éléments différents. (Kitcher 1984, p. 211)

À la lumière des théories mathématiques dont nous avons discuté ici, cette explication de la supériorité de l'approche de Cantor sur celle de Bolzano ne pourra manquer de nous laisser perplexes. La théorie des numérosités, ou même la théorie de Katz, permettent de faire des distinctions de taille entre différents ensembles de nombres entiers. Qui plus est, la théorie des numérosités généralise l'arithmétique finie bien plus complètement que la théorie des nombres ordinaux ou cardinaux de Cantor ne parvient à le faire. En effet, toutes les lois algébriques standard pour l'addition et la multiplication sont valables pour les numérosités. Par conséquent, ce n'est pas dans ces caractéristiques que réside l'avantage de la théorie de Cantor. Kitcher introduit une seconde considération :

> En second lieu, les travaux de Cantor procurent une perspective nouvelle sur un sujet ancien : nous avons reconnu l'importance de la correspondance bijective pour la cardinalité ; nous avons pu apprécier la différence entre les nombres cardinaux et ordinaux ; nous avons perçu les caractéristiques spéciales de la mise en ordre des nombres naturels. (Kitcher 1984, p. 211)

Même ici, on pourrait répliquer qu'en généralisant le processus du comptage au comptage d'ensembles infinis, la théorie des numérosités nous a permis d'apprécier l'importance de l'un des aspects de compter qui ne coïncide ni avec la cardinalité, ni avec l'ordinalité (une fois que l'on passe au domaine de l'infini). L'avantage le plus déterminant ne se situe pas à ce niveau, et ce, même pour Kitcher, qui formule la thèse suivante à l'appui de la théorie de Cantor :

> Mais il ne nous est pas nécessaire de nous aventurer si avant en arithmétique transfinie pour gagner des dividendes explicatifs. Les résultats initiaux de Cantor sur la dénombrabilité des nombres rationnels et algébriques ainsi que sur la non-dénombrabilité des nombres réels renouvellent notre compréhension de ce en quoi diffèrent les nombres réels et les nombres algébriques. Au lieu de considérer les nombres réels transcendantaux (les nombres qui ne sont pas des racines d'équations polynomiales avec des coefficients rationnels) comme des objets de curiosité étranges, notre compréhension de ceux-ci s'accroît lorsque l'on voit pourquoi les nombres algébriques constituent l'exception plutôt que la règle. (Kitcher 1984, p. 211)

Ce dernier type de justification diffère de celui qui a pour base le fait que la théorie généralise les lois qui tiennent pour l'arithmétique du fini, car il fait intervenir l'exploitation de la théorie en vue de la compréhension de régions des mathématiques qui dépassent sa seule capacité à expliquer certains aspects des notions (par ex., l'arithmétique du fini) généralisées par la nouvelle notion. En d'autres termes, c'est la fécondité de la théorie de Cantor pour la pratique mathématique qui est prise pour garant de sa supériorité explicative en ce qui a trait à une théorie comme celle des numérosités. Il serait peut-être injuste, celle-ci étant toute récente, d'évaluer la théorie des numérosités à l'aune de celle de la cardinalité de Cantor, mais la comparaison des deux théories pourrait néanmoins nous aider à porter plus de considération au problème de la fécondité mathématique [1]. Sur quels critères repose-t-elle ? Et si notre appréciation de cette fécondité était sous-tendue par des critères comme la généralisation explicative, la compréhension ainsi que d'autres concepts similaires, sur quelles bases évaluerions-nous alors ceux-ci ? Il s'agit de questions sur lesquelles une épistémologie des mathématiques qui se voudrait novatrice pourrait se pencher avec profit [2].

8. Conclusions

L'objectif que j'ai poursuivi dans cet article était simple. Il s'agissait pour moi de démontrer la légitimité conceptuelle de la notion de

1. En dépit de mon affirmation concernant l'importance des recherches sur les numérosités à la fois à un niveau conceptuel et dans le cadre de ses objectifs d'origine (établir les numérosités comme une fondation alternative à l'analyse non standard), c'est sans réserve aucune que j'embrasse les opinions formulées dans un courrier électronique que m'a fait parvenir Jeremy Avigad (12 mars 2009) : « For me, what would decide whether Katz's and Benci-Nasso's theories are genuinely interesting would be the depth of the ideas and how they interact with other parts of mathematics. I take mathematics to be a way of organizing and explaining our scientific experiences. At the base, it comes close to empirical activities like counting, measuring, and making predictions ; but we build up theoretical edifices to make sense of these, and so the story becomes more elaborate. As you know, I think it is very important to try to understand what underlies our judgments as to whether a theory is good or not. Determining whether Cantor or Katz or Benci-Nasso have contributed something important requires a more elaborate story that goes well beyond the two starting intuitions. » Il serait peut-être utile de préciser que ces réflexions d'Avigad ne se voulaient nullement des réfutations des thèses soutenues dans mon article et que je ne les considère pas telles non plus, puisque j'adhère entièrement aux idées qui y sont exprimées.

2. Voir à ce sujet les différents travaux évoqués dans Mancosu 2008b.

comparaison de tailles d'ensembles infinis de nombres naturels, tout en préservant l'intuition partie-tout. J'ai abordé le problème du comptage des ensembles infinis sous trois perspectives distinctes. La partie historique de mon essai m'a permis d'étayer la naturalité de l'intuition de l'existence d'ensembles infinis de nombres naturels de tailles différentes. Dans la partie qui concernait plus directement les mathématiques, j'ai montré qu'il était possible de rendre cette intuition rigoureuse (sans toutefois prendre position sur la question complexe de savoir si les intuitions d'origine auraient été « complètement » appréhendées). J'ai enfin voulu mettre en lumière, dans la troisième partie, que le fait de pouvoir avoir recours aux théories alternatives de la taille de classe (TC) et à celle des numérosités pour les comparer à la théorie de Cantor nous permet une analyse beaucoup plus fine et vient même aussi légitimer, dans certains cas, la réfutation des thèses qui, d'un côté affirment l'inévitabilité du choix cantorien (Gödel) et qui, de l'autre, justifient la nature (supposément) explicative de la généralisation cantorienne en faisant appel à la nature (supposément) non rationnelle de la tentative de conservation du principe partie-tout. Ce faisant, il nous a été possible de mettre en évidence les relations qu'entretient le sujet principal de cet article avec certains travaux récents ayant pour objets les concepts de fécondité, d'explication, de généralisation, etc., qui se situent à l'avant-garde des recherches en philosophie des mathématiques.

CHAPITRE II

EN BONNE COMPAGNIE ? SUR LE PRINCIPE DE HUME ET L'ASSIGNATION DE NOMBRES AUX CONCEPTS INFINIS

1. INTRODUCTION

Dans un article récent (Mancosu 2009a), j'ai exploré les questions historiques, mathématiques et philosophiques liées à la nouvelle théorie des numérosités. La théorie des numérosités (Benci 1995, Benci et Di Nasso, 2003, et Benci *et al.* 2006) donne un cadre dans lequel il est possible d'assigner des numérosités aux ensembles infinis de nombres naturels en préservant le principe partie-tout, c'est-à-dire que si un ensemble *A* est une partie propre de *B*, alors la numérosité de *A* est strictement inférieure à la numérosité de *B*. Les assignations de numérosités diffèrent de l'assignation standard de taille, donnée par l'assignation de cardinalité cantorienne. Dans Mancosu 2009a, j'ai exploré les conséquences philosophiques de ces nouveaux développements, en

* « In good company ? On Hume's principle and the assignment of numbers to infinite objects », en cours de publication (©Paolo Mancosu). Je voudrais remercier les collègues suivant, sans ordre particulier, pour les commentaires et remarques qu'ils m'ont généreusement offerts : John MacFarlane, Aldo Antonelli, Patricia Blanchette, Frank Thomas Sautter, Thomas Ryckman, Richard Heck, Paola Cantù, Clara Silvia Roero, Davide Bondoni, Akihiro Kanamori, Wes Holliday, Crispin Wright, Roy Cook, Marco Panza, Alessandro Giordani, Jamie Tappenden, Hannes Leitgeb, Francesca Boccuni.

analysant un argument dû à Gödel, selon lequel la généralisation cantorienne des nombres finis aux nombres infinis était « inévitable », ainsi que l'évaluation de Kitcher sur l'opposition entre Bolzano et Cantor dans son explication de la « rationalité » des transitions entre pratiques mathématiques. Il est alors apparu clair pour moi, après lecture de certains passages de Heck 2011, qu'une réflexion sur la théorie de numérosités pourrait aussi être utile pour repenser des problèmes centraux du néologicisme. En réfléchissant aux brèves considérations de Heck sur la question, j'ai été amené à généraliser certaines préoccupations spécifiques émergeant de la théorie des numérosités à une réflexion qui résulte en ce que j'appelle ci-dessous une objection de « bonne compagnie » au principe de Hume (HP). Ce chapitre a quatre parties principales. La première partie donne une perspective historique sur les attributions d'égalité de nombres en termes de correspondances biunivoques, au 19e siècle, et affirme qu'il n'existait aucun consensus sur la manière d'étendre de telles déterminations à des ensembles infinis d'objets. Cela m'amène, dans une seconde partie, à montrer qu'il existe un nombre infini dénombrable de principes d'abstraction qui sont « bons », dans le sens où ils partagent les qualités de HP (ou du moins, je l'affirme) et dont on peut dériver les axiomes de l'arithmétique du second ordre. La troisième partie connecte ce matériel au débat, entre Heck et MacBride, sur le Principe de Hume Fini, et formule l'objection de « bonne compagnie ». Puis, je reviens à l'objection initiale faite par Heck concernant l'analycité du principe de Hume sur la base de la théorie des numérosités, et montre comment l'objection de « bonne compagnie » peut être conçue comme une généralisation de son objection. Enfin, la dernière partie donne une tentative de taxonomie de réponses néologicistes possibles à l'objection de « bonne compagnie ».

2. Néologicisme et le principe de Hume

Commençons par rappeler quelques points centraux du néologicisme. Le néologicisme est une tentative de ranimer le programme de Frege, en affirmant que l'on peut montrer que des parties importantes des mathématiques, comme l'arithmétique du second ordre, sont analytiques. L'affirmation repose sur un théorème logico-mathématique et un faisceau d'arguments philosophiques. Le théorème est appelé *le théorème de Frege* et affirme que la logique du second ordre avec un seul axiome additionnel, désigné par N= ou appelé le principe de Hume, implique déductivement (modulo certaines définitions adéquates) les axiomes ordinaires pour l'arithmétique du second ordre. Le faisceau d'affirmations philosophiques est lié au statut (logique et épistémique) de N= ou principe de Hume. Rappelons que dans un contexte frégéen, les systèmes du second ordre ont des variables pour les concepts et les objets (individus). De plus, nous avons des symboles fonctionnels qui, lorsqu'on les applique aux symboles de concepts produisent des termes. Un exemple d'un tel symbole est # (un autre est celui de parcours de valeurs [*Wertverlaufsoperator*] dans les *Grundgesetze*). La signification intuitive de # est la suivante : c'est un opérateur qui, appliqué à des concepts, produit un nombre correspondant au nombre cardinal des objets tombant sous le concept (les nombres sont alors interprétés comme des objets). Par exemple, « $\#x :(x =$ Barack Obama) » dénote un objet qui sera considéré comme étant le nombre 1, où « $x =$ Barack Obama » exprime le concept d'être identique à Barack Obama. N= ou le principe de Hume (ci-après HP) a la forme suivante :

HP $(\forall B)(\forall C)[\#x :(Bx) = \#x :(Cx) \text{ ssi } B \approx C]$

où $B \approx C$ est une abréviation pour l'une des nombreuses formules équivalentes de la logique du second ordre exprimant qu'il « existe une corrélation biunivoque entre les objets qui tombent sous B et ceux qui tombent sous C. »

Comme on l'a remarqué, la partie droite du biconditionnel peut être exprimée en utilisant exclusivement la logique du second ordre. La partie gauche donne une condition d'identité numérique (cardinale) des concepts. Les concepts B et C ont le même cardinal si et seulement s'il y existe une correspondance biunivoque entre les objets qui tombent sous ces concepts. Dans le cadre ordinaire de la logique du second ordre, # représente une opération totale sur les concepts, et ainsi tous les concepts ont une cardinalité. Nous avons « $\#x :(x \neq x)$ », qui doit dénoter la cardinalité d'un concept ayant une extension vide (pour cette raison, Frege utilise ce concept pour définir « 0 » comme « $\#x :(x \neq x)$ »). De plus, # peut aussi être utilisé pour définir des nouveaux concepts, de manière à ce qu'il soit parfaitement sensé d'avoir un terme comme « $\#y :(\#x :(x \neq x) = y)$ » qui, d'après la définition de Frege, dénote le nombre 1. Notons qu'il y aura aussi un objet correspondant à « $\#x :(x = x)$ » qui se révélera dénoter un nombre infini (puisqu'il existe au moins un nombre dénombrable d'objets qui peuvent être obtenus dans le système, à savoir les nombres naturels) [1]. Nous reviendrons sur ce problème d'infini plus tard.

1. La littérature « anti-zéro » (*i.e.* $\#x :(x = x)$) est assez considérable. Voyez, entre autres, Hale et Wright 2001a, Rumfitt 2001 et Heck 2011.

HP combine deux biconditionels (cf. Dummett 1998). Le premier a pour but de capturer dans une définition la notion que l'on exprimerait, dans le langage naturel, par « juste autant ». Le biconditionel est donné comme une définition dans les *Grundlagen*, §72 :

a) il y a juste autant de *B* que de *C* ssi il y a une correspondance biunivoque entre les objets qui tombent sous *B* et les objets qui tombent sous *C*.

C'est la définition de Frege de « équinumérosité » [*gleichzählig*]. Ainsi, l'idée qu'il y a juste autant de couteaux que de fourchettes sur la table est capturée par l'affirmation que les couteaux et les fourchettes peuvent être associés, disons en les couplant, de manière à ce que chaque fourchette corresponde à un unique couteau, et chaque couteau à une unique fourchette. Dans la section 73, Frege nous fournit un théorème qui donne le second biconditionnel :

b) le nombre de *B* et le nombre de *C* est le même ssi il y a juste autant de *B* que de *C*.

HP est généralement exprimé par :

> le nombre de *B* et le nombre de *C* sont les mêmes ssi il existe une correspondance biunvoque entre les objets qui tombent sous *B* et les objets qui tombent sous *C*.

Dans le développement de Frege, HP est bien sûr une conséquence facile de a) et b), mais pour le néologicisme, il est plutôt considéré comme un principe indépendant [1].

Selon le néologicisme, HP n'est pas un principe logique, mais peut être dit constitutif du sens du nombre (cardinal). Pour cette raison entre autres, il est affirmé qu'il est analytique. Une grande partie de la discussion sur la viabilité du néologicisme concerne exactement le statut épistémologique / sémantique de HP et la question de son analycité.

Avant de continuer, il est important de souligner que, pour le néologiciste, la condition pour affirmer des identités entre nombres (attribués aux concepts) est donnée par la partie droite de HP, qui capture la solution de Frege pour les déterminations de cardinalité (et qui a beaucoup en

1. De crainte que le lecteur ne soit induit en erreur, je voudrais insister sur le fait que le chemin de Frege vers HP se fait par la notion « d'extension » et est donc très différent de celui pris par le néologicisme.

commun avec la notion qui, chez Cantor, donne naissance aux puissances [*Mächtigkeiten*], *i.e.* les nombres cardinaux de Cantor). Toutefois, il nous faut questionner le fait que la partie droite donne la notion requise. Car si ce qui intéresse le logiciste et le néologiciste est d'argumenter que notre connaissance ordinaire de l'arithmétique est basée sur un principe analytique et si HP, exprimé ainsi, se révélait ne pas être le principe à la base de notre connaissance ordinaire de l'arithmétique, alors le théorème de Frege serait seulement d'un intérêt technique et ne réussirait pas à dire quoi que ce soit sur la nature de notre connaissance arithmétique. Nous verrons que même cette manière de poser la question est un problème, mais c'est un bon point de départ.

3. Fonctions de numérosité : Schröder, Peano et Bolzano

Faisons un pas en arrière. Frege introduit, dans §63 des *Grundlagen*, la discussion sur l'identité numérique avec une référence à Hume, ce qui a plus tard amené Boolos à appeler N= le principe de Hume. Dummett a soutenu que ce nom n'est pas approprié et HP est un bon compromis pour indiquer le principe [1]. Dans §63, Frege poursuit et dit « Plus récemment les mathématiciens semblent s'être mis d'accord sur l'idée qu'il faut définir l'identité de deux nombres par une correspondance univoque » (p. 188-189). La note de bas de page réfère au *Lehrbuch der Arithmetik und Algebra* (*Traité d'Arithmétique et d'Algèbre*) (1873) de Schröder, à *Die Elemente der Arithmetik* (*Les Éléments d'Arithmétique*) (1872) de Kossak et aux *Grundlagen einer allgemeinen Mannigfaltigkeitslehre* (*Fondements d'une théorie générale des ensembles*) (1883) de Cantor.

L'affirmation de Kossak, qui énonce apparemment la définition de l'égalité et l'inégalité de nombres que Weierstrass a donnée pendant ses cours en 1865-66, ressemble de près à l'affirmation originale de Hume sur l'égalité de nombres donnée en termes de correspondance entre les unités qui constituent le nombre (une conception du nombre que Frege refuse) [2]. Le premier travail de Cantor contenant la définition de « puissance » remonte à 1874, mais Frege, dans les *Grundlagen*, se réfère aux

1. Pour l'histoire de ce débat, voyez Heck 2011, p. 11.

2. « Wir unterscheiden jetzt zunächst *gleiche und ungleiche Zahlen ; gleich* sind zwei Zahlen, wenn zu jedem Element der einen Zahl ein Element der andern gehört ; *ungleich* sind zwei Zahlen, wenn bei dieser Gegenüberstellung der einzelnen Elemente bei der einen Zahl ein oder mehrere Elemente übrig bleiben, und zwar heisst diese dann die *grössere* von beiden ; sie enthält mehr Einheiten als die andere. Bei dieser Feststellung des Begriffes der Zahl habe ich im Wesentlichen dieselben Worte angewandt, welcher Herr *Weierstrass*

Grundlagen einer allgemeinen Mannigfaltigkeitslehre de Cantor (1883). Comme on le sait, la définition de l'équinumérosité de Frege suit l'approche de Cantor en termes de correspondance biunivoque.

La présentation de Schröder est assez intéressante [1]. Schröder ne définit pas l'égalité entre les nombres, mais plutôt quand deux collections ont le même nombre. Il écrit :

> Si deux choses doivent être comparées quant à leur numérosité – ou plutôt, deux *collections* de choses quant au nombre d'unités qu'elles contiennent – alors la relation établie entre elles est certainement la plus générale qui puisse être pensée. Cela semble effectivement être le cas lorsque l'on ne peut rien établir d'autre sur sa forme que le fait qu'elle est univoque, c'est-à-dire qu'il peut être établi, sans équivoque, une relation (qui peut être de n'importe quelle forme) entre chaque unité d'une collection avec toujours une seule unité de l'autre collection. Par exemple, on peut associer une unité à une autre par une relation purement conceptuelle [2].

sich zu diesem Zwecke in seiner in der Einleitung bezeichneten Vorlesung [Winter-Semester 1865-1866] bediente. » (Kossak 1872, p. 16)

1. Je suis surpris que Schröder n'ait, jusqu'ici, pas attiré plus d'attention chez les commentateurs de Frege. Certains passages ressemblent étonnamment à l'approche de Frege, par exemple, celui dans lequel Schröder signale que la détermination d'un nombre est toujours relative à un concept (*notio communi*), et celui où il compare la généralité de l'arithmétique à celle de la géométrie. Frege lui-même reconnaît les idées de Schröder sur le premier point mais ajoute : « Il y a du vrai dans [le] texte [de Schröder] mais l'expression est si tortueuse et si propre à induire en erreur qu'il faut l'en démêler et faire la part des choses. » (*Grundlagen* §51, p. 179) Concernant la comparaison entre l'applicabilité de la géométrie et de l'arithmétique, Schröder écrit « Bei dem Abbildungsverfahren des Zählens ist daher die Abstraction die grösste, und muss dieses somit einerseits die grösste Vereinfachung der Vorstellungen nach sich ziehen, andrerseits aber wird deshalb auch die Anwendbarkeit dieses Abbildungsverfahrens eine weitergehende sein : das Gebiet des zählbaren ist viel umfassender als z.B. dasjenige des plastisch darstellbaren » (p. 6). Bien sûr, en soulignant les similarités intéressantes, je ne prétend pas minimaliser l'importance des différences entre la philosophie du nombre (et des concepts) de Frege et celle de Schröder. Deux publications à venir de Textor (à paraître) et Tappenden (à paraître), discutent certains aspects intéressants de la relation entre le *Lehrbuch* de Schröder et les *Grundlagen* de Frege et dans d'autres travaux de ce dernier. Tappenden souligne les origines riemanniennes de certaines terminologies communes à Schröder et Frege.

2. « Wenn nur zweierlei Dinge hinsichtlich ihrer Häufigkeit – oder, besser gesagt, zwei Mengen von Dingen hinsichtlich der Anzahl der in ihnen enthaltenen Einheiten – verglichen werden sollen, so ist die zwischen ihnen herzustellende Verbindung wohl die allgemeinste, die sich denken lässt. Es scheint dies in der That dann der Fall zu sein, wenn über die Art und Weise derselben nichts weiter festgesetzt wird, als dass sie eine eindeutige sei, dass nämlich unzweideutig zwischen einer jeden Einheit der einen Menge und immer nur einer Einheit

Pour l'instant, cette affirmation dit seulement que pour comparer deux ensembles en fonction du nombre d'objets qu'ils contiennent, une correspondance biunivoque est tout ce dont on a besoin. Schröder explique ensuite, par un exemple, comment la notion de correspondance biunivoque peut donner naissance à un critère pour établir si les éléments de deux collections ou ensembles ont (plus littéralement : apparaissent ou sont dans) le même nombre [*Anzahl*]. Considérons un ensemble de pommes et un ensemble de noix. Schröder dit que les pommes et les noix dans les collections ont le même nombre [« *sind in* gleicher Anzahl *vorhanden* »] si l'on peut, par une association continue, coupler une par une, une pomme avec une noix – par exemple, en les posant l'une à côté de l'autre – et terminer sans avoir de pomme ou de noix esseulée.

La définition générale est alors donnée comme suit :

> **(Définition 1)** S'il est possible d'associer à une seule et chacune des choses d'une certaine sorte, une chose d'une autre sorte, de manière à ce qu'il ne reste de choses ni d'une sorte ni de l'autre, alors on dira que les choses de la première sorte ont le même nombre [*sind in derselben Anzahl*] que les choses de l'autre sorte [1]. (Schröder 1873, p. 8)

On a donc : les membres de deux collections d'objets A et B ont le même « *Anzahl* » s'il existe une correspondance biunivoque entre elles [2]. La définition de l'inégalité entre l'*Anzahl* des membres de deux collections différentes est donnée de la manière suivante :

> Si, toutefois, la procédure de juxtaposition mentionnée ci-dessus, ou bien ce procédé de combinaison, ne peut être poursuivie plus avant, car les choses d'une certaine sorte sont épuisées, mais qu'il reste des choses de l'autre sorte qui ne sont pas associées, alors on appelle ces dernières plus nombreuses que les premières, et leurs nombres respectifs doivent alors être différents [3] (Schröder 1873, p. 8).

der andern Menge, überhaupt eine Verbindung (welcher Art sie auch sein möge) festgelegt, z. B. die eine Einheit durch eine blosse Gedankenverbindung der andern zugeordnet werde. » (Schröder 1873, p. 7-8)

1. « Wenn es möglich ist, von Dingen einer Art ein jedes einzeln so zu verknüpfen mit einem Dinge von andrer Art, dass weder von der einen noch von der andern Art Dinge übrig bleiben, so sagen wir : die Dinge der einen Art sind in derselben Anzahl vorhanden, als die der andern Art. »

2. Le lecteur doit faire attention au fait que Schröder n'assigne pas un nombre aux collections elles-mêmes, mais plutôt aux objets qui y sont contenus. Cependant, de temps en temps, il semble dévier de cet usage et parler du nombre de la collection ; il est toutefois clair que sa préférence est d'assigner le nombre aux éléments contenus dans la collection, et pas à la collection elle-même.

3. « Wenn aber, sobald das obige Verfahren des Nebeneinanderlegens oder jener Verknüpfungsprocess nicht weiter fortgesetzt werden kann, indem sich von der einen Art

Schröder avait-il l'intention d'inclure les déterminations d'*Anzahl* entre ensembles infinis ? Dans le passage qui suit, nous voyons que pour les ensembles infinis, le critère ne peut pas être utilisé. La clarification est essentielle pour les buts de ce chapitre :

> Il est aussi possible d'envisager le cas où ce procédé de combinaison deux à deux, ou cette association idéelle des deux [sortes d'] unités peut être poursuivi sans fin. Dans ce cas, le nombre des deux [sortes d'] objets est *illimité* et la question concernant l'égalité des deux nombres doit pour l'instant être laissée indécidée [1]. (Schröder 1873, p. 8)

Schröder continue en offrant ce qu'il affirme être une reformulation de la définition formelle :

> **(Définition 2)** De deux ensembles [*Mengen*], on dira qu'ils contiennent le même nombre d'éléments [*Einheiten*] [2] quand les éléments d'un ensemble peuvent être appariés avec ceux de l'autre ensemble, de manière à ce que rien ne soit laissé de côté. (Schröder 1873, p. 8) [3]

Il est clair que la tentative de Schröder de caractériser l'égalité de deux nombres d'éléments dans deux collections vise les collections finies, et ne s'étend aux collections infinies que pour la comparaison entre une collection finie et une collection infinie. Sa volonté explicite de laisser indécidés les cas de comparaison entre collections infinies en est une preuve évidente. Une confirmation supplémentaire est donnée par les considérations de Schröder, dans les sections ultérieures du livre. Dans

keine Dinge mehr vorfinden, noch Dinge der andern Art unverknüpft geblieben sind, so heissen die letzteren *zahlreicher* als die ersteren und ihre Anzahl wird dann beiderseits eine verschiedene sein müssen. » (Schröder 1873, p. 8)

1. « Denkbar ist auch noch der Fall, dass jener Process der paarweisen Verknüpfung oder ideellen Association von beiderlei Einheiten ohne Ende fortgesetzt werden kann. Alsdann heisst die Anzahl von beiderlei Gegenständen eine *unbegrenzte* und muss die Frage nach der Gleichheit der beiden Anzahlen vorerst unentschieden gelassen werden » (p. 8). En traduisant « Menge » par « ensemble », je ne souhaite pas utiliser « ensemble » au sens technique utilisé aujourd'hui en théorie des ensembles. Peut-être, ici, le nombre est-il associé à la collection et non pas uniquement aux éléments qui y sont contenus. Toutefois, le passage est assez délicat à traduire, car pour Schröder « Einheiten » et « Gegenstände » pourraient signifier « sortes d'éléments » ou « sortes d'objets », et dans ce cas, l'attribution d'un nombre ne serait plus aux collections (considérées comme objets) mais seulement aux éléments qu'elles contiennent.

2. « Unités » serait une traduction plus appropriée, mais j'utiliserai « éléments » pour améliorer la lisibilité, ainsi que dans les traductions suivantes de Schröder.

3. « Von zwei Mengen soll gesagt werden, dass sie gleich viele Einheiten enthalten, wenn die Einheiten der einen Menge sich denen der andern Menge, ohne dass ein Rest bleibt, einzeln zugesellen lassen. » (Schröder 1873, p. 8)

la section 12, Schröder introduit le problème de prouver que l'attribution de l'*Anzahl* est indépendante de la manière dont sont ordonnées les collections données. C'est exactement cet aspect de son traitement qui a valu à Schröder les éloges de ses contemporains, comme Helmholtz qui, dans *Zählen und Messen, erkenntnistheoretisch betrachtet* (*Dénombrer et mesurer d'un point de vue épistémologique*) (1887), loue ainsi Schröder :

> Parmi les plus récents arithméticiens, E. Schröder s'est également rattaché de manière essentielle aux frères Grassmann, mais il est allé encore plus loin dans certaines discussions. Tandis que les arithméticiens précédents ont entretenu l'idée que l'ultime concept de nombre est celui du nombre [cardinal, *Anzahl*] d'objets, ils ne pouvaient se détacher complètement des lois de comportement de ces objets, et ils prenaient simplement comme un fait que le nombre [*Anzahl*] d'un groupe d'objets est indépendant de l'ordre dans lequel ils sont numérotés. M. Schröder [Schröder 1873, p. 14] a été, à ma connaissance, le premier à reconnaître qu'il se cache ici un problème. Il a également, à mon avis justement, reconnu que se présente ici un travail pour la psychologie, et, que d'un autre côté, il faudrait définir ces propriétés empiriques que les objets doivent posséder pour être dénombrables [1].

Toutefois, Schröder donne le résultat comme une invariance, valide pour compter avec des collections finies. Puis, dans le §14, il propose un argument qui montre que l'égalité et l'inégalité de nombres, définies au §7, sont nécessairement mutuellement exclusives. Schröder prouve cela en utilisant une preuve que le mathématicien Lüroth lui a communiquée. Le théorème, évidemment (comme le sait Schröder), n'est valide que pour les collections finies :

> **Théorème.** Si les éléments d'un ensemble d'objets *A* peuvent être *associés* de manière univoque aux éléments d'un autre ensemble *B*, de manière à ce qu'aucun objet ne soit laissé de côté (si, donc, les deux

1. « An die Brüder *Grassmann* hat sich unter den neueren Arithmetikern auch Hr. E. *Schroeder* im Wesentlichen angeschlossen, ist aber in einigen wichtigen Erörterungen noch tiefer gegangen. Während die früheren Arithmetiker den letzten Begriff der Zahl als den einer Anzahl von Gegenständen aufzufassen pflegten, konnten sie sich nicht ganz von den Gesetzen des Verhaltens dieser Gegenstände loslösen, und sie nahmen es einfach als Thatsache, dass die Anzahl einer Gruppe von Objekten unabhängig von der Reihenfolge, in der man sie zählt, zu finden ist. Hr. Schroeder ist, so viel ich gefunden habe, der Erste, welcher erkannt hat (l. c. S. 14), dass hierin ein Problem verborgen ist : auch hat er, meines Erachtens mit Recht, anerkannt, dass hier eine Aufgabe der Psychologie vorliegt, und andererseits die empirischen Eigenschaften zu definiren wären, welche den Objecten zukommen müssen, damit sie zählbar seien. » (Helmholtz 1887)

> [sortes d'] éléments sont présents dans « le même nombre [*Anzahl*] »), alors il n'existe aucune association univoque entre eux dans laquelle il soit possible que des objets soient laissés de côté, et toute autre association univoque ne doit laisser aucun élément de côté.
>
> Si entre les éléments d'un ensemble *A* et d'un ensemble *B*, il existe une association univoque telle que des éléments soient laissés de côté, alors toute autre association univoque entre ces deux ensembles laissera des éléments de côté – une association qui ne laisse aucun élément de côté n'est pas possible entre ces ensembles, et ils sont donc dans « un nombre différent [*Anzahl*] » [1]. (Schröder 1873, p. 19)

Dans la preuve, Schröder remarque qu'il présuppose que l'ensemble *A* est fini [2].

Résumons la position de Schröder. Schröder nous donne une analyse de la notion informelle « avoir le même nombre » ou « il y a juste autant » pour des éléments contenus dans des ensembles ou collections. La définition formelle est donnée avec la notion de correspondance biunivoque entre les éléments des ensembles ou collections. Toutefois, le but explicite concerne les collections finies, puisque la condition est finalement expliquée clairement, dans notre terminologie, en termes non pas de correspondance biunivoque entre les ensembles, mais dans les termes suivants plus forts :

> Les éléments de *A* et ceux de *B* ont le même nombre si et seulement s'il existe une application injective et surjective entre les éléments de *A* et ceux de *B* et toute application injective entre eux est surjective.

Cela laisse évidemment les ensembles infinis de côté. En effet, la première partie du « *Grundsatz* » échoue pour deux ensembles infinis dénombrables : on peut donner une application injective, disons $2n \rightarrow$

1. « Grundsatz. Wenn sich die Einheiten einer Menge *A* von Objecten so eindeutig verknüpfen lassen mit den Einheiten einer andern Menge *B*, dass kein Rest übrig bleibt (wenn also beiderlei Einheiten « in gleicher Anzahl » vorhanden sind), so ist keine eindeutige Verknüpfung zwischen ihnen möglich, bei der ein Rest bliebe, es muss also auch jede andere eindeutige Verknüpfung ohne Rest aufgehen.
Wenn zwischen den Einheiten einer Menge *A* und denen einer andern Menge *B* eine solche eindeutige Verknüpfung existirt, bei der ein Rest übrig ist, so muss auch jede andere eindeutige Verknüpfung zwischen denselben einen Rest lassen – eine solche Verknüpfung ohne Rest ist nicht zwischen jenen Einheiten möglich, und sind dieselben « in ungleicher Anzahl » vorhanden. » (Schröder 1873, p. 19)

2. En prouvant l'invariance du comptage, d'autres auteurs présupposent la finitude des collections sans la rendre explicite. Voyez, par exemple, Stolz 1885 et Bettazzi 1887. Ce dernier est critiqué dans Peano 1891 par rapport à cela.

n, entre les nombres pairs et les nombres naturels, telle qu'aucun nombre ne soit laissé de côté. Mais il existe aussi une application injective, disons $2n \rightarrow 2n$, qui laisse une infinité de nombres de côté (les nombres impairs). Le même exemple montre que la seconde partie du « *Grundsatz* » échoue également pour les ensembles infinis.

Le théorème est en revanche valide pour les comparaisons entre les éléments d'un ensemble fini A et d'un ensemble infini B. Toute application injective de A dans B laissera toujours certains objets en dehors du champ de l'application.

Doit-on conclure, dans ce dernier cas, que le nombre de B est plus grand que le nombre de A ? Afin de simplifier la comparaison avec des développements ultérieurs, étendons la terminologie de Schröder afin d'assigner des nombres non seulement aux éléments contenus dans une collection, mais également à la collection elle-même (considérée comme un objet), quelque chose que Schröder lui-même évite normalement. On peut alors demander : selon Schröder, le nombre des entiers naturels est-il plus grand que le nombre de $\{0, 1\}$? Cela dépend complètement de ce que Schröder entend lorsqu'il dit que les ensembles infinis ont un nombre « illimité ». Il y a plusieurs options compatibles avec ce que Schröder écrit.

(1) Une première possibilité est que les collections infinies n'ont pas de nombre. Dans ce cas, seuls les ensembles finis auraient un nombre. C'est la position adoptée par Dedekind, dans *Was sind und was sollen die Zahlen ?* (*Que sont et à quoi servent les nombres ?*), où, dans la note à la section 161, il restreint explicitement (*der Deutlichkeit und Einfachkeit wegen*) la détermination de cardinalité aux ensembles finis. Dans ce cas, on ne peut pas convenablement dire que le nombre des entiers naturels est plus grand que celui de $\{0, 1\}$. On peut seulement dire que les nombres naturels sont « infinis » ou « illimités » En conséquence, différentes collections infinies ne seraient également pas comparables en termes de « taille » (c'est-à-dire l'égalité et l'inégalité ne peuvent pas leur être appliquées). Cette positon était défendue par Galilée dans *Discours concernant deux sciences nouvelles* et annoncée par Oresme et Albert de Saxe (voyez Mancosu 2009a).

(2) Seconde possibilité : peut-être Schröder avait-il l'intention d'accepter un seul nombre « illimité » $[\infty]$ pour tous les ensembles infinis, de manière à ce que le même nombre soit assigné à tous les ensembles infinis, mais qu'aucune comparaison de taille entre eux ne puisse être déterminée ? J'exclue que ce soit la position de

Schröder, mais j'affirmerai plus bas que Peano a défendu une telle position (du moins temporairement). Considérant la remarque de Schröder sur le fait que les collections infinies sont « illimitées » et son affirmation que la comparaison de tailles ne peut pas être faite pour les ensembles infinis, il est improbable que Schröder ait contemplé l'assignation d'un nombre aux ensembles infinis, puisque pour un tel nombre ∞, il aurait dû exclure jusqu'à la possibilité d'affirmer $\infty = \infty$.

(3) Une troisième possibilité est que les collections infinies ont un nombre, mais que l'on ne peut rien déterminer du tout sur les relations qu'elles entretiennent entre elles ou en comparaison avec les ensembles finis. À nouveau, cela ne semble pas être la position de Schröder, mais c'est une option logique.

En bref, indépendamment de Cantor et avant que Frege ne propose son critère « d'équinumérosité » pour deux concepts dans les *Grundlagen*, nous avons déjà une tentative d'expliquer clairement, dans le contexte de la fondation de l'arithmétique, l'attribution de nombres cardinaux aux éléments de collections utilisant des applications injectives et surjectives. Puisque la proposition est limitée aux collections finies et s'étend, au mieux, aux comparaisons entre collections finies et infinies, le critère n'est pas celui de Cantor. Sans exclure dès le départ la considération d'ensembles infinis, la proposition de Schröder semble bien basée sur l'étude exclusive d'ensembles finis, et l'interprétation la plus naturelle de l'approche de Schröder est soit d'assigner le même nombre (« illimité ») à tous les ensembles infinis (mais en laissant indécidées l'égalité et les inégalités entre eux), soit de ne pas attribuer de cardinalité aux ensembles infinis. Finalement, signalons que le langage employé par Schröder reste relationnel (deux collections « *sind in derselben Anzahl* »), sans explicitement s'engager à assigner des cardinalités aux collections elles-mêmes (par opposition à leurs éléments), ou à interpréter les cardinalités comme objets (même si, parfois, il utilise des constructions comme « le nombre de la collection A »). C'est également la raison pour laquelle je pense que des trois interprétations évoquées ci-dessus, seule la première est fidèle aux idées de Schröder.

Une interprétation intéressante sur les assignations non-cantoriennes de cardinalités peut être trouvée dans les travaux de Giuseppe Peano. Peano a écrit un article titré « *Sul concetto di numero* » (*Sur le concept de nombre*) (1891), dans lequel il polémise contre un article de Rodolfo Bettazzi (également titré « *Sul concetto di numero* » et publié en 1887).

Bettazzi affirme, dans cet article, que les quantités discrètes sont telles que s'il existe une correspondance biunivoque entre elles, alors toute application injective est également surjective. Peano objecte que cela n'est vrai que pour les ensembles finis, et détecte une *petitio principii* dans l'approche de Bettazzi, puisque le concept de nombre est déjà présupposé, d'après lui, dans celui de correspondance (car, explique-t-il, le concept de correspondance doit être basé sur le concept d'ensemble fini). Voici l'objection de Peano :

> Les mêmes défauts se présentent dans l'article du même auteur « *Sul concetto di numero* » (*Periodico di matematica per l'insegnam. secondario*, anno II). En effet, dans la section 19, l'auteur souhaite obtenir les nombres entiers positifs en considérant des *quantités discrètes*, à savoir celles qui *résultent d'un agrégat d'objets considérés comme égaux*, et il affirme que si à chaque objet d'un agrégat *A*, on peut associer [*collegare*] un et un seulement des objets de la classe *B*, et réciproquement, alors on n'aura jamais une correspondance qui associe à chaque objet de *A* un et un seul des objets de *B*, de telle manière qu'il reste des objets dans *B*. Cette proposition n'est valide que pour les classes contenant un *nombre fini* d'éléments, car si l'on associe, par exemple, les entiers (classe *B*) aux doubles (classe *A*), alors la classe *A* est contenue dans *B* sans y être égale. Et en examinant la preuve donnée par l'auteur, on voit qu'il fait appel à des théorèmes sur les permutations qui ne sont valides que dans le cas d'un nombre fini d'objets [1] (Peano 1891, p. 257, note 1).

Dans le même article, Peano lie la définition de « avoir le même nombre d'objets » pour les classes à celle de correspondance biunivoque, en énonçant la définition explicite d'une fonction num(a) qui donne des valeurs entières (y compris zéro) ou la valeur « infini » notée par le symbole ∞.

1. « Presenta gli stessi inconvenienti lo scritto dello stesso A., Sul concetto di numero (Periodico di matematica per l'insegnam. Secondario, anno II). Invero, al n. 19, volendosi ottenere il numero intero positivo colla considerazione di *grandezze discrete*, cioè quelle che *risultano da aggregati di oggetti considerati uguali*, afferma che se ad ogni oggetto dell'aggregato *A* si può collegarne uno ed uno solo della classe *B*, e viceversa, non può avvenire che si possa far corrispondere [ad] ogni oggetto di *A* uno solo e distinto in *B*, in modo che ne avanzino in *B*.
Ora siffatta proposizione vale solo per le classi contenenti un *numero finito* di elementi, poichè per es. si può far corrispondere ai numeri interi (classe *B*) i loro doppi (classe *A*), e la classe *A* è contenuta in *B*, senza esserle uguale. Ed esaminando la dimostrazione dell'A. si vede che si ricorre a proposizioni su permutazioni, che sussistono solo trattandosi di oggetti in numero finito. » (Peano 1891, p. 257, note 1). On a vu, dans une note précédente, que le même reproche pourrait être fait à Stolz 1885.

La définition de num(a) pour une classe est la suivante [1] :

num(a)=0	ssi a est la classe vide ;
num(a)=n	ssi a n'est pas la classe vide et pour tout x dans a, num($a-\{x\}$)=$n-1$) ;
num(a)=∞	ssi pour tout n dans les entiers naturels (y compris zéro), $n \neq$num(a).

Après avoir prouvé plusieurs résultats pour les classes finies et porté une grande attention à la validité des résultats pour 0 et ∞, il donne alors le principe suivant sans restrictions :

> Avec a et b deux classes, s'il existe une relation f qui associe tout élément de a à un élément de b, et s'il existe une relation g qui associe chaque élément de b à un élément de a, alors les classes a et b contiennent le même nombre d'objets. Si les classes sont finies, la réciproque est également valide [2]. (Peano 1891, p. 260)

Les relations en question sont implicitement supposées biunivoques. Peano continue ensuite en soulignant que si l'on définit que deux classes ont le même nombre si et seulement s'il existe f et g comme ci-dessus, alors il est possible que num(a)=∞ et num(b)=∞ sans que num(a)=num(b). Ceci montre implicitement qu'en utilisant les applications injectives et surjectives comme critère d'égalité numérique, la function num(x) ne peut plus prendre une seule valeur lorsqu'elle est appliquée aux classes infinies. Dans ce cas, ajoute Peano, on arrive à la théorie des *Mächtigkeiten* développée par Cantor [3].

1. Burali-Forti 1894, p. 104-105, suit également Peano, en définissant une fonction num sur les classes, où num a des valeurs dans les nombres naturels et une valeur infinie supplémentaire. Kronecker et Weierstrass, qui présentent des arguments similaires pour l'invariance, ne travaillent qu'avec des nombres finis.

2. « Essendo a, b due classi, se esiste una relazione f che ad ogni a fa corrispondere un b, e se esiste una relazione g che ad ogni b fa corrispondere un a, allora le classi a e b contengono lo stesso numero di oggetti. Sussiste pure la proposizione inversa, supposto che le classi considerate siano finite. » ? (Peano 1891, p. 260)

3. Le chemin de Peano sur ce sujet est intéressant. En regardant, chronologiquement, les écrits de Peano, on remarque le développement suivant :
1891 [*Sul concetto di numero*] : Peano définit une fonction sur les classes, num, qui prend des valeurs dans 0, les nombres naturels et ∞. Dans la seconde partie de son essai sur le concept de nombre, il mentionne la possibilité d'une conception différente du nombre infini donnée par Cantor.
1895 [Formulaire] : num est toujours définie comme en 1891 (section V du Formulaire)

On voit ici que Peano tient en quelque sorte une position intermédiaire entre Schröder et Cantor. Alors que la première fonction num(x) autorise seulement une valeur lorsqu'elle est appliquée aux classes infinies, sa position ultérieure épouse l'équivalence entre égalité de nombres et correspondance biunivoque.

Pour conclure cet aperçu rapide, mentionnons Otto Stolz qui, en 1885, utilise également les correspondances biunivoques pour comparer des « multitudes » [*Vielheiten*] [1] Toutefois, son traitement est implicitement restreint aux ensembles finis et les ensembles infinis ne sont même pas mentionnés. En fait, la preuve de l'invariance donnée par Stolz est correcte si l'on restreint la preuve aux collections d'ensembles finis. Incidemment, Husserl, dans *Philosophie der Arithmetik* (1891), limite également son attention aux ensembles finis, quand il discute ces questions.

Le troisième et dernier auteur qui m'intéresse est Bernard Bolzano. Je l'ai gardé pour la fin bien qu'il soit chronologiquement antérieur aux autres auteurs que nous avons regardés, car la discussion de son travail facilitera la transition vers la théorie des numérosités, c'est-à-dire la théorie qui préserve l'axiome partie-tout. Expliquons, en premier lieu, les conséquences que le principe de Hume a sur l'attribution de tailles aux ensembles infinis de nombres naturels. Tout d'abord, puisque de HP et la logique du second ordre, on peut prouver l'existence d'un nombre infini dénombrable d'objets, disons ceux qui tombent sous le concept de nombre naturel N(x), on a un nombre $\#x$:(Nx). De plus, puisque la théorie peut prouver que deux ensembles dénombrables quelconques peuvent êtres mis

mais dans la section VI, on trouve également un développement de la théorie cantorienne des cardinalités.

1898 [Formulaire] : Ici, la séparation est plus évidente qu'en 1895, dans la mesure où l'on a la fonction num dans la section V et la cardinalité cantorienne est notée Nc′. Dans une note de bas de page, Peano dit que num et Nc′ sont des notions similaires mais non identiques.

1899 [Formulaire] : Peano abandonne la distinction entre num et Nc′ et les remplace par une unique notion Num (avec « N » majuscule pour la distinguer de « num »). Num coïncide avec la cardinalité cantorienne. À partir de là, Peano accepte la notion de nombre cardinal de Cantor comme la bonne généralisation du concept de nombre. Sa résistance initiale et son insistance sur la distinction entre num et Nc′ pendant la dernière décennie du dix-neuvième siècle indique toutefois la lutte conceptuelle menée pour venir à bout des intuitions différentes sur l'assignation de numérosités aux ensembles infinis.

1. « Zwei Vielheiten heissen einander gleich, wenn sich jedem Dinge der ersteren je eines der letzeren zuorden lässt und keines von dieser unverbunden bleibt. Grösser von zwei Vielheiten heisst diejenige, von welcher, nachdem jedes Ding der anderen (kleineren) je einem von ihr zugeordnet ist, noch einige Dinge (ein Rest) unverbunden bleiben. » (Stolz 1885, p. 9)

en correspondance biunivoque, alors deux ensembles dénombrables quelconques de nombres naturels auront le même nombre.

On a déjà vu que la présentation de Schröder aurait exclu une telle solution, car les déterminations d'égalités et d'inégalités entre les « *Häufigkeiten* » (numérosités) d'ensembles infinis étaient explicitement exclues et devaient être laissées « *unentschieden* ». Dedekind aurait également refusé cette attribution de cardinalité aux ensembles infinis. Quant à Peano, sa fonction num(x) identifie la taille des ensembles infinis (et *a fortiori* de tous les ensembles infinis dénombrables). HP est bien sûr modelée sur l'équivalence cantorienne pour les nombres cardinaux et en conséquence, lorsque l'on restreint notre attention aux ensembles dénombrables, les solutions proposées par Cantor, Frege et Peano coïncident. La solution de Peano est évidemment en conflit avec celle de Cantor quand la comparaison a lieu entre un ensemble dénombrable et un ensemble non dénombrable. Mais l'opinion divergente la plus forte, dans cette direction, est celle de Bolzano. En effet, pour Bolzano, il n'y a pas d'indécision sur l'existence de différentes tailles (« *Vielheiten* ») pour les ensembles infinis, mais il rejette, en même temps, le critère de correspondance biunivoque pour l'identité de « *Vielheiten* ».

Dans *Les Paradoxes de l'Infini*, (PU, 1851 ; 1975a et 1993), Bolzano considère explicitement, pour mieux le rejeter, ce que Frege capturera plus tard sous la définition donnée dans *Grundlagen* §72 que j'ai citée plus haut. Dans les sections 19 à 24, Bolzano fait plusieurs affirmations importantes. Dans la section 19, il déclare ouvertement que les multitudes infinies peuvent différer en leur « *Vielheiten* », un terme qui peut être traduit par « pluralité », « multiplicité » ou « numérosité ». J'utiliserai la première possibilité.

> Les exemples cités jusqu'ici suffisent à attirer notre attention sur le fait que *les ensembles [*Mengen*] infinis ne peuvent être considérés tous égaux du point de vue de leur pluralité* [*Vielheit*] ; au contraire, certains sont *plus grands* (ou *plus petits*) que tel autre, i.e. le comprennent en eux comme une partie (ou inversement en sont eux-mêmes une simple partie). Voilà encore une affirmation qui sonne à beaucoup d'oreilles comme un paradoxe. (Bolzano 1993, p. 85)

Dans la section 20, Bolzano observe qu'il peut arriver que deux multitudes infinies [*Mengen*] (on notera qu'il ne dit pas toutes), peut être mis en ce que nous appellerions une correspondance biunivoque. Il donne deux exemples, le premier est une correspondance biunivoque entre l'intervalle [0, 5] et l'intervalle [5, 12].

Dans la section 21, il poursuit en affirmant que l'existence d'une telle correspondance entre des multitudes infinies, ne « constitue pas une raison suffisante pour conclure, *dans le cas où ces deux multitudes [*Mengen*] sont infinies, à leur égalité* en tant que pluralités [*Vielheit*] de parties (*i.e.* abstraction faite de toutes leurs différences). » Dans la même section, il poursuit en affirmant que les relations d'égalité et d'inégalité peuvent être sensément attribuées aux multitudes infinies, même s'il laisse le critère flou :

> Bien au contraire, en dépit de cette relation, d'ailleurs symétrique, de correspondance entre eux, leurs pluralités [*Vielheiten*] peuvent être inégales, l'une constituant une totalité dont l'autre est une partie. À l'égalité de ces pluralités [*Vielheiten*], on ne pourra conclure qu'en présence d'une autre raison [*Bestimmungsgründe*], par exemple si les deux ensembles ont les mêmes principes de détermination [*Entstehungsweise*]. (Bolzano 1993, p. 89)

Il a été montré qu'il est assez difficile d'expliquer ce que Bolzano a à l'esprit, ici, car il semble qu'à ce moment de sa réflexion, à la fois dans les PU et dans la *Grössenlehre* (GL, 1975b), il était prêt, contrairement à ce qu'il affirme dans la *Wissenschaftslehre* (WL, 1837) à accepter que les nombres naturels ont la même *Vielheit* que les carrés des nombres naturels (cf. plus bas). Bolzano ne parle pas, ici, d'*Anzahl* mais de *Vielheit*, toutefois ces deux concepts coïncident pour les collections finies, comme il sera clair dans la section suivante.

Dans la section 22, Bolzano diagnostique le paradoxe comme venant d'une extrapolation injustifiée du cas fini au cas infini. Dans le cas fini, la présence d'une correspondance biunivoque entre deux multitudes est suffisante pour décréter leur égalité en tant que pluralités. Expliquant pourquoi cela est le cas pour les multitudes finies, Bolzano désigne par 1, 2, etc. les objets d'une multitude A et parle du dernier nombre (qui doit exister, puisque la multitude est finie) comme le nombre [*Anzahl*] de cette multitude. Donc, s'il existe une application injective et surjective entre A et B, on peut transférer la numérotation de A à B et B aura donc le même nombre d'éléments que A. Il conclut :

> Les pluralités de A et B sont donc identiques, ou, comme on dit encore, *égales*. Conclusion évidemment impossible si l'ensemble des éléments de A est *infini*. Car dans ce cas, non seulement nous ne parvenons jamais dans *notre énumération* à un dernier élément dans A, mais encore, en vertu de la définition d'un ensemble infini, il n'existe pour soi et en soi aucun tel *dernier* élément dans A, *i.e.* si nombreux que soient les éléments marqués, il en reste toujours d'autres à marquer. (Bolzano 1993, p. 91)

Il est donc évident que la *raison* (voir §23) pour laquelle on est autorisé à inférer l'égalité de multitude de deux ensembles finis est qu'en les comptant individuellement, on obtient le même nombre. Le projet de Bolzano ne peut être pris pour un projet qui tenterait d'introduire les nombres d'une manière frégéenne en utilisant la notion de correspondance biunivoque. Il prend simplement les deux propriétés (être fini et avoir un dernier élément qui peut être numéroté avec un nombre fini) comme co-extensives lorsque la notion de nombre fini est première et doit être utilisée pour prouver l'égalité de deux ensembles finis en tant que pluralités. Dans ce sens, son approche ressemble plus à celle de Husserl ou de Couturat (Husserl, dans *Die Philosophie der Arithmetik* (*La philosophie de l'arithmétique*) se limite aux nombres finis et seul Couturat, dans son livre *De l'Infini Mathématique* (1896), postule l'existence de nombres infinis utilisés pour expliquer l'existence d'une correspondance biunivoque).

Si le critère d'égalité des « pluralités » est laissé vague dans le cas infini, il n'y a pas de doute qu'au moment de la WL, Bolzano pensait que beaucoup d'ensembles infinis dénombrables avaient différentes « pluralités » (il les appelle « *Weite* » dans les passages concernés de la WL). Cela apparaît clairement à partir de la section 102 de la *Wissenschaftslehre* :

> il se montre plutôt qu'il y a une infinité de représentations qui ont cette propriété que l'une d'entre elles est surpassée une infinité de fois en ampleur par une autre. Un fait dont il s'ensuit que l'unité qui sert à la mesure de l'une ne peut pas être appliquée à la mesure de l'autre, et que par conséquent aucun ensemble fini d'unités ne suffit pour mesurer les ampleurs de toutes les représentations. La vérité de cette affirmation est, me semble-t-il, prouvée par l'exemple suivant, auquel on pourra facilement trouver à en ajouter d'autres. Si nous désignons, pour abréger, le concept de tout nombre entier quelconque par n : les nombres n, n^2, n^4, n^8, n^{16}, n^{32} ... expriment des concepts dont sans aucun doute chacun comprend une infinité d'objets (en l'occurrence une infinité de nombres). Il est en outre tout aussi manifeste que tout objet qui tombe sous l'un des concepts suivant n, par ex. n^{16}, tombe aussi sous le précédent immédiat n^8, mais que inversement beaucoup d'objets qui tombent sous le concept précédent n^8 ne sont pas contenus sous le suivant n^{16}. Des concepts n, n^2, n^4, n^8, n^{16}, n^{32}... chaque suivant est donc subordonné aux précédents. Il est ensuite tout aussi indéniable que l'ampleur de chacun de ces concepts dépasse une infinité de fois l'ampleur [*Weite*] du suivant prochain (et d'autant plus celle d'un plus éloigné). (...) Comme maintenant la suite n, n^2, n^4, n^8, n^{16}, n^{32}... peut être prolongée aussi loin qu'on le voudra : nous avons avec elle un exemple de suite infinie dont chaque concept est une infinité de fois plus ample que son successeur prochain. (Bolzano, WL,

section 102, traduction modifiée d'une traduction de Frédéric Ruscher à paraître chez Vrin)

La différence entre Bolzano et Frege et Cantor est remarquable. En effet, bien que certains détails restent flous, il n'y pas de doute qu'il accepte le critère d'une correspondance biunivoque pour l'égalité des « *Vielheiten* » uniquement dans le cas fini, et qu'il s'engage à satisfaire une forme ou une autre du principe partie-tout. Alors que, dans la WL, il était manifestement prêt à accepter des différences de *Vielheiten* entre ce que l'on appellerait aujourd'hui des ensembles infinis dénombrables, dans ses travaux ultérieurs, la situation n'est réellement claire que pour les ensembles indénombrables, conçus comme des intervalles de points sur la ligne réelle, et l'est moins pour les ensembles dénombrables [1]. Quoi qu'il en soit, Bolzano n'accepte pas la correspondance biunivoque comme une raison suffisante pour l'égalité de « pluralité » et veut préserver le principe partie-tout au moins pour certaines classes d'ensembles infinis.

Il est toutefois essentiel de souligner que nous avons aujourd'hui une théorie des numérosités qui peut préserver le principe partie-tout, selon lequel si A est une sous-classe propre de B, alors la numérosité de A est strictement plus petite que la numérosité de B. Cela autorise la détermination de différentes numérosités entre l'ensemble des nombres naturels, les nombres pairs, les nombres premiers, etc. En effet, les numérosités constituent un ordre total mesurant tous les sous-ensembles des nombres naturels, finis ou infinis. J'ai décrit cette théorie en détails dans un article récent (Mancosu 2009a). Le principe d'abstraction nécessaire pour affirmer l'égalité de numérosités ne peut pas être donné en termes purement logiques (contrairement aux autres principes d'abstraction considérés ci-dessus), car la possibilité de comparer les collections de nombres naturels (ou d'ensembles plus grands) selon la théorie des numérosités nécessite d'utiliser les ultrafiltres de Ramsey (dont l'existence est indépendante de ZFC), et demande donc des moyens d'expressions qui dépassent la pure logique. Mais l'expressibilité d'un tel principe d'abstraction ne sera pas pertinente pour les considérations qui suivent.

La seule chose importante au sujet de cette théorie, et qu'il faut garder à l'esprit pour la suite, est qu'elle agit comme un raffinement de la notion de cardinalité de Cantor. En d'autres mots, on peut voir le travail de Cantor comme ayant établi les propriétés d'une intéressante relation d'équivalence $\approx$ entre ensembles et la théorie des numérosités comme ayant établi

1. Évidemment, Bolzano n'a pas la distinction dénombrable / indénombrable.

l'existence d'une différente relation d'équivalence $\approx_{PW}$, entre ensembles (PW pour « *Part-Whole* »). En nous limitant maintenant aux ensembles d'entiers naturels, les deux relations satisfont les propriétés suivantes :

Si A et B sont tous les deux finis, alors $A \approx B$ ssi $A \approx_{PW} B$.

Si A est fini et B est infini, alors $\neg(A \approx B)$ et $\neg(A \approx_{PW} B)$.

Si A et B sont tous les deux infinis : si $A \approx_{PW} B$ alors $A \approx B$ mais la réciproque est fausse.

Considérées seulement comme relations d'équivalence formelles entre collections de nombres naturels, les propriétés ci-dessus sont compatibles. Si toutefois elles sont supposées expliquer la notion « il y a juste autant de *A* que de *B* » qui sous-tend notre connaissance de la théorie des nombres, alors elles ne peuvent être toutes les deux justes, car elles sont en conflit pour les ensembles infinis. C'est exactement cette possibilité d'assignation de cardinalité de manière non-cantorienne, qui a amené Heck 2011 à proposer un argument contre l'analycité de HP, sur la base de la théorie des numérosités, auquel je reviendrai dans la dernière section de cet article, après avoir présenté l'objection de « bonne compagnie ». Toutefois, le fait que le traitement de l'objection de Heck soit reporté après l'objection de « bonne compagnie » ne devrait pas faire croire au lecteur que la théorie des numérosités est sans rapport avec les thèses principales de cet article. Et le fait que l'appel à la théorie des numérosités soit, comme je l'affirmerai plus tard, en principe dispensable pour l'objection de « bonne compagnie », est un acquis que je n'aurais pu obtenir sans parcourir d'abord les inquiétudes de Heck, sur la théorie des numérosités. En vue de formuler une objection de « bonne compagnie », je vais maintenant proposer une pléthore de principes d'abstraction qui, bien que donnés en termes purement logiques, offrent les mêmes avantages que HP.

4. Une pléthore de bonnes abstractions

Les développements ci-dessus appellent à une certaine réserve concernant l'affirmation de Dummett selon laquelle « au moment où Frege a écrit les *Grundlagen* (1884), la définition [de l'équinumérosité en termes de correspondance biunivoque] était déjà devenue une part de l'orthodoxie mathématique »[1] (Dummett 1991, p. 142). À moins que la remarque de Dummett ne soit restreinte aux ensembles finis, nous avons vu qu'il n'y avait pas d'orthodoxie concernant la possibilité d'étendre le critère aux ensembles infinis. Bolzano, Schröder, Stolz, Bettazzi, Husserl, Kronecker, Weierstrass et Peano, montrent qu'il n'y avait pas consensus avant ou même après l'écriture des *Grundlagen* de Frege.

Mais mon intérêt pour ces développement n'est pas seulement historique. Je pense, en effet, qu'une réflexion sur le développement historique peut offrir des considérations intéressantes sur l'analycité de HP.

Je pourrais continuer en donnant des reconstructions formelles de Schröder, Peano, Bolzano et Frege, mais cela nous ralentirait inutilement. Une partie du problème, lorsque l'on reconstruit certains projets spécifiques, est que dans certains cas, comme pour Bolzano, ils ne sont pas assez précis, et dans d'autres cas, comme pour Schröder, ils demanderaient une formalisation qui nous obligerait à abandonner le cadre néologiciste standard. Par exemple, dans le cas de Schröder, la formulation standard utilisant un opérateur d'abstraction, comme #, pourrait ne pas lui faire justice, car l'opérateur # assigne automatiquement un objet à tout concept (de manière équivalente, à toute extension de ce concept)[2]. Mais chez Schröder, nous n'avons aucun nombre infini correspondant à une collection infinie[3]. Nous avons deux alternatives. Soit, nous pouvons exprimer le principe en utilisant une logique autorisant des termes non-dénotants (par exemple, une logique libre) ; soit, nous pouvons remplacer

1. « By the time that Frege wrote *Grundlagen* (1884), the definition [of equinumerosity in terms of one-one correspondence] had already become a piece of mathematical orthodoxy ». (Dummett 1991, p. 142)

2. Je sais, bien sûr, que la littérature néologiciste propose beaucoup de possibilités pour contrer la totalité de l'opérateur #. L'idée, ici, est simplement que le choix par défaut (plus proche de l'approche originale de Frege) est d'avoir un opérateur total et que toute déviation doit être argumentée avec précautions.

3. Pour cette raison, même des principes comme le Principe Faible de Hume (*Weak Hume Principle* (WHP)), donné dans MacBride 2000 et étudié en détails par Heck, ne capturent pas complètement la position de Schröder. Le principe dit :
(WHP) Si A et B sont tous les deux finis, alors $\#x:(Ax) = \#x:(Bx)$ ssi $(A \approx B)$.
Toutefois, puisque l'opérateur # est total, on assigne une cardinalité aux concepts infinis, même si le principe ne permet pas d'affirmer quoi que ce soit de spécifique sur les cardinalités des concepts infinis. Une complication supplémentaire avec le texte original de Schröder, comme je l'ai déjà mentionné, est qu'il ne semble pas assigner de nombre cardinal aux totalités, mais à leurs éléments.

l'utilisation d'un opérateur # par une relation $R_{\#}(C, x)$ qui est valide entre objets et concepts [1].

Plutôt que de continuer les questions techniques de tels cadres alternatifs, je vais plutôt proposer une infinité dénombrable de principes d'abstraction, ce qui contribuera grandement à la discussion ultérieure. Sans surprise, le premier est :

HP $(\forall B)(\forall C)\ [\#x :(Bx) = \#x :(Cx) \text{ ssi } B{\approx}C]$

Le second principe capture la fonction num de Peano [2]. Soit Fin(C) un quelconque des prédicats purement logiques, tous équivalents, qui expriment la finitude de Dedekind du concept C. Et notons Inf(C) pour ¬Fin(C).

PP $(\forall B)(\forall C)\ [\clubsuit x :(Bx) = \clubsuit x :(Cx) \text{ ssi } [(\mathrm{Fin}(B)\ \&\ \mathrm{Fin}(C)\ \&\ B{\approx}C) \text{ ou } (\mathrm{Inf}(B)\ \&\ \mathrm{Inf}(C))]]$

L'abstraction est purement logique et est justifiée par le fait que (Fin(*B*) & Fin(*C*) & $B{\approx}C$) ou (Inf(*B*) & Inf(*C*)) est une relation d'équivalence de la totalité des concepts.

Il y a des manières faciles de raffiner le principe d'abstraction de Peano, et d'obtenir un principe d'abstraction qui est essentiellement dû à Boolos. Boolos utilise des constructions de théorie des modèles pour démontrer certains résultats de théorie de la preuve sur la force de différentes théories d'arithmétique du second ordre, et de théories frégéennes corrélées (nous en discuterons plus tard). Assignons les nombres cardinaux aux concepts finis de la manière habituelle. En revanche, pour des concepts infinis *A* et *B*, on assignera le même nombre *a* (différent de tout nombre naturel) ssi *A* et *B* sont tous les deux cofinis ; et un nombre *b* (différent de *a* et de tout nombre naturel) ssi la négation des deux concepts

1. Les deux approches ont été largement discutées dans la littérature. Pour une discussion sur l'approche utilisant la logique libre, voyez Shapiro et Weir 2000 et Tennant 2013. L'approche « relationnelle » a l'avantage de distinguer clairement les conditions d'identité des questions d'existence. Boolos utilise cette approche dans « The Consistency of Frege's Foundations » (1987) et dans « Is Hume's Principle Analytic ? » (1997).

2. Cook 2012 (p. 675, note 3) appelle ce principe FHP, ce qui, dans une certaine mesure, est trompeur, étant donnée la précédente utilisation de HPF pour « *Finite Hume's Principle* » (Principe Fini de Hume) par Heck 1997a. Quoi qu'il en soit, le FHP de Cook est ce que j'appelle PP. Cook ne s'inquiète pas non plus du fait que, bien que cela ne soit pas difficile, il faille éliminer les utilisations de HP quand on travaille seulement avec PP, pour dériver les axiomes de PA_2.

est infinie. La notion de co-finitude est basée sur la pure logique du second ordre, puisque Cof(B) est, par définition, Fin($\neg B$). Formalisons ce principe, et notons le BP.

BP $(\forall B)(\forall C)$ [$!x$:(Bx) = $!x$:(Cx) ssi ([Fin(B) & Fin(C) & $B \approx C$] ou [Inf(B) & Inf(C) & Cof(B) & Cof(C)] ou [Inf(B) & Inf(C) & $\neg$Cof(B) & $\neg$Cof(C)])]

Supposons, pour des raisons de simplicité, que l'on ne considère que des ensembles de nombres naturels (comme je le ferai remarquer plus bas, cela est possible pour n'importe quel tel principe d'abstraction). Ce principe a deux nombres « infinis » différents, *a* et *b*, assignés aux ensembles infinis : il donne le nombre *a* aux ensembles comme les nombres pairs, impairs, ou premiers. Il donne le nombre *b* aux ensembles comme N-{0}, N-{1}, N-{7, 12} etc. Comme tout ensemble infini de nombres naturels soit a un complémentaire infini, soit est co-fini, on assigne un nombre cardinal à tous les sous-ensembles des nombres naturels. On remarque que le principe partie-tout n'est pas valide, puisque {0, 2, 4, 6, 8...} obtient le même nombre que {4, 8, 12, 16,...}.

À partir de BP, on peut facilement généraliser pour obtenir une infinité dénombrable de nouveaux principes d'abstraction différents. Pour chaque n dans les entiers naturels, on définit, dans la logique du second ordre, la propriété « il y a exactement n objets qui tombent sous C » abrégée en S_n(C). Pour chaque n, l'énoncé suivant est un principe d'abstraction qui généralise BP pour $n \geq 1$:

BP$_n$ $(\forall B)(\forall C)$ [$!_n x$:(Bx) = $!_n x$:(Cx) ssi ([Fin(B) & Fin(C) & $B \approx C$] ou [Inf(B) & Inf(C) & Cof(B) & $S_n(\neg B)$ & Cof(C) & $S_n(\neg C)$] ou [Inf(B) & Inf(C) & Cof(B) & $\neg S_n(\neg B)$ & Cof(C) & $\neg S_n(\neg C)$] ou [Inf(B) & Inf(C) & $\neg$Cof(B) & $\neg$Cof(C)])]

Pour chaque n, BP$_n$ donne une cardinalité différente aux ensembles infinis, en fonction de la taille n de leur co-finalité [1]. Ainsi, pour n=1, la cardinalité de {1, 2, 3, 4,...} est la même que celle de {0, 1, 3, 4,...}, mais différente de celle de {0, 1, 4, 5,...}. Remarquons que BP$_1$ assigne le même

1. On pourrait considérer plusieurs variations. Par exemple, on pourrait assigner différent nombres à chaque classe d'ensembles infinis de cofinalité 1, 2, ..., n, puis le même nombre à tous les ensembles infinis de cofinalité > n. Ou bien, on pourrait assigner le même nombre à tous les ensembles co-finis infinis dont le complémentaire est de taille $\leq n$ et un unique nombre pour tous les ensembles co-finis infinis dont le complémentaire est > n.

nombre cardinal aux concepts infinis de cofinalité ≠1. Un modèle pour ce système assignera un objet *a* à tous les ensembles co-finis infinis dont le complémentaire est de cardinalité différente de *n*, un objet *b* à tous les ensembles co-finis infinis dont le complémentaire est de cardinalité égale à *n*, et un objet *c* à tous les ensembles infinis dont le complémentaire est infini. Bien sûr, il assignera une cardinalité aux ensembles finis de la manière habituelle.

Remarquons que PP fait échouer toutes les instanciations infinies d'un axiome partie-tout minimal, car si *A* et *B* sont infinis, et *A* strictement inclus dans *B*, alors $\clubsuit(A) = \clubsuit(B)$. En assignant le même nombre à tous les ensembles infinis, PP ne peut pas respecter les relations partie-tout entre les concepts infinis. En revanche, ce n'est pas le cas avec BP. En effet, tous les nombres pairs sont classés dans la classe d'équivalence des ensembles infinis avec un complémentaire infini. Mais N-{1}, qui contient tous les nombres pairs, est classé dans une classe d'équivalence différente, validant ainsi une instanciation de la relation partie-tout. Mais il y a, bien sûr, quantité d'exemples dans lesquels ensembles et sous-ensembles propres sont assignés la même cardinalité, par exemple les nombres pairs et les multiples de quatre.

Un autre principe satisfaisant certaines instanciations infinies du principe partie-tout est le principe co-fini suivant :

CF $(\forall B)(\forall C)$ [©x :(Bx) = ©x :(Cx) ssi ([Fin(B) & Fin(C) & $B \approx C$] ou [Inf(B) & Inf(C) & Cof(B) & Cof(C) & $\neg B \approx \neg C$] ou [Inf(B) & Inf(C) & ¬Cof(B) & ¬Cof(C)])]

Ce principe produit des images miroirs des cardinaux des ensembles finis (pour les ensembles co-finis) et réduit à la même taille tous les ensembles infinis qui ont le même complémentaire infini [1].

Puisque l'on a mentionné l'intérêt de Bolzano pour la préservation du principe partie-tout, et le fait que certains de ces principes d'abstraction préservent le principe partie-tout dans certaines, mais pas toutes,

1. Au cours d'une correspondance par email, Roy Cook m'a signalé la similarité entre CF et un autre principe qu'il appelle BCA :

$(\forall B)(\forall C)$ [βx :$(Bx) = \beta x$:(Cx) ssi ($B \approx C$ and $\neg B \approx \neg C$)]

Il s'agit ici essentiellement du principe des bi-cardinalités donné par Fine (2002, p. 138). Pour les domains infinis dénombrables, BCA est équivalent à ce que l'on obtient en remplaçant fini et co-fini dans CF par « grand » et « co-grand » respectivement. Cook a également soulevé l'intéressante question de savoir lequel de ces deux principes adhère de plus près aux intuitions partie-tout.

instanciations, il semble approprié de mentionner, ici, qu'il n'existe pas de principe d'abstraction \$ non-inflationniste qui produise une théorie, satisfaisant le principe partie-tout, des « tailles » (qu'elles soient appelées cardinalités, numérosités ou autre) basée sur \$. En effet, aucun principe de ce genre ne nous autorise à prouver sans exceptions que $A \subset B \rightarrow \$(A) \neq \$(B)$ [1]. Supposons que l'on ait un tel principe d'abstraction donné par une relation d'équivalence $\approx_{\$}$. Alors, le principe ressemblerait à ceci :

$$\$(A) = \$(B) \text{ ssi } A \approx_{\$} B$$

Observons maintenant qu'un tel principe est extrêmement inflationniste (see Cook 2002), c'est-à-dire que chaque fonction \$ satisfaisant les contraintes ci-dessus dans tout modèle, demande plus de classes d'équivalence qu'il n'y a d'objets. Cette observation repose sur la preuve d'un résultat qui est, comme l'a montré Kanamori 1997, *essentiellement* déjà contenu dans une partie de la preuve par Zermelo en 1904, de l'équivalence entre l'axiome du choix et le principe du bon ordre. La partie en question (qui n'utilise pas l'axiome du choix) peut être vue comme établissant que que pour tout ensemble X et pour *toute* fonction $f : \mathrm{P}(X) \rightarrow X$, il existe toujours des ensembles A et B tels que A est un sous-ensemble propre de B et $f(A) = f(B)$ [2].

Cela signifie que toute théorie qui généralise le principe partie-tout pour les cardinalités et satisfaisant la condition partie-tout donnée ci-dessus, ne peut pas être conséquence d'un principe d'abstraction dans le style de HP, à moins que le néologiciste ne soit prêt à postuler, dès le début, que l'univers est une classe propre (ou, plus faiblement, que l'univers n'a pas de cardinalité). Cela ne montre pas que le néologiciste ne peut pas développer de théories pour lesquelles le principe partie-tout est valide. En effet, il est clair qu'il le peut, puisqu'il peut développer la théorie des nombres naturels pour laquelle le principe partie-tout est valide. Ce qu'il ne peut pas faire, c'est développer une théorie qui valide le principe partie-tout pour tous les concepts. Par ailleurs, il n'existe, pour le

1. En effet, une théorie des « tailles » satisfaisant le principe partie-tout, des « tailles » (qu'elles soient appelées cardinalités, numérosités ou n'importe quel autre nom) devrait satisfaire le principe
$A \subset B \rightarrow \text{Taille}(A) < \text{Taille}(B)$ dont on devrait pouvoir inférer que $A \subset B \rightarrow \text{Taille}(A) \neq \text{Taille}(B)$.

2. Je voudrais remercier Akihiro Kanamori pour m'avoir mentionné l'intérêt de la preuve de Zermelo dans ce cas. Le résultat cité ici est développé dans le corollaire 2.3 de Kanamori 1997.

moment, pas de théorie des numérosités pour l'univers entier de la théorie des ensembles.

Dans la section suivante, nous verrons que les principes d'abstraction discutés ici (PP, BP et ses variantes infinies, et CF) sont assez puissants, puisqu'ils peuvent être utilisés pour prouver les axiomes de PA_2. De plus, j'étendrai l'ensemble des principes d'abstraction liés à HP afin d'y inclure une infinité dénombrable de principes suggérés par Richard Heck.

5. Néologicisme, finitude et Principe de Hume

Les discussions du principe de Hume ont ignoré la plupart des évidences historiques décrites plus haut, bien que Richard Heck (2011) ait récemment fait appel à ma reconstruction (Mancosu 2009a) des conceptions alternatives de comptage des ensembles infinis, afin de développer des arguments supplémentaires contre l'acception du principe de Hume en tant que principe analytique. Expliquons le contexte dans lequel prend place cette argumentation.

À la fin des années 1990, Boolos a lancé les recherches sur les puissances relatives de deux types de systèmes pour l'arithmétique du second ordre. Le premier est basé sur les axiomes de Dedekind-Peano standards et caractérise les nombres comme éléments d'une suite ordinale. Le second est basé sur les systèmes de second ordre de Frege, avec concepts et objets, et capture la notion de nombre naturel comme nombre cardinal. Le résultat de ces recherches est double :

(1) les deux systèmes sont équi-interprétables et équi-consistants ;

(2) le système de Frege est plus puissant, dans un sens à expliquer, que PA_2.

En 1997, Richard Heck a développé ces recherches en se concentrant sur cinq systèmes, dont l'un restreint HP aux concepts finis :

HPF (HP Fini)

$$(\forall B)(\forall C)[(\mathrm{Fin}(B) \text{ ou } \mathrm{Fin}(C)) \rightarrow [\#x:(Bx) = \#x:(Cx) \text{ ssi } B \approx C]]$$

Puisque Fin(B) peut s'exprimer en pure logique du second ordre de plusieurs manières différentes, cette affirmation peut s'exprimer dans le langage de la logique du second ordre, auquel on ajoute l'opérateur #. Ce qui est important, au sujet de ce principe, c'est qu'il affirme que les concepts finis ont le même nombre si et seulement s'il existe une correspondance biunivoque entre leurs extensions, et que le nombre d'un concept infini est différent de celui d'un concept fini. Toutefois, les conditions pour lesquelles deux concepts infinis ont un même nombre sont laissées complètement incertaines, et ceci en dépit du fait que pour n'importe quel concept infini B, on a un terme de dénotation $\#x :(Bx)$ [1]. La théorie obtenue en ajoutant HPF à une version standard de la logique du second ordre est appelée « Arithmétique Finie de Frege » ou FAF (*Finite Frege Arithmetic*).

Un principe plus faible que HPF est le Principe de Hume faible (*Weak Hume Principle*) :

(WHP) $(\forall B)(\forall C)$ $[(\text{Fin}(B)\ \&\ \text{Fin}(C)) \rightarrow [\#x :(Bx) = \#x :(Cx)$ ssi $B \approx C\,]]$

Malgré son apparente similarité avec HPF, WHP est extrêmement faible. Toutefois, Heck a montré (dans une correspondance personnelle) que si un principe d'abstraction satisfait WHP et satisfait la condition supplémentaire « si $\text{Fin}(B)\ \&\ \neg\ \text{Fin}(C)$ alors $\#x :(Bx) \neq \#x :(Cx)$ » alors ce principe d'abstraction satisfait HPF. L'élément clef de la preuve est de montrer que si $\text{Fin}(B)\ \&\ \neg\text{Fin}(C)$, alors il n'existe aucune application injective et surjective entre B et C. Tous les principes d'abstraction que j'ai présentés dans la section précédente satisfont WHP et la condition supplémentaire ; en conséquence, ils satisfont HPF. Comme nous le verrons dans un moment, cela garantit que l'on peut prouver les axiomes de PA_2 à partir des principes d'abstraction que j'ai considérés.

Heck a développé, en utilisant des théories intermédiaires (*bridge theories*), une comparaison de différents systèmes d'arithmétique du second ordre et de Frege, selon une notion acceptable de « plus puissante que » (*i.e.* $\Rightarrow$) en théorie de la démonstration. Il a montré que selon cette notion, l'arithmétique de Frege (logique du second ordre avec HP) est strictement plus puissante que l'arithmétique finie de Frege (FAF, logique du second ordre et HPF comme seul axiome) qui, à son tour, est strictement plus puissante que l'arithmétique du second ordre (arithmétique de Peano).

$$\text{FA} \Rightarrow \text{PAS} \Rightarrow (\text{PAF} \Leftrightarrow \text{FAF}) \Rightarrow \text{PA}_2\,[2].$$

1. Comme je l'ai déjà fait remarquer, il est possible de contourner la totalité de l'opérateur $\#x$, mais avoir un opérateur total correspond plus à Frege, et en pratique, rend les choses plus aisées.

2. PAF est similaire à PA_2 mais avec la condition plus forte que le prédécesseur d'un nombre est un nombre (ce qui capture « les prédécesseurs sont finis ») ; dans PA_2, on sait

Dans la section 2 de son article de 1997, Heck a souligné deux conséquences philosophiques majeures de ces recherches. La première est un argument contre l'analycité supposée du principe de Hume (ou son prétendu statut de vérité conceptuelle). Cet argument, destiné à Wright, utilise la force de FA (en comparaison de FAF et PA_2) pour remarquer que « la force supplémentaire, en théorie de la démonstration, de FA, en comparaison de PA_2, reflète un fossé conceptuel tout à fait réel et très large, entre l'arithmétique du second ordre et la théorie générale de la cardinalité. » L'étendue du fossé conceptuel est alors expliquée en deux temps. Tout d'abord, l'extension du critère d'équinumérosité pour déterminer la cardinalité des ensembles infinis « a constitué une avancée *conceptuelle* gigantesque, comme [l'] introduction des nombres transfinis était une avancée mathématique. » Mais l'on pourrait objecter que, même si cette avance conceptuelle a été obtenue très tard, cela ne devrait pas faire obstacle au rôle de HP comme principe de l'arithmétique. À cette possible objection, Heck rétorque que les finalités épistémologiques du projet logiciste ne pourraient être satisfaites qu'en montrant que « les vérités de l'arithmétique, comme nous les entendons ordinairement, sont analytiques. » L'argument de Heck est qu'il n'est pas suffisant de commencer par n'importe quelle vérité conceptuelle, pour en inférer ce qui ressemble aux axiomes de l'arithmétique. Si c'était suffisant, alors l'interprétabilité de la géométrie en analyse (en admettant que l'analyse soit analytique) montrerait que la géométrie est analytique (contrairement à ce que Frege et la plupart des philosophes croient). Ce dont on a besoin, d'après Heck, est de découvrir les lois fondamentales de l'arithmétique en réfléchissant sur le raisonnement arithmétique ordinaire, dont les lois ordinaires de l'arithmétique pourraient être dérivées.

> Si le théorème de Frege doit avoir le genre d'intérêt que suggère Wright, il doit être possible de reconnaître la vérité de HP en réfléchissant sur les caractéristiques fondamentales du raisonnement arithmétique – ce par quoi j'entends raisonnement sur et avec des nombres finis, puisque le statut épistémologique de l'arithmétique est ce qui est en jeu. En effet, ce que doit établir le logiciste est quelque chose comme le fait qu'il y a, implicitement dans les caractéristiques les plus élémentaires de la pensée arithmétique, un engagement à certains principes, dont

seulement qu'il existe un prédécesseur pour chaque nombre, mais le prédécesseur n'est pas nécessairement un nombre. PAS signifie *Strong Peano Arithmetic* (« arithmétique forte de Peano »), il renforce PA_2 en demandant que rien (et pas seulement aucun nombre naturel) ne soit prédécesseur de 0. Pour les détails techniques, voyez Heck 1997a et 2011.

> la reconnaissance (tacite) de la vérité est une prémisse nécessaire du raisonnement arithmétique, et dont tous les axiomes de l'arithmétique suivent. En ayant identifié ces lois élémentaires, on sera alors en position de discuter si elles sont analytiques, des vérités conceptuelles, ou autre chose encore. (Heck 2011, p. 245)

Si PA_2 est considéré comme contenant tous les principes qui peuvent être obtenus en réfléchissant sur la « pensée arithmétique ordinaire » alors FA ne pourrait être obtenue par une telle réflexion, et son contenu dépasserait le contenu arithmétique. Heck identifie ce contenu supplémentaire comme se trouvant dans HP pris sans restriction, et affirme que HPF n'est pas soumis aux mêmes objections. Aucune réflexion arithmétique ordinaire, dit-il, ne pourrait nous amener à affirmer que la cardinalité des nombres naturels est la même que celle des nombres pairs. De plus, il semblerait étrange de baser notre connaissance de l'arithmétique sur un concept comme notre concept actuel de cardinalité, qui n'a pas émergé avant la fin du dix-neuvième siècle. Et ceci, y compris si HP se révèle être analytique en regard de notre actuel concept de cardinalité. Il conclut :

> L'objection n'est pas que HP n'est pas connu des interlocuteurs ordinaires, ou qu'il fut un temps où les vérités de l'arithmétique étaient connues sans que HP le soit. C'est que, même si HP est pensé comme « définissant » ou « introduisant » ou « expliquant » notre actuel concept de cardinalité, les ressources conceptuelles requises si l'on devait ne serait-ce que reconnaître la cohérence de ce concept (sans parler de sa vérité) dépassent largement les ressources conceptuelles employées dans le raisonnement arithmétique. La version du logicisme de Wright est, par conséquent, intenable. (Heck 2011, p. 246)

Bien sûr, l'objection s'appliquerait également à tout principe d'abstraction qui produit PAS ou, au moins FAF (qui dépasse PA_2), comme les principes d'abstraction que j'ai introduits [1].

Comme je l'ai déjà mentionné, Heck affirme que HPF ne rencontre par les mêmes problèmes. Premièrement, reconnaître la vérité de HPF

1. Bien qu'ajouter PP à la logique du second ordre nous autorise à dériver les axiomes de PAS, il est important de prendre des précautions lorsque l'on affirme qu'un principe d'abstraction permet de dériver PAS, contrairement à FAF qui est plus faible. Dans une communication personnelle par email, Richard Heck a donné la caractérisation suivante, sur la base de son article « Cardinality, Counting, and Equinumerosity » (Heck 2000), qu'il fait remonter à Boolos 1996. Je cite la définition et le théorème verbatim (*caveat lector* : Heck utilise Nx :Fx for #*x* :(*Fx*) d'après son email).

Définition : Disons que ~ est *une notion d'équinumérosité* ssi :
(ZCE) F ~ [x :x≠x] ssi ¬Ex(Fx)

ne demande pas le saut conceptuel opéré par Cantor. Deuxièmement, on peut être convaincu de la vérité de HPF en étudiant la pensée arithmétique ordinaire. Sur le premier point, Heck remarque que HPF était généralement accepté par tout le monde, bien avant Cantor, et cite Bolzano comme exemple d'auteur qui rejetait complètement HP mais acceptait HPF. Heck donne alors un argument, basé sur la notion de comptage fini (une énumération au moyen d'un procédé qui se termine à un moment

(APC) $Nx :Fx = Nx :Gx \;\&\; \neg Fa \;\&\; \neg Gb \rightarrow Nx :(Fx \wedge x=a) = Nx :(Gx \wedge x=b)$
(RPC) $Nx :Fx = Nx :Gx \;\&\; Fa \;\&\; Gb \rightarrow Nx :(Fx \;\&\; x\neq a) = Nx :(Gx \;\&\; x\neq b)$

En bref, donc, aucun concept autre que le concept vide n'est équinumérique avec un concept vide. Si deux concepts sont équinumériques, alors ajouter un nouvel objet à chacun d'eux préserve l'équinumérosité, de même qu'enlever un objet à chacun.

Théorème : Supposons ~ une notion d'équinumérosité définissable au second-ordre. Soit HP~ :
#F = #G ssi F ~ G. Alors la logique du second ordre à laquelle on ajoute HP~ et la définition de Frege (pour #) implique les axiomes de PAS (pour #).

Preuve : ZCE, APC et RPC sont exactement ce dont on a besoin pour les preuves des axiomes de PAS correspondant de manière évidente. Trois autres découlent de la définition de Frege, en supposant que l'on ait suffisamment de compréhension (et on suppose une compréhension illimitée, donc bien sûr, on en a suffisamment). L'existence des successeurs (pour les nombres naturels !) découlent alors des autres axiomes, comme l'a observé Boolos. CQFD.

Heck a également souligné que Boolos a prouvé la réciproque : si l'on a PAS pour # et que l'on a aussi HP~ pour #, alors ~ est une notion d'équinumérosité. Donc, PP est basé sur une notion d'équinumérosité, mais BP_n, en général, ne l'est pas.

Dans la même communication personnelle (qui était une réponse à l'une des miennes, discutant les autres « bons compagnons » de HP discutés dans la section précédente), Heck a prouvé qu'il existe une infinité dénombrable de notions purement logiques d'équinumérosité, dans le sens donné ci-dessus. Ainsi, nous avons une infinité dénombrable de principes d'abstraction qui prouvent les axiomes de PAS. Les principes d'abstraction en question ont la forme suivante. Soit κ un cardinal infini. On dit que F et G sont κ-variants, noté $V\kappa(F, G)$ si la cardinalité de la différence symétrique de F et G est $\leq\kappa$. Définissons la relation d'équivalence suivante :

$$F \sim \kappa\, G \text{ ssi } (Fin(F) \;\&\; Fin(G) \;\&\; F \approx G) \text{ ou } (Inf(F) \;\&\; Inf(G) \;\&\; V\kappa(F, G)).$$

Il est facile de montrer que si $\kappa \neq \mu$ sont des cardinaux infinis, alors les relations d'abstraction qui sont définissables en termes purement logiques $\sim\kappa$ et $\sim\mu$ sont distincts (dans le sens où ils ont des modèles différents) et donc, nous avons deux types différents de principes d'abstraction qui leur sont associés. Enfin, pour chaque n, on peut exprimer, dans la logique du second ordre, qu'un concept a une cardinalité $\leq \aleph_n$, ce qui nous donne l'infinité dénombrable de relations d'équivalence dont nous avons besoin pour l'infinité dénombrable de principes d'abstraction.

donné), dont le but est de montrer que l'on peut arriver à la vérité de HPF en utilisant le raisonnement arithmétique ordinaire. L'étape cruciale serait de voir que « le procédé de comptage, qui est à la base de notre assignation de nombres à des concepts finis, comporte déjà la notion de correspondance biunivoque. » Je ne vais pas répéter l'argument, car établir la vérité ou l'analycité de HPF n'est pas ma préoccupation principale, ici. Pour les mêmes raisons, je ne vais pas creuser le problème de l'imprédicativité de HPF ou celui lié aux objections de mauvaise compagnie (voyez Linnebo 2009a, qui propose une édition spéciale de *Synthese* sur la mauvaise compagnie).

L'article de Heck a été critiqué par MacBride dans un article titré « On Finite Hume » (2000). Contrairement à Heck, MacBride affirme qu'un individu « qui a maîtrisé la logique du second ordre mais n'a encore été introduit à aucune notion typiquement mathématique » pourrait arriver *a priori* aux axiomes de l'arithmétique par la stipulation de HP, dont la formulation ne requiert que des notions logiques. À l'objection soulevée par Heck que, jusqu'ici, nous n'avions qu'un modèle des vérités arithmétiques dans FA, mais pas encore de preuve que ces vérités sont de caractère arithmétique, ce qui pourrait être obtenu si HP était de caractère arithmétique, MacBride rétorque que cette requête est injustifiée. Les arguments de MacBride peuvent être résumés de la manière suivante :

(1) L'affirmation qu'avant la réception des travaux de Cantor, la pensée arithmétique était sous-tendue par le principe fini de Hume, plutôt que sur le principe de Hume, est contestable ;

(2) Il faudrait remettre en question le fait que le principe fini de Hume sous-tende le raisonnement mathématique. Cette attaque est double. S'il existe un principe d'abstraction sous-tendant l'arithmétique ordinaire, c'est WHP plutôt que HPF. Par ailleurs, il est contestable qu'il existe « un principe d'abstraction ne serait-ce que ressemblant au principe fini de Hume, qui est implicite dans la pratique arithmétique ordinaire. »

(3) Il faudrait remettre en question la supposition de Heck selon laquelle une épistémologie arithmétique devrait être dérivée de principes que l'on peut retrouver en réfléchissant le raisonnement arithmétique ordinaire.

(4) Les objections de Heck montrent une incompréhension sérieuse du projet néologiciste, qui n'est pas le projet herméneutique de montrer que le raisonnement arithmétique ordinaire est *a priori*.

Heck a répondu à toutes ces accusations dans l'appendice récent ajouté à la réédition de son article de 1997 dans son livre *Frege's Theorem*. Dans l'appendice, Heck explicite deux problèmes importants qui ont émergé du néologicisme et ont constitué l'arrière-plan de son article sur le principe fini de Hume : le problème du surplus de contenu, et le problème de l'anti-zéro (le nombre de tous les objets). Toutefois, une grande partie de la discussion qui suit peut contourner ces deux problèmes spécifiques et se baser sur la proposition positive faite par Heck :

> Une expression claire [de la proposition positive de Heck] apparaît vers la fin du chapitre 7 et repose sur une distinction, sur laquelle Dummett 1988 insiste justement, entre l'analyse par Frege de « juste autant » et le principe d'abstraction pour les nombres cardinaux. Le principe d'abstraction ne consiste vraiment qu'en l'énoncé suivant :
>
> Nx :Fx = Nx :Gx ssi il y a juste autant de F que de G.
>
> Et HP dans sa forme usuelle résulte de l'incorporation, dans ce principe, de l'analyse par Frege de « juste autant » en termes d'équinumérosité. Ma suggestion, alors, est que la notion ordinaire « juste autant » ne peut être analysée car elle ne fonctionne plus lorsque F et G sont tous les deux infinis. La seule chose que l'on peut tirer de ce concept ordinaire « juste autant » est qu'il y a juste autant de F que de G s'ils sont équinumériques, et qu'au moins un des deux est fini. En joignant ceci au principe d'abstraction dans sa forme pure, nous obtenons alors ce que j'ai appelé HPF au dessus. (Heck 2011, p. 263)

La proposition positive de Heck consiste à analyser la structure de « juste autant » à travers ce qu'il appelle son corrélat pratique « juste assez ». Voici comme on atteint les limites de la correspondance bijective, lorsque l'on en vient aux ensembles infinis :

> Qu'il y ait juste autant de biscuits que d'enfants signifie que « ... si vous commencez à donner des biscuits aux enfants, et que vous faites attention à ne pas donner un autre biscuit à quiconque en ayant déjà eu un, alors vous n'aurez pas trop peu de biscuits, toutefois, il ne vous en restera aucun. » Mais n'est-il pas implicite, ici, que « juste autant » devrait être analysé en termes de correspondance biunivoque ? Alors, est-il vrai que si vous commencez à donner des nombres pairs aux nombres naturels, vous n'en aurez pas trop peu, mais il ne vous en restera aucun ? Clairement, non. Il semble que « juste assez », comme on le comprend ordinairement, n'a pas de prise, ici. (Heck 2011, p. 263)

Le résultat de Heck, qui présente d'importantes ressemblances avec l'approche de Schröder décrite précédemment, peut être atteint même sans analyser la structure de « juste autant » par le corrélat pratique « juste assez ». Comme Heck le reconnaît lui-même, la solution de Cantor, qui est d'identifier le nombre cardinal des nombres naturels et des nombres pairs sur la base de l'existence d'une correspondance biunivoque demande un saut conceptuel majeur et s'impose non pas parce qu'elle est capable d'expliquer l'idée de « juste autant », qui puisse faire justice à toutes les intuitions pré-théoriques, mais plutôt en dépit de son échec à le faire. Le problème, ici, est bien sûr, comme on l'a déjà vu, que les intuitions pré-théoriques semblent nous tirer dans différentes directions, lorsqu'on les confronte au besoin de généraliser la notion de nombre (cardinal) aux ensembles infinis.

Ainsi, Heck finit par affirmer que HPF est ce qui sous-tend la pensée arithmétique. Comme nous l'avons vu, dans « On Finite Hume » (2000), MacBride conteste ce point, utilisant comme preuve le paradoxe de Galilée. Ici, il nous faut entrer dans les détails du développement historique et les problèmes interprétatifs qui y sont liés.

6. Une évaluation de MacBride et Heck

Dans son article de 1997, Heck affirme que l'examen des principes arithmétiques produit HPF, mais ne fait aucune affirmation sur la condition pour laquelle des ensembles infinis ont la même cardinalité. MacBride (2000) lui fait la réponse suivante :

> Les arguments de Heck sont, toutefois, imparfaits, d'une part parce que son affirmation selon laquelle avant la réception des travaux de Cantor, la pensée arithmétique était formée par le principe fini de Hume, plutôt que le principe de Hume, est franchement contestable. (MacBride 2000, p. 154)

L'argument de MacBride pour soutenir sa propre thèse est assez particulier. Il affirme qu'une condition de possibilité pour que le paradoxe de Galilée soit vu comme un paradoxe est l'existence de prédispositions intellectuelles à la fois pour le déni d'une distinction entre le nombre de nombres naturels et celui de nombres pairs, et l'affirmation que ces nombres sont identiques. Jusqu'ici, tout va bien. En revanche, il poursuit en concluant :

> Néanmoins, si, comme le suppose Heck, les penseurs pré-cantoriens n'acceptaient que le principe fini de Hume, ils n'auraient aucune raison d'affirmer l'identité des nombres de nombres naturels et de nombres

> pairs. Ils n'auraient aucune raison de le faire, parce que le principe fini de Hume ne dit rien sur l'identité des nombres infinis... En effet, des penseurs comme en décrit Heck auraient été incapables d'élaborer une réflexion sur l'identité et la distinction de nombres infinis. (MacBride 2000, p. 154)

Je ne trouve pas ce raisonnement convaincant [1]. L'une des caractéristiques de notre approche du monde, dans la vie de tous les jours comme dans la vie scientifique, est la tentative de déduire, par extrapolation de certaines propriétés de domaines d'objects (et leurs propriétés) dont nous avons l'habitude, des propriétés similaires dans d'autres totalités qui sont liées, d'une manière ou d'une autre, à celles dont nous avons l'habitude. Réfléchir sur les nombres naturels nous amène aussi à la commutativité de l'addition, ce que l'on avait sûrement remarqué avant que les nombres négatifs n'entrent en scène. On tente alors de savoir si cette propriété est toujours valide dans le nouveau domaine. Mais il serait étrange d'affirmer que la commutativité pour les nombres négatifs était déjà implicitement comprise dans notre réflexion arithmétique sur les nombres naturels. Nous savons deux choses. D'une part, sur la base de nos connaissances arithmétiques, nous savons que la commutativité est valide pour les nombres naturels. D'autre part, nous avons réussi à extrapoler cette propriété et à l'appliquer aux nombres négatifs. Bien sûr, dans ce cas, nous n'avons pas la propriété opposée qui nous mènerait à un paradoxe en l'extrapolant (indiquant l'échec de la commutativité des nombres négatifs), et l'analogie avec les nombres infinis n'est donc pas convaincante. Mais de tels exemples ne sont pas rares. En plus de l'exemple de la généralisation des cardinalités finies à infinies, on peut penser à d'autres paradoxes qui sont apparus dans l'histoire des mathématiques, dans des tentatives d'extrapolation d'un domaine à un domaine plus large. Par exemple, dans l'histoire des mathématiques, la règle des signes nous fournit un tel exemple : nous avons la propriété paradoxales que « moins fois moins est plus », tandis qu'en généralisant depuis la pensée arithmétique sur les nombres naturels, on aurait attendu « moins fois moins est moins. » Ainsi, contrairement à ce qu'affirme MacBride, la tendance à affirmer que le nombre de nombres pairs et le nombre de nombre naturels est le même *ne montre pas* que

1. Heck n'a pas affirmé que les penseurs pré-cantoriens étaient incapables d'élaborer des pensées sur les nombres infinis. MacBride lit Heck comme affirmant que le principe fini de Hume qu'il propose, est destiné à conclure que rien ne peut être dit sur la cardinalité des ensembles infinis, alors que l'interprétation que Heck fait de HPF est que le principe laisse ouverte la question des cardinalités des ensembles infinis.

nous avons des principes arithmétiques qui dépassent le principe fini de Hume que soutient Heck. Cela montre seulement qu'une fois accoutumés à certains principes valides pour l'arithmétique (finie) ordinaire, nous essayons d'extrapoler ces principes à des situations inconnues (ce qui n'est, bien sûr, pas dénué de considérations sur ce qui pourrait être un principe « plus important » à extrapoler sur la base de notre compréhension des différents domaines). Pour cette raison, même sur la base des suppositions faites par Heck, il ne suit pas non plus que les penseurs « comme en décrit Heck auraient été incapables d'élaborer une réflexion sur l'identité et la distinction de nombres infinis. » Ils en étaient capables, et les évidences historiques (voyez Mancosu 2009a) sur les tentatives mathématiques d'assigner des numérosités aux collections infinies de nombres (ou, au contraire, les arguments déniant la possibilité d'une telle assignation) remontant au moins au neuvième siècle (ibn Qurra, Grosseteste etc.), montrent que de tels penseurs étaient capables d'élaborer les raisonnements requis. MacBride serait d'accord avec tout cela. Le point important, ici, est que ces penseurs ont été capables de ce raisonnement en étant motivés par une tentative d'extrapolation, et non pas parce qu'une telle possibilité était autorisée par un principe obtenu par habitude des nombres finis. Ainsi, contrairement à ce qu'affirme MacBride, même si un principe arithmétique sous-tendant notre activité arithmétique ordinaire ne dit rien sur l'extension à un nouveau domaine, cela n'est pas un obstacle pour le penseur intéressé par l'extension de ce principe à un domaine plus large.

Dans l'appendice de son article sur le principe fini de Hume, Heck réfute également la critique de MacBride, en soulignant que ni le principe partie-tout, ni HP n'étaient « implicites dans la pensée arithmétique ordinaire » (Heck 2011, p. 264). En particulier, il observe :

> Pour que cela ressemble à un paradoxe, nous devons avoir une raison d'adhérer à l'équinumérosité comme critère suffisant de l'identité cardinale. Mais il n'y a absolument aucune raison pour que cette affirmation ait émergé du concept de cardinalité lui-même. On aurait pu décider, pour une multitude de raisons, qu'il n'est possible de développer aucune théorie acceptable de la cardinalité infinie à moins que l'égalité cardinale ne soit l'équinumérosité. Peut-être Bolzano est-il parvenu à cette conclusion à partir de ses réflexions mathématiques [1]. (Heck 2011, p. 264)

1. Cette affirmation historique sur Bolzano est fausse (voyez plus haut) mais l'argument conceptuel soulevé par Heck est tout de même valide.

Il me semble que ce point est correct, mais a besoin d'être renforcé. Heck indique des considérations intrinsèques aux mathématiques qui pourraient avoir mené à une généralisation réussie. Mais il faut garder à l'esprit d'autres considérations. En effet, lorsqu'il s'agit du développement historique des conceptions de l'infini mathématique, il n'est simplement pas possible de séparer clairement les considérations extra-mathématiques et les considérations mathématiques. Lorsque l'on regarde la série de penseurs qui ont affirmé qu'il ne peut y avoir qu'une seule infinité (une idée qui naît au moins avec Proclus et est exprimée jusqu'en 1898 avec la fonction num de Peano), est-il possible de distinguer clairement les considérations théologiques, philosophiques, physiques et mathématiques ? J'affirme que non. Néanmoins, aussi complexes qu'en soient les motivations, certaines de ces spéculations ont amené à des solutions mathématiques précises. Incidemment, l'idée qu'il n'existe qu'une seule sorte d'infini (parfois basée sur l'argument que l'infini n'est pas susceptible d'augmenter ou de diminuer) doit être considérée, parmi d'autres alternatives, comme étant l'un des points de vue majeurs sur l'assignation de « cardinaux » aux ensembles infinis, au moins jusqu'à la fin du dix-neuvième siècle. Ainsi, la possibilité d'élaborer des concepts sur l'identité ou la distinction de nombres infinis n'est pas en conflit avec le fait qu'une telle élaboration trouve sa source dans un dépassement des connaissances arithmétiques ordinaires, qu'il s'agisse d'un simple désir d'extrapolation ou de considérations plus puissantes « intrinsèques » et/ou « extrinsèques » aux mathématiques.

La présentation favorisée par MacBride, reconstruit le développement historique de cette manière :

> le raisonnement arithmétique ordinaire, avant Cantor, était guidé non seulement par le principe de Hume, mais également par l'intuition que la cardinalité d'une collection d'entités est toujours plus grande que la cardinalité de n'importe laquelle de ses parties. Le conflit entre principe et intuition a rendu les identités entre nombres infinis paradoxales pour les penseurs pré-cantoriens... La contribution de Cantor a été de voir que l'intuition n'était fondée que sur une connaissance limitée aux parties et aux touts finis, et de rendre possible une résolution du paradoxe en nous persuadant d'abandonner cette intuition. (MacBride 2000, p. 155)

Ce qui est frappant, dans ces passages, est l'asymétrie de traitement : le prinicipe de Hume est traité comme un principe, et le principe partie-tout n'est pas décrit de manière équivalente. Ce dernier est plutôt une « intuition [qui] n'était fondée que sur une connaissance limitée aux parties et aux touts finis. » Mais pourquoi le principe de Hume ne devrait-il pas aussi être décrit comme une intuition basée sur « une connaissance limitée aux collections finies » ? (voyez Parker 2009, pour une considération de ces deux principes comme « moteurs à intuition » (*intuition pumps*)).

Mais il me semble, en réalité, qu'il est trompeur de décrire Cantor comme le fait MacBride [1]. Il n'y a rien de limité dans l'intuition du principe partie-tout, et Cantor a d'ailleurs reconnu que ce principe capture une relation métaphysique importante pour les collections infinies également. Dans les *Mitteilungen*, (Cantor 1962, p. 417), ce problème apparaît de manière révélatrice. Cantor écrit :

> Soit M la totalité (ν) de tous les nombres finis ν, M' la totalité (2ν) de tous les nombres pairs 2ν. Ici, il est incontestablement vrai que M est, en termes de ses entités, *plus riche* que M', car M contient également, en plus des nombres pairs qui composent M', tous les nombres impairs M''. D'autre part, il est de même incontestablement vrai que d'après les sections 2 et 3, le même nombre cardinal se rapporte aux deux ensembles M et M'. Ces deux faits sont certains, et aucun ne se met en travers de la route de l'autre, si l'on prend soin de distinguer entre la *réalité* et le *nombre*. Il faut alors dire : *l'ensemble M a plus de réalité que M', car il contient comme composantes M' mais également M'' ; les nombres cardinaux se rapportant aux deux ensembles M et M' sont toutefois identiques*. Quand donc ces vérités si simples et lumineuses (ce qui ne

1. Et je voudrais également corriger une affirmation historique faite par Heck :

> No doubt many who concerned themselves with the 'paradoxes of the infinite' prior to Cantor accepted that, if cardinal numbers are assigned to infinite collections at all, then the assignment must respect equinumerosity. Examples are Galileo, Leibniz, and Bolzano, all of whom conclude that there are no infinite cardinal numbers, since the equinumerosity condition conflicts with the part-whole principle, which they regard as non-negotiable. (Heck 2011, p. 265)

L'affirmation ci-dessus n'est pas exactement juste. Tout d'abord, Bolzano n'a pas affirmé qu'il n'y a pas de nombres « cardinaux » infinis (cardinaux entre guillemets, parce que les pluralités de Bolzano ne sont pas des cardinaux dans le sens cantorien). Au contraire, il affirme que des ensembles intervalles de nombres réels, comme [0, 5] et [0, 12] ont des pluralités différentes. De plus, les ensembles infinis de nombres naturels ont une pluralité, mais Bolzano est loin d'être clair sur le critère d'identité pour les pluralités de tels ensembles dénombrables. Pour ce qui est de Leibniz, l'exclusion de considérations sur les nombres infinis est moins justifiée par les paradoxes (et donc un conflit entre le critère de biunivocité et le critère partie-tout) que par son refus d'accepter les totalités infinies comme des touts (il les accepte distributivement mais pas collectivement, voyez Mancosu 2009a et van Atten 2011). Enfin, Galilée est le meilleur exemple de conflit entre le critère de biunivocité et le critère partie-tout et il en a conclu, comme l'affirme Heck, que, même si les collections des nombres naturels, des nombres pairs, etc., sont infinis, il n'est pas possible de déterminer des égalités ou inégalités entre ces infinis.

leur est certainement pas préjudiciable) seront-elles enfin reconnues par tous les penseurs [1] ? (Cantor, *Mitteilungen zur Lehre vom Transfiniten*, 1887-1888, p. 417 de l'édition de 1962)

Il semble, toutefois, que Cantor n'ait pas considéré la possibilité de quantifier la relation ontologique « plus riche que. » Lorsque cette possibilité est prise en compte (et nous possédons, aujourd'hui, les outils mathématiques pour le faire), nous sommes plus à même d'évaluer les arguments « intrinsèques » et « extrinsèques » en faveur de chaque généralisation (voyez Mancosu 2009a pour une discussion sur le sujet, ainsi qu'en lien avec la question de la « fécondité »). Lorsque les deux intuitions sont traitées également (et je ne vois aucune raison « intrinsèque » de ne pas le faire), on évalue la situation de la manière suivante. Soit les deux intuitions sous-tendent notre raisonnement arithmétique, soit seulement l'une d'entre elles, soit aucune. Si les principes en question sont interprétés comme n'étant valides que pour les ensembles finis, je pense que ces deux principes sous-tendent la pensée arithmétique ordinaire (voyez également Heck 2011, p. 264). S'ils sont considérés sans restriction sur les ensembles finis, je pense qu'aucun ne sous-tend la pensée arithmétique ordinaire (et en ceci, je rejoins la conclusion de Heck, p. 265). Enfin, si l'on se restreint au raisonnement arithmétique ordinaire, je ne vois aucune raison « arithmétique » de favoriser l'un des principes au détriment de l'autre. Si l'on considère en outre des arguments « extrinsèques » alors la situation est bien plus complexe (voyez Mancosu 2009a et Parker 2013).

Mais les arguments de MacBride contre Heck ne s'arrêtent pas ici.

Le premier argument supplémentaire est que le principe fini de Hume « présuppose l'intelligibilité de la notion de cardinal infini. » C'est certainement le cas, si le principe fini de Hume est compris comme le propose Heck dans son article, et ce pour la simple raison que les systèmes du

1. « Sei M die Gesamtheit (ν) aller endlichen Zahlen ν, M' die Gesamtheit (2ν) aller geraden Zahlen 2ν. Hier ist unbedingt richtig, daß M seiner Entität nach *reicher* ist, als M' ; enthält doch M außer den geraden Zahlen, aus welchen M' besteht, noch außerdem alle ungeraden Zahlen M''. Andererseits ist ebenso unbedingt richtig, daß den beiden Mengen M und M' nach Nr. 2 und 3 *dieselbe* Kardinalzahl zukommt. Beides ist sicher und keines steht dem andern im Wege, wenn man nur auf die Distinktion von *Realität* und *Zahl* achtet. Man muß also sagen : *die Menge M hat mehr Realität wie M', weil sie M' und außerdem M'' als Bestandteile enthält ; die den beiden Mengen M und M' zukommenden Kardinalzahlen sind aber gleich.* Wann endlich werden alle Denker diese so einfachen und einleuchtenden Wahrheiten (gewiß nicht zu ihrem Nachteile) anerkennen ? » (Cantor 1887-1888, p. 417 de l'édition de 1962)

second ordre utilisés dans ce contexte sont tels que n'importe quel opérateur formant des termes, appliqué à des concepts, a une dénotation [1]. Ainsi, pour un concept infini C, $\#x:(Cx)$ a une dénotation. Ce que nous dit HPF est que ce nombre doit être différent d'un nombre fini. Pour MacBride, si l'origine de HPF est dans un examen du comptage fini, comme le suggère Heck, alors « un cardinal infini ne peut avoir aucun sens. » Et cela semble exact, si « avoir son origine » est compris dans un sens adéquatement étroit qui exclut l'extrapolation. Mais MacBride poursuit en proposant « que s'il est un principe qui naît d'une simple réflexion sur le procédé de dénombrement, c'en est un autre – *le principe faible de Hume.* » Toutefois, ce principe a les mêmes limites que ce que MacBride a indiqué être un problème pour HPF. Bien qu'il soit vrai que WHP ne dise rien sur les relations qu'entretiennent les cardinaux infinis et les cardinaux finis, *il n'en assigne pas moins un cardinal à chaque concept fini.* Ceci, une fois encore, est une conséquence de la dénotation sur les concepts de tous les opérateurs formant des termes, dans ce système formel. Quoi qu'il en soit, MacBride affirme que *Les Paradoxes de l'infini* de Bolzano, lus correctement, donnent un support historique à sa suggestion. Sa référence est la section 22 des *Paradoxes*, dans laquelle Bolzano affirme le principe d'identité des cardinaux de deux ensembles finis. Il est vrai que la proposition explicitement donnée par Bolzano correspond à WHP, mais sa preuve, donnée dans la section 22, est, en fait, celle de HPF. Bolzano affirme qu'il suffit de supposer que *A* est fini, et prouve que s'il existe une correspondance biunivoque entre *A* et *B*, alors ils ont le même nombre (il ne prouve pas la réciproque). Dans les premières lignes du §22, Bolzano mentionne, en fait, qu'il est suffisant d'avoir une correspondance biunivoque entre les deux multiplicités pour en inférer qu'elles ont le même nombre (« pluralité »). Ainsi, si l'on veut être pointilleux, on voit que Bolzano ne prouve ni WHP ni HPF mais seulement la direction de droite à gauche du biconditionnel en supposant que *A* est fini, c'est-à-dire, s'il existe une correspondance biunivoque entre *A* et *B* tous les deux finis, alors ils ont le même nombre. L'élément clef de la preuve est que si *A* est fini, on peut en énumérer les éléments, et le dernier nombre de l'énumération donne sa « pluralité » Puis, on utilise la correspondance biunivoque avec *B* pour en conclure que *B* a la même « pluralité. » Mais il est également clair que Bolzano croyait en la vérité de la réciproque et y a implicitement fait appel. Si deux collections finies ont le même nombre,

1. Une fois encore, les choses sont différentes si l'on considère une version relationnelle du principe de Hume.

disons n, alors on peut associer les éléments de A à ceux de B en les faisant correspondre univoquement.

Dans une seconde série d'arguments, MacBride demande si n'importe quel principe d'abstraction (et pas uniquement HP) « est implicite dans la pratique arithmétique ordinaire. » L'objection est double. Tout d'abord, MacBride imagine un individu qui sait compter mais pourrait n'avoir aucune connaissance des concepts nécessaires pour comprendre HP ou HPF (correspondance biunivoque, propriété arbitraire, quantification sur les propriétés, etc.) Ensuite, il propose une objection plus sceptique, dans laquelle il dément l'existence de principes théoriques dans la pratique arithmétique ordinaire. Ici, l'idée est que l'arithmétique ordinaire n'est pas formée par une sorte de « théorie interne fantomatique » mais est plutôt « mieux comprise comme mettant en exercice un répertoire de techniques arithmétiques. » (p. 156)

Contre la première objection, on peut répondre que la situation n'est pas différente de celle rencontrée en linguistique. Les représentations linguistiques utilisant des arbres, le lambda calcul, etc., sont supposées capturer les règles « implicites » de notre capacité à former des phrases grammaticalement correctes dans notre propre langue. Ces règles sont « implicites » mais cela ne veut pas dire que la personne qui s'exprime (à moins d'être un linguiste, un logicien ou un mathématicien) possède les ressources conceptuelles pour comprendre ne serait-ce que la formulation de telles règles. Affirmer qu'un principe est implicite ne veut donc pas dire qu'il est connu par celui qui parle ou pense. En ce qui concerne l'objection sceptique, sur la base de Kripkenstein (paradoxe de la règle), je soutiens la position de Heck selon laquelle « la psychologie cognitive a depuis longtemps établi que des principes théoriques sont implicites dans la pensée ordinaire ; si Kripkenstein affirme le contraire, c'est son problème. » (2011, p. 266)

Une dernière attaque faite par MacBride est que Heck « ne propose aucune justification de la supposition selon laquelle une épistémologie arithmétique doit être dérivée de principes que l'on peut retrouver en examinant le raisonnement arithmétique ordinaire. » Cette attaque est injustifiée, dans la mesure où Heck discute ce problème. Mais cela met en avant la nécessité d'examiner ce à quoi l'argument équivaut. Reconstruit par MacBride, l'argument de Heck est le suivant :

> Il est constitutif des vérités arithmétiques d'être dérivées des lois de base qui sous-tendent effectivement l'arithmétique ordinaire. On peut appeler ces lois les « sources canoniques » des vérités arithmétiques. Puisque le principe de Hume n'est pas une source canonique, les vérités *a priori*

> que l'on peut en dériver ne sont pas de caractère arithmétique. (MacBride 2000, p. 158)

MacBride n'est pas convaincu par l'argument parce que « la prémisse qui dit qu'une vérité arithmétique ne peut être dérivée que de sources canoniques n'est pas motivée. »

Enfin, dans la dernière section de son article, il décèle la source des problèmes de Heck dans la supposition injustifiée qu'un projet néo-frégéen est un projet herméneutique, c'est-à-dire qui veut « montrer que ce que nous « avions en tête » depuis le début, lorsque nous raisonnons mathématiquement, est *a priori.* »

Non seulement c'est faux dans le cas de Frege [1], dit-il, mais c'est également faux dans le cas du néologicisme [2]. Les néo-frégéens ne mettent pas en avant de thèse sur « les sens ordinaires des expressions arithmétiques. » En conclusion, il affirme que « les objections de Heck (et Benacerraf) n'atteignent pas leur but, car elles mésinterprètent la nature du projet frégéen. Ce projet n'a jamais eu pour but de découvrir les vérités *a priori* dans notre pensée arithmétique ordinaire, mais de montrer de quelle manière la vérité *a priori* peut découler d'une reconstruction logique de l'arithmétique. » (MacBride 2000, p. 158)

Le débat entre MacBride et Heck présente également plusieurs aspects importants pour mettre en lumière l'importance de la manière dont nous interprétons les développements historiques (et c'est pour cette raison que j'y ai consacré une section entière), mais l'argument essentiel, pour ce qui suit ici, est l'opposition entre l'herméneutique et une compréhension reconstructive du néologicisme. Je reviendrai sur ce point après avoir discuté l'objection « de bonne compagnie » dans la section qui suit.

7. L'OBJECTION DE « BONNE COMPAGNIE »

Le principe de Hume a beaucoup de propriétés en commun avec les autres principes d'abstraction que j'ai mentionnés auparavant, PP, BP et

1. MacBride se base sur une partie de la littérature secondaire sur Frege, notamment Dummett 1991, pour mettre en avant ce point. Toutefois, la section de Dummett 1991 à laquelle se réfère MacBride ne me semble pas soutenir ce que MacBride affirme. Sur la question de l'herméneuticité d'un projet frégéen, voyez le très clairvoyant livre Blanchette 2012 et Demopoulos 2002.

2. On trouve des positions conflictuelles sur l'herméneuticité du projet y compris dans le néologicisme.

ses variantes, CF et tous les principes provenant de la relation $\sim\kappa$ (pour tout cardinal κ qui peut s'exprimer comme un $\aleph_n$ pour un certain n). Tous ces principes sont cohérents, mutuellement compatibles et en règle (d'où l'idée de « bonne compagnie ») [1]. De chacun de ces principes, il est possible de dériver, en prouvant tout d'abord FAF ou PAS, une version convenable de PA_2, et tout argument en faveur de l'analycité de HP semble s'appliquer à n'importe lequel d'entre eux. Si l'on considère PP et HP, je ne vois pas ce qui nous empêche d'appliquer les mêmes réflexions que celles que les néologicistes ont concernant HP, au statut épistémologique/sémantique de PP. Ainsi, les deux principes sont analytiques *a priori*. Donc, ils sont tous les deux vrais, mais se contredisent mutuellement sur l'assignation de cardinalités aux ensembles infinis. En conséquence, ils ne peuvent pas être tous les deux analytiques. Pire encore, aucun des deux ne peut l'être. En réalité, si l'un seulement des deux est analytique, alors celui qui ne l'est pas peut toujours être vrai dans un monde possible, puisque la cohérence des deux principes est montrée en appliquant les mêmes considérations [2]. Mais alors celui que l'on considère analytique serait contredit dans un monde possible, ce qui va à l'encontre de la notion classique d'analycité.

Mais est-il réellement correct de dire que les principes sont en contradiction ? Il y a, bien sûr, quelque chose de paradoxal, dans cette affirmation. On pourrait affirmer que les principes d'abstraction définissent différentes notions de cardinalité (disons, Card_{HP} et Card_{PP}) et que la contradiction n'est donc qu'apparente. Mais si l'on acceptait cette possibilité, serions-nous disposés à considérer l'attrait pour HP comme étant remplaçable par un principe alternatif de « bonne » compagnie, pour les besoins du projet néologiciste ? Après tout, dans le cadre de la logique du second ordre, PP autorise également la dérivation de PA_2, de même que BP et ses variantes, CP et tous les principes d'abstraction provenant de la relation d'équivalence $\sim\kappa$.

Une objection de mauvaise compagnie (voyez Linnebo 2009a et b) montre que la forme de HP qui paraîtrait le rendre analytique et *a priori* est partagée par d'autres principes d'abstraction qui se révèlent être soit incohérents (Loi Basique V, etc.) ; soit incompatibles avec HP car ils ne

1. Ils vérifient tous les conditions données dans Cook 2012, toutefois, ils ne sont pas logiques selon les critères discutés dans Antonelli 2010.

2. Il existe, bien sûr, d'autres définitions d'analytique que « vrai dans tous les mondes possibles. » Bien qu'il serait intéressant de regarder comment l'argument varie selon les définitions alternatives d'analytique, je ne doute pas que l'on arrive aux mêmes problèmes.

peuvent être vrais que dans un domaine de cardinalité différente que ce qui est requis par HP (dans le cas le plus simple, le principe de parité (Boolos 1990) et le principe de nuisance (Wright 1997) demandent un univers fini, alors que HP prouve l'existence d'une infinité d'objets) ; soit encore les principes présentent d'autres défauts que l'on a identifiés en passant par des notions comme leur « arrogance », leur manque de modestie, etc. De nombreux efforts ont été déployés pour trouver des conditions qui permettraient de séparer les « bons » principes des « mauvais » (récemment, Cook 2012 en propose un riche traitement). Toutefois, aucune de ces considérations ne s'applique aux bons compagnons de HP.

Il pourrait être utile, ici, d'éclairer la différence entre les objections de bonne et de mauvaise compagnie, en revenant aux deux biconditionnels donnant le principe de Hume, présentés dans la section 1. Un principe d'abstraction peut être mis en question d'au moins deux manières différentes. Une première possibilité est une attaque globale, c'est-à-dire interroger l'analycité du principe d'abstraction en utilisant des propriétés générales caractérisant les définitions par abstraction. En comparaison, un angle d'attaque local met en question une abstraction particulière, en affirmant qu'elle ne capture pas la propriété du concept que la définition par abstraction est supposée caractériser, et que l'on a comprise en amont. Ainsi, le biconditionnel

(b) le nombre de *B* et le nombre de *C* sont identiques ssi il y a juste autant de *B* que de *C*

est généralement mis en doute par une attaque globale contre les principes d'abstraction. Tandis que pour le biconditionnel

(a) il y a juste autant de *B* que de *C* ssi il existe une correspondance biunivoque entre les objets qui tombent sous *B* et ceux qui tombent sous *C*

l'angle d'attaque est local, c'est à dire que l'on met en doute le fait que l'équinumérosité (« il y a juste autant de ») est capturée par la notion de correspondance biunivoque. Il semble que de manière générale, les objections de mauvaise compagnie interrogent l'analycité du principe exprimé en (b), tandis que l'objection de bonne compagnie interroge l'analycité du biconditionnel (a) et, en conséquence, le principe d'abstraction HP basé sur ce biconditionnel.

Mais l'objection de « bonne compagnie » [1] est-elle réellement une objection [2] ? Ou bien les néologicistes n'ont-ils pas lieu de s'en inquiéter ? Je répondrai à cette question après avoir discuté les réflexions de Heck sur les conséquences philosophiques d'une théorie des numérosités pour le néologicisme, qui m'ont amené à réfléchir moi-même sur ces problèmes.

Après avoir mentionné ma discussion historique et mathématique sur les assignations de numérosités aux ensembles préservant le principe partie-tout et les avances récentes en mathématiques connues sous le nom de théorie des numérosités, Heck résume le résultat de ma contribution de la manière suivante :

> Mancosu nous annonce que le but de son article est « de montrer le simple fait que la comparaison des tailles d'ensembles infinis de nombres naturels est une possibilité conceptuelle légitime » (Mancosu 2009[a], p. 642). Il me semble clair qu'il atteint son but. Mais s'il est conceptuellement possible que les cardinaux infinis ne vérifient pas HP, alors il est conceptuellement possible que HP soit faux, ce qui implique que HP n'est pas une vérité conceptuelle, et donc que HP n'est pas implicite dans notre pensée arithmétique ordinaire. (Heck 2011, p. 266)

Une conséquence évidente d'une telle position, par parité, est que non seulement aucun principe d'abstraction lié à la théorie des numérosités, mais également aucun des principes HP, PP, BP et ses variantes, CF, et l'infinité dénombrable d'abstractions provenant de la relation d'équivalence $\sim\kappa$ (κ cardinal de la forme un $\aleph_n$ pour un certain n), ne peuvent être implicites dans notre pensée arithmétique ordinaire, puisqu'ils s'éliminent

1. C'est après avoir rédigé cette section que j'ai appris que l'expression « bonne compagnie » avait déjà été utilisée, dans le contexte des objections de mauvaise compagnie, par Shapiro et Ebert 2009. Toutefois, leurs abstractions, qu'ils affirment être « bonne compagnie » pour HP, sont données par des définitions implicites dans le style de Hilbert, que les néologicistes considèrent « arrogant » Et en effet, Hale et Wright 2009 placent les abstractions de Ebert et Shapiro parmi les « mauvaises compagnies. » Il me semble que les accusations « d'arrogance » ne peuvent être faites aux principes d'abstraction que j'ai proposés. Le label de « bonne compagnie » semble donc plus justifié dans ce cas. Clarke 2007 utilisé également l'expression « bonne compagnie » mais dans un contexte complètement différent. Dans son cas, la « bonne compagnie » est celle que tiendrait HP si, comme en théorie des ensembles, il n'assignait pas de nombre au concept $x = x$. La dissemblance avec mon cas est évidente, puisque tous mes principes assignent un nombre à $x = x$.

2. À la lumière des développements faits dans le reste de cette section, je n'ai aucun scrupule à abandonner le mot « objection » en faveur de « considération » ou un autre terme. Si je garde « objection », c'est parce que l'argument qui m'a mené à l'objection de « bonne compagnie », à savoir l'argument de Heck basé sur la théorie des numérosité que je présenterai plus bas, visait à être une objection à l'analycité de HP.

mutuellement. Pour HPF, il ne semble pas qu'une menace de ce type se profile, à la fois grâce à la justification directe donnée pour le principe, et au manque d'alternatives.

Pour pouvoir évaluer l'affirmation de Heck, il nous faut d'abord être clairs sur l'aspect technique de la situation. Rappelons en partie ce qui a été dit sur les cardinalités cantoriennes et les numérosités. Ce que je vais dire, ici, est limité aux ensembles dénombrables, mais ce n'est que pour des raisons de facilité, cette limitation n'est pas essentielle. Considérons les nombres naturels et tous leurs sous-ensembles. Du point de vue mathématique, la situation est la suivante. Cantor introduit une relation d'équivalence $\approx_C$ telle que tous deux ensembles infinis dénombrables ont la même cardinalité, celle de $\aleph_0$. Dans la théorie des numérosité développée par Benci, Di Nasso et Forti (voyez Benci 1995, Benci et Di Nasso 2003 et Benci *et al.* 2006), différentes numérosités sont assignées à différents sous-ensembles infinis des entiers naturels (relativement à un étiquetage de l'ensemble, que je vais considérer ici comme étant l'identité, et relativement à un ultrafiltre de Ramsey, voyez Mancosu 2009a pour les détails). L'assignation de numérosité dépendra de l'ultrafiltre de Ramsey choisi pour la construction [1]. En ayant fixé un ultrafiltre, on obtient une nouvelle relation d'équivalence $\approx_{PW}$. Un principe non-logique d'abstraction donnerait alors

NUM NUM(A)=NUM(B) ssi $A \approx_{PW} B$ [2].

Puisque $\approx_C$ et $\approx_{PW}$ sont deux relations différentes, il n'y a pas de conflits entre elles. Bien sûr, la théorie développée par Benci *et al.* est d'une grande richesse et ne s'arrête pas à la détermination de conditions d'identité (qui sont très faciles à obtenir, dans des cas comme celui des

1. Signalons aussi qu'une objection de « bonne compagnie » pourrait être faite pour NUM, définie ci-dessous. Selon le choix de l'ultrafiltre de Ramsey (il en existe une infinité non-dénombrable), les numérosités NUM générées par chaque choix seront en conflit avec leur assignation de numérosités aux ensembles infinis (tout en s'accordant sur les numérosités pour les ensembles finis et en préservant le principe partie-tout). Si ces versions alternatives et non-compatibles de NUM étaient choisies pour capturer la même notion informelle de numérosité (ou cardinalité) sous-tendant notre pensée arithmétique ordinaire, elles seraient en conflit. Elles ne le seraient pas si elles étaient choisies pour être simplement différentes manières de classifier les collections de nombres en fonction de différentes relations d'équivalence.

2. La théorie des numérosités n'est, bien sûr, pas posée comme un principe d'abstraction, mais est plutôt démontrée en construisant les numérosités de manière à ce qu'elles soient les classes d'objects appropriées.

principes d'abstraction de « bonne compagnie » que j'ai listés), et va jusqu'au développement d'une complète théorie algébrique des numérosités avec un ordre total. Les deux relations $\approx_{PW}$ and $\approx_C$ ne sont pas en contradiction, puisque $\approx_{PW}$ peut être considérée comme un raffinement de $\approx_C$. Afin d'évaluer l'argument de Heck ci-dessus, il nous faut clarifier l'ambiguïté contenue dans « il est conceptuellement possible que les cardinaux infinis ne vérifient pas HP. »

Lorsque j'ai utilisé l'expression « possibilité conceptuelle », j'exprimais le fait qu'il existe une théorie consistante qui assigne des « tailles » aux sous-ensembles infinis de nombres naturels, et qui est en conflit avec l'assignation de cardinalité de Cantor. Je voulais aussi dire que la théorie pourrait prétendre à être une théorie du comptage des ensembles infinis dénombrables. Mais cela est plus fort que l'affirmation de Heck au sujet de la possibilité conceptuelle offerte par la théorie des numérosités, et je vais donc considérer que ce qu'affirme Heck est simplement qu'il « est cohérent que les cardinaux infinis n'obéissent pas à HP. » Cette affirmation est justifiée par l'existence d'une telle possibilité : la théorie des numérosités.

Sommes-nous en présence d'une objection de mauvaise compagnie ? Oui et non.

Pourquoi ne s'agit-il pas d'une objection de mauvaise compagnie ? Tout d'abord, il n'a jamais été affirmé que l'identité des numérosité est une vérité analytique au sens où HP est supposée l'être. D'ailleurs, pour spécifier la relation d'équivalence entre numérosités, il faut faire appel à l'existence d'un ultrafiltre de Ramsey, c'est-à-dire à un ultrafiltre non principal particulier sur N. Faire appel à N ne rend pas encore la définition non-logique (on peut utiliser la construction logiciste de N de Frege, en utilisant HPF ou HP), mais l'existence d'un ultrafiltre de Ramsey est indépendante de ZFC, et donc indépendante des ressources de la logique du second ordre, même enrichie de HPF ou HP (ou n'importe quelle autre abstraction parmi celles de « bonne compagnie » si l'on voulait faire appel à elles pour générer N). De plus, nous avons vu que les deux relations d'équivalence sont compatibles, tandis que dans certaines objections de mauvaise compagnie, deux principes d'abstraction différents donnent en général des principes d'abstraction similaires demandant des univers de tailles différentes pour être vrais [1] et ne peuvent donc être vrais en même temps [2]. Une autre forme d'objection de mauvaise compagnie est dirigée

1. HP demande que l'univers des objets soit dénombrable, tout comme PP. En revanche, NUM demande une infinité indénombrable.

2. Par exemple, le principe de parité (Boolos 1990) et le principe de nuisance (Wright 1997) ne peuvent être vrais que dans un domaine ayant un nombre fini d'objets, et sont donc

contre le fait que la Loi Basique V est semblable à HP, et s'est avérée inconsistante. Toutefois, on peut montrer que la relation d'équivalence sur les numérosités est consistante (dans la théorie des ensembles, en supposant que les ultrafiltres de Ramsey existent ; FA a, il est vrai, une meilleure validation épistémique puisqu'équi-consistant avec PA_2).

Pourquoi s'agit-il d'une objection de mauvaise compagnie ? En supposant que HP et la relation d'équivalence pour les numérosités capturent tous deux un principe portant sur le concept de cardinalité *sous-tendant notre raisonnement arithmétique informel*, nous devons alors faire face à deux principes contradictoires. En effet, la notion intuitive de cardinalité serait alors saisie à la fois par l'opérateur néologiciste # (qui satisfait HP) et par l'opérateur NUM définit par Benci *et al.* Mais ils sont en conflit car ils divergent pour les collections infinies de nombres naturels (#(Pair) = #(N) mais NUM(Pair) ≠ NUM(N)). On remarque que le conflit, ici, est d'une nature différente de celui qui oppose HP et HPF. Dans le second cas, HP et HPF sont compatibles, puisque HPF ne dit rien sur l'assignation spécifique de cardinalités aux ensembles infinis, même si l'on pense à chacun d'eux comme étant des principes sous-tendant la même notion informelle de cardinalité dans le raisonnement arithmétique ordinaire. Ce n'est pas le cas de HP et NUM.

Ainsi, lorsque Heck dit qu'il est conceptuellement possible que HP soit faux, il faut comprendre son affirmation de la manière suivante : NUM pourrait, en principe, être la notion de cardinalité informelle sous-tendant notre expérience arithmétique ordinaire. Puisque NUM et HP sont en conflit pour les ensembles infinis, HP ne peut aussi être un principe sous-tendant notre expérience ordinaire. Je suis d'accord sur le fait qu'il est conceptuellement possible que NUM capture la notion informelle de cardinalité – cette possibilité conceptuelle est, bien sûr, une possibilité très idéalisée et pourrait être équivalente à une simple affirmation de consistence. Cela montre que HP pourrait ne pas être le bon principe sous-tendant cette expérience. Si c'est le cas, l'argument a besoin d'être renforcé. Car s'il est vrai que la théorie des numérosités offre un développement impressionnant satisfaisant le principe partie-tout, suffisant pour réaliser les opérations arithmétiques usuelles et autorisant un ordre total pour les numérosités, faire appel à l'un des principes PP, BP et

incompatibles avec HP. C'est une situation différente de celle que nous avons rencontrée en comparant HP et NUM : il faut, pour que NUM soit vrai, un domaine non-dénombrable (si l'ensemble original des objets est au moins dénombrable) mais HP n'est pas vrai uniquement dans des domaines dénombrables.

ses variantes, CF, et l'infinité dénombrable d'abstractions provenant de la relation d'équivalence $\sim\kappa$ (κ cardinal de la forme un $\aleph_n$ pour un certain n) devrait amener à la même conclusion que celle à laquelle est arrivé Heck en utilisant la théorie des numérosités : il est conceptuellement possible que n'importe lequel de ces principes soit vrai, et ils sont tous en conflit avec HP et les uns avec les autres, en ce qui concerne l'assignation de cardinalités infinies.

Tout cela a-t-il des conséquences sur l'a prioricité et l'analycité de HP et de ses bons compagnons ? De ce que nous avons présenté ci-dessus, Heck conclut que « il est conceptuellement possible que HP soit faux, ce qui implique que HP n'est pas une vérité conceptuelle, et donc que HP n'est pas implicite dans notre pensée arithmétique ordinaire. » Il ne me semble pas que cet argument soit conclusif, car il paraît profiter d'une ambiguïté. Lorsque l'on dit « il est conceptuellement possible que HP soit faux », on entend qu'il est possible que nos capacités arithmétiques ordinaires soient sous-tendues par un principe alternatif. Mais cette affirmation n'a pas le même sens que « HP n'est pas une vérité conceptuelle » HP pourrait bien être encore une vérité conceptuelle, une « explication » de ce qui est « analytique » ou « constitutif » de l'opérateur #, même si # se révélait ne pas être l'opérateur de « cardinalité » qui sous-tend nos capacités arithmétiques. Et si l'on accepte ce point, alors la seule conclusion que l'on puisse en tirer est que « HP *pourrait ne pas* être implicite dans notre pensée arithmétique ordinaire. »

Est-ce que la « bonne compagnie » dans laquelle se trouve HP équivaut, alors, à une objection au programme néologiciste ? Je crois que l'effet de cette objection varie selon le genre de néologicisme que l'on considère. Je commenterai trois possibilités différentes en expliquant d'abord brièvement les trois positions, puis je ferai quelques commentaires sur chacune d'entre elles.

A. Le néologiciste libéral nous dira que pouvoir capturer l'arithmétique ordinaire par plusieurs principes différents n'a pas d'importance. Il n'a jamais été question d'affirmer l'unicité de HP, dans ce contexte particulier. Ce qui compte est que chacun de ces principes ait la forme appropriée (abstraction), et toute abstraction en règle dont on puisse dériver PA_2 fera l'affaire, donnant ainsi une connaissance *a priori* de PA_2. Des positions libérales de ce type ont été discutées dans la littérature. Leur compatibilité avec l'esprit du néo-frégéanisme (sans parler de la position de Frege lui-même) est questionable.

B. En nous restreignant à des principes plus faibles, on pourrait accepter simplement qu'à la lumière d'autres considérations, comme celles de Heck, il faille accepter seulement HPF comme principe convenable pour développer l'arithmétique néo-frégéenne. Cela semble être le chemin choisi par Wright (du moins à en juger par son article à paraître dans *Abstraction*).

C. Le néologiciste conservateur affirme que HP est le seul principe correct. Dans ce cas, nous aurions besoin d'un argument contre l'objection de bonne compagnie, afin de séparer HP de ses « bons » compagnons. Je ne crois pas que les néologicistes puissent faire appel au succès de la théorie de Cantor en mathématiques, puisque ce succès n'est pas construit sur l'affirmation que la notion de cardinal (donnée en termes de correspondance biunivoque) est la généralisation appropriée pour le comptage fini. Et jusqu'ici, aucun argument ne semble dépasser HPF de manière convaincante.

Réflexions sur A. Si l'on tient à séparer l'analycité d'un principe comme HP de la demande que ce principe sous-tende notre raisonnement arithmétique ordinaire (abandonnant, par là, toute revendication d'herméneuticité), alors il semblerait que rien ne se mette en travers de la route d'un néologiciste prêt à accepter l'une de ces alternatives. La première est que l'un des « bons » principes d'abstraction différents de HP (ou même de NUM) est un principe sous-tendant notre pratique arithmétique ordinaire, mais HP est tout de même analytique pour le concept capturé par l'opérateur # et, en tant que tel, il est suffisant pour le néologicisme. La seconde alternative est que NUM (ou tout autre « bon » principe d'abstraction) ne sous-tend pas notre activité arithmétique ordinaire et sa consistance ne menace donc pas HP comme principe analytique, puisque les deux principes sont compatibles et se réfèrent à des concepts différents.

En conséquence, lorsque l'on fait une affirmation selon laquelle il est conceptuellement possible que HP soit faux, cette accusation de fausseté doit se référer au principe, quel qu'il soit, qui sous-tend notre activité arithmétique ordinaire. Si l'on abandonne ce lien à un principe sous-jacent, alors il n'y a aucun conflit entre HP et NUM (ou n'importe lequel des « bons » principes d'abstraction). Ils sont simplement valides pour des notions (concepts) différentes et compatibles. J'en conclus que le véritable cœur du problème, dans l'option A, est la nature de la relation entre les principes d'abstraction (ou de principes d'équivalence comme NUM) et le raisonnement arithmétique informel. Si ce lien est trop lâche, il n'y a, à mon avis, aucune raison pour que HP soit meilleur ou ait une place d'honneur aux dépends de PP (ou de tout autre « bon » principe d'abstraction). Tous deux nous autorisent à dériver les axiomes pertinents pour l'arithmétique, et tous deux peuvent être donnés logiquement. Si le lien devait être plus étroit, je ne vois pas comment HP ou une autre « bonne » abstraction pourrait être interprété comme principe sous-tendant notre raisonnement arithmétique ordinaire. Seul HPF (ou équivalent) semble satisfaire ce réquisit. Cela nous amène à l'option B.

Réflexions sur B. Heck affirme que l'on devrait conserver l'étroitesse de la relation entre les principes arithmétiques ordinaires et les abstractions, et il recommande d'adopter HPF comme principe viable de ce type, ce qui se justifie par le recours aux principes arithmétiques ordinaires. Si Heck arrive à cette conclusion, pour ainsi dire, par le bas, j'y parviens par le haut, mon point de vue s'appuyant sur le nombre d'alternatives remarquables pour HP. La situation, ici, rappelle ce qui s'est passé avec les géométries non-euclidiennes et la notion kantienne d'*a priori*. Face aux nombreuses géométries non-euclidiennes alternatives, on peut choisir d'affirmer que l'intuition *a priori* est essentiellement « euclidienne » (et ainsi de considérer que les géométries non-euclidiennes ne peuvent être basées sur l'intuition) ou simplement se réfugier dans une forme de kantisme selon laquelle cette sorte d'intuition particulière correspond à la « géométrie absolue » ou à la géométrie projective (comme l'a affirmé Russell), laissant ainsi le choix d'accepter le postulat des parallèles ou de l'une de ses négations en dehors de ce qui est « justifié » par l'intuition *a priori* [1]. Nous avons à faire face à beaucoup d'assignations de cardinalité non-cantoriennes, qui se rejoignent toutes dans le cas fini et semblent jouir des mêmes « bonnes » propriétés que HP. Avec cette interprétation de la situation, il est conceptuellement possible que HP soit faux. Mais cela ne pose pas de problème au néologiciste, puisqu'obtenir PA_2 *a priori* se fait par HPF.

Réflexions sur C. Ici, le néologiciste doit donner des raisons positives pour éliminer tous les « bons » compagnons de HP, en montrant que malgré leur position, ils sont tout de même de « mauvais » compagnons. À quels argument pourrait-il/elle recourir ?

La liste de critères habituels pour confronter les bonnes abstractions et les mauvaises abstractions, élaborée en lien avec les objections de

1. Une autre analogie possible est celle avec les diverses théories de la vérité, qui s'accordent sur les vérités fondées mais divergent sur les vérités infondées. Je remercie Hannes Leitgeb pour m'avoir suggéré cette analogie.

mauvaise compagnie, ne semble pas très utile, ici. Nos principes d'abstraction ne semblent s'opposer à aucun de ces critères : consistance, généralité, harmonie, conservativité, stabilité, irenicité, etc. (tous ces principes satisfont les critères pour être « bon » d'après Cook 2012).

Le néologiciste conservateur doit choisir entre deux possibilités. Soit, il donne un argument *a priori* expliquant pourquoi HP est tout de même le principe qui sous-tend notre raisonnement arithmétique ; soit, il donne un nouveau critère pour montrer que HP a une place d'honneur au détriment de tous les autres principes d'abstraction et que, par conséquent, les « bonnes abstractions » que j'ai mentionnées dans cet article ne sont rien d'autre que des variations d'objections de mauvaise compagnie.

Une possibilité, parmi les nombreuses possibilités que l'on peut considérer, serait d'affirmer que les relations d'équivalence disjonctive ne génèrent pas des concepts sortaux par abstraction. Toutefois, cela serait un geste coûteux, car il y a beaucoup d'autres parties des mathématiques néologicistes dans lesquelles les relations d'équivalence disjonctives sont nécessaires. Quoi qu'il en soit, il reste encore beaucoup à dire [1], mais j'espère que l'objection de « bonne compagnie » permettra une meilleure compréhension de la sorte de néologicisme défendue et de la question de la centralité de HP pour le programme néologiciste.

1. L'un des endroits importants où l'objection de bonne compagnie pourrait se révéler utile est celui du problème métaphysique de l'identification transsortale pour les *abstracta* générés par deux principes d'abstraction différents. En effet, un argument facile utilisant PP et HP montre que le « Principe d'identité uniforme », qui est un principe métaphysique, défendu par Cook et Ebert 2005, doit être abandonné car invraisemblable. Cela supprime l'objection principale soulevée par Cook et Ebert 2005, contre l'utilisation du principe $ECIA_2$ comme le principe correct pour les identifications transsortales. Je reviendrai sur ces questions dans un autre article.

DEUXIÈME PARTIE

HISTOIRE ET PHILOSOPHIE DE LA LOGIQUE

INTRODUCTION

Cette section comporte un échantillon de mon travail en histoire et en philosophie de la logique [1]. J'ai retenu trois articles récents portant respectivement sur la vérité, la conséquence logique et le nominalisme. Bien que ces problématiques couvrent un large champ, les articles en question partagent une réelle affinité dans la mesure où chacun d'entre eux présente une exploration de l'engagement philosophique d'Alfred Tarski pendant la période précédant son arrivée aux États-Unis, en 1939, et son installation permanente, immédiatement après, dans des circonstances dramatiques. Tarski s'était rendu aux États-Unis pour une conférence sur « L'Unité de la science » à l'Université de Harvard, et c'est peu après que la Pologne fut envahie par les Nazis. La famille de Tarski n'ayant pas réussi à quitter le pays, et lui-même n'ayant pu y retourner, ce n'est qu'en 1945 qu'ils ont été réunis en Amérique (voir Feferman et Feferman 2004). La conférence sur « L'Unité de la science » avait été organisée par Quine, dans le cadre des activités du Cercle de Vienne, déjà dissous à cette date. Sans surprise, ce sont Quine, d'autres membres du Cercle de Vienne (Carnap, Neurath, etc.) ainsi que des collègues polonais (Lutman-Kokoszyńska) qui tiennent une place centrale dans les articles que rassemble cette section. Je voudrais aussi souligner que les recherches présentées ici sont issues essentiellement d'un travail d'archives. Vers la fin des années 1980, Michael Dummett, entre autres, a beaucoup contribué à rendre respectable l'étude de l'histoire de la philosophie analytique. Ce n'est toutefois pas avant la fin des années 1990 qu'une nouvelle génération de chercheurs a commencé à explorer de manière systématique les archives de la philosophie scientifique. Ces derniers allaient ainsi donner leur essor à des recherches approfondies sur les Nachläße de Carnap, Neurath, Gödel et d'autres. De nouvelles informations précieuses ont

1. Certaines parties de cette introduction proviennent des introductions aux sections IV et V de Mancosu 2010a.

également été puisées dans d'autres archives. Le cas de Tarski s'avère pourtant très particulier. L'invasion de la Pologne a en effet entraîné la destruction de la plupart de ses manuscrits qui étaient restés au pays, et, à quelques précieuses exceptions près (l'une d'entre elles occupe d'ailleurs une place centrale dans mon examen des positions de Tarski sur la conséquence logique), ses archives à la Bancroft Library à l'Université de Berkeley contiennent des documents dont la plupart sont datés d'après 1942, une période pendant laquelle la production de Tarski est beaucoup moins marquée par des questions philosophiques qu'elle ne l'était durant les années trente. Heureusement, la plupart des lettres envoyées par Tarski ont été conservées dans les archives de ses correspondants. Il m'a ainsi été possible de sonder méthodiquement plusieurs archives pour repérer les lettres de Tarski, et cette recherche ayant porté ses fruits, j'ai été l'un des premiers à exploiter systématiquement les archives de Carnap, Neurath, Quine, Hempel et Woodger en vue de rassembler des éléments qui m'ont permis de retracer l'engagement philosophique de Tarski dans les années trente. Les résultats de ce travail d'investigation ont largement dépassé mes attentes initiales. Les trois articles regroupés ici élargissent de manière significative notre compréhension d'une phase cruciale des recherches de Tarski en philosophie et en logique, de même que celle de l'histoire de la philosophie. Je vais maintenant présenter le détail des articles et de leur contexte.

Le développement de la sémantique formelle, dans les années trente, marque un tournant très important pour les disciplines de la logique, de la linguistique et de la philosophie. La sémantique est la discipline qui étudie les relations entre les expressions d'un langage et leur signification, ou leur dénotation. La dénotation, la signification, la définissabilité et la vérité sont des concepts typiques de la sémantique. Déjà à l'époque mégarienne – et peut-être même plus tôt – certaines notions sémantiques s'étaient attiré la suspicion de plusieurs philosophes parce que leur usage trop libre avait favorisé l'émergence de paradoxes, parmi lesquels le « Paradoxe du menteur » d'Épiménide est le plus connu. Ceci contribue à expliquer l'attitude, largement répandue au début du vingtième siècle – en particulier parmi les philosophes de tendance antimétaphysique – consistant à éviter le recours au concept de « vérité » et à d'autres notions relatives à celui-ci. Les philosophes du « Cercle de Vienne » et en particulier Neurath et Carnap, avaient développé vers la fin des années vingt et le début des années trente une conception minimaliste de la philosophie qui identifiait cette dernière à l'étude de la syntaxe logique du langage. Pourtant, le travail de Tarski sur la définissabilité et la vérité, au début des années trente, fit de la sémantique une discipline logique rigoureuse. En outre, Tarski a utilisé les techniques de la sémantique pour parvenir à une conceptualisation précise de ce concept central de la logique qu'est la conséquence logique.

Cette réussite de Tarski n'a toutefois pas fait l'unanimité chez les membres du Cercle de Vienne. Tandis que Carnap avait adopté la nouvelle discipline sans réserve, ne voyant pas de conflit entre la sémantique et la position antimétaphysique du Cercle de Vienne, Neurath, clairement en désaccord, pensait pour sa part que l'acceptation de la sémantique présentait le risque d'une dangereuse régression vers la métaphysique.

La nature exacte du débat ayant entouré l'admissibilité de la sémantique est examinée dans le premier article de cette section. Cette investigation s'est avérée moins simple qu'il pourrait paraître à première vue en raison d'une entente convenue à cette époque entre les membres du Cercle de Vienne, qui visait à prévenir la publication de leurs différends à ce sujet, de crainte que l'image d'un groupe divisé ne ternisse la réputation du Cercle auprès de la communauté scientifique internationale. En conséquence de cet interdit de publication, il n'a été possible de reconstituer l'histoire des démêlés entre les membres du Cercle de Vienne concernant l'adoption de la sémantique qu'à partir des archives de Neurath, Carnap et Tarski. Ces sources révèlent que le débat portait principalement sur la question de savoir si la théorie de la vérité de Tarski était effectivement aussi teintée de métaphysique que ce que Neurath semblait craindre, et sur la proposition de ce dernier quant à l'usage légitime du terme « vrai ».

En plus de celle de vérité, une autre notion essentielle de la sémantique est celle de conséquence logique, qui est employée dans l'explication du concept d'argument logiquement valide. Un argument est logiquement valide si et seulement s'il est impossible que ses prémisses soient vraies et sa conclusion fausse. Il s'agit ici, en gros, de la définition de la notion de conséquence logique proposée par Tarski en 1936. Depuis maintenant vingt ans, la nature exacte de la théorie de la conséquence logique de Tarski suscite une vive controverse (voir par exemple Etchemendy 1990). Ce débat a des conséquences importantes pour le problème philosophique d'une caractérisation exacte de cette notion capitale de la logique. Cet intérêt marqué pour la publication originale de Tarski a cependant donné lieu à de nombreux désaccords concernant d'importantes questions d'interprétation relatives à la contribution de Tarski. Mon argument principal, dans « Tarski sur les modèles et la conséquence logique », est qu'au moins jusqu'à 1940, Tarski a entretenu une conception de la conséquence logique à « domaine fixe ». Brièvement, une conception de la conséquence logique à domaine fixe suppose que les quantificateurs ne s'étendent que sur un domaine fixe et ne peuvent ainsi être réinterprétés sur des domaines différents. L'article fait appel aux publications de Tarski et à certains de ses travaux inédits afin d'affirmer qu'en 1936 et 1940, Tarski défendait une notion de la conséquence logique qui ne correspond pas à la conception, répandue de nos jours, relevant de la théorie des modèles (dans laquelle il est possible de réinterpréter les quantificateurs sur différents domaines). Certaines parties de mon interprétation ont été critiquées récemment par Gomez-Torrente 2009. Je réponds à des éléments de cette critique dans l'*addendum* à l'article présenté ici (*addendum* originellement publié comme appendice au chapitre 16 de Mancosu 2010a). De nouvelles découvertes nous attendent encore dans ces archives. Pour ne donner qu'un exemple, je reproduis ici un passage extrait de notes prises à l'occasion d'un cycle de leçons données par Tarski, aujourd'hui conservées aux archives Hempel à Pittsburgh. Les leçons en question ont été prononcées par Tarski en 1940, à la Young Men's Hebrew Association de New York dans le cadre d'un séminaire intitulé « Seminar on the Syntax of the Sentential Calculus ». Les notes présentent une écriture manuscrite soignée, mais je n'ai pas été en mesure d'identifier leur auteur (elles ne paraissent être ni de la main de Tarski ni de celle de Hempel). Quoi qu'il en soit, je soutiens que ce cours contient un passage dans lequel Tarski fait pour la première fois un commentaire explicite sur deux manières de concevoir la consequénce logique : l'une selon laquelle certains énoncés présentant un engagement existentiel se trouvent être logiquement valides (tel serait justement le cas, selon moi, dans sa première conceptualization de la conséquence logique), l'autre selon laquelle cela n'a pas lieu (comme il en va de notre conceptualisation contemporaine de la conséquence logique donnée par le biais de la théorie des modèles de la logique du premier ordre). Ce passage étant ici publié pour la première fois, l'anglais de l'original a été conservé [1].

> (⊛) Every true sentence whose truth does not depend on the meaning of the non-logical constants, is $\in \overline{Lp}$. But this formula is not quite exact: Consider the sentence:
>
> [!] $\bigcap_{x,y,z} \{[x \otimes y \;\;\&\;\; \neg(y \otimes z) \;\;\&\;\; \neg(z < x) \;\;\&\;\; (z < z)] \rightarrow z \otimes y\}$
>
> This sentence is true irrespective of the meaning of '⊗,' *if* there are only two different things in the world; but it is not $\in \overline{Lp}$. Analogously, a

1. $\overline{Lp}$, dans le texte, représente la classe des énoncés logiquement valides, et $\overline{Af}$ l'ensemble des axiomes d'une formalisation de la logique du premier ordre.

sentence could be formulated which would be true if ⟦the⟧ number of things is *finite*; but which is not $\in \overline{Lp}$.

Thus, ⊛ is not correct if the number of things is finite.

We modify ⊛ thus: we replace 'truth' by 'being satisfied in a given domain of individuals irrespective of the meaning of the non-logical constants,' this means: we assume that the variables run only through that domain of individuals.

Then, [!] is satisfied, for example, in a domain containing 0 and 1 only.

In a domain of three things [!] may or may not be satisfied, depending upon the meaning of '⊘'. If '⊘' denotes the universal relation, the sentence is satisfied; in certain other cases not.

Gödel's Result — Stated more precisely than in ⊛:

Every sentence which is satisfied in every domain of individuals, irrespective of the meanings of the non-logical constants, is derivable from $\overline{Af}$.

Note, that the concept of truth or that of satisfaction occurs here – they are semantical concepts. [In the case of the sentential calculus, a formulation of this kind could be given and was given; but the result could also be formulated without the use of semantical concepts.]

This theorem will be proved later; not now: as the proof presupposes semantics.

Une conférence inédite de Tarski intitulée « On the completeness and categoricity of deductive theories » (1940), qui se trouve à la Bancroft Library de l'Université de Berkeley dans les archives de Tarski, est l'un des plus substantiels des éléments de preuve que j'utilise dans mon article « Tarski sur les modèles et la conséquence logique ». Au chapitre 17 de Mancosu 2010a, je présente un commentaire détaillé et systématique de cette conférence. Celle-ci, en plus de donner un aperçu privilégié de la façon dont Tarski conçoit la notion de conséquence logique, contient des développements importants relatifs aux notions de catégoricité et de complétude sémantique dans les logiques d'ordre supérieur, notions pour lesquelles les logiciens ont récemment manifesté un regain d'intérêt. La conférence originale de Tarski a été publiée pour la première fois dans le chapitre 18 de Mancosu 2010a.

Le troisième article de cette section du présent ouvrage traite du nominalisme, une position métaphysique caractérisée par la négation des entités abstraites. Dans la littérature analytique, un article de Goodman et Quine de 1947 est généralement considéré comme le *fons et origo* du débat contemporain sur le nominalisme. Quoiqu'il soit maintenant établi que certains précurseurs comme Lesniewski et Chwistek ont embrassé des positions nominalistes, l'histoire de cette conception au vingtième siècle reste en grande partie à faire. Quine et Tarski sont les principaux objets de notre présent propos.

Tarski, Carnap et Quine ont tous trois passé l'année universitaire 1940-41 à Harvard. Dans leurs autobiographies, Carnap et Quine soulignent tous les deux l'importance des conversations que ce contexte leur a permis d'avoir ensemble. Leurs discussions portaient sur des questions de sémantique liées à la distinction analytique/synthétique, ainsi que sur le projet d'une construction finitiste/nominaliste des mathématiques et de la science. Le Nachlaß de Carnap, à Pittsburgh, contient plus de quatre-vingt pages dactylographiées basées sur les notes détaillées que celui-ci avait prises sur ces conversations. Dans un article de 2005 (traduit en français dans Mancosu 2008c), je présente une analyse de ces notes en me penchant plus particulièrement sur le rejet par Tarski de la distinction analytique/synthétique, sur le passage des langages typés aux langages du premier ordre, sur le finitisme/nominalisme de Tarski, et sur la construction d'un langage finitiste/nominaliste pour les mathématiques et la science. Ces débats exercèrent une influence considérable sur le développement ultérieur du nominalisme, étant à l'origine, par exemple, du programme élaboré par Goodman et Quine en 1947.

L'engagement nominaliste de Quine et de Tarski est aussi étudié ici dans le chapitre « Quine et Tarski sur le nominalisme », dans lequel sont également incorporés certains des résultats de l'article précédent et où j'étends mon analyse à l'étude des trajectoires de Quine et Tarski sur le nominalisme jusqu'à 1953 (date d'une conférence importante sur « Nominalism and Platonism in Contemporary Logic » organisée par Beth à Amersfoort). Les archives de Quine, ainsi que d'autres sources importantes, m'ont permis de reconstituer la dialectique entre prudence et engagement qui caractérise l'approche de ces deux géants de la philosophie analytique dans leur rapport au nominalisme.

La recherche portant sur plusieurs aspects des sujets examinés dans les articles de cette section se développe à un rythme très rapide. Il est donc pertinent de fournir ici un complément bibliographique qui contribuera à mettre à jour les bibliographies qui accompagnent chacun des ces articles.

Il y a évidemment de nombreux travaux consacrés directement ou indirectement aux théories de la vérité et de la conséquence logique de Tarski (voir Gomez-Torrente 2011). Je me limiterai donc à mentionner des contributions caractérisées par une orientation plus historique, et/ou qui abordent certaines des questions théoriques dont je traite dans les articles de la présente section. Le lecteur consultera avec profit le volume récemment édité par D. Patterson, *New Essays on Tarski and Philosophy*, publié chez OUP en 2008 et le livre de Patterson sur Tarski (Patterson 2012). Le premier recueil contient plusieurs essais qui abordent la production de Tarski pendant la période étudiée dans la présente section, comme ceux de Murawski et Woleński 2008, Betti 2008, Feferman 2008, et Hodges 2008. Parmi les publications récentes qui étudient l'interprétation de la conséquence logique à domaine fixe, il faut mentionner Etchemendy 2008, Gomez-Torrente 2008 et Gomez-Torrente 2009, Mancosu 2010b, Corcoran et Sagüillo 2011, et Patterson 2012. Sur l'engagement philosophique de Tarski, voir aussi Mancosu 2009b.

Il existe moins de contributions sur l'histoire du nominalisme. L'ouvrage de Frost-Arnold *Carnap, Tarski, and Quine at Harvard. Conversations on Logic, Mathematics, and Science*, paru en 2013, est la plus importante publication récente. Le volume contient une transcription et une traduction des notes de Carnap représentant plus de quatre-vingt pages dactylographiées qui décrivent les conversations qui eurent lieu en 1940-41 à Harvard entre Carnap, Tarski et Quine. Frost-Arnold propose de plus un commentaire de ces notes à la fois riche et d'une grande finesse. Le nominalisme de Tarski est examiné dans Frost-Arnold 2008. Frost-Arnold 2011 contient une section sur la trajectoire qui a amené Quine à rejeter la distinction analytique-synthétique. En outre, Frost-Arnold 2011 examine et rapproche les analyses que Creath et moi-même avons données de cette même trajectoire. Sinaceur 2008 examine le nominalisme de Tarski sous l'angle de certaines tendances formalistes qui sont présentes dans le travail de ce dernier. Les remarques faites par Tarski à Chicago en 1965 ont maintenant été publiées dans Rodriguez-Consuegra 2007. Enfin, d'autres liens entre le nominalisme tarskien et les recherches de Tarski en logique et en mathématiques sont examinés dans Frost-Arnold 2004, Mycielski 2004, et Simons 2008.

CHAPITRE III

TARSKI, NEURATH ET KOKOSZYŃSKA SUR LA CONCEPTION SÉMANTIQUE DE LA VÉRITÉ

L' *Autobiographie* de Carnap révèle que la conception sémantique de la vérité présentée par Tarski lors du congrès de Paris en 1935 donna naissance à des positions contradictoires. Alors que Carnap et d'autres saluaient la définition de Tarski (1933, 1935a) comme un succès majeur d'analyse conceptuelle, d'autres encore, tel Neurath, exprimaient leurs sérieuses réserves au sujet du projet de Tarski [1]. Tarski 1944 ne contient que des références indirectes à ces débats et évite toute mention explicite

* Publié initialement dans D. Patterson, ed., *New Essays on Tarski and Philosophy*, Oxford University Press, Oxford, 2008, p. 194-224. Je voudrais remercier Johannes Hafner, Greg Frost-Arnold, et Thomas Übel pour leurs commentaires utiles sur une version antérieure de ce chapitre. Je voudrais également remercier le Dr Brigitte Parakenings pour son extraordinaire gentillesse au cours de mon séjour à Constance (Octobre 2004) alors que je travaillais sur les *Nachläße* de Carnap et Neurath. Je suis également reconnaissant à Solomon Feferman de m'avoir aidé à localiser la correspondance Popper-Tarski. Je voudrais remercier pour leurs commentaires les participants au Colloque International « Le rayonnement de la philosophie polonaise au XX siècle » (École Normale Supérieure, Paris, 7/2/05), ceux du Séminaire de Philosophie des Science de l'IHPST, Paris (Février 2005), les membres du Départment de Philosophie de l'Université Catholique de Milan (Avril 2005), du groupe « Logic in the Humanities » de l'Université de Stanford (Mars 2006), et de l'Escuela Latinoamericana de Logica Matematica à Oaxaca (Août 2006), où j'ai présenté des parties de ce chapitre. Tous les passages cités du *Nachlaß* de Carnap le sont avec la permission de l'Université de Pittsburgh (tous droits réservés). Tous les passages cités du *Nachlaß* de Neurath le sont avec la permission du Wiener Kreis Stichting (tous droits réservés). Enfin, je suis extrêmement reconnaissant envers Sandra Lapointe pour avoir permis d'améliorer le style des traductions de l'allemand vers l'anglais.

1. Voir l'*Autobiographie* de Carnap (1963, p. 61) et son *Introduction à la sémantique* (1942, p. x). Même si mon attention se portera ici exclusivement sur Neurath, je me dois de

de ceux, tel Neurath, dont les objections ne furent pas formulées par écrit [1]. Mon objectif dans ce chapitre est d'examiner le débat qui a accompagné la reconnaissance internationale de la sémantique tarskienne en m'appuyant non seulement sur les sources publiées, mais également sur l'importante correspondance entre Neurath, Tarski, Lutman-Kokoszyńska, et Hempel.

Il est notoire que la théorie de la vérité de Tarski a eu un impact durable sur certains membres du Cercle de Vienne, comme par exemple Carnap. On ignore plus souvent, du moins en dehors de la communauté des historiens du positivisme logique, que le travail de Tarski est paru au cœur d'un débat sur la nature de la vérité qui impliquait plusieurs membres du Cercle de Vienne [2]. Les interventions antérieures au travail de Tarski les plus importantes dans ce débat furent l'article de Schlick *« Sur le fondement de la connaissance »* (1934), la réponse de Neurath *« Le Physicalisme radical et le « monde réel » »* (1934), et l'article de Hempel *« Sur la théorie de la vérité des positivistes logiques »* (1935). L'influence du travail de Tarski transparaît de manière évidente dans les articles liés à ce débat qui suivirent, comme par exemple le texte de Carnap *« Vérité et confirmation »* (1936) et celui de Lutman-Kokoszyńska *« Sur le concept absolu de vérité et certains autres concepts sémantiques »* (1936a). Bien entendu, ainsi que cela apparaîtra plus clairement dans ce qui suit, il existait entre les protagonistes de la discussion des différences substantielles à propos des problèmes qu'ils examinaient concernant la vérité. Aussi, lorsque je dis que le débat concernait « la nature de la vérité » (comme s'il n'y avait qu'une seule notion devant être expliquée), il ne faut pas le prendre au pied de la lettre.

La date clé est ici celle du colloque qui eut lieu à Paris en 1935 (le Premier Congrès International sur l'Unité de la Science), où Tarski fut invité à présenter son travail sur la sémantique et la théorie de la vérité. Ayer déclare dans son autobiographie que « philosophiquement, le temps fort du Congrès fut la présentation par Tarski d'un article résumant sa théorie de la vérité » (Ayer 1977, p. 116).

signaler que Jørgensen, Juhos, Nagel, et Naess comptèrent parmi les premiers opposants à la conception sémantique de la vérité.

1. Neurath 1936 est mentionné dans Tarski 1944 mais uniquement comme une référence pour un compte-rendu des discussions qui eurent lieu à Paris en 1935. Pour une biographie de Tarski voir Feferman et Feferman 2004. Pour d'autres aspect de l'engagement philosophique de Tarski voir Mancosu 2004, 2009b, Woleński 1993, 1995a.

2. Voir Hoffmann-Grüneberg 1988, Grundmann 1996, Hempel 1982, Rutte 1991, et Übel 1992. Pour une analyse plus ancienne voir Tugendhat 1960. Pour une étude du débat général sur les protocoles voir Cirera 1994, Oberdan 1993, Übel 1992.

Nombreux furent ceux pour qui la théorie de Tarski parut raviver l'idée de vérité comme correspondance entre le langage et la réalité. La discussion qui suivit la présentation de Tarski fut résumée par Neurath dans son long compte-rendu du Congrès de Paris publié dans *Erkenntnis*.

Déjà lors du colloque à Paris, Neurath avait suggéré que

> D'un point de vue terminologique, il [Neurath] considère que l'on devrait réserver l'emploi du terme « vrai » pour l'Encyclopédie [1] particulière qui a été choisie parmi les nombreuses qui sont cohérentes et contrôlées par les énoncés protocolaires, de sorte que chaque conséquence de cette Encyclopédie et chaque nouvel énoncé accepté en son sein seraient appelés « vrais » et que chaque énoncé la contredisant serait appelé « faux ». (Neurath 1936, p. 400)

C'est cette proposition concernant l'usage de la « vérité » (donnée dans une formulation antérieure mais similaire) qui avait conduit Schlick à attaquer, en 1934, la position de Neurath comme une théorie de la vérité « cohérence ». Il est important de souligner dès le départ que du point de vue de Schlick, la proposition de Neurath s'apparentait à une position philosophique concernant la nature de la vérité (une théorie de la vérité cohérence), et que certains passages de Neurath se prêtent à une telle lecture. Néanmoins, du point de vue de Neurath, la proposition était plus radicale et peut-être aurait-il même rejeté l'idée qu'il défendait une conception, ou une théorie, de la vérité. En effet, comme cela apparaîtra plus clairement dans ce qui va suivre, Neurath appelait de ses vœux le remplacement d'une méthodologie de la science, qui se considère comme une méthodologie de la poursuite de la vérité, par une métathéorie scientifique devant explorer systématiquement comment la confirmation s'acquiert et se propage à la fois à travers les systèmes et à travers les communautés des chercheurs. Chaque fois que j'emploierai l'expression « conception de la vérité » en rapport avec Neurath, le lecteur gagnera à garder à l'esprit les remarques qui viennent d'être formulées.

Les inquiétudes de Neurath quant à la définition tarskienne de la vérité étaient déjà manifestes dans le compte-rendu mentionné ci-dessus,

1. Le concept de Neurath d'une encyclopédie correspond à une présentation organique et systématique de la connaissance à une certaine période. Selon Neurath l'unité sous-tendant une encyclopédie provient du fait que la connaissance est épuisée par la connaissance des sciences naturelles et peut ainsi être exprimée à l'aide des concepts observables de la physique. Au sens de Neurath, il n'y a pas une seule encyclopédie et les encyclopédies sont révisables ; le choix d'une encyclopédie plutôt que de telle autre ne peut reposer que sur des raisons pragmatiques.

mais leur complète articulation ne peut être saisie qu'à la lumière de la correspondance qu'il eut sur ce sujet avec, entre autres, Tarski, Carnap, Lutman-Kokoszyńska, et Hempel [1].

1. La correspondance entre Tarski et Neurath

La correspondance entre Neurath et Tarski contient quarante et une lettres de Tarski et quarante deux lettres de Neurath couvrant la période 1930 – 1939. Trois d'entre elles ont été publiées en 1992 par Rudolf Haller (Haller 1992). Les lettres publiées par Haller sont en particulier importantes pour les problèmes historiques concernant les influences mutuelles qui s'exercèrent entre les logiciens polonais et le Cercle de Vienne (voir aussi Woleński 1989a et Woleński et Köhler 1999). Cependant, je me concentrerai sur un autre aspect de la correspondance, qui concerne les objections de Neurath à la sémantique tarskienne. Les lettres qui nous intéressent se situent après le colloque de Paris de 1935 et n'ont jusqu'à présent jamais été publiées.

Néanmoins, je souhaiterais souligner que, à la lecture des lettres consacrées à une discussion des problèmes portant sur l'influence mutuelle entre le Cercle de Vienne et les logiciens polonais, on est déjà frappé de constater à quel point Tarski était parfaitement au fait des doctrines philosophiques du Cercle de Vienne. Par exemple, dans sa lettre à Neurath datée du 7.9.36, la discussion est centrée sur les quatre thèses suivantes de Neurath (formulées dans Neurath 1935), dont chacune est contestée par Tarski :

(a) L'admissibilité des énoncés portant sur des énoncés, la possibilité de parler d'un langage sans plus de précaution, était généralement acceptée au sein du Cercle de Vienne, avant les conférences que Tarski donna à Vienne en 1930.

(b) La thèse selon laquelle le Cercle de Vienne et les logiciens polonais étaient parvenus en même temps et de manière indépendante à la position énoncée dans (a).

1. Pour l'emplacement de la correspondance non publiée citée dans cet article, voir les détails donnés dans les notes. Le matériel non publié tiré des archives Carnap a toujours un numéro d'appel commençant par « RC » suivi d'une suite de nombres, *i.e.* « RC 102–55–05 ». Toutes les sources originales citées sans numéro d'appel sont tirées du *Nachlaß* de Neurath.

(c) La thèse selon laquelle les énoncés, les parties des énoncés, etc. sont des entités physiques [Gebilde] était discutée par le Cercle de Vienne avant les conférences données par Tarski à Vienne en 1930. Tarski ne remet pas en cause ce point, mais souligne qu'à Varsovie cette position était défendue depuis 1918.

(d) La thèse selon laquelle dans l'entreprise des sciences du réel, on peut se prévaloir d'un langage universel.

Il nous faudra revenir sur certaines de ces questions. Dans la même lettre Tarski ajoutait :

> Je ne parviens pas à comprendre pourquoi vous persistez aussi à considérer la sémantique comme « critiquable », alors que vous ne trouvez rien à redire aux discussions de Carnap portant sur les « tautologies », l'« analytique », etc. qui se développent parallèlement à elle et qui lui sont intimement reliées. J'ai examiné assez attentivement votre correspondance avec Mme Lutman mais cela ne m'a été d'aucune aide [1].

Nous apprenons ici que Neurath avait été en correspondance avec Maria Lutman-Kokoszyńska (dans ce qui suit, Kokoszyńska). Dans la seconde moitié des années 1930, cette dernière était considérée comme une représentante de l'Ecole de Lvov-Varsovie pour ce qui concernait les problèmes philosophiques liés à la sémantique [2].

Quelles étaient donc les objections de Neurath contre la théorie de la vérité de Tarski [3] ? Voyons dans l'ordre la correspondance entre Neurath et Tarski. Neurath et Tarski s'étaient rencontrés pour la première fois à Vienne lors de la visite de Tarski en 1930. Neurath séjourna ensuite à Varsovie, à deux reprises en 1934, et invita Tarski à participer à ce qu'on

1. « Ich kann nicht begreifen, warum Sie auch weiterhin die Semantik als 'bedenklich' halten obgleich sie den parallel laufenden und sehr nahe verwandten Erörterungen Carnaps, die die Begriffe 'Tautologie,' 'analytisch' u.s.w. betreffen nichts vorzuwerfen haben. Ich habe Ihre Korrespondenz mit Fr. Lutman ziemlich sorgfältig durchgeschaut, das hat mir aber nichts geholfen. » (Tarski à Neurath, 7.IX.36, *Nachlaß* de Neurath).

2. Maria Lutman-Kokoszyńska est née en 1905. Elle obtint son doctorat sous la direction de Twardowski après avoir étudié la philosophie et les mathématiques à Lvov. Sa thèse de doctorat fut achevée en 1928 et avait pour sujet les « Noms généraux et ambigus ». Un curriculum vitae daté de 1961 se trouve dans le *Nachlaß* de Carnap sous l'appellation RC 088–57–07. Pour une bibliographie des travaux de Kokoszyńska, voir Zygmunt 2004.

3. Les seules contributions dont j'ai connaissance qui traitent dans une certaine mesure des objections de Neurath envers Tarski sont Mormann 1999 et Hoffmann-Grüneberg 1988. On trouvera aussi une discussion utile dans Übel 1992. Bien qu'ils aient tous consulté la correspondance Neurath-Tarski, il n'en font qu'un usage très limité et ne mentionnent pas les autres sources d'archives que j'utilise.

appelle la Prag-Vorkonferenz, qui avait été prévue comme une réunion préparatoire à la conférence de Paris de 1935. Ils eurent ainsi plusieurs occasions de discuter toutes sortes de problèmes liés aux questions d'intérêt philosophique et logique. Quoi qu'il en soit, mis à part une intéressante lettre de Tarski en 1930 (publiée dans Haller 1992) qui concerne les universitaires polonais impliqués dans la philosophie des sciences exactes, la majeure partie de leur correspondance précédant 1935 traite de sujets plus triviaux. Entretemps, Tarski était arrivé à Vienne en janvier 1935 grâce à une allocation de la Fondation Rockfeller. La plupart de la correspondance couvrant cette période (Neurath était déjà installé en Hollande) porte sur la publication d'un article de Tarski dans les actes de la Prag-Vorkonferenz. Il est cependant intéressant que Neurath, dans une lettre datée du 2 mai 1935 à propos du congrès de Paris, ait écrit à Tarski :

> J'espère que votre contribution sera utile à l'EMPIRISME. J'ai constamment la crainte qu'un beau jour un livre « METAPHYSICA MODO LOGISTICA DEMONSTRATA » paraîtra. Et qu'ensuite on nous en tiendra même responsables [1].

1. « Ich hoffe Sie bringen etwas, das auch dem EMPIRISMUS zugute kommt. Ich habe ja stets die Sorge, dass eines schönen Morgens ein Buch erscheinen wird : « METAPHYSICA MODO LOGISTICA DEMONSTRATA ». Und dann werden wir noch daran schuld sein sollen. » (Neurath à Tarski, 2.V.35, *Nachlaß* de Neurath) Voir aussi la lettre de Neurath à Carnap datée du 19.IV.35 (RC 029–09–60) dans laquelle Neurath exprime la même inquiétude (la correspondance Carnap-Neurath a été étudiée pour la première fois dans Hegselmann 1985).

On retrouve une appréhension similaire à celle exposée dans la citation ci-dessus à une date aussi tardive que 1944 :

I have the feeling to continue your *Logical Syntax* period, before you became Tarskisized with Aristotelian flavour, which I detest. I always fear, that you, a calculatory genius, supports [sic] a kind of possible scholasticism who [sic] leads away from scientific empiricism. (Neurath à Carnap, 1.4.44, RC 102–55–05). Voir également Neurath à Morris datée du 18.XI.44.

Accessoirement, Tarski répondra par l'intermédiaire de Kokoszyńska à la demande de Neurath citée précédemment (lettre datée du 19.IV.35). Dans une lettre de Kokoszyńska à Neurath (datée : Paris, 25.VII.35) la discussion porte sur la conférence de Tarski : « Ich bin von Tarski beauftragt, Ihnen mitzuteilen, dass der endgültige Titel seines Referates lauten wird " Die Grundlegung der wissenschaftlichen Semantik." Er hat, Ihrem Wünsche gemäss, sein ursprüngliches Thema geändert, um auf dem Kongresse solche Fragen zu behandeln, die von ziemlich prinzipieller Bedeutung für das Wissenschaftsganze sind. » (Kokoszyńska à Neurath, 19.IV.35, *Nachlaß* de Neurath). Je suis d'avis que le fameux commentaire de Tarski sur le physicalisme et la sémantique dans Tarski 1936a doit être compris à la lumière de l'empressement de Tarski à plaire à Neurath. Cependant, je ne traiterai pas cette question. Pour une discussion récente voir Frost-Arnold 2004.

Ceci indique déjà un thème récurrent chez Neurath, à savoir la peur que le formalisme logique ne puisse attirer certaines personnes vers des positions métaphysiques. Dans une lettre de Neurath à Carnap de 1943 (rédigée en anglais) dans laquelle il est question des dangers de la sémantique, une généalogie complète est même fournie :

> Je suis véritablement déprimé de voir ici toute la métaphysique aristotélicienne avec tout son glamour et ses paillettes, ensorceler mon cher ami Carnap jusqu'au bout des ongles. Comme souvent, un habillage formel séduit les gens à l'esprit logique, ainsi que vous l'êtes tout à fait vous-même... Il est pour le moins intéressant de voir comment la Scholastique Catholique Romaine s'introduit dans nos études logiques, qui ont été vouées à l'empirisme. La Scholastique a créé le Brentanoisme, Brentano a engendré Twardowski, Twardowski a engendré Kotarbiński, Łukasiewicz (vous connaissez son lien direct avec la Néo-Scholastique en Pologne), ensemble ces derniers ont engendré aujourd'hui Tarski etc., et à présent voici qu'ils parrainent aussi NOTRE Carnap ; tant et si bien que Saint Thomas d'Aquin pénètre à Chicago par une porte dérobée... (15 Janvier 1943, RC 102–55–02) [1].

Nous voyons ainsi que le commentaire de Neurath en 1935 contenait déjà les prémices d'une inquiétude qui ne devait pas s'apaiser.

1. « I am really depressed to see here all the Aristotelian metaphysics in full glint and glamour, bewitching my dear friend Carnap through and through. As often, a formalistic drapery and hangings seduce logically-minded people, as you are very much ... It is really stimulating to see how the Roman Catholic Scholasticism finds its way into our logical studies, which have been devoted to empiricism. The Scholasticism created Brentanoism, Brentano begot Twardowski, Twardowski begot Kotarbiński, Łukasiewicz (you know his direct relations to the Neo-Scholasticism in Poland), both together begot now Tarski etc., and now they are Godfathers of OUR Carnap too ; in this way Thomas Aquinas enters from another door Chicago ... »

En général, Neurath emploie des formulations similaires avec différents correspondants. Par exemple, la lignée Brentano-Twardowski-Łukasiewicz-Tarski est aussi donnée dans une lettre à Hempel datée du 20.II.1943 : « It is a sad situation that one has now to object to the Aristotelian metaphysics well formalized by Tarski and Carnap. I shall touch this point only but I think another day I shall explain this point in detail. The Scholasticism via Brentano-Twardowski-Łukasiewicz-Tarski appears now within a calculus but I think the calculus may be useful even within empiricism with a different interpretation, but hardly as it stands » (Neurath à Hempel, 20.II.43, *Nachlaß* de Neurath).

Voir aussi Neurath à Martin Strauss datée du 16.I.43 et Neurath à Carnap datée du 27.VIII.38. Pour une exposition des théories de la vérité de Brentano à Tarski voir Woleński et Simons 1989. Pour une étude de l'École de Lvov-Varsovie, voir Woleński 1989b.

2. 1935 : Le Congrès de Paris et ses conséquences

Le congrès de Paris de 1935 (du 15 au 23 septembre) représente un tournant dans l'histoire du Cercle de Vienne et dans la carrière de Tarski. Durant son séjour à Vienne en 1935, Tarski avait eu l'occasion d'expliquer à Carnap et à Popper sa théorie de la vérité (Polonais 1933, Allemand 1935) et sur l'insistance de Carnap il décida de donner une conférence sur ce sujet à Paris. En outre, d'autres savants, tel Arne Naess, prirent connaissance à la même époque de la théorie de Tarski en en lisant les épreuves [1]. À Paris, Tarski donna également une seconde conférence sur le concept de conséquence logique [2]. Lors du Congrès, il y eut d'importantes conférences de Carnap et de Kokoszyńska qui s'appuyaient déjà sur la théorie de la vérité de Tarski. Alors que Carnap et Popper se convertirent immédiatement à la théorie de la vérité de Tarski, le congrès de Paris révéla une large palette de réactions au travail de Tarski. Dans l'*Autobiographie*, Carnap déclare :

> À ma surprise, il y eut une opposition véhémente provenant même du côté de nos compagnons philosophiques... Neurath croyait que le concept sémantique de vérité ne pouvait pas être réconcilié avec un point de vue strictement empiriste et anti-métaphysique... Je montrais que ces objections étaient fondées sur une mauvaise compréhension du concept sémantique de vérité, une incapacité à distinguer ce concept d'autres concepts tels que la certitude, la connaissance de la vérité, la vérification complète et autres du même genre. (Carnap 1963, p. 61)

Neurath dit quelques mots à ce sujet dans sa correspondance avec Tarski (même s'il y eut certainement des discussions à Paris) dès le 26 novembre 1935, lorsqu'il discute le problème de la terminologie :

> Pour autant que je puisse voir, la terminologie que vous et le Dr Lutman proposez semble donner naissance à toutes sortes de confusions. Vous pourriez peut-être insister sur sa portée. Je considère toujours que ma suggestion d'appeler vraie toute Encyclopédie sélectionnée à tel ou tel moment, et par conséquent, d'appeler « vrais » tous les énoncés admis que nous admettons comme étant dérivables d'elle ou y étant contenus, et « faux » tous les énoncés que nous rejetons, est moins risquée d'un point de vue terminologique. Mais ceci est, pour ainsi dire, plus un problème d'ordre pédagogique.

1. Voir Naess à Neurath, datée du 8.VII.36.
2. Sur la théorie de la conséquence logique de Tarski et pour des références supplémentaires voir Mancosu 2006.

> Je pense que vos exposés sont en général très importants pour les questions de l'empirisme logique. Surtout pour la question de la manière dont les « propositions » apparaissent parmi les autres « choses » etc., ainsi que pour le problème de la façon dont les propositions analytiques doivent être circonscrites etc. Malheureusement, je ne pourrai guère étudier ces questions de plus près dans l'immédiat. Mais d'ici peu, je l'espère. Les actes du congrès dans lesquels votre article doit être publié me seront certainement très utiles [1].

En outre, après avoir lu l'article technique de Tarski sur la vérité, Neurath écrivit :

> J'ai lu le travail que vous avez eu la gentillesse de m'envoyer. Bien que je ne veuille pas le moins du monde le critiquer, je veux néanmoins dire qu'il donnera certainement naissance à des confusions. Les restrictions que vous imposez au concept de vérité ne seront pas observées et vos formulations seront employées pour toutes sortes de spéculations métaphysiques. Mais ceci est une remarque d'ordre sociologique qui en tant que telle n'est pas sans importance. (Neurath à Tarski, 24 mars 1936) [2]

Nous constatons ainsi que Neurath redoutait un usage métaphysique de la théorie de Tarski, dû à une extension impropre de son domaine de validité (des langages formels aux langages ordinaires), et qu'il était également opposé à l'emploi fait par Tarski de la notion de « vérité ». Dans le même temps, il recommandait d'employer le terme « vrai » en le liant à un discours sur l'acceptabilité et le rejet dans l'Encyclopédie. Dans sa réponse datée du 21.4.36, Tarski tenta de dissiper ce litige en affirmant

1. « So viel ich sehe, scheint die von Ihnen und Dr Lutman vorgeschlagene Terminologie allerlei Verwirrung anzurichten. Vielleicht können sie betonen, welches die Tragweite ist. Ich denke nach wie vor, dass der von mir gemachte Vorschlag, die jeweils ausgezeichnete Enzyklopedie wahr zu nennen und demgemäss alle aus ihr folgenden oder in sie hinzukommenden anerkannten Sätze 'wahr' alle abgelehnten 'falsch', bezüglich des Terminus weniger gefährlich ist. Aber das ist sozusagen mehr ein pädagogisches Problem.

Ich glaube, dass Ihre Darlegungen für die Fragen des logischen Empirismus im allgemeinen sehr wichtig sind. Insbesondere die Frage, wie die 'Sätze' neben anderen 'Dingen' auftreten usw., auch das Problem, wie analytische Sätze abzugrenzen wären, usw. Leider komme ich in der nächsten Zeit kaum dazu diese Fragen genauer zu studieren. Aber hoffentlich nicht in zu ferner Zeit. Da wird mir der Kongressbericht, in dem Ihre Arbeit erscheint sicher viel nützen. » (Neurath à Tarski, 26.XI.35, *Nachlaß* de Neurath)

2. « Ihre so liebenswürdig übersandte Arbeit habe ich gelesen. Ohne damit die geringste interne Kritik üben zu wollen, möchte ich doch sagen, dass sie sicher Verwirrung stiften wird. Die Einschränkungen, die Sie für den Wahrheitsbegriff vorbringen wird man nicht beachten, wohl aber Ihre Formulierungen als [Beweis] für allerlei metaphysische Spekulationen verwenden. Aber das ist eine soziologische Bemerkung, die deshalb nicht unwichtig sein muss. » (Neurath à Tarski, 24.III.36, *Nachlaß* de Neurath)

que sur la question de la « vérité » il n'y avait entre lui et Neurath que des différences terminologiques. Cependant, Neurath considérait qu'il y avait bien plus en jeu et dans sa lettre suivante on entrevoit la constellation d'éléments qui nourrissaient sa résistance :

> Je vous remercie beaucoup pour vos réflexions sur nos « définitions de la vérité ». Bien entendu, il n'y a au départ que des différences terminologiques, mais j'ai la forte impression que dans les discussions portant sur le domaine des sciences du réel, votre intuition glisse très facilement vers la métaphysique. Il faut exprimer clairement le fond de sa pensée sur cette question. J'ai écrit au Dr Lutman-Kokoszyńska à ce sujet.
>
> Quand vous soutenez qu'il est trivial de dire que l'on parle du langage avec le langage, je ne peux que rétorquer qu'une part essentielle de la science consiste à défendre des trivialités contre des erreurs. Depuis le commencement du Cercle de Vienne, par exemple, j'ai combattu les tentatives de Wittgenstein d'introduire un genre d'« élucidations », autrement dit un genre de considérations « illégitimes » quasiment non- ou pré-linguistiques, pour pouvoir parler ensuite de l'opposition entre « le » langage et « la » réalité, et ce faisant parler à l'extérieur du langage [...] Et dans la mesure où votre choix terminologique suggère des conséquences douteuses, il n'est peut-être pas advenu indépendamment de ces conséquences. D'un côté, on insiste sur le fait que ce concept de vérité ne vaut que pour les langages formalisés. D'un autre côté, le concept de vérité a un intérêt pratique précisément pour les domaines non formalisés. Pour cette raison, si nous ne devons pas simplement nous débarrasser de ce terme, je suis en faveur de ma terminologie, car cette dernière reste applicable aussi dans les domaines non formalisés. À l'inverse, la terminologie que vous et Lutman employez conduit à de fâcheuses conséquences quand on l'applique à des domaines non formalisés. (Neurath à Tarski, 24 mars 1936) [1]

1. « Ich danke Ihnen für die Mitteilungen über unsere 'Wahrheitsdefinitionen'. Natürlich liegen zunächst nur terminologische Unterschiede vor, aber ich habe sehr den Eindruck, dass bei der Diskussion auf realwissenschaftlichem Gebiet Ihre Anschauung sehr leicht ins Metaphysische abgleitet. Darüber müsste man sich ausführlich aussprechen. Ich habe einiges darüber an Dr Lutman-Kokoszyńska geschrieben.

Wenn sie meinen, dass es eine Trivialität ist zu sagen, man spreche mit der Sprache über die Sprache, so kann ich darauf nur sagen, dass die Wissenschaft zu einem wesentlichen Teil darin besteht Trivialitäten gegen Irrtümer zu vertreten. Ich habe z.B. vom Beginn des Wiener Kreises an mich gegen die Versuche von WITTGENSTEIN gewehrt eine Art 'Erläuterungen' also 'nichtlegitime', quasi nicht- oder vorsprachliche Betrachtungen einzuführen, um dann über die Gegenüberstellung von 'der' Sprache mit 'der' Wirklichkeit zu reden, also *ausserhalb* der Sprache. Ich glaube, dass die 'Konstatierungen' von Schlick,

La citation montre clairement que Neurath envisageait une réinterprétation radicale du terme « vrai », peut-être si extrême qu'on ne pourrait même pas la classer comme une « explication » de la signification que ce terme a toujours eu.

Dans une lettre suivante, Neurath donne plus de détails au sujet des origines viennoises (voir Frank 1997) de son objection :

> Bien avant que nous n'entrions en contact avec Varsovie, un désaccord existait au sein du Cercle de Vienne à propos de la question de savoir s'il y a un sens à comparer le langage avec la « réalité » (par exemple le langage est-il plus complexe ou moins complexe que la réalité ou juste tout aussi complexe, etc.) à partir d'une position qui se situerait pour ainsi dire à l'extérieur des deux. Le rejet des propositions sur « la » réalité provenait initialement de Frank et, au sein du « Cercle » à Vienne, principalement de moi.
>
> La discussion était reliée à une autre qui concernait la question de savoir si « les propositions à propos des propositions » sont douées de signification ou pas. Wittgenstein, Schlick et d'autres – qui cependant défendaient leurs point de vue avec moins de rigueur – et Waismann rejetaient strictement les propositions sur les propositions, si bien que la discussion sur les propositions et la réalité devait être menée pour ainsi dire *en dehors* du langage, en termes de « clarifications » considérées en quelque sorte comme des « échelles » qu'on laisserait ensuite de côté. (Neurath à Tarski, 7 mai 1936) [1]

die Sätze und doch wieder nicht Sätze sind aus dieser WITTGENSTEINSCHEN Metaphysik herzuleiten sind.

Und sofern Ihre terminologische Wahl bedenkliche Konsequenzen nahelegt, ist sie vielleicht nicht ganz unabhängig von diesen Konsequenzen zustandegekommen. Auf der einen Seite wird betont, dass dieser Wahrheitsbegriff nur für formalisierten Sprachen gelte, andererseits ist der Wahrheitsbegriff gerade in nicht formalisierten Bereich von praktischer Bedeutung. Deshalb bin ich, wenn man den Terminus nicht überhaupt fallen lässt mehr für meine Terminologie, die im nicht formalisierten Bereich verwendbar bleibt. Während die von Ihnen und Lutman verwendete Terminologie im nicht formalisierten Bereich verwendet zu schlimmen Dingen führt. [Ich wüsste sehr gerne, ob Sie mit der Darstellung übereinstimmen, die Rougier in Paris von der Grenzverschiebung gegeben hat, die durch Ihre Thesen zwischen Metaphysik und Wissenschaft erfolgt sei.] » (Neurath à Tarski, 24.IV.36, *Nachlaß* de Neurath)

1. « Innerhalb des Wiener Kreises war lange bevor der Kontakt mit Warschau aufgenommen wurde ein Gegensatz da, der sich auf die Frage bezog, ob es einen Sinn hat einen Vergleich der Sprache mit der 'Wirklichkeit' (z.B. die Sprache ist komplexer oder weniger komplex als die Wirklichkeit oder ebenso komplex usw.) sozusagen von einem Punkt *ausserhalb beider*, anzustellen.

Pour saisir ce dont il est question ici, il nous faut revenir en arrière et examiner certains des travaux antérieurs de Neurath ainsi que le débat sur la nature de la vérité qui avait divisé le Cercle de Vienne.

3. Neurath contre l'aile droite du Cercle

Le *Tractatus* de Wittgenstein a joué un rôle important dans le développement du Cercle de Vienne. Lorsque Tarski l'interrogeait en Octobre 1935 (voir la lettre de Tarski à Neurath datée du 7.IX.36), Carnap (d'après ce que rapporte Tarski) caractérisait l'influence de Wittgenstein à la fois comme stimulante et comme paralysante. Elle était stimulante dans la mesure où Wittgenstein attirait l'attention sur l'importance des problèmes liés au langage, c'est-à-dire la réductibilité des problèmes philosophiques à des problèmes linguistiques. D'un autre côté, Wittgenstein contestait et rejetait la possibilité de parler du langage de manière légitime.

Dans une citation précédente de Neurath nous avons déjà vu comment ce second aspect de la position de Wittgenstein était au centre des discussions du Cercle de Vienne, de même que le problème connexe de la relation entre le langage et la réalité. Wittgenstein avait essentiellement embrassé une théorie de la vérité correspondance [1] selon laquelle la vérité d'une assertion non tautologique consiste à être l'image d'un fait. Wittgenstein ne reconnaissait comme acceptables que les énoncés logiques (qui sont *sinnlos* mais ne sont pas *unsinnig*) et les énoncés de la science. De ce fait, il était forcé de qualifier les propositions contenues dans le *Tractatus* elles-mêmes d'« explications » ou d'« élucidations », qui doivent être écartées une fois qu'on est parvenu à une compréhension du *Tractatus*, à la façon dont on peut repousser une échelle après l'avoir escaladée (*Tractatus* 6.54). Neurath fut un inexorable opposant aux thèses de Wittgenstein. Un thème que l'on retrouve perpétuellement chez Neurath

Die Ablehnung der Sätze über 'die' Wirklichkeit ging von Frank und innerhalb des 'Zirkels' in Wien vor allem von mir aus.

Die Diskussion verknüpfte sich mit einer zweiten, die mit der Frage zusammenhing, ob 'Sätze über Sätze' sinnvoll seien oder nicht. Wittgenstein, Schlick und andere – die aber ihren Standpunkt weniger scharf vertraten – [aus] Waismann lehnten Sätzen über Sätzen strikt ab, so dass die Diskussionen über Sätze und Wirklichkeit sozusagen *ausserhalb* der Sprache vor sich gehen mussten, als 'Erläuterungen', sozusagen als 'Leiter', die man später wegwerfen müsse usw. » (Neurath à Tarski, 7.V.36, *Nachlaß* de Neurath)

1. Pour un examen de la théorie de la vérité de Wittgenstein dans le *Tractatus* voir Newman 2002 et Glock 2006. Voir également Mulligan *et al.* 1984.

est son rejet de tout ce qui a un parfum d' « absolu » : le « Monde », la « Vérité », etc. Dans son article de 1931 *« Physicalisme »*, Neurath attaque les principes centraux de la conception de Wittgenstein qui étaient aussi partagés par d'autre membres du Cercle de Vienne, comme Schlick et Waismann :

> Wittgenstein et d'autres, qui n'admettent comme « légitimes » que les énonciations scientifiques, connaissent cependant aussi des façons de formuler « non légitimes », qui sont des *« explications » préparatoires* que, plus tard, on n'a plus le droit d'utiliser dans la science pure ; c'est aussi dans le cadre de ces explications que, avec l'aide de certains moyens prélinguistiques, on essaie de construire le langage scientifique. Ici prend place aussi la tentative de confronter le langage avec la réalité et d'examiner, en prenant pour pierre de touche la réalité, si le langage est utilisable. De cette réalité, maints éléments se laisssent transposer dans le langage légitime de la science, si par exemple [...] on substitue à la réalité l'ensemble des autres énonciations avec lesquelles est confrontée une énonciation nouvelle. Mais de ce que Wittgenstein et d'autres disent des explications et de la confrontation du langage avec la réalité, bien des choses ne tiennent plus debout lorsque l'on *édifie, de prime abord, la science unitaire sur le langage scientifique*, lequel est lui-même une construction physique, de la structure de laquelle, en tant qu'elle est une juxtaposition physique (ornement), on peut parler sans contradiction avec les moyens mêmes de ce langage. (Neurath 1931a, p. 117-118)

Ce passage dense contient de nombreux thèmes caractéristiques de Neurath. La conception du langage comme formation physique ; le rejet des « élucidations » wittgensteiniennes ; la possibilité de parler (de parties) du langage à partir (d'une partie) du langage ; le rejet de la comparaison entre le langage et la réalité ; le remplacement d'une telle comparaison par une confrontation d'un groupe d'énoncés avec un autre énoncé.

Selon Neurath, la science consiste à faire des prédictions. Au commencement de ce processus se trouvent des énoncés d'observations (ce qui plus tard devait être appelé des protocoles) au moyen desquels nous formulons des lois, lesquelles sont des instructions pour découvrir des prédictions qui peuvent ensuite être testées grâce à d'autres énoncés d'observation. Ce qui est propre à la position de Neurath, c'est l'affirmation que même au niveau des énoncés d'observation, nous ne comparons pas l'énoncé et la réalité. Il s'agit toujours plutôt d'un problème d'accord ou de désaccord entre un corps d'énoncés et l'énoncé qui est examiné.

> Ainsi, il y a toujours comparaison *entre énonciations et énonciations*, et non pas, comme c'était jusqu'ici la pratique du « Wiener Kreis » [Cercle de Vienne], lui aussi, entre des énonciations et une « réalité »,

> entre des énonciations et des « choses ». Ce stade préliminaire a révélé certains éléments, les uns idéalistes, les autres réalistes, qui peuvent être totalement éliminés lorsque l'on en vient à la pure science unitaire [...] Lorsque se fait une énonciation, celle-ci est confrontée avec la totalité des énonciations existantes. Si elle concorde avec elles, on la joint à celles-ci ; si elle ne concorde pas, on la dit « non vraie » et on la laisse tomber, ou bien l'on modifie l'ensemble actuel des énonciations de la science, de façon telle que la nouvelle énonciation puisse s'y insérer, mais ceci est chose à quoi, en général, on se décide difficilement. *Il ne peut y avoir pour la science d'autre « concept de la vérité »*. (Neurath 1931a, p. 118-119)

Dans l'explication de la vérité de Neurath, il n'est donc pas question de comparer le langage à la réalité. Tout est intralinguistique :

> Le langage est essentiel pour la science, c'est au sein du langage que se déroulent toutes les transformations de la science, et non par une confrontation du langage avec un « monde », avec un ensemble de « choses » dont le langage reproduirait la diversité. Tenter cela, serait de la métaphysique. *L'unique langage scientifique peut parler de lui-même, une partie du langage peut parler de l'autre partie* ; on ne peut reculer plus loin que le langage. (Neurath 1931a, p. 120)

En accord avec son anti-absolutisme, Neurath refuse d'admettre qu'il existe parallèlement à la science existante, une science « vraie » :

> La science unifiée formule des énoncés, les change, fait des prédictions ; cependant, elle ne peut pas anticiper elle-même ses états futurs. Il n'y a pas, à côté du présent système d'énoncés, un système supplémentaire *« vrai »* d'énoncés. Parler d'une telle chose, même en tant que frontière conceptuelle, n'a aucun sens. (Neurath 1931b, p. 61)

Cette dernière citation est extraite de *« Sociologie et Physicalisme »* où Neurath expose en détails les mêmes thèses que celles contenues dans son article sur le physicalisme cité précédemment. Dans une veine similaire à celle des citations précédentes, Neurath remarque :

> La science est parfois discutée en tant que système d'énoncés. *Les énoncés sont comparés à des énoncés*, et non pas à des « expériences », à un « monde » ou à quoi que ce soit d'autre. Toutes ces *duplications* dénuées de sens appartiennent à de la métaphysique plus ou moins raffinée, et doivent par conséquent être rejetées. Chaque nouvel énoncé est confronté à la totalité des énoncés existants qui ont déjà été accordés les uns avec les autres. *Un énoncé est appelé correct s'il peut être incorporé* à cette totalité. Ce qui ne peut être incorporé est rejeté comme incorrect. (Neurath 1931b, p. 66)

C'est dans « *Les Énoncés Protocolaires* » (Neurath 1932-33) que certaines des conséquences implicites des thèses de Neurath éclatèrent au grand jour. En particulier, Neurath défend une théorie antifondationnaliste de la science. Les énoncés sont vérifiés en les confrontant à des ensembles d'énoncés pour accord ou désaccord. Quand un conflit est détecté, on prend la décision de modifier ceci ou cela. Rien n'est sacro-saint. Même les énoncés d'observation, ou protocoles, peuvent être abandonnés et par conséquent chaque énoncé de la science est révisable :

> Il n'y a aucun moyen qui permettrait de faire, d'énoncés protocolaires dont on se soit définitivement assuré de la pureté, le point de départ des sciences. Il n'y a pas de *tabula rasa*. Nous sommes tels des navigateurs obligés de reconstruire leur bateau en haute mer, sans jamais pouvoir le démonter dans un dock et le rebâtir à neuf avec de meilleures pièces. (Neurath 1932-33, p. 92)

> Ce peut être aussi le destin d'un énoncé protocolaire que d'être biffé. Aucun énoncé ne connaît de *Noli me tangere* [...]. (Neurath 1932-33, p. 95)

C'est contre cette image de la science et la proposition radicale concernant l'emploi de la « vérité » qui l'accompagne que Schlick attaqua Neurath en 1934.

4. Schlick, Neurath, Hempel, et le débat sur la vérité au sein du Néo-Positivisme

Schlick trouvait inacceptable la position faillibiliste défendue par Neurath, ainsi que par Carnap à partir de 1932, et il publia une vive attaque contre celle-ci en 1934. Cela suscita des réponses de la part de Neurath et de Hempel. En 1935 à Paris, Carnap tenta de réconcilier les deux camps mais aucune unité ne devait être atteinte. À compter de 1935, Schlick conservait son approche fondationnaliste, Carnap était passé à sa phase sémantique, et Neurath continuait à défendre ses vues sous la forme d'un « encyclopédisme » (voir Übel 1992).

L'article de Schlick « *Sur le fondement de la connaissance* » (1934) est une réfutation de ce que l'auteur considérait être le relativisme de Neurath et de Carnap. Contre la conception des protocoles comme descriptions de faits empiriques spéciaux, qui peuvent toujours être révisées si le besoin s'en fait sentir, Schlick introduisit la notion de constatation [*Konstatierung*]. C'est à travers cette notion que Schlick entendait retrouver ce qu'il estimait être la raison fondamentale à l'origine de l'introduction des énoncés protocolaires, et ce faisant il mit en lumière le lien avec le problème de la vérité :

> Ce [le but poursuivi en introduisant les énoncés protocolaires] ne peut être rien d'autre que le but de la science elle-même, à savoir de fournir une description *vraie* des faits. Il nous paraît tout à fait évident que le problème du fondement de toute connaissance n'est rien d'autre que la question du critère de vérité. On a sans doute introduit tout d'abord l'expression « proposition protocolaire » dans l'intention de distinguer certaines propositions, à l'aune de la vérité desquelles la vérité de toutes les autres devait être mesurée comme à un étalon. Mais selon le point de vue décrit, cet étalon se serait révélé tout aussi relatif que tous les autres étalons de mesure de la physique. Et l'on a même célébré ce point de vue et ses conséquences comme le bannissement du dernier reste d'« absolutisme » hors de la philosophie.
>
> Mais que reste-t-il alors au juste comme critère de vérité ? Dès lors qu'il est exclu que tous les énoncés de la science doivent nécessairement se régler sur des propositions protocolaires bien précises, mais qu'il faut au contraire que toutes les propositions se règlent sur toutes, chacune étant considérée comme en principe corrigible, la vérité ne peut consister que dans l'*accord des propositions entre elles*. (Schlick 1934, p. 421)

Ainsi, Schlick en venait à caractériser la position de Neurath comme une « théorie de la vérité cohérence » par opposition à l'ancienne théorie de la vérité « correspondance ». Contre Neurath, Schlick avançait que la seule signification plausible que l'« accord » entre propositions peut revêtir dans une telle théorie de la vérité est l'« absence de contradiction ». Mais alors toute histoire fictive, qui par elle-même est cohérente, aurait autant de légitimité que la connaissance scientifique :

> Quiconque considère sérieusement la cohérence comme le seul et unique critère de vérité doit tenir n'importe quel conte imaginaire pour tout aussi vrai qu'un récit historique ou que les propositions d'un manuel de chimie, pourvu seulement que ce conte soit si bien inventé qu'aucune contradiction n'apparaisse nulle part. (Schlick 1934, p. 424)

Selon Schlick, ce n'est pas la cohérence avec n'importe quel type d'énoncés qui peut fournir le critère de vérité mais plutôt l'absence de contradiction avec certains énoncés bien spécifiques. Ces derniers sont les « constatations » (« Ceci est cela ici et maintenant ») et pour ce type de cohérence, conclut Schlick, « rien ne vient empêcher… notre emploi de la bonne vieille formule « accord avec la réalité » ». Ce qui m'intéresse ici n'est pas d'expliquer le point de vue fondationnaliste de Schlick mais uniquement de souligner son désaccord avec Neurath sur la question du critère de vérité et le fait qu'il qualifie la position de Neurath de position cohérentiste.

Neurath répondit à l'article de Schlick dans *« Le physicalisme radical et le « monde réel » »* (1934). Plusieurs points de désaccord avec Schlick furent examinés. Deux d'entre eux sont particulièrement importants pour notre compréhension de la réaction de Neurath à la sémantique tarskienne. Le premier concernait l'accusation que le physicalisme ne possédait pas de critère non ambigu de vérité ; le second, que le physicalisme n'abordait pas la relation entre le langage et la réalité. Sur ces deux points, Neurath clarifia et réitéra sa position antérieure. Au sujet de la vérité il soutint à nouveau que

> Nous appellerons un énoncé « faux » si nous ne pouvons établir sa conformité avec la structure totale de la science ; nous pouvons également rejeter un énoncé protocolaire sauf si nous préférons modifier la structure de la science et en faire un énoncé « vrai ». (Neurath 1934, p. 102)

Le second point portait sur la comparaison du langage avec la réalité :

> La vérification de certains énoncés à contenu consiste à examiner s'ils se conforment à certains énoncés protocolaires ; c'est pourquoi nous rejetons l'expression selon laquelle un énoncé est comparé à la « réalité », et ce d'autant plus que pour nous la « réalité » est remplacée par plusieurs totalités d'énoncés qui sont cohérentes en elles-mêmes mais ne le sont pas entre elles. (Neurath 1934, p. 102)

Même s'il resterait beaucoup à dire sur les positions de Schlick et de Neurath, ce que nous avons couvert donne à tout le moins une idée de la nature de l'opposition entre ces deux membres de Cercle de Vienne. Pour finir, il faut mentionner que cette partie du débat inclut également un article de Hempel et quelques autres travaux de Schlick. Hempel rejoignit Neurath et Carnap contre Schlick et caractérisa lui aussi la position de Neurath comme une théorie de la « cohérence limitée » tout en définissant cette conception de la vérité comme « un accord suffisant entre le système des énoncés protocolaires admis et les conséquences logiques qui peuvent être déduites à partir de l'énoncé et des autres énoncés qui ont déjà été adoptés. » (Hempel 1935, p. 54)

Schlick répondit avec *« Les énoncés et les faits »* (1935) et défendit son approche de la vérité comme comparaison entre des faits et des propositions en s'appuyant sur l'exemple d'une confrontation entre un fait et un énoncé tiré d'un guide de voyage :

> Que pourrait bien, en effet, exprimer des énoncés dans le monde, sinon des faits ? C'est d'autre part une affirmation empirique tout à fait légitime, que de dire que certains dessins noirs dans mon Baedecker expriment le fait qu'une certaine cathédrale a deux tours. (Schlick 1935a, p. 39)

Il admettait qu'on compare parfois un énoncé à un autre énoncé, mais également qu'il existe des cas où « un énoncé est comparé avec la chose dont il parle ». À l'inverse, la réponse d'Hempel réaffirmait que le discours de Schlick exposant la comparaison d'un énoncé tiré du guide de voyage avec la réalité revenait simplement à une comparaison entre deux énoncés, à savoir l'énoncé tiré du guide de voyage et l'énoncé exprimant « le résultat (et non pas l'acte !) du compte des tours » (Hempel 1935, p. 94) . Comme nous le verrons, Neurath s'opposait fortement, à la fois dans ses publications et dans sa correspondance, à être classé parmi les théoriciens de la cohérence.

Afin de rendre plus clair que Neurath n'opposait pas simplement une théorie de la vérité « cohérence » à une théorie « correspondantiste », il paraît utile de dire quelques mots sur les raisons qui le conduisaient à démentir qu'il fût partisan d'une telle théorie. Ceci est également d'actualité, puisqu'une partie de la littérature secondaire continue de clamer que Neurath soutenait une théorie de la vérité cohérence. En dépit du fait que ce soit Schlick qui qualifia Neurath de cohérentiste, Schlick lui-même savait que Neurath ne défendait pas une telle théorie. Dans une réponse à une lettre de Carnap, dans laquelle Carnap soulignait que Neurath n'acceptait pas une théorie de la vérité cohérence, Schlick écrivit (5 Juin 1934) :

> Je n'ai jamais douté qu'il refuserait de se compter parmi les zélateurs de la théorie de la cohérence habituelle. Cependant, je voulais simplement dire que la théorie de la cohérence découle de ses affirmations, si on les prend sérieusement. J'ai supposé que ceci n'était même pas clair à ses yeux, car ses pensées sont trop obscures. (RC 029–28–10) [1]

Neurath était furieux d'être taxé de cohérentiste. Il aborde le sujet avec plusieurs correspondants, notamment Carnap (15.XI.35 (remarques sur une version préliminaire du texte de Carnap *Vérité et confirmation* [RC

1. « Ich habe nie daran gezweifelt, dass er es ablehnen würde, als Anhänger der üblichen Kohärenztheorie zu gelten ; aber ich wollte auch nur behaupten, dass aus seinen Aeusserungen, wenn man sie erst nimmt, die Kohärenztheorie folge. Ich nahm an, dass ihm das selbst nicht klar sei, weil seine Gedanken zu undeutlich sind. » (Schlick à Carnap, 5.VI.34, RC 029–28–10).

110–02–01]), 23.XII.35, 27.I.36), Hempel (11.III.35, 18.II.35, 25.III.35, 29.XI.35, 12.XII.35), Kokoszyńska (8.IV.36, 23.IV.36, 3.VI.36), Nagel (26.II.35), Neider (2.IV.35), et Stebbing (9.III.35). Citons un extrait d'une lettre à Stebbing (écrite dans un anglais approximatif), alors que Neurath fait part de ses réflexions pour la préparation du Congrès de Paris de 1935 :

> Mr Schlick ainsi que Mr Hempel emploient le nom de « théorie-cohérence »...Fort bien, – *mais je crains* que pour des lecteurs anglais ce terminus ne produise des associations psychologiques qui induisent des liens avec l'Idéalisme moderne en Angleterre...Le terminus « théorie cohérence » semble plus employé par les Métaphysiciens que par les Scientifiques. N'est-ce pas le cas ? Pour autant que je connaisse Bradley, etc. Joachim etc. la base est : la « cohérence » du système entier (un sujet adapté à l'esprit bien connu de Laplace). Et, si je comprends, chaque énoncé est plus ou moins correct en proportion de la quantité de cohérence totale qui est inhérente à l'énoncé isolé. Ce qui signifie : la théorie cohérence de l'Idéalisme anglais moderne semble être fondée sur l'*absolutisme* de la cohérence-du-monde-total. Mais ma thèse est directement *opposée* à un tel absolutisme et en faveur d'un relativisme. La science est un lot d'énoncés dénué de contradiction et fondé sur les Énoncés-Protocolaires. Il est possible de faire varier tous les énoncés, d'apporter de nouveaux énoncés, de réduire les énoncés. Et nous n'avons pas pour juge ultime une approche d'un *système de cohérence absolu*/le quasi *monde correct et unique*. Et si nous voyons, que nous ne pouvons pas faire une confrontation de notre lot d'énoncés avec *ce système total et idéal de cohérence* le philosophe idéaliste doit, puisque Joachim emploie les énoncés isolés, et le refuge pour l'homme de la cohérence-totalité est – semble-t-il – la correspondance. Cela signifie. Pour les philosophes idéalistes de ce genre la « correspondance » est très relative et la théorie « cohérence » est le type-idéal d'une théorie absolue. Mais pour nous, la théorie correspondance/avec les Énoncés-atomiques et ainsi de suite/ est une forme d'absolutisme et la Théorie du « Physicalisme Radical » est une forme de relativisme...Veuillez excuser ce discours sur la terminologie, mais je souhaite recueillir les termes en vue de Paris. (Neurath à Stebbing, 9 mars 1935) [1]

1. « Mr Schlick and also Mr Hempel use the name "coherence-theory"... All right – *but I fear*, that for English readers this terminus produces psychological associations which make a connection with the modern Idealism in England ... The terminus "coherence theory" seems more used by Metaphysicians than by Scientists. Is it not so ? If I enough know about Bradley, a.s.f. Joachim a.s.f. is the basis : the "coherence" of the total system (a subject adapted to the well known spirit of Laplace) And if I understand is every statement more or less right in proportion to the quantity of the total coherence, which is inherent in the

En outre, Neurath trouvait à redire au fait que la « théorie cohérence » était trop fortement associée dans la littérature au Néo-idéalisme et donc à un absolutisme qu'il avait toujours rejeté. Neurath devait écrire plus tard à Carnap :

> Je n'ai jamais prétendu... que la vérité consiste dans l'accord entre les propositions mais uniquement dans l'accord avec une collection privilégiée de propositions. Ce « privilège » contient tous les éléments essentiels à une conception « réaliste ». (RC 102–50–01, 23 décembre 1935) [1]

Toutefois, Neurath aurait également refusé une théorie cohérence au sens où la seule cohérence d'un ensemble d'énoncés suffirait pour qu'on considère un ensemble d'énoncés comme vrais. L'accent qu'il met sur une classe « privilégiée » d'énoncés indique une condition supplémentaire déterminée par des facteurs pragmatiques. Notez en outre comment les affirmations de Neurath sur la « vérité » peuvent parfois être exprimées d'une manière telle qu'il semble formuler une théorie de la vérité plutôt que proposer un emploi totalement différent du terme.

Passons à présent à l'usage que fit Carnap de la théorie de Tarski comme instrument possible d'une réconciliation entre Neurath et Schlick.

single statement. That means : the coherence theory of the modern English Idealism seems to be founded in the *absolutism* of the total-world-coherence. But my thesis is directly *against* such a absolutism and for a relativism. The science is a parcel of statements without contradiction and founded on Protocol-Statements. It is possible to make variations of all statements, to bring new statements, to reduce the statements. An[d] we have not an approach to an *absolute system of coherence*/the quasi *one and right world*/as the highest judge. And if we see, that we cannot make an confrontation of our parcel of statements with *this total and ideal system of coherence* must the idealistic philosopher, as Joachim use the single statements, and the harbour of refuge for the man of totality-coherence is – that seems so – correspondence. That means. For the idealistic philosophers of such type is the "correspondence" theory very relative and the "coherence" theory the ideal-type of an absolute theory. But for us is the correspondence theory/with Atom-Statements and so further/a form of absolutism and the Theory of "Radical Physicalism" a form of relativism ... Excuse please this discurs [sic] about terminology. But I wish to collect terms for Paris » (Neurath à Stebbing, 9 mars 1935)

1. « Niemals habe ich das behauptet ... dass nämlich die Wahrheit in der Uebereinstimmung der Sätze besteht, sondern nur, in der Uebereinstimmung mit einer *bevorzugten* Satzmasse. Diese 'Bevorzugung' enthält alle jene Elemente, die für eine 'realistische' Auffassung wesentlich sind. » (Neurath à Carnap, RC 102–50–01, 23.XII.1935)

5. Retour au Congrès de Paris

Bien entendu, Tarski ne fournit pas tous les détails de sa théorie de la vérité lors du Congrès de Paris mais insista sur les aspects les plus généraux de sa stratégie. Certaines formulations du projet, qui apparaissaient de manière centrale dans la caractérisation informelle de Tarski, ne pouvaient manquer d'agacer Neurath. Considérez, par exemple, la définition de la sémantique :

> Le mot « sémantique » est utilisé ici dans un sens plus étroit que celui qu'il n'a ordinairement. Nous entendons par sémantique l'ensemble des études qui traitent des concepts qui, en gros, expriment certaines relations entre les expressions d'un langage et les objets et états de choses auxquels ces expressions se réfèrent. Comme exemples typiques de concepts sémantiques, nous pouvons mentionner les concepts de *désignation*, de *satisfaction*, et de *définition* [...] (Tarski 1936a, p. 133)

Quant à la vérité :

> Le concept de *vérité* également – et cela n'est pas communément reconnu – doit être considéré comme un concept sémantique, tout au moins dans son interprétation classique d'après laquelle « vrai » signifie la même chose que « correspondre à la réalité ». (Tarski 1936a, p. 133)

Après tout le travail de mise en contexte que nous avons effectué, nous pouvons avoir une meilleure intuition de ce qui est en jeu (du moins pour Neurath) dans cette phrase. Le concept de vérité poursuivi par Tarski n'est certainement pas celui proposé par Neurath mais plutôt celui qui correspond à la conception classique. Il n'est donc pas surprenant que le travail de Tarski ait pu être interprété, entre autres choses, comme une défense de la position de Schlick dans le débat sur les protocoles [1]. En plus de Tarski, Kokoszyńska présenta également un article, *« Syntaxe, sémantique et logique de la science »*, qui dérangea certainement les tendances anti-absolutistes de Neurath. Plaidant pour le besoin d'étendre la Syntaxe carnapienne à la sémantique tarskienne dans l'analyse de la science, Kokoszyńska employa comme exemple « le concept absolu de vérité » :

1. Par exemple, Rougier dans son introduction non signée à Neurath 1935 oppose dans une note les positions de Carnap et de Neurath (il ajoute également Popper, Poznanski et Wundheiler [1934]) à celles de Schlick, Tarski et Lutman (voir Neurath 1935, p. 5). Voir également le commentaire rapporté par Neurath dans Neurath (1936, p. 400) où Rougier considère la théorie de Tarski comme une justification de la position de Schlick selon laquelle les énoncés et la réalité peuvent être comparés pour accord.

> Dernièrement, le concept classique de vérité, selon lequel – comme on le dit habituellement – la vérité d'une proposition consiste en son accord avec la réalité, a été surnommé conception absolue de la vérité. Cette conception de la vérité, ainsi qu'il est bien connu, est appelée théorie de la correspondance. Cette théorie doit être distinguée de la théorie de la vérité cohérence, selon laquelle la vérité d'une proposition consiste en un certain accord de cette proposition avec d'autres propositions. Certains positivistes logiques sont passés au cours des dernières années d'une théorie de la vérité correspondance à une théorie de la vérité cohérence. À travers ce changement s'expriment à la fois la conviction que la conception absolue de la vérité est un concept non-scientifique qui doit être banni de l'investigation philosophique et – semble-t-il – l'opinion qu'on peut la remplacer par un concept syntaxique ayant la même extension et la définir ainsi dans le langage de la syntaxe. (Kokoszyńska 1936b, p. 11) [1]

Elle poursuit en affirmant que les recherches de Tarski ont montré comment traiter scientifiquement la conception absolue de la vérité. Ainsi, la notion de « vérité absolue » qui avait été précédemment considérée comme métaphysique pouvait à présent être vue comme faisant partie de la logique de la science dans sa phase post-syntaxique. En conséquence, on pouvait montrer que des problèmes tels que « comment est le monde réel ? » n'étaient pas des pseudo-problèmes mais plutôt qu'ils étaient susceptibles d'être analysés scientifiquement. (p. 13) Nous pouvons voir pourquoi Neurath avait le sentiment que la sémantique tarskienne pourrait finir par ranimer des problèmes métaphysiques qu'il avait tenté d'éliminer une fois pour toute en tant que pseudo-problèmes. En outre, il se retrouvait classé parmi les partisans de la théorie cohérence, ce qui, nous l'avons déjà vu, l'irritait profondément [2]. Toutefois, dans son long compte-rendu de la

1. « Als absoluter Wahrheitsbegriff wird letztens der klassische Wahrheitsbegriff bezeichnet, nach dem – wie man zu sagen pflegt – die Wahrheit eines Satzes in seiner Übereinstimmung mit der Wirklichkeit besteht. Man bezeichnet diese Auffassung der Wahrheit bekanntlich als Korrespondenztheorie. Dieser Theorie steht die Kohärenztheorie der Wahrheit gegenüber, nach der die Wahrheit eines Satzes in gewisser Übereinstimmung dieses Satzes mit andern Sätzen besteht. Bei einigen logischen Positivisten lässt sich in den letzten Jahren ein Übergang von einer Korrespondenztheorie der Wahrheit zu einer Kohärenztheorie nachweisen. In diesem Übergange hat teilweise die Überzeugung Ausdruck gefunden, der absolute Wahrheitsbegriff sei ein unwissenschaftlicher Begriff, der aus den philosophischen Untersuchungen ausgeschaltet werden soll, teilweise aber – wie es scheint – auch die Meinung, er liesse sich durch einen umfangsgleichen syntaktischen ersetzen und auf diese Weise in der Syntaxsprache definieren. » (Kokoszyńska 1936b, p. 11)

2. Neurath ne parvint pas à changer cette perception fort répandue. En effet, Russell 1940 disait malicieusement que selon la vue de Neurath « la vérité empirique peut être déterminée

réunion de Paris destiné aux lecteurs de *Erkenntnis*, Neurath rapporte les discussions qui suivirent les conférences de Tarski et de Kokoszyńska et bien qu'il mentionne plusieurs objections, parmi lesquelles nombreuses étaient celles qui provenaient de lui, il eut l'honnêteté de dire que les conférences avaient rencontré l'approbation de la plupart des participants.

Au cours du colloque, Carnap tira un important développement de l'application de la théorie de la vérité de Tarski au débat sur les protocoles. Carnap débuta sa conférence *« Vérité et Confirmation »* en distinguant soigneusement deux notions :

> La différence entre les deux concepts « vrai » et « confirmé » (« (scientifiquement) accepté ») est importante, mais il arrive souvent qu'on n'y prête pas suffisamment attention. « Vrai » (dans l'acception usuelle) est un concept indépendant du temps, ce qui veut dire qu'il est utilisé comme prédicat sans qu'aucune indication temporelle ne soit donnée. Par exemple, on ne peut pas dire : « telle proposition est vraie aujourd'hui (était vraie hier, sera vraie demain) », mais seulement : « la proposition est vraie ». Au contraire, « confirmé » est dépendant du temps. Si l'on dit : « telle proposition est hautement confirmée par des observations », il faut ajouter : « à tel ou tel moment. » (Carnap 1936, p. 559)

Carnap localise la source de cette confusion entre les deux termes dans les doutes que les logiciens nourrissaient à l'égard du concept de vérité, doutes qui avaient été suscités par les antinomies que l'emploi non restreint de ce concept avait fait éclore; ce qui avait conduit à son abandon. Dans une intéressante lettre adressée à Kokoszyńska, Carnap réfléchit à la situation antérieure à l'apparition des résultats de Tarski :

> Après avoir lu en partie les épreuves de l'essai de Tarski et constaté qu'il donne une définition entièrement correcte du concept de vérité, je suis parfaitement d'accord avec vous que « vrai » et les autres concepts qui lui sont liés doivent être considérés comme sûrs d'un point de vue scientifique. Mon scepticisme précédent, et celui d'autres personnes, concernant ce concept était en fait historiquement justifié, dans la mesure où on ne connaissait aucune définition qui, d'une part, soit formellement correcte, et d'autre part, évite les antinomies. Et la théorie qui emploie ces concepts, la « sémantique » au sens de Tarski, me paraît être un domaine scientifique important. Je pense que c'est un grand mérite

par la police. » BonJour (1985, p. 213) attribue à Neurath une notion de cohérence réduite à la simple consistance.

> de Tarski que d'avoir ouvert ce nouveau domaine. (Carnap à Lutman-Kokoszyńska, 19 juillet 1935) [1]

Telle était donc, selon Carnap, la raison historique de l'emploi impropre du terme « vrai » à la place de « confirmé ». Cet emploi entrait bien entendu en conflit avec l'usage ordinaire selon lequel toute phrase déclarative est soit vraie, soit fausse, ce qui n'est pas le cas pour le concept de confirmation. Dans sa conférence, Carnap souligne alors la situation nouvelle créée par la définition de la vérité de Tarski, qui permet, sous certaines restrictions, un emploi cohérent de l'adjectif « vrai ». En conséquence,

> On ferait donc mieux de ne plus utiliser le mot « vrai » au sens de « confirmé ». Il ne faut pas attendre de la définition de « vrai » qu'elle nous fournisse un critère de confirmation comme celui que nous recherchons dans des réflexions de théorie de la connaissance. (Carnap 1936, p. 19)

En s'appuyant sur ces distinctions Carnap ébauche les principes essentiels d'une théorie de la confirmation qui distingue la confirmation directe, obtenue en confrontant l'énoncé aux observations, et la confirmation indirecte, obtenue en confrontant des énoncés à des énoncés. Et, bien qu'il souligne le danger de parler de « comparaison » entre des énoncés et des faits, il tient aussi pour acceptable l'idée que des énoncés puissent être confrontés à des observations, atteignant ainsi un terrain d'entente entre Neurath et Schlick (voir Übel 1992 pour plus de détails).

La version publiée de la conférence de Carnap fut en fait le sujet d'une correspondance entre Neurath et Carnap. Neurath demanda à Carnap de présenter sa conception de la vérité comme une « proposition » mais Carnap refusa. En outre, Carnap décida de ne présenter que son point de vue sans tenter de caractériser le débat antérieur, car il était persuadé de ne pouvoir y parvenir « sans vous vexer tous les deux [Neurath et Schlick] » (lettre du 4 Décembre 1935). Dans une ultime tentative désespérée, Neurath répondit en usant d'une « tactique alarmiste » :

1. « Nachdem ich einige Korrekturbogen von Tarskis Aufsatz gelesen und gesehen habe, dass er für den *Wahrheitsbegriff* eine vollkommen korrekte Definition aufstellt, stimme ich Ihnen durchaus zu, dass 'wahr' und die andern mit ihm zusammenhängenden Begriffe als wissenschaftlich einwandfrei anzusehen sind. Meine und anderer Leute frühere Skepsis gegen diese Begriffe war ja insofern historisch berechtigt, als keine Definition bekannt war, die einerseits formal korrekt war und andrerseits die Antinomien vermied. Und die diese Begriffe verwendende Theorie, die 'Semantik' im Sinn von Tarski scheint mir ein wichtiges Wissenschaftsgebiet zu sein. Ich halte es für sehr verdienstvoll von Tarski, dass er dieses neue Gebiet erschlossen hat. » (Carnap à Lutman-Kokoszyńska, 19 juillet 1935, RC 088–57–16)

> Tu apercevras bientôt à quel point il est contestable 1. qu'on nous ait affublé l'étiquette de théorie de la cohérence... et 2. que les considérations effectivement précieuses de Tarski et Lutman circulent sous l'appellation « vrai ». Si tu le peux encore, tu devrais choisir pour cela un nom différent. Je ne peux concevoir que ce terme contribue jamais à des clarifications, mais au contraire qu'il créera constamment la confusion... Je veux simplement le redire de la façon la plus claire et la plus ferme possible car je trouve malheureux ce que, par exemple, Rougier a dit dans la conclusion sur le glissement de la ligne de démarcation en faveur de la métaphysique. (Neurath à Carnap, 8 décembre 1935) [1]

Carnap ne devait pas être dissuadé de ses choix terminologiques concernant « vrai » même s'il était d'accord avec la critique de Neurath à l'encontre de l'emploi par Kokoszyńska de la terminologie « vérité absolue ». (Carnap à Neurath, 27.I.36)

Nous en revenons enfin à Tarski et Neurath

6. La réponse de Tarski à Neurath

Armés d'une meilleure compréhension de l'arrière-plan intellectuel de Neurath, nous pouvons maintenant revenir à la réponse de Tarski à Neurath. Dans sa lettre datée du 28. IV. 36, Tarski répondit aux commentaires de Neurath de la manière suivante :

> Je suis entièrement d'accord que « défendre des trivialités contre l'erreur » est une tâche importante de la science. C'est en fait pour cette raison précise que j'ai souligné à de nombreuses reprises qu'on doit toujours parler dans un langage d'un autre langage – et non pas en dehors du langage (du point de vue purement déductif, c'est presque toute ma « sémantique » qui devrait être vue comme une trivialité ; cela ne me dérange pas le moins du monde). Il me semble que Wittgenstein, Schlick etc. commettent une lourde erreur quand ils parlent « du » langage au

1. « Du wirst bald sehn, wie bedenklich es ist 1. dass man uns den Titel Kohärenztheorie angehängt hat ... und 2. dass die wirklich wertvollen Betrachtungen von Tarski und Lutman mit den Terminus 'wahr' herumlaufen. Wenn du noch kannst, solltest Du dafür einen anderen Namen verwenden. Ich kann mir nicht denken, dass dieser Terminus je zur Klärung dient, wohl aber, dass er ständig Verwirrung stiften wird ... Ich wills nur noch einmal recht nett und ernst Dir gesagt haben, weil ich nur schmerzlich es empfinde, was z.B. Rougier im Schlusswort über die Verschiebung der Demarkationslinie zugunsten der Metaphysik sagte. » (Neurath à Carnap, 8 décembre 1935, RC 102–50–04) Sur le commentaire de Rougier voir Neurath (1936, p. 401).

> lieu de (plusieurs) langages ; ceci pourrait bien être la véritable source de la « métaphysique » de Wittgenstein. Accessoirement, tous ceux qui parlent du langage unifié de la science à travers le slogan « Unité de la Science » [Einheitswissenschaft] semblent commettre la même erreur. Nous savons tous – par des arguments issus de la sémantique et de la syntaxe – qu'il n'existe, à strictement parler, aucun langage unifié [Einheitssprache] dans lequel l'ensemble de la science pourrait être exprimée. Il ne suffit pas de dire qu'il s'agit simplement d'une formulation temporaire et imprécise. Car, quelle devrait être alors la formulation finale et précise ? Kokoszyńska a donné récemment une conférence sur le problème de la Science Unifiée à la société philosophique locale et a soumis ce point à sa critique ; un article d'elle sur ce sujet doit paraître en polonais. (Tarski à Neurath, 28 avril 1936) [1]

Il est intéressant de faire remarquer ici que Tarski avait déjà attiré l'attention à Paris en 1935 sur le danger de parler d'un langage unique pour la science (voir Neurath 1936, p. 401). L'argument de Tarski est assez simple. Étant donné que le langage universel de la science devrait être sémantiquement clos, il en deviendrait inconsistant. Aussi faut-il parler de langages (au pluriel) et non pas d'un langage unique. L'argument fut ensuite développé plus en détails par Kokoszyńska dans son « *Remarques sur l'unité de la science* » (1937-38) qui selon toute vraisemblance est la version publiée de la conférence à laquelle Tarski fait référence dans la citation ci-dessus. Tarski poursuit :

1. « Ich bin völlig Ihrer Meinung, daß es eine wichtige Aufgabe der Wissenschaft ist 'Trivialitäten gegen Irrtümer zu vertreten.' Eben deshalb habe ich ja selbst vielmals betont, daß man stets in einer Sprache über eine andere Sprache sprechen muß – und nicht außerhalb der Sprache (vom rein deduktiven Standpunkte aus ist übrigens meine ganze 'Semantik' fast als eine Trivialität anzusehen ; das ärgert mich nicht im wenigsten). Es ist – wie mir scheint – ein großer Fehler, wenn Wittgenstein, Schlick usw. von 'der' Sprache anstatt von Sprachen (in Mehrzahl) sprechen ; das ist vielleicht die echte Quelle der Wittgensteinschen 'Metaphysik'. Nebenbei gesagt, denselben Fehler scheinen auch alle diejenigen zu begehen, die im Zusammenhang mit dem Stichwort 'Einheitswissenschaft' über die Einheitssprache der Wissenschaft reden. Wir wissen ja alle – auf Grund der Erörterungen aus der Semantik und Syntax –, daß es streng genommen keine Einheitssprache gibt, in der die ganze Wissensschaft ausdrückbar wäre. Es genügt nicht zu sagen, daß das nur eine vorläufige, unpräzise Formulierung ist ; denn wie soll die endgültige, präzise Formulierung lauten ? (Kokoszyńska hatte vor kurzer Zeit einen Vortrag über das Problem der Einheitswissenschaft in der hiesigen Phil. Gesell. und hat u.a. diesen Punkt einer Kritik unterworfen ; es soll ein Aufsatz von ihr in der polnischen Sprache darüber erscheinen). » (Tarski à Neurath, 28.IV.36, *Nachlaß* de Neurath)

> Dès lors, pour ce qui concerne mon « choix terminologique », je puis vous assurer, premièrement, qu'il s'est produit de manière complètement indépendante de la métaphysique de Wittgenstein et, deuxièmement, qu'il ne s'agissait en aucune façon d'un « choix ». Le problème de la vérité apparaissait très souvent, en particulier dans la littérature philosophique polonaise. On ne cessait de demander (voyez par exemple les « *Elements* » de Kotarbiński), s'il était possible de définir et d'appliquer le concept de vérité sans objection, en employant telles et telles propriétés (que j'ai exposées dans mon travail ultérieur). Je n'ai fait que fournir une solution positive à ce problème et remarquer que cette solution peut être étendue à d'autres concepts sémantiques. Comme vous, je suis certain qu'un usage abusif en sera fait, que nombre de philosophes « surinterprèteront » ce résultat purement logique d'une manière inacceptable. Telle est la destinée commune des découvertes petites et grandes dans le domaine des sciences exactes (on compare parfois les philosophes à des « hyènes sur le champ de bataille »). (Tarski à Neurath, 28 avril 1936)[1]

Au sujet de ses relations avec la métaphysique, voici ce qu'il avait à dire :

> Mais je dois vous avouer que, si je ne sous-estime pas votre combat contre la métaphysique (encore plus d'un point de vue social que d'un point de vue scientifique), je ne vis pas personnellement dans une peur panique permanente de la métaphysique. Dans mes souvenirs, Menger a écrit autrefois une remarque pleine de malice à propos de la peur des antinomies ; il me semble que l'on pourrait l'appliquer – mutatis mutandis – à la peur de la métaphysique. C'est une tâche sans espoir que de se mettre sans cesse en garde contre la métaphysique. Cela m'apparait encore plus clairement quand j'entends, ici même autour de moi, diverses attaques contre, précisément, la métaphysique

1. « Was nun meine 'terminologische Wahl' betrifft, so kann ich Ihnen versichern, daß sie erstens ganz unabhängig von der Wittgensteinschen Metaphysik zustandegekommen ist und daß es zweitens überhaupt keine 'Wahl' war. Das Problem der Wahrheit kam speziell in der polnischen Philosophischen Litteratur sehr oft vor, man hat immer gefragt, ob man den Wahrheitsbegriff mit den und den Eigenschaften (die ich später in meiner Arbeit genau präzisiert habe) in einwandfreier Weise definieren und verwenden kann (vgl. Z.B. die 'Elemente' von Kotarbiński). Ich habe einfach dieses Problem positiv gelöst und habe bemerkt daß sich diese Lösung auf andere semantische Begriffe ausdehnen läßt. Ebenso wie Sie bin ich sicher, daß man daraus verschieden Mißbräuche machen wird, daß verschiedene Philosophen dieses Ergebnis rein logischer Natur in unerläßlicher Weise 'hinausinterpretieren' werden – das ist das gemeinsame Schicksal aller kleineren und größeren Entdeckungen aus dem Bereiche der exakten Wissenschaften (man vergleicht ja manchmal die Philosophen mit den 'Hyänen des Schlachtfeldes'). » (Tarski à Neurath, 28.IV.36, *Nachlaß* de Neurath)

> du Cercle de Vienne (dirigées, explicitement, dans votre direction et celle de Carnap), quand, par exemple, Łukasiewicz parle, à propos de la « *Syntaxe Logique* », de la philosophie, du philosophage de Carnap etc. (dans sa bouche, ceci a à peu près la même signification que « métaphysique » dans la vôtre). Ce que vous me reprochez en raison du concept de vérité, on le reproche à Carnap en raison de l'introduction des termes « analytique », « synthétique », etc. (« Retour à la métaphysique kantienne ») ; et il me semble que j'ai même été plus fondé que Carnap à désigner comme vérité le concept que je discute. D'une manière générale, c'est une tâche utile que de remplir de vieilles bouteilles avec du vin nouveau. (Tarski à Neurath, 28 avril 1936) [1]

Pour finir, Tarski souligne que pour être cohérent Neurath devrait également critiquer tous les concepts formellement définis qui sont au centre de la syntaxe et de la sémantique (et donc la plupart de ceux qui se trouvent dans le travail de Carnap dans la *Syntaxe logique du langage*) :

> Un autre point en rapport avec ceci : mon concept de vérité, prétendez-vous, ne vaut que dans les langages formalisés. Mais, à l'inverse, le concept de vérité n'a précisément d'importance pratique que dans les domaines non formalisés. On peut étendre cela à littéralement tous les concepts précis de la syntaxe et de la sémantique (conséquence, contenu, concepts logiques et descriptifs, etc.) : tous ces concepts ne peuvent être reliés qu'approximativement aux langages non formalisés (et donc au langage réel de toutes les sciences du réel) : la vérité ne fait pas ici exception. (Tarski à Neurath, 28, avril 1936) [2]

1. « Aber ich muß Ihnen offen gestehen : wenn ich auch Ihren Kampf gegen die Metaphysik keinewegs unterschätze (noch mehr unter sozialem, als unter wissenschaftlichem Gesichtspunkt), so lebe ich persönlich nicht in einer ständigen, panischen Angst vor der Metaphysik. Wie ich erinnere, hat einmal Menger etwas geistreiches über die Furcht vor Antinomien geschrieben ; es scheint mir, daß man das alles – mutatis mutandis – auch auf die Angst vor der Metaphysik übertragen könnte. Es ist eine hoffungslose Aufgabe, sich stets vor dem Vorwurf einer Metaphysik zu warnen. Das wird mir besonders klar, wenn ich hier bei uns verschiedenen Angriffe eben auf die Metaphysik des Wiener Kreises (und zwar Ihrer und Carnapschen Richtung) höre, wenn z. B. Łukasiewicz a propos der 'Logischen Syntax' über Carnaps Philosophie, Philosophieren usw. spricht (das hat in seinem Mund ungefähr denselben Sinn wie in Ihrem "Metaphysik"). Dasselbe, was Sie mir wegen des Wahrheitsbegriff vorwerfen, wirft man Carnap wegen der Einführung der Termini 'analytisch', 'synthetisch' u.s.w. vor ('Rückkehr zu der Kantschen Metaphysik') ; und es scheint mir, daß ich im Grunde noch mehr als Carnap berechtigt war den von mir erörterten Begriff als Wahrheit zu bezeichnen. Im allgemeinen ist es eine wertvolle Aufgabe alte Gefässe mit neuem Trunk zu füllen. » (Tarski à Neurath, 28.IV.36, *Nachlaß* de Neurath)

2. « Noch ein Punkt in diesem Zusammenhang : mein Wahrheitsbegriff gelte nur für die formalisierten Sprachen, andrerseits ist der Wahrheitsbegriff gerade im nicht formalisierten Bereich von praktischer Bedeutung. Das kann man wörtlich auf alle präzisen Begriffe

La suite de l'échange n'ajouta pas grand chose à ce tableau et j'ai déjà cité dans la seconde section des passages de la discussion qui suivit. Neurath allait néanmoins poursuivre la discussion avec Kokoszyńska et nous en venons à présent à cette partie de l'échange.

7. Neurath et Kokoszyńska

Rappelons qu'au congrès de Paris Kokoszyńska avait présenté un article sur des questions de sémantique intitulé « *Syntaxe, sémantique et logique de la science* ». Au cours de cette réunion, elle prit part aux discussions animées sur le concept de vérité (essentiellement aux côtés de Tarski) et ceci donna lieu à une vaste correspondance avec Neurath. La correspondance entre Neurath et Kokoszyńska contient dix-neuf lettres de Kokoszyńska et quatorze lettres de Neurath. À la suite des discussions de Paris, Kokoszyńska avait promis d'envoyer à Neurath des réflexions sur la viabilité d'une définition « sociologique » (selon sa propre appellation) de la vérité. À travers ce terme, elle entendait désigner la position particulière de Neurath par opposition à une théorie de la vérité cohérence. Elle en était venue à faire cette distinction sous la pression de Neurath qui, comme nous l'avons vu, refusait d'être classé parmi les cohérentistes. Apparemment, elle envoya ses commentaires sous la forme d'un court essai (que je ne suis pas parvenu à localiser) accompagnant une lettre datée du 22.III.1936. Nous pouvons reconstituer le contenu de cet essai à partir à la fois de la réponse de Neurath et des lettres ultérieures de Kokoszyńska. Un argument central contre la théorie sociologique de la vérité était le suivant. Si nous exigeons de toute théorie de la vérité qu'elle permette la dérivation des instances du schéma « « p » est vrai ssi p », alors la théorie sociologique devrait entrainer « « p » est admis ssi p ». Mais c'est ici que réside l'absurdité de la proposition car du fait que l'énoncé « p » est admis nous devrions alors pouvoir en conclure que p, et de p nous devrions pouvoir conclure que « p » est admis. Dans les deux directions, nous pouvons imaginer d'innombrables contre-exemples.

Neurath répondit par une lettre (datée du 23.IV.36) contenant trois denses passages de commentaires. La lettre de Neurath constitue un

der Syntax und Semantik (Konsequenz, Gehalt, logischer und deskriptiver Begriff u.s.w.) übertragen : alle diese Begriffe können nur annährungsweise auf die nicht-formalisierten Sprachen (also auf die aktuellen Sprachen aller Realwissenschaften) bezogen werden ; Wahrheit ist hier keine Ausnahme. » (Tarski à Neurath, 28.IV.36, *Nachlaß* de Neurath)

commentaire point par point de l'essai de Kokoszyńska, divisé en quatre parties : (1) l'usage linguistique ; (2) la théorie cohérence ; (3) la théorie de la vérité « admission » [*Anerkennung*] (la définition sociologique), et (4) les dangers de la conception de la vérité de Tarski–Lutman. La première partie de la lettre souligne la variété des emplois du mot « vérité » dans le langage naturel et se réfère au travail empirique de Arne Naess sur cette question [1]. L'objectif était de saper l'idée selon laquelle la conception « sémantique » aurait eu plus de raisons que la définition sociologique proposée par Neurath de se targuer d'avoir saisi une sorte de concept ordinaire de vérité. Neurath souligne que dans différents cercles, avec des pratiques linguistiques différentes, ce qui décide de la partition entre « vrai » et « faux » dépend d'un critère [Instanz] à partir duquel la partition est établie. Dans la plupart des cas, ce critère s'avère être métaphysique et entrer en conflit avec l'empirisme. Dans le cas de sa proposition, le critère est donné empiriquement puisqu'il se compose des énoncés acceptés par un groupe spécifique d'êtres humains à un certain moment dans le temps. La seconde partie de la lettre remet en cause que quiconque ait défendu une théorie de la cohérence telle qu'elle est définie par Schlick et discutée également par Kokoszyńska. Dans cette même section, Neurath dresse une vue d'ensemble de la manière dont le problème de la vérité avait vu le jour au sein du Cercle de Vienne et avait été discuté en liaison avec le débat sur les protocoles. Dans la troisième partie, Neurath réitère sa position qu'un énoncé devrait être appelé vrai s'il est admis à un certain moment sous certaines circonstances par un groupe déterminé de personnes. Les objections à Tarski et Kokoszyńska reprennent l'affirmation générique concernant les dangers métaphysiques de leur conception. En particulier, Neurath désapprouvait le fait que le point de départ de la conception tarskienne soit un appel à l'usage ordinaire alors que, dans le même temps, le domaine de validité de la théorie est limité aux langages formels, de sorte qu'elle ne peut pas s'appliquer au langage naturel ; toutefois, ces restrictions ne seront pas observées, c'est du moins ce que Neurath conjecture, et cela conduira à

1. On trouve également un appel au travail de Naess dans une lettre de Neurath adressée à Tarski datée du 27 mai 1937 : « Dass meine Bedenken gegen Semantik sich nur auf die Interpretationen beziehen, die im Empirismus in Frage kommen erwähnte ich schon. Ich glaube, wenn Sie an den Wahrheitsbegriff bei Kotarbiński anknüpfen, Lutman von einen üblichen Wahreitsbegriff spricht, so ist etwas zu wenig Vorsorge getroffen die lebendige Diskussion damit erreicht zu haben, denn es gibt sehr viele Auffassungen von Wahrheit, wie NESS [sic] festgestellt hat. » Concernant les travaux de Naess voir Naess 1936 et Naess 1938.

des abus métaphysiques de la théorie de Tarski. Enfin, Neurath s'opposait à certaines formulations de Tarski et Kokoszyńska comme par exemple, « une proposition peut être admise sans être exacte » ou « il peut exister de la vie sur Vénus sans que l'homme en fasse l'expérience. » Contre ce type de discours, Neurath affirme qu'il « ne pense pas être en mesure de les intégrer dans le corps total de la science. » L' « exactitude » [zutreffen] d'un énoncé selon Neurath ne peut consister que dans son admission par quelqu'un. Refuser cela revient à glisser dans la métaphysique. En résumé des principaux points de la lettre, Neurath écrivait :

> La définition « sociologique » de la vérité peut être maintenue, et certaines propositions peuvent donc être caractérisées comme vraies « maintenant » en son sens. La définition « sociologique » de la vérité correspond à certains éléments de la conception traditionnelle. La définition de Tarski–Lutman ne correspond pas à l'usage ordinaire de quelque manière privilégiée que ce soit (question historique). La définition de la vérité de Tarski–Lutman n'est applicable qu'aux langages formalisés. La terminologie de Tarski–Lutman nous suggère trompeusement de l'appliquer aux langages non-formalisés et de l'interpréter d'une manière absolue. Les explications justificatives de Lutman-Kokoszyńska au sujet de « admis mais inexact » semblent immédiatement impliquer des éléments absolutistes et ne paraissent pas être applicables au sein de l'édifice de la science, que ce soit d'après la conception de Neurath (Carnap, Hempel, etc.) ou que ce soit d'après la conception même exprimée en d'autres lieux par Tarski et Lutman [1].

Dans sa réponse Kokoszyńska déclara explicitement qu'elle ne pouvait pas accepter comme théorie de la vérité une théorie qui ne prouverait pas (toutes les instances) du schéma-T. C'est la raison pour laquelle elle rejette la théorie « sociologique » en tant que théorie de la vérité. Pour

1. « Die 'soziologische' Wahrheitsdefinition lässt sich aufrechterhalten, so lassen sich in ihrem Sinne gewisse Sätze als 'jetzt' wahr kennzeichnen.

Die 'soziologische' Wahrheitsdefinition entspricht gewissen Elementen traditioneller Auffassung. Die T.L. Definition entspricht dem Sprachgebrauch nicht in bevorzugten Weise (historische Frage).

Die T.L. Definition ist nur innerhalb formalisierter Sprachen verwendbar.

Die T.L. Terminologie verlockt dazu sie für nicht-formalisierte Sprachen zu verwenden und absolutistisch zu deuten.

Die begründenden Erörterungen von L.K. über 'zwar anerkannt, aber nicht zutreffend' scheinen unmittelbar absolutistische Elemente zu enthalten und innerhalb der Gesamtwissenschaft nicht verwendbar zu sein, weder nach Auffasung von Neurath (Carnap, Hempel, usw.) noch auch nach sonst geäusserten Auffassung von T. and L. » (Neurath à Kokoszyńska, 23.IV.36, *Nachlaß* de Neurath)

ce qui est des limites du domaine d'application de la théorie de Tarski, Kokoszyńska remarquait que les sciences de la nature pouvaient être formalisées (disons comme dans le langage II de Carnap) et que par conséquent la définition de Tarski pouvait être immédiatement appliquée. Toutefois, sur ce point, Kokoszyńska sous-estimait l'origine de l'objection de Neurath qui reposait sur l'idée que les sciences de la nature sont en grande partie exprimées au moyen du langage naturel et présentent des concepts vagues [Ballungen], ce qui rend vain tout espoir de formalisation complète. On peut faire remonter cet aspect de la pensée de Neurath à son anti-cartésianisme (voir Mormann 1999).

Je n'examinerai pas plus en détail le reste des lettres si ce n'est pour souligner une propension constante de la part de Neurath à presser Kokoszyńska (en particulier en suggérant des révisions sur son article à paraître dans *Erkenntnis*) de déclarer qu'il n'y avait pas de contradictions entre ses thèses et celles défendues par Tarski et Kokoszyńska. Finalement, Kokoszyńska réagira fermement contre cette tentative et écrivit ce qui suit (6.9.36) :

> Si je comprends bien, vous voulez que je décrive la situation comme s'il n'y avait pas de contradictions entre la position que vous avez défendue jusqu'à présent concernant le concept classique de vérité et les réflexions contenues dans mes commentaires dans *Erkenntnis*. Mais une telle contradiction semble exister en fin de compte. La question est de savoir si on peut utiliser de manière fiable un concept qui, pour ainsi dire, implique de parler d'un « accord avec la réalité ». Vous avez dans une certaine mesure rejeté entièrement ce concept, puisque vous pensiez que la détermination d'un tel « accord » nécessiterait qu'on sorte du cadre du langage – ce qui est impossible – et vous avez tenté, jusqu'à un certain point, de remplacer ce concept par un concept sociologico-syntaxique. Il apparaît à présent grâce aux recherches de Tarski que nous pouvons parler d'un « accord entre des énoncés et la réalité »– et par conséquent considérer ceci de l'intérieur du langage – en posant des propositions dans lesquelles apparaissent non seulement des noms de propositions mais aussi des noms d'autres choses. Vous n'avez rien à objecter à ce qu'on pose de telles propositions mis à part – ce qui vous préoccupe spécialement – qu'elles ne sont pas nécessaires dans les sciences empiriques. Il transparaît donc qu'il est possible de traiter adéquatement précisément les concepts que vous aviez rejetés jusqu'à présent. La contradiction mentionnée ci-dessus semble résider en ceci [1].

1. « Sie wollten – soweit ich verstehe – dass ich die Sachlage so schildere, als ob kein Widerspruch zwischen Ihrer bisherigen Haltung gegenüber dem klassischen

Kokoszyńska concluait en disant que, par écrit, Neurath n'avait fait que des remarques sceptiques au sujet de la conception classique de la vérité mais n'avait jamais traité publiquement ce sujet de manière exhaustive. Son intention en correspondant avec Neurath était de poser des limites à un tel scepticisme.

La correspondance avec Kokoszyńska est assez longue et souvent répétitive de la part de Neurath. Néanmoins, elle fournit un aperçu détaillé de l'ensemble des questions qui motivaient Neurath tout en augmentant la frustration du lecteur face à l'absence d'articulation claire des raisons qu'avait Neurath de critiquer la théorie de la vérité. Il ne s'opposait pas formellement à la théorie pas plus qu'à son application au sein des langages formalisés. Il percevait les dangers d'un possible détournement de la théorie de la vérité par l'extension impropre de son champ d'application et l'avénement d'un pseudo-discours métaphysique de comparaison du langage et de la réalité. Mais, alors que Neurath se concentrait sur ces possibles dangers, il laissait de côté le danger opposé, qui consistait à employer le mot « vérité » pour parler d' « admission », ce qui est certainement un choix assez contre intuitif du point de vue de l'usage ordinaire de l'expression « vrai ». L'ultime chapitre de cette histoire que je veux examiner concerne la section privée sur la sémantique qui vit Carnap et Neurath s'opposer lors du « Congrès Descartes » en 1937 à Paris.

Wahrheitsbegriff un[d] den in meinen *Erkenntnis*-Bemerkungen enthaltenen Gedanken bestehe. Ein solcher Widerspruch scheint aber doch zu bestehen. Es handelte sich ja darum, ob man sich in verlässlicher Weise mit einem Begriffe bedienen kann, in dem sozusagen von einer 'Übereinstimmung mit der Wirklichkeit' die Rede war. Sie haben teilweise diesen Begriff ganz abgelehnt, da Sie meinten, die Feststellung einer solcher 'Übereinstimmung' müsse ein Ausgehen aus den Rahmen der Sprache erfordern/was unmöglich ist/und teilweise haben sie versucht, diesen Begriff durch einen soziologisch-syntaktischen zu ersetzten. Nun zeigt es sich aus den Untersuchungen von Tarski, dass man von jener 'Übereinstimmung zwischen Sätzen und Wirklichkeit' sprechen/also sie innerhalb der Sprache betrachten/kann, indem man nämlich Sätze aufstellt, in denen nicht nur Namen von Sätzen aber auch von anderen Dingen auftreten. Gegen Aufstellung von solchen Sätzen haben Sie nichts einzuwenden ausser – was speziell Sie betrifft – dass sie in empirischen Wissenschaften nicht nötig sind. Es hat sich also gezeigt, dass man eben diese von Ihnen bisher abgelehnten Begriffe in korrekter Weise behandeln kann. Darin scheint mir der vorher erwähnte Widerspruch zu stecken. » (Kokoszyńska à Neurath, 6.IX.36, *Nachlaß* de Neurath)

8. Neurath contre Carnap : Paris 1937

Les archives sur Neurath et Carnap contiennent deux documents qui, pris ensemble, marquent un sommet du débat sur la sémantique au sein du Cercle de Vienne [1]. À l'occasion du Congrès Descartes (Paris, 1937), Carnap, Neurath, et d'autres se retrouvèrent pour une discussion privée sur la sémantique. Parmi les invités, se trouvaient Tarski et Kokoszyńska [2]. Carnap et Neurath présentèrent tous deux des contributions écrites. L'article de Neurath était intitulé *« Le concept de vérité et l'empirisme »* (Neurath 1937a) et celui de Carnap *« Sur le concept sémantique de vérité »* (Carnap 1937).

La contribution de Neurath est longue de dix pages et porte la date du 12 juillet 1937. Il commence par reconnaitre qu'il aurait dû dire clairement, dès son article sur le physicalisme paru en 1931 dans *Scientia*, qu'il entendait seulement formuler des propositions et non pas présenter des dogmes. D'un autre côté, il prétend avoir clairement identifié, contrairement aux autres participants du débat sur la vérité, le véritable adversaire, à savoir Wittgenstein et ses partisans. Sa proposition est alors de délimiter un domaine d'investigation « dans lequel nous comparons constamment des énoncés avec des énoncés, examinons leur étendue logique et leur position systématique etc. Si on analyse la science de cette manière, alors on s'engage dans ce que Carnap a appelé la logique de la science. » La proposition de Neurath consiste à voir « jusqu'où on peut aller *à l'intérieur* de la logique de la science » (Neurath 1937a, p. 1).

Neurath poursuit ensuite en rappelant les origines du débat sur la vérité, qui nous sont à présent familières, y compris les thèses de Wittgenstein sur la comparaison entre le langage et « la » réalité ainsi que l'idée selon laquelle la vérification consiste en une référence au donné. Contre ce type de discours, Neurath avait suggéré que les énoncés et les faits (ou les états des choses) étaient tous deux des types d'objets, objets du type énoncé et objets du type non-énoncé. Avec le concours de nouveaux énoncés, on pouvait alors parler de ces énoncés et de ces

1. En plus de Carnap 1937 et de Neurath 1937a il y a trois autres documents de Neurath intitulés respectivement « Fuer Die Privatsitzung, 30 Juli 1937 » (1937b) ; « Diskussion Paris 1937 Neurath-Carnap » (1937c) ; « Bemerkungen zur Privatdiskussion » (1937d), classés comme K.31, K.32 et K.33 dans le *Nachlaß* de Neurath.

2. Tarski présente la discussion sous un jour positif dans une lettre à Popper datée du 4.X.37 (correspondence Popper-Tarski, Hoover Institution, Stanford, Box number 354. Folder ID : 8.).

non-énoncés et ainsi confronter des énoncés à propos d'énoncés avec des énoncés à propos de non-énoncés.

C'est l'objectif de la logique de la science que d'explorer les relations logiques reliant, entre autres choses, les énoncés réels. Supposez que nous voulions étudier la relation entre la théorie et l'expérience en termes comportementaux. Ceci renvoie normalement à l'activité des scientifiques tout d'abord en rapport avec le dispositif expérimental puis avec leurs formulations théoriques. La logique de la science, ajoute-t-il, emploie l'astuce suivante : elle exprime par un énoncé d'observation le résultat du travail expérimental, par exemple « À l'endroit A, la glace fond à (la température de) -3 degrés » ; puis elle le compare à un énoncé théorique, par exemple, « la glace fond à (des températures de) plus de 0 degrés. » Elle explore ensuite dans quelle mesure il serait incohérent avec une classe donnée d'énoncés d'employer simultanément ces deux énoncés. C'est ainsi qu'on peut éviter de parler d'une comparaison entre le « langage » et la « réalité » ou entre la « pensée » et l'« être ».

Neurath suggère ensuite d'appliquer cette « astuce » à la sémantique. Et, affirme-t-il, il l'avait déjà suggéré en 1935 lors du précédent colloque à Paris mais n'avait pas trouvé de partisans. Carnap et Hempel avaient suivi les formulations de Tarski et Kokoszyńska qui, ajoute-t-il, « peuvent devenir dangereuses pour l'empirisme. » Il poursuit alors et formule sa proposition en termes de la « théorie de l'admission » : supposons que nous soit donné un énoncé de l'Encyclopédie qui décrit (structurellement) un énoncé, disons « il neige », en détaillant les lettres qui le composent. Alors, cette expression est appelée un « énoncé vrai » si et seulement si un énoncé de l'encyclopédie nous est donné : il neige.

Tout ceci se fait à l'intérieur de la logique de la science et il n'est nul besoin d'employer des expressions telles que « relations entre des expressions du langage et des objets désignés. » Ainsi, il propose d'examiner jusqu'où nous pouvons progresser de cette manière dans le cadre de l'empirisme logique.

Se tournant alors vers des critiques supplémentaires de la ligne Tarski-Kokoszyńska, il souligne tout d'abord qu'il pourrait être simplement préférable d'utiliser « accepté (dans l'Encyclopédie) » et « rejeté (de l'Encyclopédie) » au lieu de « vrai » et « faux », qui sont trop chargés de sens. Contre Kokoszyńska, il objecte qu'elle prend pour acquis que ce qu'elle appelle « le concept absolu de vérité » s'accorde avec le concept ordinaire de vérité. Contre cela, il présente les investigations de Arne Naess qui « montrent qu'il existe de nombreux concepts ordinaires de vérité ». Il avance le même argument contre Tarski, qui est décrit comme le défenseur du concept philosophique traditionnel de vérité, comme l'attestent ses références à Kotarbiński, lequel, ajoute Neurath, malgré ses sympathies générales envers les empiristes logiques, présente, en ce qui concerne la vérité, les tendances absolutistes de l'école de Brentano. Neurath objecte que ce n'est pas le rôle d'un défenseur de l'empirisme logique que de discuter plus avant un plaidoyer [Plädoyer] pour le concept traditionnel de vérité tant qu'on ne lui aura pas montré la nécessité d'appliquer ce concept dans son analyse de la science. Dans la suite de son article Neurath ajoute qu' « on avait déjà vu en 1935 à Paris, comment Tarski et Lutman étaient réellement interprétés, et ce probablement à juste titre, puisqu'ils montrent tous les deux une certaine « connivence » vis-à-vis de la conception traditionnelle » (Neurath 1937a, p. 9). En conclusion, Neurath demandait à Carnap, Hempel, et aux « amis polonais » de discuter si et dans quelle mesure sa « proposition » pouvait être menée à bien et si ils pensaient que de cette manière « la sémantique et les problèmes afférents pourraient être ramenés au sein de la logique de la science. »

Le manuscrit de Carnap est intitulé *« Sur le concept sémantique de vérité »*. Il est daté du 18.7.37 et long de douze pages. Carnap commence par dresser la liste de quatre thèses qu'il souhaiterait proposer à la discussion :

(1) La conception sémantique de la vérité est correcte et ne se heurte à aucune objection.

(2) Elle ne peut pas être remplacée par une méthode purement syntaxique ;

(3) Elle est utile et importante ;

(4) Elle est en accord avec le concept de vérité en usage dans le langage ordinaire.

Dans (1) Carnap expose une description informelle montrant le bien-fondé de l'introduction d'une relation binaire Bez (x, y) qui saisit la notion de dénotation. Puis il affirme qu'on peut définir la vérité à partir de la dénotation. La dénotation et la vérité sont toutes deux des exemples de concepts sémantiques.

Dans la section (2), Carnap aborde directement la proposition de Neurath qui, d'une certaine manière, constituait une tentative de montrer que les propositions comportant la vérité étaient éliminables à partir de la syntaxe. Carnap montre ici que cela n'est pas possible. Carnap concède qu'il existe des cas où les énoncés qui renferment des concepts sémantiques (dénotation, vérité, etc.) peuvent être transformés en des énoncés purement syntaxiques (au sens technique de la *Syntaxe Logique*). Par exemple, « l'expression "3+4" dénote (le nombre) 7 » peut se traduire par l'énoncé syntaxique « "3+4" est synonyme-logiquement de "7" ». Les énoncés sémantiques traduisibles par des énoncés syntaxiques sont appelés des énoncés inessentiellement sémantiques. Les autres sont appelés des énoncés essentiellement sémantiques. Il existe aussi des cas où les concepts sémantiques sont éliminés en traduisant l'énoncé par un énoncé du langage objet. Par exemple « "Paris est une ville" est vrai » peut se traduire par un énoncé du langage objet « Paris est une ville. » Carnap remarque qu'il avait donné des exemples de ces deux stratégies dans la *Syntaxe Logique*. Il reformule alors la proposition de Neurath sous la forme : peut-on toujours éliminer les concepts sémantiques ? Il répond par la négative. Carnap explique que ce que Neurath baptise l'« astuce » de la science n'est rien d'autre que l'élimination des énoncés non-essentiellement sémantiques dans le langage syntaxique. Toutefois, il est en désaccord avec Neurath quand ce dernier propose de traduire « vrai » par « énoncé de l'Encyclopédie » ou par « énoncé admis ». Carnap défend la différence entre « vrai » et « admis » en remarquant que dans le cas de « vrai » il n'est pas besoin de fournir quelque paramètre temporel ou pragmatique que ce soit, alors que ceux-ci sont indispensables dans le second cas. C'est la solution qu'il avait déjà proposée pour distinguer les deux concepts à Paris en 1935. Considérez l'énoncé A : « la lune possède sur sa face cachée un cratère qui est encore plus grand que celui se trouvant sur sa face visible » Même si on accordera sans doute que « A n'est pas contenu dans l'Encyclopédie en 1937 » (ou encore que « A n'est pas scientifiquement admis »), il n'en va pas de même pour « A n'est pas vrai » ou pour sa traduction « la lune ne possède pas sur sa face cachée un cratère encore plus grand que celui se trouvant sur sa face visible. » Ainsi, Carnap conclut que « A n'est pas contenu dans l'Encyclopédie en 1937 » et « A n'est pas vrai » n'ont pas la même signification ; par conséquent « vrai » et « (scientifiquement) admis » (ou « énoncé de l'Encyclopédie », « scientifiquement accepté », ou « scientifiquement cru ») sont des concepts différents.

Concernant le point (3), Carnap exprime son opininon que les concepts sémantiques s'avéreront utiles et importants pour les travaux épistémologiques. À titre d'exemple, il présente une analyse possible de « x connaît y » sous la forme de « x croit y et y est vrai ». Ainsi, conclut Carnap, « connaît » est un concept sémantique. Une discussion de quelques exemples comportant « connaît » amène Carnap à observer que si dans certains cas les notions sémantiques sont éliminables en se tournant vers des énoncés du langage objet (comme dans les cas que nous avons vus précédemment), cela n'est pas réalisable lorsque l'énoncé du langage objet n'est pas désigné par un nom. Des exemples de ces cas seraient : « tout énoncé ... » ou « il existe un énoncé ... » Semblables aux concepts sémantiques sont « voir », « entendre », « percevoir ». À l'inverse, ajoute Carnap, « croire », « penser », « rêver », « signifier », « imaginer », ne sont pas des concepts sémantiques.

Dans la section (4) portant sur la vérité et le langage ordinaire, Carnap affirme qu'il ne s'intéresse pas au concept de vérité des métaphysiciens mais uniquement à celui employé dans le langage ordinaire. Si l'on met de côté l'itération des concepts sémantiques, qui conduit aux antinomies, on peut parvenir à un concept indiscutable de vérité pour le langage ordinaire qui offre le même degré de clarté que les autres concepts employés dans le langage naturel. L'argument consiste à comparer deux énoncés : B : « il est vrai que Goethe est mort à Weimar en 1832 » et C : « Goethe est mort à Weimar en 1832 ». Carnap soutient que le mot « vrai » est employé dans le langage ordinaire de telle sorte que B et C sont acceptés comme synonymes :

> Une proposition de la forme [B] qui contient le mot « vrai » est employée plus rarement que [C], à savoir seulement quand elle était précédée de questions, de doutes, ou de disputes, ou quand, pour quelque autre raison, on souhaite exprimer une intensité émotionnelle plus forte...Mais il s'agit là uniquement d'une différence psychologique et non pas logique. Et cela est prouvé par le fait que personne à qui on demanderait de décider entre deux propositions telles que [B] et [C] n'accepterait la première mais rejeterait l'autre ou même la laisserait simplement indécidée [1].

Carnap concluait que puisque les deux énoncés sont reconnus par les locuteurs ordinaires comme logiquement équivalents et que la théorie sémantique de la vérité les traite comme logiquement équivalents, il existe donc un accord entre l'usage ordinaire et la conception sémantique.

La conclusion de l'article donnait quelques conseils pratiques concernant la façon de traiter les désaccords concernant la notion de vérité qui

1. « Einen Satz von der Form A 1b [B], der das Wort 'wahr' enthält, wird man seltener verwenden als A 1c [C], nämlich gewönhlich nur dann, wenn Frage, Zweifel oder Bestreitung vorausgegangen sind, oder wenn aus sonstigen Gründen eine stärkere emotionelle Betonung der Behauptung zum Ausdruck kommen soll... . Aber das ist nur ein psychologischer, kein logischer Unterschied. Das zeigt sich darin, das niemand in der Umgangssprache, dem zwei solche Sätze wie A 1b [B] und A 1c [C] zur Entscheidung vorgelegt werden, den einen akzeptieren wird, den andern aber ablehnen oder auch nur unentschieden lassen wird. » (Carnap 1937, p. 9, RC 080–52–01)

existaient manifestement au sein du cercle. Du côté du concept sémantique de vérité Carnap mentionne les « chicagoiens » (Carnap, Hempel, Helmer), les polonais (Kotarbiński, Tarski, Lutman[-Kokoszyńska]), et dans le camp opposé « Neurath et peut-être Ness [sic] et d'autres. » Étant donné que le débat ne pouvait pas être immédiatement tranché, Carnap faisait part de sa conviction que les différences provenaient d'un manque de clarté et de méprises qui disparaîtraient d'ici quelques années. Quant aux deux groupes, il formulait les suggestions suivantes :

1. Suggestions pour le groupe de ceux qui veulent poursuivre sur la voie de la sémantique tout en conservant une approche empiriste et antimétaphysique. Ces derniers mettrons au point leur terminologie et leurs formulations de manière à ce que la délimitation des problèmes métaphysiques demeure toujours la plus claire possible. Ils agirons ainsi non seulement par considération pour eux-mêmes mais également pour leurs lecteurs. Ils garderont aussi à l'esprit la question de la mesure dans laquelle les propositions sémantiques peuvent se traduire par des proposition non-sémantiques ; ceci en particulier par égard pour ceux qui au sein de nos cercles s'efforcent, pour quelque raison que ce soit, d'éviter les concepts sémantiques.

2. Suggestions pour le groupe de ceux qui ont des doutes quant aux concepts sémantiques. Ils commenceront par temporiser et ne mèneront pas de polémiques publiques contre la sémantique dans son ensemble jusqu'à ce que des développements futurs laissent apparaître, premièrement, si oui ou non les travaux dans le domaine de la sémantique sont fructueux pour la science et plus particulièrement pour la tâche générale à laquelle nous nous sommes attelés d'une analyse de la science, et, deuxièmement, si oui ou non le danger redouté de retomber dans la métaphysique est réel. C'est pourquoi, ils ne caractériseront pas les concepts sémantiques dans leur ensemble comme métaphysiques mais se cantonneront à critiquer des formulations spécifiques isolées auxquelles ils pourrait trouver à redire, plus particulièrement si elles donnent effectivement naissance à des pseudo-problèmes [1].

1. « 1. Anregung für die Gruppe derer, die Semantik betreiben wollen und dabei empiristisch und antimetaphysisch eingestellt sind. Diese werden sich – nicht nur mit Rücksicht auf sich selbst, sondern vor allem auch auf ihre Leser – ihre Terminologie und Formulierungen

9. Coda

Si le Congrès de Paris en 1937 a représenté un point culminant pour le débat sur la sémantique entre les membres du Cercle de Vienne, l'histoire ne s'est pas arrêtée là. En effet, le conflit s'embrasa à nouveau avec la publication de l'*« Introduction à la sémantique »* (1942) de Carnap qui suscita l'expression renouvelée d'un scepticisme et d'un rejet pur et simple de la part de Neurath. Par exemple, le 22.12.42 Neurath écrivit : « Sur la métaphysique de Tarski je ne dirai plus un mot. C'est simplement triste. Aristote redivivus, rien de plus. » Finalement, Carnap devint exaspéré par Neurath :

> Comme vous pouvez l'imaginer, je suis fort désolé de la mauvaise impression que mon livre vous a faite, et que vous allez jusqu'à penser qu'il s'agit d'une reprise de la métaphysique aristotélicienne. Je tente de me rappeler les nombreuses et parfois longues conversations sur la sémantique que nous avons eues par le passé. La première eut lieu dans le train pour le congrès de Paris de 1935. Puis, il y eut la discussion publique lors de la Pré-Conférence de Paris, opposant vous et Ness [sic] d'un côté, et Tarski et moi de l'autre. Après ces deux discussions, je me souviens avoir eu la ferme impression qu'il ne restait aucun argument rationnel de votre côté. Quand Tarski et moi montrâmes que vos arguments étaient fondés sur de fausses conceptions concernant le concept sémantique de vérité, vous n'eûtes rien à répondre. Ce qui demeurait, du moins à nos yeux, n'étaient que vos réactions émotionnelles, à savoir votre aversion pour le terme « vérité » et votre vague peur que cela nous mènerait au final à un retour à la vieille métaphysique. Par la suite, nous eûmes parfois des discussions sur ce même sujet en Amérique ; mais je n'ai pas eu l'impression que nous ayons fait le moindre pas vers

möglichst so einrichten, dass die Abgrenzung gegen metaphysische Probleme immer deutlich bleibt. Sie werden ferner auch die Frage im Auge behalten, in welchem Ausmaß semantische Sätze in nicht-semantische übersetzbar sind ; dies vor allem zugunsten derjenigen in unsern Kreisen, die – aus was für Gründen immer – sich bemühen, semantische Begriffe zu vermeiden. 2. Anregung für die Gruppe derer, die Bedenken gegen die semantischen Begriffe haben. Diese werden zunächst eine abwartende Haltung einnehmen und nicht in der Oeffentlichkeit schon gegen die Semantik im ganzen polemisieren, bis die weitere Entwicklung erstens erkennen läßt, ob die Arbeit auf dem Gebiet der Semantik für die Wissenschaft und besonders für unsere Gesamtaufgabe der Wissenschaftsanalyse fruchtbar ist oder nicht, und zweitens, ob die gefürchtete Gefahr des Abgleitens in die Metaphysik wirklich eintritt oder nicht. Sie werden also nicht die semantischen Begriffe im ganzen als metaphysisch bezeichenen, sondern nur die einzelnen etwa auftretenden ihnen bedenklich erscheinenden Formulierungen kritisieren, insbesondere, soweit sie etwa tatsächlich zu Scheinproblemen Anlaß geben. » (Carnap 1937, p. 11–12, RC 080–52–01)

> une compréhension mutuelle, encore moins vers un accord... Quoi qu'il en soit, malgré les expériences décevantes du passé, je suis tout à fait disposé à poursuivre la discussion avec vous. (Carnap à Neurath, 11 mai 1943, *Nachlaß* de Neurath, original en anglais) [1]

Il va sans dire qu'il n'y eut pas de réconciliation sur ce problème et la discussion concernant à quel point la sémantique était chargée de métaphysique se poursuivit dans la correspondance entre Carnap et Martin Strauss au début des années 1940.

Comme nous le savons, Tarski a abordé dans son article de 1944 sur la vérité (Tarski 1944) plusieurs des questions que nous avons discutées. Cet article est bien connu et il n'est pas nécessaire de détailler la réponse de Tarski aux critiques qui avaient été soulevées contre la sémantique. Nombre de ces critiques remontent à Neurath. En particulier, la section 14 (« *La conception sémantique de la vérité est-elle la « bonne » ?* »), la section 16 (« *Redondance des termes sémantiques. La possibilité de leur élimination.* »), la section 19 (« *Les éléments métaphysiques introduits dans la sémantique.* »), la section 20 (« *L'application de la sémantique aux sciences particulières empiriques.* »), et la section 21 (« *L'application de la sémantique à la méthodologie de la science empirique.* ») de l'article publié par Tarski en 1944 traitent directement, sans le nommer, de questions que Neurath n'avait cessé de soulever depuis 1935.

Pour conclure, la critique de Neurath contre la sémantique comportait deux aspects. D'un côté, un ensemble de croyances d'arrière-plan auxquelles Neurath tenait fermement le conduisait à formuler sa propre proposition d'employer la « vérité » en tant qu'« admission ». D'un autre

1. « As you can imagine, I am very sorry about the bad impression you got of my book, and that you even think it is a revival of Aristotelian metaphysics. I try to remember the many and sometimes long conversations we had in the past on Semantics. The first was in the train to Paris 1935. Then there was the public discussion at the Pre-Conference at Paris, with you and Ness [sic] on the one side, and Tarski and me on the other side. After these two discussions I remember I had the definite impression that there were no rational arguments left on your side. When Tarski and I showed that your arguments were based on misconceptions concerning the semantical concept of truth you had nothing to reply. What was left, as far as we saw it, were merely your emotional reactions, namely your dislike of the term "truth" and your vague fear that this would finally lead us back to old metaphysics. Later we sometimes had discussions on the same topic in America ; but I did not have the impression that we came any step forward towards a mutual understanding, still less to an agreement ... In any case, in spite of the disappointing experiences in the past, I am very willing to continue the discussion with you. » (Carnap à Neurath, 11 mai 1943, *Nachlaß* de Neurath)

côté, les critiques plus spécifiquement adressées à la conception sémantique de la vérité, émises en accord avec ces croyances fortement ancrées. Le but de ce chapitre a été de montrer comment les critiques de la conception sémantique de la vérité émergent de ces croyances d'arrière-plan et de détailler la discussion qui s'ensuivit avec Tarski, Kokoszyńska et Carnap [1].

On pourrait se demander à présent dans quelle mesure ces croyances profondément ancrées étaient cohérentes. Plus spécifiquement, la proposition de Neurath est-elle défendable ? Des idées remontant à la position de Neurath sont souvent discutées et critiquées dans la littérature épistémologique sur le cohérentisme (voir Pollock et Cruz (1999, ch. 3) et BonJour 1985), où la discussion porte toutefois sur la justification/confirmation plutôt que sur la vérité. En effet, Bonjour 1985 défend une position cohérentiste de la justification mais une explication correspondantiste de la vérité. Hoffmann-Grüneberg 1988 quant à lui entreprend de défendre une conception de la vérité inspirée par la position de Neurath ; en outre, il pourrait y avoir d'autres « réhabilitations » de Neurath qui s'appuieraient sur le rejet de la philosophie des sciences comprise comme une méthodologie de l'atteinte de la vérité et insisteraient sur la composante pragmatique dans la manière dont les confirmations s'obtiennent et se transmettent à l'intérieur de la pratique scientifique. S'il s'avérait que l'une de ces positions constitue une approche intéressante et cohérente du problème de la vérité, alors nous devrions reconnaitre que derrière les objections, parfois désagréablement vagues et peu claires, de Neurath contre la sémantique, ne se trouvaient pas que des pulsions négatives mais une idée qui pourrait être transformée en une alternative exploitable.

Documents d'Archives

Tirés des Archives de Neurath (Haarlem, Constance)
Correspondance Carnap–Neurath.
Correspondance Hempel–Neurath.
Correspondance Kokoszyńska–Neurath.

1. Ce travail peut être considéré comme complémentaire de celui réalisé dans Mormann 1999 qui n'est pas aussi détaillé sur la reconstruction du débat mais adopte une vue plus large des positions philosophiques défendues par Neurath et relie son opposition à la sémantique à son anti-cartésianisme. Toutefois, je crois qu'il ne s'agit là que d'une source parmi d'autres des objections de Neurath. Nous avons vu que son anti-wittgensteinisme était un facteur puissant.

Correspondance Morris–Neurath.
Correspondance Naess–Neurath.
Correspondance Neider–Neurath.
Correspondance Stebbing–Neurath.
Correspondance M. Strauss–Neurath.
Correspondance Tarski–Neurath.
Neurath 1937a, Wahrheitsbegriff und Empirismus (Verbemerkungen zu einer Privatdiskussion mit Carnap im Kreis der Pariser Konferenz), Numéro d'appel : K.30
Neurath 1937b, "Fuer Die Privatsitzung, 30 Juli 1937" ; Numéro d'appel : K.31
Neurath 1937c, "Diskussion Paris 1937 Neurath-Carnap" ; Numéro d'appel : K.32
Neurath 1937d, "Bemerkungen zur Privatdiskussion", Numéro d'appel : K.33

TIRÉS DES ARCHIVES DE CARNAP (PITTSBURGH, CONSTANCE).
Carnap 1937, Ueber den semantischen Wahrheitsbegriff, RC 080–32–01
La correspondance entre Carnap et Lutman-Kokoszyńska est classée sous le numéro RC 088–57. Elle contient seize pièces.
La correspondance entre Carnap et Neurath se trouve dans différentes parties du *Nachlaß*. Veuillez vous référer aux notes pour les numéros d'appels spécifiques de la correspondance mentionnée dans ce chapitre. Lorsque je cite un élément de l'échange Carnap–Neurath, si j'utilise une source du *Nachlaß* de Carnap, je donne le numéro d'appel commençant par RC. Dans le cas contraire, la pièce provient du *Nachlaß* de Neurath.
Correspondance M. Strauss–Carnap, RC 102–74 et RC 102–75
Correspondance Schlick–Carnap. RC 029 – 27 et RC 029 – 28.

TIRÉS DES ARCHIVES DE POPPER (HOOVER INSTITUTION, STANFORD).
Correspondance Popper–Tarski. Box number 354. Folder ID : 8.

CHAPITRE IV

TARSKI SUR LES MODÈLES ET LA CONSÉQUENCE LOGIQUE

Au cours des deux dernières décennies, un débat passionné s'est tenu à propos de la nature exacte de la théorie de la conséquence logique de Tarski (Tarski 1936b,c) [1]. Depuis la publication dans les années 1980 des

* Publié initialement dans J. Ferreirós et J. Gray, eds., *The Architecture of Modern Mathematics*, Oxford University Press, Oxford, 2006, p. 209-237. Je souhaite remercier John MacFarlane, Aldo Antonelli, Daniel Isaacson, Marcus Giaquinto, Ignacio Jané, José Ferreirós, Johannes Hafner, et Sol Feferman pour leurs très précieux commentaires sur des versions antérieures de cet article. Je suis égalemment reconnaissant envers la Bancroft Library à U.C. Berkeley pour m'avoir autorisé à citer des extraits de la correspondance inédite entre Tarski et Corcoran et de la conférence de 1940.

1. Pour Tarski 1936b (originellement en allemand) j'emploierai la traduction anglaise tirée de Tarski 1983. [*N.D.T.* : Pour ce texte, nous reprenons la traduction française réalisée sous la direction de G. Granger et parue dans Tarski 1972-74, vol. II, p. 143–152. Nous y apportons néanmoins une unique mais importante modification. La traduction originale de Granger, effectuée à partir du texte allemand, traduit en français le terme allemand « Aussage » par « proposition ». Dans la traduction anglaise parue dans Tarski 1983, sous le contrôle de Tarski lui-même, ce terme est rendu par l'anglais « sentence », lequel est communément traduit en français par « énoncé ». Par souci d'uniformité avec le reste de l'article, nous traduisons donc « Aussage » par « énoncé ». Nous suivons d'ailleurs en cela l'usage actuel, qui consiste à réserver l'emploi du terme « proposition » pour désigner la signification des énoncés – quoi que l'on entende par là – plutôt que les énoncés eux-mêmes.] Pour Tarski 1936c (originellement en polonais) j'emploierai la traduction tirée de Tarski 2002. [*N.D.T.* : La traduction en français des passages pertinents de Tarski 1936c a été réalisée à partir de la traduction anglaise parue dans Tarski 2002.] Bien que les deux versions diffèrent parfois (voir les notes d'introduction à Tarski 2002) je ferai néanmoins référence à « l »'article de 1936. Les numéros de pages renvoient à la traduction, lorsqu'elle est disponible.

articles et du livre d'Etchemendy, les contributions, entre autres, de Sher, Ray, Gomez-Torrente, et Bays ont fourni une image bien plus détaillée de l'article fondateur de Tarski de 1936. Néanmoins, ce vif intérêt centré sur la publication originale a conduit à plusieurs désaccords concernant d'importants problèmes d'interprétation touchant le texte de Tarski. Une des pommes de discorde, la seule que je traiterai dans ce chapitre, concerne la notion de modèle chez Tarski, élément clé de sa fameuse définition de la conséquence logique. Dans ce chapitre, j'avancerai de nouveaux arguments (voir les sections 2 et 3) montrant que Tarski a défendu une conception de modèle à domaine fixe dans son article de 1936 et qu'il la soutenait encore en 1940.

Commençons par la définition de la conséquence logique :

> L'énoncé *X* suit logiquement des énoncés de la classe *K* si et seulement si tout modèle de la classe *K* est également un modèle de l'énoncé *X*. (Tarski 1936b, p. 417 ; trad. fr. modifiée, p. 150)

Qu'est-ce donc qu'un modèle ? Tout d'abord, notez que *X* est un énoncé, et que *K* est une classe d'énoncés. Pour définir la notion de modèle d'un énoncé, Tarski utilise la notion de satisfaction d'une fonction propositionnelle. Il déclare :

> Le concept de *modèle* est un des concepts qui peut être défini en termes de satisfaction. Supposons que dans le langage que nous considérons il y ait des variables qui correspondent à chaque constante extra-logique, de telle sorte que tout énoncé devienne une fonction propositionnelle si ses constantes sont remplacées par les variables correspondantes. (Tarski 1936b, p. 417 ; trad. fr. modifiée, p. 149)

Ainsi, pour une classe *L* d'énoncés, nous obtenons, en remplaçant les constantes non-logiques par des variables, une classe *L'* de fonctions propositionnelles. La notion de modèle est introduite à la suite : [1]

1. À quel moment le terme « modèle » est-il devenu monnaie courante en axiomatique ? « Modèle », en tant que terminologie remplaçant interprétation, semble être apparu dans la littérature sur les fondements des mathématiques avec von Neumann 1925, où ce dernier parle de modèles de la théorie des ensembles. Pourtant, la nouvelle terminologie est redevable, pour son influence et son succès, à l'ouvrage de Weyl *« Philosophy of Mathematics and Natural Science »* (1927). Lorsqu'il introduit des techniques pour prouver l'indépendance, Weyl décrit les techniques de « construction d'un modèle [Modell] » (p. 18) et expose à la fois la construction de Klein d'un modèle euclidien pour la géométrie non-euclidienne et la construction de modèles arithmétiques pour la géométrie euclidienne (ou pour un sous-système de celle-ci) donnée par Hilbert. Une fois introduit par Weyl dans la littérature sur l'axiomatique, le mot « modèle » rencontre un écho favorable. Il apparaît dans Carnap 1927,

> Toute suite quelconque d'objets qui satisfait à toutes les fonctions de la classe *L'* sera appelé *modèle*, ou *réalisation de la classe d'énoncés L* (c'est dans le même sens que l'on parle habituellement des modèles d'un système axiomatique ou d'une théorie déductive). (Tarski 1936b, p. 417, trad. fr. modifiée, p. 149)

La définition de la conséquence logique avancée par Tarski semble à première vue exactement la même que la définition modèle-théorique de la conséquence logique dont nous avons l'habitude depuis nos cours de logique et de théorie des modèles. Cependant, tel sera ou non le cas selon la notion de modèle employée par Tarski. C'est ici que les interprétations diffèrent. Dans son article de 1988, Etchemendy soutient qu'en 1936

1928, 1930, Kaufmann 1930, et dans des articles de Gödel 1930, Zermelo 1929, 1930 et Tarski 1935b,1936b. Cet emploi n'est cependant pas universel. Le mot « modèle » n'est pas employé dans Hilbert et Ackermann 1928 (mais on le trouve dans Bernays 1930). Fraenkel 1928 parle de réalisations ou de modèles (p. 353) tout comme Tarski (Tarski 1936b). Ils ne suivent pas Carnap et sa distinction entre les réalisations (les interprétations concrètes, spatio-temporelles) et les modèles (les interprétations abstraites). « Réalisation » est également employé par Baldus 1924 et Gödel 1929. Parmi les quelques variations, on peut mentionner « représentation concrète » (Veblen et Young 1910, p. 3, et Young 1917, p. 43). Il convient de souligner ici que si le terme « modèle » était monnaie courante en physique (voir les « modèles dynamiques » dans Hertz 1894 et Boltzmann 1974), il n'était pas aussi répandu dans la littérature sur les géométries non euclidiennes, où la terminologie préférée demeurait « interprétation » (comme dans l'intepretation de la géométrie non euclidienne donnée par Beltrami en 1868). Pour autant, des « Modellen », c'est-à-dire des modèles physiques de surfaces géométriques particulières tenant lieu d'accessoires de bureau, décoraient les locaux des départements de mathématiques allemands de l'époque. J'adresse de grands remerciements à Jamie Tappenden pour ses utiles informations sur ce point.

Nous renvoyons le lecteur à Sinaceur 1997, Webb 1995, Guillaume 1994 pour la notion d'interprétation en mathématiques au dix-neuvième siècle et dans la période antérieure.

Pour ce qui est du terme « structure », il n'est pas employé dans les années 1920 comme un équivalent de « système mathématique ». Ce sont plutôt les systèmes mathématiques qui ont une structure. Dans *Principia Mathematica* (vol. 2 (1912), part iv, p. 150ff.), puis dans Russell (1919, ch. 6) on trouve la notion de deux relations ayant la même structure. Dans Weyl (1927, p. 21), deux systèmes d'objets isomorphes sont dits avoir la même structure. Ce processus finira par mener à l'idée qu'une « structure » est ce qui est saisi par un système d'axiomes : « Un système d'axiomes est dit être monomorphe quand exactement une seule structure lui appartient [à isomorphisme près] Carnap (2000 [1927-29], p. 127). Il faut souligner ici que l'emploi du mot « structure » n'était pas encore répandu dans la littérature algébrique, bien que l'approche structurale l'ait été. Il semble que « structure » ait été introduit dans la littérature algébrique au début des années 1930 par Oystein Ore pour désigner ce qui est aujourd'hui appelé un treillis (see Vercelloni 1988, Corry 2004).

Pour des informations générales sur les conceptions métathéoriques de Tarski au cours de cette période, voir, entre autres, Bellotti 2002, Czelakowski et Malinowski 1985, de Rouilhan 1998, Sinaceur 2000, 2001, Blok et Pigozzi 1988, Woleński1989b, Feferman 2004.

Tarski n'emploie pas notre notion de modèle, du fait qu'il n'y a pas de variabilité du domaine de quantification dans l'approche de Tarski :

> Car l'explication standard, outre qu'elle exige que nous sondions toutes les réinterprétations des constantes non logiques, exige aussi que nous fassions varier le domaine de quantification. Cependant, tant que les quantificateurs sont traités comme des constantes logiques, l'analyse de Tarski laisse le domaine de quantification fixé. De ce fait, des énoncés tels que (15) se révèleront logiquement vrais d'après l'analyse de Tarski :
>
> (15) $(\exists x)(\exists y)(x \neq y)$
>
> Ceci simplement parce que selon la sélection présente de constantes logiques, il n'y a pas de constantes non logiques à remplacer par des variables dans l'énoncé. Ainsi, de tels énoncés sont logiquement vrais, simplement s'ils se trouvent être vrais ; vrais dans l'interprétation attendue bien sûr. Etchemendy (1988, p. 69)

Il ajoute ensuite : « Non seulement l'explication de la conséquence logique donnée par Tarski en 1936 n'est pas équivalente à la définition modèle-théorique, mais il a clairement évité une telle explication en toute connaissance de cause. » (p. 72).

Par conception de modèle à domaine fixe, on entend généralement une explication de la conséquence logique du type de celle décrite par Etchemendy, c'est-à-dire une explication dans laquelle on ne permet pas au domaine de varier. Nous verrons dans les sections 3 et 4 qu'il existe au moins deux principales versions différentes de la conception de modèle fixe.

De nombreux spécialistes ne sont pas convaincus par l'interprétation d'Etchemendy. Par exemple, Sher 1991, Ray 1996 et Gomez-Torrente 1996 se sont opposés à l'explication de l'article de Tarski de 1936 défendue par Etchemendy. En particulier, certains considèrent que Gomez-Torrente 1996 a tranché toutes les questions d'ordre historique. Lorsqu'il discute les thèses historiques d'Etchemendy (notamment celle de la non-variabilité des domaines), Scott Soames déclare :

> Selon moi, toutes ces critiques essentiellement historiques ont été réfutées par divers spécialistes, la réfutation la plus rigoureuse et la plus pénétrante dont j'ai connaissance étant celle de Mario Gomez-Torrente. (Soames 1999, p. 118)

Quelle est la thèse de Gomez-Torrente au sujet des modèles ? D'après lui, la raison pour laquelle un énoncé tel que $(\exists x)(\exists y)(x \neq y)$ n'est pas conséquence logique d'une théorie cohérente arbitraire repose sur la considération suivante :

> Tarski avait à l'esprit des théories mathématiques dont la formulation canonique précise que le domaine d'objets de l'intreprétation

> ou des interprétations attendues est l'extension d'un prédicat primitif du langage de la théorie. Si on suppose que préciser le domaine d'une interprétation revient à donner l'interprétation de ce prédicat, la définition de Tarski devrait permettre que le domaine varie lorsqu'on teste la conséquence logique. Sous cette hypothèse, des énoncés comme « $(\exists x)(\exists y)(x \neq y)$ » ne seraient pas déclarés être des vérités logiques, puisqu'ils ne seraient que de simples abréviations non-officielles d'autres énoncés renfermant des quantificateurs relativisés (par exemple, « $(\exists x)(\exists y)(Nx \wedge Ny \wedge (x \neq y))$ »). Il est naturel d'imaginer que Tarski avait à l'esprit l'idée que le domaine du modèle ou des modèles attendus était dénoté par un prédicat extra-logique, sans même avoir pensé à, ou pris la peine de formuler explicitement cette exigence pour l'application de sa définition. (Gomez-Torrente 1996, p. 143)

En dépit de l'affirmation de Soames, la solution de Gomez-Torrente laisse de nombreuses questions sans réponses. Par exemple, Bays 2001 rassemble plusieurs arguments contre l'interprétation qui fait de Tarski le défenseur d'une conception de modèle à domaine variable dans l'article de 1936. [1]

Dans ce chapitre, je présenterai de nouvelles preuves et de nouvelles considérations qui m'amènent à la conclusion qu'en 1936 Tarski utilisait une conception de modèle à domaine fixe. Le chapitre se déroule de la manière suivante. La première section dresse l'arrière-plan des notions d'interprétations et de modèles jusqu'à Tarski 1936b. Dans la section 2, je critiquerai la position de Gomez-Torrente sur la question de la variabilité des domaines des modèles en montrant qu'elle ne rend pas compte d'une grande variété de théories considérées par Tarski. La section 3 fournira de

1. Bays 2001 est une vaste tentative de montrer que la conception de modèle à domaine fixe soulève moins de difficultés que ne le prétendent Sher, Gomez-Torrente et d'autres. En accord avec l'esprit de ce chapitre, dont le but principal est de déterminer quelle notion de modèle est défendue dans l'article de 1936, je ne me livrerai pas à une discussion détaillée de la manière dont on peut expliquer dans ce contexte le théorème de Löwenheim-Skolem (mais voyez les commentaires dans la conclusion) ou la validité logique des inférences incluant les nombres naturels. Ce sera l'objet d'un autre article. Néanmoins, l'article de Bays est le point de départ incontournable pour toute discussion de ce type. John Corcoran a déclaré depuis les années 1970 qu'il était évident que Tarski était partisan d'une conception de modèle à domaine fixe. Une vue d'ensemble de sa position est aujourd'hui disponible dans le manuscrit de neuf pages non publié *« The Absence of Multiple Universes of Discourse in the 1936 Tarski Consequence-definition Paper »*. Malheureusement, au vu des débats que l'article de 1936 a suscités, on ne peut se contenter d'affirmer comme évidente ni la conception de modèle à domaine fixe, ni celle à domaine relatif. Un article défendant la conception à domaine fixe et qui se rapproche, pour autant que je puisse dire, de mes conclusions finales est celui de Sagüillo 1997.

nouveaux éléments probants tirés d'une conférence inédite de Tarski qui selon moi font pencher la balance en faveur de la conception de modèle à domaine fixe. Enfin, la section 4 discutera un certain nombre de problèmes ouverts.

1. Les systèmes axiomatiques comme ensemble de fonctions propositionnelles et leurs interprétations

L'étude de systèmes d'axiomes pour diverses disciplines remonte au dernier tiers du dix-neuvième siècle (Pasch, Peano)[1]. C'est l'ensemble des savants regroupés autour de Peano qui fournit le plus grand effort pour tenter de spécifier de ce qui entre en jeu dans la méthode axiomatique. En particulier, Padoa et Pieri écrivirent d'importants articles sur la méthode axiomatique. Pieri 1901 affirmait que les notions primitives de tout système déductif quel qu'il soit « doivent être capables d'interprétations *arbitraires* dans certaines limites assignées par les propositions primitives » (Pieri 1901, p. 373), sous la seule restriction que les propositions primitives doivent être satisfaites par l'interprétation en question. Il appliquait cette notion d'interprétation pour discuter de l'indépendance entre propositions et renvoyait à Padoa pour un traitement plus exhaustif. Alessandro Padoa était un autre membre du groupe entourant Peano. Tout comme Pieri, Padoa (1901, 1902) parle aussi des systèmes de postulats comme de purs systèmes formels sur lesquels on peut raisonner sans être ancré dans une interprétation spécifique, « car ce qui est nécessaire au développement logique d'une théorie déductive n'est pas *la connaissance empirique des propriétés des choses*, mais *la connaissance formelle des relations entre les symboles* » (Padoa 1901, p. 319). Il est possible, poursuit Padoa, qu'il y ait plusieurs, voire un nombre infini d'interprétations du système de symboles non-définis qui vérifient le système des propositions fondamentales et, par conséquent, tous les théorèmes de la théorie. Il ajoute ensuite :

> Alors le système des symboles non-définis peut être considéré comme l'*abstraction* de toutes ces interprétations, et la *théorie générique* peut être considérée comme l'abstraction des théories spécialisées qu'on obtient en y remplaçant séparément le système des symboles non-définis par chacune de ses interprétations.

1. Voir Mancosu *et al.* 2009 pour une introduction à l'étude des propriétés métathéoriques des systèmes d'axiomes et de la sémantique de 1900 à 1935.

> Par un seul raisonnement, qui démontre une P[roposition] de la théorie générique, on démontre alors implicitement une P[roposition] dans chacune de ses théories spécialisées. (Padoa 1901, p. 319-320)

La lecture la plus naturelle de Pieri et Padoa sur la question des interprétations est qu'une fois donnée la nouvelle spécification de la signification des termes primitifs, le système nouvellement interprété donne naissance à un nouvel ensemble de propositions, qui peuvent être soit vraies soit fausses dans la nouvelle interprétation. Cette interprétation annonce la conception des systèmes axiomatiques comme fonctions propositionnelles, que nous discuterons bientôt.

Au cours des années 1910, la terminologie pour les interprétations des systèmes axiomatiques est demeurée plutôt stable. Les interprétations sont données en réinterprétant les significations des constantes originales de manière à ce qu'elles réfèrent à des systèmes d'objets comportant certaines relations définies sur eux. Bôcher suggère l'expression « système mathématique » pour « désigner une classe d'objets associée à une classe de relations sur ces objets ». (Bôcher 1904, p. 128)

Durant les quinze premières années du vingtième siècle on assiste à un foisonnement de publications d'un groupe de mathématiciens connus collectivement sous le nom de théoriciens des postulats (voir Scanlan 1991). Inspirés par les approches des théories axiomatiques d'Hilbert et de Peano, leur but était d'étudier les systèmes d'objets satisfaisant certaines lois. Les lois sont exprimées à partir de certains primitifs indéfinis et prises comme des postulats. En 1906-07, Huntington décrit cette approche de la manière suivante :

> La seule façon d'éviter ce danger [utiliser plus que ce qui est asserté dans les axiomes, PM] consiste à considérer nos lois fondamentales, non pas comme des propositions axiomatiques portant sur les nombres, mais comme des formes vides au sein desquelles les lettres *a*, *b*, *c*, etc. peuvent dénoter n'importe quels objets qui nous plairont, et les symboles + et × n'importe quelles lois de combinaisons ; de telles formes vides deviendront des propositions uniquement au moment où une interprétation définie sera donnée aux lettres et aux symboles – en fait une proposition vraie pour certaines interprétations et une proposition fausse pour d'autres.... De ce point de vue, notre travail devient, en réalité, bien plus général qu'une étude du système des nombres ; c'est une étude de tout système satisfaisant les conditions couchées dans les lois générale du §1. (Huntington 1906-07, p. 2-3)

Dans Huntington 1913 l'approche est explicitement définie à partir du concept de fonction propositionnelle [1] :

> Nous convenons d'examiner un certain ensemble de *postulats* (à savoir, les postulats énoncés dans le chapitre II), impliquant, outre les symboles qui sont nécessaires pour tout raisonnement logique, seulement les deux *variables* suivantes :
>
> (1) Le symbole K, qui peut signifier n'importe quelle *classe d' éléments* $A, B, C, \ldots$; et
> (2) le symbole R, qui peut signifier n'importe quelle *relation* ARB, reliant deux éléments
>
> Ces postulats ne sont pas des propositions définies – autrement dit ils ne sont pas en eux-mêmes vrais ou faux. Leur vérité ou leur fausseté est une fonction de l'interprétation logique donnée aux variables dans une telle équation. Ils peuvent donc être appelés « fonctions propositionnelles » (pour employer un terme de Russell) puisqu'ils ne deviennent des propositions définies (vraies ou fausses) que lorsque des « valeurs » définies sont attribuées aux variables K et R. (Huntington 1913, p. 525-26)

Notez que cette approche diffère de celle qu'on trouve chez Padoa puisque les postulats de base de la théorie ne sont pas considérés comme des propositions.

Des postulats en question (qui définissent la géométrie au moyen de la relation d'inclusion ente sphères), Huntington 1913 donne immédiatement deux interprétations. Dans la première interprétation K est la classe des sphères ordinaires, y compris la sphère nulle ; R est interprétée par la relation d'inclusion. Cette interprétation satisfait tous les postulats. La seconde interprétation pose $K = \{2, 3, 5, 7, 10, 14, 15, 21, 210\}$ et $R =$ « facteur de ». Elle ne satisfait pas tous les postulats, étant donné que le postulat 4 est faux dans cette interprétation [2].

Deux points nous importent ici. Tout d'abord, la conception d'un système axiomatique en termes de fonctions propositionnelles. En second lieu, la notion de système mathématique en tant qu'interprétation d'une

1. Voir Young (1917, p. 172) pour une formulation antérieure par Huntington. Whitehead 1907 est la plus ancienne formulation claire de cette conception que j'aie pu retrouver : « Par conséquent (la classe des points étant indéterminée) les axiomes ne sont pas du tout des propositions : ils sont des fonctions propositionelles. Un axiome, en ce sens, n'étant pas une proposition, ne peut être ni vrai ni faux. » (Whitehead 1907, p. 35)

2. Le Postulat 4 dit : « Si X est un point du segment [AB], alors [AB] est la "somme simple" des deux segments [AX] et [BX]. » (Huntington 1913, p. 537)

théorie axiomatique conçue comme un ensemble de fonctions propositionnelles, que nous discuterons ci-dessous [1].

La conception des systèmes axiomatiques en termes de fonctions propositionnelles est assez répandue dans les années 1910 et 1920. On la trouve, entre autre, dans Whitehead 1907, Huntington 1911, 1913, Korselt 1913, Keyser 1918a,b, 1922, Langford 1927, Lewis et Langford 1932, Carnap 1927, 1930, 2000 [1927-29] [2]. Tarski l'a probablement rencontrée pour la première fois dans Ajdukiewicz 1921, qui semble l'avoir proposée de manière indépendante des sources ci-dessus (Tarski était également familiarisé avec Huntington 1913, qu'il cite dans Tarski 1929a). Lorsqu'il évoque le système de Hilbert pour la géométrie (avec des symboles logiques interprétés) Ajdukiewicz déclare :

> Soit $A(X)$ dénotant le produit logique des axiomes de la géométrie dont la consistance doit être démontrée. Ces axiomes ne sont pas des énoncés dénués d'ambiguïté mais peuvent être soumis à diverses « interprétations », *i.e.* ils sont des fonctions propositionnelles définies pour un système de variables telles que « point », « droit » etc. Tout cet ensemble de variables est représenté par la lettre X dans le symbole $A(X)$. La totalité des objets qu'elle représente forme le « domaine » de la géométrie. Le domaine de la géométrie est donc un ensemble de variables dont les valeurs sont à nouveau des ensembles, des relations, etc. Les axiomes ne sont par conséquent ni vrais ni faux mais deviennent vrais ou faux si on substitue des valeurs à toutes les variables. (Ajdukiewicz 1921, p. 23-24)

Ainsi, par exemple, quand Hilbert remplace « point », « droite » et « le point a est situé sur la ligne droite b » par, respectivement, un ensemble de paires arbitraires de nombres réels $(x; y)$, une relation ternaire portant sur des nombres réels $(u; v; z)$ et « l'équation $ux + vy + w = 0$ », il a alors transformé le système d'axiomes $A(X)$ en $A(\Omega)$.

Cette conception largement répandue des systèmes axiomatiques en termes de fonctions propositionnelles est à l'origine de la notion de modèle de Tarski. Alors que dans l'article de 1936 elle se trouve à l'arrière-plan (au travers du processus de l'élimination des constantes

1. Les citations sont aussi importantes pour la question de la « vérité dans une structure ». Je ne traiterai pas ce problème dans ce chapitre mais voyez Mancosu *et al.* 2009.

2. Pour des raisons d'espace, il ne m'est pas possible d'approfondir la conception de modèle de Carnap, qui est très semblable à celle de Tarski. Voir Carnap 1927, 1930, 1934a,b et Carnap et Bachmann 1936. En général, du point de vue de l'article de 1936 de Tarski, il faudrait consacrer un article entier aux relations entre Carnap et Tarski concernant la notion de modèle et de conséquence logique.

non-logiques au moyen de variables), elle est explicitement énoncée dans diverses publications de l'époque. Au 9e Congrès de Philosophie Internationale (1936), c'est-à-dire à la même période que celle de la publication de Tarski 1936b, Tarski présenta un article intitulé « *Sur la méthode déductive* ». Il y décrit la conception de la manière suivante :

> Imaginons-nous que, dans les axiomes et les théorèmes de la science construite, on ait remplacé partout les termes primitifs par des variables correspondantes (pour ne pas compliquer nos considérations nous laisserons de côté les théorèmes contenant des termes définis). Les lois de la science ont cessé d'être des propositions et sont devenues ce que, dans la logique contemporaine on appelle des fonctions propositionnelles : des expressions ayant la forme grammaticale des propositions, et qui deviennent des propositions quand on remplace les variables qui s'y présentent par des termes constants convenables. Considérant tels ou tels autres objets, on peut examiner s'ils satisfont au système d'axiomes ainsi transformé, c'est-à-dire si les noms des ces objets, mis à la place des variables, font de ces axiomes des propositions vraies ; s'il s'avère qu'il en est ainsi, nous dirons que lesdits objets forment un *modèle du système d'axiomes* considéré. Un tel modèle constitue, par exemple, les objets désignés par les termes primitifs. Ce modèle ne joue aucun rôle privilégié dans la construction de la science ; déduisant des axiomes tel ou tel autre théorème, nous ne pensons pas du tout aux propriétés spécifiques de ce modèle ; au contraire, de la façon dont nous raisonnons il découle que non seulement ce modèle spécial, mais tout autre modèle du système d'axiomes considéré doit satisfaire au théorème que nous démontrons. (Tarski 1937a, p. 331-332)

On retrouve, presque verbatim, la même caractérisation dans le texte de Tarski « *Einführung in die mathematische Logik* » (Tarski 1937b, p. 81-82). Il ne fait donc aucun doute qu'il s'agit là de la conception de modèle dont Tarski affirme dans l'article de 1936 qu'elle provient de la méthodologie des sciences déductives. Soulignons simplement, pour éviter toute méprise de la part du lecteur, que lorsque Tarski parle d' « objets arbitraires », l'expression inclut les individus, les classes, les relations etc. Une autre source d'erreur est que Tarski parle parfois de « concepts » plutôt que d' « objets » (voir ci-dessous). Pour éviter toute confusion, je ne parlerai que d'objets d'un bout à l'autre.

2. Tarski sur les modèles et l'interprétation de Gomez-Torrente

Il nous reste encore à déterminer plus précisément ce qu'est un modèle. Dans Tarski 1935b, Tarski considère des théories déductives concrètes comme des « modèles » (« réalisations ») d'une théorie déductive générale qui contient quatre prédicats primitifs (Tarski les appelle des « concepts ») et spécifie que tout quadruplet de « concepts » (sa terminologie) qui satisfait les axiomes est appelé un modèle de la théorie (voir Tarski 1986, vol. 2, note 1, p. 28). Ainsi, lorsqu'on traite un système d'axiomes qui n'ont qu'un nombre fini de constantes primitives (non logiques), un modèle de ce système est une séquence finie d'objets (du type approprié) qui satisfait les fonctions propositionnelles correspondant aux postulats (voir aussi la section 3 ci-dessous).

Pour en revenir à la conséquence logique, il est facile de voir comment la notion de modèle d'un système axiomatique est généralisée et mise au service d'une explication de la relation « X est conséquence logique de K ». On prend chaque énoncé de $K \cup X$ et on remplace les constantes non logiques par des variables d'un genre approprié. $K' \cup X'$ est ainsi l'ensemble de fonctions propositionnelles obtenu. Un modèle de K' est une séquence d'objets (du genre approprié) qui satisfait toutes les fonctions propositionnelles dans K' (notez que si un énoncé L ne possède aucune constante non logique alors $L' = L$). Dès lors, X est une conséquence logique de K ssi tout modèle de K' est un modèle de X'.

Cette notion de modèle est manifestement différente de celle à laquelle nous sommes habitués. Par exemple, le domaine du modèle (l'ensemble sur lequel porte les variables d'individus) n'est pas explicitement spécifié. En outre, étant donné que K et X peuvent contenir des constantes pour des objets d'ordres supérieurs et des quantifications portant sur des objets d'ordres supérieurs, il nous faut supposer que la logique d'arrière-plan censée « sous-tendre » les modèles en question est une logique d'ordre supérieur. La portée de ces variables d'ordre supérieur n'est, là encore, pas explicitement mentionnée. Enfin, notez que dans la théorie des modèles contemporaine nous interprétons les constantes sur différents domaines. Ici, les constantes non-logiques ne sont pas réinterprétées, nous remplaçons plutôt les constantes non-logiques par des variables et considérons la satisfaction de certaines fonctions propositionnelles par certains objets (voir aussi la note 9 dans Bays 2001).

Habituellement, au cours des années 1930, Tarski emploie comme logique d'arrière-plan pour ses théories, une théorie des types simples (avec ou sans axiome de l'infini)[1]. La théorie des nombres réels développée dans Tarski 1931 et la théorie des classes développée dans Tarski 1933 en sont des exemples. Cet emploi n'est cependant pas sans exception. Bien souvent, il se focalise sur la logique du premier ordre (qui peut être vue comme le fragment du premier ordre de la théorie des types simples). Tel est le cas par exemple lorsqu'il étudie les théories élémentaires (voyez la théorie élémentaire des ordres denses donnée dans Tarski 1936d; Tarski 1986, vol. II, p. 232-234)[2]. Bien souvent, Tarski reste silencieux sur le système logique d'arrière-plan. Par exemple, les

1. Dans Tarski 1939, Tarski envisage aussi la possibilité de prendre pour théorie logique d'arrière-plan un système non-typé semblable à la théorie des ensembles de Zermelo, en lieu et place d'une théorie des types

2. Au sujet des théories que Tarski a traitées dans les années 1920, voici une rapide tentative d'inspection de la logique d'arrière-plan. Dans les premiers articles sur la théorie des ensembles, la théorie d'arrière-plan est en général celle donnée par Zermelo 1908 (voir Tarski 1924a, vol. I de 1986, p. 41 ; Tarski 1924b, vol. I de 1986, p. 67) mais aucun système logique d'arrière-plan particulier n'est mentionné. Tarski et Lindenbaum 1926 souligne que la plupart des résultats de théorie des ensembles de l'article peuvent aussi bien être obtenus dans le systèmes de l'*Ontologie* de Leśniewski ou dans les *Principia Mathematica*. Des exceptions sont notées à la page 186 du volume I de Tarski 1986. Dans cet article, intéressante également est la description donnée de la théorie arithmétique des nombres ordinaux (p. 196, vol. I de Tarski 1986). Elle est donnée au moyen de quatre axiomes portant sur le prédicat « < » avec les *Principia Mathematica* comme système d'arrière-plan. Dans cette partie de l'article, Tarski montre sa maîtrise des preuves d'indépendance. Tout aussi remarquable est le fait que le système des *Principia* et l'*Ontologie* de Leśniewski sont vus comme des systèmes de théorie des ensembles (voir p. 200 ; même chose dans Tarski (1929b, p. 241), où Tarski remarque que le système des *Principia*, à la différence de la théorie des ensemble de Zermelo-Fraenkel, ne peut même pas prouver l'existence d'un seul nombre cardinal infini). Le titre intéressant suivant est *« Les fondements de la géométrie des corps »*. Étant donné que la traduction anglaise diffère grandement de l'article original de 1929, il est très important de se référer à l'original. Le système d'arrière-plan est ici l'ontologie de Leśniewski. Cependant, dans la note 1 de la p. 229, Tarski précise qu'il emploie « classe » à la manière des *Principia* et qu'il traite les sphères comme des objets du rang le plus bas dans le système des *Principia*, autrement dit comme des individus, et les points (des classes de sphères) comme des objets de second rang. Il déclare que le système d'axiomes considéré est catégorique, mais le lecteur doit être averti que la notion de catégoricité à laquelle il est fait référence est la notion de Veblen et non pas celle, plus forte, que Tarski considère en 1935-36.

Dans Tarski 1930, Tarski commence à insister sur le fait qu'une théorie ne peut devenir l'objet d'études métathéoriques que lorsqu'elle est fondée sur une logique déterminée (voir Tarski 1930 ; p. 347-8 du vol. I de Tarski 1986). De plus, l'entreprise métathéorique nécessite une base logique générale, pour laquelle Tarski déclare qu'on peut prendre celle proposée par les *Principia* sans axiome du choix ni de l'infini (il utilise l'axiome de l'infini mais affirme que cette utilisation n'est pas essentielle). L'article Tarski 1931 *« Sur les ensembles définissables de nombres réels »* (vol. I de Tarski 1986, p. 519-548) est, à ma connaissance, le

théories axiomatiques des algèbres booléeennes présentées dans Tarski 1935c, 1938a ou la théorie des groupes abéliens étudiée dans Tarski 1938b sont formulées par Tarski sans préciser la logique d'arrière-plan.

Il vaut la peine pour la discussion à venir, de distinguer deux systèmes logiques importants : *TTS* + *I* et *TTS*. « *TTS* » désigne la théorie des types simples ; « *I* » désigne l'axiome de l'infini. Bien entendu, les *Principia* possèdent une théorie des types ramifiés, mais, dès 1931, Tarski préfère toujours employer la théorie des types sous sa forme simple et c'est la raison pour laquelle j'ai distingué ces deux systèmes. Quoi qu'il en soit, chaque fois qu'une théorie déductive est formalisée dans le cadre de *TTS* + *I*, ou dans un de ses sous-fragments, les objets qui constituent l'« univers de discours » de la théorie sont pris comme faisant partie des individus qui forment la classe de complexité la moins élevée dans *TTS*. Ainsi, dans l'article de1931 sur la théorie des nombres réels, les nombres réels sont pris comme des individus.

Jusqu'à présent, nous avons établi que les modèles sont en général des séquences finies d' « objets » qui satisfont les fonctions propositionnelles correspondant à une théorie dans laquelle les constantes non logiques ont été remplacées par des variables du genre approprié. Le conflit d'interprétation démarre quand on s'interroge sur la portée des variables individuelles. Nous avons vu que dans Etchemendy 1988, Etchemendy a soutenu que l'explication de la conséquence logique donnée par Tarski en 1936 n'est pas équivalente à la définition modèle-théorique habituelle. La raison en est, selon lui, qu'il n'est pas fait mention de la variabilité des domaines dans la définition de la conséquence logique de Tarski et que les modèles partagent un domaine fixe d'individus. Selon moi, le grand mérite de la position d'Etchemendy est ici qu'elle offre une explication naturelle de l'affirmation, appelons la (LM), émise par Tarski dans l'article de 1936b (p. 419, trad. fr. modifiée p. 151) selon laquelle si l'on traite toutes les constantes non logiques comme des constantes logiques, alors la notion de conséquence logique se confond avec celle de conséquence matérielle. Dans une conception de modèle à domaine variable il est difficile, pour ne pas dire impossible, d'interpréter cette affirmation (voir aussi Bays 2001, p. 1078-1079) [1].

premier endroit où Tarski emploie explicitement la théorie des types simples comme théorie logique d'arrière-plan pour la théorie des nombres réels (et dans la métathéorie pour l'étude du système des nombres réels). Concernant l'importance de la théorie des types simples en tant que cadre logique standard au cours des années vingt et trente, voir Ferreirós 1999.

1. Il nous faut souligner que le texte polonais contient cette affirmation avec un « ssi », tandis que le texte allemand contient une affirmation avec un « si » : « Le cas extrême serait

Nous avons vu que Gomez-Torrente 1996 s'oppose à Etchemendy, mais il est remarquable qu'il ne dise mot sur l'affirmation (LM) de Tarski. Il pourrait probablement être tenté de suivre la voie empruntée par Ray 1996 sur cette question :

> Le travail de Tarski de 1933 nous a en fait déjà montré comment une sémantique appuyée sur une théorie de la vérité s'accordera avec son explication sémantique des propriétés logiques pour lesquelles la relativisation des domaines est cruciale. Je pense que cela nous donne de fortes raisons supplémentaires (quoique non décisives sur un plan historique) de *ne pas* supposer que Tarski a simplement manqué de voir la nécessité de relativiser les domaines lorsqu'on en vient à la conséquence logique, c'est-à-dire que nous avons des raisons supplémentaires de n'attribuer à Tarski que la moins grave des deux erreurs [l'erreur consistant à penser que la conséquence logique et la conséquence matérielle coïncident quand tous les termes du langage sont traités comme des constantes logiques, PM]. Ce jugement, à son tour, tend à affaiblir l'argument de la divergence avancé par Etchemendy, puisque cet argument présuppose que Tarski a commis l'erreur la plus grave [l'erreur de ne pas voir la nécessité de faire varier les domaines, PM]. (Ray 1996, p. 630)

En résumé, ceux qui soutiennent que les domaines varient dans l'explication tarskienne de la conséquence logique soit ne traitent pas l'affirmation (LM) de Tarski, soit l'écartent simplement comme une erreur flagrante. C'est évidemment loin d'être satisfaisant.

Passons maintenant à la part positive de l'interprétation contenue dans l'article de 1996 de Gomez-Torrente. Si je suis d'accord avec une grande partie de Gomez-Torrente 1996, je me trouve en désaccord avec son traitement de la question de la variation des domaines dans la définition des modèles contenue dans la section 4 de son article. Je la reproduis ici pour la commodité du lecteur :

> Tarski avait à l'esprit des théories mathématiques dont la formulation canonique précise que le domaine d'objets de l'interprétation ou des interprétations attendues est l'extension d'un prédicat primitif du langage de la théorie. Si on suppose que préciser le domaine d'une interprétation revient à donner l'interprétation de ce prédicat, la définition de Tarski devrait permettre que le domaine varie lorsqu'on teste la conséquence logique. Sous cette hypothèse, des énoncés

de traiter tous les termes du langage comme logique : le concept de découler formellement coïnciderait alors avec le concept de découler matériellement : l'énoncé X découlerait des énoncés de la classe K si et seulement si soit l'énoncé X était vrai ou si au moins un énoncé de la classe K était faux » (Tarski 2002, p. 188-189). Pour une réponse d'Etchemendy à Ray sur ce point voir Etchemendy (2008, note 13).

> comme « $(\exists x)(\exists y)(x \neq y)$ » ne seraient pas déclarés être des vérités logiques, puisqu'ils ne seraient que de simples abréviations non-officielles d'autres énoncés renfermant des quantificateurs relativisés (par exemple, « $(\exists x)(\exists y)(Nx \wedge Ny \wedge (x \neq y))$ »). Il est naturel d'imaginer que Tarski avait à l'esprit l'idée que le domaine du modèle ou des modèles attendus était dénoté par un prédicat extra-logique, sans même avoir pensé à, ou pris la peine de formuler explicitement cette exigence pour l'application de sa définition. (Gomez-Torrente 1996, p. 143)

La thèse tire sa plausibilité apparente du fait que de nombreuses théories mathématiques examinées par Tarski à l'époque où il rédigeait son article de 1936 contiennent un prédicat extra-logique qui est censé caractériser le « domaine de discours » de la théorie mathématique. Gomez-Torrente cite les théories présentées par Tarski dans son ouvrage introductif de 1937. Considérez par exemple la théorie T de la congruence des segments présentée au moyen d'un langage contenant S et $\cong$ comme primitifs et de deux axiomes non logiques :

(1) pour tout élément x dans S, $x \cong x$

(2) pour tous x, y, z dans S, si $x \cong z$ et $y \cong z$ alors $x \cong y$.

Un modèle de T est donné par toute paire (K, R) satisfaisant les axiomes. Les variations de K correspondraient aux variations des domaines pour les variables d'individus dans l'explication modèle-théorique standard. Étant donné que $\exists x \exists y(\neg(x = y))$ ne serait ici qu'une abréviation de $\exists x \exists y(Sx \wedge Sy \wedge \neg(x = y))$, il s'ensuit immédiatement que $\exists x \exists y(\neg(x = y))$ n'est pas conséquence logique de T (puisqu'il est facile d'exhiber un modèle de la théorie doté d'un seul élément).

Bien que cette thèse soit à première vue plausible, les exemples de théories mathématiques avancés par Gomez-Torrente pour illustrer ce point ne résolvent pas la question des domaines variables ou fixes, dans la mesure où ces exemples (tirés de Tarski 1937b et d'autres articles de cette période) peuvent être expliqués directement dans une interprétation à domaine fixe (voir aussi Bays 2001, p. 1711-1712). Nous pourrions considérer S comme prenant diverses interprétations à l'intérieur de la même classe « universelle » d'individus fournie par la théorie des types d'arrière-plan.

Le problème est alors le suivant : peut-on montrer que ces deux interprétations diffèrent substantiellement de façon à statuer sur la question de savoir dans quel camp se trouvait Tarski en 1936 ? J'affirme que cela est possible.

Tout d'abord notez que la contrainte métathéorique posée par l'interprétation de Gomez-Torrente a les deux conséquences suivantes :

(1) La contrainte forcerait le prédicat S à avoir une extension non vide. En fait, $\exists x(x = x)$ est un théorème de la logique d'arrière-plan et par conséquent la contrainte métathéorique forcerait toujours la théorie T à avoir comme axiome $\exists x(S(x) \wedge x = x)$;

(2) La contrainte est telle que toute théorie T formulée avec une constante non-logique S caractérisant le domaine doit être incohérente avec l'assertion $\exists x \neg S(x)$. Puisque la variable x doit être limitée aux objets dans S, l'assertion est équivalente à $\exists x(S(x) \wedge \neg S(x))$. Mais ceci est évidemment insatisfaisable.

Il n'est pas difficile de montrer que Tarski n'accepterait pas (1). Page 145 de son « *Einführung in die mathematische Logik* »,Tarski discute une théorie A formulée au moyen du prédicat Zl (pour Zahl) et il remarque que la théorie ne prouve ni ne réfute l'énoncé $\exists x Zl(x)$. Étant donné que, comme je l'ai fait remarquer, sous la restriction de Gomez-Torrente $\exists x(Zl(x) \wedge x = x)$ (et par conséquent $\exists x Zl(x)$) devrait être un axiome (resp. un théorème) de la théorie, il s'ensuit que la restriction est incorrecte si on en juge d'après la pratique de Tarski.

Concernant (2), dans ce qui suit je montrerai que Tarski n'aurait pas accepté que toute théorie mathématique qu'il examine doive être inconsistante avec l'énoncé selon lequel il existe des individus en dehors du « domaine de discours ». Bien que l'argument donné pour (1) prouve déjà ce point (puisque dans le cas où Zl est vide la théorie A prouve tout de même le théorème $\exists x(x = x)$, ce qui force l'existence d'un élément dans le complément de Zl), j'emploierai une collection différente d'exemples. Je fournirai la preuve que Tarski et d'autres logiciens de l'époque faisaient une distinction entre « portée des quantificateurs » (ou portée de signification pour les variables d'individus) et « domaine de discours », au sens où ils concevaient des théories qui, alors qu'elle contenaient un prédicat S pour le « domaine de discours », soit prouvaient $\exists x \neg S(x)$, soit laissaient simplement cette question indécidée.

Afin de simplifier la discussion, je me restreindrai dorénavant à des systèmes axiomatiques munis de deux symboles primitifs indéfinis, c'est-à-dire de deux constantes non logiques, et je les traiterai comme des fonctions propositionnelles $f(x)$ (pour une classe d'objets) et $g(x, y)$ pour une relation [1]. La première chose à observer est que, comme nous l'avons

1. Il est facile de généraliser aux systèmes avec n constantes non-logiques pour les classes et m relations non-logiques. À l'époque, une bonne partie des travaux sur la théorie des postulats concernait l'étude de systèmes mathématiques formés par une classe accompagnée d'opérations définies sur celle-ci, par exemple $(M, +)$.

vu, le plupart des systèmes axiomatiques étudiés à l'époque étaient censés caractériser des « systèmes mathématiques » (K, R), où K est la valeur de $f(x)$ et R (la plupart du temps mais pas toujours une relation sur K) la valeur de $g(x, y)$, de manière à ce que tous les postulats soient vrais dans (K, R). Ce fait a conduit de nombreux exégètes (y compris Gomez-Torrente) à oublier que la portée de signification des variables d'individus apparaissant dans les fonctions propositionnelles est plus large que l'« univers de discours » K. La distinction apparaissait de manière évidente aux yeux de nombreux acteurs des études axiomatiques. Langford, l'un des théoriciens des postulats les plus en vue, déclare :

> L'ensemble [des postulats] (a)-(d) [pour les ordres linéaires denses, PM] ne place aucune restrictions sur les choses qui ne satisfont pas la fonction f, autrement dit, qui n'appartiennent pas à la classe déterminée par cette fonction. En relation avec n'importe quelle interprétation de l'ensemble, nous ne nous intéressons qu'aux relations entre les choses qui appartiennent à la classe déterminée par l'interprétation attribuée à f ; cette classe constitue, pour ainsi dire, l'« univers du discours ». Si, par exemple, nous autorisons $f(x)$ à signifier « x est une planète » et $g(x, y)$ à signifier « x est plus grand que y » nous nous soucions uniquement de la taille des planètes. Pour autant, les propositions qui résultent de cette interprétation seront significatives pour d'autres choses, et seront toujours satisfaites par elles. (Lewis et Langford 1932, p. 353)

Certaines applications métathéoriques intéressantes nécessitaient de garder clairement présente à l'esprit la distinction entre « univers du discours » et « portée de signification » des variables d'individus. Dans Langford 1927, que Tarski avait étudié avec attention et qu'il utilisait dans ses séminaires à Varsovie dans les années 1920, on trouve une axiomatisation des ordres linéaires denses sans dernier élément qui requiert explicitement deux axiomes déterminant comment les objets qui ne sont pas contenus dans l'« univers du discours » se comportent. Les deux derniers axiomes de l'axiomatisation de Langford sont très importants pour ce qui nous occupe.

Tandis que le premier axiome énonce qu'aucun objet x (sans restriction à K) est tel que xRx, les axiomes 2 à 8 énoncent des propriétés relativisées aux objets contenus dans K. Par exemple, l'axiome 2 dit que pour tous x, y, si x, y sont dans K et que $x \neq y$, alors Rxy ou Ryx.

Langford ajoute alors :

Ma discussion dans le texte couvre également ces cas, puisque l'on peut penser les opérations n-aires en termes de relations n+1-aires. Ce point est déjà souligné dans Bôcher 1904.

> Ces propriétés, quelque peu modifiées, sont celles habituellement attribuées à ce type d'ordre. Elles sont, néanmoins, à l'exception de (1), limitées à des assertions qui ne concernent que les éléments de la classe K, et il est de coutume d'omettre toute mention de propriétés appartenant à des éléments qui ne sont pas dans K. Mais, il est nécessaire dans le cas présent de considérer de telles propriétés – faute de quoi certains théorèmes importants s'effondrent. (Langford 1927, p. 21) [1]

Il ajoute ensuite les postulats 9 et 10 stipulant que

(9) Si x et y n'appartiennent pas tous deux à K, alors Rxy n'est pas vérifié.

(10) il existe au moins n éléments qui ne sont pas dans K.

Ce fait a une grande importance pour le débat qui a accompagné l'interprétation de la notion de modèle employée par Tarski dans l'article sur la conséquence logique.

Je montrerai tout d'abord que Tarski examine des théories qui, comme celle donnée ci-dessus par Langford, énoncent des faits à propos d'objets situés hors de l'« univers du discours », *i.e.* K dans l'exemple précédent.

Considérez une théorie axiomatique donnée ayant seulement deux primitifs. Je noterais la théorie axiomatique $A(f(x), g(x, y))$ pour souligner que les deux constantes non logiques ont été remplacées par des variables qui représentent des classes d'individus et des relations binaires entre ces individus. Un modèle d'une telle théorie, s'il en existe, est donné par une paire (K, R). Il est tout à fait possible que ce modèle satisfasse également une fonction propositionnelle telle que $\exists x \neg f(x)$. Ainsi, si $\exists x \neg f(x)$ peut être satisfaite dans un modèle (K, R), il nous faut remarquer que la portée des variables quantifiées n'est pas donnée explicitement dans la présentation du modèle (K, R). Nous avons vu que Langford discutait des théories de ce genre. Était-ce également le cas de Tarski ?

Il existe deux articles de Tarski, écrits à peu près à la période de son travail sur la conséquence logique, qui montrent que Tarski prenait en fait grand soin de bien garder à l'esprit la distinction ci-dessus entre « univers du discours » et « portée des quantificateurs ». Il s'agit des articles Tarski 1935d et Tarski et Lindenbaum 1936. Le contexte dans lequel la question apparaît est le suivant. Dans 1935d Tarski discute le problème de la complétude des concepts. Un de ses principaux résultats consiste à montrer comment cette notion de complétude des concepts est liée à la

1. La raison pour laquelle Langford pense devoir énoncer les choses ainsi ne doit pas nous retenir ici. Sur le travail de Langford et son influence sur Tarski voir Scanlan 2003.

notion de catégoricité. Il déclare : « Comme on le sait, un ensemble de propositions est dit catégorique si deux interprétations (réalisations) quelconques de cet ensemble sont isomorphes ». Dans une note attachée, il renvoie à Veblen 1904 comme source de cette notion. Rappelons que dans cet article, Tarski travaille dans le cadre de la théorie des types simples. En particulier, il y a une classe « universelle » d'individus V.

Pour le théorème qu'il cherche à prouver, Tarski a néanmoins besoin d'une notion de catégoricité plus forte que celle donnée par Veblen. Dans une note de bas de page, il déclare :

> Nous utilisons le mot « catégorique » dans un sens différent et quelque peu plus fort que celui qu'on lui donne habituellement. Il est habituellement entendu que la relation R de (V) applique seulement x', y', z', ... respectivement sur x'', y'', z'', ..., mais non qu'elle applique la classe de tous les individus sur elle-même. Les ensembles de propositions qui sont catégoriques dans le sens usuel (de Veblen) peuvent être appelés *intrinsèquement catégoriques*, ceux qui sont catégoriques dans le nouveau sens *absolument catégoriques*. Les systèmes d'axiomes de différentes théories déductives sont pour la plupart intrinsèquement catégoriques mais non pas absolument catégoriques. Il est toutefois facile de les rendre absolument catégoriques. Il suffit par exemple d'ajouter une seule proposition au système d'axiomes de la géométrie, proposition énonçant que tout individu est un point (ou plus généralement une proposition qui détermine le nombre des individus qui ne sont pas des points). (Tarski 1935d, p. 39, note 4) [1]

Le théorème 4 de l'article de Tarski est faux, comme il nous en prévient dans la note 9 page 42, si la catégoricité est prise au sens de Veblen [2].

1. Un exemple possible d'une telle distinction est le suivant. Supposez que la classe des individus V est dénombrable. Prenez les axiomes de la théorie du premier ordre pour les ordres linéaires denses sans extrémités. Considérez un ordre $<$ sur V qui satisfait les axiomes de la théorie. Considérez à présent un sous-ensemble dénombrable A de V tel que $A \neq V$ et définissez dessus une relation $<_A$ satisfaisant les axiomes de la théorie. Étant donné que $(V, <)$ et $(A, <_A)$ sont tous les deux dénombrables, ils sont isomorphes, d'après un théorème classique de théorie des ensembles. Néanmoins, aucun isomorphisme entre $(V, <)$ et $(A, <_A)$ ne peut envoyer V bijectivement sur V, puisque par hypothèse A est strictement inclus dans V. Ainsi, la théorie est Veblen-catégorique mais n'est pas absolument catégorique.

2. Il y a plusieurs passages de l'article dans lesquels Tarski ne cesse de rappeler au lecteur que certains résultats ne valent que si la théorie possède un axiome qui force l'identité de l'univers V avec, disons, les points de la géométrie ou les nombres naturels. Voir par exemple Tarski (1983, p. 313, note 2), où Tarski dit : « Ceci n'est exact que si le système d'axiomes pour l'arithmétique contient un énoncé stipulant que tout individu est un nombre ».

Un semblable avertissement est donné dans Tarski et Lindenbaum 1936 concernant la possibilité d'appliquer certains théorèmes prouvés dans le texte. Elle « doit être restreinte aux systèmes d'axiomes tels qu'ils ont pour conséquence qu'il n'y a pas d'individus en dehors du domaine de discours de la théorie discutée » (Tarski 1983, p. 392). D'après les citations précédentes, les faits suivants sont évidents :

(1) La plupart de théories qui sont intrinsèquement catégoriques (comme la géométrie et l'arithmétique) ne prouvent pas que tout individu est un point (en géométrie) ou que tout individu est un nombre (en arithmétique). Il est possible d'ajouter de tels axiomes à la théorie d'origine, auquel cas la catégoricité absolue et la catégoricité intrinsèque coïncideront.

(2) En général, le « domaine de discours » d'une théorie ne coïncide pas avec la portée de signification des variables d'individus (*i.e.* la portée des quantificateurs individuels). Tel ne sera le cas que lorsqu'un axiome spécial est ajouté aux théories en question.

Le résultat de ce qui précède pour l'interprétation de Gomez-Torrente est qu'il n'y a pas de preuves montrant que Tarski considérait la plupart des théories qu'il traitait comme présupposant une restriction de la portée des quantificateurs à l'« univers du discours » de la théorie, puisqu'il affirme que la plupart des exemples de théories qui sont intrinsèquement catégoriques échouent à être absolument catégoriques du fait qu'elles ne possèdent pas comme axiome ou comme théorème l'énoncé $\neg\exists x \neg S(x)$. Donc, $\exists x \neg S(x)$ est au moins cohérent avec elles ou même, dans certains cas, prouvable à partir d'elles. Mais alors on ne peut pas relativiser le quantificateur existentiel à ce même prédicat S.

Ceci étant, il pourra sembler paradoxal que j'en appelle aux articles Tarski 1935d et Tarski et Lindenbaum 1936 comme éléments probants contre Gomez-Torrente alors que les résultats sur la catégoricité formulés dans ces articles sont même utilisés par Bays (2001, p. 1710, note 14) comme preuve que Tarski, bien qu'il présuppose une conception de modèle à domaine fixe dans l'article de 1936 sur la conséquence logique, était aussi tout à fait à l'aise avec la conception de modèle à domaine variable :

> « Dans [1935d], par exemple, Tarski prouve deux théorèmes portant sur la catégoricité de plusieurs systèmes d'axiomes (du second ordre). Premièrement, il prouve que les axiomes pour l'arithmétique du second ordre sont catégoriques *sous l'hypothèse que ces axiomes comprennent un axiome énonçant que tout individu est un nombre.* Deuxièmement,

il prouve qu'il existe un ensemble d'axiomes catégorique qui caractérise les nombres réels. Clairement, ces deux théorèmes ne peuvent pas être conjointement admis dans une conception de modèle à domaine fixe. Car, dans une telle conception, le premier résultat montrerait que le nombre d'objets dans le monde est seulement dénombrable (puisque nous pouvons trouver un modèle des entiers naturels ayant le monde entier pour domaine), alors que le second résultat montrerait que le monde est indénombrable (puisqu'il contient assez d'individus pour construire un modèle de l'analyse du second ordre). » (Bays 2001, p. 1710)

Je reviendrai dans la conclusion sur ces problèmes soulevés par Bays.

Selon moi, Tarski 1935d et Tarski et Lindenbaum 1936 montrent que dans ses publications de l'époque de l'article sur la conséquence logique, Tarski s'occupe, entre autres choses, de théories exprimées dans le cadre d'une théorie des types simples et que la portée de signification des variables d'individus est déterminée par la classe d'individus correspondant à l'interprétation des variables d'individus adoptée pour la théorie des types simple (c'est-à-dire, l'univers V). Pour cette raison, lorsqu'on spécifie un modèle pour une théorie, il n'est pas besoin de spécifier ce qu'est la portée des variables d'individus ; pour ce qui est de l'« univers de discours » de la théorie mathématique en question, il sera donné par une classe prise comme valeur de la variable correspondant à l'un des primitifs de la théorie (K considérée comme valeur de $f(x)$ dans les exemples ci-dessus) [1].

D'autres preuves peuvent être produites contre la thèse de Gomez-Torrente. En fait, Tarski est bel et bien revenu sur ses explications touchant sa notion de catégoricité et a explicitement nié que ses théories mathématiques devaient être considérées comme renfermant un prédicat caractérisant le domaine. On trouve cela dans la correpondance que Tarski échangea avec Corcoran au sujet des modifications pour la seconde édition de *Logic, Semantics and Metamathematics*. En 1979, John Corcoran avait soulevé des objections contre l'assertion de Tarski concernant l'opposition entre la catégoricité de Veblen et la catégoricité absolue, auxquelles Tarski

1. Notez en outre qu'il n'est pas toujours le cas que nous ayons un modèle donné avec un « univers de discours » sur lequel les relations primitives et/ou les symboles de fonctions sont définis. Dans Tarski 1935b, par exemple, Tarski donne une axiomatisation des ordres linéaires denses sans extrémités dans laquelle le seul primitif est une relation binaire R. Un modèle d'une telle théorie est donné par une séquence finie contenant uniquement la relation R (l'« univers de discours » est implicitement défini par le domaine de R).

répondit en 1980. (Ce matériel se trouve dans les papiers de Tarski à la Bancroft Library de U.C. Berkeley).

Tarski donne tout d'abord pour instruction à Corcoran de remplacer à la page 311 (ligne 14) « usual (Veblen) [habituel (Veblen)] » par « customary [courant] ». Il ajoute ensuite une clarification (contenue dans le dossier 9.13, feuillets datés du 22-8-79) en réponse à deux objections soulevées par Corcoran, où Corcoran objecte tout d'abord que la catégoricité de Veblen n'est pas la même chose, comme le sous-entend Tarski, que la catégorie intrinsèque et deuxièmement que la catégoricité intrinsèque et la catégoricité absolue sont la même chose. Tarski répond :

> Au sujet de vos objections à cette ligne et aux suivantes. Je ne prétends pas que ma définition de la catégoricité intrinsèque est exactement équivalente à celle de Veblen. Pour trancher cette question il me faudrait savoir ce que Veblen entend par un modèle d'une théorie. Que serait un modèle pour lui si la théorie discutée était dotée, disons, de 2 ou d'une centaine de prédicats unaires et (pour faire simple) d'aucun prédicat n-aire pour $n \geq 2$? Ou, cas contraire : la théorie dotée d'aucun prédicat unaire mais possédant un prédicat de rang $n \geq 2$? D'après ce qu'on trouve sur la même p. 311 vous constaterez que je suis intéressé par une théorie dotée d'un prédicat ternaire comme *seul* [souligné par Tarski PM] prédicat primitif – ce qui n'est pas le cas de Veblen. Quoi qu'il en soit, j'ai retiré, comme vous le voyez, la référence à Veblen, de sorte que l'objection ne s'applique plus. Concernant votre seconde objection – la soi disant équivalence de la catégoricité intrinsèque et de la catégoricité absolue, votre argument est incorrect. Considérez un système intrinsèquement catégorique ayant deux prédicats primitifs, l'un unaire U et l'autre ternaire R ; pour simplifier les choses supposez que l'un des axiomes de ce système est
>
> $$(x, y, z) : R(x, y, z). \supset .U(x).U(y).U(z)$$
>
> Certainement, il peut exister deux modèles de ce système – U', R' – et – U'', R'' – tels qu'il existe exactement deux éléments dans la classe universelle V qui n'appartiennent pas à U', et uniquement trois tels éléments qui [n'] appartiennent [pas, ajouté par PM] à U''(*). Alors évidemment il n'y a pas de fonction qui envoie bijectivement à la fois V sur V et U' sur U'' ; ainsi notre système n'est pas absolument catégorique.
>
> (*) Je suppose qu'il n'y a pas d'axiomes de notre système établissant quoi que ce soit à propos des éléments de V n'appartenant pas à U, puisque cela n'a pas d'importance pour la catégoricité intrinsèque. Je

suppose également que les axiomes [illisible, PM] l'infinité de l'ensemble U. (Papiers de Tarski, Boite 9. Classeur 9.11, p. 43a) [1].

Deux points sont essentiels pour notre discussion :

(1) Tarski insiste sur le fait que dans le cas en discussion il est « intéressé par une théorie dotée d'un prédicat ternaire comme *seul* prédicat primitif ». Ainsi, on ne peut pas prétendre que Tarski présupposait toujours qu'il devait exister un prédicat unaire caractérisant le domaine de la théorie. À ce propos, dans Tarski et Lindenbaum 1936 (voir Tarski 1986, vol. 2, p. 208-209) la théorie de la géométrie à laquelle il est fait appel ne possède qu'un prédicat de congruence à quatre places entre paires de points.

(2) La simplification adoptée dans la discussion est révélatrice. Tarski dit : « Considérez un système intrinsèquement catégorique avec deux prédicats primitifs, l'un unaire U et l'autre ternaire R ; pour simplifier les choses supposez que l'un des axiomes de ce système est $(x, y, z) : R(x, y, z). \supset .U(x).U(y).U(z)$ ». Cela

1. « *Re your objection to this line and the following ones. I do not claim that my definition of intrinsic categoricity is exactly equivalent to the one of Veblen. To decide this question I would have to know what Veblen understands by a model of a theory. What would be a model for him if the theory discussed were provided, say, with 2 or 100 of unary predicates and (for simplicity) with no n-ary predicate for $n \geq 2$? Or a contrary case : the theory provided with no unary predicates but with some predicate of rank $n \geq 2$? From what you find on the same p. 311 you will see e.g. that I am interested in a theory provided with a ternary predicate as the* only *[underlined by Tarski, PM] primitive predicate – this is not Veblen's case. At any rate I have removed, as you see, the reference to Veblen, so that the objection is not applicable. As regard your second objection – the alleged equivalence of intrinsical and absolute categoricity, your argument is wrong. Consider an intrinsically categorical system with two primitive predicates a unary U and a ternary R ; to simplify matters assume that one of the axioms of this system is*

$$(x, y, z) : R(x, y, z). \supset .U(x).U(y).U(z)$$

Certainly there may be two models of this system – U', R' – and – U'', R'' – such that there are just two elements of the universal class V which do not belong to U', and just three such elements which [do not, interpolated by PM] belong to U''(*). Then obviously there is no function which maps in a one-one way both V onto V and U' onto U'' ; thus our system is not absolutely categorical.

(*) I assume that there are no axioms of our system which ascertain anything about elements of V not belonging to U, since this is irrelevant for intrinsical categoricity. I also assume that the axioms [unreadable, PM] the infinity of the set U. » (Papiers de Tarski, Boite 9. Classeur 9.11, p. 43a)

signifie qu'en général on ne suppose pas que les objets satisfaisant la relation $R(x, y, z)$ doivent être dans l'extension caractérisée par un prédicat unaire U. En d'autres termes, aucune hypothèse de liaisons croisées entre U et R n'est donnée en général, comme cela devrait être le cas dans l'interprétation de Gomez-Torrente (puisque l'interprétation de U devrait être le domaine de discours du modèle sur lequel $R(x, y, z)$ devrait prendre ses valeurs). Bien entendu, des théories mathématiques spécifiques pourraient forcer la liaison croisée au moyen d'axiomes, mais c'est une autre question.

Il existe un autre problème important en lien avec la reconstruction de Gomez-Torrente qu'on ne peut passer sous silence. Pour que la reconstruction qu'il propose puisse être avalisée, il est essentiel que la logique d'arrière-plan ne contienne pas de suppositions existentielles. Il écrit :

> Tarski entendait naturellement que sa définition soit applicable non seulement aux théories purement logiques, mais aussi aux théories mathématiques contenant des primitifs et des postulats mathématiques particuliers. Dans les travaux de cette période, Tarski considère plusieurs théories mathématiques formalisées au moyen d'un appareillage logique, ou « base logique », pour employer la terminologie tarskienne, dénué de toute supposition de cardinalité. De manière générale, cette base logique pour la formalisation est une fois encore un calcul des niveaux, mais sans axiome de l'infini. (Gomez-Torrente 1996, p. 141)

Mais voilà un commentaire bien troublant, étant donné que Tarski a bel bien considéré de nombreuses théories formalisées dans une logique comprenant de fortes hypothèses existentielles. Je reviendrai sur cette question dans la section suivante, mais l'importance de ce point est liée à un aspect de la notion de modèle sur lequel Tarski insiste (voir Tarski 1937b, p. 83). Si nous avons un modèle d'un système axiomatique T alors ce modèle satisfait aussi tous les théorèmes du système axiomatique. Mais remarquons que tous les axiomes et tous les théorèmes de la logique d'arrière-plan seront aussi des théorèmes du système axiomatique T. En particulier, si l'axiome de l'infini fait partie de la logique d'arrière-plan, le modèle devrait satisfaire l'axiome de l'infini. Si l'on restreint la portée des quantificateurs à l'« univers de discours » cela contredirait immédiatement toute interprétation dans laquelle l'« univers du discours » est fini. Mais si nous faisons la distinction entre « univers du discours » et « portée des variables d'individus », alors il n'y a pas de conflit.

Où tout ceci nous mène-t-il ? Je pense que les preuves avancées jusqu'ici montrent que la stratégie d'origine de Gomez-Torrente ne marche pas car elle oblige le domaine attendu de la théorie et la portée des quantificateurs à être identiques dans toute théorie. Mais Tarski pense que la plupart des théories (arithmétique, analyse, géométrie) sont telles que cette identité n'est pas vérifiée. Ceci suggère que le domaine d'individus « universel » doit toujours être pris comme portée des quantificateurs. Cependant, contre cette interprétation parle le fait que nous avons des résultats de catégoricité forts pour l'arithmétique, l'analyse et la géométrie, ce qui semblerait forcer, dans une conception de modèle à domaine fixe, l'univers (fixe) des individus à être parfois dénombrable et d'autres fois indénombrable. Je discuterai dans la conclusion la question de savoir si ces résultats de catégoricité absolue peuvent être expliqués dans la conception de modèle à domaine fixe.

Je considère donc que les considérations ci-dessus montrent la faiblesse de la stratégie de Gomez-Torrente sans pour autant les prendre pour une preuve décisive en faveur de l'interprétation à domaine fixe des modèles, ou d'une variante de celle-ci.

Dans la section suivante j'apporterai un élément de preuve supplémentaire qui parle en faveur de l'interprétation à domaine fixe.

3. La conférence de Tarski de 1940 sur la complétude et la catégoricité

Dans cette section je vais donner de nouveaux éléments de preuve tirés d'archives à l'appui de l'idée que Tarski avait à l'esprit une conception de modèle fixe dans sa théorie de la conséquence logique. En 1940 Tarski donna au Logic Club de Harvard une conférence intitulée *« Sur la complétude et la catégoricité des systèmes déductifs »* [1] (Tarski 1940) [2]. Elle

1. *On the completeness and the categoricity of deductive systems*

2. Un court résumé de ce texte a été publié par Jan Tarski et Jan Wolénski dans *History and Philosophy of Logic* sans spécification exacte de sa provenance (voir Tarski 1995). J'ai récemment pu localiser ce texte dans le Carton 15 des archives Tarski à la Bancroft Library de U. C. Berkeley. J. Tarski et J. Wolénski conjecturent que ce texte pourrait être le second d'une série de conférences données par Tarski à Harvard en 1939. Cependant, cela ne semble pas exact. Ma datation de la conférence s'appuie sur la note de bas de page suivante trouvée dans Quine et Goodman 1940 : « cette dernière notion (synthétiquement complète), sous le nom de « complétude relative à la logique », est due à Tarski. Elle est plus

contient d'importants (et selon moi décisifs) éléments probants concernant les questions que nous avons discutées.

Le but général de Tarski dans cette conférence était de développer des analogues sémantiques de la notion de complétude syntaxique pour une théorie déductive au moyen de la notion de complétude sémantique, et de procéder à des recherches connexes sur la notion de catégoricité [1].

La motivation pour développer ces notions sémantiques de complétude est donnée par Tarski à travers des réflexions historiques sur les tentatives de saisir syntaxiquement la notion de validité logique. Il commence par une distinction familière entre les énoncés logiques et non-logiques appliquée à une théorie déductive arbitraire :

> Dans ce qui suit, nous supposerons que les concepts (termes de constantes) d'une théorie déductive sont séparés en deux classes, les constantes logiques et les constantes non-logiques, à la première desquelles appartiennent dans tous les cas les constantes du calcul propositionnel et les quantificateurs. En conséquence, nous divisons les énoncés de notre théorie en deux classes, les énoncés logiques et les les énoncés non-logiques, selon qu'ils contiennent ou ne contiennent pas exclusivement des constantes logiques. (Tarski 1940, p. 3) [2]

facile à formuler que le concept plus ancien de catégoricité, et est liée à cette dernière de la manière suivante : les systèmes qui sont catégoriques (par rapport à une logique donnée) sont synthétiquement complets et les systèmes synthétiquement complets dotés de modèles logiques sont catégoriques. Ces questions ont été mises au jour par Tarski au Logic Club de Harvard en janvier 1940 et seront publiées dans un article « Sur la complétude et la catégoricité des théories déductives » (Quine et Goodman 1940, note de bas de page 3, p. 109) ».

1. Rappelons qu'une théorie est syntaxiquement complète (Tarski dit « absolument complète ou simplement complète ») « si tout énoncé qui peut être formulé dans le langage de cette théorie est décidable, c'est-à-dire, soit dérivable, soit réfutable dans le système » *[« if every sentence which can be formulated in the language of this theory is decidable, that is, either derivable or refutable in this system »]* (Tarski 1940, p. 1). Modulo certains faits triviaux concernant la théorie, la condition est équivalente à affirmer qu'une théorie est complète « si pour tout énoncé, soit lui, soit sa négation sont dérivables. » *[« if for every sentence either it or its negation is derivable. »]*(p. 1) Tarski souligne que de par les théorèmes d'incomplétude de Gödel, la propriété de « complétude absolue apparaît plutôt comme une exception dans le domaine des sciences déductives, et ne peut en aucun cas être traitée comme un réquisit méthodologique universel » *[« absolute completeness occurs rather as an exception in the domain of the deductive sciences, and by no means can it be treated as a universal methodological demand »]* (Tarski 1940, p. 3)

2. *« In what follows we assume that the concepts (constant terms) of a deductive theory are divided into two classes, the logical and the non-logical, to the first of which belong in any case the constants of the calculus of sentences and the quantifiers. Correspondingly,*

Les énoncés logiquement valides sont un sous-ensemble particulier des énoncés logiques :

> Parmi les énoncés logiques nous isolons les énoncés logiquement valides. Ceci est habituellement fait de manière axiomatique : les énoncés logiquement valides sont définis comme étant ceux qui peuvent être obtenus en appliquant les règles d'inférence déterminées aux axiomes logiques donnés.
>
> La classe des énoncés logiquement valides forme la base logique de la théorie déductive donnée. (Tarski 1940, p. 4) [1]

Je m'empresse de souligner que la notion axiomatique d'énoncé logiquement valide ne peut coïncider, précisément pour les raisons données ensuite par Tarski, avec la classe des énoncés vrais dans tous les modèles [2]. Tarski précise qu'il va considérer des théories déductives pour lesquelles un concept de dérivabilité a été spécifié de telle manière que « tout énoncé logiquement valide est dérivable à partir de n'importe quel système d'énoncés logiques ou non-logiques » (p. 4) [3]. En résumé, toute théorie *T* aura pour conséquence tous les axiomes logiques et tous les théorèmes dérivables à partir des axiomes logiques. Si la logique d'arrière-plan possède un axiome de l'infini, la théorie aura (trivialement) cet axiome parmi ses théorèmes.

Comme exemple du type de théories déductives qu'il a en tête, Tarski cite la logique des *Principia Mathematica*, ou un fragment de celle-ci, augmentée de constantes non-logiques additionnelles pour la géométrie, au moyen de laquelle un système d'axiomes pour la géométrie euclidienne est formulé.

we divide the sentences of our theory into two classes, the logical and the non-logical, depending on whether they contain exclusively logical constants or not. » (Tarski 1940, p. 3)

1. « *Among the logical sentences we single out the logically valid sentences. This is usually done in an axiomatic way : the logically valid sentences are defined as those which can be obtained by applying the determined rules of inference to the given logical axioms.*

The class of logically valid sentences forms the logical basis of the given deductive theory. » (Tarski 1940, p. 4)

2. Puisque le terme « énoncé logiquement valide » a déjà été employé par Tarski dans sa conférence pour désigner les axiomes de la logique ainsi que les théorème dérivables à partir d'eux, il nous faut un nouveau terme pour désigner les énoncés qui sont vrais dans tous les modèles. L'article Tarski 1936b suggère, à la suite de Carnap, d'appeler un énoncé « analytique » si toute séquence d'objets en est un modèle. Et modulo quelques hypothèses sur les langages considérés, Tarski affirme en 1936 « que sont analytiques et sont seuls à l'être les énoncés qui résultent de toute classe d'énoncés (en particulier de la classe vide) » (Tarski 1936b, p. 418, trad. fr. modifiée p. 150)

3. « *every logically valid sentence is derivable from any system of logical or non-logical sentences* » (Tarski 1940, p. 4)

> En prenant n'importe quelle théorie déductive, considérons un système arbitraire d'énoncés non logiques de cette théorie. Pour la théorie, prenons par exemple le système des *Principia Mathematica* ou un de ses fragments, mais dans tous les cas enrichi par certaines constantes non-logiques, à savoir géométriques, et un système d'énoncés, un système d'axiomes pour la géométrie euclidienne. (Tarski 1940, p. 4) [1]

Ainsi, notez que Tarski pense à la logique d'arrière-plan de telles théories comme étant une théorie des types et accepte la possibilité qu'elle soit un fragment des *Principia* (en particulier, aucune hypothèse n'a été faite sur la présence de l'axiome de l'infini parmi les énoncés logiquement valides). En général, si la base logique (la classe des énoncés logiquement valides) est assez forte, on rencontre le phénomène de l'incomplétude syntaxique :

> Si la base logique de notre théorie est assez riche, nous pouvons formaliser à l'intérieur de ses frontières l'arithmétique des nombres naturels et pour cette raison sa base logique est incomplète : *i.e.* il existe des énoncés logiques qui ne sont pas logiquement valides et dont les négations, de la même manière, ne sont pas non plus logiquement valides.
>
> Autrement dit, il existe des problèmes appartenant entièrement à la part logique de notre théorie qui ne peuvent pas être résolus, que ce soit de manière affirmative ou négative, au moyen des outils purement logiques dont nous disposons. (Tarski 1940, p. 4) [2]

Or, il est bien connu que l'axiome de l'infini est indispensable pour développer l'arithmétique dans une théorie des types (voir *Introduction to Logic*, Tarski 1941a, p. 81, 130; et Tarski 1937b, p. 51, 80 (note 1), 87). Ceci montre que Tarski ne tient pas particulièrement à une logique dénuée de suppositions existentielles et envisage donc librement des théories mathématiques qui ont pour base une théorie des types munie de

1. « *Taking any deductive theory let us consider an arbitrary system of non-logical sentences of this theory. As the theory let us think e.g. of the system of* Principia Mathematica *or of a fragment of it, but in either case enriched by certain non-logical, viz. geometrical constants and a system of sentences, a system of axioms for Euclidean geometry.* » (Tarski 1940, p. 4)

2. « *If the logical basis of our theory is rich enough, we can formalize within its boundaries the arithmetic of natural numbers and for this reason its logical basis is incomplete :* i.e. *there are logical sentences which are not logically valid and whose negations are likewise not logically valid.*

In other words, there are problems belonging entirely to the logical part of our theory which cannot be solved either affirmatively or negatively with the purely logical devices at our disposal. » (Tarski 1940, p. 4)

l'axiome de l'infini (contrairement aux affirmations de Gomez-Torrente citées dans la section précédente).

C'est en raison du phénomène d'incomplétude que Tarski a introduit la notion de complétude sémantique [1] :

> À présent, introduisons le concept de complétude sémantique. Du fait que l'incomplétude est un phénomène si général, se pose le problème de savoir si c'est notre conception de la dérivabilité qui en est la cause. Le concept de dérivabilité développé dans la logique moderne et dans laquelle il est réduit au concept de règles d'inférence constructives était censé être un analogue formel du concept intuitif de conséquence logique. Aussi, un doute se fait jour quant à la réalisation de cette intention. J'ai discuté cette question dans certains de mes articles publiés il y a quelques années et dans cette conférence je me contenterai de m'appuyer sur les résultats finaux de cette discussion. Il s'est avéré qu'il existait un grand écart entre le concept intuitif de conséquence logique et le concept formel de dérivabilité. Si nous voulons formuler une définition exacte du concept de conséquence logique nous devons appliquer des méthodes et des concepts assez différents. (Tarski 1940, p. 4-5) [2]

Je me contenterai de remarquer ici que Tarski ne prend pas de distance par rapport à quelque partie que ce soit de l'analyse de la conséquence logique donnée dans l'article de 1936, et que par conséquent cette conférence peut bien être considérée comme étant dans la droite ligne des positions défendues dans cet article. À présent, nous en venons finalement au résumé que Tarski donne de son approche de la conséquence logique :

> Le rôle le plus important est tenu ici par le concept de modèle ou de réalisation. Considérons un système d'énoncés non-logiques et soient, par exemple, « C_1 », « C_2 »... « C_n » toutes les constantes non-logiques qui apparaissent. Si l'on remplace ces constantes par des variables

1. Avant d'introduire la notion de complétude sémantique, Tarski examine un concept différent : « la complétude relative à la base logique » ou simplement « la complétude relative ». Nous en traiterons dans ce qui suit.

2. « *Now let us introduce the concept of semantic completeness. Because incompleteness is such a general phenomenon, the problem arises as to whether this is due to our conception of derivability. The concept of derivability developed in modern logic and reduced there to the concept of constructive rules of inference was intended to be a formal analogue of the intuitive concept of logical consequence. Thus, a doubt arises as to whether this intention has been realized. I discussed this question in some of my papers published some years ago and in this lecture I can only avail myself of the final result of this discussion. It turned out that between the intuitive concept of logical consequence and the formal concept of derivability there was a big gap. If we want to formulate an exact definition of the concept of logical consequence we must apply quite different methods and concepts.* » (Tarski 1940, p. 4-5)

> « X_1 », « X_2 »... « X_n » nos énoncés sont transformés en des fonctions propositionnelles à n variables libres et on peut dire que ces fonctions expriment certaines relations entre n objets ou certaines relations devant être remplies par n objets. Nous appelons maintenant un système de n objets O_1, O_2... O_n un modèle du système d'énoncés considéré si ces objets remplissent réellement toutes les conditions exprimées par les fonctions propositionnelles obtenues. Il est bien entendu possible que l'ensemble du systèmes se réduise à un unique énoncé ; dans ce cas on parle simplement du [sic] modèle de cet énoncé. Nous disons à présent qu'un énoncé donné est conséquence logique du système d'énoncés si tout modèle du système est également un modèle de cet énoncé. (Tarski 1940, p. 5) [1]

Ceci est tout à fait en accord avec la définition donnée par Tarski en 1936. Néanmoins, remarquez que Tarski est plus explicite ici à propos du fait que les modèles des théories axiomatiques seront en général des séquences finies, puisqu'il n'y a habituellement qu'un nombre fini de constantes non-logiques employées dans la formulation de la théorie. J'ai déjà attiré l'attention sur ce point précédemment en me référant à Tarski 1935b.

Après avoir commenté la nature sémantique des concepts impliqués (« modèle », « réalisation ») Tarski poursuit en formulant la notion de complétude sémantique, qui est obtenue en remplaçant dans la définition de la complétude le concept de dérivabilité par le concept sémantique de conséquence logique :

> Ainsi un système d'énoncés d'une théorie déductive donnée est appelé sémantiquement complet si tout énoncé qui peut être formulé dans la théorie donnée est tel que soit lui-même soit sa négation sont conséquence logique de l'ensemble d'énoncés considéré. (Tarski 1940, p. 5) [2]

1. « *The most important role is played here by the concept of model or realization. Let us consider a system of non-logical sentences and let, for instance "C_1", "C_2"... "C_n" be all the non-logical constants which occur. If we replace these constants by variables "X_1", "X_2"... "X_n" our sentences are transformed into sentential functions with n free variables and we can say that these functions express certain relations between n objects or certain relations to be fulfilled by n objects. Now we call a system of n objects O_1, O_2... O_n a model of the considered system of sentences if these objects really fulfill all conditions expressed in the obtained sentential functions. It is of course possible that the whole system reduces to one sentence ; in this case we speak simply of the [sic] model of this sentence. We now say that a given sentence is a logical consequence of the system of sentences if every model of the system is likewise a model of this sentence.* » (Tarski 1940, p. 5)

2. « *Thus a system of sentences of a given deductive theory is called semantically complete if every sentence which can be formulated in the given theory is such that either it*

Tarski affirme ensuite la chose suivante :

> Il convient de noter que la condition qui vient d'être mentionnée est satisfaite par n'importe quel énoncé logique : d'ou il suit que nous pouvons déduire sans difficulté que le concept de complétude sémantique est une généralisation du concept de complétude relative : tout système qui est relativement complet est de même sémantiquement complet (mais on peut montrer au moyen d'un exemple que l'inverse n'est pas vrai). (Tarski 1940, p. 5) [1]

Tarski formule ici une affirmation importante, à savoir « que la condition qui vient d'être mentionnée est satisfaite par n'importe quel énoncé logique », et poursuit ensuite en en tirant un résultat mathématique. Le fait qu'il tire un résultat mathématique de la première affirmation montre que celle-ci ne peut pas être écartée sans précaution comme une simple erreur d'inattention. Ainsi, j'analyserai tout d'abord ce que l'affirmation de Tarski implique, puis je donnerai les détails du résultat mathématique qu'il en tire.

3.1. *L'affirmation de Tarski*

Dans ce qui suit, je noterai « C » l'affirmation de Tarski. Tarski fait précéder sa discussion des notions possibles de complétude d'un avertissement précisant qu'il s'intéressera à des théories qui possèdent effectivement des constantes non-logiques. À la page 4, il déclare :

> Nous nous intéresserons ici uniquement à des théories déductives dans lesquelles des énoncés non-logiques apparaissent effectivement, et pour ce qui concerne leur complétude nous considérerons exclusivement des systèmes formés d'énoncés non-logiques. Pour simplifier notre discussion, nous supposerons en outre qu'il n'existe pas de constantes non-logiques de notre théorie n'apparaissant pas dans les énoncés du système considéré. (Tarski 1940, p. 4) [2]

or its negation is a logical consequence of the considered set of sentences. » (Tarski 1940, p. 5)

1. *« It should be noted that the condition just mentioned is satisfied by any logical sentence : hence we can deduce without difficulty that the concept of semantical completeness is a generalization of the concept of relative completeness : every system that is relatively complete is likewise semantically complete (but it can be shown by an example that the converse is not true). »* (Tarski 1940, p. 5)

2. *« We shall be interested here only in such deductive theories in which non-logical sentences actually do occur, and with respect to their completeness we shall consider exclusively systems consisting of non-logical sentences. To simplify our discussion let us assume moreover that there are no non-logical constants of our theory which do not occur in sentences of the considered system. »* (Tarski 1940, p. 4)

Soit $L(T)$ le langage (logique et non-logique) dans lequel la théorie est formulée. Pour clarifier ce à quoi C équivaut, simplifions la situation et considérons comme système d'énoncés en question la théorie T toute entière, identifiée ici pour des raisons pratiques à toutes les assertions contenant des expressions non-logiques de $L(T)$. T est sémantiquement complète ssi pour tout P exprimé dans $L(T)$, soit P est conséquence logique de T, soit $\neg P$ est conséquence logique de T. Si L est un énoncé de $L(T)$ qui ne contient que des symboles logiques alors, d'après C, ce sera automatiquement le cas que soit L est conséquence logique de T, soit $\neg L$ est conséquence logique de T [1]. Donc, soit tous les modèles de T rendent L vrai, soit tous les modèles de T rendent $\neg L$ vrai. Dès lors, chaque modèle de T nous donne une information complète concernant les énoncés logiques qui sont vrais dans ce modèle et tous les modèles de T s'accordent sur la valeur de vérité des énoncés logiques.

Face à cela, cette affirmation nous engage envers une conception de la conséquence logique qui ne peut autoriser la variation totale du domaine. Supposons, par exemple, que T consiste en les axiomes pour la théorie des groupes. Considérez l'énoncé logique « $\exists x \exists y \neg(x = y)$ ». D'après l'affirmation de Tarski, soit « $\exists x \exists y \neg(x = y)$ » est conséquence logique de T, soit sa négation l'est. Mais on ne peut expliquer ceci dans une conception de la conséquence logique qui autorise la variation totale du domaine. Car dans ce cas, nous pourrions facilement trouver un domaine à un élément satisfaisant les axiomes et un domaine à deux éléments satisfaisant les axiomes, montrant ainsi que ni « $\exists x \exists y \neg(x = y)$ » ni sa négation ne sont conséquence logique de T.

3.2. *La complétude sémantique implique la complétude relative*

Si d'aventure le lecteur pense que l'affirmation C n'est qu'une remarque en passant de Tarski, ou pire un *lapsus calami*, je m'empresse de souligner que Tarski relie son affirmation à la notion de complétude relative. Avant d'introduire la notion de complétude sémantique, Tarski examine un concept différent, la « complétude relative à la base logique » ou simplement « complétude relative ». Considérez une théorie déductive et un système arbitraire [un ensemble] d'énoncés non-logiques de la théorie. Si la logique est assez forte nous sommes confrontés à l'incomplétude. Exiger que le système des énoncés non-logiques soit complet

1. Que toute conséquence logique est déterminée est une des thèses centrales de l'explication de l'analyticité de Carnap. J'ai pour projet de procéder à une analyse comparative de Tarski et de Carnap dans un autre article.

signifierait que les énoncés non-logiques peuvent décider les problèmes qui sont laissés indécidés par la logique. Cela constitue en général une exigence trop forte. Cependant, « nous pouvons au moins demander que le système d'énoncés considéré n'étende pas l'incomplétude de la partie logique de notre théorie » (p. 4)

La condition de complétude relative est alors énoncée comme suit :

> Pour formuler cette exigence de manière exacte, nous désignerons deux énoncés donnés comme équivalents relativement au système d'énoncés considéré, si quand ce système est enrichi en ajoutant le premier de ces énoncés, le second devient dérivable, et vice versa. Notre exigence peut alors se formuler de la manière suivante : pour tout énoncé de notre théorie, il doit exister un énoncé logique qui lui est équivalent relativement au système donné d'énoncés. Si cette condition est satisfaite, nous disons que le système considéré est *complet relativement à sa base logique*, ou simplement, qu'il est *relativement complet*. Il est clair que dans le cas où la base logique est elle-même complète, la complétude relative se réduit à la complétude absolue. (Tarski 1940, p. 4) [1]

Montrons à présent comment l'affirmation C est employée par Tarski pour prouver que « tout système qui est relativement complet est de même sémantiquement complet » (p. 5). L'argument peut être développé de la manière suivante. Supposons que S est relativement complète. Supposons, comme le fait Tarski, que de S tous les énoncés logiquement valides peuvent être dérivés. Soit ϕ un énoncé arbitraire de $L(S)$ ($L(S)$ comprend aussi tous les symboles logiques). Nous voulons prouver que soit ϕ, soit $\neg\phi$ est conséquence logique de S. Par définition de la complétude relative, pour tout énoncé ϕ il existe un énoncé logique ϕ^* tel que $S \cup \{\phi\} \vdash \phi^*$ et $S \cup \{\phi^*\} \vdash \phi$.

Si ϕ est un énoncé logique alors, par l'affirmation C, soit lui-même soit sa négation sont conséquence logique de S, il n'y a donc rien à prouver. Si ϕ n'est pas un énoncé logique alors soit ϕ^* un énoncé logique satisfaisant la condition donnée dans la définition de la complétude relative pour S.

1. *« In order to formulate this requirement in an exact way, let us denote two given sentences as equivalent with respect to the considered system of sentences, when if this system is enriched by the addition to it of the first of these sentences, the second becomes derivable and vice versa. Our requirement can now be stated as follows : For any sentence of our theory, there must be a logical sentence which is equivalent to it with respect to the given system of sentences. If this condition is satisfied, we say that the considered system is* complete with respect to its logical basis, *or simply, that it is* relatively complete. *It is clear that in case the logical basis is itself complete, relative completeness reduces to absolute completeness. »* (Tarski 1940, p. 4)

On considère deux cas. Comme ϕ^* est un énoncé logique soit tous les modèles de S sont des modèles de ϕ^*, soit tous les modèles de S sont des modèles de $\neg\phi^*$. Supposons tout d'abord que tous les modèles de S sont des modèles de ϕ^*. Alors tout modèle M de S est aussi un modèle de $S \cup \{\phi^*\}$. Puisque $S \cup \{\phi^*\} \vdash \phi$ et que le système logique est supposé correct, M est un modèle de ϕ. D'où, ϕ est conséquence logique de S. À présent, supposons que tout modèle de S est un modèle de $\neg\phi^*$. Par l'absurde, supposons en outre qu'il existe un modèle M' de S tel que M' n'est pas un modèle de $\neg\phi$. Dès lors, M' est un modèle de ϕ. Comme $S \cup \{\phi\} \vdash \phi^*$ il s'en suit par la correction du système logique que M' est un modèle de ϕ^*. Ceci contredit que tous les modèles de S sont des modèles de $\neg\phi^*$. D'où $\neg\phi$ est conséquence logique de S. Par conséquent, S est sémantiquement complet.

Observez que cette affirmation de Tarski débouche sur un théorème général à propos des relations conceptuelles entre la complétude relative et la complétude sémantique et qu'elle est formulée sans qu'aucune qualification sur la logique ne soit faite. Tarski entendait que ce résultat soit vérifié, comme il le dit explicitement dans une citation donnée dans le corps du texte, au moins pour le système des *Principia Mathematica* et pour tous ses fragments, notamment le fragment du premier ordre sans axiome de l'infini.

3.3. *Conception fixe de modèle « forte » vs conception fixe de modèle « faible »*

La formalisation de n'importe quelle théorie comporterait deux parties. Premièrement, la base logique exprimée dans un cadre de théorie des types, appelons la TTS. Puis, viendrait l'ensemble d'axiomes pour la théorie formulés au moyen de constantes non-logiques.

C'est ce cadre de théorie des types qui détermine dès le départ ce que sera la classe des individus (V). Nous pouvons concevoir la situation de la manière suivante : le cadre de théorie des types est interprété. En particulier, les quantificateurs jouent le rôle de constantes logiques, et par conséquent, comme l'a souligné Etchemendy, il n'y a pas de réinterprétation des quantificateurs. Pour cette raison, tout modèle de la théorie mathématique T en question rendra vrai soit « $\exists x \exists y \neg(x = y)$ », soit son opposé. Cependant, il n'est pas du tout évident que « $\exists x \exists y \neg(x = y)$ » sera en fait l'énoncé qui s'avérera être une vérité logique. Cela dépendra de la classe d'individus sur laquelle les variables d'ordre le plus bas vont porter.

Il nous faut clarifier ici ce qui a constitué depuis le début une ambiguïté de l'interprétation à domaine-fixe. Il me semble que jusqu'à présent la conception à domaine fixe a été comprise dans la littérature de la manière suivante. La théorie des types est déjà donnée avec une signification fixée pour les quantificateurs et cela détermine la portée des variables d'individus dans toutes les théories possibles qui peuvent être formulées à partir d'elle. La portée des variables d'individus (donc la classe V) est prise comme étant l'univers « véritable » des individus. Évidemment, dans une telle conception, « $\exists x \exists y \neg(x = y)$ » devrait être conséquence logique de toutes les théories T formulées dans le cadre de la théorie des types. Je baptiserai cette conception la conception « forte » (ou « absolue ») de modèle à domaine fixe.

Mais si nous examinons la pratique de l'emploi de la théorie des types comme cadre pour une théorie mathématique, on remarque que les choses ne se déroulent pas ainsi. Chaque théorie T est donnée avec sa théorie des types d'arrière-plan et avec sa propre interprétation de la théorie des types. Ainsi, par exemple, si on a décidé d'étudier un système axiomatique pour l'arithmétique de Peano formulée dans une théorie des types (comme le fait Gödel en 1931), on peut fixer la signification des quantificateurs individuels de sorte qu'ils portent sur une classe englobant les nombres naturels ou, si l'on préfère, de sorte qu'ils portent uniquement sur les nombres naturels. La même chose vaut pour la théorie des nombres réels (voir Tarski 1931) où la classe des individus peut être plus grande que la classe des nombres réels ou lui être exactement identique. Ainsi, il existe une certaine flexibilité dans le choix de la classe des individus qui sera supposée dans le cadre d'arrière-plan. J'appellerai cette conception la conception « faible » (ou « relative ») des modèles à domaine fixe. Selon moi, c'est ce type de flexibilité qui explique les résultats de catégoricité qui ont posé tant de problèmes à l'interprétation originelle de la conception à domaine fixe de la conséquence logique.

C'est pourquoi je considère que l'argument ci-dessus rend plausible que dans la définition de la conséquence logique de Tarski, tous les modèles sont équipés d'un domaine fixe dans le cadre d'arrière-plan, et que la validité logique n'est pas liée à la vérité dans tous les modèles à domaines variables.

4. Conclusion

Le débat contemporain sur la notion tarskienne de conséquence logique a formé un large spectre partant des questions historiques concernant l'interprétation du texte de 1936 de Tarski jusqu'aux disputes philosophiques à propos de ce que devrait être la notion correcte de conséquence logique. Bien entendu, dans ce chapitre mon intention était seulement de discuter les affirmations historiques qui ont été faites au sujet de la notion de modèle dans l'article de 1936. En particulier, je n'aborde absolument pas la question théorique de savoir si la notion tarskienne de conséquence logique donne satisfaction en tant qu'explication de la conséquence logique, ni si elle sous-génère ou sur-génère par rapport à un tel desideratum. Une fois encore, mon but est ici de clarifier ce que le Tarski historique a, à tort ou à raison, pensé. Pour autant, les preuves avancées accentuent le problème de trouver une interprétation cohérente de la position défendue par Tarski. Ce n'est pas une tâche facile. Le problème est que certaines affirmations de Tarski pointent dans la direction d'une conception des modèles à domaine fixe, quand d'autres indiquent la direction d'une conception à domaine variable. S'agit-il d'une tension indépassable ou pouvons-nous trouver un point de vue qui permettra de rendre compte des preuves dans un cadre unifié sans faire violence aux textes de Tarski ? Nous proposons les réflexions qui suivent comme une suggestion provisoire de ce que pourrait être une solution.

Résumons rapidement la situation. En faveur de la conception des modèles à domaine fixe, on peut invoquer : a) l'affirmation de Tarski que si toute constante d'un langage est considérée comme logique, alors la conséquence logique se réduit à la conséquence matérielle ; b) l'affirmation de Tarski contenue dans la conférence de 1940 selon laquelle pour tout énoncé logique L et pour toute théorie mathématique T formulée dans une logique d'arrière-plan donnée, soit L soit $\neg L$ sont conséquences logiques de T (voir l'affirmation C dans la section 3).

En faveur de la conception à domaine variable, on peut mentionner : c) l'affirmation que la catégoricité intrinsèque et la catégoricité absolue coïncident quand la théorie examinée a pour axiome ou pour conséquence un énoncé forçant le domaine d'individus et le domaine attendu à coïncider. L'arithmétique du second ordre et l'analyse sont toutes deux absolument catégoriques en ce sens, mais dans le premier cas, la classe des individus ,V, s'avère être dénombrable et dans le second cas indénombrable (voir la citation de Bays dans la section 3). D'où il semble que V soit variable après tout ; d) l'emploi par Tarski dans ses travaux métamathématiques des formes ascendantes et descendantes de Löwenheim-Skolem. Considérons le théorème de Löwenheim-Skolem ascendant. Dans une conception de modèles à domaine fixe, si la classe des individus a une cardinalité infinie spécifiée, alors toute théorie ayant un modèle infini aura également des modèles de cardinalité supérieure à celle de la classe des individus. Mais ceci est évidemment impossible, puisqu'aucun modèle ne peut avoir plus d'éléments que la classe de tous les individus.

Je vais ébaucher ici les grandes lignes de ce que je pense être une solution plausible permettant d'expliquer d'un seul coup toutes ces affirmations. La chose la plus importante, qu'on oublie souvent, est que la notion de conséquence logique est pour Tarski toujours étroitement liée à des langages interprétés particuliers. Considérez un système d'axiomes pour la géométrie ayant la théorie des types simples comme base logique. Selon la reconstruction que j'ai proposée, le système d'axiomes peut être représenté comme superposant à la théorie des types simples un ensemble d'axiomes, que par commodité nous pouvons abréger par AS(**R**), où **R** représente un vecteur de symboles de prédicats et de relations requis pour les axiomes spécifiques. La théorie des types est déjà interprétée, par exemple les quantificateurs portent sur une classe fixée d'individus. En général, nous supposons que cette interprétation est l'interprétation naturelle, par exemple « tous » les individus. Cependant, pour certaines recherches axiomatiques particulières (comme cela est souligné dans Tarski et Lindenbaum 1936), il est commode de supposer que la classe des individus coïncide avec celle des points ou avec celles des nombres. C'est exactement ce qui arrive, à quelques différences mineures près, dans l'article de 1931 de Gödel et dans l'article de 1931 de Tarski sur la définissabilité des nombres réels. Revenons au cas de la géométrie. Soit L' le langage interprété dans lequel la portée des quantificateurs consiste en « tous » les individus. Soit L'' le langage interprété (même syntaxe que L') dans lequel la portée des quantificateurs est limitée aux points. Comme les deux langages sont différents (en dépit du fait qu'ils ont la même syntaxe), il en sera généralement de même pour les extensions respectives de leur relation de conséquence. Mais notez la chose suivante. Une fois donné le langage interprété, la relation de conséquence logique se réduit à la vérité d'un énoncé universel dans cette interprétation. Pour juger si un certain énoncé $Th(\mathbf{R}^*)$ ($\mathbf{R}^*$ un sous-ensemble, pouvant être vide, de **R**) est conséquence logique de $AS(\mathbf{R})$, nous demandons si $\forall \mathbf{X}(AS(\mathbf{X}) \rightarrow Th(\mathbf{X}^*))$ est vrai dans l'interprétation attendue. Comment expliquer alors les théorèmes du type Löwenheim-Skolem dans ce contexte ? Tout simplement, en les regardant comme des métathéorèmes qui concernent les diverses interprétations qui peuvent être données d'un système axiomatique basé sur le fragment du premier ordre de la théorie des types simples (évidemment, il faut limiter la théorie des types, sans quoi les théorèmes en question ne s'appliquent pas). Considérez le théorème de Löwenheim-Skolem ascendant. Prenez une axiomatisation au premier ordre de la géométrie. Dans la métathéorie on prouve alors que si on a une interprétation d'une théorie des types L' qui est telle qu'il existe une séquence appropriée d'objets $\mathbf{O}'$ qui satisfont la fonction propositionnelle correspondant aux axiomes et qui sont des ensembles, alors nous pouvons trouver un langage interprété L'' de la théorie des types et une séquence d'objets $\mathbf{O}''$ (qui sont des ensembles) tels que la cardinalité du domaine dont ils sont issus est supérieure à celle correspondant aux objets $\mathbf{O}'$. L'emploi de la théorie des ensembles dans la métathéorie est absolument essentiel. La théorie des types à elle seule ne suffirait pas à générer les cardinalités requises.

Ce que je viens de dire peut se lire de deux façons. Soit comme affirmant que pour tout univers d'individus choisi, qui est un ensemble, on peut toujours poursuivre et trouver un nouvel univers d'individus, ou bien comme affirmant qu'il existe une classe universelle V à l'intérieur de laquelle on peut réussir à composer des interprétations basées sur la théorie des ensembles de cardinalité de plus en plus haute. Si on adopte la seconde interprétation, il est alors essentiel d'insister sur le fait que le domaine de tous les individus V sous-tendant chacune des ces interprétations doit être une classe propre au sens de la théorie des ensembles, c'est-à-dire qu'il ne peut avoir de cardinalité. La situation serait ici la suivante. On suppose que l'on manipule une unique interprétation de la théorie des types qui est commune à tous les systèmes axiomatiques possibles pouvant lui être superposés. Le domaine d'individus est alors une classe propre et chaque langage interprété L' aura toutes ses variables portant sur la même classe V. Pour pouvoir expliquer, dans une telle situation, les résultats de catégoricité, il nous faudrait supposer que nous explorons les conséquences d'une hypothèse contraire aux faits (cette lecture de la situation a été suggérée par Marcus Giaquinto). Et il y a des éléments probants qui pointent en cette direction. Par exemple, Tarski déclare explicitement que « les systèmes d'axiomes de diverses théories déductives sont pour la plupart intrinsèquement mais pas absolument catégoriques ». Des exemples inclueraient la géométrie et l'arithmétique. Donc, on pourrait défendre que les systèmes ordinaires de l'arithmétique et de la géométrie ne sont qu'intrinsèquement catégoriques puisque le domaine d'individus est plus large que le domaine des nombres naturels (dans le cas de l'arithmétique) ou que le domaine des points (dans le cas de la géométrie). C'est-à-dire que l'identité de tous les individus avec les nombres ou avec les points, qui est forcée par l'ajout aux systèmes de l'arithmétique ou de la géométrie d'énoncés à cet effet, résulterait en des théories qui sont cohérentes mais contraires aux faits. Si tel était le cas, la relativisation apparente de l'univers d'individus V à un ensemble dénombrable ou indénombrable serait simplement une hypothèse contraire aux faits.

Qu'en est-il de la première possibilité ? Dans ce cas, il n'y a pas d'une unique classe d'individus V, donnée une fois pour toute, et fixée à l'avance. Chaque interprétation (*i.e.* chaque choix arbitraire de ce qui compte comme la classe des individus) de l'appareillage de la théorie des types est permise. Une fois fixée, cette interprétation donne naissance à un langage interprété L' avec ses notions de vérité dans L' et de conséquence logique pour L'. Mais remarquez que malgré la variabilité de V pour différentes interprétations de la théorie des types, une fois fixée l'interprétation de V, les questions de conséquence logique pour ce langage interprété spécifique doivent être tranchées uniquement en examinant les modèles (*i.e.* les séquences d'objets appropriés) issus de cette interprétation spécifique de V. Par conséquent tous les modèles dans cette interprétation partagent le même domaine V (par exemple, le domaine de l'interprétation). Évidemment, dans une telle configuration, aucun problème ne se pose pour expliquer les résultats de catégoricité. En conclusion, d'après cette seconde lecture, ce qui semble avoir été une source de confusion dans la compréhension de la notion de domaine fixe pour décider ce en quoi consiste la conséquence logique, c'est de ne pas avoir gardé clairement à l'esprit que la notion est toujours relativisée à un langage interprété spécifique. Ce n'est que par rapport à une telle interprétation que le domaine de tous les modèles devient fixe.

Quelle que soit l'option qu'on accepte parmi les deux possibilités esquissées ci-dessus, cela n'affectera pas le fait que pour déterminer en quoi consiste la conséquence logique pour un langage L' spécifique, il nous faudra nous concentrer sur cette interprétation de L' et que tous les modèles en questions partagerons alors le même domaine.

Je conclurai en indiquant un autre problème historique qui mériterait une étude plus détaillée.

Dans Etchemendy 1988, alors qu'il aborde la question de savoir pourquoi Tarski est passé de son explication de la conséquence logique de 1936 à celle de 1953 (*Undecidable Theories*, écrit avec Mostowski et Robinson), où il adopte l'explication modèle-théorique standard, Etchemendy écrit :

> Que dire de notre seconde question ? Tarski était certainement conscient du défaut ci-dessus dans ses définitions de 1936, et cela fut sans aucun doute en partie la raison pour laquelle ils les abandonna ultérieurement. Mais cela n'explique pas à soi seul pourquoi il en vint par la suite à adopter l'explication standard, malgré les considérations soulevées dans l'article plus ancien. Malheureusement, il n'y a pas beaucoup de grain à moudre ici, car Tarski n'a jamais traité les question philosophiques soulevées dans l'article de 1936. En effet, dans son texte d'introduction à la logique [41m], quoiqu'il discute assez en détails de questions similaires, il n'est nulle part fait mention de la possibilité d'analyser sémantiquement la vérité logique ou la conséquence logique. Au lieu de cela, il semble proposer une succincte analyse syntaxique de la relation de conséquence (p. 118-119), ce qui est peut-être le signe de son insatisfaction vis-à-vis de sa définition de 1936. Plus tard, quand il donne les définitions modèle-théoriques standard dans [*Undecidable Theories*, PM], il ne dit rien sur la divergence entre ces définitions et les explications antérieures. (Etchemendy 1988, 73)

Je suis d'accord qu'il serait intéressant de connaître plus en détails la façon dont Tarski est passé d'une explication à l'autre. En effet, la conférence de 1940 discutée dans la section 3 nous fournit l'information précise que jusqu'en 1940 Tarski conservait son analyse de 1936. Ceci montre que la conjecture hypothétique d'Etchemendy concernant le manuel de 1937 (dont la traduction de 1941 est issue) n'est pas justifiée ; en outre, on doit se souvenir que le livre de 1937 (mais pas la version anglaise de 1941) est une traduction littérale d'un ouvrage écrit en 1936 en polonais. Il est aussi possible, comme le spécule Etchemendy, que le changement de Tarski ait été opéré sous l'influence de discussions avec Carnap et Quine en 1941. Mais si j'ai déjà commencé à faire quelques incursions dans cette direction (voir Mancosu 2005), les résultats devront attendre une autre occasion.

5. ADDENDUM [AJOUTÉ LE 24 MARS 2009]

Le chapitre 4 contient une critique appuyée de l'interprétation de la notion tarskienne de conséquence logique développée par Gomez-Torrente dans Gomez-Torrente 1996. Celui-ci a récemment répondu à mes critiques (Gomez-Torrente 2009) et je voudrais présenter quelques considérations permettant de clarifier où nous en sommes. Néanmoins, il n'est pas dans mes intentions de développer ici une réponse définitive.

Commençons par quelques remarques préliminaires. Le point de désaccord concerne la question de savoir si, comme l'affirme Gomez-Torrente, Tarski admettait, au cours des années trente, la variation des domaines dans son application de la notion de conséquence logique, ou si, comme je le prétends, aucune variation des domaines n'était nécessaire pour expliquer l'application de la conséquence logique à toutes le théories formelles discutées par Tarski. Même si d'autres savants ont défendu diverses positions sur cette question, je me restreindrai ici à ma propre interprétation et à celle de Gomez-Torrente de manière à ne pas ajouter aux complexités de la discussion d'autres positions qui diffèrent des nôtres, que ce soit sur des points majeurs ou mineurs.

Gomez-Torrente défend un « pluralisme » dans la pratique de Tarski de l'époque, à savoir « une propension à travailler à l'intérieur d'une varitété de cadres différents, chacun muni de ses propres hypothèses et conventions. » (2009, p. 250-251) À l'inverse, bien que j'admette la pluralité des pratiques, j'ai soutenu en 2006 qu'une conception à domaine fixe de la conséquence logique pouvait, à elle seule, expliquer l'ensemble des diverses applications envisagées par Tarski de sa notion de conséquence logique. De crainte que cette affirmation n'entraîne quelque méprise, je m'empresse de souligner que, moi non plus, je n'ai pas le moindre doute que Tarski pouvait travailler aisément avec des domaines variables. À mes yeux, le problème consiste à déterminer si de tels contextes peuvent être facilement reformulés dans le moule de sa définition de la conséquence logique avec domaine fixe.

Gomez-Torrente 1996 postulait une opposition tranchée entre les manières distinctes dont Tarski traitait les théories contenant uniquement du vocabulaire logique et les théories contenant également des prédicats mathématiques extra-logiques. Dans ce dernier cas, il formule, sans restriction particulière, la remarque suivante :

> Cependant, je constate, premièrement que Tarski exigeait clairement la variation des domaines pour tester la conséquence logique au sein de langages contenant des primitifs mathématiques extra-logiques ; et, deuxièmement, je fournis des preuves tirées des textes que dans de tels cas, il supposait que le domaine du modèle ou des modèles standard était dénoté par un prédicat extra-logique, et qu'il était par conséquent susceptible d'être réinterprété lorsqu'on testait la conséquence logique. (p. 127)

D'autres passages, tel celui qui suit, renforcent l'impression que, en présence ou non du prédicat extra-logique dénotant le modèle attendu (et Gomez-Torrente a bel et bien examiné des théories dans lesquelles un tel prédicat était absent), Tarski supposait implicitement qu'un tel prédicat faisait partie des conventions d'arrière-plan.

> Il est naturel d'imaginer que Tarski avait à l'esprit l'idée que le domaine du modèle ou des modèles attendus était dénoté par un prédicat extra-logique, sans même avoir pensé à, ou pris la peine de formuler explicitement cette exigence pour l'application de sa définition. (p. 143)

C'est la raison pour laquelle j'ai supposé que Gomez-Torrente suggérait ici une stratégie générale qui s'appliquerait à toutes les théories contenant des constantes non-logiques. La stratégie générale, selon ma lecture de l'article, consistait à traiter les théories contenant des prédicats non-logiques comme présupposant la convention décrite dans la citation ci-dessous :

> Tarski avait à l'esprit des théories mathématiques dont la formulation canonique précise que le domaine d'objets de l'intreprétation ou des interprétations attendues est l'extension d'un prédicat primitif du langage de la théorie. Si on suppose que préciser le domaine d'une interprétation revient à donner l'interprétation de ce prédicat, la définition de Tarski devrait permettre que le domaine varie lorsqu'on teste la conséquence logique. Sous cette hypothèse, des énoncés comme « $(\exists x)(\exists y)(x \neq y)$ » ne seraient pas déclarés être des vérités logiques, puisqu'ils ne seraient que de simples abréviations non-officielles d'autres énoncés renfermant des quantificateurs relativisés (par exemple, « $(\exists x)(\exists y)(Nx \wedge Ny \wedge (x \neq y))$ »). Il est naturel d'imaginer que Tarski avait à l'esprit l'idée que le domaine du modèle ou des modèles attendus était dénoté par un prédicat extra-logique, sans même avoir pensé à, ou pris la peine de formuler explicitement cette exigence pour l'application de sa définition. (Gomez-Torrente 1996, p. 143)

Le chapitre 4 était donc une réaction à ce que je regardais comme une affirmation injustifiée dans Gomez-Torrente 1996, à savoir l'affirmation selon laquelle Tarski considérait les théories formelles contenant des prédicats mathématiques non-logiques comme soumises à la condition que le domaine de discours de la théorie était habituellement exprimé par un prédicat non-logique de telle manière que le domaine de quantification des quantificateurs variait de concert avec l'interprétation du prédicat dénotant le domaine. Je considérais que Gomez-Torrente soutenait que :

(1) Pour la détermination des relations de conséquence logique, aucune variation de domaine n'était appliquée par Tarski dans le cas de théories munies uniquement de vocabulaire logique, comme la théorie des types simple.

(2) Dans le cas des théories dotées de vocabulaire mathématique, qu'elles contiennent ou non un prédicat non-logique censé caractériser le domaine de discours de la théorie, Tarski faisait appel à la variation des domaines pour la détermination des relations de conséquence logique en employant des conventions adéquates lors de la formulation de la théorie en question.

En interprétant Gomez-Torrente de cette manière, je fournissais ensuite des preuves pour montrer que l'affirmation 2) était sujette à des exceptions pour les genres de théories suivants : a) des théories du premier ordre avec des prédicats caractérisant leurs domaines de discours ; b) des théories avec des prédicats non-logiques caractérisant le domaine de discours de la théorie dans une logique d'ordre supérieur, notamment la théorie des types simple complète ; c) diverses théories du premier ordre ordinaires, telles que celles présentées par Tarski dans son manuel de 1937.

Cette démarche avait pour but de montrer qu'une unique conception de la conséquence logique suffisait à unifier ce qui aurait pu apparaitre à première vue comme un ensemble de pratiques hétérogènes et irréconciliables exercées par Tarski.

Gomez-Torrente et moi-même sommes d'accord sur les théories décrites en 1). Il n'en sera donc plus question par la suite. Dans son article de 2009, Gomez-Torrente conteste ma caractérisation donnée en 2), puisqu'il déclare que dès son article de 1996 la portée de sa thèse était bien plus restreinte que je ne le suppose. En particulier, il affirme à présent qu'il avait explicitement laissé ouverte la possibilité que les conventions en question ne s'appliquent pas à toutes les théories, pas même à toutes les théories du premier ordre munies de constantes mathématiques non-logiques. J'ai relu avec attention son article de 1996 et je dois avouer que bien que Gomez-Torrente soit clair sur le fait que les théories mathématiques du premier ordre considérées par Tarski ne sont pas toutes munies d'une constante non-logique caractérisant le domaine de discours de la théorie, l'article ne précise pas suffisamment ses thèses concernant le périmètre d'application des conventions dont il affirme qu'elles étaient implicitement présupposées par Tarski en 1936. Comme je l'ai mentionné, de nombreux passages de son texte suggéraient une interprétation selon laquelle la stratégie s'appliquait en toute généralité aux théories dotées de constantes mathématiques non-logiques et n'était pas limitée à un sous-ensemble assez restreint de celles-ci. En 2009, Gomez-Torrente remarque que dès 1996 il avait restreint sa thèse en affirmant qu' « on peut trouver une foule de documents montrant que de *nombreuses* théories contenant des primitifs mathématiques formalisées par Tarski (au moyen d'une logique dénuée d'hypothèse de cardinalité) contiennent explicitement des prédicats extra-logiques qui sont vrais de tous les objets situés dans le domaine de l'interprétation attendue de la théorie (ou des interprétations, pour les théories algébriques) ». En 2009, il souligne « nombreuses » mais dans le contexte de son article de 1996, qui ne mettait pas d'accent sur « nombreuses », l'affirmation semblait, du moins à mes yeux, mettre l'accent sur « explicitement ». En effet, le passage en question, prenait place dans une discussion développée pour contrer l'interprétation d'Etchemendy en s'appuyant sur la stratégie générale selon laquelle Tarski « avait à l'esprit l'idée que le domaine du modèle ou des modèles attendus était dénoté par un prédicat extra-logique, sans même avoir pensé à, ou pris la peine de formuler explicitement cette exigence pour l'application de sa définition. »

Dès lors, si je comprends le désir de Gomez-Torrente de minimiser l'impact de ma critique, je considère bel et bien que l'exposé donné dans 1996 suggérait une lecture de l'article différente de la réinterprétation plus limitée proposée dans 2009. La restriction est formulée dans 2009 en affirmant que :

> Dans TLC [Gomez-Torrente 1996], j'ai soutenu que, pour des langages semblables à un langage du premier ordre typique pour l'arithmétique élémentaire, Tarski employait fréquemment à l'époque (quoique pas toujours) les conventions suivantes : (C1) qui consiste à nommer le domaine de quantification de l'interprétation attendue au moyen d'un prédicat non-logique auquel les quantificateurs doivent être relativisés, et (C2) qui exige que le domaine de quantification des autres interprétations possibles soit nommé par ce même prédicat. (p. 251)

Ce qui nous est dit dans 2009, c'est que de telles conventions sont compatibles avec l'affirmation que :

> Comme TLC l'affirmait également, [...] Tarski n'exigeait pas (C1) ou (C2) dans d'autres contextes de recherche, même pour les langages mathématiques du premier ordre typiques. (p. 252)

Je le redis : je trouve effectivement la mention dans Gomez-Torrente 1996 de théories du premier ordre qui ne satisfont pas (C1) ou (C2) mais ceci n'est pas contradictoire avec un sous-entendu courrant tout au long de l'article selon lequel les conventions (C1) et (C2) peuvent être déployées même lorsque Tarski ne les invoque pas explicitement. Mais peut-être en ai-je assez dit sur ma lecture de l'article de 1996.

Gomez-Torrente accepte en 2009 une partie de ma critique tout en limitant plus explicitement la portée de son affirmation. La partie de ma critique qu'il accepte concerne les théories de la forme b) :

> Cependant, TLC échouait manifestement à rendre claire la portée exacte de mes affirmations, que je vais à présent tenter de préciser. Ceci me permettra de corriger une suggestion secondaire formulée dans TLC, au sujet des conceptions de Tarski concernant la relation de conséquence logique pour les langages dans lesquels le vocabulaire de la théorie des types simple est enrichi par des constantes mathématiques non-logiques ; ici une conférence non publiée, Tarski (1940), mise au jour par Mancosu, sera la principale pièce à conviction. Mais cette correction à propos d'une affirmation subsidiaire n'affectera pas la thèse des domaines variables. (p. 260)

Si je ne suis pas d'accord, pour la raison exposée précédemment, avec le fait que la correction serait « subsidiaire » par rapport à la manière dont l'article TLC est composé, je me réjouis de notre accord sur ce qui constitue en fait une large classe de théories mathématiques. Une fois la portée de son affirmation limitée aux théories qui satisfont explicitement les conditions (C1) et (C2), notre désaccord gagne en précision, et ceci constitue déjà un progrès. En effet, la discussion peut à présent se concentrer sur les théories discutées par Tarski dans son *Introduction à la Logique*, puisqu'il s'agit là des principaux exemples de théories avancées par Gomez-Torrente comme satisfaisant clairement les conventions (C1) et (C2).

Lorsque je rédigeais mon article en 2006, je pensais que je pourrais établir définitivement qu'une inspection minutieuse des théories prises dans l' *Introduction à la Logique* de Tarski montrait qu'au moins l'une d'entre elles ne satisfaisait pas (C2). Par implication, ceci ébranlait la plausibilité que (C2) était sous-entendue pour les autres théories contenues dans le livre de Tarski. Mon argument était tiré du texte mais il s'appuyait sur la prise de conscience que les conventions (C1) et (C2) de Gomez-Torrente ont l'effet suivant sur les théories mathématiques en question, à savoir 1) qu'elles forcent le domaine de la théorie dénoté par un prédicat non-logique le caractérisant à être non-vide et 2) que le complément d'un tel domaine devrait toujours être vide.

Je pensais avoir découvert la preuve irréfutable sous la forme de la citation suivante qui concerne une théorie des nombres réels exprimée au moyen d'un prédicat non-logique *Zl(x)* décrite par Tarski dans son *Introduction à la Logique*. À un moment Tarski déclare :

> Der Bestand von Sätzen, die sich aus dem Axiomensystem A ableiten lassen, ist nämlich recht klein : auf Grund dieses Systems ist man z.B. nicht imstande, die elementare Frage, ob es überhaupt Zahlen gibt, bejahend oder verneinend zu beantworten. (Tarski 1937b, p. 145)

La traduction française donne :

> La diversité des théorèmes qui se peuvent dériver à partir du système d'axiomes A est en réalité extrêmement restreinte ; il n'est pas possible par exemple de donner dans ce système réponse à la question tout à fait élémentaire de savoir s'il existe des nombres. (Tarski 1941, p. 205, traduction française p. 191)

J'ai compris ces passages comme affirmant que la théorie A ne pouvait pas prouver ou réfuter l'énoncé « $(\exists x)Zl(x)$ » et je concluais que, par conséquent, cette théorie ne pouvait satisfaire la condition (C2). Gomez-Torrente a contesté ma lecture en faisant remarquer à juste titre qu'elle ne se conforme pas avec un exercice donné par Tarski dans l' *Introduction à la logique* et qui s'énonce comme suit :

> 24. Dans la Section 53 la définition du symbole « 0 » était citée en manière d'exemple. Pour être assurés que cette définition ne nous amène pas à une contradiction on doit la faire précéder du théorème suivant : Il existe exactement un nombre x tel que pour tout nombre y, nous avons : $y + x = y$. Démontrez ce théorème en vous basant sur les seuls Axiomes 6-9. (Tarski 1937b, p. 131 ; 1941 (avec des variations mineures), p. 189, trad. française p. 176).

Les axiomes 6 à 9 sont les suivants :

6. $\forall x \forall y(Zl(x)\&Zl(y) \supset \exists z(Zl(z) \wedge x + y = z))$;
7. $\forall x \forall y(Zl(x)\&Zl(y) \supset x + y = y + x)$;
8. $\forall x \forall y \forall z(Zl(x)\&Zl(y) \wedge Zl(z) \supset x + (y + z) = (x + y) + z)$;
9. $\forall x \forall y(Zl(x)\&Zl(y) \supset \exists z(Zl(z) \wedge x = y + z))$;

Gomez-Torrente argumente de la manière suivante. Si on peut prouver l'énoncé de l'exercice 24 à partir des axiomes 6-9, alors la théorie prouve manifestement qu'il existe au moins un x tel que $Zl(x)$. Mais ceci contredit ma thèse selon laquelle la théorie ne décide pas, dans un sens ou dans l'autre, l'énoncé $(\exists x)Zl(x)$. D'où, conclut Gomez-Torrente,

> Puisque Tarski considérait visiblement que $(\exists x)Zl(x)$ est un théorème de A, il s'ensuit qu'il employait la convention que Zl nomme le domaine de quantification dans toute interprétation du langage de A. (p. 255)

Je pense que l'observation de Gomez-Torrente affaiblit la force de mon contre-exemple mais, contrairement à la conséquence qu'il en tire, l'échec de ma tentative ne fournit aucune preuve positive en faveur de sa thèse (*i.e.* que *A* satisfait la convention (C2)). Voici pourquoi. Tout d'abord, il faut remarquer qu'en toute rigueur l'énoncé de l'exercice 24 ne découle pas des seuls axiomes 6-9. En fait, il n'est pas dérivable même si tous les axiomes de *A* sont employés (Gomez-Torrente est d'accord sur ce point ; d'où le besoin de postuler une convention implicite). Ceci est dû au fait que l'on peut exhiber des modèles du système *A* dans lesquels $Zl(x)$ a une extension vide. Comment prendre en charge ce problème ? Une possibilité consiste à prétendre qu'en raison d'une erreur d'inattention Tarski demande dans l'exercice 24 quelque chose qui en fait ne peut être réalisé. Quand j'ai posé la question à Steven Givant, un ancien collaborateur de Tarski, il m'a fait remarquer que de telles négligences ne sont pas rares lorsqu'on rédige des manuels. Opter pour une « erreur d'inattention » me permettrait de maintenir ma lecture originale du passage de la p. 145, et, ce faisant, de refuser l'interprétation de ces passages favorisée par Gomez-Torrente selon laquelle quand Tarski affirme qu'« il n'est pas possible par exemple de donner dans ce système [A] réponse à la question tout à fait élémentaire de savoir s'il existe des nombres », l'accent est mis sur le pluriel « nombres ». Ce qu'affirme Tarski, d'après Gomez-Torrente, c'est qu'il n'est pas possible de prouver qu'il existe au moins deux nombres.

Si la possibilité d'une erreur d'inattention est bien réelle, je n'emprunterai pas cette voie. Je trouve qu'en général, on attribue trop d'erreurs dans la littérature à Tarski et je préférerai que mon argument ne repose pas sur une telle hypothèse. Il semblerait donc que je doive faire mienne la conclusion de Gomez-Torrente selon laquelle accepter la dérivabilité de $(\exists x)Zl(x)$ à partir des axiomes 6-9 force à accepter que Tarski « employait la convention que *Zl* nomme le domaine de quantification dans toute interprétation du langage de *A* ». Mais je considère cela comme un *non-sequitur*. En effet, une manière tout à fait raisonnable d'interpréter Tarski ici serait de prétendre que la convention déployée dans ce contexte consiste à considérer uniquement les interprétations dans lesquelles le prédicat non-logique caractérisant le domaine de discours de la théorie mathématique n'est pas vide. On pourrait défendre ceci en invoquant par exemple le fait que, faute d'une telle restriction, les interprétations sont sans intérêt. En bref, alors que Gomez-Torrente lit Tarski comme présupposant, entre autres choses, $(\forall x)Zl(x)$ et en infère $(\exists x)Zl(x)$, je remarque que pour expliquer la présence de l'exercice 24, il suffit de postuler une convention d'arrière-plan selon laquelle $(\exists x)Zl(x)$ fait partie des hypothèses sous-entendues. Si ma thèse initiale est affaiblie par mon acceptation de la dérivabilité de l'exercice 24 à partir des axiomes de A, l'interprétation de Gomez-Torrente ne reçoit pas de soutien positif de par sa réfutation de ma critique.

Bien que l'éventuel échec de mon contre-exemple d'origine concernant la théorie A en tant que théorie satisfaisant (C2) laisse ouverte la possibilité que l'interprétation de Gomez-Torrente soit viable, rien de ce qui a été dit jusqu'à présent ne prouve qu'une interprétation à domaine fixe dans la détermination de la conséquence logique n'est pas possible, même pour les théories présentées par Tarski dans son *Introduction à la logique*. Par exemple, ma suggestion que la convention adoptée par Tarski serait d'exclure de nos considérations les domaines non-vides de la théorie laisse encore ouverte la possibilité que la condition (C2) puisse être mise en échec dans le cas où la théorie en question ne réfute pas $(\exists x)\neg Zl(x)$.

Gomez-Torrente 2009 défend non seulement son interprétation contre mes critiques mais relève également des difficultés pour l'interprétation à domaine fixe. Je ne les traiterai pas ici, sans quoi cet « addendum » se transformerait bien vite en un long essai (la discussion de Gomez-Torrente de ma critique se développe sur 17 pages). Le point important est d'avoir obtenu une compréhension plus claire de nos positions. Gomez-Torrente a nuancé sa position comme affirmant que la définition de la conséquence logique donnée par Tarski en1936 peut être directement appliquée à des théories interprétées avec des domaines variables dès lors que les théories en question obéissent aux conventions (C1) et (C2). Il souligne qu'il s'agit là d'une affirmation relativement faible dans la mesure où elle admet que de nombreuses théories ayant des prédicats mathématiques non-logiques mais qui ne satisfont pas les conventions sont en fait traitées par Tarski dans le cadre de la conception à domaine fixe. À titre d'exemples de théories satisfaisant les conventions (C1) et (C2) il avance les théories tirées l'*Introduction à la logique* de Tarski. Je me réjouis de la part de Gomez-Torrente qu'il accepte les preuves que j'ai avancées afin de montrer que Tarski traitait une large classe de théories mathématiques dans le cadre d'une conception à domaine fixe de la conséquence logique. Je reconnais également que dans la version restreinte de sa thèse, donnée en 2009, de telles théories ne constituent pas un contre-exemple à son affirmation relativement faible. En outre, je reconnais que mon contre-exemple initial à son affirmation que la théorie A satisfait la condition (C2) est problématique en raison de l'exercice 24.

Néanmoins, je crois que tout ceci ne résoud pas toutes les questions centrales concernant les interprétations à domaine variable versus à domaine fixe de la conséquence logique, du moins dans les versions que Gomez-Torrente et moi-même défendons. Il va sans dire que toute tentative plus poussée de trancher la dispute devra attendre une autre occasion.

CHAPITRE V

QUINE ET TARSKI SUR LE NOMINALISME

Dans ce chapitre, je voudrais retracer la trajectoire de deux importants nominalistes de la philosophie analytique du vingtième siècle, Quine et Tarski. Chacun d'eux a eu sa trajectoire propre concernant le nominalisme mais leurs chemins se sont croisés à deux moments importants : l'année académique 1940-41 lorsque tous les deux étaient à Harvard (ensemble avec Carnap) et en 1953 à la conférence d'Amersfoort organisée par Beth « Platonism and Nominalism in Contemporary Logic ». Ces deux points d'intersection seront importants dans mon exposé mais je m'intéresserai aussi à leur développement individuel concernant le sujet qui nous occupe.

Associer Quine et Tarski n'a rien d'arbitraire. Quine et Tarski avaient de grandes affinités philosophiques. Dans une lettre à Marja Tarski après la mort de Tarski, Quine écrit :

* La version originale de cet article a été publiée pour la première fois dans les *Oxford Studies in Metaphysics* vol. IV, 2008, p. 22-55. Je souhaiterais remercier Arianna Betti, Wim de Jong, Paul van Ulsen et Henk Visser de m'avoir aidé à localiser certains des articles et des manuscrits de Beth. J'adresse des remerciements tout particuliers à Mark van Atten qui a généreusement traduit Beth 1953-54 en anglais pour moi. Je suis également reconnaissant à Marcus Rossberg pour l'utilité des commentaires et des renseignements qu'il m'a fournis sur la méréologie. Pour leurs commentaires portant spécifiquement sur cet article, je remercie Lieven Decock, Marcus Giaquinto, Sol Feferman, Chris Pincock et Mark van Atten. J'ai également le plaisir d'avoir bénéficié de l'aide des bibliothécaires de la Houghton Library (Harvard) au cours de mon séjour là-bas et je veux leur exprimer ma gratitude d'avoir eu la permission de reproduire des extraits tirés des archives Quine. Toutes les citations des archives Quine sont faites avec la permission de la Houghton Library, Université d'Harvard. Et c'est le dernier point, mais non le moindre : un grand merci à Douglas B. Quine et à Dean Zimmerman pour avoir rendu possible ce numéro spécial des *Oxford Studies in Metaphysics*.

> En plus d'être tellement mon mentor en logique, Alfred partageait avec moi un même esprit philosophique. Invariablement, lorsque des difficultés apparaissaient dans la philosophie de la logique, que ce soit en privé, en groupe ou dans un congrès de logique, nous nous retrouvions en total accord. Un cas remarquable fut notre effort commun contre Carnap à propos des jugements analytiques et synthétiques, lorsque nous étions tous trois ensemble à Harvard en 1941. (Quine à Marja Tarski, le 7 janvier 1984 ; archives Quine, MS Storage 299, Box 8 ; avec la permission de la Houghton Library, Université d'Harvard [par la suite abrégé en APHLUH])

Il aurait pu tout aussi bien mentionner leur engagement en faveur du nominalisme comme un autre exemple de cette affinité intellectuelle. Cependant, il y a également d'importantes disanalogies. Alors que dans le cas de Quine, ses sympathies nominalistes sont très bien documentées à travers les travaux qu'il a publiés, Tarski n'a jamais publié sur le nominalisme et tout ce qui concerne son engagement nominaliste doit être reconstitué à partir de sources d'archives.

En ce qui concerne les archives, la situation diffère drastiquement pour Quine et pour Tarski. Tarski a rejoint les Etats-Unis en 1939. L'invasion de la Pologne par les nazis a finalement conduit à la perte de ses affaires restées à Varsovie, de sorte que les notes de Carnap sur les rencontres de 1940-41 représentent la première source utilisable sur le nominalisme de Tarski [1]. Les archives Tarski à la Bancroft Library à Berkeley contiennent très peu de choses datant de la période d'avant-guerre. Comme Tarski n'a pas laissé un seul article ou une seule conférence discutant ses tendances nominalistes, la reconstruction de sa pensée sur ce sujet doit être menée à l'aide de sources autres que celles conservées à la Bancroft Library. Au contraire, les archives de Quine à la Houghton Library à Harvard contiennent de riches documents sur les préoccupations nominalistes de Quine, qui remontent au moins à 1935. Les archives ne sont pas encore cataloguées et par conséquent ne sont pas accessibles dans leur intégralité. Cependant, ce que j'ai pu consulter suffit, je pense, à donner une image précise des réflexions de Quine sur le nominalisme de 1935 jusqu'à l'abandon final après l'article avec Goodman de 1947. Elles contiennent également son exposé à la conférence d'Amersfoort organisée par Beth en 1953 (Quine 1953a). La section 1 décrit les préoccupations nominalistes de Quine jusqu'en 1940. Ensuite, dans la section 2, je résumerai l'impact des discussions de 1940-41 sur le nominalisme entre Carnap, Quine et

1. Ces notes ont été publiées dans leur intégralité dans Frost-Arnold 2013.

Tarski et je mentionnerai leur influence sur Goodman. La section 3 portera sur l'allégeance de Quine envers le nominalisme et son acceptation ultérieure, à contre-cœur, du platonisme. La dernière section se concentrera ensuite sur la rencontre d'Amersfoort et exploitera les compte-rendus de Beth sur cette rencontre pour en tirer des informations bienvenues concernant la défense par Tarski du nominalisme à Amersfoort. Cette histoire est trop longue pour pouvoir être racontée en détail dans un seul article, de sorte que ma stratégie sera de mettre en valeur les points qui vont au-delà de ce qui est déjà connu dans les travaux sur le sujet.

1. QUINE SUR LE NOMINALISME : 1932-1940

Dans son autobiographie, Quine affirme : « Déjà en 1932 et 1933 à Vienne et à Prague [...] je ressentais une insatisfaction nominaliste à l'égard des classes. » (Quine 1988a, p. 14) Si cela est correct, l'insatisfaction de Quine précède sa rencontre avec Leśniewski. Les débuts de sa correspondance avec Leśniewski (qui datent de 1934) ne contiennent aucune discussion du nominalisme et les premières réflexions de Quine sur le nominalisme dont on ait gardé la trace ne semblent pas directement influencées par Leśniewski. De plus, Quine, dans son *Autobiography* remarque qu'à Varsovie, en 1933, il essayait de convaincre Leśniewski que quantifier sur les catégories sémantiques était porteur d'engagement ontologique (Quine 1988a, p. 13, voir aussi p. 26). Cela pose la question des origines de l'insatisfaction nominaliste de Quine. On peut penser que peut-être les investigations méréologiques de Whitehead et la thèse de Leonard sur le calcul des individus pourraient avoir fourni les raisons de cette insatisfaction. Mais, comme me l'a fait remarquer Marcus Rossberg, le travail de Leonard n'a pas été développé avec des visées nominalistes en tête et je pense que l'on peut dire la même chose de la méréologie de Whitehead. En tout cas, les textes que j'ai pu consulter ne semblent pas refléter l'influence de Leśniewski, Leonard, ou Whitehead. Mon impression est que Quine prend son point de départ plus prosaïquement dans les débats classiques sur les fondements des mathématiques (la no-class theory de Russell, Poincaré et Weyl sur la prédicativité, etc.).

La première source écrite que j'ai été capable de localiser concernant la réflexion de Quine sur le nominalisme est une note de trois pages dans un cahier de 300 pages intitulé : *Logic Notes. Mostly 1934-1938.* (Ce cahier, Quine 1934-38, est mentioné dans l'autobiographie de Quine, (Quine 1988a, p. 44)). Page 134, nous trouvons une note intitulée

« Arrière-plan philosophique du calcul conceptuel » datée de 1935. Le problème discuté est la dénotation des expressions du calcul des concepts, à savoir les énoncés et les noms. Pour commencer, Quine présente une interprétation de ces dénotations et la contraste avec une interprétation nominaliste. Alors que « on considère souvent que les noms dénotent un certain genre d'entités subsistantes – des classes et des relations ; [...] on ne considère pas d'ordinaire que les énoncés dénotent du tout ». Quine continue en suggérant qu'à des fins d'unification, il est pratique de considérer les énoncés comme dénotant des valeurs de vérité, c'est-à-dire le vrai et le faux. Cependant, on ne devrait pas croire que les classes, les relations et les valeurs de vérité sont réelles :

> Mais tous ces éléments sont à l'évidence des entités hypostasiées de manière superflue – les relations, les classes et les valeurs de vérité de même. La bonne manière d'approcher ce calcul est uniquement de le voir comme un calcul dont les expressions jouent le rôle de noms et d'énoncés ; ce n'est pas de chercher des éléments. Toutes les références traditionnelles dans l'esprit de l'algèbre abstraite à des éléments, par exemple les discussions sur la multiplicité des éléments, sont réductibles à de telles discussions portant sur le comportement des expressions elles-mêmes. (Quine 1934-38, p. 135, APHLUH)

Quine continue en discutant une autre manière pour les noms de dénoter. Cette fois la discussion est à propos des noms généraux comme 'chat'. Selon Quine, 'chat' dénote non pas la classe de tous les chats, mais chaque chat, de même que 'Socrate' dénote Socrate et pas la classe à un élément contenant Socrate. De façon similaire, les noms relationnels dénotent des suites d'individus.

> Au sens présent de dénotation, les expressions du calcul conceptuel ne dénotent rien que des individus et des suites d'individus ; aucune entité du genre de celles qu'on pourrait dire qu'elles dénotent au sens précédent de dénotation. C'est ce que l'on écrit en termes ordinaires comme le confinement des éléments du calcul et des concepts de premier type. Ensuite la construction de concepts de type supérieur sur cette base revient à montrer que l'on n'a jamais besoin de supposer qu'existent en aucune façon des objets de type supérieur aux individus ; il ne s'agit donc ni plus ni moins que d'une validation logique du nominalisme, une solution au problème des universaux. L'ontologie sur laquelle on peut considérer que repose ultimement le calcul conceptuel comprend des individus concrets ; mieux, simplement des objets concrets, qui sont tout ce que je considère comme étant un individu. Des entités actuelles, si on veut. Elles peuvent être des parties spatiales ou temporelles les unes des autres, et un certain nombre d'entre elles peuvent être discontinues dans

> l'espace et dans le temps ; il n'est pas essentiel d'avoir des substances toutes rondes et bien formées, les tas ont leur place aussi. Mais ce sont des existants concrets. (Quine 1934-38, p. 135-36, APHLUH)

Après avoir montré comment donner une interprétation nominaliste du calcul des concepts (les prédicats font référence à des objets uniques ; les symboles de relation à « plusieurs objets à la fois de manière sérielle » et les énoncés ne font référence à rien), Quine remarque que par souci de simplicité on pourrait introduire la notion fictive de suite d'objets concrets et considérer les relations comme faisant référence à de telles suites et les prédicats comme faisant référence à des suites de longueur 1 (c'est-à-dire aux objets eux-mêmes). Pour finir, les énoncés vrais peuvent être vus comme faisant référence à une suite de longueur zéro.

L'interprétation ci-dessus du calcul des concepts contient déjà beaucoup d'éléments des vues ultérieures de Quine sur le nominalisme. Les universaux sont identifiés aux objets de type supérieur dans la conception classique et la solution nominaliste au problème des universaux consiste à montrer que l'on n'a besoin de rien supposer en plus des objets concrets et de leurs 'sommes'. L'inspiration méréologique de ce passage est évidente mais il n'est pas clair que l'un des méréologistes (et dans ce cas, lequel ?) mentionnés plus tôt – Leśniewski, Whitehead et Leonard – ait pu ici jouer un rôle.

Le passage mentionné détaille également comment la dénotation doit être interprétée quand l'on ne suppose pas que les noms communs dénotent des classes (ou des relations). Il s'agit d'un thème qui revient souvent dans les conférences successives sur le nominalisme. Reportons-nous par exemple à la première conférence donnée par Quine sur le nominalisme, vers laquelle nous nous tournons maintenant. La conférence est intitulée « Nominalism » et a été donnée au Philosophy Club d'Harvard le 25 octobre 1937 (Quine 1937). Cette conférence, comme d'autres conférences ultérieures sur le nominalisme données par Quine, commence avec l'opposition entre les réalistes, qui affirment la réalité des universaux, et les nominalistes, qui refusent cette réalité. Ici les universaux sont « pensés comme comprenant les propriétés, les attributs, les qualités, les classes, les relations ». À la faveur d'une série de réductions rapidement menées, Quine affirme que les qualités ne doivent pas être distinguées des propriétés, et de même pour les attributs. De plus, on n'a pas besoin de distinguer entre les propriétés et les classes : « car n'importe quelle propriété peut-être interprétée comme la classe de tous les objets ayant cette propriété et inversement n'importe quelle classe peut être interprétée comme la propriété d'appartenir à cette classe ». Pour finir, comme les relations peuvent être réduites aux classes (en utilisant une technique due à Norbert Wiener) le problème du nominalisme peut être traité simplement sur la base d'une discussion des classes.

> Par conséquent nous pouvons penser à partir de maintenant les universaux simplement comme des classes. La thèse du nominalisme est alors qu'il n'existe pas de telle chose. Pas d'objets abstraits qui correspondent aux mots abstraits. (Quine 1937, p. 3, APHLUH)

Ce serait une erreur, cependant, de penser que Quine prépare le terrain pour une défense du nominalisme. Au contraire, il affirme qu'il va s'intéresser aux objections contre le nominalisme.

Quine veut restituer « le *ressenti* du nominaliste » en exposant « une histoire fictive du concept de classe ». On commence avec des objets concrets et des noms pour les dénoter :

> Supposons que nous nous sommes mis d'accord pour dire quelles choses doivent être considérées comme des objets concrets. *Il n'y a rien de plus*. Les hommes utilisent des mots et des expressions pour *dénoter* des objets concrets. Un nom (un substantif ou un adjectif, un mot ou une expression) peut dénoter beaucoup d'objets concrets : H-o-m-m-e dénote Jones, mais aussi Smith, etc. ; chaque homme. (Quine 1937, p. 3, APHLUH)

Les noms propres ne dénotent qu'un objet et c'est une caractéristique très pratique, car « les manipuler, c'est presque comme manipuler leurs dénotations » (Quine 1937, p. 4). C'est cette caractéristique des noms propres qui nous amène inconsciemment, c'est la suite de l'histoire, « à attribuer de force à tous les noms le même fonctionnement qu'aux noms propres ». On le fait en postulant pour chaque nom commun une seule entité, c'est-à-dire en inventant la classe des chats ou la propriété de félinité pour servir de dénotation à c-h-a-t. Les hommes se mettent alors à croire en la classe (ou la propriété) tout autant qu'en les chats concrets, de sorte que

> ces créations se sont révélées être des monstres de Frankenstein – elles ont pris le contrôle de la suite des événements. (Quine 1937, p. 6, APHLUH)

De fait, une fois qu'on a postulé la classe des chats et qu'on s'est mis à y croire, on peut maintenant laisser un nouveau nom, tel que

> e-s-p-è-c-e dénoter cette *classe*-ci ou celle-là ou une autre. Alors, de même que la propriéfication de c-h-a-t crée une classe d'objets au titre de nouveau prétendu objet, de même la propriéfication de g-r-o-u-p-e ou e-s-p-è-c-e créera une classe de classes d'objets au titre de nouvel objet. (Quine 1937, p. 6, APHLUH)

Et Quine remarque à ce moment-là que cette étape est décisive. En effet, avec les noms de premier niveau tels que c-h-a-t, on peut traiter la notion de classe comme une simple manière de parler ; mais « une fois que les classes de classes sont entrées en jeu, il n'y a pas de manière évidente de reformuler nos affirmations de manière à éliminer la référence aux classes. » (Quine 1937, p. 8, APHLUH) Alors que les noms de premier niveau peuvent être vus comme mettant toujours en jeu la prédication distributive (« Les hommes sont mortels » peut être paraphrasé en « Tout homme est mortel »), avec les noms de deuxième niveau nous avons la prédication collective (« Les hommes sont une espèce » ne peut être reformulé en termes d'une quantification distributive sur les individus hommes) de sorte qu'ils « mettent en jeu de manière apparemment irréductible la classe de tous les hommes » :

> Et de tels noms de deuxième niveau ou de niveau supérieur sont constamment utilisés dans le discours ; en particulier tous les mots numériques sont au moins de deuxième niveau ; et le nom n-o-m-b-r-e lui-même est au moins de niveau trois. (Quine 1937, p. 8, APHLUH)

Il semble ainsi que le nominaliste se retrouve en difficulté car il ne peut rejeter ces nouveaux objets sans abandonner la plus grande partie du discours ordinaire.

Dans une tentative pour poursuivre l'approche nominaliste, Quine explique que le nominaliste peut trouver peut-être une manière d'identifier de tels objets avec des objets concrets. Si cela pouvait être fait, la relation d'appartenance se révèlerait être une relation entre un objet concret et un autre objet concret. Et les classes d'objets concrets pourraient maintenant être identifiées à un autre objet concret, et de cette manière les classes de classes pourraient également être identifiées avec des objets concrets, et ainsi de suite. La stratégie qu'il est naturel de poursuivre est d'utiliser le nom lui-même comme l'objet concret assigné au titre de la classe. Ensuite « *appartenir* » coïnciderait avec « *dénoté par* ». Puisqu'il y a plusieurs noms qui dénotent la même classe d'objets, Quine suggère ensuite que pour rendre cette classe unique nous choisissions un nom spécifique (le nom le plus court de cette espèce et parmi les noms les plus courts le premier dans l'ordre lexicographique). De cette manière, nous disposons maintenant de la doctrine selon laquelle les universaux sont « de simples noms ». Cependant, il y a deux difficultés que l'on peut opposer à cette suggestion. La première est liée au paradoxe de Grelling. On dit qu'un nom est *hétérologique* s'il ne se dénote pas lui-même. Est-ce que 'hétérologique' est hétérologique ou pas ? S'il l'est, il ne l'est pas et s'il ne l'est pas, il l'est. Ce que montre cette objection c'est qu'il n'y a pas de manière systématique d'assigner à chaque classe d'objets concrets un objet concret (en utilisant son nom). De fait, Quine généralise ensuite le point en affirmant qu'il n'y a pas de manière d'associer à chaque classe d'objets concrets un objet concret (qu'il s'agisse d'un nom ou pas). Pour ce faire, il fait appel au théorème de Cantor selon lequel la cardinalité de la classe qui consiste en toutes les classes d'objets concrets est strictement supérieure à la cardinalité de tous les objets concrets. Quine remarque que si l'on est prêt à affaiblir la logique, disons à adopter la logique intuitionniste, alors il devient possible d'effectuer une telle nominalisation. Le contexte ne permet pas de dire si Quine fait ici référence à l'intuitionnisme de Brouwer ou à l'intuitionnisme (plus précisément au prédicativisme) de Poincaré et de Weyl. En tout cas, la conclusion qu'il tire s'appliquerait aux deux :

> Le nominalisme, alors, en n'importe lequel des sens considérés ici, est incompatible avec la logique ordinaire et les mathématiques ; il n'est possible que si l'on est prêt à faire des sacrifices intuitionnistes. (Quine 1937, p. 13, APHLUH)

Dans les deux dernières pages de la conférence, Quine conclut en faisant remarquer que Carnap, bien que souvent considéré comme un nominaliste, se contente de nominaliser le problème des universaux et refuse ainsi de considérer comme douée de sens la question générale de savoir ce que sont les universaux. Ainsi, conclut Quine, Carnap a très peu de choses à dire sur le problème de la réduction de toute affirmation à une affirmation portant sur des choses concrètes. Dans le cadre de son argumentation contre l'approche carnapienne des universaux, Quine fait une remarque qui porte sur ce qu'il considère être les buts du nominalisme :

(1) éviter les questions métaphysiques concernant le lien entre le royaume des universaux et le royaume des particuliers ; la manière dont les universaux sont présents dans les particuliers, ou les particuliers dans les universaux.

(2) fournir une réduction qui amène à des affirmations portant à la fin des fins sur des choses tangibles, des questions de fait. Ceci de manière à garder les pieds sur terre, en évitant de bâtir des théories sur du vide. (Quine 1937, p. 14, APHLUH)

Ainsi, tandis que Carnap est parvenu à quelque chose relativement à l'objectif (1), il n'est parvenu à rien concernant l'objectif (2). Mais Quine conclut que « un nominalisme qui parviendra à réaliser cette fin [l'objectif (2)] devra le payer au prix d'une grosse part de logique et de mathématiques classiques ». (Quine 1937, p. 14, APHLUH)

Il est important de remarquer qu'il y a une certaine ambiguïté quant à ce que la thèse du nominalisme est supposée être. Parfois la distinction abstrait / concret semble fondamentale ; d'autre fois celle entre universel et particulier. À l'évidence, il ne s'agit pas de la même chose (voir Cohnitz et Rossberg 2006). Ainsi, en date du 25 octobre 1937, Quine semble ne pas vouloir épouser une philosophie nominaliste de la logique et des mathématiques. L'argument ne repose pas sur les sciences de la nature mais plutôt sur les sacrifices à l'égard de la logique et des mathématiques classiques que le programme nominaliste requérrait.

Le 5 mai 1938, nous trouvons Quine en train de repenser tout le problème en réfléchissant au fait que le théorème de Cantor ne vaut pas dans ses *New Foundations for Mathematical Logic*. Et comme c'est l'appel au théorème de Cantor qui semblait bloquer la possibilité d'une reconstruction nominaliste de la logique et des mathématiques classiques, cela amène Quine à reconsidérer la question du nominalisme :

> Au vu de la position ambigüe occupée par le théorème de Cantor à la lumière de ma libéralisation de la théorie des types (voir « On Cantor's Theorem », *Journal of Symbolic Logic*, 1937), nous sommes peut-être fondés à réouvrir la question de la possibilité d'identifier, dans une perspective nominaliste, les classes à des termes (expressions). Du point de vue classique, cette voie est bloquée par le fait que les expressions peuvent être mises en corrélation avec les nombres naturels (de manière lexicographique) alors que les classes ne le peuvent pas. Mais peut-être que la prétendue classe que l'on citerait au titre de violation de n'importe quelle corrélation donnée entre termes et classes est en réalité une fausse classe ; peut-être que le terme qui cherche à l'exprimer n'est pas stratifié (voir « On the theory of types », *Journal of Symbolic Logic*, 1938). (Quine 1934-38, p. 209, APHLUH)

Le reste de l'explication de ce que dénotent les termes est donné dans l'esprit de la conférence de 1937. Les noms propres dénotent des objets singuliers ; les noms communs dénotent un grand nombre d'objets. Les classes sont identifiées avec le premier terme dans l'ordre lexicographique qui dénote les objets dans la classe. Il conclut :

> Exactement comme, selon la procédure que je viens de donner, tous les objets étaient interprétés comme des classes, tous les objets doivent maintenant être interprétés comme des termes ; et des termes qui sont des termes de classe, c'est-à-dire des termes qui précèdent dans l'ordre lexicographique tous les termes coextensifs. (Quine 1934-38, p. 211, APHLUH)

Nous voyons donc dans ces notes de 1938 un intérêt renouvelé à l'égard des possibilités offertes par le nominalisme.

Il nous faut maintenant mentionner deux articles et une conférence inédite de 1939. La conférence inédite est la conférence écrite à l'origine par Quine pour le Congrès sur l'Unité de la Science à Harvard : « A Logistical Approach to the Ontological Problem ». Cette version originale (Quine 1939a) est beaucoup plus longue que le bref article qui avait circulé au préalable en 1939 (Quine 1939b) et qui devait finalement être publié dans *The Ways of Paradox*. La première partie de la conférence a donné « Designation and Existence » (Quine 1939c). Pourtant, certains passages intéressants qui se trouvent dans la version longue inédite ne furent intégrés à aucun des deux articles publiés et ne manquent pas d'intérêt. Dans « Designation and Existence », Quine arrive à son célèbre slogan « être c'est être la valeur d'une variable ». Sur la base de l'analyse menée dans cet article, les cinq affirmations suivantes sont considérées par Quine comme identiques à la formulation près :

a) « il y a une chose telle que l'appendicite »

b) « le mot 'appendicite' désigne »

c) « le mot 'appendicite' est un nom »

d) « le mot 'appendicitis' peut être substitué à une variable »

e) « la maladie qu'est l'appendicite est une valeur de variable »

Pour le nominaliste, dit Quine, 'appendicite' « est doué de sens et utile en contexte ; pourtant le nominaliste peut maintenir que le mot n'est pas le *nom* d'une *entité* de plein droit. » La différence entre un langage nominaliste et un langage réaliste dépend de la question de savoir si les mots abstraits comme « appendicite » peuvent être substitués aux variables :

> Les mots abstraits ou généraux, disons « appendicite » ou « cheval », peuvent apparaître dans des langages nominalistes aussi bien que dans des langages réalistes ; mais la différence est que dans des langages réalistes de tels mots peuvent être substitués à la place des variables... alors que dans les langages nominalistes ce n'est pas le cas. (Quine 1939a, p. 20, APHLUH ; et Quine 1939c, p. 708)

Le nominalisme est alors caractérisé de la manière suivante :

> En tant que thèse en philosophie des sciences, le nominalisme peut être formulé ainsi : il est possible de créer un langage nominaliste dans lequel la totalité des sciences de la nature peuvent être exprimées. Le nominaliste, interprété de cette manière, affirme qu'un langage adéquat aux buts de la science peut être construit de manière à ce que ses variables n'admettent que des entités concrètes, des individus, comme valeurs – et donc

> que seuls des noms propres d'objets concrets puissent leur être substitués. Les termes abstraits conserveront un statut d'expressions syncatégorématiques, ne désignant rien, tant qu'aucune variable leur correspondant n'est utilisée. (Quine 1939a, p. 21, APHLUH ; et Quine 1939c, p. 708)

A partir de là, différents types de définitions contextuelles permettront l'introduction d'entités fictives ; le nominaliste peut même parler comme s'il y avait de telles entités, mais ce faisant il ne renoncera pas à son nominalisme car on pourra montrer que la quantification sur de telles entités n'est pas indispensable. Cependant, on doit montrer que les définitions contextuelles sont éliminables [1].

Une clarification importante, que la version courte publiée laisse quelque peu dans l'obscurité, concerne les frontières entre le concret et l'abstrait. C'est le point sur lequel la version inédite de la conférence donne des éléments supplémentaires par rapport à la version publiée de 1939 :

> Le point essentiel dans la controverse entre le nominaliste et le réaliste peut être fait indépendamment de toute théorie particulière concernant la frontière entre le concret et l'abstrait. Toutes les manières de spécifier le domaine des objets concrets ou individuels partageront, je pense, ce trait commun : la totalité des individus sera une I[*Ein*]-Ding plutôt qu'une II[*Zwei*]-Ding, dans la terminologie de von Neumann ; elle sera *immanente* plutôt que *transcendante* dans la terminologie de mon résumé. Cela veut dire que la totalité des individus sera suffisamment petite pour avoir un nombre cardinal ; peut-être un nombre cardinal infini, mais quand même un nombre cardinal. Le nominalisme devient alors la doctrine selon laquelle toute la science peut être exprimée dans un langage dont la portée totale des variables est immanente plutôt que transcendante. Le nominaliste n'a pas encore fourni un tel langage ni montré qu'il était adéquat pour la science, mais il pense qu'il peut le faire. (Quine 1939a, p. 24-25, APHLUH)

Le dispositif décrit dans le passage ci-dessus reviendra dans les présentations de Quine et de Tarski à la conférence d'Amersfoort. Outre l'affirmation selon laquelle d'autres positions concernant la frontière entre le concret et l'abstrait sont possibles, le point de vue de Quine est extrêmement libéral concernant le nombre d'objets concrets qui pourraient

1. La théorie des classes virtuelles donnée d'abord dans Quine 1944 était également un outil que le nominaliste pouvait exploiter. Sur l'apport philosophique d'une telle théorie, voir Martin 1964.

être à disposition du nominaliste. Il semble s'inquiéter qu'on exclut la possibilité de considérer des classes propres d'objets concrets. Cela est en tension avec une des thèses que Quine défendra au moins jusqu'en 1947, c'est-à-dire que les objets concrets sont en nombre fini. C'est aussi la première fois que la question de l'adéquation du nominalisme avec les sciences de la nature est posée. Cela ne donne peut-être pas l'impression que Quine s'engage lui-même en faveur de la position nominaliste mais je pense que cette conférence marque le début de l'intérêt et des espoirs de Quine à l'égard du nominalisme. Le jour précédant cette conférence il commentait un article de Tarski et concluait ses remarques en disant :

> [Demain : mon article] Un argument fort en faveur du nominalisme. Probablement pas possible d'obtenir les mathématiques classiques. Mais suffisamment de mathématiques pour la science physique ? Si cela pouvait être établi, bonne raison pour considérer alors le problème comme résolu. (Sept. 8, 1939, Occasional lectures, 1939, MS Storage 299, vol. 11 ; archives Quine, Houghton Library, APHLUH)

À ce moment-là, la science devient la pierre de touche de l'éventuel succès du nominalisme. On peut difficilement récupérer les mathématiques classiques en étant nominaliste mais si l'on en récupère suffisamment pour les besoins de la science alors la reconstruction nominaliste de la science peut être dite réussie. La version courte de l'article (Quine 1939b) donne une analyse similaire mais sans du tout s'engager. Après avoir soulevé le problème en demandant « Jusqu'à quel point peut-on conserver une ontologie pauvre et en même temps avoir un langage adéquat à tous les buts de la science ? » Quine conclut l'essai publié de la manière suivante :

> S'il s'avère, comme cela est vraisemblable, que des fragments des mathématiques classiques doivent être sacrifiés quelle que soit la construction [nominaliste], il reste malgré tout un recours pour le nominaliste : il peut entreprendre de montrer que ces fragments récalcitrants sont inessentiels à la science. (Quine 1939b, p. 69, tr. fr. p. 347 modifiée).

Avec cette conférence, la question du nominalisme quitte le terrain de la sémantique des termes abstraits et en vient à des interrogations plus directement liées au problème de savoir si un langage nominaliste pour la science peut être construit avec succès. Ce sujet est central dans les discussions du nominalisme que Quine, Carnap et Tarski menèrent lorsqu'ils étaient ensemble à Harvard en 1940-41.

2. Harvard 1940-1941

Dans Mancosu 2005, j'ai décrit le contexte et le contenu des conversations de Harvard en exploitant les notes prises par Carnap durant ces discussions. Beaucoup de sujets furent abordés mais deux sortent du lot : la critique de la distinction analytique–synthétique qui a vu Tarski et Quine s'opposer tous les deux à Carnap, et le projet d'une construction nominaliste / finitiste des mathématiques et de la science. En 1942, Quine écrivait à Woodger en résumant les principaux sujets abordés dans la discussion :

> La logique a prospéré durant l'année dernière. Carnap, Tarski et moi avons eu ensemble de nombreuses et vigoureuses séances de discussions, auxquelles a participé également, au premier semestre, Russell. Pour l'essentiel, c'était Tarski et moi contre Carnap sur les points suivants. (a) le clivage censément fondamental de C. entre le synthétique et l'analytique n'est qu'une manière de parler creuse. (cf. mon article « Truth by convention »), et (b) les concepts de la logique et des mathématiques méritent tout autant une critique empiriste ou positiviste que ceux de la physique. En particulier, on ne peut pas admettre des variables de prédicats (ou des variables de classes) primitives sans s'engager par là même en faveur de la « réalité des universaux », pour le meilleur ou pour le pire ; et en attendant le désaveu par C. du « platonisme » n'est qu'une manière de parler creuse (cf. mon article « Description and Existence »). Les autres points sur lesquels nous avons critiqué C. sont (c) sa tentative pour réaliser une sémantique générale au lieu de s'en tenir à une forme canonique convenable pour les langages objets et à l'étude de la sémantique de celle-ci de manière à la fois plus simple, plus brève et néanmoins plus détaillée ; (d) ses fonctions intensionnelles ressuscitées. C. a donné des arguments raisonnables et bons, comme toujours, et les discussions étaient bien agréables. (Quine à Woodger, 2 mai 1942, Woodger Papers, University College London, Special Collection, GB 0103 WOODGER)

Je me contenterai ici de donner un bref compte-rendu du second sujet discuté dans ces rencontres et je renvoie à Mancosu 2005 et Frost-Arnold 2008, 2013 pour plus de détails et d'autres références.

La question de l'élimination des objets abstraits ('qui ne sont pas des choses') est discutée dans une conférence intitulée « Logic, Mathematics and Science » lue par Quine à Harvard le 20 décembre 1940 (Quine 1940). Discutant des objets concrets (comme les électrons, les atomes, les bactéries, les tables, les chaises, les qualités sensibles) par opposition aux universaux (les objets 'qui ne sont pas des choses' tels que les centimètres, les distances, les températures, les charges électriques, l'énergie, les lignes, les points, les classes (ou les propriétés)) Quine dit :

> Je n'insiste pas sur l'élimination des classes ou d'autres objets qui ne sont pas des choses. Il n'est pas clair que ce qui n'est pas des choses puisse être éliminé sans perdre la science. (Quine 1940, p. 6, APHLUH)

Les conversations entre Quine, Carnap et Tarski en 1941 avaient précisément pour but de voir jusqu'où l'on peut poursuivre le programme d'élimination de « ce qui n'est pas des choses » sans sacrifier la science. Cela s'organisait en deux étapes. La première consistait à identifier un système nominaliste pour les mathématiques ; la seconde étape était de fournir une reconstruction de la science sur cette base. La discussion de la première partie part de la proposition de Tarski concernant le langage nominaliste qu'il faudrait adopter. Par exemple, le 10 janvier 1941, Tarski décrit de la manière suivante ses engagements nominalistes :

> Je ne comprends fondamentalement que des langages qui satisfont les conditions suivantes :
>
> (1) Un nombre fini d'individu
> (2) Réaliste (Kotarbiński) : les individus sont des objets physiques ;
> (3) Non-platoniste : il y a seulement des variables d'individus (choses) et pas de variables pour les universaux (classes et autres)
>
> Les autres langages, je ne les « comprends » qu'à la manière dont je « comprends » les mathématiques [classiques], c'est-à-dire comme un calcul ; je sais ce que je peux dériver à partir d'autres [énoncés] (ou ce que j'ai dérivé ; la « dérivabilité » en général est déjà problématique). Tous les énoncés [Aussagen] supérieurs « platoniques » qui interviennent dans une discussion, je les interprète toujours comme des énoncés disant qu'une certaine proposition peut être dérivée (resp. a été dérivée) à partir de certaines autres propositions. (il veut probablement dire ceci : l'affirmation d'une certaine proposition est interprétée comme disant : cette proposition vaut dans un certain système donné ; et cela veut dire : elle est dérivable à partir de certaines hypothèses de base). (RC 090-16-28)

L'exigence que les individus soient en nombre fini a été ultérieurement affaiblie par Tarski, en laissant ouverte la possibilité que les individus soient en nombre infini. Il s'agit d'une étape en direction d'une distinction entre le finitisme exprimé dans la condition 1 et les exigences proprement nominalistes des conditions 2 et 3. Tout au long de la discussion de 1940-41, la distinction n'est cependant jamais faite de manière systématique.

En outre, la notion de compréhension, que les conditions 1, 2 et 3 sont supposées fonder, n'est jamais discutée en détail malgré les discussions répétées quant à la question de savoir quels systèmes pour les mathématiques classiques peuvent être dits à proprement parler être compris.

Ces discussions conduirent à une tension certaine entre Tarski et Quine d'un côté et Carnap de l'autre. Carnap était en réalité réticent à l'idée de fonder l'arithmétique sur des questions de fait (telle que la cardinalité du nombre d'objets concrets existants), alors que Tarski et Quine partageaient un fort engagement en faveur du finitisme ou au moins d'un non-infinitisme. De plus, Carnap avait des sympathies pour certains usages des modalités (suites possibles, etc.) alors que Quine et Tarski rejetaient tout appel aux modalités comme circulaire.

Le nominalisme était certainement important pour Tarski. Dans une lettre à Woodger, écrite en 1948, il écrivait :

> Le problème consistant à construire une logique et des mathématiques nominalistes m'a intéressé pendant un très grand nombre d'années. Les mathématiques – en tout cas ce que l'on appelle les mathématiques classiques – sont à présent un outil indispensable à la recherche scientifique dans les sciences empiriques. Le principal problème pour moi est de savoir si cet outil peut être interprété ou construit de manière nominaliste ou s'il peut être remplacé par un autre outil nominaliste qui servirait adéquatement les mêmes buts (Tarski à Woodger, 21 novembre 1948, Woodger Papers, University College London, Special Collection, GB 0103 WOODGER)

Les transcriptions de Carnap des rencontres de 1940-41 sont notre meilleure source pour obtenir une vision plus détaillée de la position de Tarski sur le nominalisme. Un certain nombre de thèses nominalistes apparaissent déjà dans le compte-rendu des discussions concernant la nature respective des langages typés et non typés. Attardons-nous sur la conversation suivante :

> Moi [Carnap] : Devons-nous construire le langage de la science avec ou sans types ?
> Lui [Tarski] : Peut-être quelque chose d'autre émergera-t-il. On pourrait espérer, voir conjecturer, que toute la théorie générale des ensembles, aussi belle soit-elle, disparaîtra à l'avenir. Avec les types supérieurs commence le platonisme. L'inclination de Chwistek et d'autres (le « nominalisme ») à ne parler que de ce qui peut être nommé est saine. Le seul problème est de trouver une bonne implémentation. (RC 090-16-09)

Tarski revient à la même affirmation concernant l'engagement platoniste lié aux quantifications d'ordre supérieur plusieurs fois durant les rencontres de 1940-41. Par exemple :

> Tarski : Une forme de platonisme est sous-jacente au calcul des fonctions de type supérieur (partant, à l'usage de variables de prédicats, en particulier de type supérieur). (RC 102-63-09)

Puisque je ne peux résumer ici les 80 pages de notes prises par Carnap sur ces discussions, je vais simplement dire quel en a été le résultat. Le point de départ était d'essayer de trouver une partie des mathématiques classiques qui pourrait être rendue intelligible selon les critères finitistes / nominalistes énoncés par Tarski. Il y a eu désaccord quant à la question de savoir quels fragments des mathématiques classiques pouvaient être considérés comme intelligibles et un accord commun n'a pu être trouvé que sur un système pour l'arithmétique élémentaire dépourvu de quantification (formulé avec des relations et non des fonctions pour éviter de s'engager sur un nombre infini d'entités). On a ensuite cherché une interprétation pour ce système à partir d'un ordre sur les individus concrets du monde. Comme les individus du monde pourraient être en nombre infini, un certain nombre de complications s'en suivent. Mais alors la discussion s'est tournée vers l'esquisse d'un langage noyau qui satisferait les réquisits nominalistes et serait assez fort pour formuler la *métathéorie* nécessaire aux mathématiques dont la science a besoin. L'idée était que l'on pourrait même rendre (partiellement) intelligible un fragment des mathématiques platonistes grâce à une métathéorie nominaliste. Dans l'une des dernières réunions, Carnap a fait un résumé de ce à quoi ont abouti les discussions. Le 18 juin 1941, nous avons la dernière réunion portant sur le langage noyau. Sont présents Carnap, Tarski, Quine, Goodman et Hempel. Carnap donne dans ses notes une évaluation finale du point atteint par la discussion :

> Résumé de ce qui a été discuté jusqu'ici. Le langage noyau doit servir de langage pour la syntaxe au service de la construction du langage universel de la science (incluant les mathématiques classiques, la physique etc.) Le langage de la science reçoit une interprétation partielle dans la mesure où le langage noyau est supposé être compris...
>
> Concernant la partie logico-arithmétique du langage noyau. Des quantificateurs non restreints... Pas d'objection du [point de vue] finitiste puisque les valeurs des variables sont les objets physiques. On laisse indécidée la question de savoir si leur nombre est fini ou infini. Comme nombre, on prend les choses elles-mêmes pour lesquelles nous présupposons un ordre sur la base de la relation successeur...
>
> La partie descriptive. Nous n'avons pas réussi à nous mettre d'accord pour savoir s'il était préférable de partir de prédicats de choses ou de prédicats de sense data. Moi [Carnap], et probablement Tarski, sommes

> en faveur de la première solution. Hempel y ajoute Popper. Pour la seconde solution : Goodman et Quine.
>
> Finalement : le langage doit être aussi intelligible que possible. Ce que nous voulons dire par là n'est cependant pas clair. Peut-être devrions-nous demander à des enfants (psychologiquement) ce qu'ils apprennent d'abord ou le plus facilement ? (RC 090-16-05)

Plusieurs questions demanderaient à ce stade à être élaborées, telles que l'importance de la 'compréhension' dans ces discussions, la confusion systématique entre nominalisme et finitisme, et d'autres sujets encore. Elles sont traitées en détail dans Mancosu 2005 et Frost-Arnold 2013. En outre, sur la question de la finitude du monde il y avait désaccord entre Quine et Carnap et Tarski ; pour finir, quels genres d'entités pourraient être à juste titre conçues comme concrètes ? Je reviendrai à certaines de ces questions plus tard. Pour l'instant, nous revenons à Quine, et nous n'entendrons plus parler du nominalisme de Tarski jusqu'à la description des rencontres d'Amersfoort.

3. Prudence, engagement et abandon (Quine 1941-1948)

3.1. *Prudence*

Les réunions de 1940-41 incitèrent Goodman et Quine à poursuivre le programme nominaliste. Goodman fut chargé de rédiger un rapport sur les discussions qui eurent lieu en 1941 à Harvard (et dont il fut le témoin direct) bien qu'il trouvât difficile de dire ce qui avait réellement été accompli :

> Une autre chose que je veux confesser est que je n'ai pas beaucoup avancé sur le compte-rendu de nos conversations à quatre du semestre dernier. Votre lettre a confirmé mon soupçon que tout ce à quoi nous étions parvenus n'était que le squelette d'un programme, et tant de difficultés et de questions me sont apparues que j'ai renoncé à essayer de mettre par écrit quoi que ce soit tant qu'il n'y a pas quelque chose de plus solide à attaquer. J'espère que vous et moi pourrons travailler ensemble à préciser et à mettre en œuvre ce programme, comme nous avions commencé de le faire. Peut-être aurez-vous à nouveau du temps la saison qui vient, avec la fin de toutes les réunions avec Tarski et Carnap. (Goodman à Quine, le 12 septembre 1941 ; MS Storage 299, box 4, dossier Goodman, APHLUH)

Ce ‘programme’ a fini par déboucher sur l’article Goodman-Quine de 1947. Mais la position de Quine sur le nominalisme, même un an avant l’article Goodman-Quine, était une position prudente. Nous disposons d’une conférence, Quine 1946, du 11 mars 1946, qui à mon avis est l’expression la plus claire de la conception de Quine du nominalisme. La conférence, aujourd’hui publiée dans Quine 2008, présente le nominalisme comme la thèse selon laquelle il n’y a que des particuliers et pas d’universaux. Dès le départ, Quine dit que son travail ne sera ni une défense ni une réfutation du nominalisme. Mais il ajoute : « Je vais maintenant jouer cartes sur table et avouer mes préjugés : j’aimerais pouvoir accepter le nominalisme. » (Quine 2008, p. 6) Mais la sympathie pour le nominalisme ne rend pas Quine aveugle aux problèmes que le programme rencontre et, jouant sur le double sens de ‘exécuter’ (l’exécution d’un programme mais aussi l’exécution par le bourreau) il conclut sa conférence en disant « Je suis sûr que le nominalisme peut être exécuté, mais je ne sais pas en quel sens ». (Quine 2008, p. 21) Mais en soi cela pourrait être vu comme un résultat positif. Si l’on compare avec le rejet carnapien du problème des universaux, Quine soutient que ‘nominalisme’ est le nom d’une position philosophique douée de sens. Une grande partie de la conférence elle-même passe en revue un certain nombre de sujets dont nous sommes maintenant familiers. En particulier, suivant la doctrine selon laquelle « être c’est être la valeur d’une variable », Quine reformule la thèse nominaliste en disant : « Un discours adéquat pour la totalité de la science peut être organisé de manière à ce qu’il ne soit besoin d’admettre rien d’autre que des particuliers comme valeurs des variables. » Confronté à l’objection selon laquelle les mathématiques quantifient sur des objets abstraits, Quine propose une échappatoire pour le nominalisme :

> Assurément, les mathématiques classiques sont une partie de la science ; et j’ai dit que des universaux devaient être admis comme valeurs de leurs variables ; il suit que la thèse nominaliste est fausse. Que peut répondre le nominaliste ?
>
> Il n’est pas encore obligé d’abandonner ; pas s’il aime son nominalisme plus que ses mathématiques. Il peut faire les ajustements nécessaires en répudiant comme philosophiquement mal fondées les parties de la science qui résistent à ses thèses ; et sa position reste forte tant qu’il peut nous persuader que les parties de la science ainsi rejetées ne sont ni intrinsèquement désirables ni des moyens nécessaires à d’autres parties qui sont intrinsèquement désirables. (Quine 2008, p. 14)

Si le but de la science est l'efficacité dans la prédiction de l'expérience, alors on pourrait tenter de soutenir que certaines parties des mathématiques « ne sont *pas indispensables* en tant que *moyens* au service des parties de la science qui jouent un rôle dans les prédictions ».

Je me contenterai de souligner quelques éléments dignes d'intérêt. Alors que la discussion pour savoir si la pensée de Quine est ici en train de changer est compliquée par la tentative de Quine de fournir un argument viable pour le compte du nominaliste, la question générale qu'il faut garder à l'esprit est : une fois qu'on a accepté l'autorité de la science en métaphysique, quels sont exactement les aspects de la science qui sont pertinents pour la métaphysique ? L'insistance sur les parties de la science qui « jouent un rôle dans les prédictions » (1946) semblent contraster avec les passages mentionnés précédemment qui mettaient l'accent sur « tous les objectifs scientifiques » (1939) ou « tous les objectifs » de la science (1939). Mais déjà en 1940, le but de la science est caractérisé comme « la prédiction dans le domaine des choses ordinaires » (Quine 1940, p. 7). Concernant les relations entre la science et l'ontologie, il pourrait également être utile de remarquer que tandis que Tarski s'intéresse à la compréhensibilité des langages, Quine essaie de s'intéresser aux buts et aux critères de la science. Et ceci relie la position de Quine à celle de Russell. Quine semble d'accord avec Russell, à nouveau contre Carnap, pour dire que la philosophie nécessite de la métaphysique et que les questions métaphysiques sont de véritables questions parce qu'on peut y répondre en faisant appel à notre meilleure science.

Un autre problème concerne le choix par Quine des particuliers. On peut construire, dit Quine, deux versions du nominalisme, une mentale et l'autre physique. La première version part d'entités mentales. Dans ce cas, les particuliers sont des expériences simples : des événements mentaux spécifiques, concrets. La version physique part d'événements physiques, c'est-à-dire que les particuliers sont des objets physiques étendus dans l'espace et dans le temps. Un point important est la conviction de Quine que la physique moderne justifie l'affirmation que l'univers est fini.

> Selon la physique actuelle, ces choses sont faites de quanta d'énergie, chacun d'eux étant une approximation d'un événement ponctuel. Il est pratique de considérer chaque aggrégat de tels quanta comme un objet physique – un *particulier*, au sens utilisé ici – aussi dispersées soient ses parties, aussi mêlées soient-elles avec des quanta extérieurs. Mais il s'agit bien d'un aggrégat dans le sens non d'une classe mais d'un tas de pierres : un objet concret entier duquel tous les quanta qui le constituent

> et tous leurs aggrégats sont des *parties* – des parties spatiales, en réalité des parties spatio-temporelles.
>
> Cela nous donne beaucoup de choses, mais, si l'on en croit la physique contemporaine, seulement en un nombre fini. Eddington a calculé le nombre total de quanta dans l'intégralité de l'étendue et de la durée de l'univers : si nous appelons ce nombre k, alors on peut montrer à l'aide d'un principe mathématique familier que le nombre total de choses dans l'univers – le nombre total de particuliers, au sens que nous avons adopté – est 2^k. (Quine 2008, p. 7)

Il s'agit d'une position que Quine a défendue également dans des conversations avec Tarski et Carnap. De plus, la première version de l'article Goodman-Quine envoyée pour publication, mais pas la version publiée, contenait également le même engagement finitiste. Les raisons de ce changement seront décrites dans la section qui suit.

3.2. *L'engagement : Goodman-Quine 1947*

Ce n'est bien sûr pas le lieu pour rendre compte de manière détaillée de l'article Goodman-Quine de 1947, qui a été décrit en détail ailleurs (Decock 2002, Cohnitz et Rossberg 2006, Gosselin 1990). Dans cet article, Goodman et Quine réussirent à fournir une analyse nominaliste des prédicats 'être une preuve' et 'être un théorème', ce qui pour le second est un résultat impressionnant. Je voudrais souligner seulement deux faits en lien avec cet article qui émergent d'une étude de la correspondance entre Goodman et Quine. Le premier concerne l'infini. Nous avons vu que dans des exposés et des articles antérieurs, Quine défendait l'idée que le monde contient un nombre fini d'individus et s'appuyait pour cela sur la physique. C'était également la thèse contenu dans la première version de l'article Goodman-Quine. Cependant, des objections de Church ont conduit Quine à envoyer une version révisée de l'article affaiblissant son finitisme en un non-infinitisme. Dans deux lettres successives, Church avait fait remarquer à Quine qu'il lui fallait être prudent dans ses affirmations concernant les théories cosmologiques modernes. Le 13 août 1947, Church écrivait :

> Je ne suis pas au fait de toutes les dernières cosmologies des physiciens. En réalité, je ne les prends pas au sérieux parce qu'il me semble évident qu'à partir de l'observation de la portion visible de l'univers, qui peut se trouver comparativement très petite, le pas consistant à extrapoler à la nature de l'univers tout entier est trop grand pour être le moins du monde fiable. Toutefois, je n'ai connaissance d'aucune théorie cosmologique qui rende l'espace-temps fini dans les quatre dimensions. Je

> connais effectivement des théories qui rendent trois dimensions finies et la quatrième, celle qui correspond au temps, infinie ; mais sur la base de ces théories, vos remarques concernant la finitude du nombre d'inscriptions me semblent douteuses. Au moins pour un langage oral, une inscription ou une énonciation peuvent être étendues dans le temps aussi bien que dans l'espace et ce tout à fait indépendamment des difficultés qu'il y a à déterminer la simultanéité à travers de longues distances. (MS Storage 325, Lettres à des éditeurs, box 1, APHLUH)

Cela a suffi à faire changer Quine d'avis. Il écrivit à l'éditeur du *Journal of Symbolic Logic*, Max Black, le 26 août 1947 :

> Je me réjouis que mon article avec Goodman soit accepté. Mais maintenant, à la faveur d'échanges épistolaires avec Church, je ne me sens pas à l'aise avec certaines remarques qui se rapportent à la finitude du monde physique. En conséquence, j'aimerais vous demander de remplacer les pages 2 et 3 par les versions révisées jointes à ce courrier, et de subsituer la nouvelle note 4, jointe également, à l'ancienne note 4. (MS Storage 325, Lettres à des éditeurs, box 1, APHLUH)

La nouvelle note dit :

> Selon la physique quantique, chaque objet physique consiste en un nombre fini de quanta d'action situés en divers lieux de l'espace-temps. Pour qu'il y ait une infinité d'objets physiques, il faudrait alors que le monde ait une étendue infinie selon l'une au moins de ses dimensions spatio-temporelles. La question de savoir si tel est le cas semble faire débat dans les spéculations contemporaines des physiciens. (Goodman et Quine 1947, p. 106)

Dans l'exposé de Amersfoort de 1953, Quine résume le problème de la taille de l'univers de la manière suivante :

> Le nominalisme en lui-même ne justifie *pas* d'infini. En effet, si les seules entités qu'il y a sont les entités concrètes (en un certain sens), alors certainement elles sont en nombre fini ou, au mieux, ne doivent pas être *présumées* être en nombre infini, sauf preuve du contraire par les sciences de la nature. Il ne revient pas au mathématicien nominaliste de statuer sur la taille de l'univers ; ses constructions doivent être compatibles avec n'importe quelle taille finie, mais ne doivent pas requérir la finitude. On a alors ici, semble-t-il, une conséquence mathématique, et même quantitative, claire de la différence entre le nominalisme, le conceptualisme et le platonisme strict : non-infinitisme, infinitisme dénombrable et infinitisme indénombrable. (Quine 1953a, p. 4, APHLUH)

Il faut donc corriger ce qu'écrit Decock 2002 sur le sujet quand il affirme que « Pour Quine, les nominalistes refusent l'usage des infinités.

La raison est que nous ne pouvons savoir s'il y a un nombre infini d'objets dans l'univers ou pas. Les nominalistes peuvent seulement accepter un univers fini d'objets. » (Decock 2002, p. 40) Alors que les deux premières phrases sont correctes, la justification textuelle donnée pour la troisième (Quine 1953a, p. 129) ne permet pas d'établir ce qui est affirmé. Ce que le texte auquel fait référence Decock dit explicitement est que : « le nominaliste [...] ne va pas imputer un caractère infini à son univers de particuliers à moins qu'il se trouve être infini pour des raisons de fait, pour des raisons objectives. » Comme il est évident sur la base des passages que j'ai mentionnés précédemment, le nominaliste doit mener à bien son travail sans présupposer ni que le monde est fini ni qu'il est infini. En ce sens, il est non-infinitiste parce que ses constructions doivent être compatibles avec la possibilité que l'univers soit fini. Cohnitz et Rossberg (2006, p. 84) fait également la même affirmation erronée que Decock en argumentant à partir de la prémisse selon laquelle « Puisque les inscriptions sont des marques physiques, le nombre de variables sera contraint par la taille de l'univers, qui est très grande, mais cependant finie, comme nous le dit la science contemporaine. »

Il faudrait une discussion plus longue pour clarifier les approximations qui grèvent la caractérisation des entités auxquelles le nominaliste fait droit : les choses concrètes, les particuliers, les individus. Les trois ne sont pas identiques (tout à fait comme les entités abstraites et les universaux ne sont pas nécessairement les mêmes) ; mais Quine, dans ses articles et ses conférences, ne semble pas distinguer entre eux et fait comme si les distinctions concret / abstrait et particulier / universel étaient des manières équivalentes de rendre compte de l'opposition entre nominalisme et réalisme. En particulier, Goodman poussait en faveur d'une version du nominalisme dans laquelle la notion de particulier serait au premier plan. Cela a conduit à des discussions concernant la terminologie à utiliser dans l'article Goodman-Quine. Quelques mois seulement après la publication, Quine écrivait à Goodman :

> Sondez votre cœur à propos du mot 'particularisme'. J'ai à nouveau des doutes. Il est vraiment dommage de désavouer une noble tradition alors que nous sommes dans la droite ligne de celle-ci. Le nominalisme est négatif et nous aussi. Si nous voulions ici mettre en valeur une position positive en faveur par exemple des objets physiques et contre les phénomènes, ou l'inverse, alors effectivement je serais pour abandonner 'nominalisme' en faveur du terme plus spécifique approprié. (Quine à

Goodman, le 12 juin 1947, MS Storage 299, box 4, dossier Goodman, APHLUH) [1]

Comme cet article ne porte pas sur le nominalisme de Goodman, je renverrai simplement le lecteur au chapitre 4 de Cohnitz et Rossberg 2006 ainsi qu'à Goodman 1988 et à Quine 1988b pour une évaluation rétrospective de leurs différences.

3.3. *L'abandon par Quine du nominalisme*

Dans son autobiographie pour le volume Schilpp, Quine rejette ce qu'il considère comme une mauvaise interprétation de sa position :

> De nouvelles sessions de travail avec Goodman ont conduit à « Steps towards a constructive nominalism », un effort pour faire rentrer les mathématiques dans une ontologie consistant strictement en des objets physiques. Nous nous étions mis d'accord pour donner une théorie formaliste des mathématiques, mais nous avions encore le problème de faire avec une théorie de la démonstration inscriptionnelle dans un univers présumablement fini. Notre projet était un bon projet, je pense, et bien lancé. Mais notre article a donné lieu à une mésinterprétation persistante, selon laquelle je serais un nominaliste. Mes lecteurs essaient de réconcilier de la manière la plus bienveillante possible mes écrits avec le nominalisme. Ils cherchent du nominalisme dans « On what there is » et trouvent, ou devraient trouver, de l'incohérence. (Quine 1988a, p. 26)

Qu'il y ait un écart entre « On what there is » (1948) et l'article de 1947 avec Goodman était évident aux yeux de Quine déjà à l'époque de la publication de « On what there is ». Ce changement peut se voir dans les remarques faites par Quine à Woodger dans deux lettres successives. Dans la première, datée du 26 janvier 1948, Quine discute une analyse de l'ordre lexicographique proposé par Woodger et dit à Woodger : « votre

1. Sur le même sujet, il est intéressant de lire ce que Goodman écrit à Quine le 28 juin 1948 : « j'ai finalement dû abandonner le terme "nominalisme" s'agissant des objectifs pour lequel il avait été utilisé dans ma thèse à cause de la difficulté trop grande à garder cet usage distinct de l'autre. En conséquence, j'utilise "particularisme" pour ce que j'appelais précédemment nominalisme. Si vos articles et notre article commun n'utilisaient pas "nominalisme" comme ils le font, j'aurais probablement gardé le terme pour l'usage que j'en faisais dans la thèse et utilisé "particularisme" pour l'autre objectif ; la raison est que je pense qu'on pourrait facilement défendre l'idée que ce que j'appelle maintenant "Particularisme" – le refus d'admettre tout autres individus que les individus concrets – est plus proche du nominalisme traditionnel, qui est assez hétérogène, que ce que vous et nous avons appelé nominalisme – le refus d'admettre tout autres entités que des individus. » (MS Storage 299, box 4, dossier Goodman, APHLUH)

approche suggère que vous partagez nos préjugés [ceux de Quine et de Goodman] nominalistes. » Mais dans la lettre suivante datée du 22 mars 1948, Quine dit à Woodger que ses vues sur l'ontologie sont en train de subir des transformations rapides :

> Maintenant de brèves réflexions sur l'ontologie. Je suppose que la question de savoir quelle ontologie accepter est en principe similaire à la question de savoir quel système accepter pour la physique ou la biologie : elle dépend en fin de compte de l'élégance et de la simplicité relatives avec laquelle la théorie permet de rassembler et de mettre en rapport nos données sensorielles. Nous acceptons une théorie d'objets physiques, qui vont des particules subatomiques aux univers-îles, parce cela nous donne le système de classement le plus propre et le plus pratique que l'on connaisse pour mettre en ordre nos expériences. À partir de là, poser des entités abstraites (comme valeurs de nos variables) relève du même genre de choses. En tant que complément des sciences de la nature, les mathématiques classiques ne sont probablement pas nécessaires ; cependant, elles sont plus simples et plus pratiques que n'importe quel fragment qu'on pourrait leur substituer et auquel on pourrait conférer du sens en termes nominalistes. C'est une raison – et une bonne – pour poser des entités abstraites (dont les mathématiques classiques ont besoin). L'acceptation platoniste des classes conduit au paradoxe de Russell et autres, elle doit donc être modifiée et subir des restrictions artificielles. Mais de même l'acceptation d'une ontologie physique conduit, ces derniers temps, à des résultats étranges : le paradoxe de la dualité onde-particule et l'indétermination. Il semble, plus que jamais, que l'hypothèse qui porte sur les entités abstraites et celles qui portent sur le monde extérieur sont des hypothèses du même genre. Il reste important d'étudier la frontière entre la partie du discours qui fait l'hypothèse d'entités abstraites et celle qui ne la fait pas. J'ai moi-même travaillé des deux côtés de la frontière, et je me propose de continuer à le faire ; mais j'ai tendance aujourd'hui à souligner cette différence. Ces remarques très relativistes et tolérantes diffèrent quant à leur ton de certains passages de mon article avec Goodman et même de ma dernière lettre, je crois. Mon attitude ontologique semble évoluer plutôt rapidement en ce moment. (MS Storage 299, box 9, dossier Woodger, APHLUH)

Il s'agit en réalité de l'attitude ontologique qui sera présentée dans « On what there is », qui marque le passage du « préjugé nominaliste » de l'article Goodman-Quine au platonisme 'à contre cœur' des années ultérieures. Pour finir, je ferai remarquer que l'argument présenté à Woodger n'est pas tout à fait l'argument classique d'indispensabilité. Quine dit à Woodger qu'il se pourrait peut-être que les mathématiques classiques se révèlent ne pas être nécessaires aux sciences de la nature mais que c'est à cause des vertus théoriques qui résultent d'une systématisation faisant usage des mathématiques classiques que nous devrions les accepter en même temps que leurs engagements platonistes. Les développements récents des arguments d'indispensabilité (Colyvan 2001 et Baker 2005) sont davantage dans l'esprit de cette version de l'argument que dans celui de sa version classique dite de Putnam-Quine.

4. Tarski à nouveau

Dans cette section nous pouvons revenir au nominalisme de Tarski. Je m'appuierai sur les compte-rendus de Willem Beth d'un congrès à Amersfoort en 1953 pour compléter le tableau de l'engagement de Tarski en faveur du nominalisme.

4.1. *Beth sur le nominalisme (Bruxelles 1953)*

L'analyse des écrits de Beth sur le nominalisme révèle un changement intéressant. Et grâce aux documents qui se trouvent dans les archives Beth, nous sommes bien informés de ce changement. Le 24 janvier 1953, Beth a donné une conférence en français à Bruxelles. Le titre de l'exposé était « La reconstruction nominaliste de la logique » (Beth 1953a). Dans cet exposé, Beth fait un compte-rendu des développements en théorie des ensembles et en logique qui ont eu comme protagonistes Cantor, Zermelo, Frege et Russell. Il fait remarquer qu'aussi bien le système de Zermelo que la théorie des types de Russell ont émergé comme une manière d'apporter une solution aux paradoxes. Il souligne ensuite que les deux systèmes contiennent des éléments hérités d'une conception « platoniste ». Dans le cas de Zermelo cela est d'abord révélé par le fait que des individus sont le résultat de la compression d'une multitude en une unité, « qui rappelle les méthodes de la théorie des formes ». De plus, ajoute Beth, dans la théorie de Zermelo ce platonisme est encore plus évident à cause du fait que chaque individu est le résultat d'une telle compression. Par contraste, le système de Russell laisse la place à de véritables individus qui ne sont pas le résultat d'une compression. Quand nous comprimons une multitude nous obtenons à l'arrivée une entité d'ordre supérieur. Mais Beth remarque que Quine a insisté sur la présence d'éléments platonistes dans la théorie des types également. La raison qui est donnée est que les entités d'ordre supérieur sont traitées exactement comme les individus. C'est particulièrement évident en vertu du fait que l'on peut quantifier non seulement sur les individus mais aussi sur les entités d'ordre supérieur. De cette façon, les entités d'ordre supérieur prennent un caractère concret ou substantiel si bien que les « universaux se solidifient eux-mêmes ». Cela conduit Beth à réfléchir à la question de savoir si l'on pourrait donner une interprétation alternative, « nominaliste », des systèmes en question, de manière à éviter les engagements platonistes. Ce qui lui semblait clair est que l'analyse des paradoxes a montré que l'on ne peut pas avoir en même temps quantification uniforme et compression illimitée. Une exigence pour le nominalisme, donnée sans argument, est que le nominalisme doit demander une quantification uniforme. Il accorde que l'on peut construire des systèmes de logique qui satisfont les exigences nominalistes ; la logique du premier ordre en est un exemple éminent, mais le problème est que la logique du premier ordre ne suffit pas à reconstruire les mathématiques. Et même en autorisant une certaine quantité de compressibilité (je pense que Beth pense ici aux « théories prédicatives ») on finit avec des modèles non-standard et donc avec une reconstruction insatisfaisante des mathématiques. Une chose commune à la fois au système de Zermelo et au système de Russell est la notion d'« appartenance » (sous la forme soit de « un universel est présent dans un individu » soit de « un individu est un membre d'une classe »). Peut-être s'agit-il de la notion à l'origine des deux systèmes qu'il faudrait tenter d'éliminer. Beth mentionne qu'une telle tentative pourrait être faite en remplaçant l'« appartenance » par une relation d'inclusion (c'est-à-dire la relation qui existe entre une partie et son tout). Cependant cette solution présente également divers problèmes et Beth conclut son exposé en affirmant que la reconstruction nominaliste de la logique et des mathématiques rencontre des difficultés considérables et que les exigences nominalistes ne sont pas en harmonie avec les besoins de la logique et des mathématiques classiques. Cependant, il voit davantage d'avenir pour le nominalisme au niveau métalogique. Bien qu'il ne mentionne pas explicitement le travail de Goodman et de Quine, il est clair qu'il le connaissait puisqu'il l'avait mentionné dans un article publié le 14 février 1953 dans *Folia Civitatis* (Beth 1953b).

Pour résumer, dans la première contribution de Beth sur le nominalisme nous trouvons : (a) une description non dénuée de sympathies pour le programme mais sans renoncement à l'attitude platoniste ; (b) une attitude critique concernant les perspectives de succès pour une reconstruction nominaliste des mathématiques (voir aussi la lettre à Scholz citée dans van Ulsen 2000, p. 62) ; (c) uniquement la mention de Quine et de Goodman comme nominalistes éminents.

4.2. *La conférence d'Amersfoort de l'été 1953*

Un important développement dans la conception du nominalisme de Beth résulte d'une conférence d'été qu'il a organisée à Amersfoort, « Nominalism and Platonism in Contemporary Logic ». Ce changement peut être retracé très clairement à travers une série de publications. Tout d'abord, le compte-rendu « Conférence d'été 1953 » et l'article « Raison et Intuition » également publié en 1954 (tous les deux en hollandais). Des conceptions plus élaborées peuvent ensuite être trouvées dans les volumes *L'Existence en Mathématiques* (1955) et *The Foundations of Mathematics* (1959). Les deux principaux orateurs à la conférence étaient Quine et Tarski. J'ai déjà mentionné que l'exposé de Quine pour cette conférence d'été se trouve toujours à la Houghton Library et j'en ai déjà cité un extrait [1].

Cependant, la plus grande partie de l'exposé de Quine est consacrée à l'opposition entre ontologie et idéologie, et n'ajoute pas grand chose à Quine 1951, qui est publié. Mon intérêt pour ces matériaux réside surtout dans la quantité d'informations que l'on peut tirer de ces articles concernant le nominalisme de Tarski. Cela apporte un complément bienvenu aux informations que nous avions pu tirer des notes de Carnap sur les réunions à Harvard en 1940-1.

Commençons avec le compte-rendu de la conférence d'été (Beth 1953-54). Beth a présenté Quine et Tarski comme les orateurs « qui font le plus autorité » concernant les efforts nominalistes en logique. Après avoir décrit la distinction de Quine entre ontologie et idéologie, et le rejet nominaliste d'un écart entre les deux, il a mentionné cette taxinomie de Quine

1. Il est tout à fait possible que Tarski n'ait jamais rédigé un texte en bonne et due forme pour son exposé. Avant la conférence, le 20 juin 1953, il écrivait à Quine : « Cher Van, Il y a quelques temps Beth m'a demandé si je voudrais bien participer à la conférence sur le nominalisme et le platonisme et y présenter un exposé. Je lui ai dit que j'étais intéressé par le sujet et que je serais heureux d'assister à la conférence (si jamais mes plans d'aller en Europe cet été finissaient par se matérialiser), mais je lui ai aussi indiqué qu'il serait trop tard pour moi pour préparer un exposé en forme et que je ne pouvais promettre que de contribuer à la discussion. J'ai maintenant reçu une invitation officielle et j'ai l'intention de faire une réponse du même genre. D'un autre côté, je me suis dit que, si nous devions tous les deux passer en Belgique une partie d'août et trouver le temps de nous rafraîchir la mémoire concernant nos discussions de Washington, nous pourrions parvenir à concocter quelque chose en joignant nos forces. Il y a quelques points qui m'intéressent beaucoup, notamment la possibilité d'une interprétation sémantique des quantificateurs avec variables d'ordres supérieurs. » (MS Storage 299, box 8, dossier Tarski)

[cela ne figure pas dans les notes rédigées de Quine pour l'exposé] concernant les différentes positions possibles qu'un nominaliste peut adopter vis-à-vis des mathématiques platonistes :

(1) il peut essayer de construire de nouvelles mathématiques, nominalistes ;

(2) il peut, suivant l'exemple du formalisme de Hilbert, concevoir les mathématiques classiques comme un système formel, dont la structure peut être décrite de manière nominaliste, mais qui ne requiert pas d'interprétation nominaliste ;

(3) il peut essayer de trouver une interprétation nominaliste des mathématiques classiques.

Les sympathies de Quine vont à la troisième option. En guise de digression, laissez-moi souligner maintenant que les discussions de 1940-41 contiennent des éléments relevant des trois stratégies et que Goodman et Quine 1947 développe une version de la deuxième stratégie. Les difficultés de l'entreprise sont bien connues. En quel sens pourrait-on donner aux *Principia Mathematica*, en dépit de leurs engagements platonistes, une interprétation nominaliste ? Déjà lorsque l'on quantifie sur les nombres naturels, qui sont interprétés comme des classes dans les *Principia*, nous ne pouvons trouver aucune interprétation nominaliste évidente. Il y a la possibilité alternative d'identifier les nombres naturels avec des objets concrets « mais alors on doit supposer qu'il y a une infinité d'objets concrets, et un nominaliste sera difficilement prêt à faire une telle hypothèse. »

Les difficultés deviennent encore pires lorsque l'on passe à l'analyse, car l'on y trouve partout des définitions imprédicatives : non seulement elles produisent des universaux mais encore elles quantifient sur ces universaux. Certains non-nominalistes ont également des objections à l'égard des définitions imprédicatives. Ainsi, en plus du nominalisme et du platonisme, il y a une troisième option : le conceptualisme. Cette position accepte la quantification sur les universaux mais rejette les définitions imprédicatives. Cependant, en vertu du théorème de Löwenheim-Skolem et des résultats de Gödel sur la construction d'un modèle intérieur de ZF, à travers les ensembles constructibles L, l'opposition entre le platonisme et le conceptualisme n'est pas aussi tranchée (« cette opposition commence à décliner », dit Quine dans cette conférence) qu'il pourrait sembler à première vue.

Ensuite Beth passe à un résumé de la conférence de Tarski :

> Le Professeur Tarski a exprimé son accord avec la présentation par Quine de la conception nominaliste, et a développé plusieurs points. Il a distingué entre une 'ontologie de base' B et une 'ontologie étendue' E. Les sciences peuvent servir d'illustration : pour elles, B consiste dans les objets accessibles à l'observation macroscopique, alors que les atomes, les électrons et ainsi de suite appartiennent à E. La ligne de démarcation entre B et E ne peut être tracée de manière précise, et transférer certains élements de B à E ou vice versa ne produit, du point de vue nominaliste, aucun gain. Nous pouvons cependant essayer de réduire B et E simultanément en adoptant une position empiriste vis-à-vis de B et une position nominaliste vis-à-vis de E. B nous fournit alors un stock minimal d'objets concrets, et E devrait nous fournir une ontologie d'universaux acceptable par le nominaliste. Le problème consiste ici, nous l'avons vu, à trouver une interprétation nominaliste des quantificateurs qui ont des universaux (des classes) dans leur portée. (Beth 1953-54, p. 43)

Nous voyons donc que Tarski s'accorde avec Quine pour adopter la troisième stratégie à la disposition du nominaliste, c'est-à-dire une réinterprétation des systèmes formels acceptable selon des standard nominalistes. C'est à ce moment-là que nous trouvons une référence rare et importante à Leśniewski, qui montre que le point de vue de Leśniewski avait laissé une empreinte sur l'approche de Tarski du nominalisme :

> Tarski a rappelé à l'auditoire que les universaux acceptables d'un point de vue nominaliste sont ceux pour lesquels une expression déterminée est disponible. Leśniewski a indiqué la possibilité de restreindre la portée des quantificateurs en question aux universaux qui sont acceptables en ce sens. Cela soulève la question de savoir si, lorsqu'on accepte une telle ontologie, les lois habituelles de la logique restent valides, puisque ces lois sont empruntées à un système fondé sur des hypothèses platonistes. Selon Tarski, les résultats de Gödel qui ont été mentionnés suggèrent qu'on ne rencontrera pas là de difficultés. Mais en d'autres endroits, il y a des difficultés. (Beth 1953-54, p. 43)

L'idée serait ainsi d'utiliser la quantification substitutionnelle au lieu de la quantification objectuelle. Tarski a vu dans le travail de Gödel la possibilité d'avoir une ontologie d'universaux abstraits (de classes) qui pouvaient être nommés. Peut-être a-t-il vu dans ce résultat la justification de l'espoir qu'il avait exprimé en 1941 :

> L'inclination de Chwistek et d'autres (le « nominalisme ») à ne parler que de ce qui peut être nommé est saine. Le seul problème est de trouver une bonne implémentation. (RC 090-16-09)

Mais d'autres problèmes pour le projet nominaliste furent indiqués par Tarski. Tout d'abord, le domaine B doit fournir un nombre infini d'objets :

> (i). E doit fournir un nombre infini d'objets. Mais cela n'est justifié que si B recouvre un nombre infini d'objets, et c'est une hypothèse qui est peu compatible avec une position empiriste à l'égard de B. (Beth 1953-54, p. 43)

Nous avons discuté en détail la question de la cardinalité des objets concrets et je n'insisterai pas davantage là-dessus (mais voir ci-dessous la manière dont le lien entre l'infinité de B et l'infinité de E a probablement été établi par Tarski). Un deuxième problème concerne le genre de prédicats qui peuvent être appliqués à B. Par exemple, il ne semble pas que l'on puisse disposer d'un prédicat de vérité cantonné à B :

> (ii) La position empiriste à l'égard de B conduit à davantage de problèmes. Quel genre de logique peut-on appliquer dans B ? Les prédicats comme 'rouge' sont ici admissibles ; mais l'introduction du prédicat 'vrai' présuppose un passage à une logique d'ordre supérieur, mais c'est une chose qui ne devient possible que dans E. (Beth 1953-54, p. 43)

Mais E devrait au moins contenir les nombres naturels. Comment ceci peut-il être justifié ?

> (iii) Les problèmes mentionnés en (i) et en (ii) impliquent que même dans E la construction de l'arithmétique élémentaire donne lieu à des objections. À savoir, le fait qu'un des axiomes de Peano implique l'existence d'un nombre infini d'objets et outrepasse ainsi les limites de E. (Beth 1953-54, p. 43-44)

La solution proposée par Tarski clarifie l'extrait des notes de Carnap de 1940-41 où il dit :

> Les autres langages, je ne les « comprends » qu'à la manière dont je « comprends » les mathématiques [classiques], c'est-à-dire comme un calcul ; je sais ce que je peux dériver à partir d'autres [énoncés] (ou ce que j'ai dérivé ; la « dérivabilité » en général est déjà problématique). Tous les énoncés [Aussagen] supérieurs « platoniques » qui interviennent dans une discussion, je les interprète toujours comme des énoncés disant qu'une certaine proposition peut être dérivée (resp. a été dérivée) à partir de certaines autres propositions. (il veut probablement dire ceci : l'affirmation d'un certain énoncé est interprétée comme disant : cette proposition vaut dans un certain système donné ; et cela veut dire : elle est dérivable à partir de certaines hypothèses de base). (RC 090-16-28)

L'approche hypothético-déductive suggérée par la citation précédente fait l'objet d'une affirmation tout à fait explicite à Amersfoort :

> Que cette objection n'est pas insurmontable a été montré par Tarski de la manière suivante. Soit X l'axiome en question et soit A un théorème

> arithmétique dont la démonstration met en jeu l'axiome X. Nous considérons maintenant l'affirmation : si X alors A. Cette affirmation elle aussi est un théorème arithmétique, et pour la démontrer nous n'avons pas à faire appel à l'axiome X ; en formulant maintenant tous les théorèmes arithmétiques de la manière hypothétique que nous avons ici en vue, nous pouvons nous passer de faire appel à l'axiome X et de ce fait nous n'outrepassons pas les limites de E. Cependant, lorsqu'on applique les théorèmes arithmétiques à des exemples numériques concrets, la forme hypothétique : si X alors A, est tout aussi utile que le théorème initial A. (Beth 1953-54, p. 44)

Ainsi se termine le compte-rendu de Beth. Ce que contient la section 13 de « Raison et Intuition » (Beth 1954) ne fait que confirmer l'approche hypothético-déductive attribuée à Tarski. Il y a également des éléments dans Beth 1954 qui permettent de penser que Tarski a donné davantage de détails sur la manière de construire à partir de B les universaux acceptables d'un point de vue nominaliste contenus dans E. En 1954, Beth présente la construction par niveaux à la fois du système de types de Russell et de la théorie des ensembles de Zermelo et affirme dans la note 16 suivre la présentation donnée par Tarski à Amersfoort. L'idée est simple : on commence avec un domaine dénombrable d'individus S1. On construit ensuite à partir d'eux uniquement les classes qui sont définissables. L'union de ces deux sortes est l'espèce S. Les corps matériels sont ceux qu'on obtient de cette manière. Beth appelle cela 'l'hypothèse cosmologique' :

> Les objets de l'espèce S nous pouvons maintenant les identifier avec les corps matériels, en faisant appel à 'l'hypothèse cosmologique', selon laquelle l'univers contient un nombre dénombrable de corps matériels. (Beth 1954, trad. anglaise p. 95)

Cette dernière hypothèse repose sur le fait que B (appelé S1 dans Beth 1954), le point de départ de la construction, nous donne déjà un nombre dénombrable d'objets. Ceci nous ramène aux difficultés déjà mentionnées dans Beth 1953-54. Mais Beth continue en indiquant que la solution aux problèmes rencontrés par la théorie des ensembles et la théorie des types est à trouver dans la même approche hypothético-déductive proposée pour l'arithmétique :

> Naturellement on peut s'opposer à l'invocation de l'hypothèse cosmologique comme indiqué ci-dessus ; sa nécessité résultait de l'acceptation de l'axiome de l'infini. Une difficulté similaire apparaît déjà pour l'arithmétique élémentaire, et nous pouvons adopter la solution donnée pour ce cas-là. Soit X l'axiome de l'infini et A un théorème de la théorie de Zermelo (respectivement, de la théorie de Russell) dans la démonstration

> duquel X intervient. Selon le théorème de la déduction, le théorème 'Si X alors A' peut alors être démontré dans la théorie en question sans avoir à faire appel à l'axiome X. Nous pouvons donc laisser de côté l'axiome de l'infini à condition que nous donnions à tous les théorèmes dans la démonstration desquels il intervient la forme hypothétique que je viens d'indiquer. Pour toutes les fins pratiques 'si X alors A' est tout aussi utile que A. L'interprétation donnée plus haut reste tenable, mais nous pouvons laisser ouverte la question de savoir combien d'objets matériels l'univers contient. (Beth 1954, trad. anglaise p. 96)

Il semble donc que Tarski était plus attaché que Quine au projet nominaliste. Il considérait que l'approche hypothético-déductive pouvait fournir des interprétations acceptables d'un point de vue nominaliste aux calculs classiques alors que Quine semble avoir opté pour le conceptualisme, une position qu'il n'assimilait pas au nominalisme.

5. Conclusion

J'ai essayé d'apporter de nouveaux éléments afin de mieux comprendre les préoccupations nominalistes de Quine et de Tarski. Avant de conclure j'aimerais comparer, très brièvement, les stratégies nominalistes suivies par Quine et Tarski (la réinterprétation des systèmes axiomatiques classiques) avec celles présentes dans les travaux contemporains sur le nominalisme.

Dans *A Subject with no Object*, Burgess et Rosen distinguent entre le nominalisme révolutionnaire et le nominalisme herméneutique. Selon la première approche, la conception révolutionnaire, le but est la reconstruction ou la révision : « la production de nouvelles théories mathématiques et scientifiques pour remplacer les théories actuelles. » (Burgess et Rosen 1997, p. 6) La plupart des théories reconstruites ont exactement la même allure que les théories classiques mais elles sont reconstruites ou réinterprétées en accord avec les standards nominalistes. Dans le cas du nominalisme herméneutique, le nominaliste affirme que sa reconstruction ou sa réinterprétation préférée est ce que les théories classiques voulaient dire depuis le départ. Je ne vois aucune trace de nominalisme herméneutique chez Quine et Tarski ; leur approche est entièrement dans l'esprit de la tradition révolutionnaire. Cela est particulièrement évident si nous pensons à la position défendue à Amersfoort en utilisant les résultats de Gödel sur L comme une réinterprétation permettant de satisfaire les standard nominalistes.

En soi, cela ne marque pas une différence majeure d'avec les programmes nominalistes contemporains, qui sont habituellement révolutionnaires plutôt qu'herméneutiques. Mais les programmes nominalistes diffèrent grandement entre eux. Certains, suivant Goodman et Quine 1947, reposent sur des idées méréologiques. Tarski lui-même ne semble pas mettre en avant la méréologie dans sa reconstruction nominaliste ; en ce qui concerne Quine, la méréologie fait son apparition dans certaines conférences des années 1930 et 1940 et dans l'article avec Goodman. Mais à Amersfoort son approche ne repose pas sur la méréologie. D'autres programmes contemporaines reposent sur la modalisation. Sur ce point, Tarski et Quine rejettent l'appel aux modalités ; c'est particulièrement clair dans les discussions avec Carnap. Cependant, il est intéressant de noter que l'approche (partiellement) hypothético-déductive de Tarski correspond à la première étape dans l'approche modale du nominalisme de Hellman. L'approche hypothético-déductive de Tarski est partielle en ce qu'elle semble limitée à l'axiome de l'infini (ou à l'axiome du successeur pour l'arithmétique) La reconstruction favorite de Hellman des mathématiques classiques commence par construire pour chaque théorème disons de l'arithmétique classique, une version hypothético-déductive et ensuite préfixe chaque énoncé hypothético-déductif par un opérateur de possibilité. Pour finir, la version de Field du nominalisme fait appel aux points et aux régions de l'espace physique. Bien que Tarski et Quine ne manqueraient pas d'avoir des sympathies pour cette proposition, je ne suis pas sûr de la manière dont ils auraient réagi, mais il est certain que le problème du nombre infini de tels points et de telles régions aurait été un problème. En tout cas, ils auraient trouvé la proposition de Field intéressante dans la mesure où elle s'attaque à un problème qui était central à leurs yeux : le nominalisme peut-il suffire à rendre compte des mathématiques utilisées dans les sciences de la nature ?

Ce qui est frappant à propos de Tarski et de Quine en comparaison avec le nominalisme contemporain, c'est le fait que leurs raisons d'être nominalistes ne s'appuient pas sur des arguments épistémologiques. Le nominalisme contemporain a été, en grande partie, une tentative pour répondre au dilemme de Benacerraf concernant notre accès aux entités abstraites. Tarski et Quine semblent aller vers le nominalisme sans passer par les problèmes épistémologiques. Ce n'est peut-être pas surprenant dans la mesure où les théories causales de la connaissance n'étaient pas dominantes dans les années trente et quarante comme elles le devinrent après les années soixante. Leur anti-platonisme trouve son origine dans des scrupules métaphysiques et dans des engagements méthodologiques favorisant la parcimonie en matière d'entités postulées. Peut-être faudrait-il nuancer cela en rappelant que la notion de « compréhension », qui est à l'évidence épistémique, était centrale dans la caractérisation de Tarski du nominalisme ; cependant, ce souci est différent de ceux explicitement en lien avec les théories causales de la connaissance.

TROISIÈME PARTIE

PHILOSOPHIE DE LA PRATIQUE MATHÉMATIQUE

INTRODUCTION

La philosophie contemporaine des mathématiques peut être envisagée comme une tentative de réfléchir à un ensemble de problèmes épistémologiques et ontologiques soulevés avec grande lucidité par Paul Benacerraf dans deux articles classiques. L'un de ces problèmes est, en particulier, d'expliquer comment, s'ils existent, on pourrait avoir accès aux objets abstraits. Quoique les articles de Benacerraf aient à juste titre exercé une influence considérable sur cette discipline, ils ont toutefois aussi contribué, de manière plus regrettable, à occulter d'autres questions importantes qui ont ainsi été reléguées au second plan. Une autre conséquence de la façon dont on a posé la question consiste en ce qu'il semble parfaitement possible d'être un épistémologue des mathématiques tout en n'accordant qu'une attention très limitée à la pratique mathématique en tant que telle (à l'exception de celle qui relève des parties élémentaires de l'arithmétique, de la géométrie et de la théorie des ensembles). Après tout, nous sommes confrontés à la question des objets abstraits déjà aux niveaux les plus élémentaires des mathématiques. Dans cette optique, porter attention à d'autres branches des mathématiques pourrait sembler peu pertinent pour résoudre les problèmes clés de cette discipline. Cet état de fait a entraîné une appréhension extrêmement limitée de l'épistémologie mathématique à l'intérieur du champ plus large de la philosophie des mathématiques, une conception en partie due à l'accent excessif mis sur les questions ontologiques.

Je suis d'avis que cet intérêt presque exclusif porté au problème de « l'accès » a réduit l'épistémologie des mathématiques à n'être plus qu'un tronc. Tout comme les autres contributeurs à Mancosu 2008b, j'estime qu'il est nécessaire que l'épistémologie des mathématiques puisse

* La présente introduction est une version très abrégée de l' « Introduction » à Mancosu 2008b, à laquelle je renvoie le lecteur pour de plus amples détails.

être étendue bien au-delà de ses limites actuelles, afin que soient abordées des notions relatives à la fécondité, à la preuve, à la visualisation, au raisonnement diagrammatique, à la compréhension, à l'explication, à la pureté des méthodes et à d'autres aspects de l'épistémologie des mathématiques qui sont orthogonaux au problème de l'accès aux « objets abstraits ». Inversement, l'ontologie des mathématiques pourrait aussi bénéficier d'un examen plus approfondi de la façon dont l'émergence de plusieurs questions ontologiques intéressantes est liée d'une part à certains des problèmes épistémologiques évoqués plus haut (comme par exemple les questions relatives à l'existence des « espèces naturelles » en mathématiques) et de l'autre à la pratique mathématique elle-même (par exemple l'individuation des objets et le structuralisme dans la théorie des catégories).

Les contributions à Mancosu 2008b, de même que celles qui sont présentées dans cette section de l'ouvrage, se rejoignent ainsi dans leur conviction commune qu'une attention à la pratique mathématique constitue une condition nécessaire au renouvellement de la philosophie des mathématiques.

En appelant à une attention accrue à la pratique mathématique, les contributeurs à Mancosu 2008b se révèlent ainsi les héritiers de plusieurs traditions qui informent les travaux de philosophie des mathématiques. Comme cette discussion permettra de situer les contributions à Mancosu 2008b ainsi que les trois chapitres de la section III du présent ouvrage dans leur contexte d'émergence, je décrirai brièvement deux des plus importantes de ces traditions.

Deux traditions

La première de ces traditions trouve sa source dans les années soixante, plus précisément dans les travaux d'Imre Lakatos. La seconde est issue d'une combinaison de programmes fondationnels classiques en mathématiques et en philosophie analytique des mathématiques.

Déjà dans les années soixante, d'abord sous l'égide de Lakatos, et ensuite sous celle d'un groupe de philosophes des mathématiques « hétérodoxes » [*maverick*] (Kitcher, Tymoczko, et d'autres [1]), une vive réaction

1. J'emprunte le terme de « hétérodoxe [*maverick*] » à l' « Opinionated introduction » d'Aspray et Kitcher 1988.

contre la philosophie des mathématiques conçue comme fondement des mathématiques a vu le jour. Outre les travaux de Lakatos, cette opposition philosophique s'est constituée à partir de trois ouvrages : *The Nature of Mathematical Knowledge* (1984) de Kitcher, *History and Philosophy of Modern Mathematics* (1988) de Aspray et Kitcher, et *New Directions in the Philosophy of Mathematics* (1985_1, 1998_2) de Tymoczko (on verra aussi Davis et Hersh 1980, ainsi que Kline 1980 pour des perspectives similaires provenant de mathématiciens et d'historiens).

Ces philosophes appelaient de leurs vœux une analyse des mathématiques qui serait plus fidèle à leur développement historique, et ils s'intéressaient, entre autres, à des questions telles que : Comment les mathématiques se développent-elles ? Comment les arguments informels sont-ils apparentés aux arguments formels ? Comment fonctionne l'heuristique des mathématiques, et existe-t-il une frontière nette entre le contexte de découverte et le contexte de justification ?

Kitcher 1984 avait déjà présenté un examen du développement de la connaissance mathématique ; il s'agit de l'une des premières études de méthodologie des mathématiques de la littérature analytique, et demeure à ce jour l'une des plus impressionnantes d'entre elles. Partant de la notion d'une pratique mathématique [1], Kitcher avait pour objectif d'expliquer la rationalité du développement des mathématiques par le biais de transitions entre des pratiques mathématiques. Parmi les différentes formes que peut adopter le changement en mathématiques, d'après Kitcher, on compte la généralisation, la rigorisation et la systématisation (voir les chapitres 6 et 7 ci-après pour une discussion de certains aspects du travail de Kitcher).

Corfield 2003 représente l'exemple le plus récent d'un ouvrage qui incarne les principes de la tradition hétérodoxe .

Un portrait à grands traits des caractéristiques principales de la tradition hétérodoxe pourrait être le suivant :

a. antifondationnalisme, c.-à-d. il n'existe aucun fondement certain aux mathématiques ; les mathématiques constituent une activité faillible ;

b. antilogicisme ; c.-à-d. la logique mathématique ne peut fournir les outils nécessaires à une analyse adéquate des mathématiques et de leur développement ;

1. Un quintuple formé des éléments suivants : « un langage, un ensemble d'énoncés acceptés, un ensemble de raisonnements acceptés, un ensemble de questions choisies pour leur importance, et un ensemble de conceptions métamathématiques. » (Kitcher 1984, p. 163)

c. l'attention à la pratique mathématique : seules une analyse et une reconstruction détaillées de parties considérables et significatives de la pratique mathématique peuvent rendre possible une philosophie des mathématiques digne de ce nom.

Les hétérodoxes sont sans aucun doute parvenus à élargir les limites de la philosophie des mathématiques. En plus des travaux susmentionnés, je renverrai le lecteur à Gillies 1992, Grosholz et Breger 2000, van Kerkhove et van Bengedem (2002, 2007), Cellucci 2002, Krieger 2003, Corfield 2003, Cellucci et Gillies 2005, Ferreirós et Gray 2006. À ces recherches, on devrait aussi ajouter les nombreuses monographies qui portent sur la philosophie des mathématiques de Lakatos. Leurs auteurs, qui partagent souvent les objectifs de Lakatos, les développent, même lorsqu'ils formulent des critiques à l'endroit de celui-ci sur des points mineurs ou majeurs (Larvor 1998, Koetsier 1991 ; voir aussi Bressoud 1999).

Dans le contexte traditionnel de la philosophie analytique des mathématiques, le cas de Kitcher mis à part, le naturalisme de Maddy représente la plus importante des approches qui ont trait à la pratique mathématique. Il s'agit de la seconde tradition de travaux à laquelle je faisais référence plus haut.

Il serait possible de voir, dans la critique de la distinction analytique/synthétique de Quine, une étape décisive du processus qui allait établir les mathématiques comme ayant le même statut méthodologique que les sciences naturelles. Cependant, l'attention que portait Quine aux mathématiques avait toujours été tournée vers leur structure logique, et il n'avait montré aucun intérêt particulier pour d'autres aspects de la pratique mathématique. La fidélité à la pratique mathématique représente pour Maddy un critère nécessaire pour une philosophie des mathématiques satisfaisante (Maddy 1990, p. 23 et p. 28). On trouve cette optique dans ses ouvrages *Realism in Mathematics* (1990) et *Naturalism in Mathematics* (1997).

Dans *Realism in Mathematics*, Maddy souhaite proposer à la fois une épistémologie naturaliste, et une étude détaillée de la pratique de la justification extrinsèque. Au chapitre 4, elle aborde d'intéressantes questions méthodologiques qui comportent l'étude des notions suivantes : conséquences vérifiables, nouvelles méthodes puissantes pour la résolution de problèmes préexistants, simplification et systématisation de théories, implication de conjectures antérieures ; implication de résultats « naturels » ; puissantes connections interthéoriques ; nouveaux éclairages sur d'anciens théorèmes (voir Maddy 1990, p. 145-146). Maddy destine ses études de cas à la justification de nouveaux axiomes pour la théorie des ensembles (V=L ou « il existe un cardinal supercompact »). Au final, son analyse de la situation contemporaine aboutit à appeler à une analyse plus approfondie de la « formation et de la confirmation des théories » :

> Ce qui est requis n'est pas seulement une description des arguments non démonstratifs, mais une explication de pourquoi et quand ces derniers sont fiables, une explication qui devrait aider les théoriciens des ensembles à procéder à des choix rationnels entre différents axiomes-candidats concurrents. (Maddy 1990, p. 148)

Le réalisme revendiqué dans *Realism in Mathematics* est abandonné par Maddy dans *Naturalism in Mathematics* (1997). Certaines caractéristiques de la manière dont la pratique mathématique devrait être prise en considération sont toutefois retenues. En effet, ce qui avait l'apparence d'un problème méthodologique indépendant dans le premier ouvrage devient ensuite le problème clé de ce livre de Maddy, problème qui la mène à abandonner le réalisme en faveur du naturalisme. Ce processus comprend deux étapes. En premier lieu, elle critique la validité des arguments d'indispensabilité. Elle aborde ensuite de manière positive le type de considérations que les théoriciens des ensembles font intervenir lorsqu'ils envisagent de nouveaux axiomes, le statut des énoncés indépendants de ZFC, ou encore lorsqu'ils discutent de nouvelles méthodes, et elle tente de tirer de ces considérations des maximes méthodologiques plus générales. Il ne nous est pas nécessaire d'entrer plus avant dans le détail de l'analyse des études de cas proposées par Maddy, ou de son identification de plusieurs principes méthodologiques, tels *maximiser* et *unifier*, qui sont présentés, en conclusion de son analyse, comme orientant la pratique des théoriciens des ensembles, et qui forment le nœud de son argument contre V=L. Faisons plutôt le point.

Si l'on compare l'approche de Maddy à celle de la tradition hétérodoxe, on remarque que tout comme dans cette dernière, un déplacement s'opère dans la nature des problèmes que Maddy se proposait tout d'abord d'investiguer. Quoique ne niant pas l'intérêt de l'étude des questions ontologiques et épistémologiques, elle décide néanmoins de centrer ses analyses sur un aspect de la méthodologie des mathématiques qui avait jusqu'alors été complètement ignoré en philosophie analytique des mathématiques. Il s'agit là d'un vaste domaine d'études portant sur le type d'arguments qui sous-tendent les décisions pour ou contre l'adoption de certains nouveaux axiomes dans la théorie des ensembles. Jusqu'alors, la philosophie analytique des mathématiques aurait relégué de telles considérations au « contexte de découverte » et, en tant que telles, les aurait jugées peu dignes ou susceptibles d'investigations rigoureuses. Maddy rétorque que ces décisions sont rationnelles, et qu'elles peuvent être justifiées par un modèle naturaliste qui rend explicites les principes et maximes qui orientent cette pratique. Le projet de Maddy peut être envisagé comme une contribution au problème plus général de la manière dont la preuve et la justification fonctionnent en mathématiques. Une autre des caractéristiques du travail de Maddy, qui apparente son approche à celle des hétérodoxes, est son recours à l'histoire de la logique et des mathématiques en tant que composante centrale de son naturalisme en philosophie des mathématiques. Ceci n'est guère surprenant : la pratique mathématique s'incarne dans le travail concret des mathématiciens, et ce travail est situé historiquement. Quoique Maddy, à la différence de Kitcher 1984, ne propose pas d'explication englobante de la rationalité qui présiderait aux changements dans la pratique mathématique, ou encore une théorie du développement des mathématiques, les études de cas qui font l'objet de ses investigations l'ont amenée à considérer des parties de l'histoire de l'analyse et de la théorie des ensembles. L'histoire de la théorie des ensembles (jusqu'à son état présent) peut être vue comme le « laboratoire » à partir d'où se distille le modèle naturaliste de la pratique. Enfin, l'absence chez Maddy de toute polémique contre la logique et l'analyse fondationnelle des mathématiques constitue une importante différence d'attitude qui distingue cette dernière des hétérodoxes. Son ambition est plutôt celle de rendre compréhensible la rationalité inhérente aux travaux fondationnels de la théorie des ensembles.

COMPARAISON AVEC LES DÉVELOPPEMENTS ANTÉRIEURS

Les articles présentés dans cette section de l'ouvrage sont issus de la perspective philosophique générale que l'on trouve dans Mancosu 2008b (les chapitres VI et VII sont en fait tirés de ce volume). Je vais maintenant exposer les thématiques dont traitera cette section, à savoir l'explication mathématique et la pureté des méthodes.

Si les mathématiciens ne se préoccupaient que de la vérité de certains résultats, il serait difficile de comprendre pourquoi, après avoir découvert une vérité mathématique quelconque, ils s'attachent bien souvent à démontrer cette vérité de plusieurs manières différentes. Cela s'explique par le fait que plusieurs démonstrations, ou différentes présentations de domaines entiers des mathématiques (analyse complexe, etc.), présentent des vertus épistémiques distinctes. L'*explication* s'avère l'une des plus importantes vertus recherchées par les mathématiciens. Très souvent, la démonstration d'un résultat mathématique nous convainc *que* ce résultat est vrai, sans toutefois nous révéler *pourquoi* il l'est. Des démonstrations alternatives, ou des formulations alternatives de théories entières, sont souvent proposées dans le but de parvenir à fournir une telle explication. Nous montrons au chapitre VI que le sujet de l'explication mathématique recèle des implications d'une grande portée, et au chapitre VII, rédigé en commun avec Johannes Hafner, nous testons le modèle unificationniste d'explication mathématique de Kitcher par le biais de l'étude d'un cas tiré de la géométrie algébrique réelle.

L'idéal de la *pureté des méthodes* en mathématiques est apparenté à la question des vertus épistémiques de différentes démonstrations mathématiques. La notion de pureté a joué un rôle important dans l'histoire des mathématiques – on pensera par exemple à l'élimination de l'intuition géométrique dans le développement de l'analyse au dix-neuvième siècle – et d'une certaine manière, elle sous-tend toutes les investigations relatives aux questions de conservativité de la théorie contemporaine de la démonstration. L'obtention de la médaille Fields par Erdös et Selberg pour la démonstration élémentaire du théorème des nombres premiers (déjà démontré par le biais des outils analytiques vers la fin du dix-neuvième siècle) montre bien combien cette pureté est chère à la pratique mathématique. Mais pourquoi les mathématiques affectionnent-t-elles tant la pureté ? Quel gain épistémique les démonstrations qui excluent le recours à des éléments « idéaux » représentent-elles ? Le chapitre VIII, rédigé avec Andrew Arana, analyse un cas important de l'usage essentiel de la géométrie tridimensionnelle dans la démonstration de résultats relatifs à la géométrie du plan, à savoir le théorème plan de Desargues sur les triangles homologiques en géométrie projective, avec pour objectif d'articuler quelle notion de « contenu mathématique » pourrait s'avérer la plus appropriée à une analyse des attributions de pureté qu'on trouve dans la pratique mathématique.

Les trois derniers essais contenus dans le volume offrent ainsi un échantillon représentatif qui devrait permettre d'exposer comment Mancosu 2008b, ainsi que les travaux récents qui y ont puisé leur inspiration, se distinguent des travaux des traditions précédentes en philosophie de la pratique mathématique. Si l'on considère tout d'abord la tradition lakatosienne, plusieurs différences deviennent perceptibles. En premier lieu, Lakatos et plusieurs des lakatosiens (par exemple Lakatos 1976, Kitcher 1984) étaient très préoccupés par des questions métaphilosophiques telles que : Comment l'histoire et la philosophie des mathématiques cadrent-elles ensemble ? Comment les mathématiques se développent-elles ? Ce processus de développement est-il rationnel ? Les visées des auteurs de Mancosu 2008b et celles qui traversent les essais contenus dans cette dernière section s'avèrent beaucoup plus restreintes. Quoique ne rejetant pas ces questions, nous [1] pensons qu'une bonne dose d'humilité est requise afin d'éviter le risque de théoriser dans l'abstrait. Il est intéressant de noter que Ferreirós et Gray 2006, un autre volume récent écrit par des historiens et par des philosophes des mathématiques, fait preuve d'une modestie semblable face à ces questions métaphilosophiques. Pourtant, le nombre de sujets que nous abordons est beaucoup plus vaste que ceux dont traite la tradition lakatosienne. La visualisation, le raisonnement diagrammatique, la pureté des méthodes, la théorie des catégories, la physique mathématique, ainsi que plusieurs autres sujets que nous investiguons, se révèlent être remarquablement absents d'une tradition qui a pourtant fait de l'attention à la pratique mathématique son cri de ralliement (une exception partielle, ici, serait Corfield 2003). Deux points doivent pourtant être soulignés. À la différence de Corfield et des lakatosiens, nous n'engageons pas de polémique avec la tradition fondationnelle ; et, en second lieu, nous ne rejetons pas la tradition analytique en philosophie des mathématiques, mais nous cherchons plutôt à étendre l'usage de ses outils à un éventail de domaines qui, dans l'ensemble, ont été ignorés.

Je conclus en proposant une comparaison avec la situation en philosophie des sciences. La philosophie des sciences récente a prospéré grâce à l'interaction de problèmes traditionnels (réalisme versus instrumentalisme, causalité, etc.) avec des études plus localisées en philosophie des sciences spéciales. En général, les philosophes des sciences sont heureux de soutenir que ces domaines sont tous deux vitaux pour leur discipline. Corfield prend les études localisées de la philosophie de la physique pour modèle de son approche de la philosophie des mathématiques, mais décrète que la philosophie classique des mathématiques est une poursuite futile (voir Pincock 2005). Pour ce qui est de Maddy, elle s'éloigne des questions ontologiques et épistémologiques traditionnelles (réalisme, nominalisme, etc.) par le biais de son naturalisme. Ce qui est plus spécifique à Mancosu 2008b ainsi qu'aux chapitres de la présente section est qu'ils intègrent, à l'encontre de la position de Corfield, des études locales

1. J'emploierai le « nous » lorsque je ferai référence à cet esprit collectif plus large qui informe les contributions à Mancosu 2008b, ainsi que les autres articles que ce volume a inspirés.

à la philosophie générale des mathématiques, tout en préservant, à l'encontre de la position de Maddy, des problématiques ontologiques et épistémologiques traditionnelles.

La géométrie algébrique réelle et la géométrie projective sont les segments de pratique particuliers que j'examinerai dans cette section, afin de traiter de l'explication mathématique et de la pureté des méthodes.

Je termine en donnant quelques références bibliographiques supplémentaires. L'article sur la pureté des méthodes a été écrit très récemment, il y a donc peu à ajouter. Le lecteur trouvera toutefois une très belle source classique sur les liens unissant la pureté, le théorème de Desargues, et la géométrie projective dans Hessenberg 1930. De récents articles par Baldwin 2013 et Kennedy 2013 examinent en outre notre propre article de manière perspicace et productive. La notion de pureté des méthodes joue aussi un rôle fondamental dans un article récent sur Lagrange (Ferraro et Panza 2012). En ce qui concerne l'explication mathématique, un champ dans lequel de nouveaux articles paraissent régulièrement, le lecteur trouvera une bibliographie mise à jour dans Mancosu et Pincock 2012.

CHAPITRE VI

DE L'IMPORTANCE DE L'EXPLICATION MATHÉMATIQUE

Le thème de l'explication mathématique a récemment fait l'objet de beaucoup d'intérêt. Même si je montrerai dans la suite que l'attention portée à l'explication mathématique remonte aux Grecs, le récent renouveau dans la littérature analytique est un apport bienvenu à la philosophie des mathématiques. Dans ce chapitre, je me suis fixé deux buts. Le premier est de donner une vue d'ensemble de la littérature consacrée à l'explication mathématique et de montrer comment les différentes contributions dans ce champ sont liées. Je souhaiterais ensuite montrer que l'explication mathématique est un thème qui a des ramifications d'une portée considérable pour de nombreux domaines de la philosophie, incluant, outre la philosophie des mathématiques, la théorie de la connaissance, la métaphysique, et la philosophie des sciences.

Commençons par clarifier deux significations possibles de l'explication mathématique. Dans le premier sens, l''explication mathématique' se rapporte aux explications données dans les sciences naturelles ou sociales où divers faits mathématiques jouent un rôle essentiel dans l'explication proposée. Le second sens est celui de l'explication à l'intérieur des mathématiques elles-mêmes.

* Publié initialement dans Paolo Mancosu, ed., *The Philosophy of Mathematical Practice*, Oxford, Oxford University Press, 2008, p. 134-149.

1. L'EXPLICATION MATHÉMATIQUE DES FAITS SCIENTIFIQUES

On trouve une bonne illustration du premier sens de l'explication mathématique dans l'exemple suivant tiré d'un article récent de Peter Lipton :

> Il semble qu'il y ait également des explications physiques qui ne soient pas causales. Supposons qu'un groupe de bâtons soient jetés en l'air avec un mouvement de rotation de telle sorte que les bâtons tournoient et pivotent lors de la chute. Nous figeons la scène pendant que les bâtons sont en chute libre et trouvons qu'ils sont sensiblement plus nombreux à être orientés vers l'horizontale que vers la verticale. Pourquoi ? La raison en est qu'il y a plus de façons pour un bâton d'être proche de l'horizontale que de la verticale. Pour le voir, considérons un seul bâton avec un point médian fixe. Ce bâton peut être placé à l'horizontale de beaucoup de façons (faites-le tourner dans le plan horizontal), mais il ne peut être placé à la verticale que de deux façons (en haut ou en bas). Cette asymétrie demeure pour des positions proches de l'horizontale et de la verticale, comme vous pouvez le voir si vous pensez à l'orbite complète tracée par le bâton lorsqu'il prend toutes les orientations possibles. Il s'agit d'une belle explication de la distribution physique des bâtons, mais ce qui produit l'explication consiste pour l'essentiel en des faits géométriques qui ne peuvent être considérés comme des causes. (Lipton 2004, p. 9-10)

En ce sens, l'explication mathématique est une explication opérée dans les sciences naturelles par un appel indispensable à des faits mathématiques. Il suit de façon immédiate de la citation qu'un des enjeux philosophiques majeurs posés par les explications mathématiques des phénomènes physiques réside dans le fait qu'elles apparaissent comme des contre-exemples à la théorie causale de l'explication. L'existence d'explications mathématiques de phénomènes naturels est largement reconnue dans la littérature (Nerlich 1979, Batterman 2011, Colyvan 2001). Cependant, jusqu'à récemment, on ne leur a accordé que très peu d'attention. Rendre compte de telles explications n'est pas une tâche aisée car cela requiert une analyse de la façon dont les faits géométriques « représentent » ou « modélisent » la situation physique étudiée. En bref, décrire comment les explications mathématiques fonctionnent dans les sciences nécessite de décrire comment les mathématiques se greffent sur la réalité, c'est-à-dire de rendre compte de l'applicabilité des mathématiques à la réalité (voir Shapiro 2000, p. 35). Et ceci ouvre la boite de Pandore des modèles, de l'idéalisation, etc.

Dans la littérature analytique, une première tentative pour donner une théorie de l'explication mathématique des phénomènes empiriques a été faite par Steiner dans Steiner 1978a. La théorie de Steiner au sujet des explications mathématiques dans les sciences se fonde sur sa théorie de l'explication mathématique (cf. *infra*) et ne prend pas appui sur un ensemble détaillé d'études de cas. L'idée centrale de la description de Steiner est que l'explication mathématique d'un fait physique est celle dans laquelle, lorsqu'on retire la physique, ce qui demeure est une explication mathématique d'un fait mathématique. Il discute un seul exemple, le résultat selon lequel « le déplacement d'un corps rigide ayant un point fixe peut toujours être décrit comme la rotation de ce corps autour d'un axe fixe selon un certain angle ». La discussion de Steiner est une contribution au problème plus vaste de savoir si l'on pourrait utiliser l'existence de telles explications pour déduire l'existence des entités mentionnées dans la partie mathématique de l'explication. Sa réponse est négative et se fonde sur l'affirmation que l'explication requise ne peut pas être donnée sans faire usage du langage mathématique. Ainsi, l'existence d'explications mathématiques de phénomènes empiriques ne peut pas être utilisée pour déduire l'existence d'entités mathématiques, car cette existence même est présupposée dans la description du fait qui doit être expliqué. Steiner adopte en effet une argumentation qui prend sa source chez Quine et Goodman pour qui « nous ne pouvons pas dire ce que serait le monde sans les nombres, parce que décrire quelque expérience pensable que ce soit (si ce n'est celle du vide absolu) présuppose leur existence » (voir Steiner 1978a, p. 20). On peut opposer cependant à un tel raisonnement que l'énoncé vrai « il y a deux vaches dans le pré » n'engage pas le locuteur à affirmer l'existence du nombre 2, puisque la référence apparente du nombre 2 peut être expliquée en utilisant une élimination standard du terme numérique au moyen de quantifications existentielles. Bien sûr, cela ne signifie pas que dans des énoncés physiques plus compliqués, la situation ne corresponde pas à la caractérisation donnée par Quine et Goodman.

Qu'on soit d'accord ou non avec Steiner sur les nombreux problèmes soulevés par sa position, il est important de remarquer que sa théorie a le mérite d'aborder le problème de savoir quand les mathématiques jouent un rôle « essentiellement » explicatif dans l'explication d'un phénomène naturel et quand tel n'est pas le cas. Ce problème est réapparu dans Baker 2005, où Steiner 1978a n'est cependant pas mentionné. Baker propose une nouvelle approche de l'argument d'indispensabilité dans lequel les mathématiques jouent un rôle central. Il y a plusieurs versions de l'argument d'indispensabilité mais la stratégie générale est celle-ci. Les mathématiques sont indispensables à notre meilleure science. Nous devons croire nos meilleures théories scientifiques et nous devons donc accepter le type d'entités quantifiées dans ces théories. Il y a plusieurs façons d'interroger la force de cette argumentation mais l'élément clé lié à la discussion de Baker est le suivant. De nombreuses versions de cet argument s'appuient sur une conception holiste des théories scientifiques selon laquelle l'engagement ontologique est déterminé par le recours à toutes les propositions existentielles comprises dans la théorie. Nulle attention particulière n'est donnée à une analyse de la façon dont des éléments différents de la théorie pourraient être responsables des entités postulées différentes ainsi qu'aux rôles que pourraient jouer des entités postulées différentes. Baker propose une version de l'argument d'indispensabilité qui ne dépend pas du holisme. Sa contribution prend sa source dans un débat entre Colyvan 2001, 2002 et Melia 2000, 2002 qui voit les deux auteurs s'accorder sur le fait suivant : pour qu'un usage platoniste de l'argument d'indispensabilité puisse avoir des chances de succès, il lui faut s'appuyer sur des exemples tirés de la pratique scientifique pour lesquels la postulation d'objets mathématiques entraîne un accroissement des vertus théoriques produites par la postulation d'entités théoriques. Les deux auteurs sont d'accord pour dire que la capacité explicative est l'une de ces vertus théoriques. Baker croit que de telles explications existent mais soutient que les cas présentés par Colyvan ne sont pas véritablement des cas d'explications mathématiques de phénomènes physiques. La plus grande part de son article est consacrée à l'étude d'un cas spécifique tiré de la biologie évolutionniste et concerne le cycle de vie de la cigale dite « périodique ». Il apparaît que les trois espèces de ces cigales « partagent le même cycle de vie inhabituel. Au sein de chaque espèce la nymphe demeure dans la terre pendant une longue période, puis la cigale adulte émerge après 13 ans ou 17 ans selon l'aire géographique. De manière encore plus frappante, l'émergence est synchronisée entre les membres d'une même espèce de cigale dans une aire donnée. Les adultes émergent tous durant les mêmes quelques jours, s'accouplent, meurent quelques semaines plus tard, et le cycle se répète » (Baker 2005, p. 20). Les biologistes ont posé plusieurs questions à propos de ce cycle de vie mais l'une d'entre elles concerne en particulier la question de savoir pourquoi les périodes de cycle de vie sont des nombres premiers. Baker procède ensuite à une reconstruction de l'explication de ces faits pour conclure que :

> L'explication fait usage de faits écologiques spécifiques, de lois biologiques générales, et d'un résultat de théorie des nombres. Ma thèse est que la partie purement mathématique [les périodes qui sont des nombres premiers minimisent l'intersection (comparées aux périodes qui n'en sont pas)] est à la fois indispensable à l'explication d'ensemble et véritablement explicative par elle-même. En particulier elle explique *pourquoi* les périodes qui sont des nombres premiers sont favorables à l'évolution dans ce cas. (Baker 2005, p. 233)

Il n'est bien sûr pas possible dans ce bref chapitre de résumer la reconstruction de l'explication et les arguments supplémentaires apportés pour défendre la thèse qu'il s'agit d'une explication véritablement mathématique. Résumons plutôt comment de telles explications donnent un nouvel élan à l'argument d'indispensabilité. L'argument procède ainsi :

(a) Il y a des explications véritablement mathématiques des phénomènes empiriques ;
(b) Nous devons être engagés vis-à-vis des entiés théoriques postulées par de telles explications ; donc,
(c) Nous devons être engagés vis-à-vis des entités postulées par les mathématiques en question.

L'argument ne s'est pas révélé incontestable. En effet, Leng 2005 essaie de résister à la conclusion en s'opposant à la prémisse b). Elle accepte a) mais conteste la thèse selon laquelle le rôle des mathématiques dans de telles explications nous engage à accepter l'existence réelle (opposée à l'existence fictive) des entités postulées. Ceci, soutient-elle, sera accordé lorsqu'on comprendra qu'à la fois Colyvan et Baker déduisent illégitimement de l'existence de l'explication mathématique que les énoncés fondant l'explication sont vrais. Elle rétorque qu'il n'est pas nécessaire que les explications mathématiques aient un *explanans* vrai et que donc il n'est pas nécessaire que les objets postulés par de telles explications existent.

Les explications mathématiques des faits empiriques n'ont pas été suffisamment étudiées. Nous manquons d'études de cas qui nous permettraient de mieux comprendre la variété des usages explicatifs joués par les mathématiques dans des contextes empiriques. Les bénéfices philosophiques pourraient apparaître dans au moins trois directions différentes. D'abord, dans la direction d'une meilleure compréhension de l'applicabilité des mathématiques au monde. En effet, nous ne pouvons comprendre la 'déraisonnable efficacité' des mathématiques dans la découverte et la description des lois du monde physique (Wigner, Steiner) que si nous comprenons comment les mathématiques aident à l'explication scientifique. Deuxièmement, l'étude des explications mathématiques des faits scientifiques servira de test pour des théories de l'explication scientifique, en particulier celles qui supposent que l'explication est une explication causale. Un début prometteur a été donné par Batterman à travers l'examen de ce qu'il nomme explication asymptotique (Batterman 2011, chap. 4). De telles explications « éclairent structurellement les aspects stables d'un phénomène et les équations qui le gouvernent » (Batterman 2011, p. 59) en usant de manipulations mathématiques hautement sophistiquées. Troisièmement, des bénéfices philosophiques pourraient aussi émerger dans l'arène métaphysique en perfectionnant l'exploitation des diverses formes de l'argument d'indispensabilité. Qu'un argument ou un autre l'emporte reste à voir mais la discussion produira des bénéfices philosophiques en forçant par exemple le nominaliste à prendre position sur la manière dont il rend compte du caractère explicatif des mathématiques dans les sciences empiriques.

2. Des explications mathématiques des faits scientifiques aux explications mathématiques des faits mathématiques

Puisque nous venons de discuter des arguments d'indispensabilité, j'en ferai mon point de départ. Dans une note intéressante de son article, Leng écrit :

> Étant donnée la forme de l'argument de Baker et Colyvan, on pourrait se demander pourquoi ce sont les explications mathématiques des phénomènes physiques qui ont priorité. Car s'il existe, comme nous l'avons suggéré, de véritables explications mathématiques [de faits mathématiques], alors ces explications doivent elles aussi posséder des *explanans* vrais. La raison pour laquelle cet argument ne peut être employé est que, dans le contexte d'un argument en faveur du réalisme en mathématiques, il s'agit d'une pétition de principe. Car nous supposons ici que des explications véritables doivent avoir un *explanandum* vrai, et lorsque l'*explanandum* est mathématique, sa vérité sera aussi en question. (Leng 2005, p. 174)

Ce commentaire reflète l'usage général qui est fait des arguments d'indispensabilité. Le but principal est de produire un argument en faveur du platonisme en mathématiques mais aucune attention n'est véritablement donnée aux différents types d'entités mathématiques qui sont postulées. De ce point de vue, l'existence des nombres naturels se situe au même niveau que l'existence d'un cardinal de Mahlo ou d'une variété différentiable. Il est cependant raisonnable de demander si des explications mathématiques peuvent être utilisées non pas comme des arguments en faveur du réalisme en mathématiques tout court mais plutôt comme des arguments spécifiques en faveur du réalisme concernant certaines entités mathématiques [1]. Je souhaite élaborer un parallèle possible entre les usages de l'indispensabilité des mathématiques dans les sciences, tels que les ont décrits Baker et Colyvan et le cas des mathématiques. Peut être le meilleur argument qu'on puisse proposer est celui indiqué dans Feferman 1964. Discutant la thèse de Gödel selon laquelle la postulation des ensembles cantoriens est tout autant justifiée que celle des corps physiques afin d'obtenir une théorie satisfaisante des perceptions sensibles, Feferman affirme que le développement des mathématiques s'oriente fortement dans le sens de l'interprétation suivante de l'argument :

> L'abstraction et la généralisation sont constamment poursuivies comme étant les moyens d'atteindre des explications vraiment satisfaisantes qui rendent compte de résultats individuels épars. En particulier, des pans entiers de l'algèbre et de l'analyse paraissent nécessaires pour donner un aperçu réel du comportement des nombres naturels. Nous sommes donc capables de parvenir à certains résultats, dont les instances peuvent être vérifiées finitairement, seulement au moyen d'un détour par des objets (comme les idéaux, les fonctions analytiques) qui sont beaucoup plus 'abstraits' que ceux auxquels nous nous intéressons au final. L'argument est moins fort lorsqu'il est lu comme justifiant certaines conceptions et hypothèses particulières, à savoir celles de la théorie imprédicative des ensembles, comme formellement nécessaire pour déduire les données arithmétiques en mathématiques. Il est bien connu que nombre d'arguments algébriques et analytiques peuvent être systématiquement reformulés dans une forme pouvant être subsumée selon l'arithmétique (élémentaire) du premier ordre. (Feferman 1964, p. 3) [2]

1. Cela est différent du problème de l'objectivité (bien que les deux problèmes soient apparentés) discuté dans Leng (2005, p. 172-173). Elle discute, en suivant Waismann et Steiner, un exemple concernant la façon dont l'explication d'un fait connu portant sur les nombres réels peut être utilisé pour « défendre le caractère non-arbitraire de notre extension du système des nombres réels aux nombres complexes » (Leng 2005, p. 172) ou de nos « représentations des nombres complexes » (Leng 2005, p. 173). Mais le problème ici n'est pas celui du réalisme des objets mathématiques.

2. Les travaux de Feferman ont montré que l'analyse prédicative ne pouvait pas être formellement suffisante pour obtenir toutes les conséquences arithmétiques des mathématiques imprédicatives. Cependant, Feferman a aussi affirmé jusqu'à récemment que les

Feferman semble penser qu'une forme convaincante de l'argument gödelien est la suivante :

(1) Il y a des résultats épars dans une branche des mathématiques (les données, par exemple des propositions finitairement vérifiables concernant les nombres naturels) qui appellent une explication ;

(2) Une telle explication est obtenue en faisant appel à des entités plus abstraites (par exemple, les idéaux et les fonctions analytiques) ;

(3) Nous avons donc une bonne raison de postuler de telles entités abstraites et de croire en leur existence.

Si cela est correct, nous avons quelque chose de voisin de l'argument d'indispensabilité. Dans 'Platonisme' Dummett rejette un argument semblable au titre que « les nombres réels et les ordinaux n'agissent pas les uns sur les autres ou sur quoi que ce soit d'autre ; donc il n'y a rien qui soit laissé inexpliqué si nous les supposons absents » (Dummett 1978, p. 204). Mais il est évident qu'un tel rejet est fondé sur l'hypothèse contestable que toutes les explications doivent être causales. L'argument présenté ci-dessus laisserait bien sûr froid un prédicativiste engagé (car l'explication en question serait une déduction qui emploie des outils dont ne dispose pas le prédicativiste). Cependant, tout comme les arguments standard d'indispensabilité s'adressent aux philosophes réalistes quant aux entités théoriques dans les sciences, de même ici le public visé par l'argument serait composé des philosophes réalistes quant à un certain domaine d'entités mathématiques (par exemple, les nombres naturels) qui ne sont pas déjà engagés dans une position fondationnelle (telle que le prédicativisme) empêchant de considérer les entités postulées par l'explication. Reconstruit ainsi, l'argument permet de produire des fondements rationnels pour accepter les entités mathématiques auxquelles il est fait appel dans l'explication. Sa force devient évidente quand on considère que l'argument fonctionne toujours même s'il apparaît que les entités en question peuvent être en principe éliminées sur la base de la dérivation du résultat expliqué à l'intérieur d'un cadre plus étroit (comme c'est le

mathématiques prédicatives étaient suffisantes pour démontrer toutes les conséquences arithmétiques présentant un intérêt mathématique. Il reconnait à présent que certains résultats arithmétiques (tels que la forme modifiée du théorème (FKT^*) de Kruskal ; voir Feferman 2004 et Hellman 2004) qui ne peuvent pas être démontrés prédicativement présentent un intérêt mathématique.

cas lorsque nous avons une théorie T' qui est une extension conservative de T). Cependant, si cette démonstration débouche sur une perte de pouvoir explicatif, alors nous avons toujours de bonnes raisons de croire dans les entités en question. Ceci nous laisse bien sûr avec la question de savoir quand une démonstration est explicative. Voila que nous retrouvons une situation parallèle à celle que nous avions discutée dans le cas des explications mathématiques des phénomènes physiques. Je dois toutefois faire remarquer que je n'adopte pas l'argument d'indispensabilité pour les mathématiques que j'ai considéré, mais le fait est que je le trouve digne d'intérêt.

La forme originale de l'argument d'indispensabilité repose sur une forme de holisme confirmationnel. Cela ouvre l'argument à l'objection, soulevée avec force par Maddy, que la pratique scientifique procède autrement ou à l'objection que d'autres descriptions de la confirmation empêche la conclusion (Sober 1993). En réponse, des partisans tels que Colyvan et Baker ont soutenu que des considérations explicatives menaient au platonisme même si nous abandonnons le holisme confirmationnel. Mais, comme j'ai l'ai fait remarquer, personne ne dispose vraiment d'une description des explications mathématiques des phénomènes scientifiques.

Ajouté à leur intérêt en tant que telles, en venir aux explications mathématiques des faits mathématiques est également justifié par les deux considérations suivantes. D'abord, il est concevable que quelle que soit la description à laquelle nous parviendrons des explications mathématiques des phénomènes scientifiques, celle-ci ne sera pas complètement indépendante de l'explication mathématique des faits mathématiques (en effet pour Steiner la première s'explique dans les termes de la dernière). Ensuite, les vicissitudes du holisme rappelées auparavant ont leur équivalent dans les récents développements en philosophie des mathématiques. À l'origine, Quine usa de l'argument d'indispensabilité pour soutenir que nous devions croire dans les ensembles parce qu'ils font le meilleur travail de suivi de tous nos engagements vis à vis des objets abstraits. Pour Quine l'appel à la science expérimentale était essentiel. Le réalisme de Maddy abandonne la connection à la science empirique et tente d'obtenir la même conclusion en se focalisant sur les mathématiques pures. Dans le chapitre 4 de Maddy 1990, on trouve une longue discussion des vertus théoriques, incluant les vertus explicatives, qui jouent un rôle dans les justifications 'extrinsèques' pour l'axiome du choix en théorie des ensembles. Cependant, le problème de l'explication mathématique n'est pas mis en avant mais simplement traité au même niveau que les autres vertus théoriques (conséquences vérifiables, méthodes puissantes de résolution, simplification et systématisation, forte connections interthéoriques, etc.) Et bien que Maddy elle-même ait abandonné sa tentative en faveur du 'naturalisme' (voir Maddy 1997), l'explication mathématique joue toujours un rôle important dans ce débat. Pour ceux qui croient que le réalisme de Maddy pourrait être relancé, un détour vers les arguments d'indispensabilité qui font appel aux explications mathématiques pourrait produire un type d'argument plus convaincant que les autres variétés de justifications 'extrinsèques' mentionnées en 1990. De surcroît, ceux qui sont convaincus par l'approche naturaliste de son dernier livre auront de fait à accueillir les investigations au sujet de l'explication mathématique car elles font partie du type de tâche que le méthodologiste doit accomplir dans ce domaine. Aussi ces deux options appellent une description de l'explication mathématique des faits mathématiques.

3. Les explications mathématiques des faits mathématiques

L'histoire de la philosophie des mathématiques montre qu'un rôle conceptuel majeur a été joué par l'opposition entre les démonstrations qui convainquent mais n'expliquent pas et les démonstrations qui en plus d'apporter la conviction requise que le résultat est vrai montre aussi *pourquoi* il est vrai. Philosophiquement cette tradition commence avec la distinction d'Aristote entre les démonstrations *to oti* et *to dioti* et possède une riche histoire jalonnée entre autres par *La Logique de Port-Royal* écrite par Arnauld et Nicole, Bolzano, et Cournot (voir Harari 2006, Kitcher 1975 et Mancosu 1996, 1999, 2000, 2001). Cette opposition philosophique entre types de démonstration a également influencé la pratique mathématique et conduit un grand nombre de ses adeptes à critiquer souvent la pratique mathématique existante pour son inadéquation épistémologique (voir par exemple le programme de Guldin au dix-septième siècle (voir Mancosu 1996, 2000) et les travaux de Bolzano en géométrie et en analyse (voir Kitcher 1975)). Le modèle de l'explication proposé par Steiner, dont on discutera ci-dessous, bien qu'il ne s'appuie pas sur l'opposition aristotélicienne, vise à caractériser la distinction entre les démonstrations explicatives et non-explicatives.

L'opposition entre les démonstrations explicatives et non-explicatives n'est pas seulement un produit de la réflexion philosophique mais nous confronte aux données de la pratique mathématique. Un mathématicien (ou une communauté de mathématiciens) pourra trouver une démonstration d'un certain résultat totalement convaincante mais néanmoins il(s) pourra (pourront) ne pas en être satisfait(s) car elle ne produit pas une explication du fait en question. Le grand mathématicien Mordell, pour prendre un exemple parmi tant d'autres, mentionne ce phénomène dans le passage suivant :

> Même lorsqu'on est venu à bout d'une démonstration, on peut demeurer insatisfait, malgré le fait que cette démonstration soit strictement logique et convaincante, comme c'est le cas, par exemple, d'une proposition d'Euclide. Le lecteur peut sentir qu'il manque quelque chose. L'argument peut avoir été présenté de telle sorte qu'il n'éclaire aucunement le pourquoi et le point de départ de la procédure, l'origine de la démonstration, ou bien la raison pour laquelle elle réussit. (Mordell 1959, p. 11)

Ce sentiment d'insatisfaction conduit souvent à rechercher une démonstration plus satisfaisante. Les mathématiciens font assez souvent référence à ce phénomène (voir Hafner et Mancosu 2005 pour des citations *in extenso* tirées des sources mathématiques ; et bien sûr, leur article commun qui suivra le présent chapitre), le projet d'expliquer philosophiquement cette notion est donc important si l'on veut fournir une description philosophique de la pratique mathématique. Mais les explications en mathématiques ne prennent pas seulement la forme de démonstrations. Dans certains cas, des explications sont recherchées dans le cadre d'une refonte majeure de la discipline entière. Dans de telles situations, la refonte conceptuelle majeure produira également de nouvelles démonstrations mais le caractère explicatif des nouvelles démonstrations est dérivé de cette refonte conceptuelle. Cela conduit à une image plus globale (ou holiste) de l'explication que celle fondée sur l'opposition entre démonstrations explicatives et non-explicatives (dans Mancosu 2001 je décris en détail un tel cas global d'activité d'explication tiré de l'analyse complexe ; voir aussi Kitcher 1984 et Tappenden 2005 pour d'autres études de cas). Le point est que dans ce dernier cas, le caractère explicatif est principalement une propriété des démonstrations alors que dans le premier, il est une propriété de la théorie dans son entier ou du cadre et que les démonstrations sont jugées explicatives sur la base de leur appartenance à ce même cadre. Cela capture bien la différence entre les deux descriptions majeures de l'explication mathématique disponibles à l'heure actuelle, celles de Steiner et Kitcher. Avant de les discuter, je m'empresse d'ajouter qu'on peut penser que d'autres modèles d'explication scientifique s'étendent à l'explication mathématique. Par exemple, Sandborg 1997, 1998 teste la théorie de l'explication de van Fraassen comme réponses à des questions sur le pourquoi en utilisant des cas tirés de l'explication mathématique.

Steiner a proposé son modèle d'explication mathématique en 1978b. En développant sa propre description d'une démonstration explicative en mathématiques il discute – et rejette – nombre de critères initialement plausibles pour l'explication, *i.e.* l'abstraction (le plus grand degré d'abstraction) ou la généralité d'une démonstration, son caractère visuel, et son aspect génétique qui donnerait naissance à la découverte du résultat. En revanche, Steiner présente l'idée « que pour expliquer le comportement d'une entité, on le déduit de l'essence ou de la nature de l'entité » (Steiner 1978b, p. 143). Afin d'éviter les difficultés notoires à définir les concepts d'essence et de propriété essentielle (ou nécessaire), qui, de surcroît, ne semblent pas de toute façon être utiles dans des contextes mathématiques, puisque toutes les vérités mathématiques sont regardées comme nécessaires, Steiner introduit le concept de propriété caractéristique. Il entend ainsi « une propriété unique à une entité donnée ou à une structure à l'intérieur d'une famille ou d'un domaine d'entités ou structures », où la notion de famille est prise de façon indéfinie. En effet ce qui distingue une démonstration explicative d'une démonstration non-explicative est que seulement la première implique une telle propriété caractéristique. Dans les mots de Steiner « une démonstration explicative fait référence à une propriété caractéristique d'une entité ou structure mentionnée dans le théorème, de telle sorte qu'il est évident à partir de la démonstration que le résultat dépend de la propriété ». En outre, une démonstration explicative est généralisable au sens suivant. Faire varier les éléments pertinents (et donc une certaine propriété caractéristique) dans cette démonstration donne naissance à un éventail de théorèmes correspondants, qui sont démontrés – et expliqués – par un éventail de « déformations » de la démonstration originale. Ainsi Steiner parvient à deux critères pour les démonstrations explicatives *i.e.* la dépendance par rapport à une propriété caractéristique et la possibilité de généralisation en faisant varier cette propriété. (Steiner 1978b, p. 144, 147)

Le modèle de Steiner a été critiqué par Resnik et Kushner 1987 qui contestent la distinction absolue entre démonstration explicative et non-explicative et soutiennent qu'une telle distinction peut aussi dépendre du contexte. Ils produisent aussi des contre-exemples au critère défendu par Steiner. Dans Hafner et Mancosu 2005, les auteurs soutiennent que la critique de Resnik et Kushner est insuffisante pour contester la position de Steiner car ces derniers se contentent d'attribuer un caractère explicatif à des démonstrations particulières non pas à partir des jugements exprimés par des mathématiciens mais en s'appuyant sur leur propre intuition. En revanche, Hafner et Mancosu construisent leur exemple contre Steiner en utilisant un cas d'explication tiré de l'analyse réelle, *reconnu comme telle dans la pratique mathématique*, qui concerne la démonstration par Kummer du critère de convergence. Ils soutiennent que le caractère explicatif de la démonstration du résultat en question ne peut pas être décrit dans le modèle de Steiner et, qui plus est, fournissent un examen détaillé et minutieux des différents éléments conceptuels du modèle. De surcroît, une autre discussion de la description de Steiner, ayant pour but de perfectionner cette description, est procurée par Weber et Verhoeven 2004.

Le modèle de Kitcher sera décrit au long dans le prochain chapitre. Tappenden 2005 a soulevé des critiques fortes des théories unifiantes de l'explication les jugeant insuffisantes pour l'explication mathématique. Dans la prochaine section, j'aimerais mettre en évidence quelques aspects de la position de Kitcher qui nous ramène au problème de la généralisation et de l'abstraction. Cela permettra aussi d'introduire des aspects de la pensée de Kitcher utiles au chapitre prochain.

4. Kitcher sur l'explication et la généralisation

J'emprunterai pour commencer à Cournot une citation frappante concernant la généralisation et sa relation à l'explication en mathématiques :

> Il y a dans toutes les sciences, et en mathématiques particulièrement, des généralisations fécondes, parce qu'elles nous montrent dans une vérité générale la raison d'une multitude de vérités particulières dont les liens et la commune origine n'étaient point aperçus. De telles généralisations sont des découvertes du génie, et les plus importantes de toutes. Il y a aussi des généralisations stériles, qui consistent à étendre à des cas sans importance ce que les hommes inventifs s'étaient contentés d'établir pour les cas importants, s'en remettant du surplus aux faciles indications de l'analogie. En pareilles circonstances un pas de plus fait dans la voie de l'abstraction et de la généralité ne correspond pas à un progrès fait dans l'*explication* de l'ordre des vérités mathématiques et de leurs rapports : l'esprit ne s'est point élevé d'un fait subordonné à un autre fait qui le domine et qui l'*explique*. (Cournot 1851, Chap. II, p. 28-29)

L'opposition centrale dans ce texte porte sur les généralisations fécondes et les généralisations stériles. Ce qui les distingue est que la première généralisation est explicative tandis que la dernière ne l'est pas. Le génie consiste, selon Cournot, non pas dans la simple généralisation mais dans ces généralisations qui sont aptes à révéler l'ordre explicatif qui structure les vérités mathématiques. On trouve un énoncé tout à fait similaire dans un article du mathématicien S. Mandelbrojt qui affirme que « la généralité est belle lorsqu'elle possède un caractére *explicatif* » et « l'abstraction est belle et grande lorsqu'elle est explicative » (Mandelbrojt 1952, p. 427-428). Mandelbrojt soutient également que la généralisation peut être indigente et stérile. La généralisation informe lorsqu'elle est explicative. De telles généralisations explicatives peuvent être obtenues grâce au bon degré d'abstraction et devraient montrer l'objet étudié dans son 'cadre naturel'. Finalement, notons qu'à la fois Cournot et Mandelbrojt considèrent comme allant de soi que les explications mathématiques existent. Bien sûr, les citations ci-dessus ne peuvent être que le commencement du travail. Quelle est maintenant la relation entre explication et généralisation en mathématiques ? Une question aussi importante ne saurait être tranchée dans ce chapitre, mais il est important de la soulever car ce réseau de relations entre explication, généralité et abstraction est récurrent dans toutes les tentatives pour parler de l'explication. Nous proposons ici d'indiquer comment le problème réapparaît dans les écrits de Kitcher. Kitcher est un défenseur bien connu de la théorie de l'explication vue comme unification. Le premier article de Kitcher où généralisation et explication sont thématisées est un article sur la philosophie des mathématiques de Bolzano de 1975. Dans le cadre de son analyse de Bolzano, Kitcher argue contre la thèse selon laquelle « un argument déductif est explicatif si et seulement si ses prémisses sont au moins aussi générales que sa conclusion ». Contre cette thèse, il soulève l'objection suivante :

> Dans de nombreux cas, le critère de généralité s'adapte mal au cas des mathématiques. C'est une difficulté très spécifique aux déductions de l'arithmétique que de nombreuses démonstrations utilisent la méthode de l'induction mathématique. Supposons que je démontre un théorème par induction, en établissant que tous les entiers positifs ont la propriété F. Ceci est accompli en montrant que :
>
> a) 1 vérifie F
> b) Si tous les nombres plus petits que n vérifient F alors n vérifie F
>
> (Bien sûr il y a d'autres versions de la méthode d'induction). Il serait difficile de nier qu'il s'agit d'une véritable démonstration. [...] De plus, ce type de démonstration ne contredit pas la thèse de Bolzano selon laquelle les véritables démonstrations sont explicatives ; nous ressentons que la structure des entiers positifs est exhibée en montrant que 1

> possède la propriété *F* et comment *F* est héritée par les entiers naturels successifs ; et, en dévoilant la structure, la démonstration explique le théorème. Mais les démonstrations par induction violent le critère de généralité [...] Quelle que soit la description donnée par Bolzano et la généralité qui en découle pour l'arithmétique, Bolzano serait surement bien en peine d'éviter la conséquence que la proposition exprimée par '1 vérifie *F*' est moins générale que celle exprimée par 'tout nombre vérifie *F*'. (Kitcher 1975, p. 266)

Je pense que cet argument est trop rapide et pâtit d'un usage stérile de la complexité des formules logiques comme mesure de la généralité. Le premier problème est qu'il est facile de reformuler les deux prémisses de l'induction comme un unique énoncé universel, en éliminant '1 vérifie *F*' comme une prémisse indépendante. En outre, tout le monde n'est pas d'accord pour reconnaître que les démonstrations par induction sont explicatives (voir Mancosu 2011, note 11). Je trouve donc que l'argument de Kitcher n'est pas conclusif.

Un contexte connexe dans lequel Kitcher considère le problème de la généralisation est celui du livre « The Nature of Mathematical Knowledge » de 1984. Il s'agit d'un livre complexe et je n'essaierai pas de donner une vue d'ensemble de son contenu. Cependant, l'une des questions principales posées par Kitcher est la suivante : Comment les mathématiques se développent-elles ? Quels sont les modèles de changement qui sont typiques des mathématiques ? Le processus de développement est-il rationnel ? Dans le chapitre 9 de son livre, il établit ainsi ses objectifs :

> Je m'intéresserai ici à isoler ces modèles constitutifs du changement et à les illustrer avec de courts exemples. Je tenterai d'expliquer comment les activités qui consistent à répondre ou à engendrer des questions, la généralisation, la rigorisation et la systématisation produisent des transitions rationnelles entre les pratiques. Lorsque ces activités sont produites dans une séquence, la pratique mathématique peut être considérablement transformée via une série d'étapes rationnelles. (Kitcher 1984, p. 194)

Considérons à présent la généralisation :

> L'un des modèles les plus facilement discernables du changement en mathématiques, dont je n'ai pas encore explicitement discuté, est celui de l'extension du langage mathématique par la généralisation. (Kitcher 1984, p. 207)

Comme exemples, Kitcher mentionne la redéfinition par Riemann de l'intégrale, la recherche par Hamilton des nombres hypercomplexes, et la généralisation par Cantor de l'arithmétique finie. Le but de Kitcher est

« d'essayer de comprendre le processus de généralisation qui figure dans ces épisodes et de voir comment la recherche de la généralisation peut être rationnelle. » (Kitcher 1984, p. 207) Cependant, toutes les généralisations ne sont pas importantes. En particulier, il est aisé de concocter des généralisations dénuées d'intérêt. Qu'est-ce qui les distingue des généralisations importantes ? C'est ici que l'explication apparaît à nouveau :

> Les généralisations importantes sont explicatives. Elles expliquent en nous montrant exactement comment, en modifiant certaines règles qui sont constitutives de l'usage d'expressions du langage, nous obtenons un langage et une théorie au sein desquels des résultats analogues à ceux que nous avons déjà acceptés seraient produits. À partir de la perspective de cette nouvelle généralisation, nous voyons notre ancienne théorie comme un cas particulier, un membre d'une famille de théories apparentées. (Kitcher 1984, p. 208-209)

Kitcher construit à partir de ces considérations et essaie de distinguer entre les généralisations rationnellement acceptables et celles qui ne le sont pas :

> Ces stipulations 'généralisantes' qui échouent à éclairer ces champs des mathématiques développés auparavant ne sont pas rationnellement acceptables. (Kitcher 1984, p. 209)

Autrement dit, afin de rendre compte de la rationnalité des processus de généralisation en mathématiques, nous avons besoin d'une description de l'explication mathématique. En outre, l'un des bénéfices envisagé par Kitcher de son analyse en termes de puissance explicative est qu'elle nous permettrait de produire une description de certains jugements de valeur donnés par les mathématiciens lorsqu'ils s'enthousiasment au sujet de la qualité esthétique ou de l' 'intérêt' d'une parcelle des mathématiques (voir Kitcher 1984, p. 209).

La façon dont la nécessité d'une théorie de l'explication mathématique émerge à partir de ces considérations sur la généralisation devrait être à présent évidente. Seules les généralisations importantes peuvent rendre compte d'un changement rationnel dans les mathématiques et celles-là sont les généralisations explicatives. Ce serait cependant une erreur de penser que la généralisation est le seul modèle du changement en mathématiques qui puisse nous donner des explications. En plus de la généralisation, Kitcher discute de la rigorisation et de la systématisation comme des sources pour la compréhension et l'explication (voir Kitcher 1984, p. 227). Dans ses travaux postérieurs, tels que Kitcher 1989, il emploie l'unification comme le modèle général de l'explication à la fois en science et dans les mathématiques :

> Le fait que l'approche en termes d'unification permettre de rendre compte de l'explication en mathématiques, ainsi que des asymétries explicatives, est à mettre à son crédit. (Kitcher 1989, p. 437)

J'en terminerai avec quelques citations tirées de l'article « Explanatory Unification and the Causal Structure of the World ». À un certain point de sa discussion, Kitcher est occupé à montrer les limitations d'une théorie de l'explication qui prend la causalité comme concept central de la description. Il objecte que dans la syntaxe formelle et les mathématiques on dispose d'explications qui ne sont pas causales. Il mentionne la démonstration de Bolzano du théorème des valeurs intermédiaires comme une démonstration explicative d'un théorème à la différence des démonstrations précédentes ainsi qu'un cas dépendant d'axiomatisations alternatives de la théorie des groupes. Après la discussion, il conclut :

> De surcroît, dans ce cas [les axiomatisations de la théorie des groupes] et dans celui discussé dans A [la démonstration de Bolzano], il n'est pas difficile de voir une raison pour distinguer les déductions : la déduction qui a notre préférence peut être généralisée pour atteindre des résultats de plus grande ampleur. (Kitcher 1989, p. 425)
>
> Dans ces deux exemples, la déduction explicative est semblable aux déductions que nous pourrions produire pour obtenir un résultat plus général ; la déduction non-explicative ne peut pas être généralisée, elle s'applique uniquement au cas local. (Kitcher 1989, p. 425)

Cette brève mention de passages dans le livre de Kitcher portant sur la généralité et l'explication vise simplement à rappeler l'importance de la généralité dans ce contexte. Le manque d'espace ne me permet pas de discuter de la façon dont le problème de la généralité joue un rôle dans le modèle de Steiner. Alors que Steiner rejette la thèse selon laquelle le caractère explicatif peut être décrit en termes de généralité, il incorpore pourtant l'appel à la généralité dans sa théorie de l'explication en exigeant que les démonstrations explicatives soient généralisables (« Ce n'est donc pas la démonstration générale qui explique ; c'est la démonstration généralisable » Steiner 1978b ; voir Hafner et Mancosu 2005 pour une discussion approfondie).

5. Conclusion

Le thème de l'explication mathématique ouvre un territoire vaste et vierge pour l'exploration. La plus grande partie du travail reste à faire. Nous devons discuter et analyser les explications mathématiques dans les sciences et les explications mathématiques à l'intérieur des mathématiques pures. Ces études de cas doivent être ensuite utilisées pour mettre à l'épreuve les différentes théories de l'explication scientifique et les théories de l'explication mathématique. Cela nous fournira en retour un instrument pour tenter de donner des théories de l'explication scientifique plus étendues et englobantes (ou peut-être nous montrera qu'on ne peut prétendre à rien de tel). Finalement, tout ce travail aura un impact majeur sur des problèmes philosophiques plus larges tels que, entre autres, rendre compte des applications mathématiques et des arguments d'indispensabilité en ontologie, aussi bien que développer une épistémologie plus riche pour les mathématiques.

CHAPITRE VII

AU-DELÀ DE L'UNIFICATION

(AVEC JOHANNES HAFNER)

Comme nous l'avons souligné dans le précédent chapitre, deux théories de l'explication mathématique sont proposées à l'heure actuelle. La première est due à Steiner 1978b et a été discutée de façon approfondie dans Resnik et Kushner 1987, Weber et Verhoeven 2004, et Hafner et Mancosu 2005. La seconde théorie est due à Philip Kitcher, qui est un défenseur bien connu d'une description de l'explication scientifique vue comme unification théorique. Cette théorie peut être aussi appliquée à l'explication en mathématiques, à la différence d'autres théories de l'explication scientifique dont les concepts centraux, tels que la causalité ou les lois de la nature, ne paraissent pas pertinents pour les mathématiques. Selon Kitcher, c'est là une des vertus de sa théorie. Dans cet article, nous allons discuter l'analyse de l'explication donnée par Kitcher dans le contexte d'un exemple type tiré de la géométrie algébrique réelle.

* Publié initialement dans P. Mancosu, ed., *The Philosophy of Mathematical Practice*, Oxford, Oxford University Press, 2008, p. 151-178. Nous souhaitons remercier Jeremy Avigad, Christian Fermüller, Philip Kitcher, Dana Scott, Jamie Tappenden, et Mark Wilson pour leurs précieux commentaires qui ont permis d'améliorer cet article.

1. La théorie de l'explication de Kitcher

Kitcher n'a écrit aucun article consacré uniquement à l'explication mathématique et donc on ne peut décrire sa position qu'en rassemblant ce qu'il a dit à propos des mathématiques dans ses articles sur l'explication scientifique. Plus tard, dans des travaux tel que Kitcher 1989, il emploie l'unification comme un modèle général pour l'explication à la fois en sciences et en mathématiques :

> Le fait que l'approche de l'unification rende compte de l'explication et des assymétries explicatives en mathématiques est à mettre à son crédit. (Kitcher 1989, p. 437)

À la différence du modèle de Steiner de l'explication mathématique, la théorie de l'explication mathématique qu'a donnée Kitcher n'a pas été discutée dans le détail. On trouve une discussion générale dans Tappenden 2005 mais pas d'analyse détaillée. Notre but est triple. Nous présenterons les grandes lignes de la théorie de l'explication vue comme unification de Kitcher. Ensuite nous examinerons un cas particulier d'explication mathématique tiré de la géométrie algébrique réelle. Enfin, nous mettrons à l'épreuve de notre étude de cas la théorie de l'explication donnée par Kitcher. En faisant cela, nous suivrons le conseil de Kitcher dans son article « Explanatory Unification » :

> De toute évidence, j'ai seulement *esquissé* une théorie de l'explication. Pour produire des analyses précises des notions que j'ai introduites, l'approche élémentaire que j'ai offerte de l'explication doit être affinée en étant confrontée à des exemples concrets de la pratique scientifique. On doit examiner attentivement les *schémas d'arguments*[1] défendus par les scientifiques et tenter de comprendre quelles caractéristiques ils partagent. (Kitcher 1981, p. 530)

1.1. *La théorie de l'explication vue comme unification de Kitcher*

Nous aborderons ici la théorie de l'explication donnée par Kitcher dans son article « Explanatory Unification and the Causal Structure of

1. Je traduis ici et dans la suite du chapitre 'argument pattern' par 'schéma d'argument'. Cette traduction nous paraît plus heureuse que 'modèle d'argument' en raison de la polysémie de 'modèle' qu'on retrouve pris dans d'autres sens tout au long de ce livre. Un inconvénient à cette traduction est que la notion de 'schematic argument' (argument schématique) intervient plus loin dans la caractérisation d'un 'pattern of argument' donnée par Kitcher. Cela étant, les deux expressions peuvent être clairement distinguées par le lecteur en notant les deux emplois distincts, substantif et adjectif, de 'schéma' et 'schématique'. [NdT]

the World » (1989). Kitcher affirme qu'un modèle qui voit l'explication comme unification est sous-jacent à la théorie de l'explication qui est donnée par le modèle déductif-nomologique (*covering law model)* de Hempel – le modèle officiel de l'explication pour le positivisme logique. Que devrions-nous attendre d'une théorie de l'explication ? Kitcher souligne deux choses en 1981. D'abord, une théorie de l'explication devrait rendre compte de la façon dont les sciences accroissent notre compréhension du monde. Cette théorie devrait en outre nous aider à évaluer ou à arbitrer des disputes dans les sciences. Kitcher affirme ensuite que le modèle déductif-nomologique échoue en ces deux tâches et suggère que sa description en termes d'unification réussit beaucoup mieux.

L'intuition fondamentale. Kitcher a trouvé son inspiration dans l'article de Friedman de 1974, « Explanation and Scientific Understanding » dans lequel Friedman avance l'idée que la science réussit à comprendre le monde en réduisant le nombre de faits tenus pour bruts :

> C'est l'essence de l'explication scientifique – la science accroît notre compréhension du monde en réduisant le nombre total de phénomènes indépendants que nous devons accepter comme étant premiers ou donnés. Un monde avec moins d'événements indépendants est, toutes choses égales par ailleurs, plus compréhensible qu'un monde avec plus d'événements indépendants. (Friedman 1974, p. 15)

Friedman avait déjà essayé de rendre cette intuition plus précise en substituant aux notions de phénomène et de lois leurs descriptions linguistiques. Kitcher est en désaccord avec le détail de la proposition de Friedman mais pense que l'intuition générale est correcte. Il modifie la proposition de Friedman en insistant sur le fait qu'on retrouve derrière l'unification la réduction du nombre de schémas d'arguments utilisés pour produire des explications, tout en étant aussi complet que possible par rapport au nombre de phénomènes expliqués :

> Comprendre les phénomènes ne consiste pas simplement à réduire ce qui est « fondamentalement incompréhensible » mais à voir des connections, des schémas communs, dans ce qui apparaissait initialement comme des situations différentes. Ici le changement de conception qui fait passer du couple prémisse-conclusion à la déduction se révèle indispensable. La science fait progresser notre compréhension de la nature en nous montrant comment déduire des descriptions de nombreux phénomènes, en utilisant les mêmes schémas de déduction encore et encore, et, en démontrant cela, elle nous enseigne comment réduire le nombre de faits que nous devons accepter comme étant fondamentaux (ou bruts). Ainsi le

> critère d'unification que j'essaierai de formuler sera fondé sur l'idée que $E(K)$ est un ensemble de déductions qui produit le meilleur compromis entre la minimisation du nombre de schémas de déduction employés et la maximisation du nombre de conclusions engendrées. (Kitcher 1989, p. 432)

Nous reviendrons plus tard à la distinction entre arguments et déductions et clarifierons ce que signifie $E(K)$.

Notions locales et globales d'explication. Dans de nombreuses théories de l'explication, incluant celle de Hempel, les explications sont des arguments. Les arguments sont identifiés à des couples de prémisses et conclusions et peuvent être évalués individuellement par rapport à leur caractère explicatif. Comme Friedman, nous disons que le fait qu'un argument soit une explication est une propriété locale, *i.e.* ne dépend pas de contraintes plus globales. Kitcher rejette à la fois l'identification des explications à des arguments conçus comme ci-dessus ainsi que la caractérisation locale de l'explication. L'idée de base est que des explications, pour êtres qualifiées comme telles, doivent appartenir à la meilleure systématisation de nos croyances. De surcroît, les explications ne sont pas des couples de prémisses-conclusions, comme dans Hempel, mais plutôt des déductions :

> Dans la théorie en termes de systématisation, un argument est considéré comme une déduction, c'est-à-dire comme une série d'énoncés dont le statut (en tant que prémisse ou conséquence d'éléments antérieurs en accord avec quelque règle spécifiée) est clairement spécifié. Une explication idéale n'énumère pas seulement les prémisses mais montre comment les prémisses conduisent à la conclusion. (Kitcher 1989, p. 431)

1.2. *Les détails formels du modèle*

Procédons de manière plus formelle. Commençons avec un ensemble K de croyances supposé consistant et déductivement clos (informellement on peut penser à un ensemble d'énoncés approuvés par une communauté scientifique idéale à un certain moment donné ; voir, Kitcher 1989, p. 431). Une *systématisation* de K est un ensemble d'arguments qui déduit des énoncés dans K d'autres énoncés de K. Le *stock d'explications* sur K, $E(K)$, est la meilleure systématisation de K (ici Kitcher procède à une idéalisation en affirmant que $E(K)$ est unique). Nous avons différents degrés d'unification correspondant à différentes systématisations. Le plus haut degré d'unification est celui donné par $E(K)$. Mais selon quel critère une systématisation peut-elle être jugée comme étant la meilleure ?

Les critères de Kitcher pour les systématisations. Kitcher énumère trois critères pour juger de la qualité d'une systématisation Σ mais il s'avère que seuls deux de ces critères seront utiles à notre discussion. Afin de les introduire, nous devons clarifier les trois notions de schéma d'argument, ensemble générateur pour Σ, et ensemble conclusion pour Σ.

Schéma d'argument : Kitcher déduit cette notion d'exemples tirés des sciences de la nature, par exemple la mécanique newtonienne et la théorie darwinienne de l'évolution. Nous illustrerons cette notion par un exemple tiré des mathématiques après les définitions.

Commençons avec la notion d'*énoncé schématique*. Il s'agit d'une expression obtenue en remplaçant tout ou partie des expressions non-logiques dans un énoncé par des lettres muettes.

Un ensemble de *règles de substitutions* nous dit comment les lettres muettes doivent être remplacées dans un énoncé schématique.

Un *argument schématique* est une série d'énoncés schématiques.

Une *classification* d'un argument schématique est un ensemble d'énoncés qui nous dit exactement quel rôle chaque énoncé joue dans un argument schématique, s'il s'agit d'une prémisse, quels énoncés sont inférés à partir d'autres énoncés et selon quelles règles etc.

Un *schéma d'argument général* $\langle s, f, c\rangle$ est un triplet consistant en un argument schématique s, un ensemble f d'ensembles de règles de substitution, et une classification c pour s.

Un exemple tiré des mathématiques

Considérons le problème de déterminer l'équation de la tangente à la parabole $y = 2x^2 + 3x + 1$ au point $(1, 6)$. Nous pouvons résoudre ce problème en utilisant la dérivée de la façon suivante :

1. $[2x^2 + 3x + 1]' = 4x + 3$
2. $[4x + 3]_{x=1} = 7$
3. Donc la tangente à $2x^2 + 3x + 1$ au point $(1, 6)$ est $(y - 6) = 7(x - 1)$.

Un argument schématique pour déterminer la tangente à une courbe différentiable $f(x)$ en un point (x_0, y_0) peut être obtenu à partir de l'argument précédent de la façon suivante.

1S. $[f(x)]' = g(x)$

2S. $[g(x)]_{x=x_0} = c$

3S. Donc la tangente à $f(x)$ en (x_0, y_0) est $(y - y_0) = c(x - x_0)$.

Règles de substitution :

Remplacer $f(x)$ par la fonction considérée.

Remplacer $g(x)$ par la dérivée de $f(x)$.

Remplacer c par la valeur de $g(x)$ en x_0.

Classification :
1S et 2S sont des prémisses. 3S est déduite de 1S et 2S au moyen du calcul différentiel.

Cet exemple a été fabriqué à l'imitation de l'exemple tiré par Kitcher de la mécanique newtonienne. Kitcher souligne la différence avec les schémas purement logiques :

> Alors que les logiciens se préoccupent d'exposer toutes les prémisses schématiques employées et de spécifier exactement quelles règles d'inférence sont utilisées, notre exemple permet l'utilisation de prémisses (les hypothèses mathématiques) qui n'apparaissent pas comme des termes de l'argument schématique, et il ne donne pas une description complète de comment suivre le chemin déductif de [(1) et (2) à (3)]. (Kitcher 1981, p. 517)

Ayant défini la notion de schéma d'argument général, nous devons capturer formellement la notion de stock explicatif sur K, $E(K)$, qui s'avère être d'un point de vue informel « l'ensemble des déductions qui effectue le meilleur compromis entre la minimisation du nombre de schémas de déduction employés et la maximisation du nombre de conclusions engendrées » (Kitcher 1981, p. 517).

Un ensemble de déductions est *acceptable* par rapport à K lorsque chaque pas dans la déduction est valide et chaque prémisse de chaque déduction appartient à K.

Un *ensemble générateur* pour un ensemble de déductions Σ est un ensemble de schémas d'argument Π tel que chaque déduction dans l'ensemble Σ instancie un schéma dans l'ensemble générateur Π.

Un ensemble générateur Π de Σ est *complet* par rapport à K si et seulement si toute déduction qui est acceptable relativement à K et qui instancie un schéma dans Π appartient à Σ.

De façon informelle, la détermination de $E(K)$ se divisera en quatre étapes :

(1) Choisir parmi toutes les systématisations possibles de K uniquement les systématisations acceptables de K, c'est-à-dire les ensembles de déductions qui sont acceptables relativement à K.

(2) Associer à chaque systématisation acceptable choisie à l'étape 1 la collection des ensembles générateurs qui sont complets par rapport à K.

(3) Choisir une base pour chaque systématisation acceptable, une base étant l'ensemble générateur de cette systématisation le

mieux classé selon le critère d'économie des schémas d'argument [1].

(4) Enfin, classer toutes les bases des systématisations acceptables selon leur capacité d'unification.

La qualité d'un ensemble générateur est inversement proportionnelle au nombre de schémas d'argument qu'il contient.

Ainsi, avec la notion d'économie, nous disposons du critère requis pour effectuer l'étape 3. Afin de classer les bases à l'étape 4 nous avons besoin d'une chose supplémentaire. Nous appelerons *ensemble conclusion* d'un ensemble d'arguments Σ, l'ensemble noté $C(\Sigma)$ des énoncés qui sont des conclusions d'un argument dans Σ. Kitcher conclut en donnant une évaluation qualitative du pouvoir d'unification d'une systématisation Σ. En supposant que nous pourrions donner des valeurs numériques précises au nombre de schémas d'argument dans la base et à la taille de $C(\Sigma)$, le degré d'unification d'une systématisation est donc directement proportionnel à la taille de $C(\Sigma)$ et inversement proportionnel au nombre de schémas d'argument.

Exemplification. Afin de rapporter ces définitions à notre exemple, soit K l'ensemble des énoncés vrais du calcul différentiel. Parmi ces vérités, il y a 'la droite tangente à la parabole $y = 2x^2 + 3x + 1$ au point (1, 6) est $(y - 6) = 7(x - 1)$' et 'la droite tangente à la courbe $y = x^3$ au point (1, 1) est $(y - 1) = 3(x - 1)$'. Évidemment il existe une infinité de vérités telles qui peuvent être unifiées au moyen du schéma d'argument que nous avons donné. Chaque instance du schéma d'argument donne lieu à une déduction qui est acceptable relativement à K. Soit Σ l'ensemble de toutes les déductions du calcul différentiel qui ont pour conclusions toutes les vérités mentionnées ci-dessus ($C(\Sigma)$). Alors Π, *i.e.* le singleton contenant notre schéma d'argument général est un ensemble générateur de Σ. En outre, Π est complet par rapport à K.

1. Nous laissons ici de côté le critère de *rigidité* ('stringency') des schémas d'argument, puisque Kitcher ne donne pas une analyse suffisamment élaborée de la façon dont ce critère est supposé déterminer la capacité d'unification d'une systématisation. La façon dont on pourrait appliquer ce critère dans notre contexte n'est pas du tout claire. Nous discuterons de ce problème plus en détail dans la suite.

Dans la suite du chapitre, je traduirai 'stringency' par 'rigidité' et 'stringent' par 'rigide' [NdT].

2. Comment le modèle de Kitcher s'applique-t-il aux cas concrets ?

Afin d'étudier l'application du modèle de Kitcher à des cas concrets, il est important de se faire une idée du type d'exemples que Kitcher pensait pouvoir traiter avec son modèle. La discussion la plus détaillée de tels exemples est donnée par Kitcher dans son livre « The Nature of Mathematical Knowledge » (1984). Au chapitre 9, « Schémas du changement en mathématiques », l'un des schémas discutés est la « systématisation ». Cette discussion est importante pour notre propos car elle est présentée par Kitcher comme un exemple prototypique des thèses contenues dans « Explanatory Unification » (1981). Kitcher divise les « systématisations » en deux grands groupes : systématisation par axiomatisation et systématisation par conceptualisation. Dans le cas de la systématisation par conceptualisation, il mentionne le progrès obtenu en algèbre par Viète en traitant systématiquement des classes d'équations du même degré, par exemple, de degré 3, à la différence de l'analyse cas par cas typique de l'*Ars Magna* de Cardan. De la même façon, Lagrange – à travers son analyse des équations résolvantes et de la permutation des racines des équations – fait faire un grand pas en avant à notre compréhension de la raison pour laquelle la résolution de certaines équations peut être réduite à la résolution d'équations de degré inférieur :

> Dans ces deux cas, on adopte un nouveau langage qui permet de remplacer un ensemble disparate de questions et de solutions acceptées par une forme unique de question et un schéma unique de raisonnement, qui subsument les questions et solutions précédentes. En général, la systématisation par conceptualisation consiste à modifier le langage afin de pouvoir rassembler sous une même formulation commune des énoncés, des questions, et des raisonnements qui étaient traités auparavant séparément. Le nouveau langage nous permet de percevoir le fil conducteur dans nos résolutions des problèmes, accroissant ainsi notre compréhension de la raison pour laquelle ces résolutions fonctionnaient. Cela est particulièrement clair dans le cas de Lagrange, où, antérieurement, il semblait n'y avoir ni rime ni raison au choix des substitutions et donc un véritable problème explicatif à traiter. (Kitcher 1984, p. 221)

On trouve aussi plusieurs exemples dans « Explanatory Unification and the Causal Structure of the World » (1989). Bien que de nombreux exemples soient placés là pour mettre en évidence le fait qu'il existe des explications non-causales, certains sont pertinents pour notre discussion.

Kitcher mentionne en particulier la théorie de Galois qui montre « pourquoi les équations de ces degrés [2, 3 et 4] admettent des expressions de leurs racines qui sont des fonctions rationnelles des coefficients » (Kitcher 1989, p. 425).

Si nous avons consacré autant de temps à passer en revue ces exemples donnés par Kitcher, c'est parce qu'ils nous permettent de préciser davantage les modèles formels de l'unification. Rappelons que Kitcher commence par un ensemble consistant d'énoncés K clos pour la déduction logique. Ensuite il définit $E(K)$ comme la meilleure systématisation de K. Mais un problème apparaît immédiatement. Alors que cette approche pourrait s'appliquer à des cas simples d'axiomatisation, elle ne s'applique pas, telle quelle, à tous les cas d'axiomatisation et, affirmons-nous, à la plupart des cas de systématisation par conceptualisation. Le problème est le suivant. Envisageons d'abord un cas dans lequel l'approche de Kitcher fonctionnerait bien. Supposons que nous disposons d'une autre axiomatisation que celle d'Euclide, donnée par Euclide*, qui systématise exactement le même corps K d'énoncés et utilise des axiomes différents (déjà dans K). Nous pourrions alors comparer les deux axiomatisations avec les outils donnés par Kitcher. Nous laissons de côté ici d'autres problèmes tels que le rôle joué par les schémas d'argument dans cette situation qui n'est pas clair, car les deux systématisations nécessiteront des schémas d'argument d'une complexité arbitraire, à moins que nous ne réduisions la notion de schéma d'argument à celle d'un argument logique faisant seulement usage des axiomes soit de l'axiomatisation d'Euclide, soit de l'axiomatisation d'Euclide*.

Quoi qu'il en soit, toute axiomatisation qui nécessite des axiomes formulés dans un langage plus riche que ceux de la classe K des énoncés à systématiser finira par se révéler incomparable à une axiomatisation qui utilise uniquement des énoncés de K. Pour cette raison, le modèle de Kitcher traite seulement des systématisations de K et les arguments dans K doivent avoir des prémisses et des conclusions énoncés dans K. Nous souhaitons mettre en évidence le problème suivant. Kitcher est très explicite sur le fait que la nouvelle unification produite par Lagrange (ou Galois) dans la théorie des équations utilise un langage plus riche, des nouveaux concepts et des nouvelles propriétés de ces concepts. Mais alors qu'auparavant nous devions rendre compte d'un ensemble K d'énoncés formulés dans un langage $L(K)$, nous avons à présent un ensemble K^* d'énoncés formulés dans un langage $L(K^*)$. Nous aurions donc une meilleure explication de K donnée par la nouvelle systématisation. Mais le modèle de Kitcher semble nous contraindre à comparer uniquement les systématisations de K les unes aux autres. Ces systématisations doivent donc s'appliquer aux seuls énoncés de K. Afin de rendre le système de Kitcher plus adapté à la situation concrète à laquelle nous faisons face lorsque nous jugeons le caractère explicatif d'une systématisation, nous proposons de modifier son modèle de telle sorte qu'une systématisation de K puisse faire appel à une classe d'énoncés plus large que K. Une telle modification trouve une justification textuelle chez Kitcher lui-même, qui semble avoir reconnu cette nécessité dans son article de 1989 à la section 4.4 (p. 435).

La nouvelle définition nécessite donc les modifications suivantes :

Une *systématisation* de K est un ensemble d'arguments qui déduit des énoncés dans K d'autres énoncés de K^*, où K^* est un ensemble consistant qui contient K (et peut être identique à K) et peut être rationnellement accepté par ceux qui acceptent K.

Un ensemble de déductions est *acceptable* par rapport à K lorsque la conclusion de chaque déduction appartient à K, toutes les étapes dans la déduction sont valides, et chaque prémisse de chaque déduction appartient à K^*, où K^* est un ensemble consistant qui contient K (et peut être identique à K) et peut être rationnellement accepté par ceux qui acceptent K.

L'avantage de cette modification, rappelons-le, est qu'elle permet d'exploiter la théorie de Kitcher dans de nombreuses situations qui sont très répandues dans les mathématiques et dans les sciences.

3. Un exemple test tiré de la géométrie algébrique réelle

Dans sa monographie sur les anneaux partiellement ordonnés et la géométrie semi-algébrique, Gregory W. Brumfiel compare des méthodes différentes pour démontrer des théorèmes sur les corps réels clos. L'une d'elles s'appuie sur une procédure de décision pour une axiomatisation particulière de la théorie des corps réels clos (RCF). Au moyen de cette méthode, on peut trouver des démonstrations élémentaires d'énoncés formulés dans le langage de cette théorie – du moins en principe, car comme le remarque Brumfiel « cela pourrait être sans doute très fastidieux, sinon physiquement impossible, de mettre au point cette démonstration élémentaire. » (Brumfiel 1979, p. 166)

Une autre méthode de démonstration consiste à utiliser ce qu'on appelle le principe de transfert qui permet d'inférer la vérité d'un énoncé pour tous les corps réels clos de la vérité de l'énoncé pour *un* corps réel clos, tel que le corps des nombres réels. Brumfiel ne fait aucun usage de cette méthode et il est très clair sur son choix :

> Dans ce livre nous refusons absolument et sans aucune équivoque de donner des démonstrations de ce second type. Chaque résultat est démontré uniformément pour tous les corps de base réels clos. Notre objection philosophique contre les démonstrations transcendantes consiste à dire qu'elles peuvent logiquement *démontrer* un résultat mais qu'elles ne l'*expliquent* pas, à l'exception du cas spécial des nombres réels. (Brumfiel 1979, p. 166)

Brumfiel préfère une troisième méthode de démonstration qui permet de donner des démonstrations non-transcendantes de résultats purement algébriques. Cela ne signifie pas qu'il se limite à des méthodes élémentaires ; Brumfiel utilise des outils plus puissants mais il est crucial pour lui qu'ils s'appliquent uniformément à tous les corps réels clos. D'autre part, il est clair d'après le contexte que Brumfiel ne considère pas que des démonstrations obtenues en appliquant la procédure de décision pour RCF sont explicatives[1]. De fait, elles ne sont presque jamais réalisées dans la pratique parce que leur longueur les rend lourdes et obscures.

Pour illustrer la thèse de Brumfiel et la confronter ensuite à la théorie de l'explication de Kitcher, nous allons exposer un théorème, mentionné par Brumfiel (p. 207), ainsi que les (ébauches des) différents types de démonstrations correspondant à la classification ci-dessus.

3.1. *Quelques concepts de la géométrie semi-algébrique*

Commençons avec la définition de 'corps réel clos' : il s'agit d'un corps commutatif qui admet un ordre total unique tel que tout élément

1. Les démonstrations (élémentaires) qu'on peut construire sur la base d'une procédure de décision démontrent leur conclusion uniformément pour tous les corps réels clos parce que la procédure de décision est réalisée indépendamment du corps de base. En dépit de leur uniformité, cependant, Brumfiel ne considère pas ce type de démonstration comme le modèle optimal qui devrait guider la recherche mathématique – au contraire. D'abord, comme mentionné auparavant, ces démonstrations ne peuvent pas toujours être réalisées ; du fait de leur taille il peut être dans certains cas physiquement impossible de les construire. Ensuite, Brumfiel préfère en principe des techniques de démonstration uniformes différentes (en général non-élémentaires) non seulement pour étudier la théorie riche et non-élémentaire des corps réels clos mais aussi pour traiter des énoncés élémentaires (*i.e.* les énoncés du premier ordre dans le langage des corps ordonnés), y compris dans le cas où l'on pourrait, en principe, trouver une démonstration élémentaire, *i.e.* « même si un énoncé s'avère être équivalent à un énoncé élémentaire, il serait anormal d'insister sur ce fait, et pire encore d'être contraint d'en dépendre. » (Brumfiel 1979, p. 166)

positif possède une racine carrée et tout polynôme de degré impair possède une racine. Plus formellement un corps réel clos est défini par les axiomes suivants (on en trouvera la liste complète en appendice).

(i) Axiomes des corps (commutatif)

(ii) Axiomes d'ordre (total)

(iii) $\forall x \exists y(x = y^2 \vee -x = y^2)$

(iv) Pour tout entier naturel n, l'axiome
$\forall x_0 \forall x_1 \ldots \forall x_{2n} \exists y(x_0 + x_1 \cdot y + x_2 \cdot y^2 + \ldots + x_{2n} \cdot y^{2n} + y^{2n+1} = 0)$

La théorie des corps réels clos, *RCF*, est la clôture déductive des axiomes précédents. Un énoncé (du premier ordre) formulé dans le langage de *RCF* est appelé 'énoncé élémentaire'. Un résultat important à propos de *RCF* est l'existence d'un algorithme de décision dûe à Tarski et Seidenberg (Tarski 1951, Seidenberg 1954 ; voir aussi Sinaceur 2002), *i.e.* étant donné un énoncé élémentaire φ, l'algorithme produit 1 si *RCF* démontre φ, et 0 si *RCF* démontre $\neg\varphi$. En outre, cet algorithme de décision fonctionne uniformément pour tout énoncé φ dans le langage de *RCF*.

Parmi les corps réels clos, on trouve l'ensemble des nombres réels **R** et l'ensemble des nombres algébriques réels $\mathbf{R}_{alg}$, *i.e.* l'ensemble de toutes les racines réelles des polynômes non nuls à coefficient rationnels. Ce dernier corps n'est *pas complet*, *i.e.* il existe des suites de Cauchy non convergentes. L'ensemble **C** des nombres complexes n'est pas un corps réel clos car il ne peut pas être muni d'une structure de corps ordonné (*i.e.* d'une structure d'ordre total compatible avec sa structure d'anneau). Les corps réels clos abondent y compris dans **R**. Artin et Schreier ont montré qu'il y avait un ensemble non dénombrable de couples de sous-corps réels clos de **R** non-isomorphes dont la clôture algébrique est isomorphe à **C** (cf. Brumfiel 1979, p. 131).

Pour un corps réel clos R nous notons $R[X_1, \ldots X_n]$ l'anneau des polynômes à n variables à coefficients dans R.

Les sous-ensembles *semi-algébriques* de R^n, le n–espace affine sur R, forment la plus petite collection de parties de R^n contenant tous les ensembles de la forme

$$\{x \in R^n \mid f(x) > 0\}, \qquad f(x) \in R[X_1, \ldots X_n],$$

stable par intersection finie, réunion finie, et passage au complémentaire.

Les sous-ensembles semi-algébriques de R (*i.e.* en dimension 1) sont exactement les réunions finies de points et les intervalles ouverts (bornés ou non-bornés).

Soient $A \subset R^m$ et $B \subset R^n$ deux ensembles semi-algébriques. Une application $f : A \to B$ est semi-algébrique si son graphe est semi-algébrique dans R^{m+n}. Il est clair que les polynômes (sur des domaines semi-algébriques) sont des applications semi-algébriques.

R^n peut être munie de la *topologie euclidienne* induite par l'ordre sur R. Soit $x = (x_1, \ldots, x_n) \in R^n$, $r \in R$, $r > 0$. Nous posons

$\|x\| = \sqrt{x_1^2 + \cdots + x_n^2}$

$B_n(x, r) = \{y \in R^n : \|y - x\| < r\}$ (boule ouverte)

La *topologie euclidienne* de R^n est la topologie pour laquelle les boules ouvertes forment une base d'ouverts. Les complémentaires des ouverts sont les fermés. Les fonctions polynômes sont continues pour la topologie euclidienne.

3.2. *Un théorème élémentaire et différentes démonstrations (et systématisations)*

Nous pouvons maintenant énoncer un théorème élémentaire et comparer les différentes approches possibles pour le démontrer ainsi que les différentes façons de systématiser ses instances.

Théorème. Un polynôme $f(x_1, \ldots, x_n)$ admet un maximum sur tout ensemble semi-algébrique fermé borné $S \subset R^n$.

(I) À l'intérieur de RCF le résultat ne peut être démontré ni énoncé car nous ne pouvons pas quantifier sur des polynômes ou sur des ensembles semi-algébriques. Le mieux que nous puissions faire est de démontrer les instances du théorème. Par exemple, RCF démontre que x^3 possède un maximum sur [0, 2]. Nous pourrions parvenir à cette démonstration en appliquant la procédure de décision de Tarski-Seidenberg et en obtenant 1 comme résultat. À partir de là, produire la démonstration explicite dans RCF deviendrait une tâche mécanique et chaque instance du théorème pourrait être obtenue de cette façon. Autrement dit, si nous appelons $P \subset RCF$ l'ensemble contenant toutes les instances du théorème dans RCF, alors nous pourrons parvenir à une systématisation de tout l'ensemble P sur la base de la procédure de décision de Tarski-Seidenberg.

(II) La stratégie de démonstration qui suit s'appuie sur des méthodes transcendantes. Cette approche ne se fonde pas uniquement sur la procédure de décision de Tarski-Seidenberg mais plutôt sur l'une de ses conséquences, à savoir que RCF est une théorie *complète*. Cela donne naissance au *principe de transfert* suivant. Si un énoncé φ dans le langage de RCF peut être démontré pour un corps réel clos *particulier*, par exemple, le corps des nombres réels **R**, alors il est vrai pour *tout* corps réel clos à cause de la complétude de RCF.

Le théorème peut bien sûr être établi pour **R** en s'appuyant, entre autres, sur le théorème de Bolzano-Weierstrass (toute suite bornée admet une sous-suite convergente) et sur l'axiome de la borne supérieure [1]. Ces propriétés élémentaires de **R** ne sont pas vérifiées en général dans les corps réels clos. Par exemple, elles sont toutes les deux fausses pour $\mathbf{R}_{alg}$. Cependant, une fois que le théorème a été démontré pour **R**, par quelque moyen que ce soit, nous pouvons conclure en appliquant le principe de transfert que toutes les instances du théorème, *i.e.* tous les énoncés dans P, sont vérifiées en général dans les corps réels clos.

(III) Une autre façon d'établir le théorème consiste à utiliser des moyens purement algébriques en exploitant le fait que si $A \subset R^n$ est un ensemble semi-algébrique fermé borné et $g : A \to R^p$ une application semi-algébrique continue, alors $g(A)$ est un ensemble semi-algébrique fermé borné [2].

Puisqu'un polynôme $f(x_1, \ldots, x_n)$ est une application semi-algébrique continue, soit $S \subset R^n$ un ensemble semi-algébrique fermé borné, il s'ensuit que $f(S)$ est un ensemble semi-algébrique fermé borné. Mais comme $f(S) \subset R$, il consiste en une réunion finie de points et d'intervalles fermés bornés. Donc $f(S)$ admet un maximum.

4. Évaluation du modèle de Kitcher

Dans la section précédente, nous avons donné des exemples des différentes approches employées pour systématiser la connaissance des corps réels clos. Dans la suite, nous nous intéresserons plus précisément aux sytématisations de la théorie RCF, qui, rappelons-le, est l'ensemble consistant déductivement clos, en fait complet, des énoncés élémentaires

1. Cf. Courant (1971 vol. I, p. 60, vol. II, p. 86).
2. Cf. Brumfiel (1979, p. 207) ou Bochnak *et al.* (1988, p. 40*sq.*).

vrais dans tous les corps réels clos (ou, de façon équivalente, qui découle des axiomes de *RCF*).

Avant d'examiner la façon dont la description de Kitcher classe les différentes systématisations de *RCF* selon leur pouvoir d'unification, arrêtons-nous un moment pour traiter d'un problème qui pourrait se poser dès le départ, celui du choix de *RCF* comme corps d'énoncés à systématiser. Bien sûr, les mathématiciens travaillant en géométrie semi-algébrique sont en règle générale *non seulement* intéressés par (la systématisation) des énoncés *élémentaires* mais aussi par des énoncés qui vont au delà de *RCF* obtenus, par exemple, en quantifiant sur des fonctions ou des ensembles, ou issus d'une théorie plus large englobant *RCF* telle que l'analyse réelle ou la théorie des catégories (nous reprendrons cette question ci-dessous). Se concentrer ainsi sur *RCF* serait-il fidèle à la pratique mathématique [1] ? Nous verrons que cette inquiétude peut être aisément dissipée.

Tout d'abord, le choix d'un contexte non élémentaire pour l'étude des corps réels clos – qu'il s'agisse d'un langage plus expressif ou de certaines théories mathématiques plus englobantes – ne fait pas disparaître et ne rend pas sans intérêt la partie élémentaire de la géométrie semi-algébrique. Quel que soit le contexte, *RCF* forme toujours un sous-ensemble (qu'on peut définir précisément) de *K*, à savoir la totalité des énoncés accepté dans le contexte considéré. Ainsi toute systématisation de *K* doit aussi traiter des énoncés de *RCF*. De surcroît, la (sous-) théorie élémentaire n'est rendue en aucun cas marginale. En effet, la notion d'*ensemble semi-algébrique*, qui est fondamentale en géométrie semi-algébrique, est caractérisée en termes de formules du premier ordre. Un fait saillant, conséquence immédiate du théorème de Tarski-Seidenberg, est que les ensembles semi-algébriques coïncident avec les ensembles *définissables* par des formules dans le langage de *RCF*. Autrement dit, toute construction à partir des ensembles semi-algébriques qui peut être exprimée au moyen d'un énoncé élémentaire produit à nouveau un ensemble semi-algébrique. Ce fait est d'une importance majeure à l'aune de ses « conséquences qui sont difficiles à obtenir si l'on utilise directement la définition d'un ensemble semi-algébrique » (Andradas *et al.* 1996, p. 9). Même G. W. Brumfiel, qui rejette résolument le *principe de transfert* de Tarski-Seidenberg comme méthode de démonstration, est d'accord pour reconnaître que *cette* application du théorème de

1. Jeremy Avigad a en particulier insisté sur ce point.

Tarski-Seidenberg fournit un « outil très efficace » (Brumfiel 1979, p. 165) et il l'utilise lui-même quelquefois dans les dernières parties de son livre [1].

Il est clair que les formules élémentaires exigent une attention particulière lorsqu'on s'appuie sur le principe de transfert de Tarski-Seidenberg comme un outil essentiel pour étudier la géométrie semi-algébrique (cf. Bochnak *et al.* 1996; Andradas *et al.* 1996). Pourtant, il ne s'agit pas simplement de formules « intéressantes » pour la raison purement méthodologique que le principe de transfert peut uniquement s'appliquer aux formules élémentaires. Même Brumfiel, qui n'est en aucun cas contraint par de telles considérations méthodologiques, est tout à fait conscient du fait que de nombreux théorèmes qu'il démontre (au moyen de ses méthodes préférées) peuvent être exprimés au moyen d'énoncés élémentaires [2]. En bref, la théorie RCF est tout sauf insignifiante.

Revenons-en à présent au classement des différentes systématisations de RCF. Qu'en-est il de la réussite du modèle de Kitcher à cet égard? Notre point de départ, l'ensemble à systématiser, est la théorie RCF. En suivant la terminologie de Kitcher, appelons cet ensemble K. Comme indiqué auparavant, il se peut que les systématisations d'un ensemble (consistant et déductivement clos) d'énoncés S doivent outrepasser S et s'appuyer sur des prémisses tirées de S^*, un ensemble consistant contenant S. C'est ce qui nécessitait une modification mineure du modèle original de Kitcher et les différentes systématisations en relation avec **(I)**, **(II)**, et **(III)** en sont de bons exemples.

La systématisation **(I)** fait usage d'une machinerie métathéorique qui s'ajoute à $K(= RCF)$. L'algorithme de décision pour les énoncés dans K n'est pas un théorème de cette théorie mais un énoncé pris dans une

1. À propos de l'usage du théorème de Tarski-Seidenberg pour démontrer qu'un ensemble défini en termes d'ensembles semi-algébriques au moyen d'un énoncé élémentaire est semi-algébrique, Brumfiel insiste sur la chose suivante : « Ce type d'application produit effectivement une *démonstration* du fait que l'ensemble asserté est semi-algébrique, simultanément pour tous les corps réels clos. Il s'agit en fait d'une démonstration élémentaire car chaque énoncé élémentaire est simplement un cas particulier du théorème. » (Brumfiel 1979, p. 165) En revanche, les démonstrations fondées sur le *principe de transfert* manquent précisément de ce type d'uniformité. Cependant, comme indiqué auparavant, Brumfiel n'est *pas* un avocat du développement de la géométrie algébrique réelle exclusivement au moyen de méthodes élémentaires, *a fortiori* en s'appuyant sur la procédure de décision de Tarski-Seidenberg.

2. « Nous admettons que nombre de nos démonstrations sont longues et pourraient être remplacées par la simple phrase '[Principe de] Tarski-Seidenberg et vrai pour les nombres réels'. Toutefois, nous avons le sentiment que le travail en vaut la peine. » (Brumfiel 1979, p. 166)

métathéorie de K. Soit K_I^* l'ensemble obtenu en adjoignant à K une métathéorie de K. Nous laissons ouverte la question de savoir « combien de » métathéorie K_I^* doit contenir – certainement au moins l'algorithme de décision mais peut-être plus, par exemple l'induction – pour établir véritablement les principales propriétés de cet algorithme. Dans **(I)**, nous avons indiqué comment l'ensemble P, *i.e.* l'ensemble de toutes les instanciations dans K du théorème, pourrait être interprété comme l'ensemble conclusion d'une systématisation fondée sur l'algorithme de décision de Tarski-Seidenberg. Cette approche peut être généralisée pour s'appliquer à *tous* les énoncés de K, puisque l'algorithme de décision fonctionne pour tous les énoncés élémentaires. De façon quelque peu simplifiée, nous avons donc la systématisation suivante de K par rapport à K_I^* qui est donnée par le simple schéma d'argument :

(1) $F(\varphi) = x$
(2) ψ
Ici 'φ', 'x', et 'ψ' sont des lettres muettes, alors que F dénote (une spécification d') un algorithme de décision pour K.
Règles de substitution
Substituer à 'φ' un énoncé s dans le langage de RCF.
Substituer à x la valeur, 0 ou 1, de F en s.
Substituer s à 'ψ' si $F(s) = 1$, et substituer $\neg s$ à 'ψ' si $F(s) = 0$.
Classification
L'énoncé (1) est une prémisse.
L'énoncé (2) s'ensuit de (1) au moyen de la métathéorie, *i.e.* en utilisant des faits relevant du fonctionnement de F.

La démonstration du théorème selon **(II)** emploie des méthodes transcendantes, en utilisant par exemple la complétude et la compacité, qui s'appliquent à **R** mais pas aux corps réels clos en général. Au delà de cela, le principe de transfert est utilisé pour arguer que les instances du théorème sont vraies pour *tout* corps réel clos. Ainsi dans ce cas l'ensemble K_{II}^* inclut une partie de la théorie classique des nombres réels ainsi qu'une formulation du principe de transfert de Tarski-Seidenberg. La partie métathéorique de K_{II}^* nécessite l'usage de concepts et de méthodes non seulement syntaxiques mais aussi tirés de la théorie des modèles, afin de traiter la question de la vérité dans certains corps réels clos, notamment le corps des nombres réels. Elle englobe donc la partie métathéorique de K_I^*. Cependant, à nouveau, nous n'avons pas besoin de spécifier avec précision la métathéorie nécessaire et nous pouvons laisser ouverte la question de sa délimitation concrète.

La démonstration présentée dans **(III)** relève d'une systématisation de K par rapport au cadre plus large, K^*_{III}, de la géométrie algébrique réelle. Brumfiel souligne que K^*_{III} ne se limite pas à des méthodes élémentaires. « En fait, nous utilisons les coupures de Dedekind, des ordres totaux, et des places signées [1] de manière répétée. Le point est que ces concepts ainsi utilisés s'appliquent uniformément à tous les corps réels clos. Un avantage à développer de telles techniques est précisément qu'on n'est pas limité aux 'énoncés élémentaires'. » (Brumfiel 1979, p. 166)

Nous pouvons à présent nous demander quelle est la meilleure systématisation de K. Si nous trouvons une systématisation qui fait usage d'un seul schéma d'argument pour engendrer tout K, alors toute autre systématisation qui emploiera un plus grand nombre de schémas lui est inférieure. Il en ressort donc que la meilleure systématisation de K est produite par la procédure de décision de Tarski-Seidenberg pour RCF exemplifiée dans **(I)**. L'uniformité de la procédure montre que nous avons en principe un seul schéma d'argument que nous pouvons utiliser pour engendrer tout K. Lorsqu'on compare cette situation à celles dans lesquelles nous essayons de démontrer des énoncés élémentaires arbitraires de K comme dans **(II)** et **(III)**, il est évident que nous ne pouvons pas nous en sortir avec un seul schéma d'argument. Considérons les démonstrations du type **(III)**. L'argument spécifique utilisé pour déterminer la validité de la proposition assertant qu'un polynôme admet un maximum sur un ensemble semi-algébrique fermé borné quelconque serait vain pour déduire, par exemple, la forme algébrique du théorème de Brouwer du point fixe [2].

Il en est de même dans le cas des démonstrations de type **(II)**. Car dans ce cas nous devons déterminer la vérité de φ considérée dans $\mathbf{R}$, ou dans un autre corps réels clos. C'est seulement une fois cette tâche accomplie que nous pouvons faire appel à la complétude de RCF. Mais la première tâche, la détermination de la valeur de vérité de φ dans un corps réel clos, n'est pas un processus uniforme. Nous avons plutôt besoin, comme indiqué plus haut à propos du cas **(III)**, de schémas d'argument différents pour

1. Cf. Brumfiel 1979, p. 144*sq*). Soit Δ un corps totalement ordonné. Nous complétons Δ avec les symboles ∞ et $-\infty$ et étendons les opérations d'addition, de soustraction, de multiplication, et de division entre ∞, $-\infty$ et les éléments $a \in \Delta$ (par exemple, $\infty + \infty = \infty$, $\frac{a}{\infty} = 0$, etc, une expression telle que $0 \cdot \infty$ restant indéfinie). Si K est un corps, une *place signée* à valeurs dans Δ est une fonction $f : K \to \Delta \cup \{\infty, -\infty\}$, telle que $f(x+y) = f(x)+f(y)$, $f(xy) = f(x)f(y)$, et $f(1) = 1$ lorsque les termes sont définis.

2. Soit S un ensemble semi-algébrique fermé, borné et convexe dans R^n où R est un corps réel clos. Alors toute fonction continue rationnelle de S dans lui même admet un point fixe dans S.

des classes différentes de φ. En bref, alors que par rapport au problème spécifique concernant les *maxima* de polynômes, les trois systématisations exhibent une certaine uniformité dans le traitement des énoncés qui sont des instances de ce problème, seule la stratégie s'appuyant sur la procédure de décision de Tarski-Seidenberg peut être étendue à tout K de telle sorte qu'un simple schéma d'argument suffise à engendrer tout K. Le modèle de l'explication de Kitcher affirmerait donc que l'ensemble de toutes les instanciations de ce schéma d'argument unique est le *stock explicatif sur K i.e.* l'ensemble d'arguments – explicatifs – qui unifie le mieux K. Ce résultat s'oppose clairement à la pratique mathématique puisque le modèle de Kitcher pose au final comme la meilleure systématisation celle qui en pratique ne jouit pas des propriétés explicatives que le modèle de Kitcher devrait lui conférer. Pire, non seulement les arguments de ce « stock explicatif » échouent en général à être considérés comme des explications paradigmatiques, mais ils ne sont quasiment jamais utilisés dans la pratique par des mathématiciens à cause des limites dans la faisabilité de l'algorithme de décision.

Il reste à comparer les systématisations de K relatives à K^*_{II} et K^*_{III}. Comme nous l'avons vu, Brumfiel rejette vigoureusement comme non-explicative une démonstration obtenue sur le modèle de **(II)** et recommande fortement des démonstrations du type **(III)** comme étant celles qui non seulement *démontrent* un résultat mais aussi l'*expliquent*. Il est intéressant de remarquer que selon Brumfiel l'une des vertus saillantes des systématisations à l'intérieur de K^*_{III} au contraire de celles dans K^*_{II} est que les schémas d'argument s'appliquent *uniformément* à tous les corps réels clos. Cette notion d'uniformité peut aussi être vue comme un type d'unification. La théorie de Kitcher apparaît donc particulièrement prometteuse et adéquate pour juger ou évaluer de façon pertinente cette dispute (et celles qui lui sont apparentées [1]) sur le choix des méthodes de démonstration. Voyons ce qu'il en est.

1. Des problèmes méthodologiques semblables ont été soulevés auparavant en géométrie algébrique. Seidenberg cite la remarque critique d'André Weil à propos du « tabou contre le non-algébrique *i.e.* les méthodes topologiques et fonctionnelles » (Seidenberg 1958, p. 686). D'autre part, Brumfiel souligne « qu'il existe déjà en ce siècle une tradition respectable de découverte de démonstrations non-transcendantes de résultats purement algébriques pour les corps algébriquement clos. Nous pensons que les corps réels clos méritent (au moins) qu'on leur consacre autant de temps et d'efforts » (Brumfiel 1979, p. 166). Fait intéressant, les commentaires de Seidenberg sur Weil et Lefschetz concernent aussi une méthode de décision, à nouveau due à Tarski, et un principe de transfert correspondant pour les corps algébriquement clos (de caractéristique donnée p).

La première chose à observer est que les deux systématisations de K, par rapport à K^*_{II} et par rapport à K^*_{III}, paraissent nécessiter un nombre infini de schémas d'argument. En effet, des schémas différents sont requis dans chaque théorie pour démontrer respectivement, par exemple, le théorème du point fixe de Brouwer, le problème d'Euler [1], ou bien que x^3 admet un maximum sur [0, 2], à moins que nous n'identifions la notion de schéma d'argument à une déduction quelconque faite à partir des axiomes d'une théorie donnée. Mais une telle identification ne cadrerait pas avec l'une ou l'autre des systématisations considérées. Si le nombre de schémas dans les deux cas est infini, comme ces deux systématisations engendrent l'ensemble K (*i.e.* leurs ensembles conclusion sont identiques), nous devons conclure que le modèle de Kitcher est incapable de distinguer ces deux systématisations. En particulier, le modèle de Kitcher ne peut ni expliquer ni refléter la position méthodologique de Brumfiel assez marquée vis à vis de l'usage des méthodes transcendantes en géométrie algébrique réelle.

Cependant, on pourrait alors nous reprocher de sauter à la conclusion et objecter que notre diagnostic négatif est incorrect. Et on pourrait souligner, en faveur de Kitcher, le fait que même dans le cas des ensembles infinis de schémas d'argument, le modèle de Kitcher permet encore de classer les systématisations, pourvu qu'un ensemble apparaisse comme étant un sous-ensemble de l'autre — être plus petit pour la relation d'inclusion signifiant être moins explicatif. Kitcher énonce explicitement cette possibilité de classer des systématisations Σ, Σ' de K comme l'un des deux corollaires importants de sa description [2].

> Si les ensembles conclusion $C(\Sigma)$ et $C(\Sigma')$ coïncident, et que la base de Σ' est un sous-ensemble propre de la base de Σ, alors $\Sigma \neq E(K)$. (cf. Kitcher 1981, p. 522)

On pourrait continuer à défendre Kitcher : sur la base d'un examen plus approfondi, il pourrait bien s'avérer que $E_{III}(K)$, la meilleure systématisation de K par rapport à K^*_{III}, est (ou peut être interprétée comme) un sous-ensemble de $E_{II}(K)$, la meilleure systématisation de K par rapport á K^*_{II}, et qu'il en va de même pour leurs bases. Dans ce cas, $E_{III}(K)$ serait mieux classée que $E_{II}(K)$, ce qui rendrait bien compte de la position de

1. Combien de points peut-il y avoir sur la surface d'une sphère de rayon r à distance au moins r d'un autre point, douze ou treize ?

2. Kitcher n'énonce pas ces corollaires explicitement en termes d'ensembles *infinis* mais ils peuvent certainement être appliqués aux cas des ensembles infinis de schémas d'argument et/ou des ensembles conclusion infinis.

Brumfiel après tout. Bien sûr, afin de concrétiser cette simple hypothèse, $E_{II}(K)$ et $E_{III}(K)$ et, plus important, leurs bases respectives B_{II} et B_{III}, devraient être spécifiées précisément. En tout cas, rien n'empêche *en principe* le modèle de Kitcher de classer les systématisations considérées.

S'agit-il d'une bonne défense de Kitcher ? Il est sans doute vrai que dans les situations particulières auxquelles s'appliquent les corollaires mentionnés auparavant, le modèle de Kitcher peut comparer des ensembles infinis de schémas d'argument et/ou des ensembles conclusion infinis. Cependant, cela n'est d'aucun secours dans notre cas. Afin de classer $E_{II}(K)$ et $E_{III}(K)$ en vertu du corollaire, on doit avoir soit $B_{II} \subset B_{III}$ soit $B_{III} \subset B_{II}$, mais on n'obtient ni l'un ni l'autre, comme nous le verrons ci-dessous (et cela peut même être établi *a priori*, indépendamment de la façon dont B_{II} et B_{III} sont composés dans le détail) [1].

Considérons d'abord le cas $B_{II} \subset B_{III}$. Les schémas d'argument dans B_{II} intègrent, en général, des méthodes transcendantes pour **R** et le principe de transfert de Tarski-Seidenberg. Ces deux ingrédients sont complètement absents des schémas dans B_{III} puisque, comme nous l'avons dit, Brumfiel refuse « absolument et sans équivoque » de les utiliser dans des démonstrations [2]. B_{II} ne peut donc pas être un sous-ensemble de B_{III} (bien que B_{II} et B_{III} ne soient pas nécessairement *disjoints* puisque *certains* schémas d'argument dans B_{II} pourraient être purement algébriques). Autrement dit, nous devons exclure la possibilité d'établir une relation entre B_{II} et B_{III}.

Il est cependant instructif de poursuivre l'exploration de cette piste en assouplissant la relation d'inclusion pour la convertir en un certain type de « plongement », et généraliser ainsi le corollaire de Kitcher. Un partisan du modèle de Kitcher pourrait en effet suggérer que dans les cas où il n'y pas de relation d'inclusion entre les deux bases B et B'

1. Dans la suite, nous laissons de côté d'autres complications. En particulier, une comparaison de B_{II} et B_{III} (et des systématisations correspondantes) doit être insérée dans un cadre plus large K^* englobant à la fois K^*_{II} et K^*_{III}. D'autre part, il faut toujours pouvoir distinguer à l'intérieur de K^* les systématisations de K par rapport à K^*_{II} et les systématisations de K par rapport à K^*_{III}. Le traitement détaillé de ces questions ne devrait pas poser de difficultés même s'il est fastidieux.

2. Il est important de noter que Brumfiel rejette catégoriquement non seulement les méthodes transcendantes lorsqu'elles sont employées avec le principe de transfert, mais *tous* les usages qui peuvent être faits de ces méthodes. « L'un de nos thèmes centraux est que les nombres réels ne sont absolument pas pertinents en topologie algébrique, aussi il ne faut pas s'appuyer sur eux en quelque point de notre chaîne de raisonnement » (Brumfiel 1979, p. 166).

pour les systématisations Σ, Σ' (respectivement), un classement de Σ et Σ' pourrait tout de même être obtenu. Il suffirait, par exemple, que les schémas d'argument dans B' puissent être mis en « correspondance » avec les schémas d'argument dans un sous-ensemble propre $S \subset B$, de telle sorte que chaque schéma d'argument dans B' possède un schéma correspondant, en un certain sens équivalent, analogue dans S via une certaine « traduction ». Un tel plongement de B' dans B justifierait de donner la priorité à Σ' sur Σ.

Suivons cette suggestion et voyons si elle nous permet de répondre au problème du classement des systématisations. Alors qu'il est très difficile de donner des définitions générales précises des notions de « plongement », « traduction », « équivalent » etc., qui sont en jeu ici, une contrainte minimale évidente pour la relation de plongement porte sur la conservation des ensembles conclusion. C'est-à-dire, si B' est plongé dans B de telle sorte que toutes les « traductions » des schémas d'argument de B' forment un ensemble $S \subset B$, alors B' et S doivent produire le même ensemble conclusion. Conserver les ensembles conclusion est une condition nécessaire d'adéquation pour un plongement, indépendamment du fait qu'on peut laisser ouverte la question de savoir quels autres éléments des (ensembles de) schémas d'argument doivent être préservés par un plongement (et de quelle façon ils doivent l'être). Il nous suffit donc de considérer la notion de « plongement » d'un point de vue intuitif et informel ; il en ressortira que même sans une spécification plus détaillée des conditions portant sur les plongements, nous serons en mesure d'exploiter notre théorie. Nous pouvons généraliser à présent le corollaire de Kitcher[1].

> Soient Σ, Σ' deux systématisations de K. Si $C(\Sigma) = C(\Sigma')$ et si la base de Σ' peut être plongée dans un sous-ensemble propre de la base de Σ, alors $\Sigma \neq E(K)$.

Existe-t-il maintenant un plongement de B_{II} dans B_{III} ? Sans autre information sur les schémas d'argument dans les deux bases, nous sommes incapables de concevoir une traduction ou un plongement. L'existence d'un plongement n'est pour autant pas exclue. Ci-dessus, dans **(II)** et **(III)**, nous avons ébauché deux types différents de démonstration du théorème énonçant qu'un polynôme admet un maximum sur

1. Le corollaire dans sa formulation originale est obtenu en imposant que *tous* les éléments des schémas d'argument soient conservés par la traduction des schémas, *i.e.* en prenant comme « traduction » l'identité et comme « plongement » la relation d'inclusion.

un ensemble semi-algébrique fermé borné. On pourrait voir les schémas d'argument respectifs de ces démonstrations comme des instanciations corrélées avec le type de traduction que nous recherchons. Si cette corrélation pouvait être étendue afin de fournir pour chaque schéma dans B_{II} un schéma correspondant dans B_{III} (tel que – au moins – les ensembles conclusions soient conservés), alors on obtiendrait un plongement de B_{II} dans B_{III}. Néanmoins, il est crucial de noter qu'un plongement de B_{II} dans un *sous-ensemble propre* de B_{III} est définitivement exclu, même si on peut en principe exhiber un plongement à ce niveau d'abstraction en suivant la méthode que nous avons indiquée. La raison en est la suivante. Supposons que B_{II} se plonge dans un sous-ensemble propre $S \subset B_{III}$. Soit Σ_S l'ensemble de toutes les instanciations des schémas d'argument dans S (Σ_S est un sous-ensemble de $E_{III}(K)$). Puisque B_{II} est la base de $E_{II}(K)$ et que le plongement conserve les ensembles conclusion, nous avons $C(E_{III}(K)) = K = C(\Sigma_S)$. Donc K tout entier est systématisé par Σ_S et Σ_S est engendré par un sous-ensemble *propre* S de B_{III}. Cela contredit le fait que $E_{III}(K)$ soit la *meilleure* systématisation de K (relative à K^*_{III}), *i.e.* la systématisation dont la base est la mieux classée selon le critère d'économie des schémas [1]. Il doit y avoir des redondances dans B_{III} si le même ensemble conclusion peut être obtenu à partir d'un sous-ensemble propre de B_{III}. Autrement dit, B_{III} est trop grand et n'est pas la base qui possède le plus grand pouvoir d'unification. $E_{III}(K)$ n'est donc pas l'ensemble d'arguments qui unifie le mieux K (par rapport à K^*_{III}).

Revenons-en maintenant au cas $B_{III} \subset B_{II}$ pour lequel le raisonnement est en tout point semblable. En principe, aucune contrainte méthodologique n'empêche que B_{III} puisse être plongé dans B_{II} (ou même, dans ce cas, que B_{III} soit un sous-ensemble de B_{II}). Comme Brumfiel lui-même l'indique, on peut en effet trouver une certaine correspondance entre son approche algébrique et l'approche qui fait usage de méthodes transcendantes. « Nous admettons que nombre de nos démonstrations sont longues et pourraient être remplacées par la simple phrase "[Principe de transfert de] Tarski-Seidenberg et [propriété] vraie pour les nombres réels" » (Brumfiel 1979, p. 166). Cela pourrait suggérer, dans notre contexte, qu'il

1. Dans le cas où S ne soit pas seulement un générateur de Σ_S, mais une base, alors l'hypothèse que S est un sous-ensemble propre de B_{III} mène directement à une contradiction en appliquant le corollaire de Kitcher (dans sa formulation originale). Car dans ce cas nous disposons de deux systématisations, $E_{III}(K)$ et Σ_S, de K telles que $C(E_{III}(K)) = C(\Sigma_S)$ et la base de Σ_S soit un sous-ensemble propre de la base de $E_{III}(K)$. Nous avons donc $E_{III}(K) \neq E_{III}(K)$.

est possible de construire une corrélation entre les schémas dans B_{III} et les schémas dans B_{II}. Néanmoins, comme précédemment, B_{III} *ne peut pas*, sous peine de contradiction, être plongé dans un *sous-ensemble propre* de B_{II} (ni *être* un sous-ensemble propre de B_{II}). Cela contredirait en effet le statut de *meilleure* systématisation de K (par rapport à K^*_{II}) de $E_{II}(K)$. L'argument est exactement le même que celui donné dans le paragraphe précédent (*mutatis mutandis*).

La conclusion est donc la suivante. Les deux systématisations rivales $E_{II}(K)$ et $E_{III}(K)$ se révèlent être *incomparables* dans le cadre de la théorie de Kitcher. Ni le corollaire de Kitcher ni notre généralisation ne peuvent les discriminer, *i.e.* les classer selon leur pouvoir d'unification ou d'explication. Face à un véritable problème émergeant de la pratique mathématique, le modèle de Kitcher reste silencieux et échoue à expliquer ou même à confirmer le cas échéant la position de Brumfiel. D'autre part, il ne réussit pas non plus à montrer que les intuitions sous-jacentes de Brumfiel sont trompeuses, en affirmant que l'autre systématisation est plus explicative. Si nous avions une théorie bien fondée de l'explication mathématique, celle-ci posséderait un potentiel critique et correctif vis à vis de la pratique mathématique. Malheureusement, sur ce point, le modèle de Kitcher est loin d'être confirmé et suscite la controverse. De surcroît, il ne parvient pas à trancher la question. Il y a une certaine ironie à cela puisque Brumfiel se présente comme le champion d'un type d'unification de la géométrie algébrique réelle en insistant sur les démonstrations qui exhibent une uniformité explicative « naturelle ». Pourtant, en dépit de l'accent mis sur l'unification, la théorie de l'explication de Kitcher ne dispose apparemment pas des ressources nécessaires pour éclairer la controverse sur les « bonnes » méthodes de démonstration ou, à défaut, accroître notre compréhension des motivations de Brumfiel. L'une des raisons de l'échec de Kitcher pourrait provenir du fait que sa théorie, bien qu'elle soit beaucoup plus sophistiquée que le modèle de Friedman, partage toujours la même intuition fondamentale, à savoir qu'on peut rendre compte du pouvoir d'unification et d'explication en se fondant seulement sur des comparaisons *quantitatives*[1]. Néanmoins,

1. À un moment donné, Kitcher envisage une modification de sa théorie qui va au delà de simples comparaisons quantitatives : « au lieu de compter simplement le nombre de schémas différents dans une base, on prête attention aux similitudes entre ces schémas » (Kitcher 1981, p. 521). L'existence d'un schéma fondamental commun fournit ainsi un autre critère qui permet de déterminer la meilleure systématisation. Cependant, Kitcher n'essaie pas de préciser dans le détail ce nouveau critère ni la façon dont il devrait pondérer le critère quantitatif. Les modalités d'application d'un tel critère sont donc loin d'être claires.

dans la controverse sur l'usage de méthodes transcendantes en géométrie algébrique réelle, l'enjeu porte bien sur les différences *qualitatives* entre les méthodes de démonstration. Les éléments de l'unification jugés explicatifs par Brumfiel échappent au modèle de Kitcher. Même en supposant qu'une théorie de l'explication en tant qu'unification va, en principe, dans le bon sens, force est de constater que le modèle de Kitcher ne nous dit pas encore tout. En général, l'explication excède l'unification au sens de Kitcher, et une analyse plus fine des différents types d'unification reste à faire.

5. Rigidité et unification fallacieuse

Revenons à présent à $E_I(K)$, la systématisation de K dont la base contient un seul schéma d'argument et qui est donc classée comme la meilleure systématisation par le modèle de Kitcher. Nous souhaitons examiner (et dissiper) l'inquiétude qu'on pourrait avoir au sujet de ce classement ainsi que les critiques portant sur le modèle de Kitcher. En fait, ce type d'inquiétude ou d'objection qui invoque la notion de *rigidité* [1] a été exprimé en de nombreuses occasions lorsque cet article a été exposé.

Jusqu'à présent dans notre exposition et notre discussion de la théorie de Kitcher, le critère de la rigidité n'a joué aucun rôle. En quoi consiste-t-il ? Kitcher suggère « que les scientifiques sont intéressés par des schémas d'argument *rigides*, des schémas qui contiennent certaines expressions non-logiques et sont tout à fait semblables en termes de structure logique. » (Kitcher 1981, p. 518) La rigidité d'un schéma d'argument est déterminée par deux contraintes distinctes qui s'appliquent aux deux éléments de ressemblance possibles entre des schémas d'argument.

> Les déductions peuvent être semblables soit en termes de leur structure logique, soit en termes du vocabulaire non-logique qu'elles emploient aux places correspondantes. La notion de schéma d'argument général nous permet d'exprimer l'idée que des déductions semblables en l'une ou l'autre de ces façons ont un schéma commun. [...] Pour capturer la notion de similitude entre deux arguments, nous devons accepter le fait que des schémas d'argument généraux peuvent exiger plus ou moins de leurs instanciations. Si un schéma d'argument pose des conditions sur les instanciations qui sont plus difficiles à satisfaire que celles posées

1. Kitcher emploie, comme on l'a vu auparavant, le mot 'stringency'. Dans la suite, je traduirai 'stringency' par 'rigidité' et 'stringent' par 'rigide' [NdT].

> par un autre schéma, alors je dirai que le premier schéma est plus *rigide* que le second. La rigidité d'un schéma d'argument est déterminée d'une part par la classification, qui identifie la structure logique que les instanciations doivent exhiber, et d'autre part par la nature des énoncés schématiques et les règles de substitution, qui imposent conjointement aux instanciations un vocabulaire non-logique commun à certaines places. (Kitcher 1989, p. 433)

À l'exception de ces remarques plutôt générales, Kitcher ne donne nous pas beaucoup d'informations. Il esquisse simplement l'idée principale « sans essayer de produire une analyse exacte de la notion de rigidité » (Kitcher 1981, p. 518, voir aussi Kitcher 1989, p. 433). En dépit de cette imprécision, la rigidité est supposée être l'un des facteurs qui détermine le pouvoir d'unification d'une base, puisque ce pouvoir est supposé varier directement en fonction de la rigidité des schémas de la base (cf. Kitcher 1981, p. 520 et Kitcher 1989, p. 435). Cependant, en l'absence d'une définition exacte de la rigidité et d'une analyse précise et exploitable de la façon dont la rigidité devrait pondérer les autres critères, comme la taille de l'ensemble conclusion et la taille de la base, il est impossible d'incorporer le critère de la rigidité à la détermination de la meilleure systématisation d'un K donné. À un moment donné, Kitcher suggère même que la notion de rigidité pourrait être clarifiée au moyen des notions d'explication et d'unification (cf. Kitcher 1981, p. 519), tombant ainsi dans la circularité. À cause de toutes ces difficultés, nous n'avons pas employé le critère de la rigidité dans notre discussion jusqu'à présent.

Le seul contexte dans lequel Kitcher met à profit le concept de rigidité et formule une exigence exploitable dans ses termes est la discussion des « unifications fallacieuses » qui menacent de rendre banale sa théorie. Le problème est posé par des systématisations qui sont banales bien qu'elles soient maximalement englobantes pour nos croyances sur la base d'un schéma unique tel que « d'α et B déduire α » ou, plus simplement, « d'α déduire α », où α est remplacé par un énoncé quelconque accepté. Afin d'exclure de tels schémas, Kitcher invoque le critère de rigidité. Comme il le souligne, les systématisations mentionnées sont couronnées de succès en prenant pour critère le fait qu'elles engendrent un grand nombre de croyances sur la base d'un petit nombre de schémas, mais elles échouent totalement du point de vue de la rigidité. En effet « les deux arguments ci-dessus en autorisant n'importe quel vocabulaire à la place de α sont très vagues » (Kitcher 1981, p. 527). Ils sont donc (intuitivement) trop souples et devraient être exclus.

À première vue, il semblerait qu'un argument tout à fait similaire pourrait être retenu à l'encontre de notre systématisation $E_I(K)$. Pour rappel, $E_I(K)$ unifie l'ensemble K en utilisant un unique schéma d'argument, TSP pour faire bref, qui s'appuie sur l'algorithme de décision de Tarski-Seidenberg.

(1) $F(\varphi) = x$
(2) ψ

Ici 'φ', 'x', et 'ψ' sont des lettres muettes, alors que F dénote (une certaine spécification d') un algorithme de décision pour K.
Règles de substitution
Substituer à 'φ' un énoncé s dans le langage de RCF.
Substituer à x la valeur 0 ou 1 de F en s.
Substituer s à ψ si $F(s) = 1$ et substituer $\neg s$ à ψ si $F(s) = 0$.
Classification
L'énoncé (1) est une prémisse.
L'énoncé (2) découle de (1) via la métathéorie, *i.e.* en employant des faits concernant le fonctionnement de F.

$E_I(K)$ apparaît comme la meilleure systématisation de K dans le modèle de Kitcher contrairement au point de vue de la pratique mathématique, comme nous l'avons souligné auparavant. Cela révèle un grave défaut du modèle de Kitcher.

On pourrait objecter contre cette conclusion que l'analyse donnée par le modèle de Kitcher qui fonde notre classement de $E_I(K)$ laisse totalement de côté le critère de la rigidité. En effet, le schéma d'argument TSP a exactement les mêmes lacunes que le schéma d'argument banal examiné – et rejeté – auparavant. Il autorise un vocabulaire quelconque (tiré du langage des corps ordonnés) à la place de 'φ' et 'ψ'. Il devrait donc être lui aussi rejeté comme trop souple. Autrement dit, prendre en compte le critère de la rigidité empêche non seulement $E_I(K)$ d'être mieux classé que $E_{II}(K)$ et $E_{III}(K)$, mais il exclut encore $E_I(K)$ tout entier de la « compétition » comme étant une *unification fallacieuse* inadmissible. Le modèle de Kitcher n'est donc plus menacé.

Afin de voir quel est le poids de cette objection, nous devons l'évaluer non pas à l'aune de notre concept intuitif de rigidité mais à la lumière de l'exigence explicitement formulée par Kitcher d'écarter les unifications fallacieuses.

> Si les règles de substitution associées au schéma P pouvaient être remplacées par d'autres règles, permettant de substituer [aux lettres

> muettes] une classe d'expressions de la même catégorie syntaxique, afin de produire un schéma P', et si P' permettait la déduction d'un énoncé quelconque, alors l'unification accomplie par P serait fallacieuse. (Kitcher 1981, p. 527*sq.*)

Cette exigence identifie en fait comme fallacieuse les schémas d'argument banals considérés auparavant puisque la règle de substitution 'tout énoncé que nous acceptons peut être substitué à α' peut se généraliser en 'un énoncé quelconque peut être substitué à α' autorisant ainsi la déduction d'un énoncé *quelconque*. Kitcher illustre et motive cette nouvelle exigence au moyen du schéma d'argument suivant qui pourrait être employé par « un groupe de religieux fanatiques » pour expliquer et unifier leurs croyances à propos du monde (cf. Kitcher 1981, p. 528).

> (1) Dieu veut que α soit vérifié.
>
> (2) Ce que Dieu veut être vérifié est vérifié.
>
> (3) α
>
> *Règle de substitution :* un énoncé quelconque décrivant le monde physique peut être substitué à α.

Ce schéma est aussi identifié comme étant fallacieux par le nouveau pré-requis puisque il devient banal en remplaçant la règle de substitution par 'un énoncé quelconque peut être substitué à α'. Kitcher poursuit :

> Pourquoi les schémas dont les règles de substitution peuvent être modifiées pour accueillir un énoncé quelconque devraient-ils être considérés comme suspects ? La réponse est que, dans de tels schémas, le vocabulaire non-logique qui demeure est inopérant. La présence de ce vocabulaire non-logique n'impose aucune contrainte sur les expressions que nous pouvons substituer aux lettres muettes. (Kitcher 1981, p. 528)

Le schéma TSP doit-il être mis dans le même panier que les autres unifications fallacieuses que nous avons examinées ? Est-il, par exemple, à tous égards analogue au schéma des religieux fanatiques ? Apparemment TSP pourrait être exclu sur la base de notre nouveau pré-requis par un raisonnement analogue à celui considéré auparavant. Si nous changeons la règle de substitution

Substituer s *à* ψ, *si* $F(s) = 1$ *et substituer* $\neg s$ *à* ψ, *si* $F(s) = 0$.

en

Substituer un énoncé quelconque à ψ *(dans le langage des corps ordonnés).*

nous obtenons un schéma qui permettrait de déduire un énoncé quelconque (dans le langage donné). Le problème avec ce rejet prématuré de *TSP*, au motif qu'il accomplirait une unification fallacieuse, est que ce schéma d'argument impose davantage de contraintes sur 'ψ' que ce qu'exprime la règle de substitution à propos de cette lettre muette. Ainsi la simple modification de la règle de substitution n'est *pas* suffisante pour permettre la déduction d'un énoncé quelconque. Même si la règle de substitution pour 'ψ' est assouplie, la *classification* du schéma d'argument peut toujours spécifier que *l'énoncé (2),* i.e. ψ, *découle de (1) via la métathéorie.* Et ce pré-requis n'est certainement pas rempli par un énoncé arbitraire ψ. Par définition, la classification identifie la structure logique que les instanciations d'un schéma doivent exhiber, ce qui, rappelons-le, est l'une des deux contraintes qui déterminent la *rigidité* du schéma. En bref, *TSP* est *assez rigide* pour ne pas être exclue par le nouveau pré-requis [1]. Néanmoins, une raison valable de se plaindre de *TSP* est qu'elle est trop abrégée, que sa classification est relativement opaque, et qu'elle n'est pas assez claire voire trompeuse à propos des règles de substitution. On peut remédier à cela dans une certaine mesure en faisant ressortir plus clairement la structure et le fonctionnement du schéma d'argument dans la reformulation *TSP′* suivante.

(1) *F* est une certaine spécification d'un algorithme de décision pour *RCF*.

(2) $F(\varphi) = x$

(3) $F(\varphi) = 0 \rightarrow \neg\varphi$

(4) $F(\varphi) = 1 \rightarrow \varphi$

(5) ψ

Ici 'φ', 'ψ' , et 'x' sont des lettres muettes.
Règles de substitution

Substituer à 'φ' un énoncé dans le langage de *RCF*.
Substituer à ψ un énoncé dans le langage de *RCF*.
Substituer '0' ou '1' à x

1. Si – sur la base d'une interprétation erronnée du fonctionnement des règles de substitution – on autorise la règle de substitution modifiée à l'emporter sur la classification en cas de conflit, de telle sorte qu'un énoncé *quelconque* ψ pourrait être déduit, alors on produirait en effet un schéma d'argument *incohérent* ou, plutôt, on n'aurait plus de schéma d'argument du tout (au sens original du mot). Si, d'autre part, la règle de substitution (modifiée) n'interfère pas avec la classification – comme ce devrait être le cas –, alors la modification n'a aucun effet sur le fonctionnement du schéma. En particulier, cette modification ne peut pas rendre l'argument fallacieux.

Classification :

L'énoncé (1) est une prémisse.

L'énoncé (2) découle de (1) via la métathéorie, *i.e.* en utilisant des faits concernant le fonctionnement de F.

Les énoncés (3) et (4) découlent aussi de (1) en utilisant des faits concernant le fonctionnement de F.

L'énoncé (5) découle soit de (2) et (3) soit de (2) et (4) par *Modus Ponens*.

Dans cette reformulation, les règles de substitution spécifient uniquement les catégories syntaxiques des expressions qui doivent être substituées aux lettres muettes sans faire aucune référence aux éléments sémantiques, logiques ou épistémiques de ces expressions. Il doit y avoir une séparation rigoureuse entre, d'une part, les règles de substitution en tant que contraintes purement syntaxiques sur les substitutions de lettres muettes et, d'autre part, la classification. Cette dernière spécifie les caractéristiques inférentielles de l'argument schématique, *i.e.* met en œuvre d'autres contraintes sur ces substitutions fondées sur des relations logiques (déductives ou inductives) entre les énoncés au sein de l'argument et/ou les théories à l'arrière-plan. Maintenir cette séparation place TSP' à part des schémas d'argument qui accomplissent des unifications fallacieuses. Les règles de substitution des schémas comme le schéma d'auto-déduction ('d'α inférer α') ou bien le schéma théologique impliquent la notion d'*acceptation* des énoncés. Tout (ou presque tout) le travail est fait par ce type de règles de substitution, qui garantissent qu'un type particulier de conclusion (par exemple, les énoncés acceptés décrivant le monde) est engendré par de tels schémas. Ni la structure de l'argument schématique, ni la classification ne contribuent vraiment en quoi que ce soit à cette « unification ». Pour Kitcher, le vocabulaire non-logique qu'on trouve dans de tels schémas est *inopérant*. Le travail réel d'unification des croyances est *mimé* uniquement par les règles de substitution, c'est-à-dire par des restrictions appropriées sur les énoncés qu'on peut substituer aux lettres muettes (cf. Kitcher 1981, p. 527). Et c'est précisément pour cette raison que de tels schémas peuvent être rendus banals en faisant varier (*i.e.* en généralisant) leurs règles de substitution. À l'opposé, le vocabulaire non-logique dans TSP', le nom 'F' de l'algorithme de décision pour RCF, n'est *pas* inopérant : sa présence pose des contraintes sur (la combinaison des) les expressions que nous pouvons substituer à 'φ', 'ψ', et 'x'. Ainsi TSP' ne peut pas être transformé en un schéma qui produit des énoncés quelconques en modifiant les règles de substitution. Sa classification ne le permet pas. En fait, les règles de substitution, du fait de leur caractère purement syntaxique, sont déjà énoncées avec une généralité maximale et ne peuvent donc pas être rendues plus générales (comme cela pouvait être aisément fait dans le cas des unifications fallacieuses).

Pour résumer, dans le cadre du modèle de Kitcher, $E_I(K)$ ne peut pas être rejeté comme étant fallacieux parce qu'il ne serait pas rigide et passe clairement le test fondé sur le nouveau pré-requis. Le problème posé par cette systématisation au modèle de Kitcher de l'explication mathématique reste donc entier.

Appendice

Axiomes pour les corps réels clos

(i) Axiomes des corps (commutatif)

$\forall x \forall y \forall z (x + (y + z) = (x + y) + z)$

$\forall x \forall y (x + y = y + x)$

$\forall x (x + 0 = x)$

$\forall x \exists y (x + y = 0)$

$\forall x \forall y \forall z (x \cdot (y \cdot z) = (x \cdot y) \cdot z)$

$\forall x \forall y (x \cdot y = y \cdot x)$

$\forall x (x \cdot 1 = x)$

$\forall x \forall y \forall z (x \cdot (y + z) = (x \cdot y) + (x \cdot z))$

$\forall x (x \neq 0 \rightarrow \exists y (x \cdot y = 1))$

$0 \neq 1$

(ii) Axiomes d'ordre (total)

$\forall x \forall y \forall z (x \leq y \& y \leq z \rightarrow x \leq z)$

$\forall x \forall y (x \leq y \& y \leq x \rightarrow x = y)$

$\forall x (x \leq x)$

$\forall x \forall y (x \leq y \vee y \leq x)$

$\forall x \forall y \forall z (x \leq y \rightarrow x + z \leq y + z)$

$\forall x \forall y \forall z (x \leq y \& 0 \leq z \rightarrow x \cdot z \leq y \cdot z)$

(iii) $\forall x \exists y (x = y^2 \vee -x = y^2)$

(iv) Pour tout entier naturel n, $\forall x_0 \forall x_1 \ldots \forall x_{2n} \exists y (x_0 + x_1 \cdot y + x_2 \cdot y^2 + \ldots + x_{2n} \cdot y^{2n} + y^{2n+1} = 0)$

CHAPITRE VIII

DE LA RELATION ENTRE GÉOMÉTRIE PLANE ET GÉOMÉTRIE SOLIDE

(AVEC ANDREW ARANA)

La géométrie traditionnelle s'occupe de considérations planimétriques et stéréométriques qui sont à la racine de la division entre géométrie plane et géométrie solide [1]. Poser la question de la relation entre ces deux domaines soulève quantité de problèmes différents qui relèvent de la pratique mathématique, de l'épistémologie, de la sémantique, de l'ontologie, de la méthodologie et de la logique, sans parler des problèmes de psychologie et de pédagogie. À notre connaissance, il n'existe aucune

* Publié initialement dans *The Review of Symbolic Logic*, Vol. 5, no 2, 2012, p. 294-353. Nous remercions Fabio Acerbi, Kirsti Andersen, David Auckly, John Baldwin, Bruno Belhoste, Paola Cantù, Vincenzo De Risi, Philip Ehrlich, Paolo Freguglia, Sébastien Gandon, Marcus Giaquinto, Jeremy Gray, Angelo Guerraggio, Niccoló Guicciardini, Michael Hallett, Jeremy Heis, Dan Isaacson, Alexander Kreuzer, John MacFarlane, Elena Marchisotto, Sébastien Maronne, Philippe Nabonnand, Pier Daniele Napolitani, Victor Pambuccian, Marco Panza, Doug Patterson, Patrick Popescu-Pampu, David Rabouin, Steve Russ, Dirk Schlimm, Thomas Schneider, Ivahn Smadja, et Markus Stroppel, ainsi que les deux rapporteurs de cet article pour leurs nombreux et précieux commentaires qui ont grandement contribué à améliorer ce texte.

1. Dans la suite, les termes de 'spatial', 'solide', 'stéréométrique' renvoient à la géométrie dans l'espace à trois dimensions, pendant que 'plan', 'planaire', 'planimétrique' renvoient à la géométrie du plan. Si le terme 'solide' est courant dans la géométrie classique, il est moins usité à présent en mathématiques, même s'il apparaît encore par exemple dans 'angle solide'. En anglais et en italien, l'usage de 'solid' et 'solida' est demeuré courant pour référer à l'espace. [NdT]

contribution qui étudie en détail un seul des domaines mentionnés ci-dessus.

Dans ce chapitre, nous nous intéresserons en priorité aux enjeux méthodologiques de la pureté et donc nous étudierons les rapports de la relation planimétrie/stéréométrie à d'autres domaines, dans la mesure où cela s'avèrera nécessaire pour traiter notre problème.

Notre stratégie sera la suivante. Dans la première partie du chapitre, nous décrirons quelques épisodes clés de la pratique mathématique qui se rapportent à l'interaction entre géométrie plane et géométrie solide. L'esquisse est donnée à grands traits et seulement dans l'idée de faire connaître au lecteur une partie du contexte mathématique qui voit émerger le problème. Dans la deuxième partie, nous examinerons un débat (sur le « fusionisme ») dans lequel s'imposent, pour la première fois, des problèmes méthodologiques et fondationnels qui se rapportent aux aspects de la pratique mathématique traités auparavant. Nous concluerons en remarquant que les problèmes soulevés dans le débat sur le « fusionisme » peuvent être précisés uniquement au moyen d'un effort fondationnel et philosophique. La troisième partie du chapitre se concentrera sur l'étude d'un cas qui a précisément fait l'objet d'un tel effort. Il s'agit de l'analyse fondationnelle de la version plane du théorème de Desargues sur les triangles homologiques et de ses implications quant à la relation entre géométrie plane et géométrie solide. Enfin, dans une quatrième partie, nous engagerons à partir de cette étude de cas le travail d'analyse nécessaire pour explorer les différentes grandes thèses sur la « pureté », le « contenu » et d'autres notions pertinentes pour notre problème.

1. La pratique mathématique

1.1. *Les Grecs*

On observe dans les *Éléments* d'Euclide une séparation entre la géométrie plane (Livres I-IV, VI et X) et la géométrie solide (livres XI-XIII). La séparation n'est pas si nette car Euclide établit dans les livres stéréométriques de nombreux résultats qui appartiennent à la géométrie plane : par exemple, douze des dix-huit théorèmes du livre XII sont des théorèmes de géométrie plane. Alors qu'on a bien sûr besoin d'éléments de géométrie plane pour développer la géométrie solide, Euclide ne donne aucune application de la géométrie solide pour établir des énoncés en géométrie plane. Néanmoins, l'application de considérations stéréométriques pour résoudre des problèmes de géométrie plane n'était pas ignorée des Grecs. De telles constructions ou démonstrations qui emploient la géométrie solide pour établir des résultats de géométrie plane sont cependant restés confinés dans les domaines les plus avancés de la géométrie, par opposition à des traités plus élémentaires (comme celui d'Euclide). On compte cinq domaines de la géométrie dans lesquels, jusqu'à l'époque d'Euclide, des considérations stéréométriques apparaissent [1] :

i) Les recherches astronomiques sur la circularité des mouvements célestes liées aux hypothèses de sphéricité de l'univers, de la terre et des astres [2] ;

ii) L'étude des polyèdres réguliers (en relation avec l'astronomie) et de leurs propriétés « isépiphanes » (analogues aux propriétés isopérimétriques des polygones réguliers) ;

iii) La solution du problème de la duplication du cube et sa réduction-généralisation à l'insertion de deux moyennes proportionnelles entre deux segments ;

iv) L'étude des sections coniques (ou sections de cône) ;

v) Les problèmes de cubature *i.e.* de mesure des volumes.

Outre les *Éléments* d'Euclide et les développements mentionnés dans les cinq domaines ci-dessus, des considérations stéréométriques sont appliquées en projetant des courbes définies sur des surfaces (telles que le cylindre ou la sphère) pour étudier les propriétés de courbes telles que la spirale ou la quadratrice (cf. Mancosu et Arana 2010, §4.2 ; Knorr 1993, p. 166-167).

Nous nous intéresserons aux domaines iii) et iv) de la liste précédente. Alors que la duplication du cube est de façon évidente un problème stéréométrique, ce n'est pas le cas de la détermination de deux moyennes proportionnelles entre deux segments. Cependant, la résolution de ce problème a conduit plusieurs mathématiciens à exploiter les ressources de la stéréométrie au moins de façon implicite. Il est bon de rappeler deux solutions bien connues. La première est celle d'Archytas (quatrième

1. Ici nous suivons Vitrac (2000, p. 19-24).

2. Ces recherches sont liées au problème de la relation entre les trigonométries plane et sphérique. Par exemple, les astrolabes étaient des instruments employés pour représenter dans le plan au moyen de projections les mouvements des phénomènes célestes qui se produisent dans l'espace à trois dimensions.

siècle avant J.C.) qui, d'après le commentaire d'Eutocius sur la sphère et le cylindre (cf. Archimède 1972, p. 62-64 et Archimède 2004, p. 290-293), résout le problème de l'insertion de deux moyennes proportionnelles entre deux segments donnés au moyen d'une construction qui fait appel à des considérations stéréométriques [1]. La seconde solution est due à Ménechme et requiert l'intersection de deux sections coniques (cf. Archimède 1972, p. 58-62 et Archimède 2004, p. 286-290) [2]. Puisque les sections coniques sont obtenues au moyen de sections de cône, la solution du problème semble reposer, au moins de manière implicite, sur des considérations stéréométriques [3].

Pour éviter tout malentendu, il est important de remarquer que nous ne prétendons pas affirmer que la distinction entre des considérations planimétriques et stéréométriques était au centre de la réflexion fondationnelle chez les Grecs. La classification des problèmes en problèmes plans, solides [4], et linéaires rapportée par Pappus, était bien plus importante pour la tradition mathématique grecque. Cette classification s'appuie sur les types de courbes nécessaires à la résolution des problèmes. Les problèmes

1. Pour une exposition de ce résultat, le lecteur est renvoyé à Heath (1921, p. 246-249). Pour la démonstration d'Archytas, voir aussi l'analyse donnée par F. Acerbi dans Euclid (2007, p. 79-87).

2. Pour une exposition de ce résultat, le lecteur est renvoyé à Heath (1921, p. 251-255). Pour la démonstration de Ménechme, voir aussi l'analyse donnée par F. Acerbi dans Euclid (2007, p. 99-104).

3. Bien sûr, une construction des sections coniques qui se ferait directement dans le plan et non à partir du cône ne dépendrait pas de la stéréométrie. Par exemple, la construction de la parabole donnée par Dioclès dans son traité *Sur les miroirs ardents*, propositions 4 et 5, est faite point par point et ne requiert pas des considérations stéréométriques. Dans ce contexte, il importe de noter que Philippe de la Hire dans son traité de 1673 *Nouvelle méthode en Géométrie, pour les sections de superficies coniques et cylindrique. Planiconiques*, et plus précisément dans la seconde partie intitulée *Planiconiques*, développe la théorie des coniques dans le plan sans passer par les sections de cône, ce que souligne le rapporteur de l'ouvrage dans le *Journal des Savants* de 1674 :

> Mais parce que tous les Geometres ne sont pas accoûtumez à concevoir des solides par des simples lignes tracées sur un plan, cet Auteur a ajoûté à sa nouvelle Methode un traité des Planiconiques ; qui est tres-beau & tres-commode, puisque par là il n'est plus besoin d'imaginer aucun solide ny plan que celuy sur lequel est la figure. (p. 11)

Alors qu'il n'y a aucun engagement explicite vis à vis d'une injonction de « pureté », l'élimination de considérations portant sur des solides ou des plans ne contenant pas la section conique est néanmoins vue par le rapporteur comme un progrès.

4. Attention, dans ce paragraphe, les termes 'plans' et 'solides' ont une autre signification que dans le reste du chapitre. [NdT]

plans nécessitent uniquement des droites et des cercles (des constructions à la règle et au compas) ; les problèmes solides font appel aux sections coniques ; les problèmes linéaires requièrent l'usage de courbes dont la génération est plus complexe (la quadratrice, la conchoïde etc.). On pourrait être tenté d'établir un rapport étroit entre la notion de problème solide et l'usage de la stéréométrie, mais ce serait imprudent. En effet, selon la classification de Pappus, toute la stéréométrie présentée par Euclide dans les livres XI-XIII est « plane ». De plus, les « problèmes solides » ne sont pas vus par un mathématicien grec comme appartenant *par essence* à la stéréométrie ; en outre, de nombreux problèmes planimétriques peuvent être solides, comme nous le verrons bientôt.

Ayant dit cela, il demeure vrai qu'au moins implicitement (lorsqu'on utilise des sections coniques) ou explicitement (comme c'est le cas chez Archytas), certaines solutions au problème de l'insertion de deux moyennes proportionnelles font appel à des objets stéréométriques.

Alors qu'Euclide ne fait aucun usage de la stéréométrie pour résoudre des problèmes planimétriques, nous ne connaissons aucune réserve méthodologique explicite exprimée dans la tradition grecque à propos de cette possibilité [1]. En effet, si l'on interprète le recours aux sections coniques comme relevant de la stéréométrie (en raison de l'usage du cône pour engendrer les sections coniques), alors il est aisé de donner d'autres exemples. Dans la classification des problèmes donnée par Pappus, un problème comme la trisection de l'angle (dont l'énoncé est planimétrique) est « solide », car il nécessite le recours aux sections coniques, qui elles-même requièrent pour leur génération un objet stéréométrique (le cône). Autrement dit, les problèmes dont l'énoncé implique seulement des notions de géométrie plane peuvent ne pas être des problèmes « plans » selon la classification de Pappus.

On rencontre un argument semblable dans Pappus lorsqu'il décrit les constructions par projection [2]. Par exemple, Pappus donne la quadrature

1. La référence de Kreisel « à l'époque des Grecs lorsque Archimède était critiqué pour utiliser des propriétés de l'espace pour démontrer des théorèmes du plan » (cf. Kreisel 1980, p. 163) est erronée : elle prend les critiques de Pappus des solutions « solides » de problèmes plans pour des critiques de solutions *stéréométriques* de problèmes plans. Kreisel a ainsi confondu l'usage technique chez Pappus du terme « solide » avec son usage plus ordinaire qui réfère à l'espace.

2. Au dix-septième siècle, on trouve d'autres exemples chez John Collins et Jacob Bernoulli qui étudient la spirale logarithmique. Cette courbe est un objet à deux dimensions obtenu par projection de la courbe loxodromique qui est une courbe gauche (*i.e.* n'est pas contenu dans un plan de l'espace).

du cercle, un problème dont l'énoncé est planimétrique, en utilisant la quadratrice. Cependant, dans sa tentative de produire une construction « moins mécanique » de la quadratrice, Pappus (1876-78, vol. 1, p. 262-265) obtient cette courbe par projection d'une hélice cylindrique. Une fois que la quadratrice est ainsi engendrée, on peut poursuivre la quadrature du cercle en utilisant les propriétés de la quadratrice. Dans ce cas, le problème est « linéaire » et dépend évidemment de considérations stéréométriques.

Nous avons vu que pendant la période grecque, l'usage de moyens stéréométriques pour résoudre des problèmes de géométrie plane se limitait aux domaines les plus avancés de la géométrie et qu'aucune critique explicite ne semblait avoir été soulevée contre de tels usages. Cependant, la structure des *Éléments* d'Euclide, où la géométrie solide se limite aux livres XI-XIII, et le fait que pendant longtemps ces livres aient été moins étudiés que les livres planimétriques, ont eu un effet considérable sur la séparation entre les considérations stéréométriques et les recherches planimétriques. Comme nous le verrons plus tard, même à l'époque de Gergonne, on regrettait la séparation de la géométrie plane et de la géométrie solide qui était jugée contre-productive.

1.2. *Quelques exemples tirés du dix-septième siècle*

C'est dans la première moitié du dix-septième siècle que la géométrie plane et la géométrie solide ont commencé à vraiment interagir dans la pratique mathématique. Par exemple, Luca Valerio dans sa *Quadratura parabolae per simplex falsum* (cf. Valerio 1606), donne une nouvelle démonstration de la quadrature de la parabole, résultat classique démontré par Archimède. Pour ce faire, il utilise un lemme sur le centre de gravité des figures planes composées par deux semi-paraboles. La démonstration de ce lemme fait appel à des résultats tirés de la géométrie solide : on extrait des informations sur le centre de gravité de la figure plane en considérant le centre de gravité d'une demi-sphère. Ce résultat et la place qu'il occupe au sein des travaux de Valerio mériteraient d'être analysés en détail, mais nous nous concentrerons sur les travaux d'un mathématicien plus représentatif, Evangelista Torricelli.

Torricelli connaissait assez bien les travaux de Valerio. Son cas est particulièrement intéressant car il applique la géométrie solide à la résolution de problèmes plans aussi bien dans le contexte de techniques mathématiques classiques (à savoir, celles héritées de la géométrie grecque) que dans ses applications modernes utilisant les techniques des indivisibles (qui prennent leur source chez Cavalieri). À cet égard, le traité publié en 1644 *De quadratura parabolae* qui figure dans les *Opera Geometrica* (cf. Torricelli 1919-1944) est d'une grande importance. Ce traité est un tour de force présentant vingt démonstrations différentes de la quadrature de la parabole. Rappelons que le problème de la quadrature de la parabole consiste à déterminer l'aire du segment de parabole obtenu en coupant une parabole par une droite, c'est-à-dire l'aire de l'espace compris entre la parabole et la corde coupée par la droite. Le théorème dit que le segment de parabole est à l'aire d'un certain triangle inscrit dans le segment de parabole comme 4 est à 3.

Torricelli divise le traitement du problème en deux parties. Dans la première, il présente différentes quadratures qu'on peut obtenir en employant des techniques classiques (comme la double réduction à l'absurde de la méthode d'exhaustion). Parmi ces quadratures, celles données dans les propositions 8, 9, et 10 font usage de techniques solides, car elles font appel à des propriétés des cônes, des cylindres, et des demi-sphères. La stratégie de Torricelli consiste à transformer une configuration plane (contenant le segment de parabole et d'autres objets géométriques plans tels que des parallélogrammes, des triangles et d'autres figures) en la voyant comme la section d'une configuration solide, ou en lui appliquant une rotation de façon à obtenir une figure solide (impliquant des cônes, des sphères, des cylindres et des solides plus complexes), puis à inférer (soit directement, soit au moyen d'une démonstration par l'absurde s'appuyant sur un théorème de géométrie solide connu) que le segment de parabole doit être au triangle inscrit comme 4 est à 3.

Mais c'est dans la seconde partie du traité, où Torricelli montre la fécondité des techniques des indivisibles, que l'application de techniques solides est vraiment diffuse. En effet, dans son introduction à la section sur les quadratures de la parabole données par les techniques des indivisibles, Torricelli insiste sur son intérêt pour la déduction de la quadrature de la parabole à partir de résultats classiques euclidiens et archimédiens en géométrie solide :

> Jusqu'ici, nous avons traité de la dimension de la parabole à la manière des Anciens. Il nous reste à aborder ce problème de la mesure de la parabole avec une méthode nouvelle et admirable, à savoir la géométrie des indivisibles, et cela de plusieurs façons. En supposant établis les plus grands théorèmes des Anciens, comme ceux d'Euclide et ceux d'Archimède, bien qu'ils portent sur des matières très diverses, il est remarquable qu'on puisse déduire aisément de chacun d'entre eux la quadrature de la parabole. [...] En supposant en effet que le cylindre est le triple du cône inscrit, il s'ensuit que la parabole est sesquitierce [*i.e.*

$1 + \frac{1}{3}$] du triangle inscrit. Mais si on préfère partir du fait que le cylindre est sesquialtère [*i.e.* $1 + \frac{1}{2}$] de la sphère inscrite, on déduit aussitôt la quadrature de la parabole [1]. (Torricelli 1644, p. 55-56 [pagination séparée] ; Torricelli 1919-1944, p. 381 pour la trad. italienne).

Examinons par exemple la quadrature donnée dans la proposition 11, où l'on considère – en suivant l'intuition de la théorie des indivisibles – les cônes et les cylindres comme les collections de leurs sections planes. Nous commençons avec une parabole ABC, une tangente CD et une droite AD parallèle au diamètre de la parabole (comme dans la Figure I).

Soit le parallélogramme $ADEC$. Nous construisons un cône de sommet C dont la base est le cercle de diamètre DA. Nous considérons ensuite le cylindre dont une base est la même que celle du cône, et l'autre base est le cercle de diamètre EC. Soit FG un segment parallèle à DA (ou EC). Nous construisons le cercle de diamètre FG. En s'appuyant sur des résultats géométriques classiques (dont les propriétés de la parabole), Torricelli montre que pour un segment arbitraire FG (et ses points d'intersection I, B avec la tangente et la parabole), FG est à IB comme le cercle de diamètre FG est au cercle de diamètre IG. La collection de tous les FG n'est rien d'autre que le parallélogramme $ADEC$ alors que la collection de tous les cercles de diamètre FG produit le cylindre (puisque FG est une section arbitraire de $ADEC$). La collection de tous les cercles de diamètre IG produit le cône de même base et de même hauteur que le cylindre AE. Mais d'après Euclide XII.10, le rapport du cône au cylindre de mêmes base et hauteur est de 1 à 3. Cela signifie que le rapport du parallélogramme $ADEC$ (la collection de tous les FG) est à la figure $ABCD$ (la collection de tous les IB) comme 3 est à 1. De là, on peut déduire que l'aire d'un segment de parabole est au triangle inscrit (qui n'apparaît pas dans la la Figure I) comme 4 est à 3.

Dans l'*Arithmetica Infinitorum* (1655) de Wallis, la géométrie solide est également utilisée pour résoudre des problèmes d'aire (qui sont vus comme planimétriques). Il s'agit d'un des grands textes de la tradition des indivisibles (voir Panza et Malet 2014). Le lien profond entre problèmes plans et solides dans le contexte de la théorie des indivisibles n'est pas si étonnant que cela puisque la géométrie des indivisibles de Cavalieri peut être vue comme étant par essence liée à des considérations solides [2]. En effet, Cavalieri explique lui-même dans sa préface à la *Geometria*

1. Sauf mention contraire, les citations sont traduites à partir du texte original. [NdT]

2. Newton a aussi employé de telles démonstrations : cf. Whiteside (1967, I, 3, §2, p. 91-95).

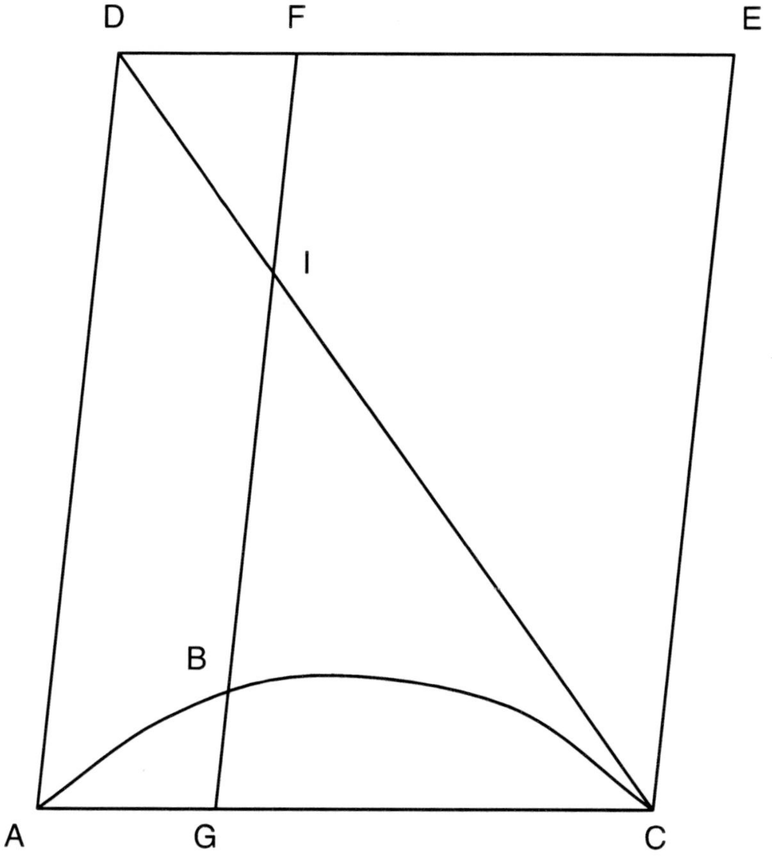

FIGURE I. La quadrature de la parabole de Torricelli dans la proposition 11

(cf. Cavalieri 1635) qu'il a été conduit à la géométrie des indivisibles par le fait surprenant que les volumes des figures solides ne sont pas dans la même proportion que les aires des figures planes génératrices. Par exemple, Cavalieri remarque que si l'on considère un rectangle *ABCD* et l'un des triangles *ABC* obtenus en joignant deux sommets opposés du rectangle (comme dans la Figure II), les aires respectives sont dans le rapport 2 à 1.

En faisant tourner ces figures autour de la hauteur du rectangle, on obtient un cylindre (engendré par le rectangle *ABCD*) et un cône

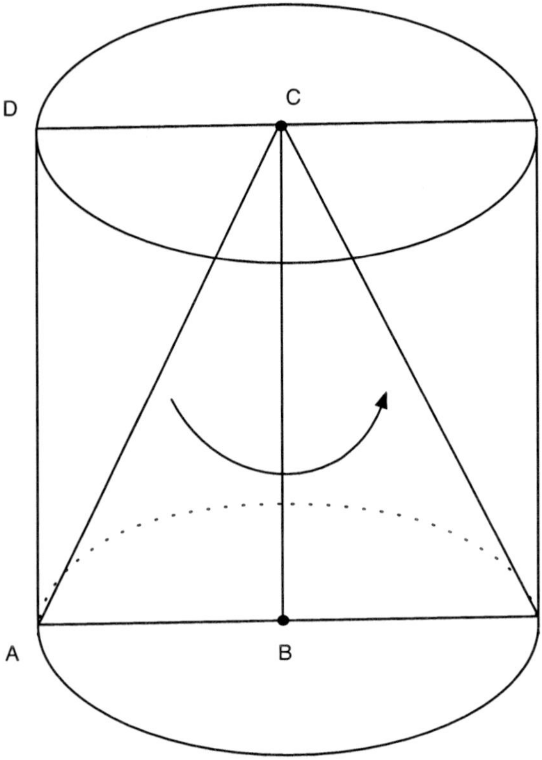

FIGURE II. Génération du cône et du cylindre par rotation du triangle et du rectangle

(engendré par le triangle *ABC*) dont les volumes sont dans le rapport 3 à 1. Cavalieri peut alors rétablir une certaine analogie entre le cas plan et le cas solide en considérant tous les « plans » du cône et tous les « plans » du cylindre [1].

1.3. *L'école de Monge*

L'exemple clé que nous discuterons plus tard dans le détail est la démonstration du théorème de Desargues sur les triangles homologiques

1. Voir aussi Palmieri 2009 qui explique la référence de Cavalieri à « tous les carrés » avec des figures tri-dimensionnelles.

en dimension 2 qui fait usage du même théorème en dimension 3. Cette démonstration est l'un des exemples prototypiques de l'usage de techniques solides dans la démonstration de théorèmes plans. Cependant, ce n'est pas ainsi que Desargues a démontré la version de son théorème en dimension 2.

Il est bien connu que les travaux de Desargues étaient difficiles à trouver, même au dix-septième siècle. Par exemple, le *Brouillon project d'une atteinte aux evenements des rencontres du cone avec un plan* (1639) fut publié à seulement cinquante exemplaires et il était déjà devenu introuvable à l'époque où Leibniz le cherchait à Paris en 1675 (voir Taton 1951a, 1951b). Jusqu'à la redécouverte d'une copie en 1951, on s'appuyait sur quelques passages de la *Manière Universelle de M. Desargues pour pratiquer la perspective* de Bosse (Bosse 1648) et sur la copie manuscrite par Philippe de la Hire du *Brouillon* découverte par Chasles en 1845. En particulier, le théorème de géométrie projective de Desargues sur les triangles homologiques, que nous discuterons en détail plus tard, pourrait avoir figuré dans un traité perdu de Desargues intitulé *Leçons de ténèbres* (voir Taton 1951b, p. 45-48 ; Gray et Field 1987, p. 161). Ce théorème fut connu grâce au traité de Bosse (Bosse 1648, p. 340-341 ; Taton 1951b, p. 201-207 ; Gray et Field 1987, p. 161-164). Bosse y rapporte dans la proposition I deux démonstrations données par Desargues, l'une pour deux triangles homologiques non coplanaires, l'autre, fondée sur le théorème de Ménélaüs, pour le cas en dimension 2. Cela mérite d'être souligné, car un premier coup d'oeil aux sources classiques dans la littérature pourrait nous induire en erreur. Par exemple, Chasles dans son classique *Aperçu* (1837) cite un passage du *Traité de pratiques géométrales et perspectives* (1665) de Bosse :

> M. Desargues démontrait universellement, par les solides, ce qui n'est pas l'usage ordinaire de tous ceux qui se disent géomètres ou mathématiciens. (cité par Chasles 1837, p. 87)

Comme nous l'avons vu, le théorème de Desargues sur les triangles homologiques, au moins d'après le témoignage de Bosse, ne fait pas partie des démonstrations « par les solides » et, en effet, il semble bien qu'il n'y ait aucune démonstration de ce type dans le corpus arguésien [1].

Néanmoins, Chasles utilise la citation précédente pour conjecturer que Desargues aurait anticipé les développements en géométrie projective au

1. Notre affirmation devrait être nuancée en disant qu'une démonstration de ce type est annoncée à la toute fin de la démonstration de la réciproque du théorème de Desargues sur les triangles homologiques donnée par Bosse. La démonstration se conclut en remarquant :

début du dix-neuvième siècle caractéristiques de l'œuvre de Monge et de son école. En effet, commentant le passage de Bosse, il ajoute :

> Ces mots de Bosse, *par les solides*, ne signifieraient-ils pas que Desargues employait dans ses démonstrations la considération des figures à trois dimensions, pour parvenir aux propriétés des figures planes ? Ce qui est aujourd'hui le caractère de l'école de Monge, en Géométrie spéculative. (Chasles 1837, p. 87)

et, plus loin :

> [...] cette Géométrie, d'un genre vraiment nouveau, et à laquelle on a souvent donné, avec raison, le nom d'école de Monge, [...] consiste, comme nous venons de dire, à introduire dans la Géométrie plane des considérations de Géométrie à trois dimensions. (Chasles 1837, p. 191) [1]

Alors que Desargues n'a apparemment pas employé de telles considérations en démontrant la version planaire de son théorème sur les triangles homologiques, il semble que Poncelet ait été le premier à le faire. Il a été aussi le premier à attribuer à Desargues la paternité du théorème que nous appelons maintenant théorème de Desargues sur les triangles homologiques [2].

> Et l'on peut discourir de leurs proprietez sur l'une comme sur l'autre, & par ce moyen se passer de celle du relief [*i.e.* la figure solide] en luy substituant celle d'un seul plan [*i.e.* la figure plane] (cf.Taton 1951b, p. 207 ; Gray et Field 1987, p. 164).

Taton résume ainsi le contenu de la proposition I de Bosse :

> La marche suivie par Desargues, très claire et très rationelle, cadre parfaitement avec la nature de la question. Le théorème direct est démontré dans le cas de l'espace à trois dimensions par des propriétés d'incidence, puis dans le plan, par l'emploi répété du célèbre théorème de Ménélaüs, qui tenait déjà une place si importante dans le Brouillon project sur les coniques. La réciproque est ensuite démontrée suivant le même schéma appliqué à d'autres triangles. Dans une remarque finale, Desargues note que la figure formée par deux triangles perspectifs de l'espace se transforme, par projection cylindrique sur le plan d'un des triangles, en deux triangles perspectifs d'un même plan, suggérant ainsi la possibilité de démontrer le théorème du plan par les notions projectives de l'espace, et montrant en même temps l'intérêt de la projection cylindrique. (Taton 1951b, p.203)

1. Pour des remarques semblables, cf. aussi Chasles (1837, p. 32 et 117).

2. Cf. Poncelet (1822, §168, p. 89-90). L'attribution du résultat à Desargues figure dans la note du bas de la page 89. Voici comment il énonce le théorème et en donne une démonstration solide :

> *Deux triangles quelconques étant tellement disposés, sur un plan, que leurs sommets respectifs s'appuient, deux à deux, sur trois droites convergeant en un même point, les côtés opposés aux sommets qui se correspondent iront concourir,*

Nous ne pouvons bien-sûr pas donner ici une analyse générale de la façon dont Monge et son école ont développé leurs recherches géométriques (voir Taton 1951c, Belhoste 1998, Belhoste et Taton 1989, et Sakarovitch 1989, p. 588) mais nous pouvons au moins donner un exemple simple et éclairant qui montre comment Monge fait appel à des considérations tri-dimensionnelles pertinentes pour les problèmes de géométrie plane. On trouve le théorème en question dans les cours de Monge à l'École normale en 1795 (Monge 1795, p. 359-360). Nous simplifierons un peu l'énoncé et la démonstration pour éliminer quelques cas évidents. On considère trois cercles de centres A, B, C, de rayons différents, et dont les centres ne sont pas alignés (comme dans la Figure III). On construit ensuite les tangentes extérieures à chaque couple de cercles et les points d'intersection respectifs. Alors les trois points d'intersection D, E, F seront alignés.

La démonstration de Monge plonge immédiatement les cercles dans l'espace :

> Car si l'on conçoit les trois sphères dont ces cercles sont les grands cercles et un plan qui les touche toutes les trois extérieurement, ce plan touchera aussi les trois surfaces coniques circonscrites aux sphères considérées deux à deux et passera par leurs trois sommets. (Monge 1795, p. 361)

Autrement dit, considérons les trois sphères posées sur le même plan P_1. Soit P_2 le plan tangent aux trois sphères. Chaque couple de sphères

dans le même ordre, en trois points situés en ligne droite ; et réciproquement, si ces côtés concourent, deux à deux, en trois points situés en ligne droite, les droites qui joignent, dans le même ordre, les sommets correspondants des triangles iront converger en un même point.

Soient, par exemple, ABC, $A'B'C'$ (fig. 22 et 23) deux triangles tellement disposés, que les droites AA', BB', CC' concourent en un même point S ; les côtés AB et $A'B'$, BC et $B'C'$, AC et $A'C'$ iront concourir respectivement aux trois points I, K, L situés en ligne droite ; et réciproquement, si ces trois points sont sur une même droite, les trois droites AA', BB', CC' concourront en un même point S.

Cette relation nous offre le premier exemple de deux figures qui sont la projection ou perspective l'une de l'autre dans un plan (14), et il est bien digne de remarque que, pour l'établir, il n'est point indispensable d'avoir recours aux relations métriques des figures ; car elle est évidente, *à priori*, pour le cas où les triangles sont dans l'espace, et elle le devient, par là même, pour celui où ils sont dans un plan, puisque l'une de ces figures peut toujours être considérée comme la projection de l'autre. Nous reviendrons, au reste, plus tard sur ces considérations, en les exposant dans toute leur généralité.

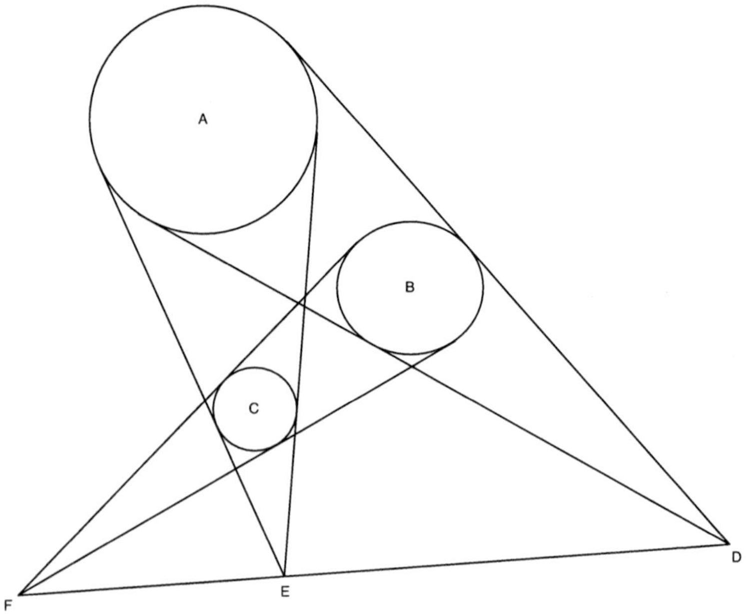

FIGURE III. Le théorème de Monge

peut être inscrit dans un cône dont le sommet est le point d'intersection des tangentes aux cercles à l'origine des sphères. Un plan tangent extérieurement aux deux sphères sera aussi tangent au cône. Puisque les rayons de deux sphères sont distincts, P_2 et P_1 se coupent dans une droite Δ. De plus, Δ contient D (puisque D appartient à l'intersection des plans tangents au cône associé aux sphères de centre A et B, *i.e.* P_2 and P_1), E (puisque E appartient à l'intersection des plans tangents au cône associé aux sphères de centre A et C, *i.e.* P_2 et P_1), et F (puisque F appartient à l'intersection des plans tangents au cône associé aux sphères de centre B et C, *i.e.* P_2 et P_1). Donc les trois points sont alignés.

Le théorème de Monge est intimement lié au théorème de Desargues bien que cette observation paraît avoir longtemps échappé à l'attention des mathématiciens (voir McCleary 1982).

Cela conclut notre aperçu des usages de la géométrie tri-dimensionnelle pour démontrer des résultats en géométrie plane. Nous avons montré que ce thème était d'un intérêt primordial pour la pratique mathématique. Un fait remarquable à propos des développements présentés dans cette partie est l'absence de débat sur les enjeux fondationnels et méthodologiques se rapportant à l'usage de méthodes solides en géométrie plane. Nous allons maintenant passer en revue la façon dont ces problèmes méthodologiques deviennent un enjeu dans le débat qui opposa à la fin du dix-neuvième siècle et au début du vingtième siècle les fusionnistes et les anti-fusionnistes (ou séparatistes).

2. Le débat sur le fusionnisme

L'utilisation de considérations stéréométriques en géométrie plane devait aussi affecter les parties élémentaires de la discipline. En 1825, Gergonne se plaignait déjà de la séparation de la planimétrie et de la stéréométrie qui était typique d'Euclide et Legendre et se faisait l'avocat d'un développement conjoint des deux branches de la géométrie. Il remarquait que l'étude de l'« extension » se divisait en deux grands domaines, l'un étudiant les relations métriques et l'autre traitant des relations (projectives) positionnelles. Déterminer les relations métriques nécessitait des calculs (analytiques) alors que les relations projectives sont, en principe, indépendantes du calcul. Mais le coût de l'élimination du raisonnement analytique des démonstrations ou des relations projectives pouvait nécessiter de passer du plan à l'espace :

> Mais il peut quelquefois devenir nécessaire pour cela de passer tour à tour de la géométrie plane à celle de l'espace et de celle-ci à la première, comme Monge et les géomètres de son école l'ont si souvent pratiqué, et avec tant de succès.
>
> Il est donc raisonnablement permis de se demander, d'après cela, si notre manière de diviser la géométrie en *géométrie plane* et *géométrie de l'espace* est aussi naturelle et aussi exactement conforme à l'essence des choses que vingt siècles d'habitude ont pu nous le persuader. Toujours du moins demeure-t-il vrai qu'en y renonçant on parviendrait, en ne recourant, pour ainsi dire, qu'à la simple intuition, à pousser assez avant dans la géométrie des commençans que l'étude du calcul, présentée dès l'entrée, ne rebute que trop souvent, et qui peut-être s'y livreraient plus tard avec beaucoup moins de répugnance, lorsque leur intelligence se serait agrandie et fortifiée, par l'étude d'une série plus ou moins prolongée de propriétés de l'étendue. (Gergonne 1825-26, p. 209-210)

Cette réflexion de Gergonne souligne un fait intéressant sur lequel nous reviendrons : la « pureté » exigeant d'éliminer les notions métriques dans les démonstrations de théorèmes projectifs pourrait conduire à utiliser des notions spatiales dans les démonstrations de théorèmes plans [1]. C'est seulement avec l'œuvre fondationnelle de Hilbert, annoncée par Peano et Pieri, que certaines de ces thèses seront assises sur une base solide [2].

D'autres géomètres de cette période, comme Bellavitis et Cremona, soulignent le gain de simplicité que permet l'utilisation de considérations tri-dimensionnelles :

> Dès le début j'ai alterné sans distinction les théorèmes de la géométrie plane avec ceux de la géométrie solide ; car l'expérience m'a enseigné, et d'autres (Bellavitis 1838, p. 247, Chasles 1837, p. 191) l'avaient déjà observé, que les considérations stéréométriques suggèrent bien souvent comment rendre facile et intuitive ce qui en géométrie plane serait compliqué et difficile à démontrer : de plus, elles exacerbent l'intellect et favorisent le développement de cette imagination géométrique qui est une qualité essentielle de l'ingénieur, parce qu'il peut aussi penser les figures dans l'espace sans le secours d'une figure ou d'un modèle. (Cremona 1873, p. xi)

La pratique mathématique recommandait ainsi d'allier des considérations de géométrie plane et solide en raison du succès obtenu dans la résolution des problèmes géométriques et de la simplicité induite dans les démonstrations. En outre, ces considérations ne touchaient pas seulement les domaines de pointe du sujet mais influençaient aussi la rédaction d'éléments de géométrie projective pour les lycées (qui étaient le public visé par le livre de Cremona).

Pourtant, alors que de récents succès dans la pratique mathématique militaient clairement en faveur d'un tel alliage, les traditions de la géométrie élémentaire dans le style euclidien s'opposaient à ces méthodes, et quelques auteurs avaient argumenté contre l'appel à des notions spatiales en géométrie plane. Bernard Bolzano dans ses *Betrachtungen über einige Gegenstände der Elementar Geometrie* de 1804 argumente contre l'usage de notions spatiales dans les définitions des notions planes :

> Les définitions que donne le scolastique [Ockam] du solide [*Körper*], de la surface, de la ligne et du point, selon lesquelles, le solide est ce type d'extension qui ne peut pas être la limite d'une autre chose, mais la surface est la limite d'un solide etc., doivent donc être regardées comme

1. Sauf mention contraire de notre part, nous utilisons le terme « espace » et ses dérivés pour référer à l'espace à trois dimensions.

2. Sur la géométrie projective dans l'école italienne, cf. Avellone *et al.* 2002 et Marchisotto et Smith 2007 ; sur Hilbert, voir Hilbert 2004.

> très artificielles, [...] car elles nécessitent à chaque fois la représentation [*Vorstellung*] d'un solide afin de concevoir un seul point ou une ligne. Or il est évident que nous pouvons très bien concevoir une surface, une ligne ou un point, sans égard au solide qu'elles limitent. (Bolzano, 1804, p. 46-47) ; Bolzano 2005, p. 69, pour une trad. anglaise)

Bien que Bolzano ne donne aucun exemple (du moins, nous n'en avons pas trouvé dans les *Miscellanea Mathematica* ou dans les écrits publiés), on pourrait donc s'attendre à ce qu'il soit rétif à l'usage de la géométrie solide dans les démonstrations de théorèmes plans, car cette attitude serait en accord avec les programmes de pureté qu'il défend tout au long de son essai. Malheureusement, Bolzano semble n'avoir accordé quasi aucune attention à la géométrie descriptive et projective. Néanmoins, le problème de la définition des objets géométriques plans au moyen de notions solides fera partie du débat fusionniste que nous allons étudier dans la suite.

Nonobstant les ouvrages précurseurs d'auteurs comme Bretschneider (cf. Bretschneider 1844) et Méray (cf. Méray 1874), ce furent les *Elementi di Geometria* de R. de Paolis (de Paolis 1884) qui attirèrent l'attention de la communauté mathématique sur ce thème. Ce fut la première tentative sérieuse de briser le clivage entre géométrie plane et solide au sein des développements de la géométrie élémentaire (et pas seulement dans la géométrie projective). Les objectifs de de Paolis sont assez clairement énoncés dans la préface de son livre. Il écrit :

> En écrivant ces *Éléments*, je me propose un double but : abandonner la séparation antique entre la géométrie plane et la géométrie solide, et tenter d'établir rigoureusement les vérités fondamentales de la géométrie et des théories de l'équivalence, des limites, et de la mesure. Comme il est naturel, j'ai dû toujours rechercher la rigueur scientifique et les considérations qui suivent feront voir pourquoi j'ai voulu fondre la géométrie plane et la géométrie solide.
>
> Certaines figures du plan ont beaucoup d'analogie avec certaines figures de l'espace. En les étudiant séparément, nous renonçons à connaître toutes les choses que cette analogie nous enseigne, et nous tombons volontairement dans des répétitions inutiles. De plus, en nous obligeant à chercher la propriété d'une ligne ou d'une surface, sans pouvoir utiliser les entités géométriques situées en dehors de la ligne ou de la surface elle-même, nous limitons les forces dont nous pouvons disposer, et nous renonçons spontanément au matériel géométrique avec lequel on pourrait simplifier les constructions et les démonstrations. En effet, comment peut-on construire le milieu d'un segment donné sans sortir du segment lui-même ? En employant les entités géométriques d'un plan qui le contient, la construction est connue et très simple. Comment peut-on construire un triangle isocèle qui a chacun des deux angles égaux double

> du restant, sans sortir de son plan et appliquer la théorie de l'équivalence ou des proportions ? Le triangle se construit facilement, et sans appliquer la théorie de l'équivalence ou des proportions, si nous employons des entités géométriques placées en dehors de son plan (p. 92). Je pourrais ajouter d'autres exemples pour faire voir davantage encore quelle simplification on peut introduire dans les démonstrations et les constructions, en étudiant ensemble les figures planes et solides, et si beaucoup de ces exemples ne se sont pas encore présentés dans la géométrie élémentaire, c'est bien la division antique et constante qui a empêché de les découvrir. (de Paolis 1884, p. iii-iv)

Considérons le théorème mentionné par de Paolis dans sa préface. Il s'agit d'un théorème de géométrie plane qui utilise une construction faite dans l'espace. L'appel à l'espace dérive en fait de l'utilisation d'un théorème qui précède (le théorème 114) dont l'énoncé est le suivant :

> Théorème (114). *Si les sommets et les côtés de deux triangles se correspondent, de telle façon que les droites déterminées par les trois couples de sommets correspondants sont concourantes en un point, et que les côtés correspondant à deux couples [de sommets] sont parallèles, alors les côtés du troisième couple [de sommets] sont aussi parallèles.*

Le théorème 114 est un cas particulier « affine » du théorème de Desargues, dans la mesure où il est énoncé en termes de droites parallèles. La démonstration de de Paolis est intéressante car c'est un cas particulier d'un résultat plus général qui sera détaillé dans la suite du chapitre. Sa stratégie de démonstration consiste à résoudre d'abord le problème pour des triangles non coplanaires puis à réduire le problème où les triangles sont coplanaires au cas précédent.

Pour cette démonstration, nous avons besoin des résultats préliminaires suivants :

a) Deux plans parallèles sont coupés par un plan selon des droites parallèles.

b) Si deux plans contenant deux droites parallèles données se coupent, alors leur intersection est parallèle aux droites parallèles données [1].

Démontrons à présent le théorème

Soient deux triangles $\triangle ABC$ et $\triangle A'B'C'$ (comme dans la Figure IV). Par hypothèse, les droites AA', BB', CC' se coupent en P, et les droites

1. On aura reconnu le « théorème du toit ». [NdT]

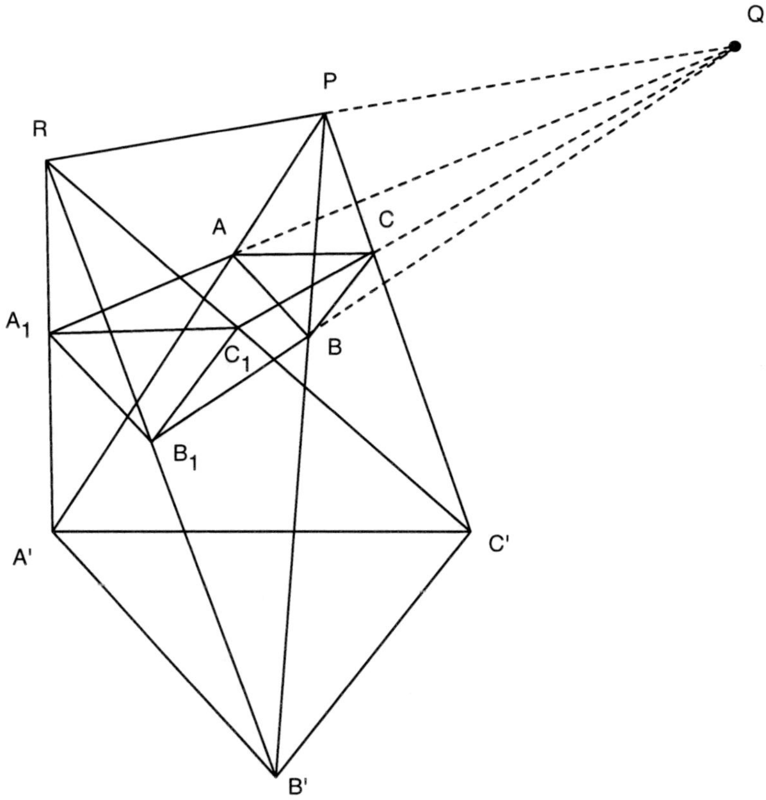

FIGURE IV. La démonstration de de Paolis

AB et $A'B'$ (resp. AC et $A'C'$) sont parallèles. Nous devons montrer que les droites BC et $B'C'$ sont parallèles.

Premier cas : les triangles ne sont pas coplanaires. Alors, le théorème est immédiat. En effet, dans ce cas, les plans ABC et $A'B'C'$ sont parallèles. D'après a), un troisième plan (comme PBC) coupera les deux plans selon deux droites parallèles. Donc les droites BC et $B'C'$ sont parallèles car ce sont les intersections des plans ABC et $A'B'C'$ avec le plan PBC.

Second cas : les triangles sont coplanaires. Sur une droite passant par P, prenons deux points Q et R qui n'appartiennent pas au plan contenant les triangles, tels que les droites QA et RA', QB et RB', QC et RC' se rencontrent respectivement aux points A_1, B_1 et C_1. Alors la droite A_1B_1 qui appartient aux plans QAB et $RA'B'$ est parallèle aux droites AB et

$A'B'$ d'après b). De même, la droite A_1C_1 est parallèle aux droites AC et $A'C'$. Nous pouvons à présent considérer le problème dans l'espace. Les deux couples de triangles $\triangle ABC$ et $\triangle A_1B_1C_1$, $\triangle A'B'C'$ et $\triangle A_1B_1C_1$, satisfont les hypothèses du théorème et les triangles ne sont pas coplanaires. D'après le premier cas, les droites BC et $B'C'$ sont parallèles à B_1C_1 et sont donc parallèles entre elles.

De Paolis donne ensuite, avec d'autres applications, la construction du résultat mentionné dans sa préface en appliquant la version plane du théorème que nous venons de présenter.

C'est le programme radical du manuel de de Paolis, poursuivi par Bassani et Lazzeri (cf. Lazzeri et Bassani 1898), qui donna naissance à un vif débat sur la question de la « fusion » de la géométrie plane et de la géométrie solide. Ce débat était bien connu. Par exemple, dans le volume consacré à la géométrie de ses *Elementarmathematik vom höheren Standpunkt aus*, Klein renvoie au débat en remarquant, entre autres choses, qu'« Euclide n'est pas fusionniste. » (cf. Klein 1925, p. 210, et aussi p. 2 ; Klein 1953, p. 194 et aussi p. 2).

En complément aux articles publiés en italien dans le *Bollettino* de l'association Mathesis, deux articles en français – Candido 1899 ; Loria 1905 – contribuèrent à attirer l'attention de la communauté internationale sur ce problème. Nous devons souligner que dès le début deux problèmes fondamentaux furent subsumés sous la bannière du « fusionnisme ». L'un d'eux concerne le développement parallèle de la géométrie plane et de la géométrie solide mis en évidence par les analogies entre les deux domaines (par exemple, les cercles et les sphères, les angles et les dièdres etc.). Le second aspect nous intéresse davantage : il s'agit de l'usage de considérations stéréométriques dans les constructions (resp. démonstrations), des problèmes (resp. théorèmes) géométriques. Un accord fut en tout cas trouvé pour définir le fusionnisme comme une « méthode didactique selon laquelle on étudie dès le début simultanément des thèmes semblables de géométrie plane et de géométrie solide puis l'on applique des propriétés de l'une à l'autre afin d'en retirer le plus grand avantage possible. » (Lazzeri 1899, p. 117)

Il n'est pas possible de narrer dans le détail la discussion qui s'ensuivit. Commençant avec la publication de de Paolis 1884, elle se transforma en un débat ouvert dans le *Bollettino dell'Associazione Mathesis* et dans le *Periodico di Matematica* visant à déterminer s'il était souhaitable de fusionner la géométrie plane et la géométrie solide dans l'enseignement. Dans la liste des articles consacrés à cette question, figurent Andriani *et al.* 1904, Anonyme 1901, Bettazzi 1891, Candido 1899, de Amicis 1898,

Giudice 1899, Lazzeri1899, 1904, Loria 1899, 1905, Palatini 1898, 1899. Le débat n'a, en outre, pas échappé à l'attention des historiens des mathématiques qui s'intéressent à l'histoire de l'enseignement mathématique (Bkouche1991, 1996, 2003 ; Giacardi et Roero 1996 ; Ulivi 1977).

Trois avantages furent invoqués en faveur du fusionnisme. Lazzeri les résume ainsi dans Lazzeri1899 :

1) Optimisation du temps obtenue en traitant ensemble des arguments semblables de géométrie plane et solide ;

2) Simplification de certains théorèmes et théories de géométrie plane obtenue grâce à des considérations stéréométriques ;

3) Meilleure coordination de l'étude des mathématiques avec celle d'autres matières (physique, cosmographie, cristallographie) qui sont enseignées dans les lycées techniques.

Nous laisserons de côté les points 1) et 3) pour nous concentrer sur le point 2).

Des enjeux relatifs au point 2) furent soulevés dans le long article de Amicis 1898 « Pro Fusione ». Dans cet article, de Amicis discute les opinions sur la question du fusionnisme soumises par plusieurs membres de l'association *Mathesis* [1].

Certains des membres de *Mathesis* n'étaient pas favorables à l'idée de « fusion ». Par exemple, Francesco Palatini (ainsi que le rapporte de Amicis), bien qu'il ne nie pas que certaines démonstrations de géométrie plane soient simplifiées en recourant à des considérations stéréométriques, remarque que cela ne signifie pas pour autant qu'on ne pourrait pas être capable de donner avec le temps des démonstrations en géométrie plane qui ne soient aussi simples que celles obtenues au moyen de considérations stéréométriques. De surcroît, il minimise aussi l'importance de la fusion pour la géométrie métrique, observant que très peu de théorèmes qui ne sont pas de nature projective peuvent être simplifiés dans ce cadre : parmi ces exceptions, il y a le problème de la construction d'un triangle isocèle avec chacun des deux angles égaux à la base double de l'angle restant (le résultat mentionné par de Paolis dans sa préface). De plus, il est important que les étudiants comprennent que la géométrie plane peut tirer d'elle-même les ressources pour traiter les problèmes plans et n'a pas besoin d'une aide « étrangère » ou « extérieur » . Enfin, Palatini souligne que le principe selon lequel « nous devrions nous efforcer de démontrer

1. Sur l'histoire de l'association *Mathesis*, voir Giacardi et Roero 1996 et Bolondi 2002.

toutes les propositions de la géométrie élémentaire sans recourir à des théories dont elles ne sont pas nécessairement dépendantes » devrait aussi être défendu par les fusionnistes dans le cadre des réflexions sur les théories de géométrie plane. Ainsi, il ne peut pas comprendre pourquoi des mathématiciens comme de Paolis qui sont si « souple[s] vis à vis de la distinction des propriétés qui appartiennent aux différentes théories de la planimétrie [voudraient] pour ainsi dire asservir celle-là à la stéréométrie » (cf. de Amicis 1898, p. 51).

Comme on le voit, les observations de Palatini sont loin de se limiter à des considérations pédagogiques, et conduisent naturellement à des questions fondationnelles et méthodologiques sur la « pureté » et les démonstrations d'indépendance.

En réponse aux objections de Palatini, de Amicis souligne, pour commencer, l'avantage dans le traitement logique des théories apporté par l'approche de de Paolis. Il indique, entre autres, que la théorie de la construction des polygones réguliers de 3, 4, 5, 6, 10 et 15 côtés qui était auparavant fondée sur la théorie de l'équivalence [1] et la théorie des proportions peut être maintenant développée indépendamment de ces théories et affirme que cela représente un progrès pour l'ordre logique du traitement de la théorie, en complément du progrès pédagogique et scientifique. D'autres exemples de la simplification produite par l'apport de considérations stéréométriques sont présentés, comme l'émancipation de la théorie de l'équivalence de la théorie des proportions, l'émancipation de la théorie des axes radicaux des théories de l'équivalence et des proportions, et enfin le développement de la théorie des figures homothétiques à partir de la théorie des proportions.

De Amicis réplique contre la conjecture de Palatini selon laquelle des démonstrations simples de résultats plans peuvent encore être trouvées au moyen de considérations planimétriques (le recours à des considérations stéréométriques apparaissant donc comme une option moins attrayante), en soulignant que cela est peu probable puisque la géométrie

1. La théorie de l'équivalence étudie l'égalité des aires de deux figures polygonales dans le plan. La théorie de l'équivalence peut être présentée axiomatiquement (ce développement prend sa source chez de Zolt en 1880) en prenant pour définition que deux figures sont équivalentes si et seulement si elles sont la somme de parties deux à deux égales (congruentes). Il existe d'autres extensions de la théorie à des figures planes non polygonales et à la géométrie solide. Pour une présentation claire à la fois historique et technique de la théorie de l'équivalence telle qu'elle se présente en 1900, voir l'article instructif Amaldi (1900, p. 103-142). Amaldi y aborde des problèmes qui se rapportent au développement de la théorie de l'équivalence indépendamment de la théorie des proportions, p. 115.

plane ayant été étudiée pendant plus de vingt-deux siècles, si ces démonstrations simples étaient à notre portée, elles auraient alors été découvertes. Par opposition, les considérations stéréométriques en géométrie plane étant nouvelles, on devrait s'attendre à ce que le nombre d'applications fécondes augmente.

Mentionnons également une citation de Veronese donnée par de Amicis, car elle met en exergue des considérations qui se rapportent au problème analogue plus général d'utiliser des espaces de dimension supérieure pour démontrer des résultats dans des espaces de dimension inférieure [1].

Veronese émet cependant un jugement négatif sur l'utilité des considérations stéréométriques en géométrie plane lorsqu'il s'agit de propriétés métriques :

> [...]La géométrie euclidienne élémentaire est principalement de nature *métrique* et elle se fonde sur le concept d'égalité. [...] Dans mes travaux géométriques, j'ai été le promoteur non seulement de la fusion de la géométrie de l'espace ordinaire avec celle du plan, mais aussi de celle des espaces [de dimension supérieure] avec celle des espaces [de dimension inférieure], car l'étude des propriétés projectives des uns trouve au moyen des autres sa manifestation la plus complète et la plus haute. Toutefois, je ne peux pas ne pas reconnaître que la géométrie solide offre en ce sens peu d'aide à la géométrie élémentaire du plan et de la règle, parce que celle-ci, comme je l'ai dit, est par nature métrique. (Veronese et Gazzaniga 1897, Préface, p. ix et xiv)

De Amicis souligne de plus que Peano avait clairement vu que le théorème de Desargues sur les triangles homologiques dans le plan était un théorème de géométrie solide (il renvoie à Peano 1894, p. 73, mais on pourrait aussi déjà trouver cette thèse dans Peano 1891 [2].)

1. Ce thème faisait débat entre Segre (cf. Segre 1891), Veronese et Peano : voir Manara et Spoglianti 1977.

2. Le texte de Peano nous intéresse tout d'abord pour la distinction « conventionnelle » entre géométrie plane et géométrie solide qui est faite en fonction du choix des axiomes. De plus, Peano semble défendre ce que nous pourrions appeler une notion « logique » de contenu, selon laquelle le fait qu'un énoncé s'avère plan ou solide ne dépend pas de son contenu informel mais plutôt de sa possible déduction d'un système d'axiomes (nous discuterons dans la suite du chapitre de positions du même type chez Carnap et Hallett). Le texte semble de plus anticiper la thèse de Peano 1894 car il affirme que le théorème de Desargues sur les triangles homologiques est un théorème de géométrie solide. Cependant, Peano ne précise pas de façon explicite s'il considère à ce stade la version plane du théorème de Desargues, et donc nous ne sommes pas certains, même si nous considérons cela comme plausible, que Peano soit déjà en train d'énoncer la thèse qu'il soutiendra en 1894.

De Amicis soutient ensuite que même les « séparatistes » sont implicitement engagés vis à vis de notions spatiales, car la notion d'égalité typique de la géométrie euclidienne, à savoir celle fondée sur la superposition (ou la congruence), requiert le mouvement et démontrer la congruence dans certains cas exige de retourner une figure en dehors de son propre plan. Ce serait donc chose impossible pour un puriste « du plan » qui, pour user d'une métaphore culinaire, « ne pourrait pas retourner l'omelette » [1].

1. Mentionnons en passant que ce point avait été soulevé par Möbius dans son traité *Der barycentrische Calcul* :

> Il paraît remarquable qu'on puisse trouver dans les figures solides [körperlichen] l'égalité et la similitude sans [avoir] la coïncidence, alors que dans les figures du plan ou dans des systèmes de points sur une droite, l'égalité et la similitude sont toujours liées à la coïncidence. La raison de cela doit être cherchée dans le fait qu'au delà de l'espace solide à trois dimensions, il n'y a rien d'autre, il n'y a pas d'espace à quatre dimensions. S'il n'y avait pas d'espace solide, mais que toutes les relations spatiales étaient contenues dans un seul plan, il serait tout aussi impossible de faire coïncider deux triangles égaux et semblables dans lesquels les sommets correspondants sont placés dans l'ordre inverse. On ne peut en effet y parvenir qu'en faisant tourner d'un demi-tour un triangle autour d'un de ses côtés ou d'une autre droite du plan, prise comme axe [de rotation], jusqu'à ce qu'il retombe dans le plan. Ainsi ses sommets et les sommets correspondants de l'autre triangle seront placés dans le même ordre, et on pourra alors le faire coïncider avec l'autre [triangle] par un mouvement dans le plan, sans autre assistance de l'espace physique. (Möbius 1827, partie 2, chapitre 1, p. 184)

On trouve une traduction anglaise de ce passage dans van Cleve et Frederick (1991, p. 40).

Une thèse semblable est avancée dans le *Tractatus* 6.36111 de Wittgenstein :

> Le problème kantien de la main droite et de la main gauche, que l'on ne peut faire se recouvrir, subsiste déjà dans le plan, et même dans un espace à une dimension [...] Main droite et main gauche sont en fait parfaitement congruentes. Et qu'on ne puisse les faire se recouvrir n'a rien à y voir.
>
> On pourrait enfiler un gant droit de la main gauche, si l'on pouvait le retourner dans un espace à quatre dimensions. (Wittgenstein 1993, p. 108)

On voit ici des connexions avec le développement du concept de symétrie. Cf. par exemple Hon et Goldstein (2008, p. 215 et p. 234-235). Ce fut Hilbert qui étudia selon un point de vue fondationnel ce type de phénomène en examinant la relation entre des versions faibles de l'axiome de congruence pour les triangles (TCA) et la démontrabilité ou la non-démontrabilité du théorème des triangles isocèles (Euclide I.5). Dans ce contexte, l'axiome TCA garantit la validité du cas côté–angle–côté d'égalité des triangles. En substance, il légitime le mouvement d'un des deux triangles coplanaires qui satisfont les conditions de l'axiome TCA mais n'ont pas la même orientation : ce triangle peut être 'retourné' dans l'espace pour être superposé à l'autre triangle. Pour une exposition de ce fascinant fragment de l'œuvre fondationnelle de Hilbert, voir Hallett (2008, p. 229-239).

Par conséquent de nombreux théorèmes peuvent être démontrés uniquement en fabriquant des postulats complémentaires *ad hoc*. En bref, les séparatistes qui insisteront sur la séparation entre la géométrie plane et la géométrie solide devront payer un lourd tribut en étant forcé de produire tous les types de postulats complémentaires pour consommer la séparation désirée (cf. de Amicis 1898, p. 62). Les géomètres séparatistes qui s'appuient sur la notion euclidienne d'égalité sont donc des « fusionnistes » sans le savoir. De Amicis demande enfin : « Perchè questo orrore dello spazio ? [Pourquoi cette horreur de l'espace ?] » (de Amicis 1898, p. 65), alors que son usage pourrait être si bénéfique et qu'il s'agit de toute façon du concept le plus naturel ?

Toujours en réponse à Palatini à propos du problème de la disjonction de théories *a priori* indépendantes, de Amicis propose l'exemple intéressant d'un théorème (étroitement lié au théorème 114 de de Paolis) dont l'énoncé fait intervenir uniquement les notions de parallélisme et d'égalité. De Amicis donne ensuite trois démonstrations de ce même résultat. Les deux premières font usage de manière cruciale de la théorie des proportions et de la théorie de l'équivalence alors que la troisème emploie uniquement des considérations stéréométriques. Avec la dernière démonstration, selon de Amicis, on ne sort pas de la théorie des parallèles et de l'égalité, qui sont les notions mentionnées dans l'énoncé du théorème, même si on doit passer par l'espace, alors qu'avec les deux premières démonstrations, on doit faire appel aux théories de l'équivalence et des proportions qui ne sont pas liées au problème.

Lazzeri 1899 se concentre également sur la deuxième des trois avantages généralement invoqués en faveur du fusionnisme. Comme de Amicis, Lazzeri est un défenseur strict du fusionnisme et fait valoir que l'usage de la stéréométrie a donné les moyens de rendre la théorie de l'équivalence indépendante de la théorie des proportions. Il souligne que dans son livre Lazzeri et Bassani 1898, des considérations stéréométriques sont utilisées pour obtenir des théorèmes sur la similitude des figures sans supposer la théorie des proportions. La chose importante à remarquer à propos de tels exemples est que la simplification apportée n'affecte pas simplement un théorème mais bien toute une théorie. De cette façon, Lazzeri réfute les objections des séparatistes qui insistaient sur le fait qu'il y a très peu de théorèmes pour lesquels on peut affirmer qu'il est judicieux d'introduire des considérations stéréométriques (tels que la division d'un angle droit en cinq parties ou bien le théorème déjà mentionné sur les triangles isocèles).

Lazzeri aborde également le problème de la relation entre les espaces de dimension $n > 3$ et les espaces de dimension inférieure pour répondre à l'objection faite par son collègue Retali. Cette objection portait sur le fait que Riemann avait démontré que pour étudier un espace de $n - 1$ dimensions, il est possible de faire abstraction des propriétés d'un espace à n dimensions dans lequel cet espace est contenu, alors que des espaces d'un nombre moindre de dimensions sont requis pour développer la théorie des espaces de dimension supérieure. Lazzeri accorde que cela est vrai dans la mesure où l'on doit s'appuyer sur des propriétés des espaces de dimension inférieure afin d'énoncer les postulats pour les dimensions supérieures. Cependant :

> Cela ne prouve point que les propriétés fondamentales d'un « hyperespace » (*iperspazio*), une fois établies, il nous soit impossible de tirer d'une façon plus simple et courte, de ses propriétés les plus élémentaires, quelques autres propriétés des figures appartenant à des espaces d'un plus petit nombre de dimension.
>
> Bien des exemples, tirés de la géométrie supérieure, sont là pour prouver que des propriétés d'un hyperespace on peut déduire immédiatement d'autres propriétés des espaces d'un nombre moindre de dimension. Il me suffira de citer les représentations planes des surfaces, moyennant lesquelles des propriétés de lignes peuvent être tirées de celles des surfaces et vice versa ; la représentation des complexes de droites ou de sphères sur l'espace ordinaire ; l'étude de l'hexagone de Pascal, déduit de la figure de six complexes ou de six connexes, deux à deux en involution, et plusieurs autres [1]. (Lazzeri 1899, p. 123)

Dans sa réponse, Palatini aborde un des exemples dont les fusionnistes avaient fait étalage en leur faveur (de Paolis 1884, théorème 1, p. 301). Nous n'avons pas besoin d'énoncer ce théorème mais appelons le *A*. De *A* s'ensuit le théorème que nous appelons *B*, qui énonce que si deux triangles ont leurs angles égaux, alors leurs côtés sont proportionnels. Palatini objecte que si la démonstration donnée par de Paolis du théorème *A* évite l'usage des proportions, elle nécessite toutefois de recourir à la fois à la théorie de l'équivalence et à la stéréométrie. Mais si *B* est inféré de *A*, alors *B* dépendrait aussi de la théorie de l'équivalence et de la stéréométrie, alors qu'aucune de ces deux théories n'est en relation nécessaire avec l'énoncé du théorème. Ainsi, « l'on affranchit un esclave d'un maître pour asservir un citoyen libre à deux maîtres » (Palatini 1899, p. 207).

1. Nous utilisons ici la traduction française qu'on trouve dans Candido (1899, p. 209-210).

Palatini donne en outre au moyen de considérations planimétriques la démonstration nouvelle d'un énoncé (ne dépendant ni de la théorie de l'équivalence ni de la théorie des proportions mais utilisant l'axiome d'Archimède), qui permet de déduire aisément, affirme-t-il, tous les théorèmes que les fusionnistes prétendaient démontrer plus simplement avec des méthodes stéréométriques. Ce théorème qui joue un rôle central dans le traité de de Paolis et a été démontré auparavant s'énonce de la façon suivante : « Si deux triangles se correspondent en telle façon que les droites joignant les sommets correspondants sont concourantes en un point, et que deux côtés d'un triangle sont parallèles aux côtés correspondants de l'autre [triangle], alors les deux côtés restants sont aussi parallèles » (Palatini 1899, p. 207-208). Avec cet exemple, Palatini affirme avoir montré qu'en dépit de la généalogie ancienne de la planimétrie, il demeure possible de trouver des démonstrations simples et d'éviter ainsi de recourir à des considérations stéréométriques.

Cet article est le dernier à aborder des questions méthodologiques importantes. Lazzeri 1904 et Andriani *et al.* 1904 n'offrent que peu d'intérêt si ce n'est polémique.

En conclusion, nous avons vu comment le débat entre fusionnistes et séparatistes mettait en évidence des enjeux de pureté aussi bien pour des théorèmes isolés que pour des théories mathématiques. Cependant, de telles discussions ne pouvaient pas être vraiment tranchées sans le type de travail que des mathématiciens comme Peano et Hilbert étaient déjà en train d'accomplir, qui nécessitait des outils logiques et axiomatiques plus fins. De surcroît, plusieurs problèmes philosophiques furent abandonnés sans avoir été vraiment analysés au cours de la discussion : quand une solution à un problème (ou la démonstration d'un théorème) est-elle étrangère à son contenu ? Comment pouvons-nous analyser cette notion de contenu ? Les réponses à de telles questions étaient essentielles pour que le débat que nous avons présenté dans cette section ait quelque espoir de dépasser l'expression d'opinions subjectives. C'est seulement un travail fondationnel combiné avec le développement d'outils d'analyse appropriés des notions de « pureté » et de « contenu » qui pourra nous permettre de progresser. Etudier toutes les différentes théories qui ont été discutées dans le débat fusionniste-séparatiste (projective, métrique, théorie de l'équivalence, théorie des proportions etc.) excèderait bien sûr les limites de ce chapitre. Nous nous concentrerons sur un seule étude de cas au demeurant extrêmement riche, en étudiant le rôle du théorème de Desargues sur les triangles homologiques dans les débats fondationnels sur la géométrie projective. Cette étude de cas nous donnera les moyens de dévoiler les enjeux liés à la « pureté » et au « contenu » soulevés dans le débat fusionniste.

3. Le théorème de Desargues : une étude de cas

Au début du dix-neuvième siècle, des géomètres commencèrent à développer les fondements de la géométrie projective, de façon indépendante de la géométrie euclidienne. Certains, comme Möbius (cf. Möbius 1827) et Plücker (cf. Plücker 1830), cherchèrent à développer une géométrie projective analytique analogue à la géométrie cartésienne analytique. Ils développèrent ainsi des systèmes de coordonnées « homogènes » pour la géométrie projective analogues aux systèmes de coordonnées cartésiennes qui avaient été élaborés pour la géométrie euclidienne[1]. Cette nouvelle géométrie analytique permit de procurer des démonstrations de théorèmes géométriques plus simples que celles connues, ainsi qu'un progrès rapide dans la découverte et la démonstration de nouveaux résultats[2]. D'autres, comme Steiner (cf. Steiner 1832) cherchérent au contraire à développer une géométrie projective affranchie des coordonnées, qui serait tout aussi puissante que la nouvelle géométrie analytique projective.

Ces géomètres utilisaient librement dans leurs travaux des considérations métriques. Ils faisaient appel à la distance euclidienne, ou à des principes de proportionnalité et de congruence, en utilisant par exemple ce que Chasles appelait le « rapport anharmonique » et Clifford le « cross-ratio » de quatre points alignés[3]. Avec sa *Geometrie der Lage* (cf. von

1. Les coordonnées homogènes permettent de traiter analytiquement les points et les droites dans le plan projectif. Dans une équation « homogène », tous les termes sont du même degré. L'équation homogène $aX + bY + cZ = 0$ peut être associée à l'équation linéaire $ax + by + z = 0$ de la façon suivante : étant donné un triplet (X, Y, Z) avec $Z \neq 0$ satisfaisant $aX + bY + cZ = 0$, le couple $\left(\frac{X}{Z}, \frac{Y}{Z}\right)$ satisfait $ax + by + z = 0$. On peut employer les triplets (X, Y, Z) pour représenter le point $\left(\frac{X}{Z}, \frac{Y}{Z}\right)$ dans le plan euclidien. Les triplets (X, Y, Z) avec $Z = 0$ peuvent être utilisés pour représenter les points « idéaux » à l'infini dans le plan projectif, pour lesquels il n'existe pas de points correspondants dans le plan euclidien. Cette représentation est commode puisque le couple euclidien $\left(\frac{X}{Z}, \frac{Y}{Z}\right)$ implique la division par zéro lorsque $z = 0$. Ce système de coordonnées permet aussi d'obtenir des équations pour toutes les droites projectives, et pour les courbes algébriques dans le plan projectif. Pour plus de détails, cf. Seidenberg (1962, p. 35-38, 172-174).

2. La nature précise de ces progrès est assez complexe et sera traitée en détail ailleurs.

3. Le « rapport anaharmonique » ou « birapport » de quatre points A, B, C et D appartenant à une même droite orientée Δ est la quantité $\frac{CA}{CB} / \frac{DA}{DB}$. La droite Δ étant orientée,

Staudt 1847 et 2011), von Staudt s'efforce d'éliminer ces considérations métriques de la géométrie projective en faisant appel à ce qu'on pourrait caractériser à juste titre comme des considérations d'« indépendance ». Il écrit ainsi :

> J'ai cherché dans ce travail à établir la géométrie de position comme une science autonome [*selbstständigen Wissenschaft*] dans laquelle il n'y aurait pas besoin de la mesure [*Messen*]. (von Staudt 1847, p. iii ; von Staudt 2011, p. 31) [1]

Pour justifier son approche, von Staudt explique que « tout enseignement de géométrie doit procéder de considérations générales » et que son approche diffère des recherches métriques qui « vont aussitôt vers des considérations particulières comme la congruence ou la similitude des triangles et c'est pourquoi [elles] ne présentent pas de nombreux concepts avec la généralité requise ». L'idée semble être que la géométrie projective est la géométrie la plus « générale » ou la plus « fondamentale », et qu'étudier la géométrie au moyen des hypothèses métriques en vigueur limite la généralité de l'étude au seul cas particulier de cette géométrie élémentaire, alors qu'on devrait plutôt chercher à développer des concepts géométriques en suivant une méthode plus générale. Cependant, von Staudt n'indique pas pourquoi il juge souhaitable ce type de développement.

Bien qu'on rencontre des lacunes dans le traitement de la continuité qui furent comblées plus tard par d'autres auteurs, les travaux de von Staudt donnent les moyens de définir les coordonnées projectives et le birapport de façon purement projective. La clef de cet accomplissement est la « construction quadrilatérale » qui permet de trouver à partir de trois points donnés alignés le quatrième harmonique au moyen d'une construction que nous allons expliquer. Cette construction procède de la façon suivante (un exemple est décrit au moyen de la Figure V) : soient A, B, et C trois points alignés et E un point n'appartenant pas à la droite ABC. CFG est une droite passant par C distincte de ABC et ne passant pas par E, et F (resp. G) est le point d'intersection de cette droite avec BE (resp. AE). Soit H le point d'intersection de la droite AF et de la droite BG. Alors D est le point d'intersection des droites EH et ABC et D est le « conjugué harmonique » de C par rapport à A et B (cf. von Staudt 1847, §93, p. 43 ; von Staudt 2011), §93, p. 66). La construction quadrilatérale permet ainsi de construire le quatrième point D de la division harmonique A, B, C, D.

cette quantité peut être négative ou positive selon l'ordre des points. Depuis Desargues, le birapport est connu comme un invariant projectif.

1. Ici et dans la suite, nous citons la traduction française de von Staudt 2011.

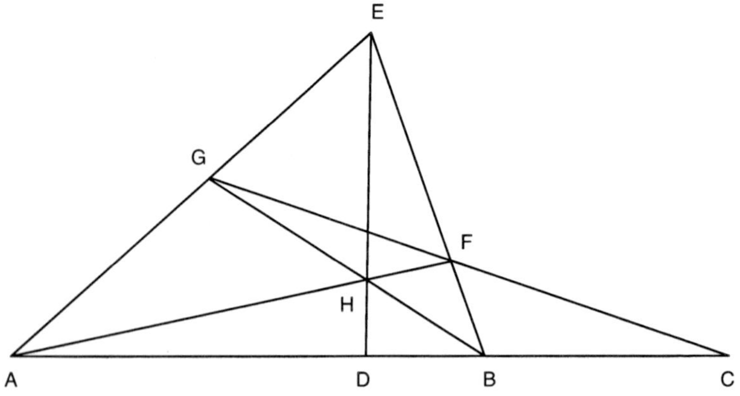

FIGURE V. La construction quadrilatérale de von Staudt

On peut montrer que le birapport de quatre points qui sont en division harmonique est égal à -1, ce qui permet de comprendre l'utilité de la construction quadrilatérale qui remplace l'usage du birapport. Cela nous donne en outre un moyen d'effectuer la construction quadrilatérale, et de montrer l'unicité du quatrième point d'une division harmonique, en faisant appel à des considérations métriques. Suivant son objectif de purification de la géométrie projective des considérations métriques, von Staudt démontre au contraire l'unicité du quatrième point d'une division harmonique par des moyens purement projectifs, en faisant appel en particulier au théorème de Desargues, sur lequel nous allons porter notre attention.

Il existe plusieurs manières de formuler le théorème connu sous le nom de « théorème de Desargues », mais sa formulation la plus commune est la suivante (voir la Figure VI pour un exemple de la configuration de Desargues) :

Théorème de Desargues (version plane) *Si le triangle $\triangle ABC$ et le triangle $\triangle A'B'C'$ sont deux triangles coplanaires tels que les droites AA', BB' et CC' sont concourantes, alors les points d'intersection A'', B'' et C'' des côtés correspondants du triangle $\triangle ABC$ et du triangle $\triangle A'B'C'$ –* i.e *les points d'intersection de AB et $A'B'$, BC et $B'C'$, et AC et $A'C'$ – sont alignés.*

Les deux triangles sont dits être « en perspective centrale » lorsque les droites passant par leurs sommets correspondants sont concourantes en un point, et « en perspective axiale » lorsque les points d'intersection de leurs côtés correspondants sont alignés. Le résultat peut donc être énoncé de façon concise comme disant que si deux triangles dans le plan sont en perspective centrale, alors ils sont en perspective axiale. Si le résultat ainsi formulé est vrai, sa réciproque l'est aussi, et certains géomètres choisissent parfois la formulation réciproque.

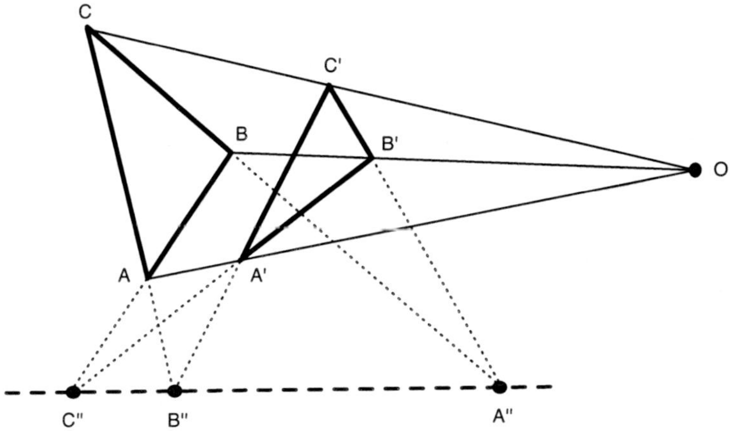

Figure VI. Le théorème de Desargues

Ces deux formulations sont « projectives » : elles portent uniquement sur l'incidence et l'intersection de points et de droites, où les points – si nous employons la terminologie non-projective – peuvent être soit des points « réels » dont nous avons une expérience géométrique familière, soit des points « idéaux » à l'infini, *i.e.* les points de rencontre des droites parallèles. Il existe aussi des formulations « affines » du théorème de Desargues, utilisant des droites parallèles et évitant les points à l'infini, comme celle que nous avons vue auparavant en étudiant la géométrie de de Paolis. La formulation de Hilbert (du théorème réciproque) est un autre exemple de formulation affine (cf. Hilbert 1899, Théorème 32) :

> Si dans deux triangles coplanaires les côtés homologues sont parallèles deux à deux, les droites déterminées par les sommets homologues sont concourantes ou parallèles et réciproquement. (Hilbert 1971a, p. 122) [1]

Le théorème de Desargues peut être aisément démontré en utilisant des méthodes métriques, en particulier au moyen du théorème de Ménélaüs (qui requiert la congruence pour sa démonstration) comme Desargues l'a fait (cf. Coxeter et Greitzer 1967, p. 71) [2]. De telles démonstrations ne satisfont pas au but fixé par von Staudt de purifier la géométrie des considérations métriques. À l'époque de von Staudt, on connaissait cependant aussi des démonstrations purement projectives, et von Staudt donne lui-même une démonstration de ce type (cf. von Staudt 1847, §90, p. 41 ; von Staudt 2011, §90, p. 64). De façon frappante, sa démonstration s'appuie sur des considérations tirées de la géométrie solide (*ibid.*, §87), bien que le théorème de Desargues porte simplement sur des triangles dans le plan. En donnant une démonstration solide, von Staudt reprend les travaux antérieurs qui mettaient en relation le théorème de Desargues énoncé pour des triangles dans le plan avec son analogue solide pour des triangles non coplanaires. Ce théorème de Desargues solide énonce que :

Théorème de Desargues (version solide) *Si un triangle $\triangle ABC$ et un triangle $\triangle A'B'C'$ sont deux triangles qui ne sont pas situés dans le même plan et tels que les droites AA', BB' et CC' sont concourantes en un point, alors les points d'intersection des côtés correspondants seront alignés.*

Le théorème de Desargues solide est connu pour son évidence. Poncelet avait par exemple qualifiée la version solide d'« évidente, *a priori* » (Poncelet 1822, §168, p. 89). Ce théorème peut être démontré projectivement comme suit (voir la Figure VII pour une illustration). Soient $\triangle ABC$ et $\triangle A'B'C'$ deux triangles situés dans deux plans distincts et tels que les droites AA', BB' et CC' soient concourantes au point O. Les points d'intersections de AB et $A'B'$, BC et $B'C'$, AC et $A'C'$, appartiennent aux deux plans. Puisque nous travaillons dans l'espace projectif, les deux plans se coupent et leur intersection est une droite. Mais alors les points d'intersection des côtés correspondants des triangles $\triangle ABC$ et $\triangle A'B'C'$ sont alignés.

Dans Gergonne (1825-26, p. 217), après avoir remarqué l'importance des méthodes solides en géométrie planaire (cf. *supra* p. 339), Gergonne

1. Ici et dans la suite nous citons la traduction française de Hilbert 1971a.

2. Pour une étude du théorème de Ménélaüs, voir Guggenheimer 1974. Sperner 1954 détermine les axiomes les plus faibles de congruence qui impliquent le théorème de Desargues.

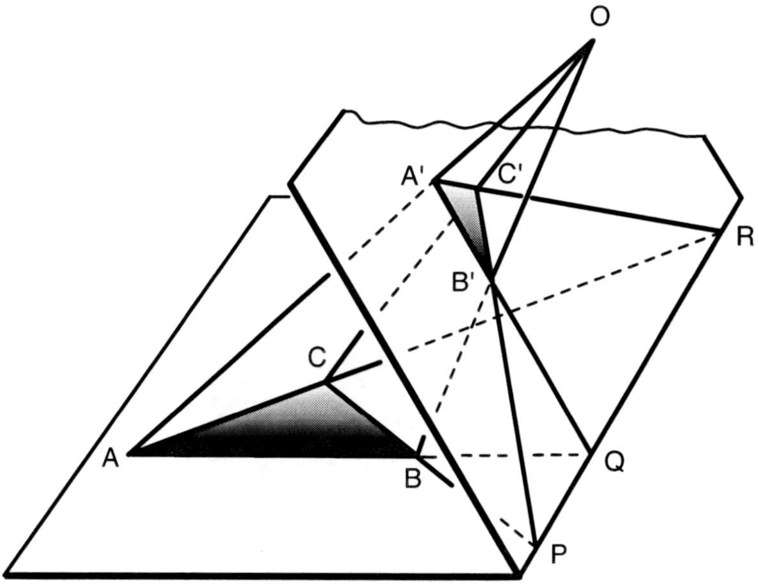

FIGURE VII. Une démonstration du théorème de Desargues pour des triangles non coplanaires (adaptée de Courant et Robbins 1996, p. 171)

énonce le théorème de Desargues dans des versions solides et planes, démontre la version solide et affirme que cette démonstration solide établit le théorème planaire de Desargues comme un résultat dérivé.

Soit S un point extérieur au plan dans lequel sont situés les triangles $\triangle ABC$ et $\triangle A'B'C'$ (voir la Figure VIII). Soit B_0 un point de la droite SB, et soit AB_0C le plan contenant AC et passant par B_0. Le triangle $\triangle AB_0C$ appartient à ce plan. Puisque OB_0 et SB' appartiennent au plan OBS, elles se coupent dans ce plan ; soit B_0' leur point d'intersection. Alors le triangle $\triangle A'B_0'C'$ appartient au plan $A'B_0'C'$ et les triangles $\triangle ABC$ et $\triangle A'B'C'$ sont les projections planes à partir de S des triangles $\triangle AB_0C$ et $\triangle A'B_0'C'$, respectivement. En outre, $\triangle AB_0C$ et $\triangle A'B_0'C'$ sont deux triangles situés dans des plans distincts tels que les droites AA', CC', et B_0B_0' obtenues en joignant les sommets correspondants se coupent en O, et satisfont donc l'hypothèse du théorème de Desargues solide. On peut projeter à partir de S la droite intersection des deux plans sur le plan contenant les triangles $\triangle ABC$ and $\triangle A'B'C'$. Mais alors les points d'intersection des côtés correspondants des triangles $\triangle ABC$ et $\triangle A'B'C'$ appartiennent à la droite projetée, ce qu'il fallait démontrer. Le théorème planaire de Desargues est ainsi démontré par des méthodes solides.

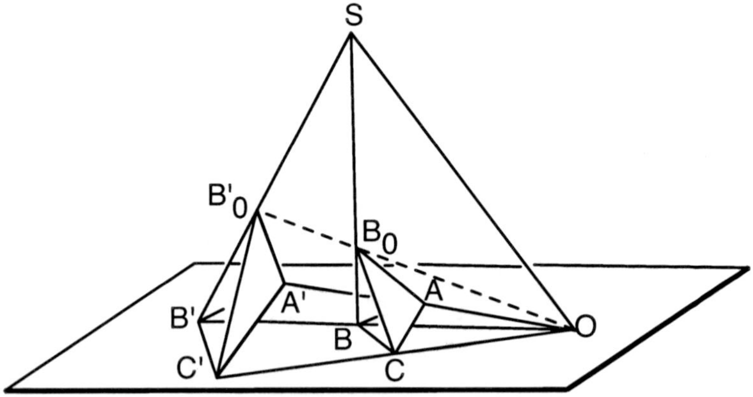

FIGURE VIII. Une démonstration projective du théorème de Desargues planaire utilisant des méthodes solides (adaptée de Hilbert et Cohn-Vossen 1952, p. 122)

On ne connaissait aucune démonstration projective n'utilisant que des méthodes purement planaires au dix-neuvième siècle. Les géomètres du dix-neuvième siècle avaient remarqué cette curieuse situation, comme nous l'avons vu dans les sections 1.3 et 2. Dans la seconde moitié du siècle, plusieurs géomètres cherchèrent à comprendre les raisons de cette situation, en se demandant s'il était possible de donner une démonstration projective planaire du théorème de Desargues. Parmi ceux-là, on trouve Klein, Peano et Hilbert. Nous allons à présent étudier leurs contributions au problème.

3.1. *Klein*

Klein 1873 chercha à établir les fondements de la géométrie projective, en s'appuyant en particulier sur les coordonnées projectives introduites par von Staudt, mais en usant, à la différence de von Staudt, de l'axiome des parallèles. Comme nous l'avons expliqué auparavant, von Staudt s'appuie sur le théorème de Desargues pour développer ces coordonnées, et non seulement emploie des méthodes solides pour démontrer le théorème de Desargues, mais allie constamment des méthodes solides et planaires pour développer la géométrie projective. Ses coordonnées sont, comme Klein le remarque, non seulement des coordonnées du plan mais aussi de l'espace projectif. Klein montre ainsi comment ces coordonnées permettent de représenter les surfaces vérifiant certaines conditions de base par des équations linéaires, ce qui présente l'avantage d'effectuer plus facilement des calculs analytiques sur ces surfaces. Il remarque en outre qu'un analogue spatial de la géométrie projective des plans et des droites est valide pour ces surfaces et les courbes sur ces surfaces [1].

Klein demande si cette géométrie projective peut être developpée pour le plan seul : autrement dit, les méthodes de von Staudt peuvent-elles engendrer des coordonnées pour le plan, considéré seul plutôt que comme un élément de l'espace, telles que les courbes planaires vérifiant certaines conditions de base semblables à celles vérifiées dans le cas des surfaces seront représentées par des équations linéaires ? Si cela était possible, cela indiquerait que la géométrie projective du plan peut être développée sans traiter le plan comme un élément de l'espace ou comme « plongé » dans l'espace. Klein observe que tel n'est pas le cas, du fait d'un résultat de Beltrami. Voici comment Beltrami énonce son résultat :

> Les seules surfaces susceptibles d'être représentées sur un plan, telles que à chaque point corresponde un point [du plan] et à chaque ligne géodésique une ligne droite, sont celles dont la courbure est partout constante (positive, négative, ou nulle). (Beltrami 1865, p. 279 dans le reprint *Opere matematiche*)

Autrement dit, une surface admet une courbure constante si et seulement si elle peut être appliquée sur un plan de sorte que les géodésiques de cette surface (*i.e.* les courbes de distance minimale entre les points de cette surface) soient appliqués sur les droites de ce plan. Beltrami observe que de telles applications sont importantes pour construire des cartes planes de la Terre, où une surface de courbure constante (la sphère terrestre idéalisée) est appliquée sur le plan via une projection centrale. La Figure IX illustre cette application : AB est un grand cercle de la sphère, et $A'B'$ son image dans le plan.

En fait, le résultat de Beltrami s'applique seulement aux surfaces *riemanniennes*, qui sont des surfaces « lisses » (*i.e.* suffisamment différentiables en tout point) munies d'une métrique riemannienne qui varie

1. Selon ces propres mots, cf. Klein (1873, p. 135) : « Für ein solches System von Flächen und Curven gilt die projectivische Geometrie in demselben Sinne wie gemäss den gewöhnlichen Vorstellungen für das System der Ebenen und Geraden in einem beliebig begrenzten Raume. »

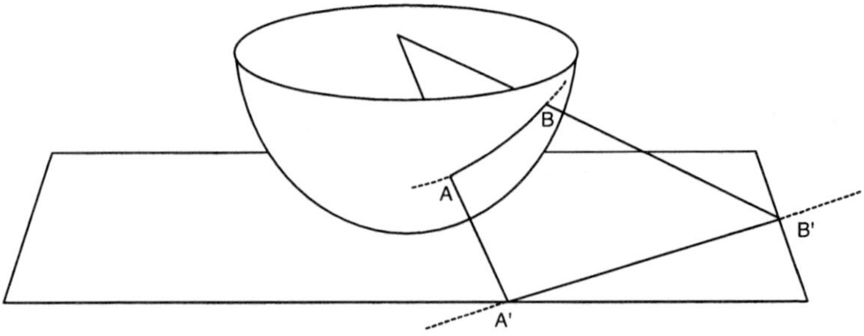

FIGURE IX. Projection centrale d'un grand cercle d'une sphère sur le plan

de façon lisse (cf. Busemann 1955 pour une définition technique). Au dix-neuvième siècle, on considérait uniquement des surfaces munies de métriques lisses, aussi les travaux de Beltrami peuvent être compris comme implicitement restreints aux surfaces riemanniennes. De même, les remarques de Klein portent uniquement sur les surfaces riemanniennes (nous continuerons donc à écrire « surface » pour « surface riemannienne » à moins que nous ne disposions d'une raison explicite de penser qu'une telle restriction n'a pas sa place).

Klein comprend le théorème de Beltrami comme assertant qu'on ne peut pas appliquer une surface de courbure non-constante sur le plan telle que les géodésiques de cette surface soient représentés par les droites. Le résultat s'applique au plan euclidien et même au plan projectif. Ainsi Klein semble avoir conclu du théorème de Beltrami que les surfaces dont les géodésiques ont des équations linéaires en coordonnées projectives (satisfaisant les conditions de base mentionnées auparavant), et donc celles dont les représentations planaires « se comportent » comme des droites projectives, doivent avoir une courbure constante. Mais alors les plans qui représentent les surfaces de courbure non constante ont des droites qui ne peuvent pas être représentées par des équations linéaires et donc ne se comportent pas comme des droites projectives. Klein reconnaît ainsi une différence fondamentale entre la géométrie projective de l'espace, incluant les plans et les droites dans ces plans comme des éléments, et la géométrie projective des plans qui sont traités indépendamment de l'espace plutôt que plongés dans l'espace. Comme il le dit :

> On ne doit donc pas, comme il est arrivé depuis, regarder comme une astuce [*Kunstgriff*] de von Staudt le fait de considérer les relations

> stéréométriques du plan en vue de la fondation [*Begründung*] de la géométrie projective. Ce point de départ correspond complètement à la nature du sujet. Si, en suivant von Staudt, on exclut la considération des relations métriques, alors la géométrie projective s'applique aux droites dans un plan parce que le plan et la droite peuvent être conçus comme des éléments d'un système spatial. (Klein 1873, p. 136)

Dans ce passage, Klein énonce de façon frappante que le traitement fusionniste par von Staudt du plan et de l'espace « correspond complètement à la nature du sujet », parce qu'un traitement purement projectif du plan, qu'on ne considérerait pas comme plongé dans l'espace, échouera du fait du théorème de Beltrami. En effet, les plans qui ne sont pas plongés dans l'espace peuvent inclure des géodésiques qui ne se comportent pas comme des droites projectives dans le sens où elles ne peuvent pas être représentées par des équations linéaires en coordonnées projectives, puisque de tels plans pourraient avoir une courbure non-constante. Les géodésiques des plans plongés dans l'espace se comportent quant à eux comme les droites projectives (à condition que leurs géodésiques satisfassent les conditions de base mentionnées auparavant). Sous ce rapport, les géométries projectives de l'espace et des plans non plongés dans l'espace diffèrent.

La préoccupation de Klein était de trouver une géométrie projective dotée du bon type de système de coordonnées, et non de s'intéresser au théorème de Desargues. Aussi il n'établit aucune connexion explicite entre cette observation et l'échec possible de la démonstration du théorème de Desargues dans un cadre purement planaire. Mais ce qu'il dit suggère toutefois cette connexion, puisque la clef de la coordinatisation par von Staudt de l'espace projectif est le théorème de Desargues.

Cette connexion sera toutefois saisie plus tard. Dans une conférence fameuse de 1891 (publiée un an plus tard dans Wiener 1892), Wiener présentait le théorème de Desargues comme un théorème de géométrie projective planaire, soulignant qu'il s'agit d'un théorème portant sur l'incidence et l'intersection de droites et de points (Wiener 1892, p. 46). Tout en notant qu'il peut être démontré au moyen de considérations spatiales, il remarquait, sans donner de démonstration, que le théorème de Desargues ne peut par contre pas être démontré au moyen de considérations d'intersection et d'incidence purement planaires, observant que « ce domaine de la géométrie n'est pas autonome » (Wiener 1892, p. 47). Peano et Hilbert allaient s'intéresser à cette question métamathématique peu de temps après.

3.2. *Peano*

Durant les années 1890, l'étude systématique de la géométrie projective était en plein essor en Italie (procurant un arrière-plan crucial au débat sur le fusionnisme discuté dans la section 2). Pieri avait donné plusieurs axiomatisations différentes de la géométrie projective, incluant des axiomes solides, en notant lequel de ses axiomes est suffisant pour la démonstration spatiale de von Staudt du théorème de Desargues. Mais c'est le compatriote de Pieri, Peano, qui semble avoir été le premier à trouver le modèle d'un plan dans lequel le théorème de Desargues est mis en défaut, dans Peano 1894. La priorité pour ce résultat est typiquement accordée à Hilbert. On trouve par exemple cette affirmation dans Hallett (2008, p. 225) : « le modèle de Hilbert spécifie le premier exemple d'une géométrie non-arguésienne ». Au contraire, nous sommes d'accord avec Whitehead (1906, p. 11) qui attribue le résultat à « Peano, puis à Hilbert », citant Peano 1894, en particulier la page 73, que nous discuterons brièvement. Whitehead n'étaie cependant pas son affirmation avec une discussion des travaux de Peano. C'est ce que nous ferons.

Bien qu'il soit vrai que le cadre de Peano ne soit pas clairement projectif – il suit Pasch en prenant comme notion primitive la relation ternaire « entre » (*zwischen*), qui n'est pas projectivement invariante (sur cette question, cf. la section 6) – ses démonstrations mettent en lumière les enjeux spatiaux et métriques que nous examinerons dans la suite.

Peano présente d'abord les postulats I à XIV qui concernent la géométrie plane, puis introduit le postulat XV dans une section intitulée « géométrie solide » [1]. Peano énonce ce postulat comme suit « Étant donné un plan *h*, on peut trouver un point hors de ce plan ». Peu de temps après, Peano en vient au théorème de Desargues, et écrit :

> Le théorème des triangles homologiques dans le plan [le théorème de Desargues] est cependant une conséquence du postulat XV, et est donc un théorème de géométrie solide. Que ce ne soit pas une conséquence des postulats précédents provient de la considération suivante. Si par *p* nous entendons les points d'une surface et par $c \in ab$, nous voulons dire que le point *c* est sur l'arc géodésique qui joint les points *a* et *b*, alors tous les postulats I à XIV sont satisfaits mais la proposition sur les triangles homologiques n'est pas toujours vérifiée. Cette proposition continue

1. Notons cependant que l'énoncé du Postulat X dans le langage formel de Peano diffère de l'énoncé informel qui suit. Dans la dernière clause de la version formelle, il est dit que *a* est entre *b* et *c*. Mais dans la description informelle, il est dit que *d* est entre *b* et *c*. Il est évident que la version informelle exprime ce que Peano voulait dire.

cependant à valoir pour les surfaces à courbure constante. (Peano 1894, p. 73)

Peano propose ainsi de faire de la géométrie plane sur des surfaces autres que le plan « plat » standard, en prenant sur ces surfaces comme « droites » les géodésiques entre deux points. Comme avec Klein, on peut supposer que les surfaces considérées par Peano sont riemanniennes. Peano énonce que pour les surfaces satisfaisant ses postulats I à XIV, le théorème de Desargues s'applique aux triangles lorsque la surface admet une courbure constante, et qu'il pourrait être mis en défaut lorsques les surfaces ont une courbure non-constante. Il affirme donc avoir identifié un modèle dans lequel les postulats I à XIV sont satisfaits mais le théorème de Desargues est faux, sans spécifier toutefois ce modèle explicitement. Sa thèse est simplement que les surfaces à courbure non-constante satisfaisant ses quatorze postulats purement planaires ne vérifient pas nécessairement le théorème de Desargues. De cela, il conclut que le théorème de Desargues n'est pas une conséquence des postulats planaires, et nécessite donc des postulats solides pour sa démonstration dans un cadre axiomatique.

Pour juger de la priorité de Peano dans la découverte d'un plan non-arguésien, il serait bon de savoir quels modèles il pouvait avoir en tête, et de comprendre pourquoi le théorème de Desargues n'est pas vérifié dans ces modèles. Nous considérerons donc des surfaces élémentaires spécifiques de courbure non-constante, les ellipsoïdes, et montrerons que le théorème de Desargues est en défaut sur ces surfaces. Nous le ferons dans des termes qu'auraient pu utiliser des géomètres de cette période comme Peano. Il est plausible que son raisonnement était le suivant.

Pour construire un modèle non-arguésien [1], nous commençons avec un disque *D* (comme dans la Figure X) dans le plan *P* plongé dans l'espace euclidien à trois dimensions. Soit *O* le centre de *D* et *C* le cercle associé à *D*. Considérons à présent l'ellipsoïde engendré par la rotation d'une ellipse autour d'un de ses axes, cet axe étant perpendiculaire à *P* en *O*, tel que la surface engendrée ait pour centre *O* et coupe le plan *P* selon le cercle *C*. Soit *h* la longueur du segment coupé par l'ellipsoïde sur son axe de révolution, pris entre *O* et le bord de l'ellipsoïde. (La Figure X décrit cet ellipsoïde). Nous étudierons en particulier des ellipsoïdes avec des très petites valeurs de *h*, *i.e.* très « plats ». Lorsque *h* tend vers 0, l'ellipsoïde converge vers le disque *D* qu'il « recouvre deux fois » (avec chaque « côté » de l'ellipsoïde).

1. Nous devons cette construction à Patrick Popescu-Pampu.

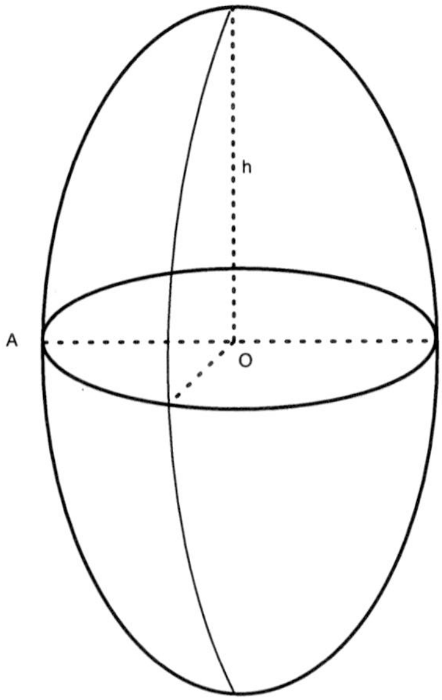

FIGURE X. Un ellipsoïde de révolution

Continuons en projetant tous les points de l'ellipsoïde sur le plan P qui contient D, au moyen d'une projection cylindrique perpendiculaire à P. Considérons les images des géodésiques de ces ellipsoïdes par cette projection. Quand nous faisons varier h, les images de ces géodésiques varient. Lorsque h tend vers 0, la configuration de toutes les géodésiques sur l'ellipsoïde converge vers la configuration des droites euclidiennes sur le disque D. Dans ce cas limite, lorsqu'une droite dans D atteint le bord C du disque D, elle est réfléchie à l'intérieur du disque d'après ce qu'on appelle en optique géométrique la « loi de la réflexion ». C'est-à-dire, si la droite est réfléchie sur la tangente à C au point où la droite rencontre C, alors l'angle entre la droite incidente et la tangente est le même que l'angle entre la droite réfléchie et la tangente. En de tels points, la géodésique dont cette droite est une projection passe par le second « côté » de l'ellipsoïde « plat ».

Le cas particulier de réflexion qui nous intéresse provient de la configuration suivante. Soit A un diamètre du disque D. Soient K et L deux droites parallèles à A prises de part et d'autre de A, qui coupent D, en étant proches et à des distances *différentes* de A (la Figure XI décrit une

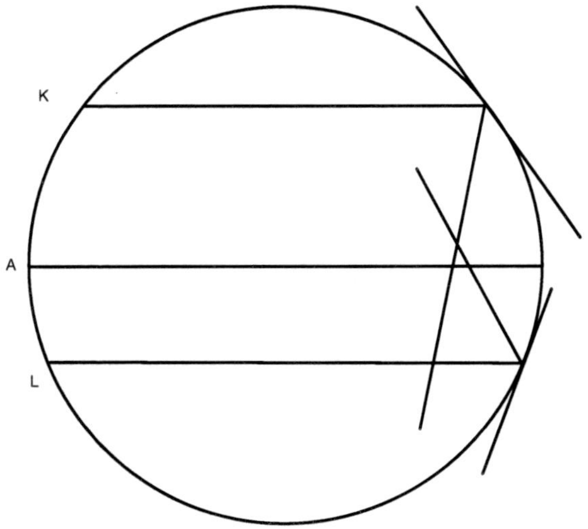

FIGURE XI. Une projection de l'ellipsoïde limite

telle configuration). Construisons deux triangles dans le disque *D* tels que les triangles sont en perspective par rapport au point *O*, où *O* est lui aussi situé dans le disque *D*, et tels que deux des trois points d'intersection des côtés opposés sont situés sur *A*, et les deux côtés restants sont placés respectivement sur *K* et *L* (la Figure XII décrit une telle configuration, avec les droites des deux triangles en traits gras).

Si la conclusion du théorème de Desargues s'appliquait à ces triangles, alors le troisième point d'intersection des côtés opposés serait aussi situé sur la droite *A*. La droite *A* se réfléchit sur elle-même, mais les droites *K* et *L* étant à des distances différentes de *A*, le point d'intersection de *K* et *L* ne peut pas être situé sur *A* (comme l'illustre dans un cas la Figure XI)[1]. Ainsi le théorème de Desargues ne s'applique pas aux ellipsoïdes, puisqu'il ne peut pas s'appliquer dans ce cas limite[2].

1. Notons que l'enveloppe de la famille des droites réfléchies sur *C* de toutes les droites parallèles à *A* est une « caustique » connue sous le nom de « néphroïde ». C'est la forme familière produite par les rayons de lumière réfléchis sur la paroi d'un bol : cf. Hilbert et Cohn-Vossen (1952, p. 280) et Audin (1998, p. 236).

2. Une démonstration complète que le théorème de Desargues n'est pas vérifié dans ce cas ferait appel à l'analyse. Nous ne donnons pas cette partie de la démonstration ici. Cela ne pose pas de difficultés et relevait déjà de la routine à l'époque de Peano.

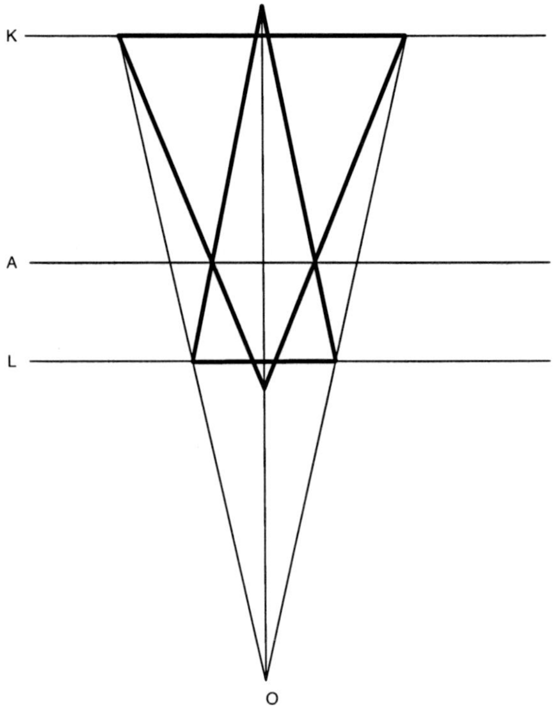

FIGURE XII. Une configuration de Desargues pour l'ellipsoïde limite

Notre thèse, répétons-le, n'est pas qu'on peut trouver cette construction dans les écrits de Peano. Nous affirmons seulement qu'une telle construction pourrait être celle que Peano avait en tête dans le passage cité auparavant. Reste que la construction par Peano d'un plan non-arguésien est seulement implicite. Dans la prochaine section, nous aborderons la construction explicitée par Hilbert d'un plan non-arguésien qui elle est bien connue [1]. Nous étudierons aussi brièvement les différences entre les

1. Bien-sûr, le résultat d'indépendance de Peano produit un modèle de ses axiomes I - - XIV dans lequel le théorème de Desargues n'est pas vérifié. Déterminer quels axiomes de la géométrie de Hilbert sont vérifiés ou réfutés dans ce modèle nécessiterait des recherches plus approfondies : on devrait pour ce faire étudier la relation entre le système axiomatique de la géométrie donné par Peano et celui donné par Hilbert.

approches de Peano et Hilbert, et nous chercherons à comprendre pourquoi Hilbert, même s'il connaissait Peano 1894 (nous ne savons pas si tel était le cas), pouvait penser que les travaux de Peano n'avaient pas clos définitivement le sujet.

3.3. *Hilbert*

Dans les *Grundlagen der Geometrie* (Hilbert 1899), Hilbert divise ses axiomes en cinq classes : les axiomes d'incidence (I) ; les axiomes d'ordre (II) ; l'axiome des parallèles (III) ; les axiomes de congruence (IV) ; et les axiomes de continuité (V). Au sein des axiomes d'incidence, il note que les axiomes I1–2 portent sur la géométrie planaire, alors que le reste des axiomes I3–7 portent sur la géométrie spatiale. Il observe ensuite que le théorème de Desargues peut être démontré dans ce système en utilisant soit les axiomes spatiaux, soit les axiomes de congruence. Il montre ensuite (Théorème 33) que le théorème de Desargues ne peut pas être démontré en géométrie plane (*i.e.* avec les axiomes I1–2, II, III, IV1 - - 5, et V), et explicite un modèle dans lequel ces axiomes sont satisfaits et le théorème de Desargues est mis en défaut [1]. Nous allons maintenant présenter le modèle construit par Hilbert [2].

Considérons tout d'abord le plan euclidien ordinaire muni du système de coordonnées usuelles x et y. Nous contruisons une ellipse $\mathcal{E}$ dont le centre est l'origine du repère, de demi-axe majeur 1 et de demi-axe mineur $\frac{1}{2}$. Le modèle de Hilbert $\mathcal{H}$ du plan est obtenu à partir de cette configuration en interprétant les « points » et les « droites » de la façon suivante. Les points dans $\mathcal{H}$ sont simplement les points du plan euclidien ordinaire. Les droites qui ne coupent pas $\mathcal{E}$ dans le plan ordinaire sont, dans $\mathcal{H}$, les mêmes que celles du plan ordinaire. Mais dans $\mathcal{H}$, les droites qui coupent $\mathcal{E}$ dans le plan ordinaire sont « courbées » dans $\mathcal{E}$ comme suit. Soit une droite ℓ coupant $\mathcal{E}$ dans le plan ordinaire aux points (x_0, y_0) et (x_1, y_1). À l'extérieur de $\mathcal{E}$, la droite correspondante à ℓ dans $\mathcal{H}$ est la

1. Le modèle que nous présenterons est celui donné dans les six premières éditions des *Grundlagen der Geometrie*. À partir de la septième édition, Hilbert présente le modèle de Moulton (cf. Hilbert 1971a, p. 124-126) ; Moulton 1902) qui est plus simple dans la mesure où il fait seulement usage de droites et ne dépend pas d'une construction impliquant une ellipse et des cercles comme c'est le cas dans le premier modèle de Hilbert. Hilbert avait déjà établi que le théorème de Desargues est non-démontrable en géométrie plane dans son cours de 1898-1899, mais avec un modèle assez différent (cf. Hilbert 2004, p. 234-241 ; Hallett 2008, p. 224-225).

2. Pour une étude du modèle de plan non-arguésien chez Hilbert et des raffinements qu'on trouve dans les travaux de Moulton et Moufang, voir Cerroni 2004.

même que ℓ. Mais à l'intérieur de $\mathcal{E}$, entre (x_0, y_0) et (x_1, y_1), la droite correspondante dans $\mathcal{H}$ est un arc de cercle passant par les trois points (x_0, y_0), (x_1, y_1), et $(\frac{3}{2}, 0)$. Les diagrammes dans la Figure XIII illustrent $\mathcal{H}$: le diagramme en haut à gauche montre $\mathcal{E}$ et trois droites euclidiennes concourantes en $(0, \frac{1}{2})$ dans le plan euclidien ; le diagramme en haut à droite montre les trois cercles passant par $(\frac{3}{2}, 0)$ et, pour chaque droite, les deux points d'intersection de cette droite avec $\mathcal{E}$; le diagramme d'en bas à gauche montre les interprétations « courbées » de ces droites dans $\mathcal{H}$; et le diagramme d'en bas à droite montre ces droites avec un grossissement plus important, rendant clair qu'elles ne sont pas concourantes dans $\mathcal{H}$ [1].

Hilbert note que $\mathcal{H}$ satisfait ses axiomes de la géométrie plane, et montre que le théorème de Desargues n'est pas vérifié dans $\mathcal{H}$. Soient $\triangle ABC$ et $\triangle A'B'C'$ deux triangles vérifiant les conditions du théorème de Desargues. Alors dans le plan euclidien ordinaire, les points d'intersection C'', A'', et B'' des côtés correspondants des triangles $\triangle ABC$ et $\triangle A'B'C'$ sont alignés, d'après le théorème de Desargues. Mais dans le plan de Hilbert $\mathcal{H}$, les triangles $\triangle ABC$ et $\triangle A'B'C'$ peuvent être tels que C'' n'appartient pas à la droite ℓ déterminée par A'' et B'', parce que le point d'intersection de AB et $A'B'$ serait situé à l'intérieur de l'ellipse $\mathcal{E}$ et donc se trouverait dans une position différente de celle qu'il aurait dans le plan euclidien. Nous pouvons illustrer ceci en nous référant aux Figures VI et XIII : supposons que les droites BAC'', $B'A'C''$, et $A''B''C''$ se coupent (en C'') à l'intérieur de $\mathcal{E}$, comme dans le diagramme en haut à gauche dans la Figure XIII. Alors ces droites peuvent ne plus se couper dans $\mathcal{H}$, comme dans les deux diagrammes du bas de la Figure XIII, et donc la conclusion du théorème de Desargues n'est pas vérifiée.

Hilbert étudie ensuite si des plans satisfaisant le théorème de Desargues peuvent être « plongés » dans l'espace. Dans le théorème 35 des *Grundlagen* (et aussi dans les cours de la même époque), Hilbert montre que si une géométrie planaire satisfait les axiomes I1–2 (les axiomes d'incidence planaires), II (les axiomes d'ordre), et (dans les *Grundlagen*) l'axiome III (l'axiome des parallèles), alors le théorème de Desargues fournit une condition nécessaire et suffisante pour que cette géométrie planaire soit une partie d'une géométrie spatiale satisfaisant *tous* les axiomes d'incidence de I en complément des axiomes de II et III. C'est-à-dire, si un plan satisfait les axiomes I1–2, II, et III, ainsi que le théorème de Desargues, alors il satisfait aussi les axiomes spatiaux d'incidence I3–7.

1. Nous avons vérifé au moyen de calculs que ces droites ne sont pas concourantes dans $\mathcal{H}$. Ces calculs sont compliqués et nécessitent l'usage de *Mathematica*.

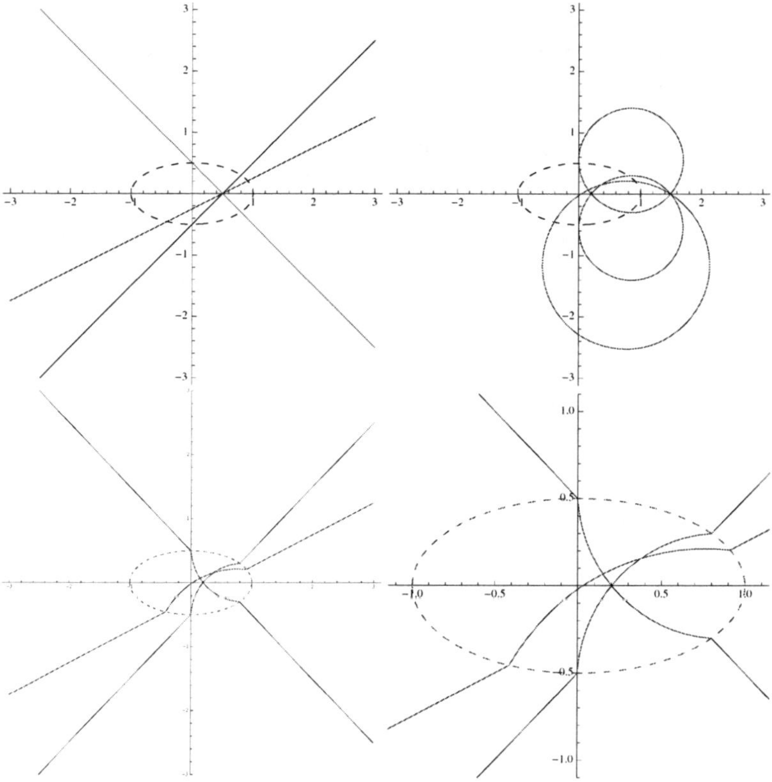

Figure XIII. Les droites dans le modèle de Hilbert

Hilbert établit le théorème 35 en démontrant comment, dans une géométrie planaire qui satisfait les axiomes I1–2, II, III et le théorème de Desargues, on peut construire une algèbre de segments qui possède une structure de corps ordonné [1], puis comment ce corps ordonné peut être utilisé pour construire un modèle dans lequel tous les axiomes de I, II et III sont satisfaits, c'est-à-dire un modèle de géométrie spatiale. Ce corps permet ainsi de définir un système de coordonnées du modèle spatial, et Hilbert observe qu'en posant la troisième coordonnée égale à zéro, nous avons un système de coordonnées du plan initial. On peut

1. *Ordered division ring* ou *ordered « skew field »* en anglais ; corps gauche en français : cf. Hilbert (1971a, p. 146).

donc dire qu'un plan satisfaisant les axiomes I1–2, II, et III, ainsi que le théorème de Desargues, peut être « plongé » dans un espace axiomatisé par la collection complète des axiomes I–III. Les axiomes I1–2 et III *sans* le théorème de Desargues, ne permettent pas quant à eux ce plongement dans l'espace, puisque (d'après le théorème 33) il existe des modèles de I1–2, II et III dans lesquels le théorème de Desargues n'est pas satisfait. Pour autant, il n'existe donc pas de modèles des axiomes I, II et III dans lesquels le théorème de Desargues n'est pas satisfait. En ce sens, le théorème de Desargues est une condition nécessaire et suffisante pour qu'une géométrie plane satisfaisant les axiomes d'incidence planaire, d'ordre et des parallèles puisse être « plongée » dans une géométrie spatiale. Hilbert écrit ainsi :

> Ainsi le théorème de Desargues serait la seule condition qui fait ressortir [*profilirt*] le plan lui-même de l'espace, et nous pourrions dire que tout ce qui peut être démontré de façon générale dans l'espace, peut maintenant être démontré dans le plan avec [le théorème de] Desargues. (Hilbert 2004, p. 240 ; on trouve une traduction anglaise dans Hallett 2008, p. 227)

Dans son livre avec Cohn-Vossen, Hilbert décrit ainsi ces découvertes :

> Le théorème de Desargues peut être démontré dans l'espace en utilisant seulement les axiomes d'incidence. Mais afin de démontrer la forme bi-dimensionnelle du théorème sans constructions tri-dimensionnelles, même les axiomes d'incidence combinés avec l'axiome d'Archimède et les axiomes d'ordre ne suffisent pas. D'autre part, les axiomes d'incidence dans le plan pris avec les axiomes d'ordre et les axiomes de congruence y parviennent et nous pouvons nous dispenser de l'axiome d'Archimède. (Hilbert et Cohn-Vossen 1952, p. 131)

Le théorème de Desargues semble donc porter uniquement sur l'incidence et l'intersection de droites et de points, et comme Hilbert le reconnaît, il peut être démontré en utilisant seulement les axiomes d'incidence, bien que dans des versions spatiales (pour une démonstration, voir Hartshorne 1967, Théorème 2.1). Si nous essayons d'éviter ces axiomes spatiaux, nous ne pouvons pas démontrer le théorème de Desargues même en ajoutant les axiomes d'ordre et des parallèles, puisque le modèle d'un plan non-arguésien discuté dans cette section 3.3 satisfait aussi bien les axiomes d'ordre que l'axiome des parallèles. Finalement, « la démonstration de ce théorème exige ou les axiomes de l'espace ou l'ensemble de ceux de congruence » comme l'indique Hilbert dans le théorème 33 des *Grundlagen* (Hilbert 1971a, p. 124 et 126).

Ayant à présent documenté les résultats géométriques de Hilbert, nous passons à une comparaison des résultats de Hilbert avec ceux de Peano.

3.4. *Comparaison des résultats de Peano et de Hilbert*

Selon nous, c'est à Peano qu'on doit attribuer la priorité pour avoir trouvé le premier un plan non-arguésien. Cependant, comme nous l'avons vu auparavant, Peano n'explicite pas le plan non-arguésien en question. Au lieu de cela, il s'appuie sur une compréhension implicite de la géométrie différentielle des surfaces, pour suggérer comment on pourrait trouver des plans non-arguésiens en considérant la géométrie des géodésiques sur des surfaces à courbure non-constante. Bien que nous donnions une construction qui pourrait être de façon plausible celle que Peano avait en tête, le fait demeure que l'échec de Peano à donner un exemple explicite indique que les géomètres étaient en droit d'attendre davantage. Nous ne savons pas si Hilbert connaissait Peano 1894, mais même si tel était le cas, il est vraisemblable qu'il aurait désiré un modèle explicite d'un plan non-arguésien. Cela nous fournit une explication de la raison pour laquelle Hilbert jugeait nécessaire de redémontrer le résultat de Peano, même en supposant qu'il le connaissait.

D'autre part, le modèle de Hilbert est plutôt artificiel, dans le sens où il est construit uniquement dans le but de réfuter le théorème de Desargues. L'idée de Peano, au contraire, découle naturellement de l'étude des surfaces élémentaires en géométrie différentielle. Le modèle de Hilbert indique cependant un progrès d'un autre type. Alors que Peano se limite aux surfaces munies de métriques lisses adhérant ainsi à la pratique du dix-neuvième siècle, comme on l'a vu dans la section 3.1, le modèle de Hilbert est une surface qui n'est pas lisse à la frontière de l'ellipse $\mathcal{E}$, et peut donc être vue comme étant une surface non-riemannienne. À l'époque de ses recherches sur le théorème de Desargues, Hilbert prônait un élargissement du champ de recherche des géométries métriques, comme en témoigne par exemple le quatrième problème de sa liste des vingt-trois problèmes adressée en 1900 au Congrès International des Mathématiciens. Son exemple d'un plan non-riemannien et non-arguésien s'insère donc dans un plus vaste programme de recherche. Dans la section 4.6, nous étudierons plus en détails la signification de ce programme de recherche pour le théorème de Desargues.

4. La pureté et le théorème de Desargues

Maintenant que nous avons mis en perspective le théorème de Desargues dans son contexte historico-mathématique et fondationnel, nous pouvons revenir aux problèmes philosophiques que nous avons soulevés mais pas encore analysés dans notre discussion du débat fusionniste dans la section 2. Qu'est ce que cela signifie pour la solution d'un problème ou la démonstration d'un théorème de s'appuyer sur des considérations « étrangères » à son contenu ? Quelle est la notion appropriée de « contenu » qui peut donner une analyse adéquate de la pureté dans la pratique mathématique ? Comment cette notion de contenu peut-elle être analysée ? Dans cette section, nous traiterons de ces questions en les appliquant au théorème de Desargues tel qu'il a été présenté dans la section précédente.

Nous procéderons de la façon suivante. Nous examinerons tout d'abord dans la section 4.1 les thèses de Hilbert sur le contenu du théorème planaire de Desargues et sur la relation entre ce contenu et le problème de la pureté. Soulignons qu'Hilbert semble avoir jugé une démonstration pure de ce théorème impossible. Ses travaux montrent en effet que des considérations solides sont nécessaires pour démontrer le théorème de Desargues dans son cadre axiomatique projectif, mais Hilbert soutient que ces considérations n'appartiennent pas au « contenu » du théorème de Desargues. Nous donnerons dans la section 4.2 une brève analyse de la méthode axiomatique de Hilbert. Cette analyse procurera les outils nécessaires pour résister à une interprétation radicale « formaliste » de la conception hilbertienne de la méthode axiomatique et visera ainsi à prendre pleinement en compte les thèses de Hilbert sur le « contenu » du théorème de Desargues contre une lecture possible formaliste de la méthode axiomatique qui jugeraient ces thèses comme des propos inconsidérés. Dans la section 4.3, nous examinerons comment l'un des commentateurs les plus autorisés des travaux de Hilbert en géométrie, Michael Hallett, conçoit la relation entre le contenu et la pureté dans les travaux de Hilbert. Malgré quelques hésitations, Hallett défend une interprétation du contenu du théorème de Desargues qui a pour conséquence que la démonstration de la version planaire du théorème de Desargues au moyen de considérations solides est pure. Selon Hallett, les démonstrations solides du théorème de Desargues ne sont pas nécessairement impures puisque le théorème de Desargues possède un « contenu spatial tacite ». Après avoir éclairci dans la section 4.3 quelle notion de « contenu » est saillante dans l'interprétation de Hallett, nous argumenterons contre la thèse de Hallett sur la pureté des démonstrations solides classiques du théorème de Desargues dans la section 4.5, en nous fondant sur les problèmes soulevés par la notion de contenu chez Hallett, qui est selon nous inadéquate pour évaluer la pureté d'une démonstration. Enfin, dans la section 4.5, nous étudierons une autre conception, métrique, du contenu du théorème de Desargues, *a contrario* de la compréhension usuelle du théorème comme un théorème projectif.

Avant de procéder, ajoutons un avertissement. Nous ne nions pas que la notion de contenu « formel » ou « profond » (*deep*) proposée par Hallett soit digne d'intérêt. Nous affirmons cependant, et présentons plusieurs arguments à cet effet, que cette notion de contenu ne peut pas être utilisée pour une analyse de la pureté. La notion de contenu qui permet d'après nous de clarifier les jugements des mathématiciens sur la pureté est celle qui est attachée à la compréhension ordinaire des énoncés mathématiques.

4.1. *Hilbert et la pureté des méthodes*

L'intérêt de Hilbert pour la pureté à la fin des années 1890 est bien connu [1]. Dans sa liste des problèmes mathématiques soumises à Paris en 1900, Hilbert exprimait clairement le fait qu'une contrainte de pureté est souhaitable pour les solutions des problèmes :

> Examinons encore rapidement les exigences et les conditions générales auxquelles doit répondre la solution d'un problème mathématique. Avant tout, je placerai l'exactitude de la solution qui doit être obtenue au moyen d'un nombre fini de conclusions et qui doit reposer sur un nombre fini d'hypothèses fournies par le problème même et formulées dans chaque cas avec précision. (Hilbert 1901, p. 257 ; Hilbert 1902, p. 63) [2]

Hilbert insiste sur son intérêt pour la pureté en particulier lorsqu'il décrit ses recherches consacrées au théorème de Desargues que nous avons étudiées. Il écrit ainsi dans son cours de 1898/1899 :

1. C'est là un fait qui mérite d'être noté car alors qu'on pourrait avec raison voir le projet finitiste de Hilbert viser un certain type de pureté (cf. Kreisel 1980), il n'est pas clair que ce type de pureté soit *le même* que celui auquel Hilbert s'intéressait au tournant du siècle. Si le projet finitiste peut être construit comme représentant une contrainte de pureté sur la démonstration, cette contrainte limite les ressources disponibles pour les démonstrations à celles possédant un certain statut épistémique minimal ou « fondamental », plutôt qu'à des ressources « appartenant au » contenu du théorème à démontrer. Le lien, s'il existe, entre les différentes contraintes de pureté mériterait un examen plus approfondi, mais il doit être clair que ces contraintes ne sont pas nécessairement les mêmes. Pour une étude historique générale de la notion de pureté, voir Detlefsen 2008, et pour une analyse de la valeur épistémique du type de pureté à laquelle Hilbert paraît s'être intéressé, voir Detlefsen et Arana 2011.

2. Nous citons ici et dans la suite la traduction française de Laugel donnée dans Hilbert 1902. [NdT]

> Ce théorème nous donne l'occasion d'examiner à présent un problème important. *Le contenu [Inhalt] du théorème de Desargues appartient entièrement à la géométrie planaire ; mais pour le démontrer, nous devons utiliser l'espace.* Ainsi nous sommes pour la première fois dans la situation de mettre en pratique *une critique des moyens employés dans une démonstration.* Dans les mathématiques modernes, une telle critique a été très souvent soulevée : son but était de préserver *la pureté de la méthode* [*die Reinheit der Methode*], c'est-à-dire démontrer des théorèmes si possible en utilisant les moyens qui étaient suggérés par [*nahe gelegt*] le contenu du théorème. (Hilbert 2004, p. 315-316)

Hilbert juge ainsi qu'une démonstration est pure dans le cas où elle s'appuie seulement sur ce qui est « suggéré par le contenu du théorème » à démontrer, ou sur ce qui « réside dans » la présentation du problème à résoudre [1]. Puisqu'il affirme que le « contenu du théorème de Desargues appartient entièrement à la géométrie planaire », et que des considérations solides ne paraissent pas « être suggérées par le contenu du théorème », il semblerait donc que Hilbert juge impures les démonstrations solides du théorème de Desargues [2].

1. Hilbert insiste aussi sur les implications de ses travaux pour la notion de pureté dans les *Grundlagen*. Voici ce qu'il écrit en épilogue :

> Dans cette recherche nous avons eu pour guide ce principe fondamental : faire la discussion de chaque question qui se présente de manière à examiner en même temps s'il est possible ou non de répondre à cette question en suivant une voie assignée d'avance et en se servant de certains moyens limités. [...]
>
> Ce principe fondamental, en vertu duquel on doit partout discuter les principes de la possibilité des démonstrations, est intimement lié à la condition de la « pureté » des méthodes de démonstration qui, dans ces derniers temps, a été considérée comme de la plus haute importance par nombre de mathématiciens. Au fond, cette condition n'est pas autre qu'une conception subjective du principe fondamental suivi ici. (Hilbert 1900, p. 111)

Nous utilisons ici la traduction de Laugel qui correspond à la première édition des *Grundlagen* [NdT]. Cf. aussi Hilbert 1971a, p. 174, et Hilbert 1971b, p. 106-107, pour une traduction anglaise).

Hilbert souligne que la « subjectivité » à laquelle il réfère est la prérogative du mathématicien à déterminer par lui-même quels sont les moyens de démonstration qu'il préfère.

2. Dans son article récent Webb 2006, Judson Webb examine une distinction faite par Peirce entre les démonstrations qui sont « corollarielles » et « théorématiques », voisine de notre distinction entre démonstrations pures et impures. Une démonstration d'un théorème est « théorématique » si elle s'appuie sur « davantage que ce qui est supposé exister d'après l'hypothèse [du théorème] » (cité par Webb 2006, p. 249). Peirce observe que la démonstration métrique classique du théorème de Desargues est « théorématique » parce qu'elle « introduit une idée [de longueur] qui n'est nullement impliquée par les prémisses », et que

Hilbert poursuivit ses recherches en vue de déterminer s'il existait une démonstration pure du théorème de Desargues, exprimant ainsi le but qu'il se fixait :

> J'ai dit que le *contenu* [*Inhalt*] du théorème de Desargues est important. Pour le moment, cependant, ce qui est le plus important c'est sa *démonstration* [*Beweis*], puisque nous voulons la rattacher à une *réflexion* [*Ueberlegung*] importante, ou plutôt à un *questionnement* [*Fragestellung*]. Le théorème est plan, mais la démonstration s'opère dans l'espace. La question se pose de savoir s'il existe une démonstration qui utilise seulement *les axiomes linéaires et planaires* [...] (Hilbert 2004, p. 236 ; pour une traduction anglaise, cf. Hallett 2008, p. 223)

Dans ce passage, Hilbert souligne à nouveau que le contenu du théorème de Desargues est purement planaire, et se demande s'il pourrait exister une démonstration de ce théorème qui substituerait à des considérations solides des considérations purement planaires. Le théorème 33 de Hilbert suggère que cela est possible à la seule condition que la démonstration fasse appel à des considérations métriques telles que les axiomes de congruence. Si l'on suppose que des considérations métriques ne sont pas appropriées pour une démonstration pure du théorème de Desargues (une hypothèse sur laquelle nous reviendrons dans la section 4.6), alors le résultat de Hilbert paraît montrer qu'il n'existe pas de démonstration pure du théorème de Desargues.

Telle était semble-t-il la position de Hilbert sur cette question. Cette position mérite cependant d'être examinée de façon plus approfondie : Hilbert ne mentionne en effet pour ainsi dire qu'en passant le « contenu » et ce qui est « suggéré par », ou ce qui « réside dans », un théorème. Nous allons donc étudier plus précisément ces notions. Nous souhaitons d'abord attirer l'attention sur deux notions de contenu qui pourraient être pertinentes pour comprendre la pureté. La première notion est celle que nous nommerons contenu « informel » ou « intuitif » d'un énoncé, qui serait (pourrait être) saisi par quelqu'un possédant une compréhension courante de la géométrie. La seconde notion est celle que nous appelerons contenu « formel » ou « axiomatique » d'un énoncé, qui renvoie selon nous au rôle

la démonstration solide classique est « un très bon exemple » d'un raisonnement théorématique. Webb ajoute que Peirce pensait qu'on devait tenter de donner des démonstrations corollarielles à chaque fois que c'était possible, mais, ayant pris connaissance des travaux métagéométriques de Hilbert dans les *Grundlagen*, avait conclu qu'une telle démonstration n'était pas possible pour le théorème de Desargues (cf. Webb 2006, p. 251, et aussi Webb 1980, p. 93-97). Dans ce chapitre, nous n'avons pas besoin d'approfondir davantage cette distinction entre les démonstrations corollarielles et théorématiques chez Peirce.

inférentiel de l'énoncé à l'intérieur d'un système axiomatique (les rapporteurs ont suggéré les termes de « contenu propositionnel » ou de « contenu logique » pour désigner cette notion) [1]. À première vue, il s'agit de notions différentes de contenu, puisque la dernière implique des connexions inférentielles qui semblent n'avoir rien à faire avec une compréhension intuitive ou informelle. La question devient donc : quelle notion de contenu produit-elle une contrainte de pureté qui est la plus fidèle à la pratique, en particulier à la pratique de Hilbert ? Nous soutenons que c'est la première notion informelle de contenu qui répond à la question. Pour défendre notre thèse, nous discuterons une lecture de Hilbert que nous jugeons radicale, selon laquelle c'est le « contenu formel » qui est en jeu pour les questions de pureté. Cette lecture est donnée dans un article récent de Michael Hallett (Hallett 2008). Nous donnerons plusieurs raisons pour lesquelles cette lecture pose problème pour comprendre à la fois les conceptions de la pureté chez Hilbert et la pureté en général, et comment la notion de contenu informel permet de diminuer ces difficultés. Il ne s'agit pas de nier que la notion de contenu formel soit une notion importante et utile à distinguer dans l'analyse, mais seulement de dire que cette notion ne nous paraît pas fidèle aux jugements de pureté qui sont émis dans la pratique mathématique [2]. Si, contrairement à ce que nous affirmons, Hilbert avait bien transformé les préoccupations traditionnelles de pureté en éliminant de façon concomitante la notion de contenu « intuitif » pour la remplacer par une nouvelle notion « formelle » de contenu, alors la lecture de Hallett serait correcte. Nous aurions alors à renouveler nos critiques portant sur la description inadéquate des jugements de pureté dans la pratique mathématique, mais cette fois auprès de Hilbert. Auparavant il nous faut parler de la méthode axiomatique de Hilbert.

4.2. *L'œuvre axiomatique de Hilbert*

La conception hilbertienne de la méthode axiomatique a été décrite de nombreuses fois. L'une des questions clés pour interpréter en quoi cette méthode consiste et diffère d'autres approches axiomatiques telles que celle d'Euclide dans les *Eléments*, est celle de la relation entre l'intuition et le formalisme. Cette question s'avère être l'enjeu central pour notre

1. Le fait que le terme « formel » puisse être associé à de nombreuses notions aurait pu nous conduire à choisir un autre terme, mais chaque terme possède ses avantages et ses désavantages, et dans l'ensemble, nous préférons « formel » aux autres possibilités.

2. Pour une étude de ces jugements dans la pratique mathématique, voir Detlefsen 2008 et Detlefsen et Arana 2011.

étude et si nous reconnaissons volontiers que notre lecture de Hilbert n'est pas la seule possible, elle offre toutefois la solution la plus pertinente à notre problème.

Pour le dire vite, nous affirmons qu'une interprétation radicale de la conception hilbertienne de la géométrie axiomatique ne laisse de place qu'à une notion de contenu dénuée d'intérêt pour juger des enjeux de la pureté telle que la comprend la pratique mathématique. Au contraire, notre interprétation n'installe pas de clivage radical entre l'intuition et le formalisme et présente l'avantage, selon nous, d'être historiquement plus exacte et de rendre compte de la thèse hilbertienne selon laquelle le contenu du théorème planaire de Desargues est planaire sans pour autant disqualifier les thèses de Hilbert sur ce sujet comme des propos inconsidérés.

La contribution la plus célèbre de Hilbert aux fondements des mathématiques est son livre *Grundlagen der Geometrie* publié en 1899 (cf. Hilbert 1899 ; pour une traduction française, cf. Hilbert 1900 et Hilbert 1971a ; pour une traduction anglaise, cf. Hilbert 1971b) dont le but est l'étude axiomatique de la géométrie. Cela conduit Hilbert à opérer des révisions substantielles de l'approche employée dans les *Éléments* d'Euclide. La distinction la plus fondamentale entre les approches euclidienne et hilbertienne de la géométrie, ou dit autrement les axiomatiques ancienne et moderne, consiste, pour parler comme Bernays, en un « tournant méthodologique » dans la conception de l'axiomatique. Lorsque nous ouvrons les *Éléments* d'Euclide, on trouve des axiomes et des notions qui sont déjà interprétés. En utilisant le mot « point » ou « droite », Euclide réfère à un objet spécifique de l'intuition géométrique. Les axiomes sont vrais pour ces objets et organisent donc le corps de la connaissance géométrique en montrant à partir de quelles propositions vraies les autres vérités géométriques peuvent être déduites par inférence logique. Hilbert nous invite à atteindre un niveau plus élevé de généralité. Plutôt que d'ancrer dès le départ les concepts de base (point, droite, plan) dans une compréhension géométrique pré-donnée de ces notions, il nous demande de considérer trois systèmes d'objets quelconques et trois sortes de relations entre ces objets (situé sur, entre, congruent). Les axiomes de la géométrie énoncent donc seulement comment les objets en question sont associés au moyen des relations précédentes. Comme le remarque Bernays, cela conduit à séparer les problèmes épistémologiques et mathématiques de l'axiomatique :

> La chose importante à propos de la fondation de *Les Fondements de la Géométrie* par Hilbert est donc que dès le départ et pour la première fois,

> dans l'établissement du système d'axiomes, la séparation des [sphères] mathématiques et logiques de la [sphère] spatiale-intuitive – et donc du fondement épistémologique de la géométrie – est développée jusqu'à son terme et exprimée dans une clarté entière. (Bernays 1922, p. 95)

Dans l'approche de Hilbert, les axiomes donnent une définition implicite des concepts pertinents. Citons à nouveau Bernays :

> Selon cette conception, les axiomes ne sont en aucune façon des jugements qui peuvent être dits vrais ou faux ; ils ont un sens seulement dans le contexte du système d'axiomes tout entier. Le système d'axiomes dans son entier ne constitue pas non plus l'énoncé d'une vérité. La structure logique de la géométrie axiomatique au sens de Hilbert – de façon tout à fait analogue à la théorie abstraite des groupes – est en fait purement hypothétique. S'il existe quelque part dans la réalité trois systèmes d'objets, ainsi que des relations déterminées entre ces objets, qui vérifient les axiomes de la géométrie (c'est-à-dire qu'au moyen d'une assignation adéquate de noms aux objets et aux relations, les axiomes se transforment en des énoncés vrais), alors tous les théorèmes de la géométrie sont également vérifiés par ces objets et ces relations. Ainsi le système d'axiomes n'est l'expression d'aucune réalité, mais présente seulement une forme possible d'un système de connexions qui doit être étudié mathématiquement selon ses propriétés *internes*. (Bernays 1922, p. 95-96)

Ce que nous avons dit jusqu'à présent pourrait être interprété comme dissociant totalement l'intuition et le formalisme. Il serait ainsi inutile de parler du « contenu informel » (en tant qu'opposé au « contenu formel » ou « poids logique d'une proposition ») d'un énoncé géométrique formalisé. En effet, si nous traitons uniquement d'un système de symboles non-interprétés, il n'y a guère de sens à dire que les axiomes sont des axiomes géométriques. Après tout, ces symboles pourraient être tout aussi bien interprétés comme référant à des chaises, des tables, et des verres de bière ! Dans ce cas, aucune notion de contenu ne permet de dire qu'un énoncé dans le système est un énoncé de géométrie plutôt que d'un autre domaine. Mais nous affirmons que pour Hilbert le formalisme est seulement méthodologique. Autrement dit, bien qu'il soit utile pour certains buts méthodologiques de considérer le formalisme comme dépourvu de signification (en le soumettant donc à une interprétation radicale), cela ne veut pas dire pour autant que la connexion intime entre les vérités intuitives de la géométrie et le formalisme est abandonnée. Ainsi, on ne devrait pas conclure imprudemment que pour Hilbert l'intuition ne joue plus aucun rôle. L'intuition est essentielle pour suggérer quels axiomes nous devons choisir pour rendre compte de notre savoir géométrique, et ayant fait cela, nous devons faire un pas supplémentaire au-delà de l'intuition pour considérer trois systèmes quelconques d'objets qui pourraient agir comme référence des mots « point », « droite » et « plan ». Cependant, et c'est là le point clef, un certain parallélisme est maintenu entre le niveau intuitif et le niveau axiomatique formel.

Il vaut la peine d'insister sur ce point pour deux raisons. D'abord, le point de vue de Hilbert sur les mathématiques a souvent été rapproché de la réduction des mathématiques à la seule étude du formalisme, en tant que jeu pur de symboles. Cependant, il suffit de lire attentivement le cours de 1919 (cf. Hilbert 1992) pour se rendre compte à quel point cette interprétation est éloignée du point de vue de Hilbert sur le sujet. D'autre part, le fait que Hilbert souligne le parallélisme entre le contenu intuitif et le formalisme est central pour notre thèse. Nous affirmons en effet que Hilbert peut de façon parfaitement cohérente défendre méthodologiquement un formalisme radical tout en conservant la notion de contenu correspondant à l'interprétation du système qui est privilégiée. Considérons par exemple ce que dit Hilbert dans la série de cours donnés à Göttingen en 1905. Hilbert y explique, en analogie avec ses travaux en géométrie, la nouvelle approche abstraite dans le traitement axiomatique des nombres :

> Les nombres sont devenus pour nous seulement une structure de concepts auquel nous sommes conduits au moyen de la seule intuition, [et] avec laquelle nous pouvons néanmoins toujours opérer sans aucune aide de l'intuition. Mais ce système de concepts peut être appliqué aux choses qui nous entourent, car il a été construit de tel sorte qu'il forme partout une analogie complète avec les intuitions les plus banales et donc les faits de l'expérience. (Hilbert 1905a, cité par Peckhaus, p. 60) [1]

1. Voici le texte original :

> Die Zahlen sind für uns nur ein Fachwerk von Begriffen geworden, auf das wir allerdings nur durch die Anschauung geführt werden, mit dem wir aber desungeachtet ohne jede Zuhilfenahme der Anschauung operieren können. Damit aber dies Begriffssystem auf die uns umgebenden Dinge anwendbar wird, ist es von Grund aus so construiert worden, dass es überall eine volle Analogie mit den trivialsten Anschauungen und damit den Tatsachen der Erfahrung bildet. (Hilbert 1905a)

Cf. aussi Hilbert (1905 b, p. 36) :

> Cap. II Axiome der Geometrie. Wir kommen nun zu dem Aufbau der Geometrie, in der die Axiomatik am ersten vollständig durchgeführt wurde. Wir sind beim Aufbau der Arithmetik von deren anschauliche Grundlage, dem Anzahlbegriff, schliesslich ganz abgekommen, den ja nach bei der genetischen Methode den Ausgangspunkt bildet. Uns war das Zahlensystem wirklich nichts, als ein Fachwerk von Begriffen, das durch 18 Axiomen definiert war. Bei der Aufstellung dieser

Le parallélisme mis en évidence par Hilbert nous permet d'affirmer que Hilbert peut, de façon parfaitement consistante, assigner un contenu planaire à l'énoncé du théorème planaire de Desargues [1]. Notons que notre position n'exclut pas une autre notions de contenu « formel » (voir ci-dessous notre discussion de la position de Hallett sur le contenu « caché d'ordre supérieur (*hidden higher-order*) »). Nous nions simplement qu'il s'agisse de la seule notion de contenu à la disposition de Hilbert. De cette façon, nous pouvons donner sens à l'énoncé de Hilbert sur le contenu planaire du théorème planaire de Desargues y compris dans le contexte de sa méthode axiomatique qui impose un abandon du contenu intuitif.

4.3. *Hallett et la pureté chez Hilbert*

Nous en venons maintenant à la lecture par Hallett de Hilbert dans Hallett 2008 qui offre un exemple d'interprétation « formelle » du contenu pour comprendre la contrainte de pureté chez Hilbert. Hallett observe tout d'abord que le théorème de Desargues « paraît impliquer *seulement* des concepts planaires, *i.e* porte uniquement sur l'intersection de droites dans

> bietete uns allerdings der Anschauung, die wir von dem Begriff der Anzahl und seiner genetischen Ausdehnung haben, denn das Ziel ist und bleibt natürlich ein möglichst leicht und klar anwendungs-fähiges Zahlensystem zu haben ; dies Ziel wird ersichtlich die eine klare Axiomatik besser erreicht als durch jede andere Definitionen. So ist in jeder Wissenschaft die Aufgabe in den Axiomen zunächst ein Fachwerk von Begriffen zu errichten, bei dessen Aufstellung wir uns natürlich durch die Anschauung und Erfahrung leiten lassen ; das Ideal dann, dass in diesem Fachwerk alle Erscheinungen des letzten Gebietes Platz finden, und dass jedem aus den Axiomen folgende Satz dabei Verwertung findet. Wollen wir nun für die Geometrie ein Axiomsystem aufstellen, so heisst das, dass wir uns den Anlass dazu durch die anschaulichen Thatsachen der Geometrie [...] lassen und diesen das aufzurichtende Fachwerk entsprechen lassen ; die Begriffe, die wir so erhalten, sind aber als gänzlich losgelöst von jedem Erfahrung und Anschauung zu betrachten.

1. Parlons un peu plus de ce parallélisme. Lorsqu'on travaille axiomatiquement, on est contraint de choisir un type d'axiomatisation : par exemple, en axiomatisant le concept de ligne droite, nous devons choisir entre des axiomatisations affine, projective ou métrique (nous étudierons cette question en détail dans la section 4.6). Lorsque on travaille de façon informelle, nous devons faire un choix parallèle, qui concerne la façon dont le concept de ligne droite est (doit être) compris. Ces choix peuvent être informés l'un par l'autre. Tel que nous lisons Hilbert, ses recherches formelles visent à éclairer la géométrie des « choses qui nous entourent », ainsi que la géométrie donnée par Euclide. Il ne faudrait donc pas penser que nous pouvons nous dérober en choisissant une interprétation particulière du contenu informel d'un énoncé, car c'est précisément ce choix d'une interprétation particulière qui peut être clarifié par le genre de travaux formels que Hilbert a développé.

le même plan » (Hallett 2008, p. 223). Par conséquent, ajoute-t-il, une démonstration spatiale du théorème de Desargues « pourrait être pensée à première vue comme inadéquate, parce qu'elle fait appel à des axiomes spatiaux » (Hallett 2008, p. 223). Autrement dit, « à première vue », une démonstration solide du théorème de Desargues apparaît impure.

Nous pourrions identifier la représentation « à première vue » du contenu d'un théorème indiquée par Hallett avec le contenu *informel* d'un théorème. La locution « à première vue » montre pourtant que Hallett croit que des recherches plus approfondies jettent le doute sur l'inadéquation ou l'impureté de l'usage d'axiomes spatiaux dans la démonstration du théorème de Desargues. Ce que confirme Hallett en soutenant que le contenu du théorème de Desargues est ce que nous appelons son contenu « formel ». Nous nous proposons à présent de discuter dans le détail la lecture de Hallett.

Hallett observe tout d'abord que le théorème 35 établit qu'une démonstration solide du théorème de Desargues est pure, bien qu'elle puisse apparaître impure « à première vue ». Le théorème 35 montre en effet que « le plan d'origine (à présent caractérisé par des couples de coordonnées) sera un plan *dans le nouvel espace* ; de surcroît, le fait que les bons axiomes d'incidence s'appliquent aux plans signifie que ce plan est bien plongé dans l'espace » (Hallett 2008, p. 228-229). Selon Hallett, il s'ensuit que :

> [...] Le théorème de Desargues planaire est une condition *suffisante* pour l'incidence ordonnée des droites et des plans, dans le sens où elle peut être utilisée pour *engendrer* un espace. Nous avons donc une explication de la raison pour laquelle le théorème planaire de Desargues ne peut pas être démontré avec les seuls axiomes planaires : il apparaît que le théorème planaire de Desargues possède un contenu spatial. (Hallett 2008, p. 229)

Ainsi, alors que Hilbert soutenait que le « contenu du théorème de Desargues appartient entièrement à la géométrie planaire », Hallett affirme que le théorème de Desargues possède un contenu spatial [1] qui est révélé par la démonstration de Hilbert du théorème 35 :

> [Les travaux de Hilbert] révèlent que le théorème planaire de Desargues possède en réalité un contenu spatial. Cela explique pourquoi l'on ne peut pas démontrer le théorème planaire de Desargues (en l'absence

1. Du reste, la raison pour laquelle on ne pourrait pas retourner le sens de l'implication et, en se fondant sur l'intuition que le théorème de Desargues possède un contenu planaire, conclure que les axiomes solides possèdent aussi un contenu planaire, n'est pas claire.

> des axiomes de congruence et des parallèles) sans user d'hypothèses spatiales. [...] [Dans ses travaux,] Hilbert établit de la façon la plus complète possible pourquoi des éléments "impurs" sont nécessaires dans la démonstration du théorème de Desargues, et il est impossible de réussir à démontrer le théorème de Desargues dans le plan. (Hallett 2008, p. 227-228)

Bien que dans cette citation, Hallett semble affirmer que le résultat de Hilbert montre qu'une démonstration du théorème planaire de Desargues doit être impure, sa position s'avère être différente. En effet, il suggère que puisque le contenu du théorème planaire de Desargues est plutôt spatial que planaire, des démonstrations projectives spatiales du théorème de Desargues ne font que s'appuyer sur ce qui est « suggéré par le contenu du théorème » et sont donc pures.

Hallett observe que ce jugement s'appuie sur l'abandon d'une interprétation informelle du contenu du théorème :

> [Les] cas examinés sont tous ceux où l'on questionne au départ l'adéquation d'une hypothèse avant de montrer qu'elle est effectivement requise. Entre autres choses, cela nous contraint à réviser ce qu'on juge être "adéquat". Ces exemples nous enseignent qu'on ne peut pas en rester à une évaluation intuitive ou informelle lorsqu'il s'agit d'évaluer la complexité des concepts employés dans l'hypothèse en question. (Hallett 2008, p. 248)

Hallett rejette donc l'interprétation informelle du contenu des théorèmes dans les thèses évaluant la pureté, en soutenant que les résultats comme celui de Hilbert peuvent justifier la révision de nos jugements quant à ce qui est « adéquat » ou pur dans les démonstrations des théorèmes, même si ces révisions contredisent notre « évaluation intuitive ou informelle ». Il explicite davantage cette thèse dans son introduction au cours de Hilbert de 1898-1899, où il écrit que les travaux de Hilbert « révèlent que le théorème *planaire* de Desargues a un contenu *spatial* caché, montrant peut-être que la démonstration spatiale du théorème planaire ne viole finalement pas la "*Reinheit* [pureté]" » (Hilbert 2004, p. 197).

Selon Hallett, les théorèmes 33 et 35 de Hilbert montrent donc que le théorème de Desargues possède un contenu solide, et que des considérations solides peuvent être employées dans une démonstration pure de ce résultat. Des travaux métagéométriques comme ceux de Hilbert peuvent montrer qu'une interprétation informelle, « à première vue », du contenu d'un énoncé est fausse. Nous allons à présent analyser l'interprétation « correcte » selon Hallett du contenu d'un énoncé. Il s'agit de l'interprétation que nous avons appellée « formelle » ou « axiomatique » du contenu.

4.4. *Le contenu formel*

La clé du jugement de Hallett sur la pureté des démonstrations projectives solides du théorème de Desargues est donnée par son point de vue sur le contenu du théorème. Il nous faut à présent approfondir ce que Hallett entend par « contenu ». Puisqu'une compréhension ordinaire informelle du théorème de Desargues indiquerait que son contenu est purement planaire selon Hilbert, Hallett reconnaît que son interprétation du contenu n'est pas l'interprétation habituelle. Voici comment il la décrit :

> Les exemples que nous avons considérés montrent que nous adoptons souvent un point de vue *non-élémentaire* afin de parvenir à des résultats concernant des théorèmes apparemment élémentaires [...][et] que des propositions apparemment élémentaires comprennent en elles-mêmes des conséquences non-élémentaires, souvent sous une forme codée. (Hallett 2008, p. 249)

Hallett ne donne pas davantage d'explications sur ce qu'il entend par contenu « codé », mais ajoute une note à sa dernière phrase dans laquelle il écrit qu'« [il] existe certainement davantage qu'une analogie avec le "contenu caché d'ordre supérieur" mis en évidence par Isaacson en relation avec le phénomène d'incomplétude de Gödel pour l'arithmétique », citant l'article Isaacson 1996. Il nous faut donc examiner les travaux d'Isaacson pour comprendre la théorie du contenu de Hallett [1].

La thèse centrale d'Isaacson dans Isaacson 1996 est que les énoncés dans le langage du premier ordre $\mathcal{L}_{\text{PA}}$ peuvent avoir soit un contenu purement arithmétique, soit en complément un contenu non-arithmétique « d'ordre supérieur », c'est-à-dire, infinitaire. Puisque la compréhension ordinaire des énoncés dans $\mathcal{L}_{\text{PA}}$ concerne uniquement le contenu arithmétique, Isaacson soutient que le contenu d'ordre supérieur de ces énoncés, s'il existe, est seulement « implicite » ou « caché » (d'où le titre de l'article).

Le fait que des énoncés dans $\mathcal{L}_{\text{PA}}$, en particulier ceux qui sont vrais pour les nombres naturels, peuvent avoir un contenu non-arithmétique d'ordre supérieur, est une conséquence de la conception qu'a Isaacson

1. Même si nous critiquons et rejetons finalement la notion de contenu tacite ou codé de Hallett, nous n'excluons pas qu'une notion de contenu tacite plus fine puisse être utile pour résoudre certaines des questions que nous posons. Comme John MacFarlane nous l'a fait remarquer, il pourrait y avoir une connexion avec des discussions en philosophie du langage, telles que celles impliquant Sellars et Brandom, à propos de la présence implicite de notions modales dans certains concepts descriptifs usuels. Mais cela nous amènerait trop loin.

du contenu. Selon lui, le contenu d'un énoncé arithmétique est déterminé par ce qui est nécessaire et suffisant pour « percevoir » que cet énoncé est vrai :

> [Un] énoncé vrai exprimé dans le langage (du premier ordre) de l'arithmétique est arithmétique lorsque sa vérité peut être perçue directement grâce à l'articulation (d'ordre supérieur) de notre saisie de la structure des nombres naturels *ou* à partir des vérités dans le langage de l'arithmétique qui sont elles-mêmes arithmétiques. (Isaacson 1996, p. 217)

Dans le premier cas, un énoncé dans $\mathcal{L}_{\mathrm{PA}}$ qui est vrai pour les nombres naturels est arithmétique lorsque nous parvenons à « percevoir directement » sa vérité en « articulant » notre saisie de la structure des nombres naturels. C'est ce que nous faisons avec les axiomes du premier ordre de l'arithmétique de Peano (*PA*) en reconnaissant leur relation avec une caractérisation d'ordre supérieur comme celle donnée par Dedekind de la structure des nombres naturels. Dans le second cas, un énoncé dans $\mathcal{L}_{\mathrm{PA}}$ vrai pour les nombres naturels est arithmétique lorsque nous parvenons à « percevoir directement » sa vérité sur la base d'autres énoncés arithmétiques dans $\mathcal{L}_{\mathrm{PA}}$. Le second cas considère donc qu'un énoncé dans $\mathcal{L}_{\mathrm{PA}}$ est arithmétique s'il peut être démontré dans *PA*.

Isaacson soutient qu'avec ce critère, les énoncés de Gödel et d'autres énoncés vrais dans $\mathcal{L}_{\mathrm{PA}}$ indémontrables dans *PA* (par exemple, l'énoncé de Paris-Harrington) possèdent des contenus cachés d'ordre supérieur. Selon Isaacson, c'est parce que ces énoncés sont

> démontrés être vrais par un argument introduisant des énoncés vrais portant sur une certaine notion d'ordre supérieur, et que dans chaque cas une réciproque est également vérifiée, si bien que la seule façon d'établir ce[s] énoncé[s] arithmétique[s] est de faire appel à un argument qui établit un énoncé vrai d'ordre supérieur. La relation de codage constitue donc un lien rigide entre les énoncés vrais arithmétiques et ceux d'ordre supérieur, qui hisse un énoncé vrai en apparence arithmétique à l'ordre supérieur. (Isaacson 1996, p. 220-221)

Ainsi on démontre (dans *PA*) que les énoncés de Gödel et ceux semblables sont équivalents à un énoncé qui exprime en codant une propriété métamathématique de *PA* (telle que la consistance) ce qui est démontré indémontrable dans *PA* mais démontrable en passant à l'ordre supérieur. Selon Isaacson, de telles équivalences révèlent « quelque chose du contenu d'ordre supérieur implicite (caché) » des énoncés vrais dans le langage de l'arithmétique. Il affirme en effet (p. 214) que « la compréhension de ces énoncés repose de façon cruciale sur notre compréhension du codage et notre saisie de la situation codée ». Comme ces énoncés possèdent le même rôle inférentiel que ceux exprimés dans des termes d'ordre supérieur, on dit d'eux qu'ils possèdent un contenu d'ordre supérieur, bien qu'ils soient exprimés dans des termes purement arithmétiques.

C'est ce point de vue d'Isaacson que Hallett a en tête lorsqu'il écrit que « des propositions apparemment élémentaires comprennent en elles-mêmes des conséquences non-élémentaires, souvent sous forme codée ». Le point de vue de Hallett semble être que le théorème de Desargues possède un contenu spatial, parce qu'il a le même rôle inférentiel que les axiomes spatiaux d'incidence dans la géométrie de Hilbert :

> De surcroît, il est clair dans l'énoncé donné par Hilbert de sa conjecture et à partir de sa construction, que le théorème de Desargues pourrait être pris maintenant comme un axiome qui agirait *à la place* des axiomes spatiaux d'incidence. L'usage du théorème comme un axiome alternatif est assez standard dans les traitements modernes de la géométrie projective, en particulier dans les traitements du plan affine [...] (Hallett 2008, p. 229)

Hallett indique que son point de vue est analogue à celui d'Isaacson selon lequel certains énoncés en termes purement arithmétiques possèdent un contenu d'ordre supérieur non-arithmétique, mais ne précise pas ce qui est analogue au mécanisme de codage de *PA* dans le cas du théorème de Desargues. L'idée semble être que c'est l'algèbre des segments basée sur le théorème de Desargues et les axiomes I1–2, II et III, ou bien, plus directement, le prétendu contenu spatial hérité de sa démonstration stéréométrique, qui jouent un tel rôle. Dans un cas comme dans l'autre, nous sommes face à des énoncés dont la compréhension ordinaire indique un contenu d'un premier type (respectivement, arithmétique ou planaire), mais dont l'analyse du rôle inférentiel révèle un contenu tacite d'un autre type (respectivement, infinitaire ou spatial).

Analysons à présent la notion de contenu à l'œuvre chez Isaacson et Hallett, qui donne naissance à la conception (clairement partagée) de contenu tacite. Selon Hallett, les significations des termes primitifs de la géométrie de Hilbert ne sont pas fixés par la référence à une unique interprétation, puisqu'ils peuvent être interprétés de nombreuses façons différentes. La question demeure donc de comprendre comme le contenu des énoncés qui contiennent ces termes primitifs est déterminé. La réponse de Hallett consiste à suivre Carnap qui écrit dans *La syntaxe logique du langage* (Carnap 1934, trad. angl. 1937, p. 42) que « la question de savoir si deux énoncés ont le même sens *logique* concerne seulement l'accord de ces deux énoncés dans toutes leurs conséquences-relations ». Ici Carnap confronte son interprétation « logique » de la signification avec les interprétations « psychologiques » pour lesquelles les « images » associées à un énoncé sont déterminantes. Le point de vue de Hallett sur le contenu semble être en accord avec celui de Carnap :

> La méthode axiomatique de Hilbert cesse de se préoccuper directement du type de connaissance que représentent les propositions individuelles parce qu'elles portent sur les termes primitifs, et se concentre plutôt sur ce qu'on appelle « les relations logiques » entre les propositions dans une théorie. (Hallett 2008, p. 212)

Cela veut dire que ce que nous appelons le contenu « formel » du théorème de Desargues et des autres théorèmes de la géométrie axiomatique est déterminé par le rôle inférentiel de ces théorèmes à l'intérieur de théories axiomatiques. Selon Hallett, les théorèmes 33 et 35 de Hilbert montrent conjointement que le théorème de Desargues joue le rôle inférentiel d'un énoncé spatial. Ainsi Hallett juge que le théorème de Desargues possède un contenu spatial, ou, comme nous le dirions, un contenu spatial *formel*. Par conséquent, les démonstrations solides classiques du théorème de Desargues peuvent être jugées pures, puisqu'elles s'appuient seulement sur des ressources « suggérées par » ou « contenues dans » le contenu (formel) du théorème.

4.5. *Contre l'interprétation de la pureté en termes de contenu formel*

Dans les sections 4.1 et 4.2, nous avons produit des preuves textuelles de ce que nous pensons être une lecture fidèle de conception de la pureté chez Hilbert, dans laquelle les démonstrations solides classiques du théorème de Desargues sont jugées impures. Une démonstration pure s'appuie en effet sur ce qui est « suggéré par le contenu du théorème » selon Hilbert. Puisque Hilbert dit que « le contenu du théorème de Desargues appartient entièrement à la géométrie planaire », nous considérons donc que les démonstrations solides classiques du théorème de Desargues sont impures. Hallett conteste ce jugement à la lumière des résultats métamathématiques de Hilbert sur le rôle inférentiel du théorème de Desargues dans sa géométrie axiomatique. Il soutient que le théorème de Desargues possède un contenu spatial tacite, et que les démonstrations pures du théorème de Desargues peuvent donc s'appuyer sur des considérations solides. Le fond de notre désaccord avec Hallett porte sur la question de savoir quelle notion de contenu est opératoire pour les jugements de pureté dans la pratique mathématique. Nous soutenons qu'une notion pertinente de contenu est celle que nous avons qualifiée d'« informelle » qui est accessible aux praticiens ordinaires des mathématiques. Hallett affirme au contraire que c'est le contenu « formel », révélé par le travail méta-mathématique, qui est pertinent. Nous allons présenter maintenant une série d'arguments contre l'interprétation de la pureté en termes de contenu formel [1].

Soulignons que si l'on infère des multiples instanciations possibles de la géométrie de Hilbert que les termes primitifs en géométrie sont dénués de sens, alors le problème du « contenu » des énoncés géométriques ne se pose plus du tout, ou alors la notion de « contenu » ainsi obtenue serait si différente de celle qu'on comprend ordinairement qu'elle deviendrait sans usage dans les déterminations de la pureté (nous affirmerons qu'une telle notion de contenu rendrait banale la question de la pureté). L'intérêt de Hallett pour le problème du contenu et, plus précisément, pour le problème de la différence entre contenu planaire et solide, serait difficile à comprendre s'il adoptait cette position formaliste stricte. Qu'est-ce que cela signifierait d'affirmer qu'un énoncé formel porte sur des entités géométriques et sur nulle autre chose, étant donnée l'indétermination radicale du formalisme ? Nous pouvons donner sens à la façon dont Hallett use et parle du contenu en examinant plutôt des interprétations intuitives spécifiques des axiomes/énoncés en question. En particulier, nous pouvons considérer les interprétations intuitives spécifiques des axiomes de Hilbert qui découlent de la compréhension ordinaire des

1. Un autre problème avec la lecture de Hilbert donnée par Hallett est le suivant. Le sujet d'étude identifié par Hallett dans Hallett (2008, p. 222) est le « le traitement par Hilbert du théorème de Desargues en géométrie projective élémentaire ». Bien que le cours donné en 1891 par Hilbert porte de façon explicite sur la géométrie projective, dans le cours de 1898-1899 et dans les *Grundlagen*, il étudie les géométries affine et projective. En effet, dans les *Grundlagen*, Hilbert énonce le théorème de Desargues dans des termes affines plutôt que projectifs. Hallett reconnaît cette différence entre le cours de 1898-1899 et les *Grundlagen* p.226, mais ne note pas ce qui s'ensuit pour la signification des recherches consacrées à la pureté : la formulation affine justifie en effet la pureté de l'appel à l'axiome III des parallèles pour démontrer le théorème de Desargues, alors qu'un appel à des droites parallèles pour démontrer le résultat énoncé projectivement semblerait impur. Dans le cours de 1898-1899, Hilbert évite la formulation affine et exhibe des plans non-arguésiens affines et non-affines. Le plan affine non-arguésien est obtenu en arguant que l'ajout de l'axiome des parallèles aux axiomes *planaires* des classes I et II ne permet pas démontrer le théorème de Desargues. Puisque la formulation du théorème de Desargues évite les parallèles, cet ajout aurait été de façon évidente impur. Hallett présente le plan non-affine et non-arguésien de Hilbert dans son article (cf. Hallett 2008, Figure 8.2, p. 225, ainsi que Hilbert 2004, p. 316-318, pour le texte de Hilbert), mais pas le plan affine non-arguésien qu'on trouve présenté dans le cours (Hilbert 2004, p. 376-377). Pour des recherches techniques détaillées sur les modèles de plans non-arguésiens de Hilbert dans le cours de 1898/1899 et les *Grundlagen*, affines et non-affines, cf. Schneider et Stroppel 2007 et Stroppel 2011.

termes définis, de telle sorte que les énoncés de la géométrie de Hilbert possèdent, au moins en partie, le contenu que nous leur attribuons ordinairement. Cette façon de procéder correspond à l'interprétation que nous offrons de l'approche axiomatique de Hilbert dans la section 4.2.

Examinons ce que le point de vue de Hallett sur le contenu tacite implique dans le cas du théorème de Desargues. Si le contenu du théorème de Desargues était spatial, comme le pense Hallett, il s'ensuivrait que celui qui enquête sur le contenu du théorème de Desargues sans avoir aucune connaissance de l'espace ne pourrait pas le comprendre. Considérons par exemple l'un des personnages du roman *Flatland* (cf. Abbott 1884) comme A. Square, qui ne connaît (du moins au début) rien d'autre que le plan. Si Hallett avait raison, A. Square ne pourrait pas comprendre le contenu du théorème de Desargues. Cependant, il est difficile de voir pourquoi l'on ne pourrait pas penser que A. Square peut saisir ce qu'est une configuration arguésienne de points et de droites dans le plan et même essayer de démontrer le théorème [1]. Certes, cette tentative échouera dès lors que les recherches se restreignent à des moyens projectifs. Mais nous ne voyons aucune raison d'inférer à partir de cet échec que le *Flatlander* ne parvient pas à comprendre le théorème. Comme nous l'avons vu, la saisie du contenu informel du théorème de Desargues opérée par le *Flatlander* est suffisante pour ce faire.

De façon plus générale, puisque le théorème de Desargues est énoncé en termes planaires, les investigateurs qui peuvent le distinguer d'autres énoncés n'ont besoin de comprendre que les considérations planaires. Cette capacité à distinguer un énoncé d'autres énoncés est suffisante pour une tentative sincère de démonstration du théorème, même si ces tentatives peuvent être vouées à l'échec dans certains cas. Une telle capacité est typique, selon nous, d'une compréhension « ordinaire » ou « de base » des énoncés mathématiques, et cette capacité est clairement présente chez un grand nombre d'investigateurs, par exemple chez les novices en mathématiques.

La discussion précédente s'est limitée à des énoncés (tels que les énoncés de Gödel, l'énoncé de Paris-Harrington, le théorème de Desargues) dont le rôle inférentiel est bien compris. Dans l'arithmétique élémentaire, il existe des énoncés qui semblent nécessiter des méthodes non-élémentaires pour leur démonstration (par exemple, les énoncés de Gödel et de Paris-Harrington). Selon Hallett et Isaacson, ces énoncés ne

1. Russell commente *Flatland* dans une discussion sur la non-démontrabilité projective du théorème de Desargues par des moyens planaires : cf. Russell (1990a, p. 344).

seraient pas compréhensibles par des agents qui ne connaissent que les mathématiques élémentaires. Nous avons déjà indiqué nos réserves sur la position de Hallett à ce sujet. Cependant, nous sommes invités ici à réfléchir à un problème plus large : qu'avons-nous à dire sur les énoncés dont le rôle inférentiel n'est pas clair ? Comment détermine-t-on le contenu d'un énoncé lorsque nous ne savons absolument pas si cet énoncé peut être démontré par des moyens élémentaires ? Considérons à nouveau les énoncés d'arithmétique pour lesquels des méthodes non-élémentaires procurent les seules démonstrations connues jusqu'à présent (pensons par exemple au théorème de Fermat), auxquels on ajoute les énoncés pour lesquels aucune démonstration ou contre-exemple n'est connue à ce jour (comme la conjecture de Goldbach). Il semblerait que la proposition d'Isaacson et de Hallett ait pour conséquence que sans investigation préliminaire du statut de la proposition (démontrable, réfutable ou indécidable dans *PA*), nous soyons incapables de saisir son contenu. Mais cela est certainement contre-intuitif et, d'après nous, faux [1].

Hallett pourraît sans doute être d'accord avec ce point, tout en soutenant qu'une compréhension « entière » ou plus « profonde » du théorème de Desargues nécessite de saisir son contenu spatial tacite, ce qu'une compréhension « de base » ou « ordinaire » ne fait pas. Le *Flatlander* pourrait donc comprendre *partiellement* le théorème de Desargues et ne pourrait comprendre entièrement le théorème qu'en comprenant son rôle inférentiel, c'est-à-dire, en saisissant son contenu formel, et pas simplement son contenu informel.

Nous répondons que saisir le contenu formel d'énoncés procure sans doute une compréhension « plus profonde », mais observons que mesurer la pureté à l'aune du contenu formel des théorèmes menace de rendre la pureté banale, en ayant pour conséquence que *tout* théorème a une démonstration pure, lorsque son contenu est entièrement compris. Examinons les cas étudiés par les deux tenants du contenu formel, Hallett et Isaacson. Nous avons vu que Hallett affirme que le théorème

1. Pour une discussion de ce point et d'autres en relation, cf. Arana (2008, §3). Dans un article critiquant la sémantique preuve-théorique dans le style Dummett/Prawitz, Peter Pagin fait des remarques étroitement liées à ces questions (cf. Pagin 2009, p. 19-20). Pagin soutient que la sémantique preuve-théorique dans le style Dummett/Prawitz entre en conflit avec l'hypothèse de sémantique *compositionnelle*. Cela est évident dans les cas que nous considérons : par exemple, si le théorème de Desargues possède un contenu spatial tacite en raison de son rôle inférentiel dans la géométrie de Hilbert, comme l'affirme Hallett, il ne s'ensuit pas nécessairement qu'un des termes qui composent l'énoncé, tel que « triangle », possède un contenu spatial.

de Desargues possède une démonstration pure. Dans le cas d'Isaacson, les énoncés de Gödel que nous avons considérés ont un contenu non-arithmétique ; ainsi si nous devions développer une mesure de la pureté arithmétique fondée sur l'interprétation d'Isaacson du contenu arithmétique, les énoncés de Gödel posséderaient aussi des démonstrations pures [1]. Le théorème de Desargues et les énoncés de Gödel sont des cas où l'on pourrait penser naïvement que la pureté est impossible, puisque l'écart entre les ressources expressives employées dans chaque énoncé et ce qui est utilisé dans la démonstration paraît trop important. Mais en interprétant formellement le contenu, nous sommes censés voir que la pureté est en fait garantie. Si tel était le cas en général, et que tous les théorèmes possédaient une démonstration pure lorsque leur contenu formel est révélé, alors la pureté cesserait d'être une propriété intéressante de la démonstration [2]. Il n'en est rien puisque la pureté demeure digne d'intérêt encore aujourd'hui auprès des mathématiciens bien qu'ils soient conscients des résultats limitatifs précédents (pour en trouver des preuves, voir Detlefsen et Arana 2011, §2). Il est donc justifié d'interpréter les jugements de pureté en termes de contenu informel plutôt que formel (cf. Detlefsen et Arana 2011, §3.4 et §5).

Un autre argument contre la pertinence de la notion de contenu formel pour les jugements de pureté est le suivant. Nous sommes normalement

1. Nous mettons en avant cette possibilité hypothétique uniquement pour préciser l'analogie indiquée par Hallett entre sa position et celle d'Isaacson sur le contenu. Cependant, nous ferons remarquer qu'Isaacson aurait des réticences à rattacher la pureté à cette notion de contenu plus profond (communication personnelle).

2. Marcus Giaquinto nous a pressé d'accepter la possibilité de principe qu'il pourrait exister un théorème planaire dans sa formulation, possédant une démonstration solide mais pas de démonstration planaire, et n'ayant dans le même temps aucun rôle de remplacement vis à vis d'axiomes explicitement solides. Un tel énoncé n'aurait un contenu solide ni formel ni informel. Nous reconnaissons qu'un tel cas est possible mais soulignons que la banalisation qui vicie, selon nous, la notion de pureté chez Hallett serait toujours présente dans ce cas. En effet, dès lors qu'une analyse axiomatique du théorème Q en question est donnée, cette analyse nous dira exactement quels outils, au-delà des axiomes projectifs planaires, sont nécessaires pour démontrer Q. Et puisque le contenu *formel* de Q sera précisé dans les termes produits par l'analyse axiomatique, Q possédera automatiquement au moins une démonstration pure. Du reste, il existe un exemple explicite de situation semblable à celle envisagée par Giaquinto, mais dans le contexte d'une extension des axiomes d'incidence planaire en prenant les axiomes de congruence. Si nous ajoutons aux axiomes d'incidence planaire les axiomes de congruence, nous pouvons démontrer le théorème de Desargues (au moyen du théorème de Ménélaüs, comme indiqué auparavant). Cependant le théorème de Desargues n'implique aucun des axiomes de congruence, parce que la congruence ne peut pas être définie en termes d'incidence en géométrie euclidienne, comme Victor Pambuccian nous l'a fait remarquer.

prêts à concéder que le contenu des énoncés dépend quelque peu du contexte dans lequel ils sont donnés. Cependant le contenu formel impose un contextualisme radical pour le contenu des énoncés comme le théorème de Desargues. Le rôle inférentiel du théorème de Desargues dans les géométries métriques est en effet assez différent de son rôle inférentiel dans la géométrie projective. Dans le premier cas, les considérations spatiales ne sont pas nécessaires, alors que dans le second cas elles le sont. Dans le cadre de la géométrie de Hilbert, le théorème de Desargues possède un contenu spatial tacite lorsqu'on l'utilise au sein d'une théorie avec les axiomes I1, I2 et III [1]. Cependant, considérons maintenant ces axiomes I1, I2 et III augmentés des axiomes IV de congruence. Interpréter le contenu formellement entraîne que le contenu du théorème de Desargues change considérablement selon le contexte axiomatique employé, sans que sa formulation change aucunement. Dans le premier contexte axiomatique, le contenu formel du théorème de Desargues serait spatial, alors que dans le second cadre axiomatique, il ne le serait pas [2]. En général, cette conception du contenu aura comme conséquence qu'aucun des contenus exhibés ne peut être priviligié, et que donc chaque énoncé hébergerait une multiplicité de contenus. Cela paraît dérangeant.

Soulignons néanmoins que nous ne sommes pas en train d'affirmer que le contenu d'un énoncé est toujours indépendant de celui des autres énoncés. Nous nions que tel soit le cas. Nous nous contentons de dire qu'il n'en est pas toujours ainsi. En particulier dans notre cas d'étude, la nature de l'énoncé du théorème planaire de Desargues ne peut pas changer aussi radicalement entre deux cadres axiomatiques, et de planaire devenir solide.

Un autre argument contre l'interprétation formelle du contenu dans les jugements de pureté tient au fait que Hallett infère que le contenu spatial « révélé » par les travaux de Hilbert appartient *spécifiquement* au théorème de Desargues. Or les travaux de Hilbert montrent seulement que le théorème de Desargues ajouté aux axiomes planaires des classes I et II (et dans les *Grundlagen*, I, II et III) a les mêmes conséquences spatiales que

1. Ou I1, I2, II et III, modulo la discussion sur l'ordre en géométrie projective présentée en appendice.

2. La question de savoir quel est le contenu formel exact du théorème de Desargues dans le second cadre axiomatique reste encore en fait une question ouverte. Cependant, pour notre propos, la seule chose importante est qu'aucun axiome spatial ne soit impliqué dans ce contenu.

les axiomes spatiaux de ces classes. Même s'il est raisonnable de soutenir que les axiomes planaires et le théorème de Desargues on un contenu spatial tacite du fait du rôle inférentiel qu'ils partagent (ce que nous avons contesté), il est illicite d'en tirer que ce contenu appartient au seul théorème de Desargues. Car ces conséquences spatiales n'appartiennent qu'au système axiomatique pris dans son entier, et pas seulement au théorème de Desargues. S'il est vrai que sans le théorème de Desargues, ces conséquences spatiales ne sont pas garanties, il est tout aussi vrai que le théorème de Desargues, pris seul, ne suffit pas à les garantir. Ainsi, il serait plus exact de dire que ces conséquences spatiales sont en partie le résultat des axiomes planaires et en partie le résultat du théorème de Desargues. En effet, l'argument de Hallett établirait tout aussi bien que l'un des axiomes planaires, I1 par exemple, possède un contenu spatial tacite.

4.6. *Le théorème de Desargues et la géométrie métrique*

Nous avons donné une série d'arguments contre l'interprétation des jugements de pureté en termes de contenu formel. Nous avons d'autre part fait valoir que nous devons interpréter les jugements de pureté de la pratique mathématique en termes de contenu informel si nous voulons les prendre au sérieux. Cependant, les contenus formels et informels sont intimement liés, comme nous l'avons indiqué auparavant : notre saisie de l'un informe notre saisie de l'autre, même si elle ne la remplace pas. Dans cette section, nous changeons de sujet et prenons au sérieux la thèse selon laquelle les énoncés des mathématiques peuvent avoir un contenu *formel* tacite – même si notre approche de la pureté demeure inchangée – révélé par l'investigation de leur rôle inférentiel. Nous envisageons en particulier la possibilité que le théorème de Desargues possède en fait un contenu formel *métrique* tacite, en étudiant de manière approfondie ce que montre le résultat de Hilbert sur l'équivalence entre le théorème de Desargues et le problème du plongement des plans dans l'espace.

Dans les *Grundlagen*, Hilbert souligne la relation entre le théorème de Desargues et les considérations *métriques*. Ainsi, la section 23, dans laquelle Hilbert démontre le théorème 33, est intitulée « L'impossibilité de la démonstration du théorème de Desargues pour le plan sans l'aide des axiomes de congruence ». Dans un récent article (Gandon 2004), Sébastien Gandon a attiré l'attention sur une lettre de Russell à Couturat de 1900 qui met à profit cette relation entre le théorème de Desargues et les considérations métriques. Comme Gandon l'explique (p. 209), Russell soutient que, puisqu'un calcul géométrique particulier (dû à Grassmann) peut démontrer le théorème de Desargues par des moyens purement planaires, ce calcul doit avoir introduit une considération étrangère à la géométrie projective, et en particulier une considération *métrique* [1]. Ainsi pour Russell, la capacité à démontrer le théorème de Desargues sans faire appel à des considérations spatiales est une condition suffisante pour qu'une théorie possède un contenu métrique, et donc ne soit pas purement projective.

Il est clair d'après une observation faite précédemment que les questions métriques sont intimement liées au théorème de Desargues. On voit en effet qu'en rendant possible la démonstration du quatrième harmonique dans la construction quadrilatérale de von Staudt, le théorème de Desargues procure un système de coordonnées en géométrie projective et permet même de développer le birapport en termes projectifs. Ainsi le théorème de Desargues a des conséquences qu'on peut qualifier avec raison de métriques, même si ces conséquences métriques peuvent être développées dans ce qui semble être des termes purement projectifs. C'est d'ailleurs pourquoi les travaux de von Staudt ont été jugés aussi importants par les géomètres.

Nous posons donc la question suivante : qu'est-ce qui explique la nécessité des considérations spatiales pour démontrer le théorème de Desargues de façon purement projective ? Ou pour le dire d'une autre façon : pourquoi l'adjonction d'une dimension supplémentaire au plan permet-elle de démontrer de façon purement projective le théorème de Desargues ? Hallett soutient qu'Hilbert a répondu à cette question en démontrant que le théorème de Desargues est nécessaire et suffisant pour qu'un plan puisse être plongé dans un espace. Hallett infère de ce fait et de sa théorie du contenu que le théorème de Desargues possède un contenu spatial tacite, et conclut donc que les considérations spatiales qui entrent dans sa démonstration sont tout à fait adéquates. Pourtant, cela ne répond pas à la question de façon entièrement satisfaisante. Ce qui fonde la thèse

1. Russell à Couturat, 21 juin 1900 (cf. Schmid 2001, p. 182). Le passage pertinent tiré de la lettre est le suivant :

> L'algèbre de Grassmann (même avant la multiplication) n'est pas celle de la géométrie projective toute pure : l'intensité y est essentielle, mais si elle ne représente pas une masse, elle ne saurait représenter qu'une idée métrique. C'est pour cette raison que Whitehead, qui est d'accord avec moi en ceci, parle de géométrie descriptive, non projective. Vous verrez qu'il prouve la construction de v. Staudt sans la troisième dimension (p. 215), ce qu'il ne saurait faire par une méthode vraiment projective.

de Hallett selon laquelle le théorème de Desargues possède un contenu spatial tacite, ce sont seulement les résultats de Hilbert, plutôt que l'identification d'une caractéristique des plans arguésiens qui rendrait claire la raison pour laquelle de tels plans se « comportent bien » par rapport au plongement dans l'espace. La démonstration de Hilbert du théorème 35 s'appuie sur la construction d'une algèbre de segments correspondant aux plans arguésiens. Hilbert montre que si le théorème de Desargues n'est pas satisfait, alors on n'obtient pas de système de coordonnées permettant de plonger le plan dans l'espace. Mais cela laisse ouverte la question de savoir pourquoi ce fait algébrique devrait avoir ces conséquences géométriques. La coïncidence remarquable des faits algébriques et géométriques dévoilée par Hilbert, et le rôle central du théorème de Desargues dans cette coïncidence, demeurent inexpliqués.

Enonçons ce point plus précisément. L'éminent algébriste Marshall Hall pose ainsi la question (cf. Hall 1943, p. 232) : « Pourquoi les espaces projectifs de dimension 3 ou supérieure sont-ils assez réguliers pour admettre un système de coordonnées à valeurs dans un corps alors qu'il existe des plans projectifs non-arguésiens qui n'admettent pas de tels systèmes de coordonnées ? ». Hall suggère une réponse à cette question en examinant soigneusement la démonstration du théorème spatial de Desargues. Il observe (p. 232-233) que dans cette démonstration (donnée auparavant p. 356), chaque couple formé à partir des trois points d'intersection des côtés correspondants du triangle détermine une droite, et le « cœur de la démonstration » consiste à dire que ces trois droites peuvent être identifiées à la droite déterminée par l'intersection des deux plans dans lesquels les deux triangles sont situés, et donc identifiées les unes aux autres. Il observe que ce n'est *pas* nécessairement le cas dans le plan. Cela explicite davantage en quoi la géométrie solide diffère de la géométrie plane pure. Hall écrit :

> Dans une configuration spatiale à trois dimensions ou plus, l'identification d'une droite, construite comme l'intersection de deux plans, avec une droite construite comme la donnée de deux points, force l'identification d'autres éléments de la construction et l'établissement de configurations nontriviales telles que la configuration de Desargues. En revanche, dans le plan une droite peut être construite seulement comme la donnée de deux points, un point comme l'intersection de deux droites et il n'y a pas d'identification forcée. (Hall 1943, p. 232) [1]

1. Pour démontrer son observation à propos du manque « d'identifications forcées » dans le plan, Hall fait appel à la notion de plan projectif libre qui sera mentionnée dans la section 6 dans le contexte des travaux de Joussen.

Hall identifie la géométrie solide comme imposant des contraintes sur les droites qui ne sont pas imposées par la géométrie planaire. Pour autant Hall ne fournit aucune explication supplémentaire de *la raison pour laquelle* les espaces et les plans diffèrent de façon fondamentale. Une telle explication est possible comme nous allons le montrer.

Nous pouvons chercher cette explication dans des termes *métriques*. Klein et Peano, comme nous l'avons vu auparavant, ont élaboré une telle explication en se restreignant au cas des géométries riemaniennes. Dans cette situation, il existe des plans qui peuvent avoir une courbure non-constante. Dans de telles géométries, les géodésiques ne coïncident pas avec les droites (comme le montre le théorème de Beltrami), et donc si nous prenons les géodésiques comme droites, le théorème de Desargues sera mis en défaut. L'existence de ces « mauvais » plans est consistante avec les hypothèses de géométrie d'incidence purement planaire. Ces « mauvais » plans ne peuvent pas exister en géométrie d'incidence spatiale parce que le théorème de Desargues y est démontrable. Nous avons donc une caractérisation métrique de ces « mauvais » plans, et une explication intuitive de la raison pour laquelle de tels plans ne peuvent pas exister dans l'espace, dans le cas où les géométries étudiées sont riemaniennes. La prochaine étape sera de donner une telle explication pour des classes plus générales de géométries et de métriques.

Hilbert promut ces recherches dans le quatrième problème de sa célèbre adresse au Congrès International des Mathématiciens à Paris de 1900 (donc fondamentalement à la même époque que les travaux géométriques que nous avons étudié). Le titre du problème est : « IV. – Problème de la ligne droite, plus court chemin d'un point à un autre ». Hilbert remarque que la notion de ligne droite a été définie par beaucoup comme la plus petite distance entre deux points. Bien qu'il ne cite pas d'exemples, il aurait pu penser à Archimède, Leibniz[1] ou Legendre qui écrit que « la ligne est le plus court chemin d'un point à un autre » (Legendre 1794, Définition III). Remarquons que si une telle définition était adoptée, puisque le théorème de Desargues porte sur les lignes

1. Cf. De Risi (2007, p. 226 *sq.*) pour une discussion consacrée à l'intérêt de Leibniz pour la définition de la droite : bien qu'il adhère plutôt à une définition métrique, Leibniz considère aussi des définitions non-métriques, comme l'explique De Risi, et ne semble jamais s'être arrêté à une définition particulière. Busemann (cf. Busemann 1941) consacre un bref développement aux fondements de la géométrie dans (ce qu'il considère être) le cadre métrique leibnizien.

droites, il aurait alors de façon évidente un contenu métrique. Par conséquent, les considérations métriques ne seraient pas impures [1]. Hilbert n'adopte pas cette définition mais dit qu'elle devrait être pensée comme un théorème. Son quatrième problème consiste à déterminer les métriques pour lesquelles ce théorème est vérifié, et à étudier les géométries qui résultent de telles métriques. Busemann (cf. Busemann 1976, p. 132) observe que le problème est résolu par le théorème de Beltrami dans le cas des métriques riemaniennes, les seules métriques à être étudiées par les géomètres différentiels jusqu'à l'époque de l'adresse de Hilbert [2]. Ainsi, Busemann suggère que le quatrième problème pourrait être vu comme une tentative de Hilbert d'élargir le champ d'investigation des géométries métriques, en particulier des « géométries dans lesquelles les droites ordinaires, *i.e.* les droites d'un espace projectif (réel) P^n de dimension n ou des parties de ces droites sont les chemins les plus courts ou géodésiques » (Busemann 1976, p. 131).

Dans l'adresse de 1900, Hilbert décrit ainsi son intérêt pour le quatrième problème :

> [...] [E]t comme je suis convaincu qu'une discussion approfondie des conditions relatives à la validité de ces théorèmes jetterait également un nouveau jour sur le concept de distance ainsi que sur d'autres notions élémentaires, par exemple sur la définition du plan et sur la possibilité de le définir au moyen du concept de droite, *il me semble désirable que l'on fasse une discussion et une exposition systématique des Géométries possibles ici.* (Hilbert 1902, p. 77-78) [3]

L'objectif énoncé par Hilbert est donc de mieux comprendre comment les questions métriques s'appliquent à des « idées élémentaires » comme,

1. On trouve une idée semblable chez Poincaré :

   > Le fait pour une ligne droite d'être droite n'est pas purement qualitatif; on ne pourrait s'assurer qu'une ligne est droite sans faire des mesures, ou sans faire glisser sur cette ligne un instrument appelé règle qui est une sorte d'instrument de mesure. (Poincaré 1912, p. 483)

2. Gerlich observe que :

   > C'est une particularité commune à toutes les géométries planes classiques, comme la géométrie projective réelle, le plan affine réel et le plan hyperbolique réel que leurs droites soient les géodésiques d'une métrique riemanienne. En ce sens les structures géométriques classiques d'incidence sont engendrées au moyen de la géométrie différentielle. (Gerlich 2005, p. 265)

3. Cf. Hilbert (1976, p. 416) pour une traduction anglaise.

par exemple, celle du plan, en élargissant le domaine d'investigation des géométries métriques dans lesquelles les géodésiques se « comportent bien » au sens où elles se comportent comme les droites projectives. Le théorème de Desargues est pertinent car il doit être vérifié dans un traitement projectif de la géométrie : en effet, comme nous l'avons vu, il permet de développer les systèmes de coordonnées projectives de von Staudt et le birapport via la construction quadrilatérale. C'est pourquoi Klein remarque que le traitement fusionniste de von Staudt « correspond complètement à la nature du sujet ». En élargissant la question dans son quatrième problème, Hilbert supprime la restriction implicite aux géométries riemanniennes qui était opérée à l'époque de Klein et parvient à caractériser de façon plus générale les plans arguésiens par rapport à leurs éléments métriques [1]. Busemann a formulé le problème dans un cadre assez général [2], et si l'on admet généralement que Pogorelov (cf. Pogorelov 1979) a résolu le problème dans cette formulation, en raison de la variété stupéfiante des géométries métriques qui nous sont connues à présent, on peut dire qu'aucune solution complètement générale du quatrième problème de Hilbert n'est en vue (cf. Álvarez Paiva 2005, p. 354) [3].

1. Busemann observe que le théorème de Desargues joue un rôle central dans le problème proposé par Hilbert. S'il n'est pas mentionné explicitement dans l'adresse, le théorème de Desargues apparaît dans la thèse soutenue par Hamel en 1901 sous la direction de Hilbert. Dans sa thèse (Hamel 1903, p. 234), Hamel établit une relation explicite entre le projet de Hilbert dans le quatrième problème et les travaux de Klein.

2. Busemann définit la notion générale de « G-espace ». Il s'agit d'un espace métrique général dans lequel les géodésiques sont prolongeables de manière unique. Il définit ensuite un « espace arguésien » de dimension n comme un G-espace dans lequel les géodésiques sont les droites projectives dans un espace projectif réel de dimension n. Busemann démontre ensuite qu'une condition nécessaire et suffisante pour qu'un G-espace de dimension 2 (*i.e.*, un plan) soit arguésien est que la géodésique passant par deux points soit unique, et que le théorème de Desargues et sa réciproque soient vrais (cf. Busemann 1955, §13, théorème 13.1). Le théorème de Desargues n'est plus requis pour les G-espaces de dimension supérieure ou égale à 2, puisque les démonstrations solides classiques s'appliquent dans de tels cadres (p. 65). Il existe des espaces arguésiens non-riemanniens, tels que ceux donnés par Minkowski auxquels se réfère Hilbert dans le quatrième problème. Les espaces arguésiens riemanniens, et en particulier les plans, ont une courbure constante : c'est le théorème de Beltrami. Le quatrième problème de Hilbert consiste dans ce cadre à déterminer s'il existe d'autres caractérisations des plans arguésiens, en ne se restreignant pas aux métriques riemaniennes. En reprenant la façon dont Busemann exprime le problème, cela revient à caractériser les espaces arguésiens parmi les G-espaces comme ayant des « bonnes » propriétés de différentiabilité.

3. Observons que le quatrième problème de Hilbert, dans la mesure où il se concentre sur les géodésiques qui coïncident avec les droites dans des espaces projectifs *réels*, n'est

Cette recherche ne serait clairement *pas* dans l'esprit de la géométrie projective classique. Comme l'observe Busemann à propos des travaux de Hamel sur le quatrième problème de Hilbert :

> Hamel a approché le problème via la théorie de Weierstrass du calcul des variations qui nécessite des propriétés de régularité (*smoothness*) étrangères aux fondements de la géométrie, qui sont vues par Hilbert comme le cadre du problème. (Busemann 1981, p. 87)

Il est sans doute possible d'expliquer avec profit l'« homogénéisation » de l'espace ou le « lissage » (*smoothing*) des plans de telle sorte qu'on obtienne des plans qui, plongés dans l'espace, sont nécessairement arguésiens. Pour ce faire, il faudrait étudier les propriétés métriques des plans et de l'espace, et leurs relations. Ce programme de recherche paraît avoir été approuvé par Hilbert lui-même, dans la mesure où il a orienté les recherches de Hamel vers le quatrième problème et donc dans cette direction.

Concluons cette section en clarifiant pour quelles raisons ce type d'investigation métrique serait utile. En bref, cela aiderait à expliquer l'évidente nécessité des considérations solides pour les démonstrations purement projectives du théorème de Desargues. Nous soutenons toujours que la notion de contenu pertinente pour les jugements de pureté est la notion de contenu informel, plutôt que la notion de contenu formel sur laquelle Hallett se fonde pour arguer que le contenu du théorème de Desargues est tacitement spatial. Cependant, nous avons essayé de montrer dans cette section comment le théorème de Desargues est étroitement lié non seulement à des questions spatiales, mais aussi à des questions métriques, qui sont importantes pour comprendre le contenu formel du théorème. Ainsi la recherche de caractéristiques métriques des plans qui garantiraient qu'ils sont arguésiens revêt une importance particulière. Les témoignages historiques révèlent qu'il existe deux compréhensions de la droite : la compréhension donnée par la géométrie axiomatique ordinaire, et la compréhension métrique de la droite comme le chemin de distance la plus courte entre deux points. Alors que ces deux notions coïncident dans le plan euclidien standard, les géomètres du dix-neuvième siècle ont montré comment elles divergent pour d'autres surfaces, comme nous l'avons vu.

pas assez général pour donner l'explication entière que nous cherchons, puisque les axiomes de Hilbert pour la géométrie projective ne se restreignent pas aux espaces projectifs réels, mais caractérisent par exemple les espaces projectifs complexes et quaternioniques, si l'on fait varier le corps de base. Pour cette étude, on aurait besoin d'une géométrie différentielle assez générale.

Hilbert recommandait d'accorder la priorité à la compréhension axiomatique ordinaire. Selon cette position, les démonstrations métriques du théorème de Desargues sont impures, en dépit du fait qu'elles restent dans le plan. Mais si nous devions adopter une compréhension métrique de la droite, alors les considérations métriques deviendraient adéquates pour démontrer le théorème de Desargues et l'on pourrait étudier la pureté des démonstrations métriques strictement planaires (comme, par exemple, les démonstrations utilisant la congruence et le théorème de Ménélaüs) du théorème de Desargues. Même si nous ne défendons pas une compréhension métrique de la ligne droite, il nous semble que les tentatives d'analyse du contenu tacite du théorème de Desargues devraient au moins s'intéresser à ce type de compréhension.

5. Remarques de conclusion

Considérons l'exemple le plus remarquable de préoccupation de pureté dans les fondements des mathématiques : l'élimination des considérations géométriques des fondements de l'analyse et de l'arithmétique dans les travaux de Bolzano, Dedekind et Weierstrass. Pour ces mathématiciens, l'intérêt ne consistait pas simplement à déterminer quand on a besoin de faire appel à des considérations géométriques, mais était plutôt d'ordre *normatif* : ils croyaient en effet qu'une fois identifiés, ces appels à des considérations géométriques *devaient* être éliminés, et ils auraient été désagréablement surpris qu'une telle élimination s'avérât impossible.

Une position similaire est évidente dans le cas de l'élimination des considérations métriques de la géométrie projective. Ce cas d'élimination découle des préoccupations regardant l'usage de la congruence, de la similitude des triangles, des proportions, de l'ordre, et de la distance en géométrie projective. Par exemple, von Staudt fait appel à cette élimination en alléguant la généralité et, comme nous l'avons vu, sa préoccupation est normative : « tout enseignement de géométrie *doit* procéder de considérations générales » (nos italiques). Les fusionnistes que nous avons étudiés dans la section 2 allient des considérations solides et planaires dans leurs démonstrations de théorèmes planaires, mais sont toujours mus par une pureté normative qui concerne l'usage de propriétés métriques en géométrie projective. Comme exemples, citons les tentatives de de Amicis (p. 349) et Lazzeri (p. 349) d'éliminer la théorie des proportions en la remplaçant par des considérations spatiales des théorèmes planaires portant respectivement sur les droites parallèles et l'égalité, et sur la similitude.

Cependant, dans notre étude de cas qui porte sur l'usage de considérations solides pour démontrer des énoncés dans le plan, le type de pureté qui se dégage est différent. Il est vrai qu'il existe des thèses normatives sur la géométrie planaire : rappelons la condamnation par Palatini des mathématiciens qui sont si « souple[s] vis à vis de la distinction des propriétés qui appartiennent aux différentes théories de la planimétrie [et voudraient] pour ainsi dire asservir celle-là à la stéréométrie » (p. 346)[1]. C'est pourtant une exception : *a contrario* du cas projectif/métrique, on ne rencontre pas de préoccupation normative générale pour la pureté planaire, dans laquelle on exige l'*élimination* des considérations solides dans les démonstrations d'énoncés planaires. Lorsqu'on a compris que les considérations métriques peuvent être évitées en passant par l'espace (via le développement par von Staudt d'un système de coordonnées projectives sans appel explicite aux proportions, à la distance ou à la congruence, et la définition de Pasch et Pieri d'un ordre projectif via la théorie de la séparation), et que le théorème de Desargues est intimement lié au passage de la géométrie planaire à la géométrie solide (via l'œuvre de Hilbert), le type de pureté qui est recherché dans le cas plan/solide est davantage *descriptif* que *normatif*. L'intérêt est d'identifier ce qui pourrait être fait sans recourir à l'espace, en utilisant uniquement des considérations projectives plutôt que métriques.

Philosophiquement parlant, la différence entre le caractère normatif et descriptif des attitudes vis à vis de la pureté à l'œuvre dans ces travaux, présente un intérêt moindre que l'émergence des questions de contenu, en particulier à propos des énoncés planaires et solides, lorsqu'on a compris le rôle joué par le théorème de Desargues dans le problème de plongement des plans dans l'espace. La question de savoir si le théorème de

1. Le point de vue de Palatini (discuté auparavant p. 345) est que la géométrie planaire est indépendante, et ne nécessite aucune aide « étrangère » ou « extérieure ». Si nous identifions le système de géométrie planaire de Palatini avec les axiomes pour la géométrie plane de Tarski dans Tarski 1959, alors nous pouvons traduire le point de vue de Palatini dans les termes de la complétude logique du système de Tarski (cf. le théorème 2 de Tarski). Il découle de cette complétude que tout théorème planaire qui peut être exprimé dans le système de Tarski possède une démonstration planaire. En ce sens, la géométrie planaire est indépendante comme Palatini le soutenait. Cependant, les axiomes de Tarski définissent une relation ternaire « entre » et une relation quaternaire d'équidistance. Ces deux définitions montrent donc avec certitude (pour la seconde) que la géométrie de Tarski est métrique. Ainsi Palatini a raison de dire que la géométrie planaire est indépendante, mais ce au prix de l'usage de considérations métriques.

Desargues, qui semble porter uniquement sur l'incidence et l'intersection de droites et de points dans le plan, est un énoncé de géométrie planaire, comme nous le suggère la vue par défaut, ou un énoncé de géométrie solide, en se fondant sur un contenu spatial « tacite » ou « caché », devient pressante. Remarquons que la réponse à cette question conditionne la poursuite de projets concernant la pureté normative en géométrie planaire et solide, car si des énoncés apparemment planaires comme le théorème de Desargues sont en vérités spatiaux de par leur contenu, alors il est absurde d'essayer d'éliminer les considérations solides de leurs démonstrations.

Nous avons argumenté dans ce chapitre contre la thèse de Hallett selon laquelle les démonstrations solides classiques du théorème de Desargues sont pures en raison du fait que le théorème possède un contenu spatial tacite. Cette thèse s'appuie sur une interprétation du contenu qui implique, de façon malheureuse, que les praticiens ordinaires échoueraient à comprendre les énoncés en dépit du fait qu'ils possèdent de façon évidente toutes les ressources conceptuelles requises pour cette compréhension. Plus précisément, nous avons distingué le contenu « formel » et « informel » des énoncés. Typiquement, les praticiens ordinaires disposent seulement des ressources conceptuelles pour comprendre le contenu informel, alors que le contenu formel est seulement compris par les praticiens qui se sont engagés dans le type de recherches fondationnelles qu'Hilbert a entreprises pour le théorème de Desargues, et Gödel pour les énoncés de Gödel. Nous avons soutenu que le point de vue de Hallett à propos de la pureté se fonde sur une interprétation formelle du contenu qui pose problème pour comprendre les jugements de pureté qui apparaissent dans la pratique mathématique. Cette interprétation menace de rendre banale la notion de pureté en suggérant que la pureté ne paraît impossible que si nous n'avons pas entièrement compris le contenu des énoncés en question. Lorsque nous atteindrons une compréhension entière, l'impureté apparente disparaîtra. De surcroît, le point de vue de Hallett sur le contenu implique un contextualisme radical et donc malvenu du contenu en le faisant dépendre de la théorie axiomatique à laquelle appartient l'énoncé. Enfin, Hallett ne peut pas situer le contenu spatial tacite spécifiquement dans le théorème de Desargues comme il l'affirme, mais seulement dans le système axiomatique pris dans son entier dans lequel l'énoncé est analysé.

Nous pensons qu'il existe une différence entre les énoncés de géométrie plane et solide, et que cette différence peut être saisie au niveau de la « compréhension » des énoncés en question. Cette notion de « compréhension » est prise comme point de départ, bien que nous n'excluions pas qu'elle pourrait être expliquée au moyen d'une analyse plus détaillée.

Bien-sûr, comme nous l'avons soutenu dans la section 4.5, le problème du « contenu » ne peut être traité que si les termes primitifs de notre système sont pourvus d'une interprétation appropriée. Selon nous, déterminer si un énoncé possède un contenu planimétrique ou stéréométrique ne peut être réduit à analyser le vocabulaire (signifiant) qui est contenu dans l'énoncé en question. Par exemple, si nous avons un prédicat élémentaire L (« situé sur ») et des constantes a pour un point et B pour un plan, les deux énoncés $\neg\neg(aLB)$ et $\neg(aLB)$ ont exactement le même vocabulaire logique et non-logique, mais il n'y a que le second qui prétende exprimer un fait géométrique qui requiert un espace ambiant en dehors du plan B. Ainsi, peu importe à quelle axiomatisation de la géométrie nous donnons la priorité (en particulier si l'axiomatisation prend seulement les points comme la catégorie élémentaire des objets, ou possède, peut-être en plus ou à la place des points, d'autres catégories élémentaires), une fois que nous avons produit de manière raisonnée les énoncés pourvus d'une signification géométrique ordinaire, nous avons satisfait les conditions de possibilité d'une investigation sérieuse de notre problème.

Une objection plus radicale consisterait à faire remarquer que nos distinctions deviennent discutables dans le cadre de la géométrie analytique. Nous répondons que les approches analytiques cartésiennes considèrent les notions métriques comme allant de soi (par exemple, la distance entre deux points peut être définie dès le début par une formule dans le langage algébrique). L'usage de considérations solides pour des énoncés planaires tels que le théorème de Desargues ne s'impose pas. En effet, le cadre analytique efface la distinction que nous essayons d'articuler. Cela montre seulement que des distinctions géométriques importantes sont perdues lorsque nous passons à la géométrie analytique.

Résumons enfin notre position sur le contenu de l'énoncé du théorème de Desargues et nos évaluations afférentes de la pureté, ou de l'absence de pureté, de ses démonstrations. Nous sommes d'accord avec Hilbert pour dire que l'énoncé possède un contenu « planaire » et donc nous considérons que les démonstrations qui passent à l'espace sont impures. Ce que nous appelons le contenu « informel » d'un énoncé est selon nous la notion de contenu pertinente pour les jugements de pureté, et nous avons argumenté contre la pertinence du contenu « formel » pour comprendre de tels jugements. Nous suggérons cependant de procéder à une autre investigation du contenu formel du théorème de Desargues qui pourrait montrer que le contenu formel du théorème est en fait métrique. Une telle investigation nécessite de déterminer si la notion de droite est ou non métrique. Nous nous contenterons quant à nous, pour le moment, de poser le problème.

6. Appendice : l'ordre en géométrie projective

Hallett caractérise les recherches de Hilbert dans son cours de 1898/1899 et les *Grundlagen* comme concernant la « géométrie projective élémentaire ». Ces recherches incluent des axiomes d'ordre, bien que l'ordre ne soit clairement pas une notion projective. Cela pose un problème à Hallett pour qui les travaux de Hilbert montrent que les démonstrations solides du théorème de Desargues sont pures. Mais si l'ordre n'appartient pas à la géométrie projective, alors les démonstrations de Hilbert des théorèmes projectifs qui utilisent l'ordre sont évidemment impures. Ce problème est particulièrement clair dans le cas du théorème de Desargues, puisqu'il porte seulement sur l'incidence et l'intersection de droites et de points, et pas sur des propriétés de configurations relevant d'une théorie de l'ordre. La thèse de Hallett selon laquelle les démonstrations solides du théorème de Desargues sont pures serait donc menacée par un appel aux axiomes d'ordre [1]. Des travaux récents montrent cependant qu'on n'a pas besoin d'axiomes d'ordre pour démontrer le théorème de Desargues dans le système axiomatique de Hilbert. Il s'ensuit que les résultats de Hilbert sont placés dans un cadre projectif moins controversé. Dans cet appendice, nous expliquons comment ces questions sont résolues.

1. Une défense possible que pourrait adopter Hallett s'appuierait sur la suggestion de Coxeter qui dit que les droites peuvent être définies au moyen de la relation « être entre » (*betweenness*) : un segment de droite est, par définition, l'ensemble des points placés entre ces deux points. Selon Coxeter

> l'idée essentielle est celle d'*intermédiarité* (ou « être entre »), qu'Euclide utilisait dans sa définition célèbre : *Une droite [un segment de droite] est celle qui gît également entre ces extrémités.* Cela suggère la possibilité de regarder l'intermédiarité comme un concept primitif et de l'utiliser pour définir une ligne droite comme l'ensemble de tous les points entre deux points donnés. (Coxeter 1989, p. 176)

Coxeter définit ensuite les demi-droites en termes de segments et d'intermédiarité, et les droites en termes de demi-droites et de segments. Cependant, cette approche se fonde sur une traduction discutable de la définition d'Euclide I.4, et n'as pas été largement adoptée. Cf. Arana (2009, p. 4-5) pour une discussion de la définition de Coxeter et de son contexte, et Pambuccian 2009 pour une recherche fondationnelle à propos de la définition de Coxeter.

Les axiomes de Hilbert de la classe II définissent implicitement ce que signifie pour un point aligné avec deux autres points d'être « entre » ces deux points. Hilbert montre que ces axiomes peuvent être utilisés pour ordonner les points sur la droite, justifiant ainsi la dénomination d'axiomes d'ordre. Hilbert inclut les axiomes d'ordre dans ses recherches concernant le théorème de Desargues, dans le cours de 1898/1899 et dans les *Grundlagen*. Dans le cours de 1898/1899, Hilbert écrit que « les Axiomes I, II forment essentiellement le fondement [*Grundlage*] de la géométrie projective » [1]. Schur, dont Hilbert reconnaissait en 1898 qu'il avait revigoré sont intérêt pour les fondements de la géométrie (cf. Toepell 1986a, p. 338 et Toepell 1986b) écrit que « nous comprenons par axiomes projectifs ceux qu'Hilbert appelle axiomes d'incidence [*Verknüpfung*] et d'ordre », c'est-à-dire les axiomes de Hilbert des classes I et II (cf. Schur 1901, p. 267).

Alors que les axiomes d'incidence de Hilbert de la classe I sont sans conteste projectifs, on ne peut en dire autant des axiomes d'ordre de la classe II. Le problème concerne la façon dont on doit analyser le fait d'appartenir à la géométrie projective. Une analyse typique de la géométrie projective consiste à étudier les invariants projectifs. Cependant, la propriété fondamentale axiomatisée par les axiomes de la classe II, la relation ternaire « être entre », n'est pas un invariant projectif (cf. Seidenberg 1962, §7). Sur la base de cette analyse de la géométrie projective, il pourrait donc sembler problématique d'inclure l'ordre dans une recherche de nature projective.

Russell, pour sa part, adopta ce point de vue. Dans les *Principles of Mathematics*, il écrit qu' « il semble impropre d'inclure dans la géométrie projective une propriété qui n'est pas inaltérée par projection » et observe que « pris dans son sens élémentaire *entre* [...] n'est pas en général inaltéré par projection » (cf. Russell 1903, p. 393). Il écrit encore plus nettement dans un cahier de notes : « La géométrie projective ne porte pas de façon essentielle sur l'ordre ou les successions » (cf. Russell 1990b, p. 379) [2]. Ce point de vue est assez standard. Par exemple, Veblen et Young remarquent dans le premier des deux volumes de leur livre *Projective*

1. Cf. Hilbert 2004, p. 343). Dans des cours qui précèdent, il énonce le même jugement (p. 319), ajoutant que les Axiomes I et II sont « pour l'essentiel » le fondement de la géométrie projective, mais c'est parce qu'il a besoin de certains axiomes de continuité.

2. Cf. Gandon 2009 pour en savoir davantage sur le débat au dix-neuvième siècle portant sur l'appartenance de l'ordre à la géométrie projective, et en particulier sur le rôle de Russell dans ce débat.

Geometry que « la géométrie projective porte sur ces propriétés des figures qui demeurent inchangées lorque elles sont soumises à une transformation projective » (cf. Veblen et Young 1916, p. 14) et que puisque « l'ordre linéaire » est un élément de « la théorie des fonctions d'un variable réelle plutôt que de la géométrie élémentaire » (p. iii), ils mettront de côté toute discussion sur l'ordre dans le premier volume qui est plus élémentaire.

Poincaré semble aussi avoir adopté ce point de vue. Dans sa recension des *Grundlagen* de Hilbert, Poincaré traduit le terme « Verknüpfung » qui désigne les axiomes de la classe I de Hilbert par « projectif » (cf. Poincaré 1902, p. 254). En excluant les axiomes d'ordre de la classe II de cette désignation, on peut supposer que Poincaré considérait que ces axiomes n'étaient pas de nature projective.

Il reste donc à expliquer pourquoi Hilbert incluait les axiomes d'ordre dans les « fondements » de la géométrie projective. Hilbert nous donne un indice en citant les *Vorlesungen über Neuere Geometrie* (Pasch 1882) lorsqu'il explique ses axiomes d'ordre dans les *Grundlagen*. Pasch traite la question des fondements de la géométrie en commençant par donner un traitement général de la géométrie, puis développe plus particulièrement la géométrie projective [1]. Le traitement général inclut les axiomes d'ordre, en particulier la relation ternaire « être entre ». Pasch montre ensuite comment développer la géométrie projective, en prenant comme termes primitifs non pas la relation « être entre » (en reconnaissant bien sûr sa non-invariance projective) mais plutôt la relation quaternaire de « séparation » des points en division harmonique [2]. La relation de séparation permet de traiter projectivement l'ordre en ordonnant des paires de points, bien qu'elle ne possède pas les mêmes propriétés que la relation ordinaire ternaire « être entre » [3]. Il est aisé de montrer que cette relation est un invariant projectif, et donc que le traitement par Pasch vérifie le critère d'étudier uniquement des invariants projectifs.

1. Cf. Schlimm 2010 pour une discussion plus approfondie de la méthodologie fondationnelle de Pasch.

2. Cf. Russell (1903, §383–§387, p. 400-403) pour une description de la façon dont Pasch développe la géométrie projective à partir de ses fondements généraux de la géométrie (que Russell nomme « géométrie descriptive »).

3. Peu de temps après, Pieri démontra que la relation de séparation peut être définie purement en termes de propriétés d'incidence, bien que cela nécessite des axiomes supplémentaires pour garantir que l'ordre résultant possède les propriétés usuelles d'un ordre. Cf. Whitehead (1906, Chap. IV) pour plus de détails sur ces développements et Whitehead (1906, p. 24-26) pour une définition de la séparation ; cf. aussi Marchisotto et Smith (2007, p. 128-137) pour des détails sur le rôle de Pieri dans ces développements.

Parce que la relation de séparation est quaternaire, les axiomes de Hilbert de la seconde classe ne peuvent pas être compris comme axiomatisant cette relation, puisque la relation « être entre » qui est axiomatisée est ternaire. Nous pensons cependant que l'inclusion par Hilbert d'axiomes d'ordre dans le « fondement » de la géométrie projective reflète l'attitude de Pasch à propos des fondements de la géométrie. Hilbert ne veut pas dire que la relation « être entre » appartient elle-même à la géométrie projective, mais plutôt que cette relation peut, en suivant Pasch, être utilisée pour développer la géométrie projective. On peut d'ailleurs montrer que la géométrie projective inclut un ordre (bien qu'il ne s'agisse pas de celui axiomatisé par II).

Nous n'avons pas à résoudre entièrement cet épineux problème interprétatif puisque nous nous intéressons principalement au théorème de Desargues, qui porte seulement sur l'incidence et l'intersection de droites et de points et ne dit rien de l'ordre des points sur les droites. Il en ressort que les axiomes d'ordre ne sont pas nécessaires pour démontrer le théorème de Desargues dans le cadre axiomatique de Hilbert. Les axiomes I d'incidence de Hilbert pris avec son axiome III des parallèles suffisent pour démontrer la formulation affine du théorème de Desargues (telle qu'elle figure dans les *Grundlagen*). Les axiomes I d'incidence de Hilbert pris avec un axiome énonçant qu'il y a (au moins) trois points sur une droite (qu'Hilbert n'inclut pas dans ses axiomes, mais qui figure sous le nom d'axiome $E0$ dans Veblen et Young 1916, p. 18) suffisent à démontrer la formulation projective du théorème de Desargues (qu'on trouve dans les cours de 1898/1899). Sans cet axiome supplémentaire, les axiomes I d'incidence ne sont pas suffisants, comme l'a montré Hartvigson 1974. Dans Joussen 1966, il est établi que les axiomes d'ordre ne permettent la démonstration projective planaire d'aucun cas particulier du théorème de Desargues, en montrant que les plans projectifs ordonnés ne satisfont aucun théorème de configurations « intéressant » de ce type [1].

De surcroît, les axiomes d'ordre sont requis pour démontrer que le théorème de Desargues (dans sa formulation projective) est suffisant pour que les axiomes d'incidence spatiale soient vérifiés avec les axiomes de la géométrie projective planaire. La géométrie projective planaire peut être exprimée au moyen des axiomes d'incidence planaire de Hilbert I1-2 et d'un axiome « projectif » assertant que deux droites quelconques

1. En particulier, Joussen montre que le « plan projectif libre » peut être ordonné. Cf. Hall (1943, §4) pour une définition précise de plan projectif libre. Kalhoff 1988 donne une caractérisation précise de la façon dont l'ordre contribue aux plans projectifs, en utilisant la notion algébrique de « corps ternaire formellement réel ».

se coupent, ou au moyen des axiomes I1-2 et de l'axiome de « Veblen-Young » assertant que pour quatre points quelconques dans le plan *a*, *b*, *c*, *d*, tels que trois de ces points ne sont jamais alignés, si les droites *ab* et *cd* ne se coupent pas, alors il en est de même des droites *ac* et *bd* [1]. Levi a démontré que le théorème de Desargues est une condition suffisante pour établir que des plans satisfaisant les axiomes de la géométrie projective planaire peuvent être plongés dans l'espace (cf. Levi 1939), en montrant qu'une géométrie qui satisfait les axiomes de la géométrie projective planaire ainsi que le théorème de Desargues peut être plongé dans une géométrie projective spatiale (vérifiant tous les axiomes de la classe I et l'axiome projectif). Ainsi, le théorème de Desargues est nécessaire et suffisant pour l'existence d'un plongement. La différence avec les théorèmes 33 et 35 de Hilbert, à nouveau, est que Levi n'emploie aucun axiome d'ordre dans ses résultats. De la même façon, on peut montrer que la version affine du théorème de Desargues dans les *Grundlagen* est une condition nécessaire et suffisante pour l'existence d'un plongement de la géométrie affine planaire (c'est-à-dire, la géométrie vérifiant les axiomes d'incidence planaire I1-2 ainsi que l'axiome des parallèles III) dans une géométrie spatiale affine (vérifiant tous les axiomes de la classe I et l'axiome III).

Finalement la relation entre les modèles de « Hilbert I » (sans hypothèses sur l'ordre) et les espaces projectifs de dimension 3 peut être clarifiée de la façon suivante. Les modèles de Hilbert I satisfaisant l'axiome qu'il existe au moins trois points sur une droite peuvent être plongés dans les espaces projectifs de dimension 3. Cela découle du théorème de Kahn (cf. Kahn 1980) qu'on trouve redémontré dans Kreuzer (1996, théorème 5.2, p. 97). À nouveau, Hartvigson 1974 implique que l'hypothèse selon laquelle il existe au moins trois points sur une droite est nécessaire.

1. L'axiome de Veblen-Young est une formulation de nature purement incidente de l'axiome de Pasch (cf. Pasch 1882, Grundsatz IV, p. 21). Il a été énoncé par Peano (1894) dans les deux postulats XIII et XIV (cf. Peano 1894, p. 64) et par Hilbert dans les *Grundlagen* comme l'axiome II.5. La formulation de Pasch relève d'une théorie de l'ordre : l'axiome y est énoncé au moyen de la relation « être entre ». Peano et Hilbert suivent Pasch à cet égard. L'axiome est affaibli dans Moore (1902, p. 147) en l'axiome 4 et affaibli à nouveau dans Veblen (1904, p. 345) en l'axiome VII, même si ces deux versions faibles de l'axiome continuent à relever d'une théorie de l'ordre (la dernière utilise l'ordre des points sur une droite, alors que la première utilise la notion d'« intérieur » et d'« extérieur » d'un triangle). Dans Veblen et Young 1916, la référence à l'ordre est supprimée, et l'axiome qui en découle exprime que deux droites quelconques se coupent dans le plan, à la différence de la formulation de Pasch et d'autres fondée sur l'ordre. Ce pré-requis projectif est pourtant exactement ce que nous cherchons.

BIBLIOGRAPHIE

ABBOTT, E. 1884, *Flatland : A Romance of Many Dimensions*, London, Seeley and Co. Traduction française : *Flatland : Fantaisie en plusieurs dimensions*, Paris, Zones Sensibles Editions, 2012.

AJDUKIEWICZ, K. 1921, « Z metodologii nauk dedukcyjnych », Nakł. Polskiego Tow. Filozoficznego, Lwów. Traduction anglaise par J. Giedymin : « From the Methodology of the Deductive Sciences », *Studia Logica*, 19, 1966, p. 9-46.

ALBERT DE SAXE 1986, *Questiones Subtilissime in Libros Aristotelis de Celo et Mundo (1492)*, Hildesheim, Georg Olms.

ÁLVAREZ PAIVA, J. C. 2005, « Symplectic geometry and Hilbert's fourth problem », *Journal of Differential Geometry*, 69, no 2, p. 353-378.

AMALDI, U. 1900, « Sulla teoria dell'equivalenza », *in* F. Enriques, a cura di, *Questioni Riguardanti la Geometria Elementare*, Bologna, Zanichelli, 1900, p. 103-142.

ANDRADAS, C., Bröcker, L. et Ruiz, J. M. 1996, *Constructible Sets in Real Geometry*, Berlin, Springer.

ANDRIANI, A., Angeleri, F. et Lazzeri, G. 1904, « Note all'inchiesta sulla fusione della geometria piana con la solida », *Periodico di Matematica*, 19, p. 292-296.

ANDRIKOPOULOS, A. 2009, « General Extension Theorems for Binary Relations » À paraître. Disponible en ligne, `http://scholar.google.com/scholar?hl=fr\&lr=\&cites=13315085436213194747\&start=20\&sa=N`.

ANONYME 1901, « La fusione della planimetria e stereometria in Francia », *Bollettino della Mathesis*, 50, no 4.

ANTONELLI, A. 2010, « Notions of invariance for abstraction principles », *Philosophia Mathematica*, 18, p. 276-292.

ARANA, A. 2008, « Logical and semantic purity », *Protosociology*, 25, p. 36-48. Réimpr. *in* G. Preyer and G. Peter (eds.), *Philosophy of Mathematics : Set Theory, Measuring Theories, and Nominalism*, Heusenstamm, Ontos, 2008.

– 2009, « On formally measuring and eliminating extraneous notions in proofs », *Philosophia Mathematica*, 17, p. 208-219.

ARCHIMÈDE 1972, *Œuvres, Tome IV, Commentaires d'Eutocius, Fragments*. Texte établi et traduit par Charles Mugler. Les Belles Lettres, Paris.

ARCHIMEDES 2004, *The Works of Archimedes*, Vol. I, Cambridge, Cambridge University Press. Traduction anglaise et commentaire par Reviel Netz.

ARTHUR, R. 1999, « Infinite number and the world soul ; in defense of Carlin and Leibniz », *The Leibniz Review*, 9, p. 105-116.

– 2001, « Leibniz on infinite number, infinite wholes, and the whole world : A reply to Gregory Brown », *The Leibniz Review*, 11, p. 103-116.

ASPRAY, W. et Kitcher, P. (eds.) 1988, *History and Philosophy of Modern Mathematics*, Minneapolis, University of Minnesota Press.

AUDIN, M. 1998, *Géométrie*, Paris, Belin.

AVELLONE, M., Brigaglia, A. et Zappulla, C. 2002, « The foundations of projective geometry in Italy from De Paolis to Pieri », *Archive for History of Exact Sciences*, 56, no 5, p. 363-425.

AYER, A. J. 1977, *Part of my Life*, London, Collins.

BALDWIN, J. 2013, « Formalization, primitive concepts, and purity », *The Review of Symbolic Logic*, 6, no 1, p. 87-128.

BAKER, A. 2005, « Are there genuine mathematical explanations of physical phenomena ? », *Mind*, 114, p. 223-238.

BALDUS, R. 1924, *Formalismus und Intuitionismus in der Mathematik*, Karlsruhe, Braun.

BATTERMAN, R. 2011, *The Devil in the Details*, Oxford, Oxford University Press.

BAYS, T. 2001, « On Tarski on models », *The Journal of Symbolic Logic*, 66, p. 1701-1726.

– 2004, « Review of *Towards a Philosophy of Real Mathematics* by Corfield », *Notre Dame Philosophical Reviews*, January 2004. Disponible en ligne : `http://ndpr.nd.edu/review.cfm?id=1042`.

BELHOSTE, B. 1998, « De l'École Polytechnique à Saratoff, les premiers travaux géométriques de Poncelet », *Bulletin de la Société des Amis de la Bibliothèque de l'École Polytechnique*, 19, p. 9-29.

BELHOSTE, B. et Taton, R. 1989, « L'invention d'une langue des figures », *in* Dhombres 1989, p. 269-303.

Bell, J. L. 1998, *A Primer of Infinitesimal Analysis*, New York/Cambridge, Cambridge University Press.

Bellavitis, G. 1838, « Saggio di geometria derivata », *Nuovi Saggi della Imperiale Regia Accademia di Scienze Lettere ed Arti in Padova*, 4, p. 243-288.

Bellotti, L. 2002, « Tarski on logical notions », *Synthese*, 135, p. 401-413.

Belna, J.-P. 2012, *Cantor*, Paris, Belles Lettres.

Beltrami, E. 1902, « Resoluzione del problema : riportare i punti di una superficie sopra un piano in modo che le linee geodetiche vengano rappresentate da linee rette », *Annali di Matematica Pura e Applicata*, 10, no 7, p. 185-204. Réimpr. *in Opere Matematiche di Eugenio Beltrami*, vol. I, Milano, Hoepli.

Benci, V. 1995, « I numeri e gli insiemi etichettati », *Conferenze del seminario di matematica dell'Università di Bari*, 261, 29 pages.

Benci, V. et Di Nasso, M. 2003, « Numerosities of labeled sets : A new way of counting », *Advances in Mathematics*, 173, p. 50-67.

Benci, V., Di Nasso, M. et Forti, M. 2006, « An aristotelean notion of size », *Annals of Pure and Applied Logic*, 143, p. 43-53.

– 2007, « An Euclidean measure of size for mathematical universes », *Logique et Analyse*, 50, p. 43-62.

Benci, V., Horsten, L. et Wenmackers, S. 2013, « Non-Archimedean probability », *Milan Journal of Mathematics*, 81, p. 121-151.

Bernays, P. 1922, « Die Bedeutung Hilberts für die Philosophie der Mathematik », *Die Naturwissenschaften*, 10, p. 93-99. Traduction anglaise *in* Mancosu 1998, p. 189-197.

– 1930, « Die Philosophie der Mathematik und die Hilbertsche Beweistheorie », *Blätter für deutsche Philosophie*, 4, p. 326-367. Reproduit *in* Bernays 1976, p. 17-61. Traduction anglaise *in* Mancosu 1998, p. 234-265.

– 1976, *Abhandlungen zur Philosophie der Mathematik*, Darmstadt, Wissenschaftliche Buchgesellschaft. Traduction française *in* Bernays 2003.

– 2003, *Philosophie des mathémagiques*. Introductions, traductions de l'allemand et notes par Hourya Benis Sinaceur. Paris, Vrin.

Beth, E. W. 1953a, « Nominalisme in de hedendaagse logica », *Folia Civitatis* (14 Februari 1953).

– 1953b, « La reconstruction nominaliste de la logique », Conférence donnée à Bruxelles le 24 janvier 1953, Archief E. W. Beth, Amsterdam.

– 1953-54, « Zomerconferentie », *Algemeen Nederlands Tijdschrift voor Wijsbegeerte en Psychologie*, 46, p. 41-45. Trad. anglaise inédite par Mark van Atten.

– 1954, « Verstand en intuïtie », *Algemeen Nederlands Tijdschrift voor Wijsbegeerte en Psychologie*, 46, p. 213-224. Trad. anglaise *in* Beth, E. W., *Aspects of Modern Logic*, Dordrecht, Reidel, 1971, p. 86-101.

Bettazzi, R. 1887, « Sul concetto di numero », *Periodico di matematica per l'insegnamento secondario*, 2, p. 97-113 et 129-143.

– 1891, « Recensione a G. Lazzeri e A. Bassani, Professori della R. Accademia Navale – Elementi di Geometria – Livorno. Tip. di R. Giusti, 1891 », *Periodico di Matematica*, 6, p. 155-163.

Betti, A. 2008, « Polish axiomatics and its truth : On Tarski's Lesniewskian background and the Ajdukiewicz connection », *in* Patterson 2008, p. 44-71.

Bianchi, L. 1984, *L'Errore di Aristotele. La Polemica Contro l'Eternità del Mondo nel XIII Secolo*, Firenze, La Nuova Italia.

Biard, J. et Celeyrette, J. 2005, *De la théologie aux mathématiques. L'Infini au XIVeme siécle*, Paris, Les Belles Lettres.

Bkouche, R. 1991, « Variations autour de la réforme de 1902/1905 », *in* H. Gispert *et al.* (éd.), *La France Mathématique*, Cahiers d'Histoire et de Philosophie des Sciences et Société Mathématique de France, Paris, 1991, p. 181-213.

– 1996, « La place de la géométrie dans l'enseignement des mathématiques en France, de la réforme de 1902 à la réforme des mathématiques modernes », *in* B. Belhoste, H. Gispert et N. Hulin (éd.), *Les Sciences au Lycée*, Vuibert, Paris, 1996.

– 2003, « La géométrie dans les premières années de la revue L'Enseignement Mathématique », *in* D. Coray *et al.* (eds.), *One Hundred Years of L'Enseignement Mathématique (Moments of Mathematics Education in the Twentieth Century)*, Genève, L'Enseignement Mathématique, 2003, p. 95-113.

Blanchette, P. 2012, *Frege's Conception of Logic*, New York, Oxford University Press.

Blok, W. J. et Pigozzi, D. 1988, « Alfred Tarski's work on general metamathematics », *The Journal of Symbolic Logic*, 53, p. 36-50.

Bôcher, M. 1904, « The fundamental conceptions and methods of mathematics », *Bulletin of the American Mathematical Society*, 10, p. 115-135.

Bochnak, J., Coste, M. et Roy, M.-F. 1987, *Géométrie algébrique réelle*. Numéro 12 de Ergebnisse der Mathematik. Berlin etc., Springer.

BOLONDI, G., a cura di, 2002, *La Mathesis. La Prima Metà del Novecento nella "Società Italiana di Scienze Matematiche e Fisiche"*, Volume 5 de PRISTEM/Storia, Milano, Springer.

BOLTZMANN, L. 1974 [1902], « Model », *in* B. McGuinness (ed.), *Theoretical Physics and Philosophical Problems. Selected Writings*, Dordrecht, Reidel, 1974, p. 213-220.

BOLZANO, B. 1804, *Betrachtungen über einige Gegenstände der Elementar Geometrie*, Prague, Carl Barth.

– 1837, *Wissenschaftslehre*, Sulzbach.

– 1851, *Die Paradoxien des Unendlichen*, Leipzig, Reclam.

– 1973, *Theory of Science*, Dordrecht, Reidel.

– 1975a, *Paradoxien des Unendlichen*, Hamburg, Felix Meiner Verlag.

– 1975b, *Einleitung zur Grössenlehre. Erste Begriffe der allgemeinen Grössenlehre, in* J. Berg (Hrsg.), *Gesamtausgabe*, II A 7, Stuttgart-Bad Cannstatt, Friedrich Fromann Verlag, 1975.

– 1993, *Les paradoxes de l'infini*. Introduction, traduction de l'allemand et notes par Hourya Sinaceur. Paris, Seuil.

– 2005, *The Mathematical Works of Bernard Bolzano*, edited by Steve Russ, Oxford, Oxford University Press.

– À paraître, *La théorie de la science*, traduction de F. Ruscher, Paris, Vrin.

BONJOUR, L. 1985, *The Structure of Empirical Knowledge*, Cambridge (Mass.), Harvard University Press.

BONNET, C. et Wagner, P. (éd.) 2006, *L'âge d'or de l'empirisme logique*, Paris, Gallimard.

BOOLOS, G. 1987, « The consistency of Frege's *Foundations* », *in* J. Thomson (ed.), *On Being and Saying : Essays in Honor of Richard Cartwright*, Cambridge, MIT Press, 1987, p. 3-20. Réimpr. *in* Boolos 1998, p. 183-201.

– 1990, « The standard equality of numbers », *in* G. Boolos (ed.), *Meaning and Method : Essays in honor of Hilary Putnam*, Cambridge, Cambridge University Press, Cambridge, 1990, p. 261-277. Réimpr. *in* Boolos 1998, p. 202-219.

– 1996, « On the proof of Frege's theorem », *in* A. Morton and S. P. Stich (eds.), *Paul Benacerraf and his Critics*, Cambridge (Mass.), Blackwell. Réimpr. *in* Boolos 1998, p. 275-290.

– 1997, « Is Hume's Principle Analytic ? », *in* Heck 1997b, p. 245-261. Réimpr. *in* Boolos 1998, p. 301-314.

– 1998, *Logic, Logic, and Logic*, Cambridge (Mass.), Harvard University Press.

Bos, H. 1974, « Differentials, higher-order differentials and the derivative in the Leibnizian calculus », *Archive for History of Exact Sciences*, 14, p. 1-90.

Bradwardine, T. 1979, *Geometria Speculativa*, Wiesbaden, F. Steiner Verlag.

Breger, H. 2008, « Natural numbers and infinite cardinal number », *in* H. Hecht *et al.* (Hrsg.), *Kosmos und Zahl*, Stuttgart, Steiner Verlag, 2008, p. 309-318.

Bressoud, D. 1999, *Proofs and Confirmations : the Story of the Alternating Sign Matrix Conjecture*, Cambridge, Cambridge University Press.

Bretschneider, C. A. 1844, *Lehrgebäude der niederen Geometrie*, Jena, F. Frommann.

Brown, G. 2000, « Leibniz on wholes, unities, and infinite number », *The Leibniz Review*, 10, p. 21-51.

Brumfiel, G. W. 1979, *Partially Ordered Rings and Semi-Algebraic Geometry*, Cambridge, Cambridge University Press.

Bunn, R. 1977, « Quantitative relations between infinite sets », *Annals of Science*, 34, p. 177-191.

Burali-Forti, C. 1894, *Logica Matematica*, Milano, Hoepli.

Burbage, F. et Chouchan, N. 1993, *Leibniz et l'infini*, Paris, PUF.

Burgess, J. et Rosen, G. 1997, *A Subject with no Object*, Oxford, Oxford University Press.

Busemann, H. 1941, « On Leibniz's definition of planes », *American Journal of Mathematics*, 630, no 1, p. 101-111.

– 1955, *The Geometry of Geodesics*, New York, NY, Academic Press Inc.

– 1976, « Problem IV : Desarguesian spaces » *in* F. Browder (ed.), *Mathematical Developments Arising from Hilbert Problems*, Providence, RI, American Mathematical Society, p. 131-141.

– 1981, « Review of Hilbert's Fourth Problem », *Bulletin of the American Mathematical Society*, 40, no 1, p. 87-90.

Buzaglo, M. 2002, *The Logic of Concept Expansion*, Cambridge, Cambridge University Press.

Candido, M. 1899, « Sur la fusion de la planimétrie et de la stéréométrie », *L'Enseignement Mathématique*, 1, p. 204-215.

Cantor, G. 1883, *Grundlagen einer allgemeinen Mannigfaltigkeitslehre*, Leipzig, Teubner.

– 1887-88, « Mitteilungen zur Lehre vom Transfiniten », *Zeitschrift für Philosophie und philosophische Kritik*, 91/92, p. 81-125 et 240-265. Réimpr. *in* Cantor 1962, p. 378–439.

– 1962, *Gesammelte Abhandlungen*, Hildesheim, Georg Olms.

Carnap, R. 1927, « Eigentliche und uneigentliche Begriffe », *Symposion*, 1, p. 355-374.

– 1928, *Der Logische Aufbau der Welt*, Berlin, Weltkreis-Verlag. Traduction française *in* Carnap 2002.

– 1930, « Bericht über Untersuchungen zur allgemeinen Axiomatik », *Erkenntnis*, 1, p. 303–310.

– 1934, *Logische Syntax der Sprache*, Wien, Springer. Traduction anglaise : *Logical Syntax of Language*, London, Routledge and Kegan Paul, 1937.

– 1936, « Wahrheit und Bewährung », *in Actes du Congrès International de Philosophie Scientifique*, volume 4, Paris, Hermann, p. 18-23. Traduction française par Pierre Wagner *in* Bonnet et Wagner 2006, p. 559-572.

– 1937, « Ueber den semantischen Wahrheitsbegriff », Carnap Nachlaß, RC 080-32-01.

– 1942, *Introduction to Semantics*, Chicago, University of Chicago Press.

– 1963, « Intellectual autobiography », *in* P. A. Schilpp (ed.), *The Philosophy of Rudolf Carnap*, volume 11 de Library of Living Philosophers. La Salle, Open Court.

– 2000 [1927-29], *Untersuchungen zur allgemeinen Axiomatik*, Darmstadt, Wissenschaftliche Buchgesellschaft.

– 2002, *La construction logique du monde*, introduction E. Schwarz, traduction Th. Rivain. Paris, Vrin.

Carnap, R. et Bachmann, F. 1936, « Über Extremalaxiome », *Erkenntnis*, 6, p. 166-188.

Cavalieri, B. 1635, *Geometria Indivisibilibus Continuorum Nova Quadam Ratione Promota*, Bologna, Clemente Ferroni.

Cellucci, C. 2002, *Filosofia e Matematica*, Bari, Laterza.

Cellucci, C. et Gillies, D. (eds.) 2005, *Mathematical Reasoning and Heuristics*, London, King's College Publications.

Cerroni, C. 2004, « Non-Desarguesian geometries and the foundations of geometry from David Hilbert to Ruth Moufang », *Historia Mathematica*, 31, p. 320-336.

Chasles, M. 1837, *Aperçu Historique sur l'Origine et le Développement des Méthodes en Géométrie*, Bruxelles, M. Hayez.

CIRERA, R. 1994, *Carnap and the Vienna Circle*, Amsterdam, Rodopi.

CLARKE, P. 2004, « Frege, Neo-Logicism and applied mathematics », *in* F. Stadler (ed.), *Induction and Deduction in the Sciences*, Dordrecht, Kluwer. Réimpr. *in* Cook 2007, p. 45-60.

COHNITZ, D. et Rossberg, M. 2006, *Nelson Goodman*, Montreal, McGill-Queen's University Press.

COLYVAN, M. 2001, *The Indispensability of Mathematics*, Oxford, Oxford University Press.

– 2002, « Mathematics and aesthetic considerations in science », *Mind*, 11, p. 69-78.

COOK, R. 2002, « The state of the economy : Neo-logicism and inflation », *Philosophia Mathematica*, 10, p. 43-66.

– (ed.) 2007, *The Arché Papers on the Mathematics of Abstraction*, Dordrecht, Springer.

– 2012, « Conservativeness, stability, and abstraction », *British Journal for the Philosophy of Science*, 63, p. 673-696.

COOK, R. et Ebert, p. 2005, « Abstraction and identity », *Dialectica*, 59, no 2, p. 121-139.

CORCORAN, J. et Sagüillo, J. 2011, « The absence of multiple universes of discourse in the 1936 Tarski consequence-definition paper », *History and Philosophy of Logic*, 32, p. 359-374.

CORFIELD, D. 2003, *Towards a Philosophy of Real Mathematics*, Cambridge, Cambridge University Press.

CORRY, L. 2004, *Modern Algebra and the Rise of Mathematical Structures*, Basel, Birkhäuser.

COURANT, R. 1971, *Vorlesungen über Differential- und Integralrechnung* [2 vols., 4ème édition], Berlin, Springer.

COURANT, R. et Robbins, H. 1996, *What Is Mathematics ?(second edition)*, New York, Oxford University Press.

COURNOT, A. 1851, *Essai sur les fondements de nos connaissances et sur les caractères de la critique philosophique*, Paris, Librairie Hachette.

COUTURAT, L. 1896, *De l'Infini Mathématique*, Paris, Alcan.

COXETER, H. S. M. 1989, *Introduction to Geometry (second edition)*, New York, Wiley.

COXETER, H. S. M. et Greitzer, S. L. 1967, *Geometry Revisited*, Washington, D.C., Mathematical Association of America.

CREMONA, L. 1873, *Elementi di Geometria Projettiva*, Roma, G. B. Paravia. Traduction française par E. Dewulf, Paris, Gauthier-Villars, 1875.

CROSS, R. 1998, « Infinity, continuity, and composition : The contribution of Gregory of Rimini », *Medieval Philosophy and Theology*, 7, p. 89-110.

CUTLAND, N. J., Di Nasso, M. et Ross, D. A. (eds.) 2006, *Nonstandard Methods and Applications in Mathematics*, Wellesley (Mass.), AK Peters.

CZELAKOWSKI, J. et Malinowski, G. 1985, « Key notions of Tarski's methodology of deductive systems », *Studia Logica*, 44, p. 321-351.

DALES, R. C. 1984, « Henry of Harclay on the infinite », *Journal of the History of Ideas*, 45, p. 295-301.

DAUBEN, J. W. 1990, *George Cantor. His Mathematics and Philosophy of the Infinite*, Princeton, NJ, Princeton University Press.

– 1995, *Abraham Robinson. The creation of Nonstandard Analysis. A Personal and Mathematical Odyssey*, Princeton, NJ, Princeton University Press.

DAVIS, P. et Hersh, R. (eds.) 1980, *The Mathematical Experience*, Basel, Birkhäuser. Traduction française par L. Chambadal, Paris, Gauthier-Villars, 1985.

DE AMICIS, E. 1898, « Pro fusione. Relazione sulla questione V proposta nel N.1 (anno I) del Bollettino dell'Associazione Mathesis 'Opportunità della fusione della geometria piana con la solida nell'insegnamento' » *Bollettino della Mathesis*, 2, no 4, p. 73-96 (1897-98). Réimpr. in *Periodico di Matematica* 13, 1898, p. 49-72.

DE PAOLIS, R. 1884, *Elementi di Geometria*, Torino, Loescher.

DE ROUILHAN, P. 1998, « Tarski et l'universalité de la logique », *in* F. Nef et D. Vernant (éd.), *Le Formalisme en Question. Le Tournant des Années 30*, Paris, Vrin, 1998, p. 85-102.

DE RISI, V. 2007, *Geometry and Monadology : Leibniz's Analysis Situs and Philosophy of Space*, Basel, Birkhäuser.

DECOCK, L. 2002, *Trading Ontology for Ideology*, Dordrecht, Kluwer.

DEDEKIND, R. 1888, *Was sind und was sollen die Zahlen ?*, F. Vieweg. Traduction française *in* Dedekind 2008.

– 2008, *La Création des Nombres*. Introductions, traductions de l'allemand et notes par Hourya Benis Sinaceur. Paris, Vrin.

DESCARTES, R. 1659, *Les Principes de la philosophie, Escrits en Latin par René Descartes ; Et traduits en François par un de ses Amis [Claude Picot]*, Paris, Henry & Nicolas Le Gras. Voir aussi R. Descartes, *Les principes de la philosophie*, introduction et notes de Guy Durandin, Paris, J. Vrin, 1970.

Detlefsen, M. 2008, « Purity as an ideal of proof », *in* Mancosu 2008b, p. 179-197.

Detlefsen, M. et Arana, A. 2011, « Purity of methods », *Philosophers' Imprint*, 110, no 2, p. 1-20.

Dewender, T. 2002, *Das Problem des Unendlichen im ausgehenden 14. Jahrhundert. Eine Studie mit Textedition zum Physikkommentar des Lorenz von Lindores*, Amsterdam, B. R. Grüner Publishing Co.

Dhombres, J. (éd.) 1989, *L'École Normale de l'An III, Leçons de Mathématiques, Laplace-Lagrange-Monge*, Paris, Dunod.

Di Nasso, M. et Forti, M. 2010, « Numerosities of point sets over the real line », *Transactions of the American Mathematical Society*, 362, p. 5355-5371.

Duggan, J. 1999, « A general extension theorem for binary relations », *Journal of Economic Theory*, 86, p. 1-16.

Duhem, P. 1955, « Léonard de Vinci et les deux infinis », *in Études sur Léonard de Vinci*, Seconde Serie, Paris, De Nobele, 1955, p. 3-53 et p. 368-407.

Dummett, M. 1978, « Platonism », *in* M. Dummett, *Truth and Other Enigmas*, London, Duckworth, 1978, p. 202-214.

– 1991, *Frege. Philosophy of Mathematics*, Cambridge (Mass.), Harvard University Press.

– 1988, « Neo-Fregeans : in Bad Company ? », *in* M. Schirn (ed.), *The Philosophy of Mathematics Today*, New York, Clarendon Press, 1998, p. 369-387.

Dushnik, B. et Miller, E. W. 1941 : « Partially ordered sets », *American Journal of Mathematics*, 63, p. 600-610.

Ehrlich, P. (ed.) 1994, *Real Numbers, Generalizations of the Reals, and Theories of Continua*, Dordrecht, Kluwer.

– 2006, « The rise of non-Archimedean mathematics and the roots of a misconception I : the emergence of non-Archimedean systems of magnitudes », *Archive for History of Exact Sciences*, 60, p. 1-121.

– 2012, « The absolute arithmetical continuum and the unification of all numbers great and small », *The Bulletin of Symbolic Logic*, 18, p. 1–45.

Etchemendy, J. 1988, « Tarski on truth and logical consequence », *The Journal of Symbolic Logic*, 53, p. 51-79.

– 1990, *The Concept of Logical Consequence*, Cambridge (Mass.), Harvard University Press.

– 2008, « Reflections on consequence », *in* Patterson 2008, p. 263-299.

EUCLIDE 2007, *Tutte le Opere*. A cura di Fabio Acerbi. Milano, Bompiani.

EWALD , W. 1996, *From Kant to Hilbert*, 2 vols., Oxford, Oxford University Press.

FEFERMAN, A. et Feferman, S. 2004, *Alfred Tarski : Life and Logic*, Cambridge, Cambridge University Press.

FEFERMAN, S. 1964, « Systems of predicative analysis », *The Journal of Symbolic Logic*, 29, p. 1-30.

– 2004a, « Tarski's conceptual analysis of semantical notions », *in* A. Benmaklhlouf (éd.), *Sémantique et Épistémologie*, Casablanca et Paris, éditions Le Fennec and J. Vrin, 2004, p. 79-108.

– 2004b, « Comments on *Predicativity as a philosophical position* by G. Hellman », *Revue Internationale de Philosophie*, 229, no 3, p. 313-323.

– 2008, « Tarski's conceptual analysis of semantic notions », *in* Patterson 2008, p. 72-93.

FERRARO, G. et Panza M. 2012, « Lagrange's theory of analytical functions and his ideal of purity of method », *Archive for History of Exact Sciences*, 6, p. 95-197.

FERREIRÓS, J. 1999, *Labyrinth of Thought. A History of Set Theory and its Role in Modern Mathematics*, Basel-Boston-Berlin, Birkhäuser.

– 2007, *Labyrinth of Thought. A History of Set Theory and its Role in Modern Mathematics*, Basel-Boston-Berlin, Birkhäuser, 2ième édition.

FERREIRÓS, J. et Gray, J. (eds.) 2006, *The Architecture of Modern Mathematics*, Oxford, Oxford University Press.

FINE, B. et Rosenberger, G. 2007, *Number Theory. An Introduction through the Distrubution of Primes*, Boston, Birkhäuser.

FINE, K. 2002, *The Limits of Abstraction*, Oxford, Oxford University Press.

FRAENKEL, A. A. 1919, *Einleitung in die Mengenlehre*, Berlin, Springer, 1ière édition.

– 1928, *Einleitung in die Mengenlehre*, Berlin, Springer, 3ième édition.

FRANK, P. 1997, *The Law of Causality and its Limits*, Dordrecht, Kluwer.

FREGE, G. 1884, *Die Grundlagen der Arithmetik*, Breslau, Koebner. Traduction française *in* Frege 1969.

– 1893, *Grundgesetze der Arithmetik I*, Jena, H. Pohle.

– 1969, *Les Fondements de l'arithmétique*, Paris, Seuil, 1969.

FRIEDMAN, M. 1974, « Explanation and scientific understanding », *Journal of Philosophy*, 71, p. 5-19.

FROST-ARNOLD, G. 2004, « Was Tarski's theory of truth motivated by physicalism ? », *History and Philosophy of Logic*, 25, p. 265-280.

– 2008, « Tarski's nominalism », *in* Patterson 2008, p. 225-246.

– 2011, « Quine's evolution from 'Carnap's disciple' to the author of 'Two Dogmas' », *HOPOS : The Journal of the International Society for the History of Philosophy of Science*, 1, p. 291-316.

– 2013, *Carnap, Tarski, and Quine at Harvard. Conversations on Logic, Mathematics, and Science*, Chicago, Open Court.

GALILÉE 1958, *Discorsi e Dimostrazioni Intorno a Due Nuove Scienze*, Torino, Boringhieri.

– 1995 : *Discours et démonstrations mathématiques concernant deux sciences nouvelles*. Introduction, traduction, notes et index par Maurice Clavelin, nouvelle edition corrigée et augmentée. Paris, Presses universitaires de France.

GANDON, S. 2004, « Russell et l'Universal Algebra de Whitehead : la géométrie projective entre ordre et incidence (1898-1903) », *Revue d'Histoire des Mathématiques*, 10, p. 187-256.

– 2009, « Toward a topic-specific logicism ? Russell's theory of geometry in *The Principles of Mathematics* », *Philosophia Mathematica*, 170, no 1, p. 35-72.

GARDIES, J.-L. 1984, *Pascal entre Eudoxe et Cantor*, Paris, Vrin.

GAUSS, C. F. 1863-1929, *Werke*, 12 vol., Göttingen, Dietrich. Réimpr. par Olms, Hildesheim, 1973.

GERGONNE, J. 1825–1826, « Philosophie mathématique. Considérations philosophiques sur les élémens de la science de l'étendue », *Annales de Mathématiques Pures et Appliquées*, 16, p. 209-231.

GERICKE, H. 1977, « Wie vergleicht man unendliche Mengen ? », *Sudhoffs Archiv*, 61, p. 54-65.

GERLICH, G. 2005, « Topological affine planes with affine connections », *Advances in Geometry*, 50, no 2, p. 265-278.

GIACARDI, L. et Roero, C. S. 1996, « La nascita della Mathesis (1895-1907) », in L. Giacardi et C. S. Roero, a cura di, *Dal Compasso al Computer*, Torino, Associazione Mathesis, 1996, p. 7-49.

GILBERT, T. et Rouche, N. 1996, « Y-at-il vraiment autant de nombres pairs que des naturels », in A. Pétry (éd.), *Méthodes et Analyse Non Standard*, Cahiers du Centre de Logique, volume 9, Louvain-la-Neuve, Bruylant-Academia.

Gillies, D. (ed.) 1992, *Revolutions in Mathematics*, Oxford, Oxford University Press.

Giudice, F. 1899, « Sulla fusione della geometria piana e solida », *Periodico di Matematica*, 14, p. 34-36.

Glock, H.-J. 2006, « Truth in the Tractatus », *Synthese*, 148, p. 345-368.

Gödel, K. 1929, *Über die Vollständigkeit des Logikkalküls*, Dissertation, Universität Wien. Reproduit et traduit en anglais *in* Gödel 1986, p. 60-101.

– 1930, « Einige metamathematische Resultate über Entscheidungsdefinitheit und Widerspruchsfreiheit », *Anzeiger der Akademie der Wissenschaften in Wien*, 67, p. 214-215. Reproduit et traduit en anglais *in* Gödel 1986, p. 140-143.

– 1931, « Über formal unentscheidbare Sätze der Principia Mathematica und verwandter Systeme I. », *Monatshefte für Mathematik und Physik*, 38, p. 173-198. Reproduit et traduit en anglais *in* Gödel 1986, p. 144-195.

– 1947, « What is Cantor's Continuum Problem ? », *The American Mathematical Monthly*, 54, no 9, p. 515-525. Reproduit *in* Gödel 1990, p. 254-270. Traduction française *in* Gödel 1992.

– 1986, *Collected Works*, volume 1, S. Feferman *et al.* (eds.), Oxford, Oxford University Press.

– 1990, *Collected Works*, volume 2, S. Feferman *et al.* (eds.), Oxford, Oxford University Press.

– 1992, « Sur la nature du problème du continu de Cantor », *in* J. Largeault (éd.), *Intuitionisme et théorie de la démonstration, textes de Bernays, Brouwer, Gentzen, Gödel, Hilbert, Kreisel et Weyl*, Paris, Vrin, 1992, p. 509-531.

Goldblatt, R. 1998, *Lectures on the Hyperreals. An Introduction to Nonstandard Analysis*, New York, Springer.

Gomez-Torrente, M. 1996, « Tarski on logical consequence », *Notre Dame Journal of Formal Logic*, 37, p. 125-151.

– 2008, « Are there model-theoretic logical truths that are not logically true ? », *in* Patterson 2008, p. 340-368.

– 2009, « Rereading Tarski on Logical Consequence », *The Review of Symbolic Logic*, 2, p. 249-297.

– 2011, « Alfred Tarski », *Stanford Encyclopedia of Philosophy*.

Goodman, N. 1988, « Nominalisms », *in* L. E. Hahn et P. A. Schilpp (eds.), *The Philosophy of W. V. Quine*, La Salle, IL, Open Court, 1988, p. 159-161.

Goodman, N. et Quine, W. V. O. 1947, « Steps towards a constructive nominalism », *The Journal of Symbolic Logic*, 12, p. 105-122.

Gosselin, M. 1990, *Nominalism and Contemporary Nominalism*, Dordrecht, Kluwer.

Gray, J. et Field, J. 1987, *The Geometrical Work of Girard Desargues*, New York, Springer-Verlag.

Grosholz, E. et Breger, H. (eds.) 2000, *The Growth of Mathematical Knowledge*, Dordrecht, Kluwer.

Grundmann, T. 1996, « Can science be likened to a well-written fairy tale ? A contemporary reply to Schlick's objection to Neurath's coherence theory », *in* E. Nemeth et F. Stadler (eds.), *Encyclopedia and Utopia. The life and work of Otto Neurath (1882-1945)*, Dordrecht, Kluwer, 1996, p. 127-133.

Guggenheimer, H. 1974, « The theorem of Menelaus in axiomatic geometry », *Geometriae Dedicata*, 3, p. 257-261.

Guillaume, M. 1994, « La logique mathématique en sa jeunesse », *in* J.-P. Pier (ed.), *Development of Mathematics 1900–1950*, Basel, Birkhäuser, 1994, p. 185-367.

Hafner, J. et Mancosu, p. 2005, « The varieties of mathematical explanation », *in* Mancosu *et al.* 2005, p. 215-250.

Hale, R. et Wright, C. 2001a, « To bury Caesar... », in Hale et Wright 2001b, p. 335-396.

– 2001b, *The Reason's Proper Study*, Oxford, Clarendon Press.

– 2009, « Focus restored : comments on John MacFarlane », *Synthese*, 170, no 3, p. 457-482.

Hall, M. 1943, « Projective planes », *Transactions of the American Mathematical Society*, 54, p. 229-277.

Haller, R. 1992, « Alfred Tarski : Drei Briefe an Otto Neurath », *Grazer Philosophische Studien*, 43, p. 1-32.

Hallett, M. 1984, *Cantorian Set Theory and Limitation of Size*, Oxford, Clarendon Press.

– 2008, « Reflections on the purity of method in Hilbert's *Grundlagen der Geometrie* », *in* Mancosu 2008b, p. 198-255.

Hamel, G. 1903, « Über die Geometrieen, in denen die Geraden die Kürzesten sind » *Mathematische Annalen*, 57, p. 231-264.

Harari, O. 2006, « Proclus' account of explanatory demonstrations in mathematics and its context », *Archiv für Geschichte der Philosophie*, 90, no 2, p. 137-164.

Harclay, H. 2008, *Ordinary Questions*, M. Henninger (ed.), New York, Oxford University Press.

HART, W. D. (ed.) 1996, *The Philosophy of Mathematics*, Oxford, Oxford University Press.

HARTSHORNE, R. 1967, *Foundations of Projective Geometry, Vol. 1966/67 of Lecture Notes, Harvard University*, New York, NY, W. A. Benjamin, Inc.

HARTVIGSON, Z. R. 1974, « A non-Desarguesian space geometry », *Fundamenta Mathematicae*, 86, p. 143-147.

HEATH, T. 1921, *A History of Greek Mathematics*, Vol. I, Oxford, Clarendon Press.

HECK, R. 1997a, « Finitude and Hume's Principle », *Journal of Philosophical Logic*, 26, p. 589-617. Réimpr. *in* Heck 2011.

– (ed.) 1997b, *Logic, Language and Thought*, Oxford, Oxford University Press.

– 2000, « Cardinality, counting, and equinumerosity », *Notre Dame Journal of Formal Logic*, 4, p. 187-209. Réimpr. *in* Heck 2011.

– 2011, *Frege's Theorem*, Oxford University Press, Oxford, 2011.

HEGSELMANN, R. 1985, « Die Korrespondenz zwischen Otto Neurath und Rudolf Carnap aus den Jahren 1934 bis 1945 – Ein vorläufiger Bericht », *in* H.-J. Dahms (Hrsg.), *Philosophie, Wissenschaft, Aufklärung*, Berlin, de Gruyter, 1985, p. 276-290.

HELLMAN, G. 2004, « Predicativity as a philosophical position », *Revue Internationale de Philosophie*, 229, 3, p. 295-312.

HELMHOLTZ, H. 1887, « *Zählen und messen, erkenntnistheoretisch betrachtet* » *in Philosophische Aufsätze*, Eduard Zeller zu seinem fünfzigjährigen Doctorjubiläum gewidmet, 1877, p. 17-52 (trad. angl. *in* Ewald 1996, p. 727-752).

HEMPEL, C. G. 1935, « On the logical positivists' theory of truth », *Analysis*, 2, p. 49-59. Reproduit *in* R. Jeffrey (ed.), *Selected Philosophical Essays*, Cambridge, Cambridge University Press, 1999, p. 21-25.

– 1982, « Schlick und Neurath : Fundierung vs. Kohärenz in der wissenschaftlichen Erkenntnis », *Grazer Philosophische Studien*, 16, no 7, p. 1-18. Traduction anglaise *in* R. Jeffrey (ed.), *Selected Philosophical Essays*, Cambridge, Cambridge University Press, 1999, p. 181-198.

HERTZ, H. 1894, *Gesammelte Werke III* : Die Prinzipien der Mechanik, Leipzig, Barth. Traduit en anglais sous le titre *The Principles of Mechanics*, New York, Dover, 1956.

HERSH, R. (ed.) 2006, *18 Unconventional Essays on the Nature of Mathematics*, New York, Springer.

HESSENBERG, G. 1930, *Grundlagen der Geometrie*, Berlin und Leipzig, de Gruyter.

HILBERT, D. 1899, *Grundlagen der Geometrie*, Leipzig, B. G. Teubner.

– 1901, « Mathematische Probleme », *Archiv der Mathematik und Physik*, 1, p. 44-63 et p. 213-237.

– 1902, « Sur les problèmes futurs des mathématiques (trad. L. Laugel) », *in Compte-rendu du Deuxième Congrès International des Mathématiques tenu à Paris du 6 au 12 août 1900*, Paris, Gauthier-Villars, p. 58-114.

– 1905a, *Logische Principien des mathematischen Denkens*. Vorlesungen, Sommer-Semester 1905. Notes de cours prises par Ernst Hellinger. Manuscrit non publié. Bibliothek, Mathematisches Institut, Universität Göttingen.

– 1905b, *Logische Principien des mathematischen Denkens*. Vorlesungen, Sommer-Semester 1905. Notes de cours prises par Max Born. Manuscrit non publié. Handschriftenabteilung, Universitätsbibliothek, Göttingen.

– 1971a, *Les Fondements de la géométrie*. Edition critique avec introduction et compléments préparée par Paul Rossier, Paris, Dunod. Réimpression chez Jacques Gabay en 1997.

– 1971b, *Foundations of Geometry*, La Salle, IL, Open Court. Traduction anglaise par L. Unger de Hilbert 1899.

– 1976, « Mathematical problems », *in* F. Browder (ed.), *Mathematical Developments Arising from Hilbert Problems*, volume 28 de Proceedings of Symposia in Pure Mathematics, Providence, RI, American Mathematical Society, p. 1-34. Traduction anglaise de M. W. Newson parue à l'origine dans le *Bulletin of the American Mathematical Society*, 8, 1902, p. 437-479 et 253-297.

– 1992, *Natur und mathematisches Erkennen. Vorlesungen, 1919–1920*, Basel, Birkhäuser.

– 2004, *David Hilbert's Lectures on the Foundations of Geometry, 1891–1902*, Berlin, Springer-Verlag.

HILBERT, D. et Ackermann, W. 1928, *Grundzüge der theoretischen Logik*, Berlin, Springer.

HILBERT, D. et Cohn-Vossen, S. 1952, *Geometry and the Imagination*, New York, NY, Chelsea Publishing Company.

HODGES, W. 2008, « Tarski's theory of definitions », *in* Patterson 2008, p. 94–132.

HOFFMANN-GRÜNEBERG, F. 1988, *Radikal-empirische Wahrheitstheorie. Eine Studie über Otto Neurath, den Wiener Kreis und das Wahrheitsproblem*, Wien, Verlag Hölder-Pichler-Tempsky.

HON, G. et Goldstein, G. 2008, *From Summetria to Symmetry : The Making of a Revolutionary Scientific Concept*, Dordrecht, Springer.

HUNTINGTON, E. V. 1906-07, « The fundamental laws of addition and multiplication in elementary algebra », *Annals of Mathematics*, 8, p. 1-44.

– 1911, « The fundamental propositions of algebra », *in* J. W. A. Young (ed.), *Monographs on Topics of Modern Mathematics*, New York, Longmans, Green and Co., 1911.

– 1913, « A set of postulates for abstract geometry, expressed in terms of the simple relation of inclusion », *Mathematische Annalen*, 73, p. 522-599.

HUSSERL, E. 1891, *Philosophie der Arithmetik*, Halle, Pfeffer. Traduction française par J. English, Paris, Presses Universitaires de France, 1972.

ISRAEL, J. 2002, *Radical Enlightenment : Philosophy and the Making of Modernity*, Oxford, Oxford University Press.

ISAACSON, D. 1996, « Arithmetical truth and hidden higher-order concepts », *in* Hart 1996, p. 203-224. Publié pour la première fois *in Logic Colloquium '85*, The Paris Logic Group (eds.), Amsterdam, North-Holland, 1987, p. 147-169.

JOUSSEN, J. 1966, « Die Anordnungsfähigkeit der freien Ebenen », *Abhandlungen aus dem Mathematischen Seminar der Universität Hamburg*, 29, p. 137-184.

KAHN, J. 1980, « Locally projective-planar lattices which satisfy the bundle theorem », *Mathematische Zeitschrift*, 175, no 3, p. 219-247.

KALHOFF, F. 1988, « Eine Kennzeichnung anordnungsfähiger Ternärkörper », *Journal of Geometry*, 31, no 1-2, p. 100-113.

KANAMORI, A. 1997, « The mathematical import of Zermelo's well-ordering theorem », *The Bulletin of Symbolic Logic*, 3, p. 281-311.

KATZ, F. M. 1981, *Sets and Their Sizes*, Thèse de doctorat, MIT, 1981. Disponible en ligne : `http://citeseerx.ist.psu.edu/viewdoc/summary?doi=10.1.1.28.7026`.

KAUFMANN, F. 1930, *Das Unendliche in der Mathematik und seine Ausschaltung*, Wien, Deuticke. Traduction anglaise *in* Kaufmann 1978.

– 1978, *The Infinite in Mathematics*, Dordrecht, Reidel.

KENNEDY, J. 2013, « On formalism freeness : Implementing Gödel's 1946 Princeton bicentennial lecture », *The Bulletin of Symbolic Logic*, 19, 3, p. 351-393.

KEYSER, C. J. 1918a, « Concerning the number of possible interpretations of any axiom system of postulates », *Bulletin of the American Mathematical Society*, 24, p. 391-393.

– 1918b, « Doctrinal functions », *Journal of Philosophy*, 15, p. 262-267.

– 1922, *Mathematical Philosophy. A Study of Fate and Freedom*, New York, Dutton & Co.

KIRSCHNER, S. 1997, *Nicolaus Oresmes Kommentar zur Physik des Aristoteles. Kommentar mit Edition der Quaestiones zu Buch 3 und 4 der aristotelischen Physik sowie von vier Quaestiones zu Buch 5*, Wiesbaden, Franz Steiner Verlag.

KITCHER, P. 1975, « Bolzano's ideal of algebraic analysis », *Studies in History and Philosophy of Science*, 6, p. 229-269.

– 1981, « Explanatory unification », *Philosophy of Science*, 48, p. 507-531.

– 1984, *The Nature of Mathematical Knowledge*, Oxford, Oxford University Press.

– 1989, « Explanatory unification and the causal structure of the world », *in* P. Kitcher et W. Salmon (eds.), *Scientific Explanation*, Minneapolis, University of Minnesota Press, 1989, p. 410-505.

KLEIN, F. 1873, « Über die sogenannte Nicht-Euklidische Geometrie », *Mathematische Annalen*, 6, p. 112-145.

– 1925, *Elementarmathematik vom höheren Standpunkt aus. Band II : Geometrie*, Berlin, Springer.

– 1953, *Elementary Mathematics from an Advanced Standpoint. Geometry*, New York, Dover.

KLINE, M. 1980, *Mathematics. The Loss of Certainty*, Oxford, Oxford University Press. Traduction française : Paris, C. Bourgeois, 1993.

KNORR, W. R. 1993, *The Ancient Tradition of Geometric Problems*, New York, Dover Publications.

KOETSIER, T. 1991, *Lakatos' Philosophy of Mathematics : A Historical Approach*, Amsterdam, North-Holland.

KOKOSZYŃSKA , M. 1936a, « Über den absoluten Wahrheitsbegriff und einige andere semantische Begriffe », *Erkenntnis*, 6, p. 143-165.

– 1936b, « Syntax, Semantik und Wissenschaftslogik », *in Actes du Congrès International de philosophie scientifique*, volume 3, Paris, Hermann, p. 9-14.

– 1937-38, « Bemerkungen über die Einheitswissenschaft », *Erkenntnis*, 7, p. 325-335.

KORSELT, A. 1913, « Was ist Mathematik ? », *Archiv der Mathematik und Physik*, 21, p. 371-373.

KOSSAK, E. 1872, *Die Elemente der Arithmetik*, Berlin.

KREISEL, G. 1980, « Kurt Gödel », *Biographical Memoirs of Fellows of the Royal Society*, 26, p. 149–224.

KREUZER, A. 1996, « Locally projective spaces which satisfy the bundle theorem », *Journal of Geometry*, 56, no 1-2, p. 87-98.

KRIEGER, M. 2003, *Doing Mathematics : Convention, Subject, Calculation, Analogy*, Singapore, World Scientific Publishing.

LAKATOS, I. 1976, *Proofs and Refutations*, Cambridge, Cambridge University Press.

LANGFORD, C. H. 1927, « Some theorems on deducibility », *Annals of Mathematics (Series 2)*, 28, p. 16-40.

LARVOR, B. 1998, *Lakatos : An Introduction*, London, Routledge.

LAZZERI, G. 1899, « Note alla discussione della prima questione trattata dal congresso », *Periodico di Matematica*, 14, p. 117-124.

– 1904, « A proposito dell'inchiesta fatta dall'associazione Mathesis sulla fusione della geometria piana con la solida », *Periodico di Matematica*, 19, p. 233-240.

LAZZERI, G. et Bassani, A. 1898, *Elementi di Geometria*, Livorno, Raffaello Giusti. Première edition 1891.

LEGENDRE, A.-M. 1794, *Élements de Geometrie*, Paris, Firmin Didot.

LEIBNIZ, G. W. 1875-1890, *Die philosophische Schriften*, C.I. Gerhardt (Hrsg.), Berlin, Weidmann. Rèimpr. par G. Olms, Hildesheim.

– 1981, « Lettre V, 1er septembre 1706 », in C. Frémont (éd.), *L'Être et la relation ; avec Trente-cinq lettres de Leibniz au R. P. Des Bosses*, preface de Michel Serres, Paris, Vrin, 1981, p. 91-94. Pour l'original en Latin voyez Lettre X, *in* Leibniz 1875-1890, t. II, p. 313.

– 2001, *The Labyrinth of the Continuum*, New Haven, CT, Yale University Press.

LENG, M. 2005, « Mathematical explanation », *in* Cellucci et Gillies 2005, p. 167-189.

LEVI, F. M. 1939, « On a fundamental theorem of geometry », *Journal of the Indian Mathematical Society*, 3-4, p. 82-92.

LÉVY, T. 1987, *Figures de l'infini*, Paris, Seuil.

LEWIS, C. I . et Langford, C. H. 1932, *Symbolic Logic*, Toronto, The Century Company.

Lewis, N. 2009, « Robert Grosseteste », *Stanford Encyclopedia of Philosophy*.

Linnebo, Ø. (ed.) 2009a, « The Bad Company Problem », *Synthese*, 170, no 3.

– (ed.) 2009b, « Introduction », *in* Linnebo 2009a, p. 321-329.

Lipton, P. 2004, « What good is an explanation », *in* J. Cornwell (ed.), *Explanations. Styles of Explanation in Science*, Oxford, Oxford University Press, 2004, p. 1-21.

Loria, G. 1899, « La fusione della planimetria con la stereometria (una pagina di storia contemporanea) », *Periodico di Matematica*, 15, p. 1-7.

– 1905, « Sur l'enseignement des mathématiques élémentaires en Italie », *L'Enseignement Mathématique*, 7, p. 11-20.

MacBride, F. 2000, « On Finite Hume », *Philosophia Mathematica*, 8, p. 150-159.

– 2003, « Speaking with shadows : A study of neo-logicism », *British Journal for Philosophy of Science*, 54, p. 103-163.

Maddy, P. 1990, *Realism in Mathematics*, Oxford, Oxford University Press.

– 1997, *Naturalism in Mathematics*, Oxford, Oxford University Press.

Maier, A. 1949, *Die Vorläufer Galileis im 14. Jahrhundert ; Studien zur Naturphilosophie der Spätskolastik*, Roma, Edizioni di Storia e Letteratura.

Maignan, E. 1653, *Cursus philosophicus*, Toulouse, Johannis Grégoire. (2ième éd. revue et augmentée, Lyon, 1673).

Manara, C. F. et Spoglianti, M. 1977, « La idea di iperspazio : Una dimenticata polemica tra G. Peano, C. Segre, e G. Veronese », *Memorie della Accademia Nazionale di Scienze, Lettere e Arti di Modena (serie 6)*, 19, p. 109-129.

Mancosu, P. 1996, *Philosophy of Mathematics and Mathematical Practice in the Seventeenth Century*, Oxford, Oxford University Press.

– (ed.) 1998, *From Brouwer to Hilbert. The Debate on the Foundations of Mathematics in the 1920s*, Oxford, Oxford University Press.

– 1999, « Bolzano and Cournot on mathematical explanation », *Revue d'Histoire des Sciences*, 52, p. 429-455.

– 2000, « On mathematical explanation », *in* Grosholz et Breger 2000, p. 103-119.

– 2001, « Mathematical explanation : Problems and prospects », *Topoi*, 20, p. 97-117.

– 2004, « Review of Kurt Gödel, Collected Works, vols. IV and V, Solomon Feferman, et al., eds. Oxford, Oxford University Press, 2003 », *Notre Dame Journal of Formal Logic*, 45, p. 109-125.

– 2005, « Harvard 1940-41 : Tarski, Carnap and Quine on a finitistic language of mathematics for science », *History and Philosophy of Logic*, 26, p. 327-357. Repris comme chapitre 16 *in* Mancosu 2010a. Traduction en français : Mancosu 2008c.

– 2006, « Tarski on models and logical consequence », *in* Ferreirós et Gray 2006, p. 209-237. Repris comme chapitre 15 *in* Mancosu 2010a.

– 2008a, « Mathematical explanation : Why it matters », *in* Mancosu 2008b, p. 134-149.

– (ed.) 2008b, *The Philosophy of Mathematical Practice*, Oxford, Oxford University Press.

– 2008c : « Harvard 1940-1941 : Tarski, Carnap, Quine et la question d'un langage mathématique finitiste pour la science », *in* J. Bouveresse et P. Wagner (éd.), *Mathématiques et expérience (1918-1940). L'empirisme logique à l'épreuve*, Paris, Odile Jacob, 2008, p. 55-93.

– 2008d, « Quine and Tarski on nominalism », *Oxford Studies in Metaphysics*, IV, p. 22-55. Repris comme chapitre 14 *in* Mancosu 2010a.

– 2009a, « Measuring the size of infinite collections of natural numbers : Was Cantor's theory of infinite number inevitable ? », *The Review of Symbolic Logic*, 2, p. 612-646.

– 2009b, « Tarski's engagement with philosophy », in S. Lapointe *et al.* (eds.), *The Golden Age of Polish Philosophy*, Dordrecht, Springer, 2009, p. 131-153.

– 2010a, *The Adventure of Reason. Interplay between mathematical logic and philosophy of mathematics : 1900-1940*, Oxford, Oxford University Press.

– 2010b, « Fixed versus variable domain Interpretations of Tarski's account of logical consequence », *Philosophy Compass*, 5, p. 745-759.

MANCOSU, P. et Arana, A. 2010, « Descartes and the cylindrical helix », *Historia Mathematica*, 37, no 3, p. 403-427.

MANCOSU, P. et Pincock, C. 2012, « Mathematical Explanation », *in* D. Pritchard (ed.), *Oxford Bibliographies in Philosophy*, New York, Oxford University Press.

MANCOSU, P. et Vailati, E. 1991, « Torricelli's infinitely long solid and its philosophical reception in the XVIIth century », *Isis*, 82, p. 50-70.

MANCOSU, P., Jørgensen, K. et Pedersen, S. (eds.) 2005, *Visualization, Explanation and Reasoning Styles in Mathematics*, Dordrecht, Springer.

MANCOSU, P., Zach, R. et Badesa, C. 2009, « The development of mathematical logic from Russell to Tarski, 1900-1935 », *in* L. Haaparanta (ed.), *The Development of Modern Logic*, Oxford, Oxford University Press, 2009, p. 318-470. Repris comme chapitre 1 *in* Mancosu 2010a.

MANDELBROJT, S. 1952, « Pourquoi je fais des mathématiques », *Revue de Métaphysique et de Morale*, p. 422-429.

MARCHISOTTO, E. A. et Smith, J. T. 2007, *The Legacy of Mario Pieri in Geometry and Arithmetic*, Boston, Birkhäuser.

MARTIN, R. M. 1964, « The philosophical import of virtual classes », *The Journal of Philosophy*, 61, p. 377-387.

MCCLEARY, J. 1982, « An application of Desargues' theorem », *Mathematics Magazine*, 55, no 4, p. 233-235.

MELIA, J. 2000, « Weaseling away the indispensability argument », *Mind*, 109, p. 455-479.

MELIA, J. 2002, « Response to Colyvan », *Mind*, 111, p. 75-79.

MÉRAY, C. 1874, *Nouveaux Eléments de Géométrie*, Paris, Savy.

MÖBIUS, A. F. 1827, *Der Barycentrische Calcul*, Leipzig, Johann Ambrosius Barth. Réimpr. *in Gesammelte Werke*, Vol. 1, Leipzig, S. Hirzel, 1885, p. 1-388.

MONGE, G. 1795, *Leçons à l'École Normale de l'An III, in* Dhombres 1989.

MONNOYEUR, R. 1992, *Infini des Mathématiciens — Infini des Philosophes*, Paris, Belin.

MOORE, A. W. 1990, *The Infinite*, London, Routledge.

MOORE, E. H. 1902, « On the projective axioms of geometry », *Transactions of the American Mathematical Society*, 30, no 1, p. 142-158.

MORDELL, L. 1959, *Reflections of a Mathematician*, Montréal, Canadian Mathematical Congress.

MORMANN, T. 1999, « Neurath's opposition to Tarskian semantics », *in* J. Woleński et E. Köhler 1999, p. 165-178.

MOULTON, F. R. 1902, « A simple non-Desarguesian plane geometry », *Transactions of the American Mathematical Society*, 30, no 2, p. 192-195.

MULLIGAN, K., Simons, p. et Smith, B. 1984, « Truth-makers », *Philosophy and Phenomenological Research*, 44, p. 287-321.

MURAWSKI, R. et Woleński, J. 2008, « Tarski and his Polish predecessors on truth », *in* Patterson 2008, p. 21-43.

MURDOCH, J. 1981a, « Henry of Harclay and the infinite », *in* A. Maierù et A. Paravicini Bagliani, a cura di, *Studi sul XIV secolo in memoria di Anneliese Maier*, Roma, Edizioni di storia e letteratura, 1981, p. 219-261.

– 1981b, « Mathematics and infinity in the later middle ages », *in* D. O. Dahlstrom *et al.* (eds.), *Infinity*, Washington, DC, Proceedings of the American Catholic Philosophical Association, volume 55, p. 40-58.

– 1982, « Infinity and continuity », *in* N. Kretzmann *et al.* (eds.), *The Cambridge History of Later Medieval Philosophy*, Cambridge, Cambridge University Press, 1982, p. 564-592.

MYCIELSKI, J. 2004, « On the tension between Tarski's nominalism and his model theory », *Annals of Pure and Applied Logic*, 126, p. 215-224.

NAESS, A. 1936, *Erkenntnis und Wissenschaftliches Verhalten*, Oslo, Jacob Dybwad.

– 1938, « Truth as conceived by those who are not professional philosophers », *Skrifter Videnskaps Akademi, Oslo, Hist. Fil. KI*, p. 1-178.

NERLICH, G. 1979, « What can geometry explain ? », *British Journal for the Philosophy of Science*, 38, p. 141-158.

NEURATH, O. 1931a, « Physikalismus », *Scientia*, 50, p. 417-421. Traduction française par H. Buriot-Darsiles *in Scientia*, 50, supplément, p. 117-122.

– 1931b, *Empirische Soziologie*, Wien, Springer. Traduction anglaise *in* Neurath 1973.

– 1932-33, « Protokollsätze », *Erkenntnis*, 3, p. 204-214. Traduction française par J. Sebestik et A. Soulez *in* Soulez 2010, p. 207-218.

– 1934, « Radikaler Physikalismus und 'wirkliche Welt' », *Erkenntnis*, 4, p. 346-362. Traduction anglaise *in* Neurath 1983, p. 100-114.

– 1935, *Le Développement du Cercle de Vienne*, Paris, Hermann.

– 1936, « Erster internationaler Kongress für Einheit der Wissenschaft in Paris 1935 », *Erkenntnis*, 5, p. 377-406.

– 1937a, « Wahrheitsbegriff und Empirismus (Vorbemerkungen zu einer Privatdiskussion mit Carnap im Kreis der Pariser Konferenz) », K.30, Neurath Nachlaß.

– 1937b, « Fuer die Privatsitzung, 30 Juli 1937 », K.31, Neurath Nachlaß.

– 1937c, « Diskussion Paris 1937 Neurath-Carnap », K.32, Neurath Nachlaß.

– 1937d, « Bemerkungen zur Privatdiskussion », K.33, Neurath Nachlaß.

– 1973, *Empiricism and Sociology*, Dordrecht, Reidel.

– 1981, *Gesammelte philosophische und methodologische Schriften*, Bd. 1, Vienna, Hölder-Pichler-Tempsky.

– 1983, *Philosophical Papers 1913-1946*, Dordrecht, Reidel.

Newman, A. 2002, *The Correspondence Theory of Truth*, Cambridge, Cambridge University Press.

Oberdan, T. 1993, *Protocols, Truth and Convention*, Amsterdam, Rodopi.

Ottaviani, D. 2004, *La philosophie de la lumière chez Dante ; Du « Convivio » à la « Divine comédie » ; Suivi de De la lumière ou De l'inchoation des formes [De luce seu de inchoatione formarum]*, Paris, Belin.

Padoa, A. 1901, « Essai d'une théorie algébrique des nombres entiers, precedè d'une introduction logique à une théorie deductive quelconque », *in Bibliothèque du Congrès international de philosophie, Paris 1900*, Paris, A. Colin, 1901, p. 309-365. Traduction anglaise partielle *in* van Heijenoort 1967, p. 118-123.

– 1902, « Un nouveau système irréductible de postulats pour l'algèbre », *in Compte rendu du deuxième congrès international des mathematicians tenu à Paris du 6 au 12 août 1900*, Paris, Gauthiers-Villars, 1902, p. 249-256.

Pagin, P. 2009, « Compositionality, understanding, and proofs », *Mind*, 118, p. 713-737.

Palatini, F. 1897-98, « Osservazioni sulla Nota "Pro fusione" del Prof. de Amicis », *Bollettino della Mathesis*, 2, no 5, p. 120-124.

– 1899, « Una conversazione coi fusionisti », *Periodico di Matematica*, 14, p. 205-208.

Palmieri, P. 2009, « Superposition : On Cavalieri's practice of mathematics », *Archive for History of Exact Sciences*, 63, no 5, p. 471-495.

Pambuccian, V. 2009, « A reverse analysis of the Sylvester-Gallai theorem », *Notre Dame Journal of Formal Logic*, 50, no 3, p. 245-260.

Panza, M. et Malet, A. 2014, « Wallis on indivisibles », *in* V. Jullien (éd.), *Seventeenth-Century Indivisibles Revisited*, Basel, Birkhäuser.

PAPPUS 1876–78, *Collectionis Quae Supersunt*, 3 vols, F. Hultsch (Hrsg.), Berlin, Weidman.

PARKER, M. 2009, « Philosophical method and Galileo's paradox of infinity », *in* B. van Kerkhove (ed.), *New Perspectives on Mathematical Practices*, Hackensack, NJ, World Scientific, 2009, p. 76-113.

– 2013, « Set size and part-whole principle », *The Review of Symbolic Logic*, 6, p. 589-612.

PASCAL, J. 2005, « Anamorphoses et visions miraculeuses du père Maignan (1602-1676) », *MEFRIM : Mèlanges de l'école française de Rome : Italie et mediterranée*, 117, no 1, p. 45-71.

PASCH, M. 1882, *Vorlesungen über neuere Geometrie*, Leipzig, B. G. Teubner.

PATTERSON, D. (ed.) 2008, *New Essays on Tarski and Philosophy*, Oxford, Oxford University Press.

– 2012, *Alfred Tarski : Philosophy of Language and Logic*, Basingstoke, Palgrave MacMillan.

PEANO, G. 1891a, « Sul concetto di numero », *Rivista di Matematica*, 1, p. 87-102 et p. 256-267.

– 1891b, « Osservazioni del Direttore sull'articolo precedente », *Rivista di Matematica*, 1, p. 66-69.

– 1894, « Sui fondamenti della geometria », *Rivista di Matematica*, 4, p. 51-90.

PEANO, G. *et al.* 1898-1899, « Formulaire mathématique vols. 1 et 2 », *Rivista di mathematica*, Torino, Bocca.

PECKHAUS, V. 1990, *Hilbertprogramm und kritische Philosophie*, Göttingen, Vandenhoeck & Ruprecht.

PETRUZZELLIS, N. 1968, « L'infinito nel pensiero di S. Tommaso e di G. Duns Scoto », *in De Doctrina Ioannis Duns Scoti*, Acta Congr. Scotistici ; Studia Scotistica 2, volume 2, Roma, 1968, p. 435-445.

PHILOPON 2004, « Contre Proclus sur l'éternité du monde (De aeternitate mundi contra Proclum) », trad. de l'éd. Rabe, 9, 14-11, 17 par C. Michon, *in* C. Michon (éd.), *Thomas D'Aquin et la controverse sur L'éternité du Monde*, traductions, présentations et notes par Cyrille Michon, avec la collaboration d'Olivier Boulnois et de Nathanael Dupré La Tour, Paris, Flammarion, 2004, p. 345-347.

PIERI, M. 1901, « Sur la géométrie envisagée comme un système purement logique », in *Bibliothèque du Congrès international de philosophie, Paris 1900*, Paris, A. Colin, 1901, p. 367-404. Reproduit *in* Pieri 1980, p. 235-272.

– 1980, *Opere Scelte I : Opere sui fondamenti della matematica*, Bologna, UMI.

PINCOCK, C. 2005, « Review of *Towards a Philosophy of Real Mathematics* by Corfield », *Philosophy of Science*, 72, p. 632-634.

PINES, S. 1968, « Thabit B. Qurra's conception of number and theory of the mathematical infinite », *in Actes du Onzième Congrès International d'Histoire des Sciences Sect. III : Histoire des Sciences Exactes (Astronomie, Mathématiques, Physique) (Wrocław, 1963)*, 1968, p. 160-166.

PLÜCKER, J. 1830, « Über ein neues Coordinatensystem », *Journal für die reine und angewandte Mathematik*, 5, p. 1-36.

POGORELOV, A. 1979, *Hilbert's Fourth Problem*, Washington, DC, V. H. Winston & Sons. Traduction anglaise par Richard A. Silverman.

POINCARÉ, H. 1902, « Les fondements de la géométrie - Grundlagen der Geometrie par M. Hilbert », *Journal des Savants*, p. 252-271. Republié en Appendice à la seconde édition des *Dernières Pensées*, Paris, Flammarion,1926.

– 1912, « Pourquoi l'espace a trois dimensions », *Revue de Métaphysique et de Morale*, 20, no 4, p. 483-504. Repris comme chapitre III des *Dernières Pensées*, Paris, Flammarion, 1913.

POLLOCK, J. L. et Cruz, J. 1999, *Contemporary Theories of Knowledge*, Lanham, Rowman and Littlefield, 2ième édition.

PONCELET, J.-V. 1822, *Traité des Propriétés Projectives des Figures*, Paris, Bachelier.

PROCLUS 1948, *Proclus de Lycie : Les commentaires sur le premier livre des éléments d'Euclide*. Traduit pour la première fois du grec en français avec une introd. et des notes par Paul Ver Eecke. Bruges / Paris, Desclée De Brouwer / Librairie A. Blanchard.

– 1992, *A Commentary on the First Book of Euclid's Elements*, G. Morrow (ed.), Princeton, Princeton University Press.

PURKERT, W. 1987, *Georg Cantor, 1845-1918*, Basel, Birkhäuser.

QUINE, W. V. O. 1934-38, *Logic notes. mostly 1934-38. Cahier de 300 pages* ; Archives Quine, Houghton Library, *2002M-5, Box 02, Compositions 2UDC.

– 1937, « Nominalism », Conférence donnée au Philosophy Club, Harvard, 25 octobre 1937. Archives Quine, Hougton Library, Occasional Lectures, 1935-38, MS Storage 299, box 11, 1937.

– 1939a, « A logistical approach to the ontological problem », preprint, publié dans Quine, *The Ways of Paradox*, Cambridge (Mass.),

Harvard University Press, 1966 ; trad. fr. *in* Quine, W.V. O., *Les voies du paradoxe*, traduction sous la direction de S. Bozon et S. Plaud, Paris, Vrin, 2011, p. 339-348.

– 1939b, « A logistical approach to the ontological problem, sept. 8, 1939 (unity of science congress) », Archives Quine, Hougton Library, Occasional Lectures, 1939, MS Storage 299, box 11.

– 1939c : « Designation and existence », *Journal of Philosophy*, 36, p. 701-709.

– 1940, « Logic, mathematics and science », Conférence donnée à Harvard le 20 décembre 1940. Archive Quine, Houghton Library, Occasional Lectures, 1940-47, MS Storage 299, box 11.

– 1942, *O Sentido da Nova Logica*, Sao Paulo, Martins.

– 1946, « Nominalism », présenté au Harvard Philosophical Colloquium le 11 mars 1946. Transcription commentée par P. Mancosu *in* Quine 2008.

– 1951, « Ontology and ideology », *Philosophical Studies*, 2, p. 11-15.

– 1953a, « Logic and the reification of universals », *in* W. V. O. Quine, *From a Logical Point of View*, Cambridge (Mass.), Harvard University Press. Trad. fr. *in* W. V. O. Quine, *Du point de vue logique*, Paris, Vrin, 2003, p. 149-184.

– 1953b, « Nominalism and platonism in modern logic », Conférence donnée à Amersfoort en septembre 1953. Archives Quine, Hougton Library, Occasional Lectures, 1951-55, MS Storage 299, box 11.

– 1988a, « Autobiography », *in* L. E. Hahn et P. A. Schilpp (eds.), *The Philosophy of W. V. Quine*, La Salle, Ill., Open Court, 1988, p. 2-46.

– 1988b, « Reply to Nelson Goodman », *in* L. E. Hahn et P. A. Schilpp (eds.), *The Philosophy of W. V. Quine*, La Salle, Ill., Open Court, 1988, p. 162-163.

– 2008, « Nominalism », *Oxford Studies in Metaphysics*, IV, p. 3-21.

Quine, W. V. O. et Goodman, N. 1940, « Elimination of extra-logical postulates », *The Journal of Symbolic Logic*, 5, p. 104-109.

Rabinovitch, N. 1970, « Rabbai Hasdai Crescas (1340–1410) on numerical infinities », *Isis*, 61, p. 224-230.

Rashed, M. 2009, « Thābit ibn Qurra sur l'existence et l'infini : les Réponses aux questions posées par Ibn Usayyid », *in* R. Rashed (ed.), *Thâbit ibn Qurra : Science and Philosophy in Ninth-Century Baghdad*, Berlin/New York, Walter de Gruyter, 2009, p. 619-674.

RAY, G. 1996, « Logical consequence : a defence of Tarski », *Journal of Philosophical Logic*, 25, p. 617-677.

RESNIK, M. et Kushner, D. 1987, « Explanation, independence, and realism in mathematics », *British Journal for the Philosophy of Science*, 38, p. 141-158.

RODRIGUEZ-CONSUEGRA, F. 2007, « Two unpublished contributions by Alfred Tarski », *History and Philosophy of Logic*, 28, p. 257-264.

RUMFITT, I. 2001, « Hume's principle and the number of objects », *Noûs*, 35, no 4, p. 515-541.

RUSS, S. 2005, *The Mathematical Works of Bernard Bolzano*, Oxford, Oxford University Press.

RUSSELL, B. 1903, *Principles of Mathematics*, Cambridge, Cambridge University Press.

– 1919, *Introduction to Mathematical Philosophy*, London, Allen and Unwin. Traduction française par F. Rivenc Paris, Payot, 1991.

– 1940, *An Enquiry into Meaning and Truth*, London, Allen and Unwin. Traduction française : Paris, Flammarion, 2013.

– 1990a, « Note on Order [1898] », *in* N. Griffin et A. C. Lewis (eds.), *Philosophical Papers 1896–99*, London, Unwin Hyman, 1990.

– 1990b, « Notes on Geometry [1899] », *in* N. Griffin et A. C. Lewis (eds.), *Philosophical Papers 1896–99*, London, Unwin Hyman, 1990.

RUTTE, H. 1991, « Neurath contra Schlick. On the discussion of truth in the Vienna circle », in T. E. Übel (ed.), *Rediscovering the Forgotten Vienna Circle*, Dordrecht, Kluwer, 1991, p. 169-174.

SABRA, A. 1997, « Thabit ibn Qurra on the infinite and other puzzles; edition and translation of his discussions with ibn Usayyid », *Zeitschrift für Geschichte der Arabisch-Islamischen Wissenschaften*, 11, p. 1-33.

SAGUENS, J. 1703, *Ioannes Philosophia Maignani scholastica sive in formam concinniorem et auctiorem scholasticam digesta, distributa in tomos quatuor*, Tolosae, Antonium Pech.

SAGÜILLO, J. 1997, « Logical consequence revisited », *The Bulletin of Symbolic Logic*, 3, p. 216-241.

SAKAROVITCH, J. 1989, « La géométrie descriptive après Monge », *in* Dhombres 1989, p. 583-590.

SALANSKIS, J. M. 1999, *Le Constructivisme Non Standard*, Villeneuve d'Ascq, Presses Universitaires du Septentrion.

SALANSKIS, J. M. et Sinaceur, H. B. (éd.) 1992, *Le Labyrinthe du Continu*, Paris, Springer.

Sandborg, D. 1997, *Explanation and Mathematical Practice*, Thèse de doctorat, University of Pittsburgh.

– 1998, « Mathematical explanation and the theory of why-questions », *British Journal for the Philosophy of Science*, 49, p. 603-624.

Sarnowsky, J. 1989, *Die aristotelisch-scholastische Theorie der Bewegung. Studien zum Kommentar Alberts von Sachsen zur Physik des Aristoteles*. Münster, Achendorff.

Scanlan, M. 1991, « Who were the American postulate theorists ? », *Journal of Symbolic Logic*, 56, p. 981-1002.

– 2003, « American postulate theorists and Alfred Tarski », *History and Philosophy of Logic*, 24, p. 307-325.

Schlick, M. 1934, « Über das Fundament der Erkenntnis », *Erkenntnis*, 4, p. 79-99. Traduction française par D. Chapuis-Schmitz *in* Bonnet et Wagner 2006, p. 415-439.

– 1935a, « Facts and propositions », *Analysis*, 2, p. 65-70. Traduction française par le général Vouillemin *in* Schlick 1935b.

– 1935b, *Sur le fondement de la connaissance*, Numéro 289 de Actualités Scientifiques et Industrielles. Paris, Hermann.

Schlimm, D. 2010, « Pasch's philosophy of mathematics », *The Review of Symbolic Logic*, 30, no 1, p. 93-118.

Schmid, A.-F. (ed.) 2001, *Bertrand Russell / Louis Couturat (1897–1913) ; Correspondance sur la philosophie, la logique et la politique*, Paris, Kimé.

Schneider, T. et Stroppel, M. 2007, « Automorphisms of Hilbert's non-desarguesian affine plane and its projective closure », *Advances in Geometry*, 70, no 4, p. 541-552.

Schröder, E. 1873, *Lehrbuch der Arithmetik und Algebra*, Leipzig, B. G. Teubner.

Schur, F. 1901, « Ueber die Grundlagen der Geometrie », *Mathematische Annalen*, 55, no 2, p. 265-292.

Schuster, P., Berger, U. et Osswald, H. (eds.) 2001, *Reuniting the Antipodes. Constructive and Nonstandard Views of the Continuum*, Dordrecht, Kluwer.

Scotus, D. 1639, *In VIII. Libros Physicorum Aristotelis Quaestiones*, Lugdunii, Laurentii Durand. Réimpr. par Georg Olms.

Sebestik 1992, « Le paradoxe de la réflexivité des ensembles infinis : Leibniz, Goldbach, Bolzano », *in* Monnoyeur 1992, p. 175-191.

– 2002, *Logique et Mathématique chez Bernard Bolzano*, Paris, Vrin.

SEGRE, C. 1891, « Su alcuni indirizzi nelle investigationi geometriche : Osservazioni dirette ai miei studenti », *Rivista di Matematica*, 1, p. 42-66.

SEIDENBERG, A. 1954, « A new decision method for elementary algebra », *Annals of Mathematics*, 60, p. 365-374.

– 1958, « Comments on Lefschetz's principle », *The American Mathematica Monthly*, 65, p. 685-690.

– 1962, *Lectures in Projective Geometry*, Princeton, D. Van Nostrand.

SESIANO, J. 1988, « On an algorithm for the approximation of surds from a Provençal treatise », *in* C. Hay (ed.), *Mathematics from Manuscript to Print, 1300–1600*, Oxford, Clarendon Press, 1988, p. 30-56.

– 1996, « Vergleiche zwischen unendlichen Mengen bei Nicolas Oresme », *in* M. Folkerts (Hrsg.), *Mathematische Probleme im Mittelater — der lateinische und arabische Sprachbereich*, Wiesbaden, Harrassowitz Verlag, 1996, p. 361-378.

SHAPIRO, S. 2000, *Thinking about mathematics*, Oxford, Oxford University Press.

SHAPIRO, S. et Ebert, p. 2009, « The good, the bad, and the ugly » *Synthese*, 170, no 3, p. 415-441.

SHAPIRO, S. et Weir, A. 2000, « 'Neologicist' logic is not epistemically innocent », *Philosophia Mathematica*, 8, p. 160-189.

SHER, G. 1991, *The Bounds of Logic*, Cambridge (Mass.), MIT Press.

SIMONS, P. 2008, « Truth on a tight budget : Tarski and nominalism », *in* Patterson 2008, p. 369-389.

SINACEUR, H. B. 1997, « Les "enfants naturels" de Descartes », *in* P. Radelet de Grave et J.-F. Stoffel (éd.), *Actes du colloque Descartes (Louvain-la-Neuve, 21-22 Juin 1996)*, Paris, Brepols, 1997, p. 205-221.

– 2000, « Address at the Princeton University bicentennial conference on problems of mathematics, by A. Tarski », *The Bulletin of Symbolic Logic*, 6, p. 1-44.

– 2001, « Alfred Tarski : Semantic shift, heuristic shift in metamathematics », *Synthese*, 126, p. 49-65.

– 2002, *Corps et modèles : Essai sur l'histoire de l'algèbre réelle*, 2e édition revue et corrigée, Paris, Vrin.

– 2008, « Tarski's practice and philosophy : between formalism and pragmatism », *in* S. Lindström *et al.* (eds.), *Logicism, Intuitionism and Formalism. What has become of them ?*, Dordrecht, Springer, 2008, p. 357-398.

Soames, S. 1999, *Understanding Truth*, Oxford, Oxford University Press.

Sober, E. 1993, « Mathematics and indispensability », *The Philosophical Review*, 102, p. 35-57.

Soulez, A. (éd.) 2010, *Manifeste du Cercle de Vienne et autres écrits*, Paris, Vrin.

Spalt, D. 1990, « Die Unendlichkeit bei Bernard Bolzano », *in* G. König (Hrsg.), *Konzepte des mathematischen Unendlichen im 19. Jahrhundert*, Göttingen, Vandenhoeck & Ruprecht, 1990, p. 189-218.

Sperner, E. 1954, « Ein gruppentheoretischer Beweis des Satzes von Desargues in der absoluten Axiomatik », *Archiv der Mathematik*, 5, p. 458-468.

Steiner, J. 1832, *Systematische Entwickelung der Abhängigkeit geometrischer Gestalten von einander*, Berlin, G. Fincke.

Steiner, M. 1978a, « Mathematics, explanation and scientific knowledge », *Noûs*, 12, p. 17-28.

– 1978b, « Mathematical explanation », *Philosophical Studies*, 34, p. 135-151.

Stolz, O. 1885, *Vorlesungen über allgemeine Arithmetik*, Leipzig.

Stroppel, M. 2011, « Early explicit examples of non-desarguesian plane geometries », *Journal of Geometry*, 102, p. 179-188.

Szpilrajn, E. 1930, « Sur l'extension de l'ordre partiel », *Fundamenta Mathematicae*, 16, p. 386-389.

Tapp, C. 2005, *Kardinalität und Kardinale. Wissenschaftshistorische Aufarbeitung der Korrespondenz zwischen Georg Cantor und katholischen Theologen seiner Zeit*, Wiesbaden, Franz Steiner Verlag.

Tappenden, J. 2005, « Proof style and understanding in mathematics I : Visualization, unification and axiom choice », *in* Mancosu *et al.* 2005, p. 147-214.

Tappenden, J. À paraître, *Philosophy and the Emergence of Contemporary Mathematics : Frege in his Mathematical Context*.

Tymoczko, T. (ed.) 1985 [2ième édition, 1998], *New Directions in the Philosophy of Mathematics*, Basel, Birkhäuser.

Tarski, A. 1924a, « Sur quelques théorèmes qui équivalent à l'axiome du choix », *Fundamenta Mathematicae*, 5, p. 147-54. Reproduit *in* Tarski 1986, vol. I, p. 41-48.

– 1924b, « Sur les ensembles finis », *Fundamenta Mathematicae*, 6, p. 45-95. Reproduit *in* Tarski 1986, vol. I, p. 67-117.

- 1929a, « Les fondements de la géométrie des corps », *Annales de la Societé Polonaise de Mathématiques*, p. 29-33. Reproduit *in* Tarski 1986, vol. I, p. 227-231. Traduction anglaise avec modifications substantielles *in* Tarski 1983, p. 24-29. Traduction française de la version anglaise (« Les fondements de la géométrie des corps ») *in* Tarski 1972-74, vol. I, p. 29-34.
- 1929b, « Geschichtliche Entwicklung und gegenwärtiger Zustand der Gleichmässigkeitstheorie und der Kardinalzahlarithmetik », *Sprawozdania z posiedzen Towarzystwa Naukowego Warszwskiego*, wydzial III, 23, p. 22-29. Reproduit *in* Tarski 1986, vol. I, p. 311-320. Traduction anglaise avec révisions *in* Tarski 1983, p. 30-37.
- 1930, « Fundamentale Begriffe der Methodologie der deduktiven Wissenschaften, I. », *Monatshefte für Mathematik und Physik*, 37, p. 361-404. Reproduit *in* Tarski 1986, vol. I, p. 345-390. Traduction anglaise avec révisions *in* Tarski, 1983, p. 60-109. Traduction française (« Concepts fondamentaux de la méthodologie des sciences déductives ») *in* Tarski 1972-74, vol. I, p. 69-116.
- 1931, « Sur les ensembles définissables de nombres réels, I. », *Fundamenta Mathematicae*, 17, p. 210-239. Reproduit *in* Tarski 1986, vol. I, p. 517-548. Traduction anglaise avec révisions *in* Tarski 1983, p. 110-142. Traduction française de la version anglaise (« Sur les ensembles définissables de nombres reels ») *in* Tarski 1972-74, vol. I, p. 119-146.
- 1933, « Pojęcie prawdy w językach nauk dedukcyjnych » (The concept of truth in the languages of deductives sciences), *Prace Towarzystwa Naukowego Warszawskiego*, Wydzial III, 34. Traduction allemande *in* Tarski 1935a. Traduction anglaise *in* Tarski 1983, p. 152-278. Traduction française (« Le concept de vérité dans les langages formalisés ») *in* Tarski 1972-74, vol. I, p. 159-269.
- 1935a, « Der Wahrheitsbegriff in den formalisierten Sprachen », *Studia Philosophica (Lemberg)*, 1, p. 261-405. Reproduit *in* Tarski 1986, vol. II, p. 51-198. Traduction anglaise *in* Tarski 1983, p. 152-278. Traduction française (« Le concept de vérité dans les langages formalisés ») *in* Tarski 1972-74, vol. I, p. 159-269.
- 1935b, « Grundzüge des Systemenkalküls. Erster Teil », *Fundamenta Mathematicae*, 25, p. 503-526. Reproduit *in* Tarski 1986, vol. II, p. 25-50. Traduction anglaise *in* Tarski 1983, p. 342-383. Traduction française (« Fondement du calcul des systèmes ») *in* Tarski 1972-74, vol. II, p. 71-108.

– 1935c, « Zur Grundlegung der Boole'schen Algebra, I », *Fundamenta Mathematicae*, 24, p. 177-198. Reproduit *in* Tarski 1986, vol. II, p. 1-24. Traduction anglaise avec révision *in* Tarski 1983, p. 320-341. Traduction française (« Sur les fondements de l'algèbre de Boole ») *in* Tarski 1972-74, vol. II, p. 48-67.

– 1935d, « Einige methodologische Untersuchungen über die Definierbarkeit der Begriffe », *Erkenntnis*, 5, p. 80-100. Reproduit *in* Tarski 1986, vol. I, p. 637-659. Traduction anglaise *in* Tarski 1983, p. 296-319. Traduction française (« Quelques recherches méthodologiques sur la définissabilité des concepts ») *in* Tarski 1972-74, vol. II, p. 25-46.

– 1936a, « Grundlegung der wissenschaftlichen Semantik », *in Actes du Congrès International de Philosophie Scientifique*, 3, Actualités Scientifiques et Industrielles, Paris, Hermann, 1936, p. 1-8. Traduction française (« La construction d'une sémantique scientifique ») *in* Tarski 1972-74, vol. II, p. 131-139.

– 1936b : « Über den Begriff der logischen Folgerung », *in Actes du Congrès International de Philosophie Scientifique*, 7, Actualités Scientifiques et Industrielles, Paris, Hermann, 1936, p. 1-11. Reproduit *in* Tarski 1986, vol. II, p. 269–282. Traduction anglaise avec révisions *in* Tarski 1983, p. 409-420. Traduction française (« Sur le concept de conséquence logique ») *in* Tarski 1972-74, vol. II, p. 143-152.

– 1936c, « O pojeciu wynikania logicznego », *Przeglad Filozoficzny*, 39, p. 58-68. Traduction anglaise *in* Tarski 2002.

– 1936d, « Grundzüge des Systemenkalküls. Zweiter Teil », *Fundamenta Mathematicae*, 26, p. 283-301. Reproduit *in* Tarski 1986, vol. II, p. 225-243. Traduction anglaise *in* Tarski 1983, p. 342-383. Traduction française (« Fondement du calcul des systèmes ») *in* Tarski 1972-74, vol. II, p. 71-108.

– 1937a, « Sur la méthode deductive », *in Travaux du IXe Congrès International de Philosophie*, volume 6 de Actualités Scientifiques et Industrielles, Paris, Hermann, 1937, p. 95-103. Reproduit *in* Tarski 1986, vol. II, p. 323-334.

– 1937b, *Einführung in die mathematische Logik und die Methodologie der Mathematik*, Vienna, Springer.

– 1938a, « Einige Bemerkungen zur Axiomatik der Boole'schen Algebra », *Sprawozdania z posiedzen Towarzystwa Naukowego Warszwskiego*, wydzial III, 31, p. 33-35. Reproduit *in* Tarski 1986, vol. II, p. 353-355.

– 1938b, « Ein Beitrag zur Axiomatik der Abelschen Gruppen », *Fundamenta Mathematicae*, 30, p. 253-256. Reproduit *in* Tarski 1986, vol. II, p. 447-450.

– 1939, « On undecidable statements in enlarged systems of logic and the concept of truth », *The Journal of Symbolic Logic*, 4, p. 105-112. Reproduit *in* Tarski 1986, vol. II. Traduction française (« Sur les énoncés indécidables dans les systèmes logiques élargis et sur le concept de vérité ») *in* Tarski 1972-74, vol. II, p. 193-202.

– 1940, « On the completeness and categoricity of deductive systems », Alfred Tarski Papers, Carton 15, Bancroft Library, U.C. Berkeley. Transcription *in* Mancosu 2010a.

– 1941, *Introduction to Logic*, Oxford, Oxford University Press. Traduction française : Tarski 1969.

– 1944, « The semantic conception of truth and the foundations of semantics », *Philosophy and Phenomenological Research*, 4, p. 341-376. Traduction française (« La conception sémantique de la vérité et les fondements de la sémantique ») *in* Tarski 1972-74, vol. II, p. 265-305.

– 1951, *A Decision Method for Elementary Algebra and Geometry*, Berkeley, University of California Press, 2ième édition.

– 1959, « What is elementary geometry ? », *in* L. Henkin, P. Suppes et A. Tarski (eds.), *The Axiomatic Method*, Amsterdam, North-Holland, 1959.

– 1969, Introduction à la logique, Paris, Gauthier-Villars, 2ième édition. Traduction française de Tarski 1941 par Jacques Tremblay.

– 1972-74, *Logique, sémantique, metamathématique*. Paris, Armand Colin. Traductions françaises d'articles parus entre 1923 et 1944, sous la direction de Gilles Gaston Granger (2 vol.).

– 1983, *Logic, Semantics, Metamathematics*, Indianapolis, Hackett, 2ième édition.

– 1986, *Collected Papers*, Basel, Birkhäuser, Volumes I-IV.

– 1995, « Some current problems in metamathematics », *History and Philosophy of Logic*, 16, p. 159-168, édité par Jan Woleński et Jan Tarski.

– 2002, « On the concept of following logically », *History and Philosophy of Logic*, 23, p. 155-196. Traduction anglaise de Tarski 1936c.

TARSKI, A. et Lindenbaum, A. 1926, « Communication sur les recherches de la théorie des ensembles », *Sprawozdania z posiedzen*

Towarzystwa Naukowego Warszwskiego, wydzial III, 19, p. 299-330. Reproduit *in* Tarski 1986, vol. II, p. 173-204.

– 1936, « Über die Beschränktheit der Ausdrucksmittel deduktiver Theorien », *Ergebnisse eines mathematischen Kolloquiums*, 7, p. 15-22. Reproduit *in* Tarski 1986, vol. II, p. 203-212. Traduction française (« Sur la limitation des moyens d'expression des théories déductives ») *in* Tarski 1972-74, vol. II, p. 110-120.

TARSKI, A., Mostowski, A. et Robinson, R. 1953, *Undecidable Theories*, Amsterdam, North Holland.

TATON, R. 1951a, *L'Œuvre Mathématique de G. Desargues*, Paris, PUF. 2ième édition, Paris, Vrin, 1981.

– 1951b, *L'Œuvre Scientifique de Monge*, Paris, PUF.

– 1951c, « Découverte d'un exemplaire original du "Brouillon project" sur les Coniques de Desargues », *Revue d'Histoire des Sciences et de Leurs Applications*, 4, no 2, p. 176-181.

TENNANT, N. 2013, « Logicism and neologicism », *Stanford Encyclopedia of Philosophy*.

TERSKI, F. 2006, *L'anamorphose murale de la Trinité des Monts à Rome : ou l'invisible intelligible*, Montpellier, Éditions de l'Esperou.

TEXTOR, M. À paraître, « Concept words, predicates and 'a great faultline in Frege's philosophy' ».

TOEPELL, M. 1986a, *Über die Entstehung von David Hilberts "Grundlagen der Geometrie"*, Göttingen, Vandenhoeck and Ruprecht.

TOEPELL, M. 1986b, « On the origins of David Hilbert's Grundlagen der Geometrie », *Archive for History of Exact Sciences*, 35, no 4, p. 329-344.

TORRICELLI, E. 1944, *Opera Geometrica*, *in* G. Loria et G. Vassura, a cura di, *Opere di Evangelista Torricelli*, Faenza, Stabilimento Tipografico Montanari. Traduction italienne par Luigi Belloni *in Opere Scelte di Evangelista Torricelli*, Torino, UTET, 1975.

TUGENDHAT, E. 1960, « Tarskis semantische Definition der Wahrheit und ihre Stellung innerhalb der Geschichte des Wahrheitsproblems im logischen Positivismus », *Philosophische Rundschau*, 8, p. 131-159. Reproduit *in* G. Skirbekk (Hrsg.), *Wahrheitstheorien*, Frankfurt, Suhrkamp, 1977, p. 189-223.

ÜBEL, T. 1992, *Overcoming Logical Positivism from Within : the Emergence of Neurath's Naturalism from the Vienna Circle's Protocol Debate*, Amsterdam, Rodopi.

ULIVI, E. 1977, « Mode didattiche : il fusionismo », *Archimede*, 29, p. 211-216.

VALERIO, L. 1606, *Quadratura Parabolae per Simplex Falsum*, Roma, Lepido Facii.

VAN ATTEN, M. 2011, « A note on Leibniz' argument against infinite wholes », *British Journal of the History of Philosophy*, 19, p. 121-129.

VAN CLEVE, J. et Frederick, R. E. (eds.) 1991, *The Philosophy of Right and Left : Incongruent Counterparts And The Nature Of Space*, Dordrecht, Kluwer.

VAN HEIJENOORT, J. (ed.) 1967, *From Frege to Gödel. A Source Book in Mathematical Logic, 1897–1931*, Cambridge (Mass.), Harvard University Press.

VAN KERKHOVE, B. et Van Bengedem, J. P. (eds.) 2002, *Perspectives on Mathematical Practices*, numéro spécial de *Logique et Analyse* [publié en 2004].

VAN KERKHOVE, B. et Van Bengedem, J. P. (eds.) 2007, *Perspectives on Mathematical Practices*, Springer, Dordrecht.

VAN ULSEN, P. 2000, *E. W. Beth als Logicus*, Amsterdam, ILLC Dissertation Series.

VEBLEN, O. 1904, « A system of axioms for geometry », *Transactions of the American Mathematical Society*, 5, p. 343-384.

VEBLEN, O. et Young, J. W. 1910, *Projective Geometry*, Boston, Ginn and Company.

– 1916, *Projective Geometry*, Vol. 1, New York, NY, Blaisdell.

VERCELLONI, L. 1988, *Filosofia delle Strutture*, Firenze, La Nuova Italia.

VERONESE G. et Gazzaniga, p. 1897, *Elementi di Geometria, ad uso dei licei e degli istituti tecnici (primo biennio)*, Verona, Fratelli Drucker.

VITRAC, B. 2000, *Euclide, Les élements, Volume IV, Livres XI–XIII : Géometrie des Solides*. Traduction et Commentaire par Bernard Vitrac, Paris, PUF.

VON NEUMANN, J. 1925, « Eine Axiomatisierung der Mengenlehre », *Journal für die reine und angewandte Mathematik*, 154, p. 219-240. Traduction anglaise *in* Van Heijenoort 1967, p. 393-413.

VON STAUDT, K. G. C. 1847, *Geometrie der Lage*, Nürnberg, F. Korn.

– 2011, *Geometrie der Lage. La géométrie de position*. Traduction et présentation de Philippe Nabonnand, Paris, Hermann.

WEBB, J. 1980, *Mechanism, Mentalism, and Metamathematics*, Dordrecht, Reidel.

– 1995, « Tracking contradictions in geometry : the idea of model from Kant to Hilbert », *in* J. Hintikka (ed.), *Essays on the Development of the Foundations of Mathematics*, Dordrecht, Kluwer, 1995, p. 1-20.

– 2006, « Hintikka on Aristotelian constructions, Kantian intuitions, and Peircian theorems », *in* R. E. Auxier et L. E. Hahn (eds.), *The Philosophy of Jaakko Hintikka*, Vol. XXX de The Library of Living Philosophers. Chicago, IL, Open Court, 2006, p. 195-302.

WEBER, E. et Verhoeven L. 2002, « Explanatory proofs in mathematics », *Logique et Analyse*, 45, p. 179-180 et 299-307. [Paru en 2004].

WEYL, H. 1927, *Philosophie der Mathematik und Naturwissenschaft*, Munich, Oldenbourg. Traduction anglaise augmentée et révisée par Olaf Helmer, *Philosophy of Mathematics and Natural Science*, Princeton, Princeton University Press, 1949.

WHITEHEAD, A. N. 1906, *The Axioms of Projective Geometry*, London, Cambridge University Press.

– 1907, « Introduction logistique à la géométrie », *Revue de Métaphysique et de Morale*, 15, p. 34-39.

WHITESIDE, D. T. (ed.) 1967, *The Mathematical Papers of Isaac Newton*, Vol. I : 1664–1666, London, Cambridge University Press.

WIENER, H. 1892, « Über Grundlagen und Aufbau der Geometrie », *Jahresbericht der Deutschen Mathematiker-Vereinigung*, 1, p. 45-48.

WITTGENSTEIN, L. 1993, *Tractatus Logico-Philosophicus.* Traduction, préambule et notes de Gilles-Gaston Granger, Paris, Gallimard.

WOLEŃSKI , J. 1989a, « The Łvov-Warsaw school and the Vienna Circle », *in* K. Szaniawski (ed.), *The Vienna Circle and the Łvov-Warsaw School*, Dordrecht, Kluwer, 1989, p. 443–453.

– 1989b, *Logic and Philosophy in the Łvov-Warsaw School*, Dordrecht, Kluwer. Traduction française : *L'École de Lvov-Varsovie. Philosophie et Logique en Pologne (1895-1939)*, Paris, Vrin, 2012.

– 1993, « Tarski as a philosopher », *in* R. Poli, F. Coniglione et J. Woleński (eds.), *Polish Scientific Philosophy*, Amsterdam, Rodopi, p. 319-338.

– 1995, « Mathematical logic in Poland 1900–1939 : people, circles, institutions, ideas », *Modern Logic*, 5, p. 363-405.

WOLEŃSKI, J. et Köhler, E. (eds.) 1999, *Alfred Tarski and the Vienna Circle*, Dordrecht, Kluwer.

WOLEŃSKI, J. et Simons, p. 1989, « De veritate : Austro-polish contributions to the theory of truth from Brentano to Tarski », *in* K.

Szaniawski (ed.), *The Vienna Circle and the Łvov-Warsaw School*, Dordrecht, Kluwer, 1989, p. 391-442.

WRIGHT, C. 1983, *Frege's Conception of Numbers as Objects*, Aberdeen, Aberdeen University Press.

– 1997, « On the philosophical significance of Frege's theorem », *in* Heck 1997b, p. 201-244.

– À paraître, *in Abstraction*, Oxford, Oxford University Press.

YOUNG, J. W. 1917, *Lectures on the Fundamental Concepts of Algebra and Geometry*, New York, MacMillan. Première édition 1911.

ZELLINI, P. 2005, *A Brief History of Infinity*, London, Penguin Global.

ZERMELO, E. 1908, « Untersuchungen über die Grundlagen der Mengenlehre I. », *Mathematische Annalen*, 65, p. 261-281. Traduction anglaise *in* van Heijenoort 1967, p. 199-215.

– 1929, « Über den Begriff der Definitheit in der Axiomatik », *Fundamenta Mathematicae*, 14, p. 339-344.

– 1930, « Über Grenzzahlen und Mengenbereiche : Neue Untersuchungen über die Grundlagen der Mengenlehre », *Fundamenta Mathematicae*, 16, p. 29-37.

ZYGMUNT, J. 2004, « Bibliografia prac naukowych Marii Kokoszynskiej-Lutmanowej », *Filozofia Nauki*, 12, p. 155-166.

INDEX

TABLE DES MATIÈRES

DEUXIÈME PARTIE
HISTOIRE ET PHILOSOPHIE DE LA LOGIQUE

TROISIÈME PARTIE
PHILOSOPHIE DE LA PRATIQUE MATHÉMATIQUE

Achevé d'imprimer par Corlet Numérique - 14110 Condé-sur-Noireau
N° d'Imprimeur : 116284 - Dépôt légal : mars 2015 - *Imprimé en France*